中国高速列车

关键技术篇

傅志寰　主　编
李中浩　副主编

人民交通出版社

北京

内 容 提 要

《中国高速列车》分为发展历程篇和关键技术篇两册。

本书为关键技术篇，从高速列车内外关系着手，归纳了高速列车发展过程中 8 个系统关键技术及相关关系，包含高速列车系统动力学与转向架技术、高速列车空气动力学与车体设计、高速列车牵引传动技术、高速列车制动技术、高速列车网络与控制技术、高速列车噪声防护技术与车内装备、高速列车受流技术与受电弓、高速列车运行控制技术。文末结语——创新之魂总结了高速列车成为我国亮丽名片的缘由。

本书适合高速列车管理部门、科研院所、高等院校、生产制造企业、运营企业等相关人员阅读。

图书在版编目（CIP）数据

中国高速列车. 关键技术篇 / 傅志寰主编. — 北京：
人民交通出版社股份有限公司, 2025. 8. — ISBN 978-7-
114-20565-1

Ⅰ . U292.91

中国国家版本馆 CIP 数据核字第 202539YA02 号

Zhongguo Gaosu Lieche——Guanjian Jishu Pian

书　　名：中国高速列车——关键技术篇
著 作 者：傅志寰
责任编辑：刘　洋　何　亮　李　佳　绳晓露　夏　犇
责任校对：赵媛媛
责任印制：张　凯
出版发行：人民交通出版社
地　　址：（100011）北京市朝阳区安定门外外馆斜街 3 号
网　　址：http://www.ccpcl.com.cn
销售电话：（010）85285857
总 经 销：人民交通出版社发行部
经　　销：各地新华书店
印　　刷：北京博海升彩色印刷有限公司
开　　本：787×1092　1/16
印　　张：31
字　　数：653 千
版　　次：2025 年 8 月　第 1 版
印　　次：2025 年 8 月　第 1 次印刷
书　　号：ISBN 978-7-114-20565-1
定　　价：230.00 元

编　委　会

主　编：傅志寰

副主编：李中浩

顾　问：周　黎　张新宁

委　员：王勇智　吴新民　侯卫星　王悦明　吴胜权
　　　　黎国清　张卫华　梁习锋　李国顺　冯江华
　　　　李和平　赵明花　丁树奎　周　炜　魏宗燕
　　　　郭晓燕

撰稿人：第　一　章　李中浩
　　　　第　二　章　吴新民
　　　　第　三　章　侯卫星
　　　　第　四　章　王悦明　郭晓燕　李瑞淳
　　　　第　五　章　吴胜权
　　　　第　六　章　黎国清
　　　　第　七　章　张卫华

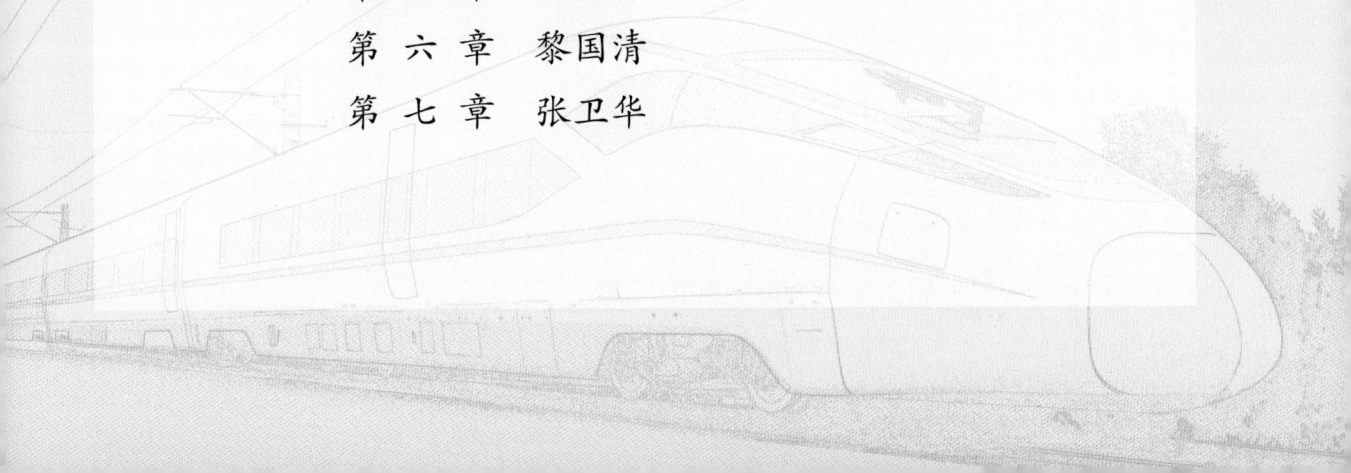

第 八 章　梁习锋　李国顺
第 九 章　冯江华　荣智林
第 十 章　李和平
第十一章　冯江华　杨卫峰
第十二章　赵明花　董效辰　史　翔　徐　磊
第十三章　丁树奎　丁为民　陈珍宝
第十四章　周　炜　江　明
结　　语　王勇智

中国高速铁路享誉全球。毋庸置疑，其最闪亮的代表非高速列车莫属。尤其是复兴号高速列车不但是中国高速铁路的亮丽标志，也是中国高端制造技术集大成之作，更是勇往直前的中国创新精神的象征。

近年来围绕中国高速列车这一热门话题，既有严肃的作品，也不乏各种演绎，然而对中国高速列车发展历程进行系统阐述的著作却为数不多。与已经面世的一些读物不同，《中国高速列车》是一部具有史书性和学术性双层定位的著作。作为"史书"，作者们坚持实事求是，力图客观地表述中国高速列车的"前世今生"。作为学术著作，本书突出了自主科技创新，既展示中国高速列车核心技术的突破，也不回避存在的不足。书中不但凸显了物质成果，又写出了铁路人和机车车辆人的奋斗精神。

习近平总书记明确指出："我国自主创新的一个成功范例就是高铁，从无到有，从引进、消化、吸收再创新到自主创新，现在已经领跑世界。"[①]这段精辟的论述不仅是对中国高铁也是对中国高速列车取得成就和发展历程的高度概括。

历史雄辩地说明，中国高速列车的发展深深植根于中国土地，是几代铁路人和机车车辆人薪火相传、锲而不舍攀登的结果。中国高速列车的涌现并不是像一些文章所说的始于技术引进，也并非"忽如一夜春风来，千树万树梨花开"那样浪漫，而是经历了漫长曲折的过程。

本书遵照习近平总书记关于中国高铁三个发展阶段的概括，系统论述了中国高速列车成长的历程。

20 世纪 90 年代至本世纪初是中国高速列车"从无到有"的第一阶段，也

---

①习近平总书记在京张高铁太子城站考察调研时的讲话，新华社，2021 年 1 月 19 日。

是最艰难的起步阶段。"九层之台起于垒土"，中国高速列车的发展始于铁路大提速。为此，我国自行研制了东风11型、东风4D型内燃机车，韶山8型、韶山9型和韶山7E型电力机车，25型客车以及多种型号的电动车组。其后，为了适应中国第一条高速铁路——秦沈客运专线建设的需要，又自主研发了"先锋号"和"中华之星"动车组，实现了从0到1的历史性突破。尽管成绩斐然，但我国与发达国家相比，技术水平还有不小差距。2004年到2012年是中国高速列车发展的第二阶段，重点开展了引进、消化、吸收、再创新工作。引进产品通过消化吸收实现国产化，打造成"和谐号"动车组，其后在此基础上通过再创新开发了380型系列高速列车。事实表明，引进先进技术和管理经验对迅速提高我国机车车辆制造水平发挥了重要作用，由此扩大形成的生产能力，支撑了中国高速铁路的发展。不过经验教训也很深刻，我们充分认识到关键核心技术是买不来的，必须立足于自立自强。从党的十八大开始，中国高速列车发展进入第三阶段。这一阶段最鲜明的特点是自主创新。本书以较大篇幅阐述了中国铁路人和机车车辆人为应对核心技术受制于人、引进车型难以兼容而导致运维困难等问题，走自主创新之路研制"复兴号"动车组的艰辛过程。

鉴于高速列车并不是孤立的，而是高速铁路的一个有机组成部分，书中除了阐释列车自身的结构和功能外，还介绍了与其密切相关的列车系统动力学、空气动力学与噪声防护、弓网关系、运行控制系统等领域的研究成果，为读者提供更为全面的信息和知识。这也是本书的一个特点。

为了增强可读性，全书穿插了几十个攻坚克难、励志创新的故事，力图做到与正文相互呼应。为起到画龙点睛之效，本书最后撰写了结语，系统地分析了中国高速列车成功经验，并强调其中最为重要的是中国共产党领导下的举国体制以及铁路人和机车车辆人自强不息的奋斗精神。

与一些出版物不同，本书的主要作者都曾是中国高速列车策划、研发、制造、试验、运营的参与者，拥有丰富的经验和很高的学术水平。他们中有科研院所的研究员、大学的教授、企业的总工和主管技术的领导干部。其中，有的参与了提速列车、"先锋号""中华之星"动车组的研制；有的经历了"和谐号"动车组的引进、消化、吸收和再创新工作；有的长期投入"复兴号"动车组的研发和试验。他们对中国高速列车的发展历程、技术创新最为了解，是最有话语权的群体之一。虽然多数作者已经退休，但是他们却以饱满的热情积极参与本书编写，其敬业精神令人敬佩。

本书在形成初稿后，还特别征求了 180 位专家的意见。几百条反馈建议弥足珍贵，对于保证文稿质量发挥了重要作用。

全书分为上下两篇。上篇以高速列车发展"从无到有""引进、消化、再创新""自主创新"三个历史阶段的纵向时间轴展开，并且追溯了铁路大提速的历史，前瞻了高速列车未来发展前景，故定名为《中国高速列车——发展历程篇》；下篇以高速列车核心技术系统的研发展开，故定名为《中国高速列车——关键技术篇》。

本书付梓得到中国国家铁路集团有限公司、中国铁道科学研究院集团有限公司、中国中车集团有限公司及其株洲电力机车研究所等单位的支持，尤其是得到人民交通出版社的鼎力支撑，特此表示衷心感谢！

最后，不得不说的是，尽管我们这些作者已经尽心尽力，但书中仍难免存在不足之处，望读者予以批评指正。

2025 年 3 月 1 日

目录
CONTENTS

第七章

高速列车系统动力学与转向架技术

撰稿人：张卫华

　　高速列车运行平稳性是乘客最关心的动力学性能指标，而运行稳定性和运行安全性更是高速列车系统动力学核心指标，这些指标直接关乎到行车安全。高速列车系统动力学性能不仅与高速列车自身的动力学参数有关，还受到线路、气流激扰的影响。转向架是铁路机车车辆的走行部，是机车车辆最重要的部件，转向架的品质对于机车车辆安全、平稳和可靠运行起着关键的作用。因此，如果说转向架是机车车辆的"腿"，系统动力学则是转向架的"魂"，高速列车系统动力学研究是高速列车设计最重要的工作。本章将结合我国机车车辆的发展，特别是铁路大提速和高速铁路发展过程中转向架技术和动力学研究的进步，阐述我国高速列车转向架技术的发展轨迹和技术特征，介绍我国在列车系统动力学研究从理论、算法、软件到试验平台的发展，并结合实际产品研发，通过案例来诠释动力学研究和台架试验的作用。

第一节　概　　述

一　高速列车系统动力学

高速列车的转向架创新设计，其核心在于如何让转向架满足高速运行的要求，即解决高速转向架的动力学性能和结构可靠性问题，而解决系统动力学性能问题是首要任务。然而，随着列车运行速度的提高，整车的动力学性能不仅取决于转向架的动力学性能，也越来越受到线路、气动等外部激扰的影响。因此，传统的车辆系统动力学被赋予了新的内涵，高速列车系统动力学应运而生。

1. 高速列车系统动力学

对于高速列车系统动力学而言，传统的车辆系统动力学是基础，当涉及由多辆车组成的列车，就有了列车系统动力学；通过轮轨关系，车辆与轨道耦合便有了车辆-轨道（或车线）耦合动力学，如果是高架线路，又进一步扩展成车线桥耦合动力学；考虑车辆的牵引与制动作用以及多节车辆编组特性，形成了列车纵向动力学，并与线路相耦合；受电弓作为列车上的一个部件，与接触网耦合构成了弓网耦合动力学；列车高速运行时气动力与列车运行速度的平方成正比，气动效应的影响不可忽略，因而高速列车必须考虑气流的耦合作用，形成列车空气动力学。因此，高速列车系统动力学如图 7-1 所示，包括了车辆/列车系统动力学、车线/车桥耦合动力学、弓网耦合动力学和列车空气动力学等内容。根据专业的研究需求，一般来说，不同学者通常会专注于某一细分领域的动力学研究。

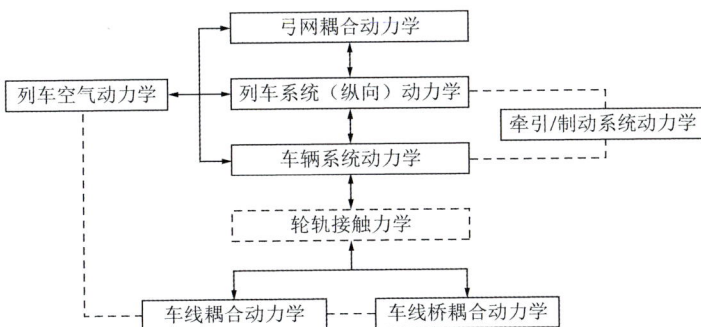

图 7-1　高速列车系统动力学内涵

随着我国高速列车系统动力学研究的深入，有学者提出了"高速列车耦合大系统动力学理论"。其定义是以高速列车为核心，把高速列车以及与之相关并影响其动力学性能的线路、气流、供电和接触网等耦合系统作为一个统一的大系统，研究高速列车动力学行为，以实现全局仿真、优化和控制的科学。因此，高速列车耦合大系统动力学研究，不仅是要提升高速列车自身的动力学性能，更要考虑好其与运行系统的耦合关系，包括车轮与钢轨的轮轨耦合、列车与线路的车线耦合、受电弓与接触网的弓网耦合、供电系统与列车牵引系统的机电耦合、列车与气流的流固耦合等关系，如图 7-2 所示。掌握列车与其他各系统的耦合作用规律，实现高速列车及其耦合系统的整体优化和匹配，正是高速列车耦合大系统动力学研究的核心，也是该理论提出的初衷，是对高速列车系统动力学的进一步发展。

图 7-2　高速列车耦合大系统

考虑线路、接触网、气流等耦合作用的高速列车耦合大系统动力学，并非简单地把车辆、线路、弓网和气流放到一起，简单把研究系统扩大，还要有相应的耦合计算方法。因此，高速列车耦合大系统动力学带来的挑战主要集中在耦合大系统动力学的建模与计算方法的提升上。具体而言，文献[4, 5]发展了循环变量方法，解决了长大列车车间耦合的建模和仿真计算难题；提出了滑移窗口方法，攻克了任意长线路车线耦合仿真计算难题；提出了松弛因子，解决列车与气流实时耦合计算难题。高速列车耦合大系统动力学已在京沪高速铁路（简称京沪高铁）工程中得到应用，成为京沪高铁工程获得国家科技进步奖特等奖的重要创新点之一。

2. 高速列车系统动力学完整性

高速列车动力学完整性是为车辆或者列车系统动力学研究定义的，用于描述其在整个使用寿命内保持可接受的动力行为和动力学性能的能力。其中，动力行为代表车辆部件和部件之间载荷和振动情况，包括载荷与振动的分布、传递、传播和放大特征；而动力学性能则涉及整个车辆系统动力学性能，包括安全性、稳定性和平稳性指标，如图 7-3 所示。

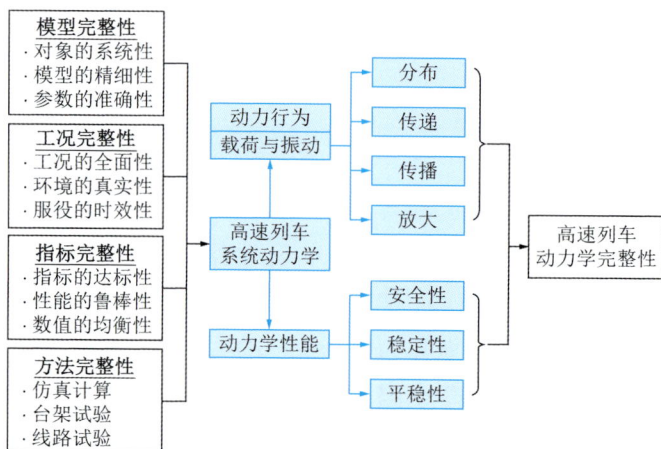

图 7-3　高速列车动力学完整性内涵

由图 7-3 可知，高速列车动力学完整性的核心内涵为：

（1）模型完整性

模型的完整性也就是模型对象的正确性，不仅高速列车自身模型要完整，也需要考虑到影响其动力学性能的相关系统，这正是高速列车耦合大系统动力学的优势所在，体现了研究对象的系统性。根据研究需要，模型应尽可能做到精细，如从传统的多刚体模型发展到刚柔混合模型，确保模型的精细性。此外，作为动力学研究的基础，模型参数的准确性也会直接影响到最终的计算结果，因此需要确保参数的高精度。

（2）工况完整性

工况的完整性主要指计算时所考虑的工况要尽可能符合实际情况，涵盖不同的高速列车运行条件，如牵引、制动、直线、曲线、坡度等运行工况，做到工况的全面性；同时，需要真实体现列车运行遇到的风霜雨雪等运行环境，确保环境的真实性；此外，服役过程会带来结构、材料和参数的变化，即具有时变性，因此计算模型与参数需要有时效性。

（3）指标完整性

指标就是动力学性能指标，包括运动稳定性、运行平稳性和安全性三大要素。首先，这些动力学指标需要达到相关标准要求，确保指标的达标性；其次，这些性能指标需要具有良好的稳定性，也就是在外部运行条件发生改变，或者列车自身参数发生变化时，动力学性能需要有良好的鲁棒性；最后，各指标参数需要均衡，也就是能相互兼顾，特别是直线、曲线工况下的稳定性与安全性指标的均衡性。

（4）方法完整性

方法的完整性就是研究手段的完整性，包括仿真计算、台架试验与线路试验。其中，仿真计算主要是用于高速列车动力学研究与参数设计，台架试验主要是用于样车（或转向架）动力学性能验证及参数优化，线路试验是用于产品的应用考核与检验。随着我国高速列车线路试验研究的开展，线路试验也包括了研究性线路试验，特别是对运行列车的跟踪试验。

高速列车系统动力学的研究与应用贯穿高速列车设计、试验和运行全过程。在设计阶段，需要进行整车的动力学研究，确定转向架的动力学参数，特别是悬挂参数；在台架和线路试验阶段，需要根据动力学研究的结果，进行动力学性能优化与安全性验证；在运行阶段，可利用动力学研究方法，特别是数字孪生模型，对高速列车进行健康管理和安全评估。动力学完整性、结构完整性和功能完整性的集合共同构成了高速列车的系统完整性。

二　高速列车转向架

高速列车系统动力学性能主要取决于转向架的动力学性能，而转向架的动力学性能是由转向架的机械结构、形位尺寸、悬挂参数和车轮踏面等因素所共同决定的。因此，转向架是高速列车的核心部件。

1. 转向架技术的诞生

随着英国人史蒂芬森（Stephenson）发明蒸汽机车，世界上第一条现代意义的铁路于1825年9月27日在英国的斯托克顿（Stockton）和达灵顿（Darlington）之间开通。为了使车轮能顺着钢轨滚动，左右车轮必须固定在一根车轴上，也就是俗称的"轮对"，再利用车轮踏面锥度实现导向的功能。为了便于车辆沿钢轨转弯，车厢前后轮对的距离就不能太大，因此当时的车厢都比较短。随着铁路的普及，火车的用途越来越广泛，对承载能力的需求不断增加，因此需要发展多轮对的车辆，其中最基本的就是发展四轴（四个轮对）车。工程师把前后两个轮对组合为一组，形成类似"小车"的结构，构成一个独立的行走单元，这便是转向架的基础形式。车上另外两个轮对也组成类似的"小车"，前后"小车"根据车辆的长度和承载要求，分别设置在车厢的前后部。由于前后"小车"在曲线上，需要与车体相对转动，因此在"小车"与车体间设置了允许相对转动的结构，这时的"小车"与可以相对转动的结构组合一起形成的走行部，称之为"转向架"。

转向架的主要作用包括导向（转弯）、承载（车体）、牵引、制动和减振。

2. 高速转向架的基本组成

转向架的主要组成部分及作用可扫描二维码查看。与早期相比，尽管如今铁路技术已发生了天翻地覆的变化，但转向架的基本功能——利用轨道对机车车辆进行支撑和导向仍然未变。此外，牵引和制动也是交通工具必备的两大基本特征。高速列车的转向架分动车用动力转向架与拖车用非动力转向架，其中动力转向架配备有牵引传动系统。由于高速列车的制动能力受到轮轨黏着利用率的影响，往往动力转向架和非动力转向架都设置有基础制动装置。

转向架的主要组成部分及作用

常见的高速转向架基本结构如图7-4所示，由轮对、轴箱、构架、一系悬挂、二系悬挂、驱动装置（动力转向架）、基础制动装置等部件组成。考虑到模块化设计和零部件的统一性，除牵引电机、驱动装置和基础制动装置外，列车动力转向架与非动力转向架的大部分零部件是一样的。

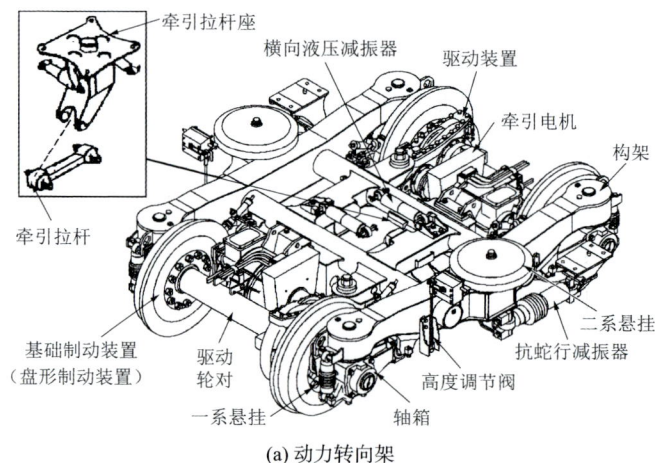

(a) 动力转向架

图 7-4

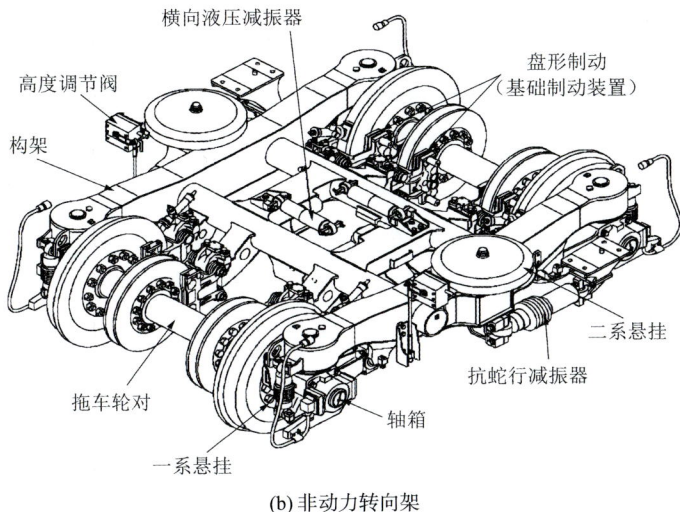

横向液压减振器

盘形制动
（基础制动装置）

高度调节阀

构架

二系悬挂

抗蛇行减振器

拖车轮对

轴箱

一系悬挂

(b) 非动力转向架

图 7-4　高速转向架基本结构

第二节　高速转向架基本结构特征及其分析

一　我国高速列车转向架及发展

我国高速列车转向架的发展经历过长期探索的过程，针对转向架结构形式，减振器、空气弹簧、抗侧滚扭杆等关键部件，以及制造工艺技术等开展了一系列的试验研究，经历了多次全国铁路大提速，并自主研发动力分散的先锋号和动力集中的中华之星高速动车组。我国在高速转向架的研制方面积累了大量经验，而且培养了一批高速列车设计与研究的高水平人才。我国运行的高速列车转向架在结构上继承性较大，但转向架的"灵魂"技术：动力学参数，已经根据中国高速列车运行速度、线路状况和环境条件进行了全面的优化与匹配。

目前我国运用的高速列车主要包括 300～350km/h 和 200～250km/h 两大速度系列，涵盖和谐号和复兴号两大品牌。我国高速列车转向架基本是两大系列，一是以中车青岛四方机车车辆股份有限公司（简称中车四方股份公司）为代表的"A 系"，二是以中车长春轨道客车股份有限公司（简称中车长客股份公司）和中车唐山机车车辆有限公司（简称中车唐山公司）为代表的"B系"。

中车四方股份公司引进日本川崎 E2-1000 原型车，转向架通过适应性改造，形成最高运营速度 250km/h 的 CRH2 系列动车组，后通过转向架技术提升与再创新，发展成 CRH380A 和谐号动车组，最后通过中国标准动车组的研发、转向架的自主创新，形成了 CR400AF 复兴号动车组。尽管这一系列动车组的最高运营速度在不断提升，参数也在不断优化，但转向架的核心结构型式变化不大，包括 H 形焊接构架、架悬牵引电机、单拉杆式中央牵引；轮对用直辐板车轮与轻量化空心车轴，轴箱采用转臂式定位，一系垂向设置有圆钢簧和油压减振器，二系采用空气弹簧、横向油压减振器和抗蛇行减振器。由于原型车空簧采用四点支撑方式和节流孔设置，因此引进低速转向架没有二系垂向减振器和抗侧滚扭杆，转向架结构相对简单，但随着最高运营速度的提高，线路和气动扰动加剧，运行速度 300km/h 及以上的转向架一般设置了抗侧滚扭杆。此外，引进车型转向架设置有踏面清扫装置，有利于提高轮轨黏着、减少车轮踏面表面接触疲劳裂纹并抑制多边形磨损，这一技术在我国后续研制的其他车型中也得到应用。

中车唐山公司从西门子引进 Velaro E 原型车，转向架通过适应性改造，形成最高运营速度 300km/h 的 CRH3C 系列动车组。之后这一系列动车组的转向架由中车长客股份公司进行创新研究，发展了 CRH380B 谐号动车组，最后通过中国标准动车组的研发、转向架的再创新，形成了 CR400BF 复兴号动车组。其转向架基本结构包括 H 形焊接构架，Z 字形牵引杆中央牵引；轮对用直辐板车轮与轻量化空心车轴，轴箱采用转臂式定位，一系垂向设置有圆钢簧和油压减振器，二系采用空气弹簧、横向油压减振器和冗余布置的抗蛇行减振器；由于引进车型的空簧采用两点支撑方式，因此引进转向架设置有抗侧滚扭杆，虽然没有设置二系垂向减振器，但预留了接口。随着更高运行速度的国产化和自主创新要求，增加了二系垂向减振器。中车长客股份公司还在电机悬挂结构上进行重大改进，采用更加符合我国高速列车运维条件的弹性架悬结构，与此同时，为了获得优异的动力学性能，提出新型车轮踏面 LMB10。

在我国高速列车的发展中，转向架产品也在根据动车组的轴重、最高运营速度等核心参数及结构要求不断更新，形成了系列化的高速列车转向架。

我国高速转向架一览表包括所有转向架的型号、结构特点和装备动车组型号及主研单位的情况，可扫描二维码查看。

我国高速转向架
一览表

二 高速列车转向架结构特征及其分析

纵观世界高速列车转向架，尽管各制造企业都力求有自己的结构和技术特点，但高速转向架的总体技术发展呈现出一定的趋势，即高速转向架的结构特征。

1. 二系悬挂的"三无"结构

随着速度的提高与振动的加剧，提高转向架隔振能力成为首要任务，这主要是通过改变悬挂参数实现的。尽管高速转向架与低速转向架在结构原理上没有本质的区别，但低速转向架上一些简单、实用的结构，并不足以应对高速转向架所面临的高频激扰。与此同时，随着工业化的发展，一些技术或零部件产品发生了根本性变化，如二系空气弹簧和橡胶节点的出现与成功应用。因此，在传统的低速转向架向高速转向架发展的过程中，一些传统结构被摒弃，其中最明显的变化就是二系悬挂出现了"三无"结构：无摇枕、无摇动台和无旁承。原本的摇枕是用于实现转向架与车体相对摇头转动（过曲线时），由于空气弹簧的应用，空气弹簧在纵向（包括横向）的小刚度与大变形特性可实现转向架与车体之间的摇头运动，无须摇枕结构；原本的摇动台，可以通过横向摆动来提供较小的二系横向悬挂刚度，由于空簧具有横向刚度较小的特点，从而可以省去摇动台；原本的旁承是提供转向架与车体相对摇头运动阻尼，但旁承的干摩擦结构很难提供稳定的、与承载质量无关的抗蛇行阻尼力，为此高速转向架改用独立的抗蛇行减振器来抑制转向架蛇行。由于"三无"结构的应用，高速转向架不仅实现了轻量化，而且提高了维护性和可靠性。因此，二系悬挂的"三无"结构成为高速转向架的代际特征。

2. 磨耗型低锥度踏面

利用车轮踏面锥度来实现轮对的导向，这样的走行机理从铁路诞生至今都没有改变过。高速列车系统动力学中，运动稳定性最重要，影响运动稳定性最主要的因素是车轮踏面的形状，也就是等效锥度。根据动力学分析可知，车轮踏面的等效锥度小，其临界失稳的速度就越高。从图 7-5 可以看到，要保证转向架具有较高的线性临界失稳速度，车轮等效锥度需要控制得比较小。考虑到车轮磨耗和转向架悬挂参数退化等因素，为保证转向架的稳定性，就需要采用耐磨性更好、等效锥度一致性好的磨耗型低锥度踏面形式。

高速列车的踏面设计需要遵循一定的设计准则，同时综合考虑车辆运动稳定性、轮轨磨耗率和轮轨接触应力等因素进行协同优化设计。

3. 空心车轴结构

随着列车运行速度的提高，来自线路不平顺的激扰势必加剧。为了减小轮轨相互作用，减少轮对及轴箱的振动，降低一系悬挂下面的簧下质量是有效的措施。把车轴做成空心轴以减小簧下质量成为共识。空心轴的中心孔对车轴的刚度与强度影响很小，但对减重有直接的影响。图 7-6 是采用空心轴后簧下质量对轮轨作用的轮重减载率的影响规律，可以看到，轮对质量越轻，轮重减载率就越小。

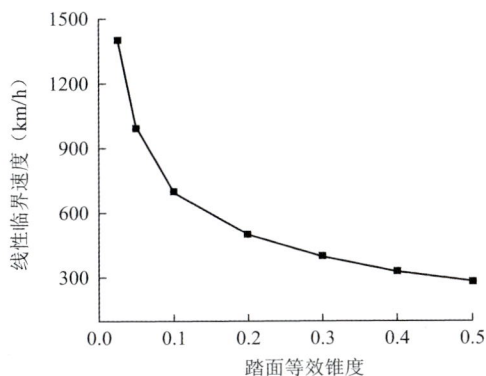

图 7-5　踏面等效锥度对临界失稳速度的影响　　图 7-6　簧下质量对轮轨作用力的影响规律

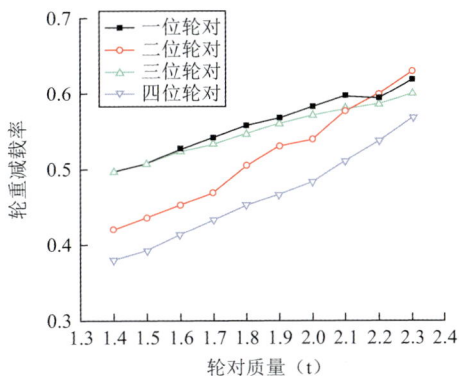

车轴采用空心结构形式，不仅可以实现轻量化，更主要的是方便进行高精度超声波探伤，空心车轴的使用安全性比实心车轴要高。高速列车引进时空心车轴的空心直径有：ϕ30mm、ϕ60mm 和 ϕ65mm，但目前大多数动车组已经统一为 ϕ30mm。

4. 转臂式一系定位

按转向架轴箱定位方式分类，常见的有拉板式定位、拉杆式定位、转臂式定位、人字形橡胶定位、层叠圆锥橡胶定位、导柱式定位、导框式定位。尽管高速列车的生产企业都在谋求创新和独特的结构特征，但随着高速化的发展，多数转向架采用了轴箱转臂式定位，例如日本的 500 系、德国的 ICE3、法国的 TGV-A 和我国的早期 CRH1、CRH2、CRH3 动车组均采用转臂式定位，我国后来再创新的动车组 CRH380 和自主创新动车组 CR400 也是延续了转臂式定位结构。

转臂式轴箱定位装置主要包括转臂轴箱组成、轴箱弹簧、垂向液压减振器、橡胶弹性定位节点等零部件。图 7-7 是 CRH2 型转向架转臂式轴箱定位结构示意图。转臂式轴箱定位在轴箱与构架间因采用无摩擦磨损、无间隙、无滑动的橡胶节点定位，定位的三向刚度线性度好，而且参数比较稳定。等效到轴箱的三向定位刚度，除沿车轴的横向定位刚度外，垂直和纵向定位刚度基本上解耦，可以各自独立设定，从而更容易满足转向架悬挂参数的设计要求，特别是对运动稳定性敏感的纵向定位刚度。轴箱定位横向刚度与转臂橡胶节点的轴向刚度及节点扭转刚度、转臂长度有关，具体计算方法见文献[4,5]。

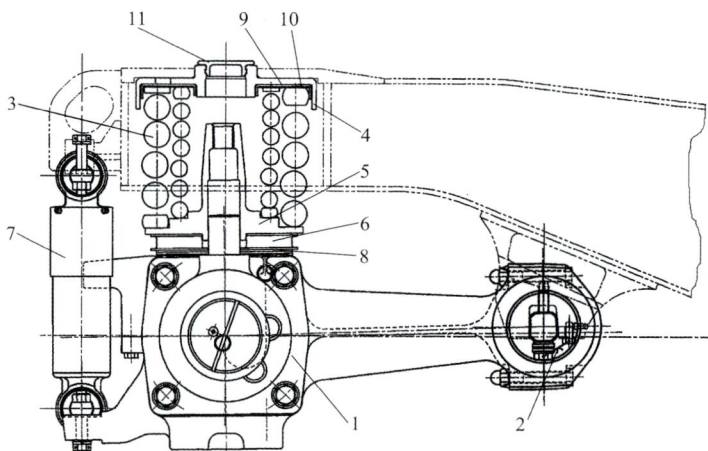

图 7-7　CRH2 型转向架转臂式轴箱定位结构示意图

1-轴箱组成（包括转臂）；2-转臂定位节点；3-轴箱弹簧；4-上夹板；5-下夹板；6-防振橡胶；7-垂向油压减振器；8-调整垫；9-绝缘罩；10-垫板；11-导向筒罩

转臂式定位作为高速转向架轴箱定位的主要模式，缺点为：一旦车辆偏载，转臂的转动会引起轮对定位在纵向产生微小变化，导致轮对发生微小的摇头，从而使得转臂定位的轮轴横向力和脱轨系数受车辆偏载的影响，如图 7-8 所示。

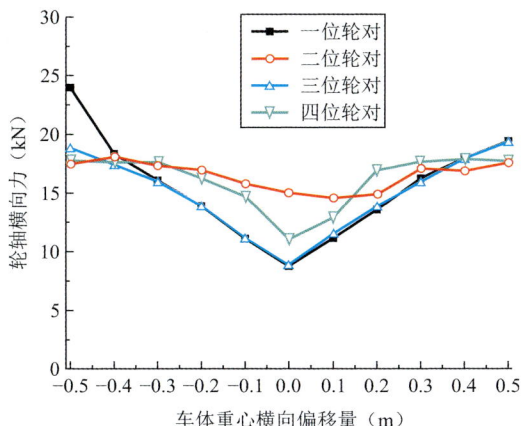

图 7-8 采用转臂式定位偏载对轮轴横向力的影响

5. 冗余抗蛇行减振器

对高速列车运动稳定性影响最大的是踏面形状、轴箱定位纵/横向刚度和抗蛇行减振器。车轮踏面磨耗无法避免，车轮必须定期镟修踏面，以保证轮轨匹配具有合理的等效锥度。轴箱定位纵/横向刚度在采用转臂定位后，参数会比较稳定。抗蛇行减振器比较容易出现橡胶件老化、漏油等失效情况，一旦出现抗蛇行减振器的功能丧失，高速运行条件下的车辆失稳将会难以避免，并对车辆横向平稳性有较大影响。为此，针对最高运营速度300km/h 及以上的高速列车，一般采用单侧双抗蛇行减振器布置的冗余设计，如图 7-9 所示。采用冗余设计后，即使有一个抗蛇行减振器失效，转向架仍然有 3/4 的抗蛇行能力，即便有失稳趋势，也是逐步恶化，便于及时发现并更换有效的抗蛇行减振器。图 7-10 是某设计速度 250km/h 转向架抗蛇行减振器不同失效情况对横向平稳指标的影响，可看到随着抗蛇行减振器失效加剧，车辆横向平稳性指标会逐步变差。

图 7-9 抗蛇行减振器冗余设计示意图   图 7-10 抗蛇行减振器对横向平稳性的影响

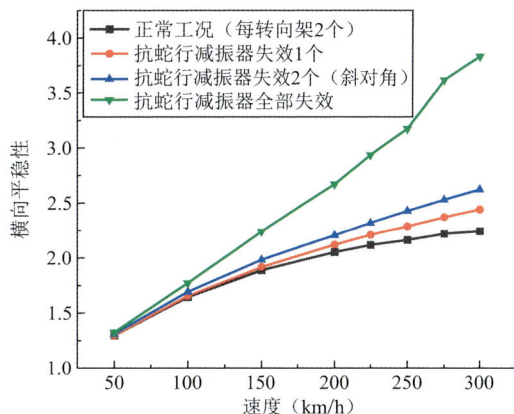

6. 运动解耦的牵引装置

牵引拉杆是传递车体与转向架之间纵向载荷的主要承载构件，无摇枕转向架的牵引拉杆方式主要有 Z 形双拉杆（CRH3 和 CRH5 动车组采用）和单拉杆（CRH1 和 CRH2 动车组采用）两大类型。从结构上看，Z 形双拉杆落车作业简单，但结构复杂，占用空间大，质量稍大，如图 7-11 所示；单拉杆特点正好相反。单牵引拉杆的安装有方向性要求，其设计原则是要求与两侧的抗蛇行减振器的方向保持一致。

牵引拉杆形式和长度，特别是附加横向刚度会影响车辆的运动稳定性。牵引拉杆附加横向刚度与设计值偏差一个数量级，将会导致最高运营速度 250km/h 的车辆在台架试验中速度超过 100km/h 时就出现失稳。

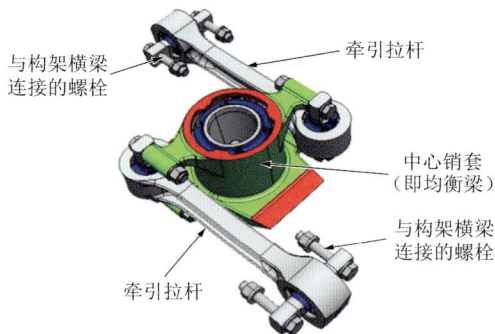

图 7-11　Z 形双牵引拉杆

7. 大柔度空气弹簧悬挂

高速列车一般都采用刚度低的空气弹簧作为二系悬挂。空气弹簧优点很多，如有较大的当量弹簧挠度，振动频率和工作高度不随载荷变化，内部可设置节流孔提供阻尼等。空气弹簧的应用还分大气囊和小气囊，这将直接影响到空气弹簧的刚度；空气弹簧附加气室和节流孔的大小也会影响其刚度。大气囊与小气囊空气弹簧对频率的响应有显著的差异，在低频阶段，即使能把大小气囊空气弹簧的刚度做成相等，但随着频率的提高，大小气囊空气弹簧的刚度差别会逐渐拉大（图 7-12）。因此，为了有效隔离高频振动，改善车辆系统的平稳性，应尽可能选择较大气囊的空气弹簧，但这往往受到安装空间的限制，无法任意加大气囊。

在目前我国高速列车转向架的空气弹簧应用中，另一个区别是车辆前后转向架四个空气弹簧的支撑控制方式。如 B 型平台空气弹簧采用两点支撑控制，即同一转向架的左右侧空气弹簧是连通的，左右侧的空气弹簧一起工作，而车体侧滚依靠抗侧滚扭杆系统来抑制。而 A 型平台的空气弹簧采用四点支撑控制，即前后位左右空气弹簧独立工作，此时的空气弹簧系统自身具有车体的抗侧滚能力。采用同样参数比较两点和四点支撑控制的空簧垂向刚度，可以看到，在 15Hz 以下的低频段，两种支撑控制方式的空簧垂向刚度差不多，但随着工作频率的增加，四点支撑控制方式的垂向刚度就会比两点支撑控制方式略大，如图 7-13 所示。

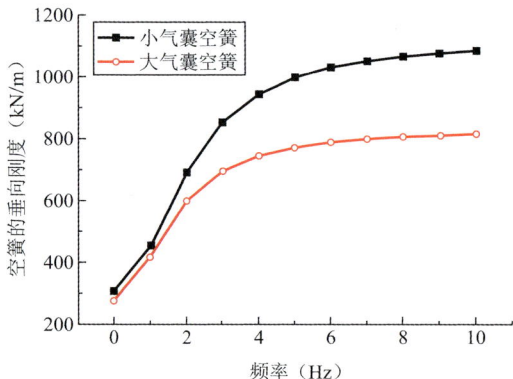

图 7-12　大小气囊空气弹簧悬挂特性比较

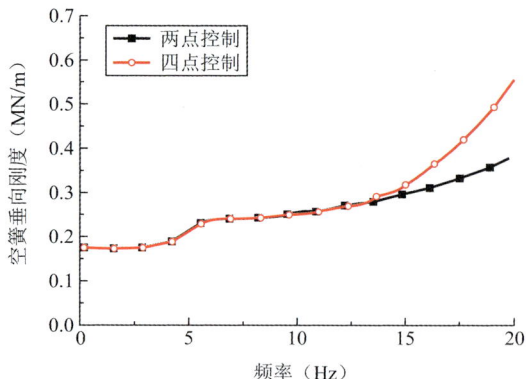

图 7-13　不同支撑控制方式空气弹簧悬挂特性比较

8.二系垂向减振器

随着列车运行速度的提高，来自线路的激扰加强，除了传统的线路不平顺外，还会受到曲线或者坡道等线路平纵断面情况的影响。图 7-14 是某车型动车组在京津城际上线路试验的车体振动情况，可以看到车体因为线路变坡点激励出现长时间的振荡情况。这一方面说明线路变坡点设计不当，需要有一个变坡缓慢转变的过程；另一方面也说明该车型转向架的隔振能力不足，悬挂参数设计存在缺陷。究其原因，主要是二系垂向阻尼设置不足，无法抑制来自变坡点的激扰。事实上，该车型在引进初期，是利用空气弹簧内节流孔来提供阻尼，没有单独设置二系垂向减振器。随着列车运行速度的提高，单独设置二系减振器越来越有必要。

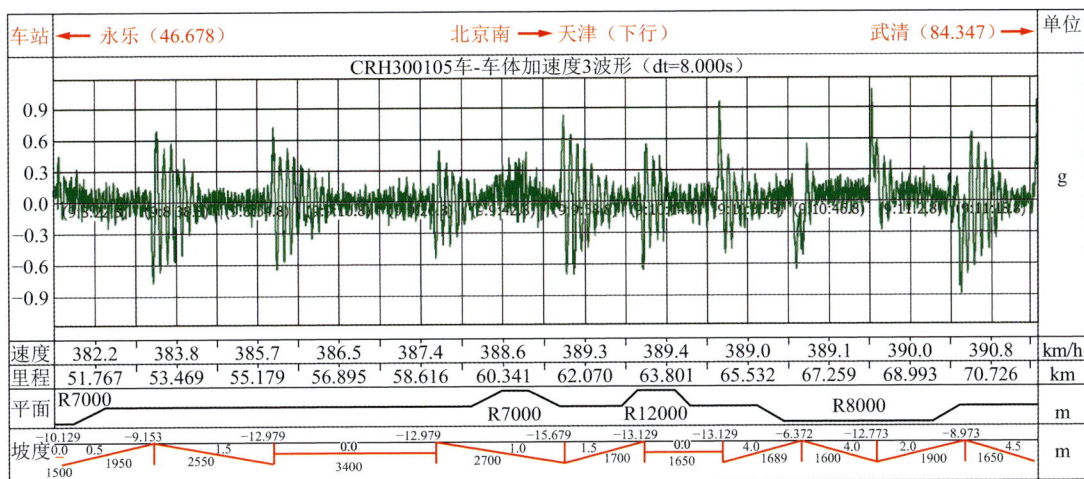

图 7-14　线路试验车体在变坡点的振动情况

关于二系悬挂是否需要设置二系垂向减振器，我国 A 系平台利用空气弹簧内的节流孔来担当阻尼器的角色。这与该型车采用较小气囊空气弹簧有关，当空气弹簧气囊小时，车体与转向架构架相对运动所产生的气囊气压变化不易被空气弹簧的气囊鼓胀变形而吸收，有利于节流孔阻尼特性的发挥。另外，垂向减振器的应用会带来高频时的振动传递，而二系空气弹簧的小气囊与四点支撑结构，本身高频动刚度偏大，因此不宜设置二系垂向减振器。

9. H 形构架

转向架构架是转向架的承载和形式基础，有不同的形式结构，大体有图 7-15 所示的类型，主要有"H""口""日""II"和"目"形等形式，结构的主要区别是横梁（含端梁）的多少和位置不同。图 7-15（d）所示的双横梁"II"形构架，由于两根横梁靠得比较近，一般也称之为"H"形。

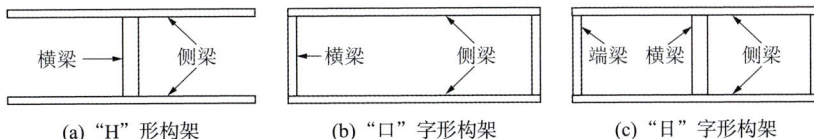

(a)"H"形构架　　　　(b)"口"字形构架　　　　(c)"日"字形构架

图　7-15

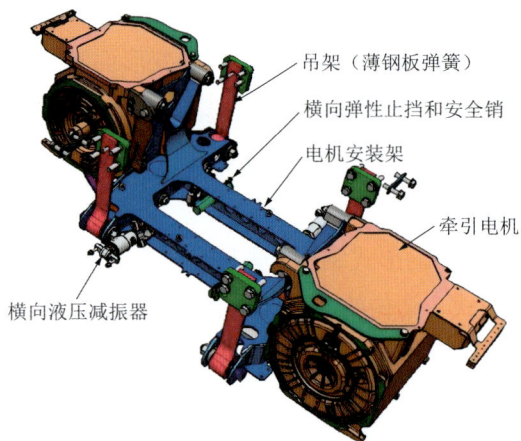

（d）"Ⅱ"形构架　　　　　（e）"目"字形构架

图 7-15　转向架构架的基本结构类型

横梁的数量多少主要是根据构架强度、刚度以及转向架具体部件的安装悬挂需要设置的。从构架强度和刚度方面考虑，最理想的结构应该是"H"形（含"Ⅱ"形）构架，因为转向架前后轮对的轴箱处构架扭转变形刚度最小，属于"柔性"结构，有利于转向架适应

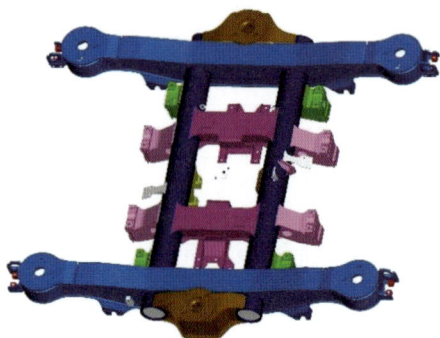

图 7-16　一种拖车转向架基本结构

线路的空间扭曲状态。因此，一般高速动车组的转向架都倾向于柔性的"H"形构架，特别是采用图 7-15（d）所示的双横梁"H"形构架。图 7-16 是一种典型的"H"形拖车转向架结构。

10.（弹性）架悬牵引电机

之前我国高速列车动车转向架的牵引电机采用刚性悬挂，也就是直接把电机固定在转向架的构架上，结构较简单。西门子的 Velaro E 高速列车则采用了一种新颖的牵引电机弹性吊悬结构［图 7-17（a）］。转向架的两台电机安装在一个电机安装架上，再通过薄钢板弹簧吊挂在转向架构架上，从而使电机与构架在横向解耦，有效减少了簧间横向质量。我国研发复兴号高速列车 CR400BF 时，创新了电机的弹性架悬结构［图 7-17（b）］，电机不仅仅在横向实现了弹性悬挂，垂向也有了一定弹性，具体研究与成效详见第三节。

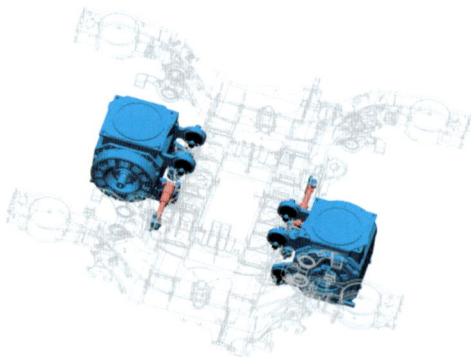

吊架（薄钢板弹簧）
横向弹性止挡和安全销
电机安装架
牵引电机
横向液压减振器

（a）Velaro E　　　　　　　　　　　　　（b）CR400BF

图 7-17　牵引电机弹性架悬结构

11."无磨耗"结构

低速转向架经常采用结构简单的销轴式转动或摆动关节，由于销轴式关节存在相对摩

擦运行，磨耗无法避免。高速转向架由于在轴箱定位的转臂、减振器两端的连接部位以及各种吊杆（臂）的两端连接部位，相对转动幅度很小，均倾向采用橡胶关节进行连接，既避免了相对摩擦磨损，也可通过橡胶件来提供必要的连接刚度。

为了调控橡胶节点的各向刚度，在结构上有很多形式，最常见的是整体式，也就是节点外圈是整体的，刚度调整是依靠橡胶材料的设计与制备保证的。也有的把节点外圈设计成分瓣式结构，这样可以通过分瓣间缝隙来预压缩节点橡胶，以调整节点的刚度。另外，可以通过改变节点橡胶的空间形状来实现节点轴向和径向刚度比的调整。

以上这些结构特征，都是因为转向架运行速度提升而逐步发展成的，它们全部或部分体现在高速转向架的结构中。

第三节　我国高速转向架技术的创新发展

我国高速列车转向架研究与发展历程不是一蹴而就的，并不是始于 2004 年启动高速列车引进、消化、吸收再创新，应该追溯到我国铁路客车大提速。没有提速客车转向架的创新与发展，没有"先锋号"和"中华之星"高速转向架的研制，就没有后来高速转向架的创新发展。

一　提速客车转向架的创新与发展

传统的绿皮火车，给人晃悠悠、慢吞吞的感觉，成为一代人的记忆。铁路大提速是中国铁路的重大事件之一，从 1997 年 4 月 1 日至 2007 年 4 月 18 日，共经历了六次提速，其中第一次大提速，旅客列车最高运行速度为 140km/h；1998 年开始的第二次大提速，最高运行速度已经提升到 160km/h；2007 年实施的第六次大提速，是在京哈、京沪等既有干线实施的 200km/h 的提速，部分有条件区段列车运行速度可达 250km/h，200km/h 提速线路延展里程一次达到 6003km，标志着中国铁路既有线提速跻身世界先进行列。历时 10 年的铁路大提速，给机车车辆发展带来了机会与挑战，也经历了诸多曲折和磨炼。不断进步的转向架技术支撑我国客车运行速度不断提升，也为我国高速列车转向架发展奠定了良好的基础。

1. 提速客车转向架从无到有

我国发展铁路一直秉承着自主创新和开放学习的态度。铁路大提速给客车转向架技术带来巨大的挑战。为应对提速客车转向架运行速度的提升难题，长客厂、四方厂和浦镇厂等主机厂积极研制具有自主知识产权的转向架。

（1）提速客车转向架的发展机遇

1978 年底，由四方所牵头，四方厂和长客厂开始联合设计 L78 型高速客车转向架，其技术指标为运行速度 160km/h、制动距离不超过 1200m。参与研制的协作单位还有浦镇厂、唐山厂等单位。L78 型号的含义就是 1978 年联合设计的新型 160km/h 的提速转向架。

L78 型高速客车转向架在设计过程中吸收了法国 Y32 型转向架的经验，也根据当时的国情做了适当调整。它的一些特点在今天的提速转向架上已成为标配，例如全旁承支重、转臂式轴箱定位、一系圆弹簧加油压减振器、无摇动台结构、牵引拉杆、横向减振器等。受当时铁路技术政策规定的旅客列车最大速度 140km/h 所限，L78 型高速客车转向架并未批量生产，作为技术储备，成为我国提速客车转向架的雏形。

1994 年，四方厂、长客厂、浦镇厂相继研制出了 206WP、206KP、CW-2、209HS 型转向架，在广深铁路动力学试验中达到了 174km/h 的最高速度。最初这三家主机厂的提速客车转向架，一方面都采用了有摇枕结构，甚至有摇动台，体现出对普速转向架结构的传承与发展；另一方面，为了适应更高的运行速度，转向架技术也做了相应的提升。这些提速客车转向架的研制成功，标志着我国客车转向架技术迈上了准高速的新台阶。

（2）U 形结构的 206WP 型、206KP 型提速客车转向架

1985 年 9 月，四方厂与四方所在 206 型 U 形结构转向架基础上共同设计了 206W 型无摇动台转向架，"W" 代表的是无摇动台结构，这是中国客车转向架发展过程中一个重要的技术进步节点。在 206W 型转向架基础上，四方厂为广深铁路准高速客车和发电车研制了 206KP 型（图 7-18）、206WP 型提速转向架，其中 "K" 代表采用空气弹簧结构，"P" 代表用了盘形制动。这两种转向架的主要结构均为无摇动台结构、全旁承支重、弹性中心销轴牵引，均在构架和摇枕间设有牵引拉杆、横向缓冲器及横向油压减振器。两个型号转向架在中央悬挂部分和构架侧梁局部有所不同，206WP 型中央悬挂为无摇动台高圆簧外侧悬挂，并设有垂向油压减振器；206KP 型中央悬挂则为空气弹簧，同时加装了抗侧滚扭杆。除此之外，其他部分完全相同，包括焊接结构的构架和摇枕、U 形侧梁、单转臂式轴箱定位，以及盘形制动和踏面复合制动，以适应提速运行要求。

图 7-18　U 形结构的 206KP 型提速客车转向架

（3）CW-1/2 型提速转向架

20 世纪 80 年代长客厂与英国开展技术合作，引进了 3 辆英国 BT10 型样车。该转向架采用焊接结构的构架、摇枕和弹簧托梁，一系悬挂采用转臂式定位、钢弹簧偏置 + 垂向减振器方式，二系悬挂装置采用圆钢弹簧、长吊杆、旁承支重，基础制动装置采用轴装式盘形制动，构架两端设有横向控制杆，可保证轮对横向适宜的刚度，既能顺利通过曲线，又能抑制轮对的蛇行运动。转向架的各连接部位广泛采用橡胶元件，隔振、隔音性能好，

并减少了检修工作量。此转向架命名为 CW-1 型转向架，如图 7-19（a）所示。

在 CW-1 型转向架的基础上，长客厂研制了 CW-2 型转向架，如图 7-19（b）所示。CW-2 型转向架的主要特点是用空气弹簧替换了二系悬挂的圆钢弹簧，同时对摇枕和弹簧托梁等部件结构进行了适应性调整，以满足 160km/h 的运行要求。CW-2 型转向架继承了传统"三有"转向架的模式，自重大，结构复杂，2002 年以后不再生产。

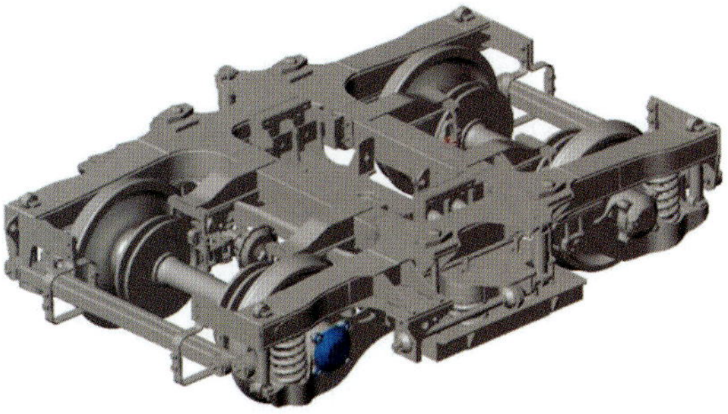

(a) CW-1 型转向架 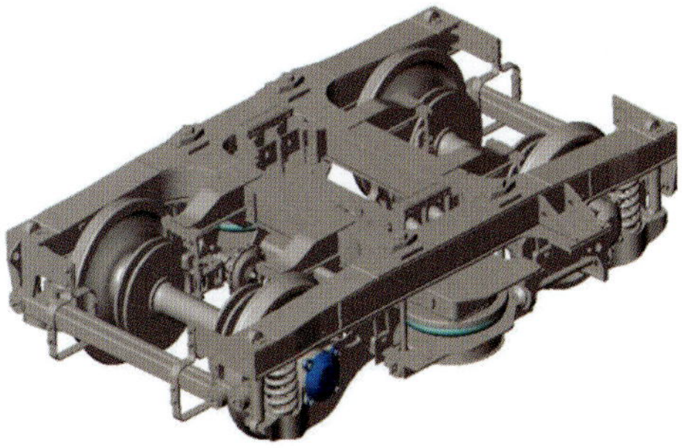　　　　　　　　　　　　(b) CW-2 型转向架

图 7-19　CW 系列提速转向架

（4）由 209 型转向架发展而成的 209HS 型提速客车转向架

浦镇厂为了满足广深准高速铁路提速客车应用需求，于 1993 年联合西南交大、上海铁道学院共同研制了低横向刚度、高舒适性的新型 209HS 型转向架（HS 是 High Speed 的首字母）。209HS 型转向架（图 7-20）在 209T 型和 209PK 型转向架有摇动台的基础上升级设计，采用了轻量化焊接构架、全旁承支重、无磨耗橡胶堆轴箱定位、超外侧悬挂无磨耗的弹性摇枕吊等新技术，实现了一、二系悬挂均无磨耗的创新型设计，其结构简单，组装便利，结构继承性和维修性好。"无磨耗"成为 209HS 型转向架的设计亮点。这是一种适应 160km/h 运营要求的准高速转向架，1997 年被确定为 25K 型提速客车和发电车的主型转向架。

图 7-20　209HS 型转向架

209HS 型转向架充分利用了弹性吊杆式摇动台低横向刚度结构特征，采用了低横向刚度 + 低车体支撑面的设计思路，能够更好地适应复杂的线路条件，特别是小曲线通过性能好，有效减少了列车在高速运行时的振动和冲击，从而提高乘客的乘坐舒适性。凭借其出色的动力学性能和良好的结构传承性，209HS 型转向架受到用户的青睐，被铁道部推广到其他主机厂。

（5）早期提速转向架出现的问题及其改进

我国几大提速转向架主机厂都不遗余力地发展自己的提速转向架，满足大提速客车转向架的需要。但受限于当时工业基础、试验研究条件、运用经验的制约，早期型号的提速转向架，如 CW-1/CW-2、206KP/206WP 和 209HS 等转向架也暴露出了结构可靠性问题，这些问题主要有吊挂等安装座及连接处、转臂定位与构架梁连接处、吊杆和螺栓等零部件出现过裂纹。在第二次大提速时，铁道部组织了全路安全评估工作，对每一种转向架提出相应整改方案及保安全措施。通过梳理并针对性解决上述问题，我国转向架研究人员的技术水平得到全面提升，并在后续更高速度提速转向架研制和高速转向架开发中，有效避免了这些问题。

提速初期所面临的结构可靠性挑战，究其原因，简单来说是缺乏经验，更深层次的问题则是对结构完整性研究不足。

① 载荷分析不够充分。

20 世纪 90 年代的计算机尚不发达，数字计算能力有限，限制了机车车辆分析软件的发展，无法做到有效的"仿真"，对于来自轨道对转向架结构的簧间和簧下部件的激扰，如轮对、一系定位和构架等，其振动及动载荷的精确计算均十分困难。导致转向架结构件的载荷很难准确估计。甚至在设计中很难开展相应的载荷分析，还是沿用转向架的经验设计模式。事实上，随着运行速度的大幅提升，传统的经验模式已经不再适用。

② 结构设计存在缺陷。

列车提速后来自线路的激扰剧增，转向架结构振动和动应力大大超出以往普速转向架，一些传统的转向架结构不适应提速运行。表现在对转向架构件的动态行为和载荷分布理解不足，导致过度约束和应力集中，引起结构疲劳破坏。另外，提速让工程师认识到结构轻量化的必要性，但过度的"轻量化"，造成结构变形大，一些连接部位容易产生应力集中。

③ 制备工艺有待提高。

轻量化推动了焊接结构的应用，但焊接质量与材料及坡口加工、钢板压型、焊接及打磨工艺、无损检测等制造工艺与技术紧密相关。当时，我们在焊接工艺方面缺乏规范与工艺保障体系，如有些转向架构架内腔内焊缝采用不连续焊接，这虽然在表面上减少了焊缝延伸与热变形，但容易产生应力集中，引起疲劳。

④ 试验标准不适合，试验装备达不到要求。

我国 20 世纪末铁路机车车辆的试验标准主要针对普速车，如《铁道车辆强度设计及试验鉴定规范》（TB/T 1335—1996）仅要求进行 220 万次疲劳试验，且试验时将横向、纵向及安装座载荷集成于垂向施加。后将试验次数增至 600 万次，但仍然与目前国内外普遍采用垂向、横向和纵向以及各个安装座分别施加载荷，加载 1000 万次的疲劳试验要求相距甚远。试验标准与试验装备的落后，导致当时提速转向架结构可靠性评估不足。

2. 提速转向架定型与发展

到了第五次铁路大提速，提速客车的最高运行速度从 160km/h 提升到了 200km/h。因此，转向架技术在铁路大提速进程中也在不断提升，一方面解决了在早期提速客车转向架出现的结构可靠性问题，另一方面在学习国外转向架经验的基础上，研发了200km/h提速转向架。我国研发的200km/h转向架结构已采用"三无"结构，不仅实现了成功应用，而且为转向架进一步研制奠定了基础。我国提速转向架均在200km/h转向架基础上进行适应性改进，后期形成160km/h速度等级提速转向架的定型产品。

（1）PW-220K型提速转向架

后期在提速转向架的开发中，无论是长客厂还是四方厂，都有国外技术引进的影子。浦镇厂一直在自主创新的道路上摸索前进，209HS型转向架在结构设计中出现了焊接标准和设计规范可靠性源头问题。为了迅速解决这个难题，浦镇厂决定采用引进的技术路线，尽快开发出自己的提速客车转向架。浦镇厂引进的是装用于法国"TER"电动车组的法国阿尔斯通公司CL242型转向架。该转向架采用了三盘制动加踏面清扫功能，以满足既有线200km/h运行要求。

浦镇厂先期采购了两台原型CL242型转向架，通过接口改进装在我国25T型提速客车上，并在铁科院环行铁道试验基地进行了线路动力学试验，试验结果表明轮重减载率超出了我国车辆动力学标准限值，原有的CL242型转向架无法通过线路试验要求，说明国外成熟转向架未必满足我国的运用条件和标准。为此，2006年浦镇厂正式引进CL242型转向架技术，在继承良好结构技术的同时，从设计、工艺到质量控制等方面开展了全面技术研究，并于2008年在铁道部科技司立项，其目的在于研制出适合我国既有线路条件的高速列车，针对我国的动力学标准和线路条件完成了悬挂参数的优化设计，形成了PW-220型提速转向架（图7-21）。PW-220型转向架采用焊接构架、转臂式轮对轴箱定位、无摇枕加空簧直接承载的中央悬挂、盘形制动等技术。PW-220型转向架台架及正线试验表明其具有良好的动力学性能。PW-220型转向架一直装用在我国200km/h轨检车上。

图7-21 PW-220型转向架

2008年，根据铁道部的统型要求，浦镇厂在PW-220型转向架基础上，保持主体结构不变，针对基础制动装置和轮对轴承轴箱装置进行了国产化统型改进设计，研制了PW-220K型转向架。2012年起，PW-220K型转向架开始正式批量装用于25T型客车，成为提速转向架的定型产品。现已作为160km/h速度等级动力集中动车组的拖车及控制车的主型转向架。

（2）从SW-200型转向架到SW-220K型提速转向架

20世纪90年代末，参考新干线500系WDT205型转向架，四方厂与日本川崎重工围绕 200km/h 速度级 SW-220 型转向架［图 7-22（a）］开展了技术合作。这是四方厂首台无摇枕转向架。在此次合作中，川崎重工负责技术设计，四方厂负责图纸设计和生产。

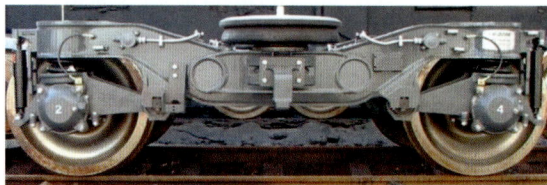

SW-220K 型转向架是在 SW-220 型转向架的基础上，根据 160km/h 速度运行要求经局部改造而成。该转向架采用无摇枕、H 形焊接构架、转臂轴箱定位、一系钢弹簧加减振器、空气弹簧及抗蛇行减振器、单拉杆牵引、盘形制动等结构，如图 7-22（b）所示。SW-220K 型转向架适用各种 160km/h 速度等级的客车，可以通过增加制动盘数量加大制动能力，以满足 220km/h 的运用要求。

(a) SW-200 型转向架　　　　　　　　　(b) SW-220K 型转向架

图 7-22　SW-200 和 SW-220K 型高速客车转向架

经过长期的实际运用考验，SW-220K 型转向架以其结构简单、运行安全可靠及运用维护成本低等优点，被定型为 160km/h 速度等级客车的主型转向架。该型转向架已授权转让中车长客股份公司和中车唐山公司生产，现已作为 160km/h 速度等级动力集中动车组的拖车及控制车的主型转向架。

另外，提速转向架还有长客厂的 CW200 型和唐山厂的 TW200 型，其中 CW200 型是从 250km/h 转向架演变而来，在后面章节会专门介绍。TW200 型转向架没有批量化生产，本书不具体介绍。

我国提速客车转向架的发展走过两个阶段，第一阶段是传承发展，各主机厂充分沿用原有普速转向架的成熟结构，使得提速转向架结构形式各异，因不适应提速后来自线路的激扰，出现了结构可靠性问题，随着定型提速转向架的成功研制而淘汰。第二阶段充分认识到提速转向架设计要素，并学习国外高速转向架结构先进性，最后定型的提速转向架为"三无"结构模式，并把最高运营速度从原来的 160km/h 提升到 200km/h，这为我国高速转向架的研制奠定了良好的基础。

二　提速机车转向架的创新发展

尽管当前 250km/h 以上高速列车普遍采用动力分散模式，但动力集中不失为一种方案，在我国铁路大提速时期，机车牵引客车的动力集中模式是主要的牵引模式，机车转向架的重要性不言而喻。当时的机车车辆工业水平同样制约着提速机车转向架的研制，提速机车转向架经历了曲折的发展过程。

1. DF11 型内燃机车提速转向架

我国的机车分内燃型和电力型。为满足广深线准高速铁路旅客列车牵引的需要，戚墅堰厂研制了 DF11（东风 11）型准高速内燃机车转向架。DF9/11 型提速内燃机车的结构特点是：牵引电机全悬挂（架悬）及轮对空心轴式双级六连杆驱动机构驱动系统、二系高圆弹簧悬挂系统和二级基础制动系统。轮对空心轴式双级六连杆驱动机构驱动系统的三维结构如图 7-23 所示，原理图如图 7-24 所示。由于采用新型轮对空心轴式双级六连杆驱动机构，转向架单轴的簧下质量降低，有利于提升转向架的动力学性能。图 7-25 为不同类型传动方式的动力学性能比较，轮对和电机空心轴都大大优于传统的抱轴式，表明低簧下质量对提升动力学性能十分有利，尤其是机车运行速度进一步提高时，轮对空心轴式显示出更大的优势。

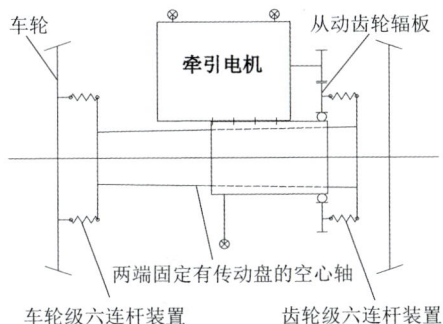

图 7-23　轮对空心轴传动系统结构图

1-后吊；2-牵引电机；3-主动齿轮；4-从动齿轮；5-空心轴装配；6-车轴；7-空心轴套；8-驱动轴承；9-齿轮罩装配；10-长吊臂装配；11-橡胶球形关节；12-连杆；13-传动销

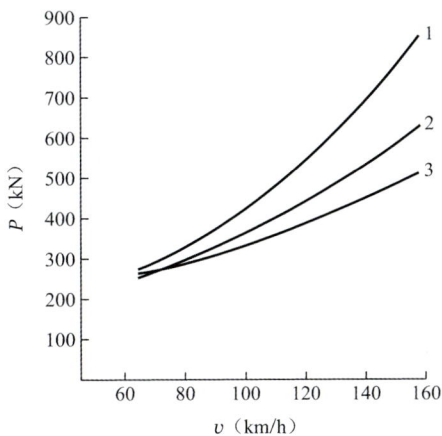

图 7-24　轮对空心轴传动系统原理图

图 7-25　不同传动方式对轮轨垂向作用

1-抱轴式；2-电机空心轴式；3-轮对空心轴式

为了确保机车具有良好的动力学性能,DF11 型机车转向架采用了大静挠度的二系悬挂系统,而且采用"瓦片"式橡胶垫与高柔度螺旋弹簧串联组合的结构,如图 7-26 所示。

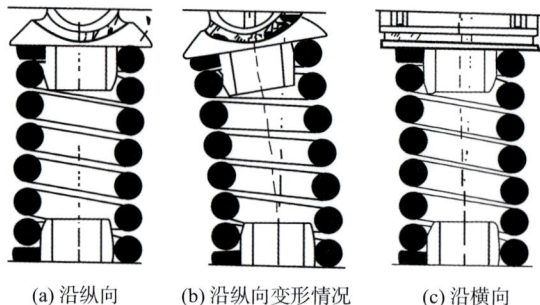

(a) 沿纵向   (b) 沿纵向变形情况   (c) 沿横向

图 7-26 "瓦片"式橡胶垫与高柔度螺旋弹簧串联组合的结构力的影响(线路不平顺峰值为 6mm)

图 7-27 是 DF11 型内燃机车转向架照片,牵引装置采用了低位双侧平拉牵引杆方案,装备了抗蛇行减振器。该转向架在提速机车研制中取得了巨大成功,其中的创新结构也为其他机车转向架研发提供了参考价值。

图 7-27 DF11 型内燃机车转向架

2. SS8 型电力机车转向架

SS8(韶山 8)型电力机车转向架基于 SS5 型机车转向架进行开发,借鉴了 DF9 轮对空心轴传动装置技术。该转向架采用六连杆轮对空心轴传动结构,电机采用刚性架悬对置布置方式;一系悬挂、二系悬挂均采用螺旋钢弹簧结构,轮对采用双轴箱拉杆定位;牵引装置采用低位推挽式结构。SS8 型电力机车转向架为 B_0 模式,图 7-28 为该转向架的总图。

作为提速机车转向架,SS8 型电力机车转向架结构对速度提升不适应之处主要体现在两个方面:一是电机采用刚性架悬方式导致转向架簧间质量较大;二是二系横向刚度偏大。另外,在整车布置方面,该转向架采用机车前后端部的推挽方式,这对前位转向架而言,转向架的牵引力实为作用到车体前端部的推力,从而在车体前部产生横向运动,造成转向架牵引推力产生横向分力,导致车体相对前位转向架产生横向运动,这一现象不仅会导致机车驾驶室端容易产生左右大幅横摆,还会使得二系悬挂横向刚度变大,甚至导致车体与转向架的横向止挡贴靠。这些结构缺陷导致 SS8 型电力机车在速度较高时横向平稳性较差,特别是驾驶室，司乘人员的乘坐舒适性不理想，线路试验的平稳性指标如图 7-29 所示，显然横向平稳性指标偏大。但是这些不足并不妨碍 SS8 型成为在电气化区段提速机车的主要机型，因为真正的运营速度一般低于构造（设计）速度。

图 7-28　SS8 型电力机车转向架总图

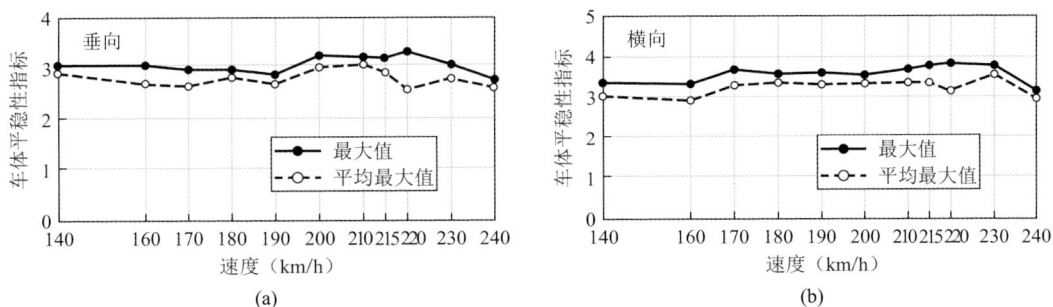

图 7-29　SS8 型电力机车平稳性指标

3. SS9 型电力机车转向架

SS9 型电力机车转向架为 C₀ 模式，一方面是考虑到了 SS8 型电力机车转向架在牵引功率上的不足，增加了 1 根动力轴，同时也是为了避免 SS8 型电力机车转向架结构问题可能导致的动力学性能不良。SS9 型电力机车在设计时参考了 SS8 型电力机车转向架的成熟结构，如采用与 SS8 型电力机车相同的六连杆轮对空心轴传动结构，电机采用刚性架悬顺置方式；一系悬挂、二系悬挂均采用螺旋钢弹簧结构，轮对采用双轴箱拉杆定位；牵引装置采用低位双侧平拉杆结构，有效避免了 SS8 型电力机车转向架端部推挽牵引带来的晃车问题。图 7-30 是该转向架的总图。

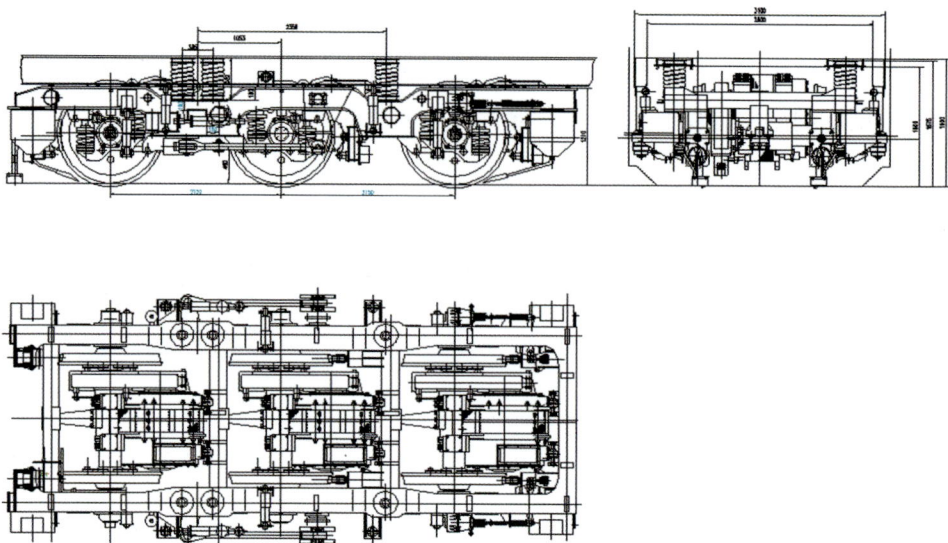

图 7-30　SS9 型电力机车转向架总图

　　SS9 型电力机车转向架结构对速度提升不适应之处主要体现在：一是电机采用刚性架悬＋顺置布置，转向架簧间质量及转动惯量较大；二是轮对一系定位采用双轴箱拉杆结构，横向刚度偏小；三是二系横向刚度偏大；四是对悬挂参数敏感，鲁棒性差。这些缺陷导致 SS9 型电力机车蛇行失稳速度不高，横向平稳性指标在合格等级附近，舒适性不理想。SS9 机车批量运用以后陆续出现横向晃动问题，后期通过轴箱拉杆参数与阻尼的优化工作，动力学性能得到改善。

　　总的来说，SS8 型、SS9 型电力机车转向架均是交直传动时代的产品，直流牵引电机质量较大，加之采用刚性架悬方式，机车存在簧间质量大的共性问题。另外，与提速客车转向架一样，这些基础转向架上的一些支座、吊座相继出现裂损的问题，其中油压减振器座、电机悬挂吊座和牵引杆座的裂损问题较多。这些问题在后期大功率机车引进、消化、吸收、再创新中都得到克服。

三　高速转向架的诞生

1. 高速动车组转向架

（1）长客 250km/h 高速客车转向架

　　根据原铁道部科技司要求，长客厂在借鉴各国高速转向架的基础上，自主研制了 250km/h 客车转向架。作为我国首个高速转向架研制项目，该转向架的诞生具有里程碑意义。转向架结构特点主要为：构架采用下凹鱼腹式 H 形焊接构架，轴箱定位为转臂式＋圆弹簧结构，中央悬挂装置为单拉杆结构，基础制动采用盘形制动方式，装有一系垂向、二系横向和抗蛇行减振器，二系悬挂为空气弹簧＋节流孔，装有高度阀和抗侧滚扭杆，是典型的"三无"结构转向架。

该型转向架经历十余年的研制开发、试制生产、型式试验、正线试验,技术逐步完善和成熟,不仅具有较高的临界速度和良好的曲线通过能力,而且具有安全可靠性和优良的平稳性。该型转向架根据悬挂参数和制动盘数量的不同,可适应不同速度等级。当轮轴上装有 3 个制动盘时,便为高速转向架,曾用于设计速度 270km/h 的中华之星高速动车组,最高试验速度可达到 321.5km/h。另外,由此系列转向架衍生的 CW200 型转向架(图 7-31)广泛应用于我国 160km/h 的提速客车上,并作为提速客车转向架的定型产品。

(2)先锋号 PW-250 型高速转向架

浦镇厂参加了先锋号动力分散动车组研制项目,并于 1999 年研制出 250km/h 先锋号动车组 PW-250 型转向架。该转向架为无摇枕型式,构架采用 U 形焊接结构,侧梁为箱型结构,横梁采用无缝钢管;采用整体式转臂轴箱定位装置和空心车轴,动车转向架为单拉杆装置和整体锻钢的轮盘制动装置,拖车为 Z 形双牵引拉杆装置和锻钢轴盘基础制动装置;中央悬挂装置采用横向大变位空气弹簧,具备了高速转向架的元素。PW-250 型转向架为典型的"三无"结构,图 7-32 为 PW-250 型动力转向架,具有牵引传动装置。先锋号是我国首列自主研发的动力分散高速列车,其 PW-250 型转向架的研制成功,为后续 300km/h 及以上高速动车组的引进、消化、吸收、再创新奠定了良好的基础。

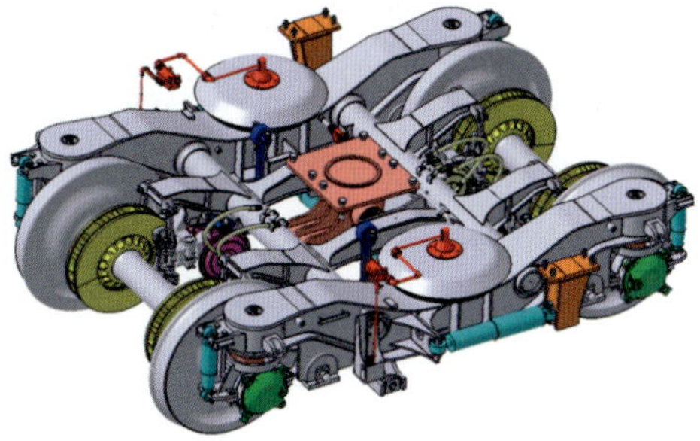

图 7-31　CW200 型转向架

图 7-32　PW-250 型动力转向架

为满足我国 200km/h 轨检车的需求,浦镇厂借鉴 PW-250 型无摇枕转向架设计理念,完成了 200km/h 的 PW-200K 型转向架设计与制造。PW-200K 型转向架(图 7-33)先后装于 25K 发电车、25T 行李车、25K 邮政车和新型轨道检测车等车型上。PW-200K 型转向架是先锋号动车组 PW-250 型非动力转向架降速使用的结果,同时也是对已经退役的先锋号动力分散动车组转向架技术的延续。

另外,我国还研制过铰接式高速转向架,在滚动试验台的试验速度达到 393.7km/h,但铰接式高速列车后期没有应用,该转向架也就没有工程化应用。

2. 高速动力车转向架

(1)轮对空心轴驱动的高速动力车转向架

从 1993 年起,依托"八五"国家科技攻关项

图 7-33　PW-200K 型转向架

目，我国开始研制高速动力车转向架，采用了牵引电机半体悬、双轮对空心轴传动、轴盘制动、轮对单轴箱拉杆定位等技术（类似德国 ICE 动力车转向架），如图 7-34 所示。其中牵引电机的半体悬结构（一端通过橡胶关节连接于车体，一端通过两个摆杆与构架连接）和轴盘制动（制动盘安装在空心轴上）是第一次在我国机车转向架上尝试。通过项目研究，我国基本掌握了这类转向架的先进技术，并在后续高速动力车转向架中加以应用。轮对空心轴高速动力车转向架样机在机车车辆滚动振动试验台上成功进行了动力学试验，试验速度最高达到 330km/h。

图 7-34　轮对空心轴驱动的高速动力车转向架在试验台上

（2）万向轴联轴器驱动的高速动力车转向架

从 1995 年起，国家启动了"九五"国家科技攻关项目"高速万向轴式动力车转向架的预研究"，完成了高速动力车转向架的技术施工设计（图 7-35）和样机研制。该高速动力车转向架采用 H 形焊接构架、体悬电机、万向轴联轴器驱动（连接电机齿轮箱和车轴齿轮箱）、轮盘制动、轮对转臂定位等技术，其技术理念类似法国 TGV 动力车转向架。高速万向轴式动力车转向架样机在机车车辆滚动振动试验台上成功进行了动力学试验，试验速度最高达到 350km/h。由于该转向架研发较晚，后续未获得工程应用。

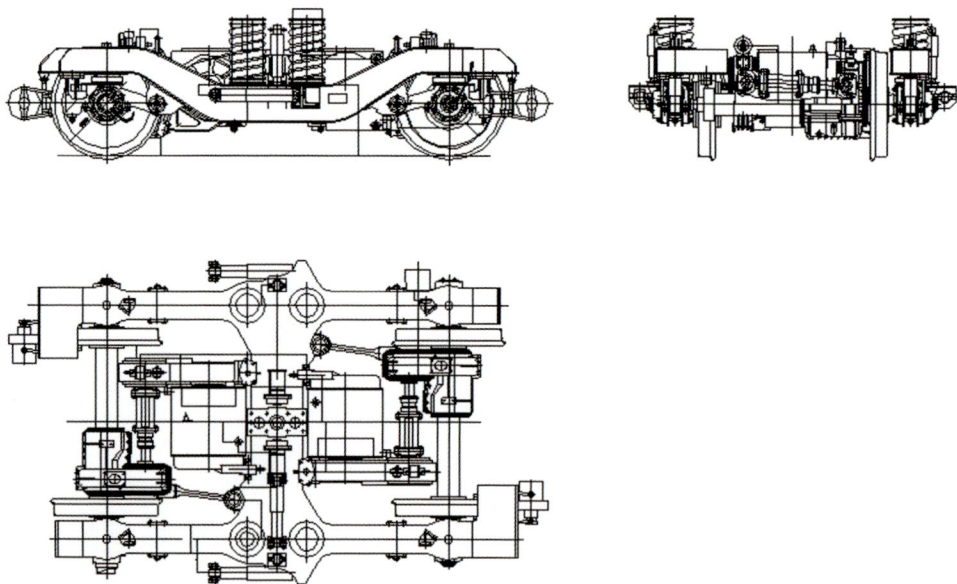

图 7-35　万向轴式高速动力车转向架设计图

以上两个高速动力车转向架的设计、制造和台架试验的成功，标志着我国在动力车高速转向架技术方面的研究水平有了长足的进步，具有研制高速动力车转向架的能力。

（3）从蓝箭到中华之星高速动力转向架应用

株机厂于 1999 年开始研制 200km/h 速度等级动力集中动车组（蓝箭）动力车，该动力车转向架采用了"八五"国家科技攻关项目成果"轮对空心轴驱动的高速动力车转向架"。2001 年国家高新技术产业化发展计划项目 270km/h 高速列车启动，所要研制的高速列车实际设计速度达到 300km/h，是我国首个动力集中高速列车研制项目，该型动车组被命名为"中华之星"。中华之星动力车转向架的主要结构参数与蓝箭动车组动力车转向架基本一致，主要优化改进是将齿轮箱传动装置由直齿改成啮合更平稳的人字齿轮，并调整了传动比。该转向架在机车车辆滚动振动试验台的稳定性试验中，最高速度达 400km/h，且未出现失稳现象；在秦沈客专试验中，最高速度达到 321.5km/h，动力学性能优异。

蓝箭/中华之星动车组动力车转向架单轴簧下质量约 2.1t，簧间质量约 2.6t，驱动单元约 4.2t。中华之星动车组动力车转向架总体如图 7-36 所示。蓝箭及中华之星动力车转向架具有优良的横向稳定性能，但电机弹性悬挂于车体，将导致其在高速运行时车体垂向运动平稳性变差；另外，轮驱结构复杂、维护检修性较差。

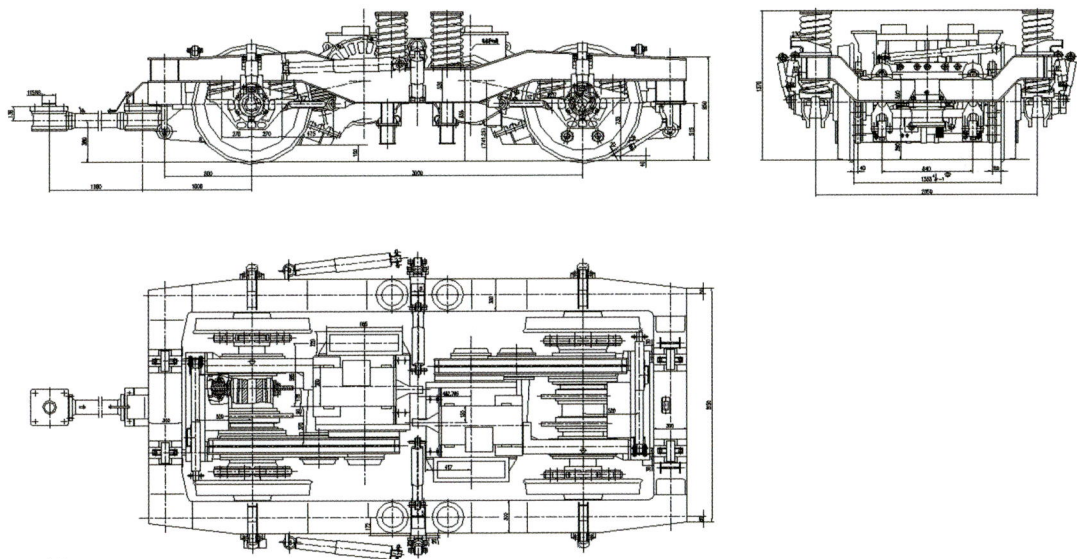

图 7-36　中华之星高速动车组动力车转向架设计图

四　从和谐号到复兴号高速动力分散转向架的变迁

铁道部按照国务院"引进先进技术，联合设计生产，打造中国品牌"的要求，于 2004 年 10 月和 2005 年 11 月，通过两次采购 160 列 200km/h 动车组和 120 列 300km/h 动车组，引进了川崎重工、西门子、阿尔斯通和庞巴迪的动车组技术，中国高速列车实施引进、消化、吸收、再创新，在更高的起点上得到了快速发展。一路走来，随着运行规模的扩大和速度的不断升级，中国高速列车转向架破解了一个个前所未有的难题，取得了一系列重大技术进步，丰富了世界高速铁路技术。

1. 引进初期的高速动车组转向架适应性问题

（1）引进高速列车车轮的适应性

在高速动车组技术引进之初，主要关注点是国外引进的动车组能不能在我国的线路上运行，也就是引进车的车轮是不是适应中国的线路和钢轨廓形，具体而言是车轮踏面形状和轮对内侧距是否适应我国的运用线路条件。引进过程中，中外双方都对此进行了试验和仿真分析。

① 车轮踏面与轮对内侧距对轮轨关系的适应性研究。

我国从欧洲引进的高速列车原型车采用 S1002 车轮踏面。S1002 车轮踏面在其滚动圆附近采用了数值化设计理念，即用两条高次曲线代替了传统的圆弧。该踏面对钢轨较为敏感，同欧洲 UIC60E1 钢轨在轨底坡 1：40 时配合得较理想（轮对内侧距 1360mm）；然而，如果 S1002 踏面直接用在我国高速线路（CHN60 轨，轨底坡 1：40，轮对内侧距 1353mm），虽轮轨接触点分布较为均匀，但是等效锥度却从欧洲的 0.15 以上降低到了 0.03 左右，如图 7-37 所示。对于蛇行运动稳定性来说，等效锥度是重要的影响因素，等效锥度太小会导致车辆一次蛇行运动（车体蛇行），等效锥度太大会引起二次蛇行运动（转向架蛇行），这两种情况都将严重影响乘坐性能，甚至危及行车安全。对 CRH3 动车组而言，其适用的最小等效锥度应该大于 0.12，所以直接将 S1002 踏面用于中国线路不可行。为此，西门子将 S1002 踏面进行了平移和旋转，并且调整了轮缘厚度，使其与我国钢轨匹配的等效锥度在 0.17 左右（与欧洲运用条件接近），命名为 S1002CN 踏面，即 LMB 踏面。

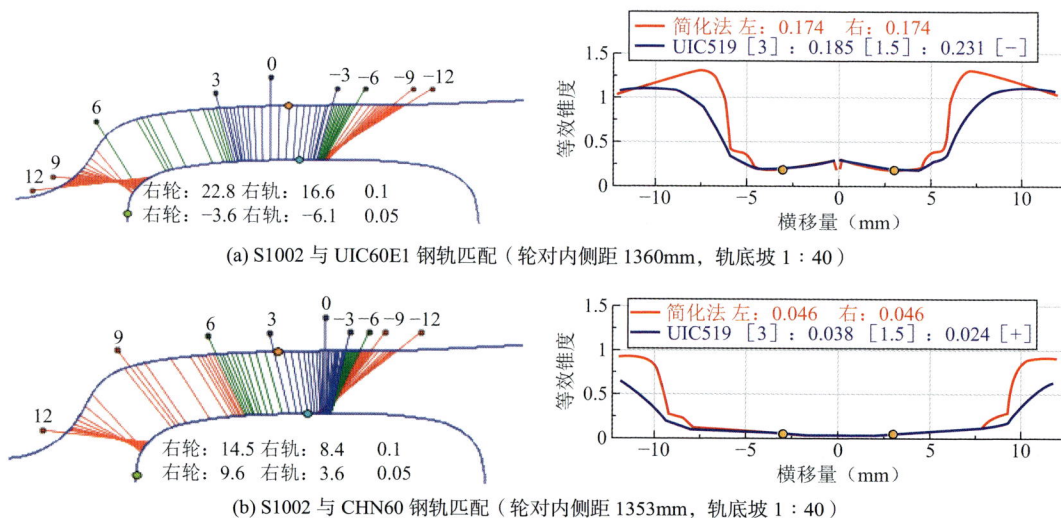

(a) S1002 与 UIC60E1 钢轨匹配（轮对内侧距 1360mm，轨底坡 1：40）

(b) S1002 与 CHN60 钢轨匹配（轮对内侧距 1353mm，轨底坡 1：40）

图 7-37　不同钢轨下 S1002 踏面的轮轨匹配关系

图 7-38 为不同车轮踏面分别在中国的 1353mm 和欧洲的 1360mm 轮对内侧距下与中国 CHN60 钢轨匹配时的等效锥度。可以看出，在中国标准 1353mm 轮对内侧距下，中国高速踏面 LMA、日本高速踏面 JAPA 和欧洲高速踏面 S1002 的等效锥度差别很小，均在 0.05 以下；但在欧洲标准 1360mm 轮对内侧距时，轮轨间隙显著减小、等效锥度明显增大，特别是 S1002 踏面在轮对横移量 0.5mm 处甚至出现了峰值，达 0.5 以上。三种踏面在 1360mm 轮对内侧距下的等效锥度离散性均较大，已经偏离

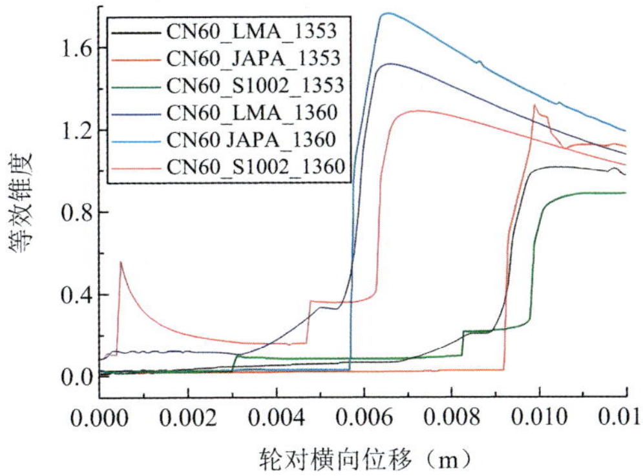

图 7-38　不同车轮踏面对等效锥度的影响

了原型动车组的正常锥度范围，这表明 1360mm 轮对内侧距不适合中国高速铁路的需求。

② 轮对内侧距对线路的适应性研究。

前文已经谈到中国和欧洲车轮内侧距的差异，其中，中国为 1353mm，欧洲为 1360mm，这意味着欧洲车轮更靠外，这使得轮轨间隙更小。车轮内侧距的加宽可能会带来通过侧岔时的安全问题，即轮缘是否控制在合适的位置，既能保证轮对不脱轨，又能防止钢轨挤压爬轨。为此，在欧洲列车引进之初就开展了相应的研究，其中针对欧洲引进车轮对内侧距按照中国标准的 1353 ± 3mm 设置，由西门子牵头完成的分析结果主要有：

a. 车轮轮背与开口道岔钢轨间的最小间隙为 7mm。

b. 当最大护轨间距为 1348mm 时，车轮与辙叉的最小间隙为 2mm，满足安全要求。但是，如使用 UIC 铁路常用参数进行相同的计算，就会有最大 4mm 的干涉。

c. 车轮背面与护轨或道岔翼轨之间的最小间隙为 2mm。

d. 按照中国道岔处的槽宽，在道岔处车轮和钢轨断面的最小搭接为 22mm。

e. 槽深与轮缘高度相比较，垂向间隙为 12mm。

f. 轨面上护轨高度与垂向车辆限界相比较，垂向间隙为 48mm。即使采用标称护轨高度而不是最大护轨高度来进行分析，也可以认为该间隙足够。

g. 轨道空隙、最小轨距与最大轮距相比较，最小轨道空隙为 6mm。

通过以上分析可知，欧洲车采用我国 1353mm 的轮对内侧距，可以满足中国线路条件，特别是道岔通过要求。

（2）结构适应性

① CRH5 的二系钢簧到空簧。

CRH5 动车组转向架技术来源于阿尔斯通公司。阿尔斯通公司转让了其收购的意大利 ETR450、ETR460 摆式车辆 Tav S104 转向架技术，根据中国市场的需求对转向架进行了适应性改进，取消了车辆倾摆机构，为了适应我国 250km/h 的运行需要，将转向架的二系悬挂由圆钢弹簧更换成空气弹簧；另外，联系枕梁与构架之间的安装座进行了相应改动，其

余结构保持不变，如图 7-39 所示。

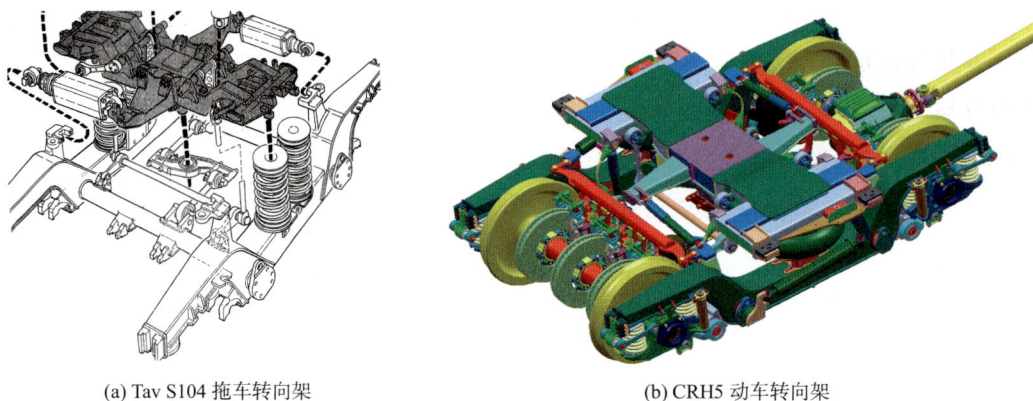

(a) Tav S104 拖车转向架

(b) CRH5 动车转向架

图 7-39　CRH5 转向架结构图

CRH5 动车组动车转向架主要由焊接构架结构、一系悬挂及轮对轴箱定位装置、二系悬挂及牵引装置、抗侧滚扭杆装置、联系枕梁、驱动装置（齿轮箱、万向轴等）、停放储能制动装置、基础制动装置、轴温报警装置与接地回流装置、撒砂器和 ATP 信号接收系统与轮缘润滑系统等组成。拖车转向架没有驱动装置，在相应位置配备了一套制动单元。CRH5 动车组动车转向架的驱动系统比较特别，电机采用体悬模式，电机输出轴端与列车纵向平行，因此车轴上的齿轮箱采用了螺旋伞齿轮，实现旋转运动方向的改变，电机与齿轮箱之间采用十字叉万向轴连接，以补偿垂向、横向和纵向的相对运动。这种独特的驱动与传动方式十分少见，在我国现有动车组系统中仅有 CRH5 采用。

② CRH2 型转向架的拉板轴箱定位到转臂轴箱定位。

CRH2 动车组转向架一系悬挂装置，是在原型车 E2-1000 型转向架的基础上设计变更最大的一部分。其中轴箱定位方式由双拉板式变更为轴箱转臂式，如图 7-40 所示。该变更主要基于以下几方面：

(a) 拉板式

(b) 转臂式

图 7-40　CRH2 动车组转向架一系悬挂装置

a. 便于一系定位刚度的选择，便于独立选择设计要求的纵向和横向刚度值，兼顾高速运行时稳定性和曲线通过性能对一系定位刚度不同的要求，有利于实现转向架的整体轻量化，同时这也是四方厂成熟的一系定位方式。

b. 零部件数量少，结构进一步简化，方便轮对装置与构架的分解或组装作业，无须刚度选配及与之相关的组装工作，减少了维修的难度。

c. 转臂式轴箱定位方式在我国提速客车转向架上有应用，四方厂最早在 206WP 型、206KP 型就开始应用，并在后续的 SW-160/200/220/220K 型上持续沿用。

除此之外，CRH2 动车组转向架的关键悬挂参数由于轮轨关系、线路条件和载荷条件等因素的变化，结合动力学验证结果，也进行了重新调整。

2. CRH380 型转向架的提升

（1）结构从"僵化"到"变化"

我国高速列车创新采用引进、消化、吸收、再创新的技术路线，并按照三个阶段完成。第一个阶段叫"僵化"，就是严格按照外方提供的图纸去生产，不求创新只求复制；第二个阶段叫"固化"，就是把学到的一些东西在流程上原汁原味地固化下来，做到不走样，使制造水准达到外方的标准；第三阶段叫"优化"，对引进的技术完全掌握并熟悉后，根据实际情况提出一些优化的建议。三步走，避免了学不到位、做不到像的问题，在充分学习后再求变。

① CRH380B 动车组转向架的二系垂向减振器。

CRH380B 动车组转向架（图 7-41）是以引进西门子 CW300D 型转向架技术为基础，在消化吸收后从僵化到优化研制的转向架，型号 CW400D。

(a) CW300D 动车转向架　　　　　　　　(b) CW400D 动车转向架

图 7-41　CRH380B 动车组转向架

CW400D 型转向架与 CW300D 型转向架相比，增加了二系垂向减振器，优化了转向架悬挂参数，增大了转向架构架等结构强度；在轮对、轴箱、一系及二系悬挂装置、齿轮箱和牵引装置、制动装置等各部件的设计结构上均继承了成熟的技术，确保了高速动车组的速度和承载要求，具有较高的运行品质且安全可靠。其中，增加了二系垂向减振器的原因在本章第二节中提及过，此处不再赘述。

② CRH380A 转向架加抗侧滚扭杆。

随着高速列车运行速度的提升以及对乘坐舒适度要求提高，动车组车辆普遍采用较软的空气弹簧。空气弹簧自身产生的抗侧滚能力不足，往往需要增加车辆的侧滚刚度以限制其侧滚角，通用的做法是设置抗侧滚扭杆装置。CRH380A 动车组转向架以 CRH2 动车组转向架为平台，适应速度、轴重等顶层指标变化，进行了重大技术升级。其中，空气弹簧横向跨距仍沿用了 CRH2 动车组的空簧跨距 2460mm，为目前国内动车组转向架最大空簧跨距，结构上主要通过将空簧下部支撑座设置在侧梁外侧来实现。随着 CRH380A 动车组速度提高，来自轨道和空气动力激扰增加，导致车体振动加大。为提高乘坐舒适性，采用低垂向、横向刚度的非线性空气弹簧代替普通空气弹簧，使得柔度系数余量减小，基于此，CRH380A 动车组转向架加装了抗侧滚扭杆装置，如图 7-42 所示。

抗侧滚扭杆装置

图 7-42　CRH380A 动车组转向架

（2）全面自主化的参数设计

通过引进国外高速列车先进技术，我国实现了高速铁路的快速发展。从引进之初的适应性研究，到原型车速度和性能的提升，我国实现了完全自主的高速列车动力学参数设计，也就是中国高速列车转向架有了自己的"魂"。

① 从 CRH2 到 CRH380A 的蜕变。

2008 年北京奥运会开幕之前，我国利用京津城际，进行了以 CRH2 为原型升级的 300km/h 的 CRH2C 动车组线路试验。运行速度提升了 100km/h，该车的整车动力学性能，特别是车体振动指标难以达到预期要求。为此，我国开展了系统动力学研究，极大提高了设计速度 380km/h 的 CRH380A 动力学性能。

随着运行速度的提高，车辆运行安全性成为首要关注的问题，其中车辆稳定性与速度提升密切相关，而影响蛇行运动稳定性最关键的悬挂参数是抗蛇行减振器。CRH2 动车组每转向架只设置 2 个抗蛇行减振器，一旦转向架失效 1 个抗蛇行减振器，临界速度会大幅下降，导致高速运行时横向平稳性严重恶化［图 7-43（a）］。为了提高 CRH380A 的稳定性冗余度，转向架每侧设计 2 个抗蛇行减振器，即使有 1 个失效，仍可保证车辆具有较高的蛇行失稳临界速度［图 7-43（b）］。

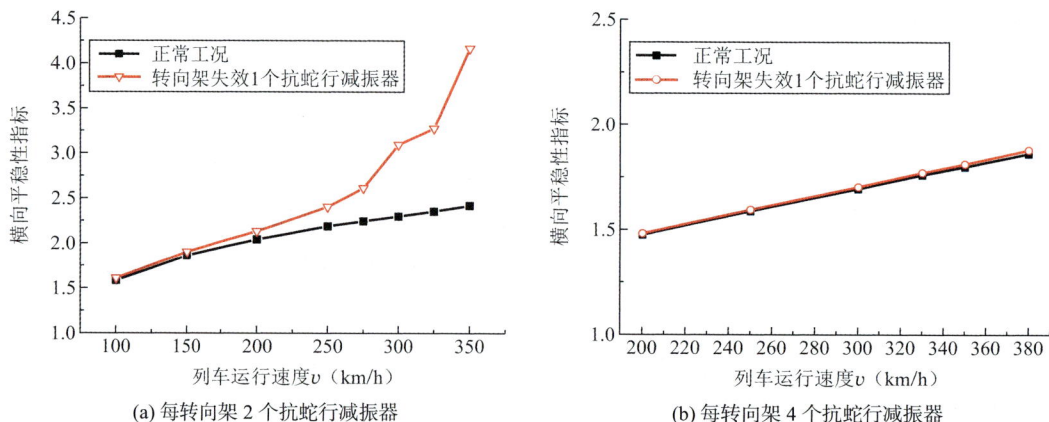

(a) 每转向架 2 个抗蛇行减振器

(b) 每转向架 4 个抗蛇行减振器

图 7-43　抗蛇行减振器对横向平稳性指标的影响

乘坐舒适度也是动车组提速后重点关注的指标，通过仿真分析（图 7-44），CRH2 动车组的二系横向减振器阻尼和空簧横向刚度偏大，使得高速运行下的乘坐舒适度变差。适当减小横向减振器阻尼，把线性空簧更换为非线性空簧，可改善高速运行时的乘坐舒适度，但车辆抗侧滚能力会变弱（图 7-45）。因此设计了一个较小刚度的抗侧滚扭杆，这样既可保证安全性，也能提升乘坐舒适度。

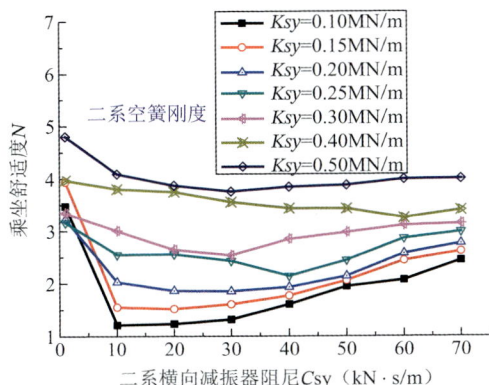

图 7-44　二系横向刚度和阻尼对舒适度的影响

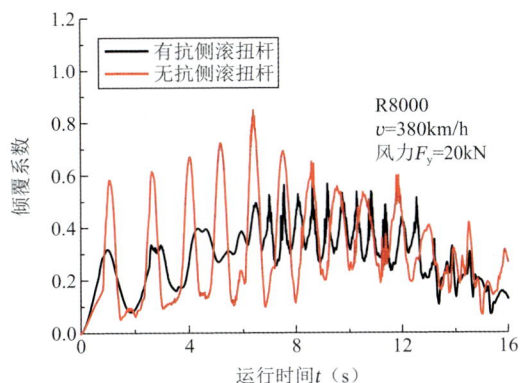

图 7-45　抗侧滚扭杆对倾覆系数的影响

在动力学参数设计思想的引导下，CRH380A 动车组的转向架结构也做了相应改进。新的转向架增加了抗侧滚扭杆，带两组抗蛇行减振器，加强了二系悬挂空气弹簧柔度，从而提高了转向架的稳定性和减振效果，转向架临界失稳速度达 550km/h，具有良好的稳定性裕度。其中脱轨系数远小于安全标准的 0.8，即使运行速度为 386.3km/h 时，其最大脱轨系数为 0.3。CRH380AL 在京沪高铁冲高试验速度达到 486.1km/h。

② 从 CRH3 到 CRH380B 的提升。

CRH3 原型车来自西门子的 Velaro E，引进时的运行速度为 300km/h，没有加装二系垂向减振器。在京津城际线路试验中发现在通过竖向变坡点时，车体出现垂向周期振荡（图 7-14），说明转向架的垂向减振能力不够。研制 CRH380B 时，不仅设计速度比引进型车提升了 50km/h，还针对原型车在运行中发现的问题对转向架进行了系统的动力学研究与优化，包括必要的结构改进。

在动力学仿真的基础上，选择了 4 种一系垂向减振器参数开展滚振台架试验，分析动车组在轨道随机不平顺和竖曲线激励下的动态响应，如图 7-46 和图 7-47 所示。试验结果表明，在 150km/h 以上的速度区间，加装二系垂向减振器能显著提升垂向平稳性指标，尤其是阻尼较大的减振器 A 与 B 方案；原车通过竖曲线后的振动时长约 10s，在加装二系垂向减振器后能加快衰减，阻尼越大，衰减越快，但车体加速度峰值更大，方案 A 达到了 0.05g。综合考虑后，采用了阻尼 10kN·s/m 的减振器 C 方案。

在研制 CRH380B 动车组的时候，尽管主机厂希望尽量沿用原型车的参数系统与结构特征，但还是做了少量的结构调整。包括加装了二系垂向减振器，以增加转向架的减振能力；抗蛇行阻尼器从单侧的一个增加到两个，提高转向架的蛇行失稳速度的同时也提高了该转向架动力学的鲁棒性。CRH380BL 在京沪高铁冲高试验速度达 487.3km/h。

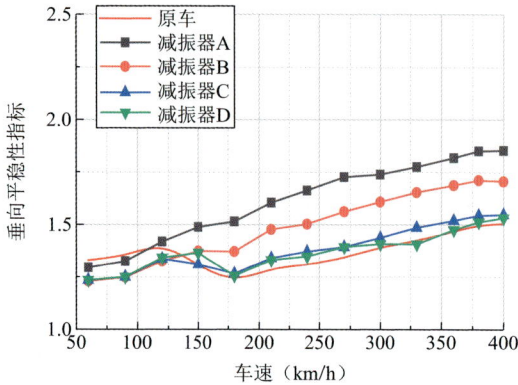

图 7-46　车体垂向平稳性指标

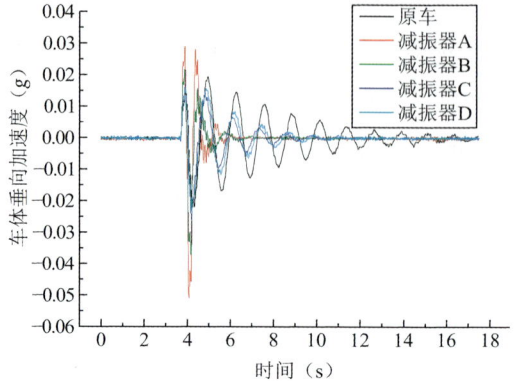

图 7-47　350km/h 通过半径 25000m 竖曲线

（3）困扰运行的车轮多边形问题与解决方案

在我国开行高速列车之前，人们对车轮多边形没有太多认识，而是对钢轨波浪形磨耗研究较多。其实德国 ICE 列车早期就出现过车轮多边形，多为低阶多边形，阶数为 1～5 阶，幅值可达 1mm，而且只发生在盘式制动的车轮上，整体式车轮常见的为 3 阶多边形。我国武广线和贵广线开通以后 CRH 动车组出现了车轮多边形化现象。当运行速度为 300km/h 时，车轮表现出 18～20 阶多边形化。高速动车组车轮多边形磨耗本质是踏面圆周方向上的非均匀磨耗，其特征频率在 550～650Hz 附近。

车轮多边形是一种车轮失圆，表现为轮径周期性波动。多边形车轮一周内所包含的轮径波动周期数称为多边形阶数（n），如图 7-48 所示。显然，一个多边形车轮造成的激励频率 f_n 与多边形阶数、轮径 r 和运行速度 v 相关，如式(7-1)所示。

$$f_n = \frac{v}{\lambda_n} = \frac{vn}{2\pi r} \tag{7-1}$$

式中：f_n——激励频率，Hz；

$\qquad v$——运行速度，m/s；

$\qquad \lambda_n$——n 阶多边形的波长，m；

$\qquad r$——轮径，m；

$\qquad n$——多边形阶数，$n = 1,2,3\cdots$。

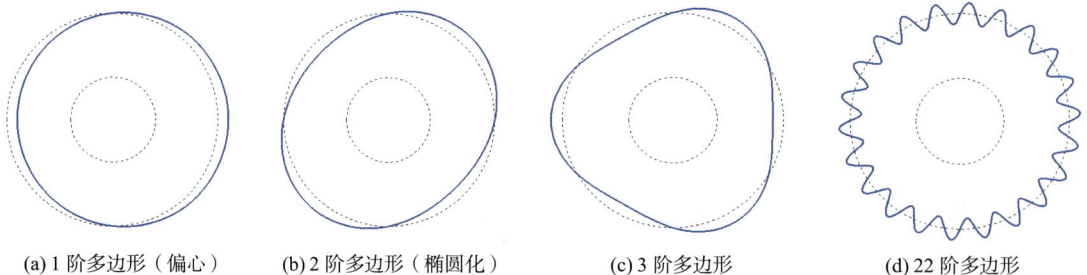

(a) 1 阶多边形（偏心）　(b) 2 阶多边形（椭圆化）　(c) 3 阶多边形　(d) 22 阶多边形

图 7-48　在极坐标系内展示的多边形车轮

现实中多边形车轮通常是低阶和多阶多边形共存，各阶次的幅值或动力响应可利用傅里叶变化等方法来确定。

车轮多边形会引发严重的振动问题，导致钢轨、转向架部件（制动吊座、制动盘座、齿轮箱箱体、电缆支架等）的疲劳失效，同时也导致客室噪声严重超标，影响乘客的舒适性。当时的解决方法是通过车轮的镟修来降低振动，但这严重影响了高速列车的运行效率。调查研究显示，车轮多边形磨耗在不同车辆、不同轮径以及不同踏面状态下呈现出类似的特征频率。更有趣的是，原本有车轮多边形现象的列车（或是转向架），在高级修（三级或四级修）后，车轮多边形问题就消失了；也有相反的情况，原本没有车轮多边形的车，在高级修后出现了多边形。这些复杂的现象给车轮多边形研究带来多样性，并导致了不同研究流派的出现。

文献[13]认为转向架类型和速度对多边形特征频率没有显著影响，而转向架轴距对其具有较大影响。2 型车和 3 型车转向架差别较大，但同一线路上其多边形振动频率相同，而转向架轴距（3 型车 2.5m 和 5 型车 2.7m）对其影响较大，多边形频率与轴距平方成反比，这表明车轮多边形与转向架两车轮内钢轨振动相关。进一步研究发现该振动与转向架两车轮间钢轨垂向第 3 阶弯弹性模态相关，其频率由轨距、轨枕间距、扣件刚度决定，该频率范围在 560～580Hz。车辆在轨道上行驶时，轮轨接触界面的激扰会引起轮轨耦合系统的振动，从而导致车轮踏面磨损不均匀，形成初始的规则多边形磨耗。一旦形成多边形磨损后，车轮在滚动时会进一步激发钢轨振动，加速车轮多边形磨耗的发展。基于这一车轮多边形磨损的形成机理，可知固定线路形成多边形频率不能改变，只有通过调整行车速度或变换交路等方案，避免车轮多边形激励引起的轮轨力频率与轨道局部弯曲模态频率形成共振，才能减缓车轮多边形磨耗问题。当年铁路总公司采用了变速和变换交路方案，以及在结构上安装了车轮踏面清扫装置，CRH 系列动车组车轮多边形磨耗问题基本消除。

也有学者通过众多现场观测，发现多边形相关的振动频率固定，这意味着其根本原因是系统的某阶模态。通过进行动、静态振动测试，确认多边形相关模态的来源：转向架上确实存在频率相近的模态，一般低阶多边形可能与轮对扭转共振或者轮对弯曲共振频率一致，高频则可能与转向架构架模态频率有关。在这一学术观点下，解决或减缓多边形发展的措施为：一是采用变速运行，通过减少系统共振来缓解车轮多边形的发展；二是加强车轮踏面的管理，一旦多边形发展到一定程度，就及时镟修车轮踏面，抑制多边形的发展。

早在 2006 年，文献[1]介绍了在机车车辆滚动振动试验台上开展过的钢轨波浪形磨耗试验，在模拟钢轨的轨道轮上再现了波磨，甚至直接在车轮上再现了多边形。而且文献[1]给出了钢轨波磨（或者是车轮多边形）发生的充要条件：首先存在轮轨系统共振，其次是轮轨间要有蠕滑（滑差）。因此，采取有效的行车方案来避免共振效应，是控制车轮多边形问题的重要措施；加强对车轮表面状态的监测和维护，是延缓多边形发展的有效手段。

3. CR400 型转向架的创新设计

复兴号 CR400 中国标准动车组的研制成功，是中国高速列车创新发展具有里程碑意义的成果。CR400 型转向架不仅全面开展了动力学参数优化设计，全方位提升了高速列车动力学性能；还研发了新的车轮踏面，解决了 LMB 踏面（即引进时的 S1002CN）在应用中出现的问题；此外，在电机悬挂等结构上进行了创新，成功打破了知识产权的壁垒。

（1）创新的牵引电机弹性吊悬

复兴号 CR400BF 动车组动力转向架的牵引电机采用特有的四点弹性架悬方式，在电机和构架之间装有横向液压减振器和止挡，如图 7-49 所示。此方案首次采用牵引电机作为动力吸振器来控制转向架蛇行运动稳定性和蛇行频率，从而避免引起车体弹性模态共振。

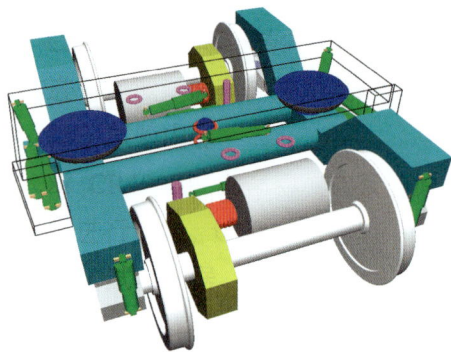

橡胶弹性节点具有较大的径向刚度和较小的横向（橡胶节点的轴向）刚度，从而将电机和构架在横向进行解耦。每台牵引电机的质量为 765kg，考虑到橡胶节点的动态刚度大于静态刚度，电机横摆频率高于 5.2Hz，远大于文献[17]中 3Hz 左右

图 7-49　动力转向架的牵引电机弹性架悬结构

的最优值。但电机四点悬挂能够提供更大的电机摇头刚度，减少电机与构架的耦合振动，从而只释放电机横摆自由度，这有利于将电机作为转向架蛇行运动的横向动力吸振器。

针对无电机和电机弹性架悬方案，计算构架端部横向加速度频谱如图 7-50 所示，可见无电机时构架横向加速度达到 0.47g，主频为 7.1Hz，频谱图具有单峰特性；电机弹性架悬时构架横向加速度为 0.30g，主频为 5.5Hz，在 9.5Hz 有另外一个较小的峰值，即频谱图具有双峰特性。这是明显的阻尼动力吸振现象，说明电机弹性悬吊可以抑制转向架 6～8Hz 的主要蛇行运动。计算表明，车体横向平稳性指标在无电机时为 1.97，在电机弹性架悬时为 1.84，体现出牵引电机的横向吸振作用。

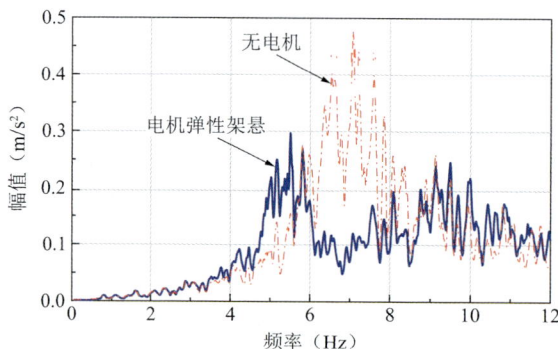

图 7-50　构架端部横向加速度频谱图

（2）LMB10 新踏面诞生

中国高速铁路最初采用的钢轨廓形是 CH60，而 CRH3 动车组引进时采用西门子推荐的 S1002CN 踏面（后来改名为 LMB 踏面），LMB 踏面与 CH60 钢轨匹配，总体运行情况

良好，但在通过个别特殊路段时容易产生异常振动（图 7-51）。异常振动主要包括二次蛇行失稳报警、抖车以及一次蛇行失稳晃车现象。为了确保 CRH3 动车组的动力学性能，不得不提前镟轮，这不仅增大了运维成本，还严重影响运营秩序。

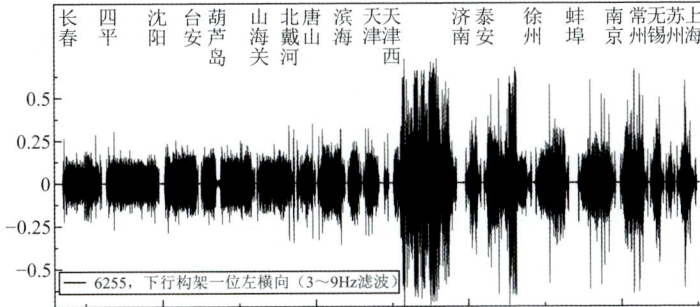

图 7-51　CRH380B（LMB 踏面）构架横向振动加速度

通过调研分析，LMB 踏面与标准 CH60 钢轨匹配时，轮轨接触点主要分布在 LMB 踏面常工作区，等效锥度正常，不会发生蛇行失稳现象；当 LMB 踏面遇到欠打磨钢轨时，轮轨接触点移动到 LMB 踏面喉根圆高斜率区，容易产生异常高锥度，进而诱发二次蛇行失稳报警和抖车现象；当 LMB 踏面遇到过打磨钢轨时，轮轨接触点移动到 LMB 踏面外端低斜率区，容易产生异常低锥度，进而诱发一次蛇行晃车现象，如图 7-52～图 7-54 所示。

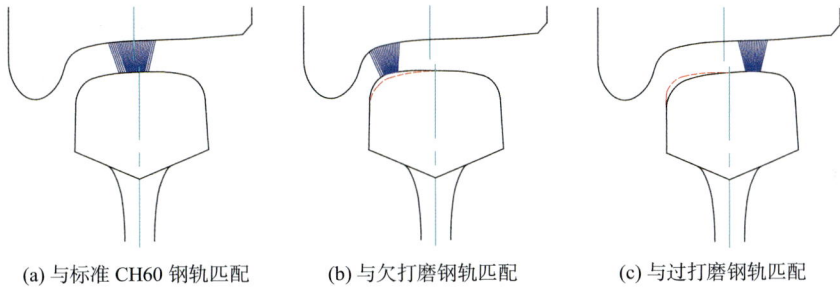

(a) 与标准 CH60 钢轨匹配　　(b) 与欠打磨钢轨匹配　　(c) 与过打磨钢轨匹配

图 7-52　LMB 踏面与不同偏差钢轨廓形匹配示意图

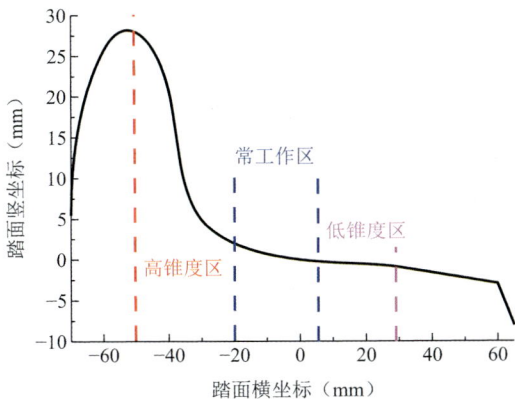

图 7-53　LMB 踏面廓形

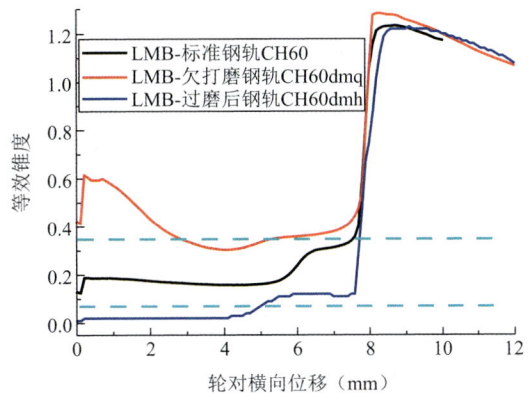

图 7-54　LMB 匹配不同钢轨廓形的等效锥度

为了提高踏面对不同钢轨廓形的适应能力，提出了对 LMB 踏面的优化改进设计思路（图 7-55 和图 7-56）：①保持 LMB 踏面工作区廓形基本不变，这样不会影响 CRH3 动车组正常运营；②把 LMB 踏面喉根圆区域的斜度降低，以防止欠打磨钢轨接触到该区域时产生过大的等效锥度，从而缓解二次蛇行失稳报警和抖车现象；③把 LMB 踏面外端区域的斜度增大，保证即使过打磨钢轨接触到该区域，也不至于产生过低的等效锥度，进而缓解一次蛇行晃车现象。

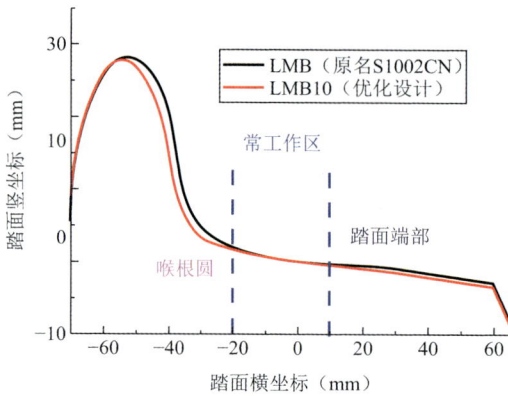

图 7-55　优化踏面 LMB10

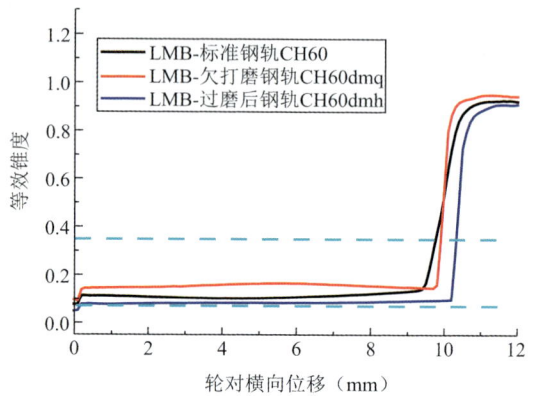

图 7-56　LMB10 匹配不同钢轨廓形的等效锥度

经过大量线路跟踪试验，相较于 LMB 踏面，LMB10 踏面在不同线路运营的等效锥度离散度小（图 7-57），提高了踏面对不同钢轨廓形的适应能力，大大缓解了 CRH3 动车组的稳定性问题。在相同里程下，LMB10 踏面的转向架横向加速度仅为 LMB 踏面的 1/3，这说明使用 LMB10 踏面可以延长镟修间隔。由于 LMB10 踏面在 CRH380B 上应用效果良好，后来被应用于复兴号 CR400BF 和 CR300BF 动车组上，实现了轮轨关系的自主化设计。

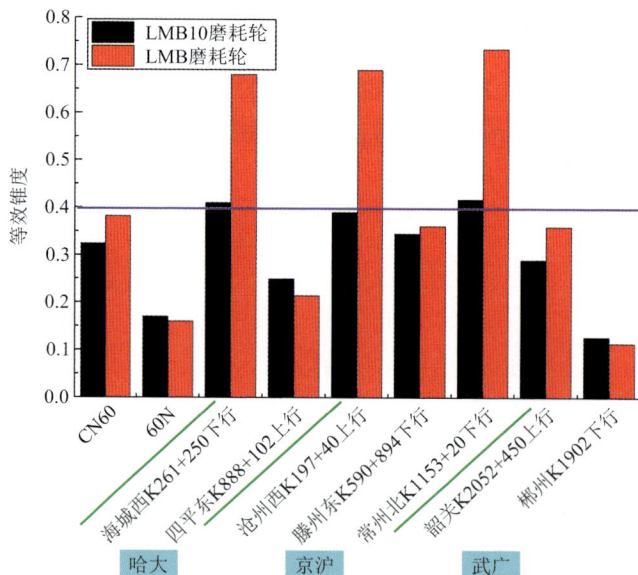

图 7-57　不同线路上 LMB10 与 LMB 实测踏面与实测钢轨廓形匹配的等效锥度对比图

（3）动力学性能优异的复兴号

源自德国西门子的 CRH3 和谐号动车组技术，并不完全适应国内高速铁路运营环境，出现了如转向架失稳报警、车辆低频晃动和车体高频抖动等问题，这些问题均与车辆系统动力学有关。

早期，部分 CRH3 动车组在车轮磨耗状态下，转向架出现了剧烈的蛇行运动，导致构架横向加速度超限报警并触发列车限速或停车，影响了列车正常运营秩序。为了解决这一问题，增加了转向架的回转约束，采用了更大动态刚度和阻尼的抗蛇行减振器。尽管这一措施能有效降低转向架蛇行运动幅值，但同时也提升了其频率，转向架蛇行频率与车体菱形模态频率接近时，产生了共振现象，导致车体高频抖动，严重影响旅客乘坐舒适性，如图 7-58 所示。

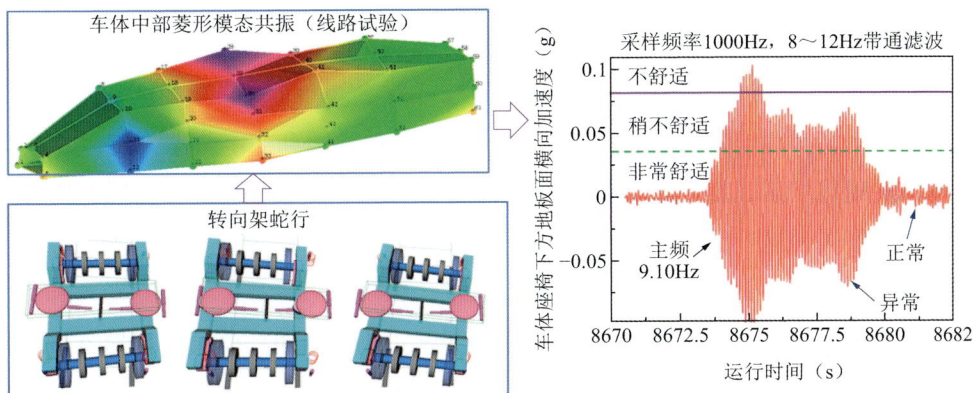

图 7-58　转向架蛇行导致车体异常抖动

为了从根本上解决转向架蛇行问题，保持良好的轮轨匹配关系至关重要。因此，工务部门推出了钢轨打磨廓形方案，以降低轮轨匹配等效锥度。然而，轮轨低锥度条件下转向架蛇行频率与车辆悬挂系统固有频率接近时，动车组又出现了大幅值的车体和转向架整体横向运动，即车体蛇行。由于振动频率接近人体敏感频率区域，造成横向平稳性超标，显著恶化了列车运行品质。可见，轮轨高、低锥度条件下，转向架蛇行和车体蛇行运动相关性能指标对悬挂参数的需求是矛盾的。这要求我们在整车参数设计时，需要全面考虑实际线路条件，兼顾各种矛盾，提出最佳匹配关系，提升动车组的线路运行适应性。

在 CR400BF 复兴号动车组的设计中，我们综合了长期服役跟踪测试数据和运营中的问题反馈，在全面掌握国内高速铁路线路边界条件的基础上，通过正向设计方法，成功提出了转向架悬挂参数和轮轨关系的最佳匹配方案，实现了全面的自主化参数设计，解决了上述一系列动力学问题，降低了车线运维成本，标志着我国高速铁路装备自主设计研发能力的重要突破。

首先，采用单参数和多参数正交优化方法，获得对车辆动力学性能敏感的主要参数选取范围。以等效锥度 0.4 的磨耗后轮轨匹配关系为例，此时应该重点关注转向架蛇行稳定性，图 7-59 是三个关键参数对构架端部横向加速度（0.5～10Hz 带通滤波后的幅值）的影响规律。可见，适当增大抗蛇行减振器等效刚度到 15MN/m、抗蛇行等效阻尼 600kN·s/m 左右、转臂节点纵向刚度到 40MN/m 左右，可以明显抑制转向架蛇行。由于抗蛇行减振器的等效刚度、转臂节点纵向刚度增大，不利于新镟车轮小锥度条件下的一次蛇行稳定性，因此未进一步增大这些刚度来抑制二次蛇行。

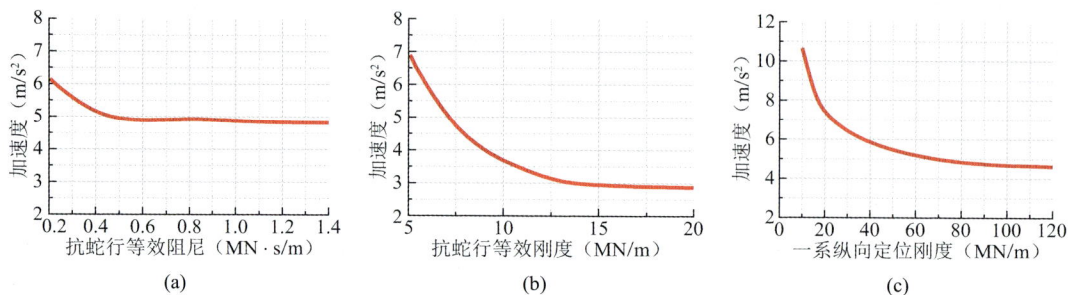

图 7-59　关键参数对构架横向加速度的影响

　　动车组的运行环境是复杂多变的，轮轨界面、悬挂参数和环境气温都可以看成具有一定分布规律的随机变量，在此边界条件下运行的动车组，其动力学性能也具有随机性，参数优化时有必要考虑这些因素造成的影响，包括：

　　① 轮轨界面参数：钢轨廓形、轨底坡、轨距、轮轨摩擦系数、轮轨蠕滑饱和系数。

　　② 悬挂刚度和阻尼：转臂节点刚度、空簧刚度、抗侧滚扭杆刚度、减振器接头刚度、减振器阻尼、齿轮箱吊挂刚度和阻尼，考虑悬挂参数±15%的制造误差以及环境温度对刚度和阻尼的影响。

　　③ 轨道不平顺：按照我国高速铁路线路谱的分布特性设置多个轨道不平顺样本。

　　复兴号 CR400 高速列车具有优异的动力学性能，在动力学参数设计方法方面还有更深的理念（详见第四节相关内容），这些都是我国高速列车引领发展的重要理论保障。

4. 和谐号大功率机车转向架创新

　　我国的提速和高速机车转向架技术发展，对我国高速转向架技术的创新起到很好的奠基作用。通过引进、消化、吸收和再创新，我国和谐号大功率机车转向架，以及后来的各种转向架的研发，同样取得很好的创新成果，在我国动力集中的复兴号高速列车研制中，担当了重要的角色。读者可以通过二维码了解和谐号大功率机车转向架的创新发展情况。

和谐号大功率机车转向架

第四节　车辆系统动力学研究与仿真技术创新发展

一　从轮轨关系说起：更高速度下的轮轨"滚-滑-跳"接触

　　车轮在钢轨上滚动时，钢对钢的轮轨接触斑很小，呈现接触应力高、应变低、应力应变梯度高等特点，使得轮轨作用对界面几何高度敏感。因此，需进行精确的轮轨几何匹配设计，并维持轮轨表面的高平顺性。轮轨接触几何状态在服役磨耗中不断演化，所致的接触几何失形、纵/周向不平顺等会显著影响车辆-轨道耦合系统各频段的振动行为。

轮轨滚动接触问题可分法向和切向问题，在切向上同时存在滚动和滑动，即"滚-滑"现象，常用纵、横向及自旋蠕滑率来表征滑动程度。传统轮轨滚动接触理论如 Kalker 简化理论、沈-赫-叶（沈氏）理论等，以 Hertz 接触理论为基础，隐含了无限半空间接触体、椭圆形接触斑、线弹性材料、库仑摩擦、准稳态滚动等假设，重在解决切向接触问题，为系统动力学研究提供了可基本满足需求的蠕滑力/率关系。Kalker 精确理论是广为接受的三维轮轨滚动接触数值求解方法，可精确求解非 Hertz 接触的法、切向问题，常用作标准解，但也隐含了无限半空间接触体、稳态滚滑、库仑摩擦和线弹性材料等假设。近年来，基于虚拟渗透、近似表面变形等方法的非 Hertz 法向接触算法得到了发展，虽然考虑了横向非 Hertz 特征，但依然沿用了 Hertz 理论的其他假设。

法向接触主要影响系统的垂向作用，在不平顺激励下，轮轨系统会发生法向宽频振动，造成法向力动态波动，即发生"跳"。极端情况下减载可超过轮重，导致车轮跳起或轮轨接触脱离。切向接触主要涉及轮轨间相对滑动及由此产生的摩擦问题，主要影响系统的纵、横向宽频振动，是造成轮轨磨耗和滚动接触疲劳等损伤的根本原因。正常条件下，切向力小于由实时法向力和黏着系数决定的限值，此时的轮轨处于小蠕滑的"滚-滑"状态。低黏着或强跳动条件下，切向力作用不足以平衡牵引/制动力矩，轮轨处于大蠕滑的"滚-滑-跳"状态（图 7-60），严重影响列车运行品质，造成轮轨磨耗和滚动接触疲劳等损伤。

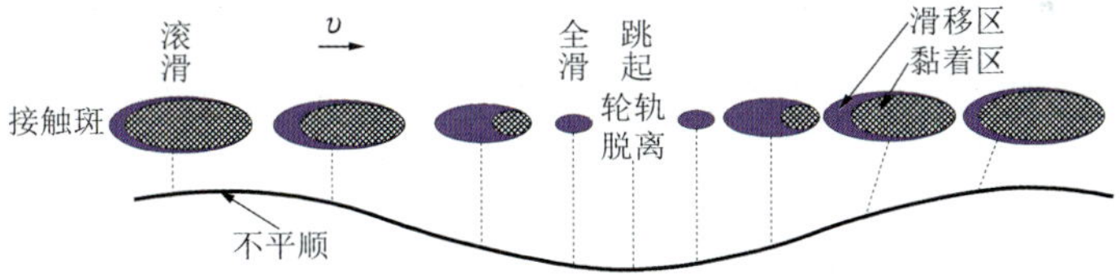

图 7-60　轮轨"滚-滑-跳"下接触斑尺寸波动及内部黏着-滑移区分布变化

轮轨"滚-滑-跳"接触的重要性，已在 300～350km/h 的高速铁路中有所显现，其造成了具有独有特征的车轮高阶多边形、大半径曲线钢轨短波波磨、车轮局部滚动接触疲劳等问题。未来，高速铁路突破 400km/h 及以上更高运营速度时，轮轨滚动接触载荷的移动速度将会更高，更多不平顺激励进入高频范围，瞬态效应更强，几何敏感性更高；与此同时，系统能量更高，高频结构振动变得更重要，轮轨连续体振动也变得不可忽略；加之列车牵引/制动功率更大，但界面可用黏着却随振动而降低，车轮短时空转和打滑概率增加。"滚-滑-跳"接触已成为未来更高速轮轨关系不可忽略的问题，且全球范围内尚无现成经验可以借鉴，因此，亟须创新必要的模拟和测试手段，开展"滚-滑-跳"轮轨接触界面瞬态作用、损伤机理及变化规律研究。

欲精确预测真实几何轮轨在振动环境下的瞬态"滚-滑-跳"接触行为，目前最可行的方法是考虑轮轨真实几何和材料非线性等复杂特征的有限元法。早期的静态或准静态有限元模型无法得到动态结果，尤其切向接触解不能满足需求。ALE建模方法虽能求解切向接触，但仅能处理稳态滚滑问题。基于纯Lagrangian描述和显式时间积分的显式滚动接触有限元模型，是目前实现动/瞬态滚动接触行为模拟的最佳方法。早期显式有限元模型，仅限于普速、纯滚动和平顺条件下的法向接触分析。文献[28，29]首先实现了不同蠕滑率、复杂黏着和任意三维中/短波不平顺下轮轨瞬态"滚-滑-跳"接触模拟，舍弃了传统理论的诸多假设，并将真实轮轨几何、与轮轨高频动力行为紧密相关的车辆和轨道结构等因素均考虑在内。该模型大致发展过程如图7-61所示，速度300km/h、牵引系数0.3和黏着系数0.5条件下车轮通过波长80mm波磨钢轨时接触斑内"滚-滑-跳"接触行为预测结果如图7-62所示。

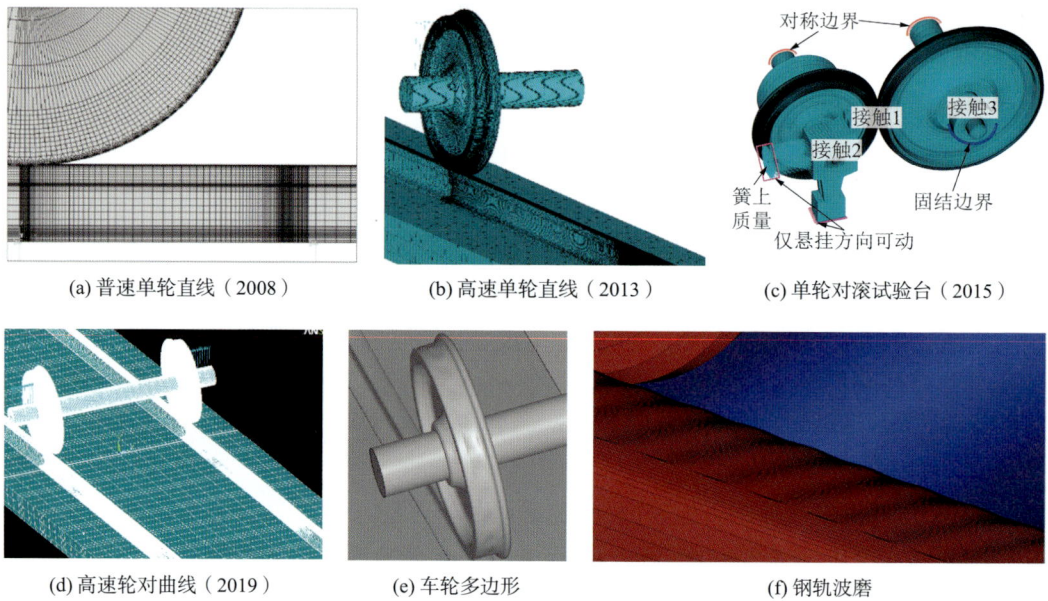

(a) 普速单轮直线（2008）　　　(b) 高速单轮直线（2013）　　　(c) 单轮对滚试验台（2015）

(d) 高速轮对曲线（2019）　　　(e) 车轮多边形　　　(f) 钢轨波磨

图 7-61　三维轮轨瞬态滚动接触模型发展历程

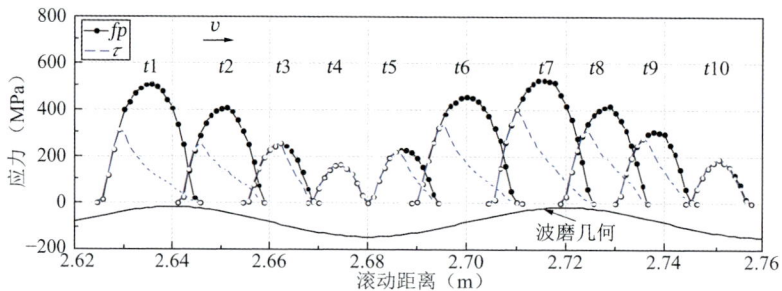

图 7-62　典型瞬态"滚-滑-跳"接触行为预测结果

二　动力学建模与计算方法

1. 转向架零部件建模的日益完善

铁道车辆动力学性能与悬挂元件的动态特性密切相关，其中，对车辆动力学影响较大的悬挂元件是空气弹簧和液压减振器，因此对空气弹簧和液压减振器的力学模型研究非常重要。

空气弹簧不仅提供刚度，还可提供阻尼，而且其刚度和阻尼会随着激振频率和幅值的变化而改变，传统的力元模型很难反映空气弹簧的动态特性。为此，很多研究人员对空气弹簧非线性模型展开了大量研究，其中最为著名的是 Admas 动力学软件中的 Krettek 模型和 Simpack 动力学软件中的 Docquier 模型，Krettek 模型只考虑了节流孔（图 7-63），而 Docquier 模型只考虑了连接管路（图 7-64），节流孔和连接管路都属于阻尼元件，在流量方程中不能直接相串联。因此，Krettek 模型和 Docquier 模型只能分别考虑其中一个元件，而实际空气弹簧通常既有节流孔又有连接管路，所以采用 Krettek 模型和 Docquier 模型仿真计算误差均较大。鉴于此，我国研究团队建立了 TPL-ASN 空簧模型：在节流孔和连接管路之间设置一个辅助空间（图 7-65），使得流量方程可通过辅助空间把节流孔和连接管路相串联，通过大量试验表明，TPL-ASN 空簧模型仿真结果与试验结果吻合度非常好（图 7-66）。

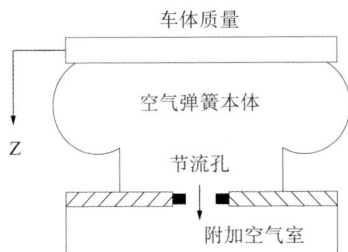

图 7-63　Krettek 空簧模型

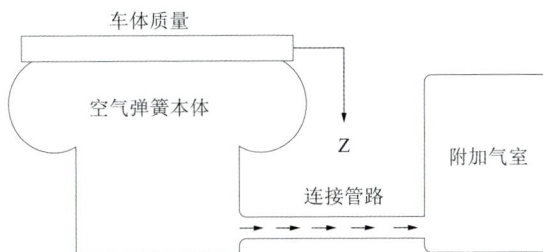

图 7-64　Docquier 空簧模型

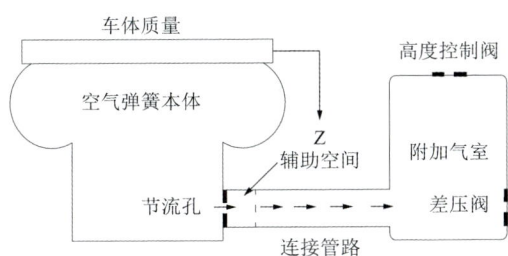

图 7-65　TPL-ASN 空簧模型

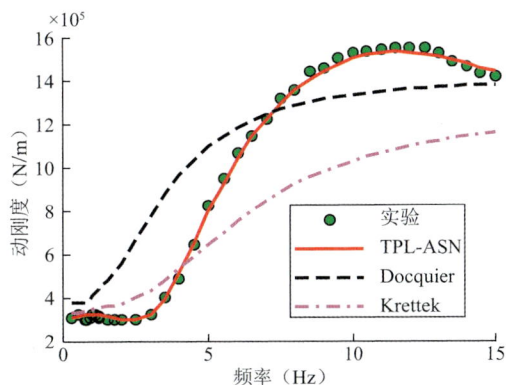

图 7-66　不同空簧模型仿真与试验对比

液压减振器不仅提供阻尼，还会形成附加刚度，而且其刚度和阻尼会随着激振频率和幅值的变化而改变。动力学仿真软件中常采用 Maxwell 减振器模型（图 7-67），输入的减振器力-速特性如图 7-68 所示，而实际通过试验得到的减振器力-速特性如图 7-69 所示，所以 Maxwell 模型

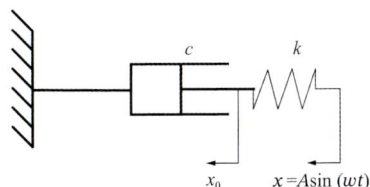

图 7-67　Maxwell 减振器模型

很难反映减振器的实际动态特性。鉴于此，我国研究团队建立了GC-damper减振器力学模型（图7-70），该模型考虑了减振器的物理结构和油液流体力学特性，可以反映减振器的频变、幅变和温变动态特性。通过大量试验表明，GC-damper减振器力学模型仿真结果与试验结果吻合度较好（图7-71）。

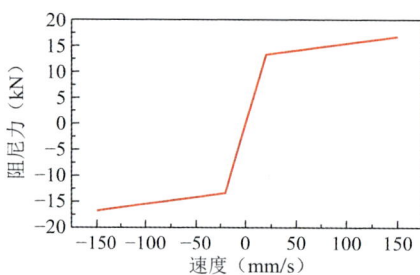

图 7-68　仿真输入的减振器力-速特性　　图 7-69　试验得到的减振器力-速特性

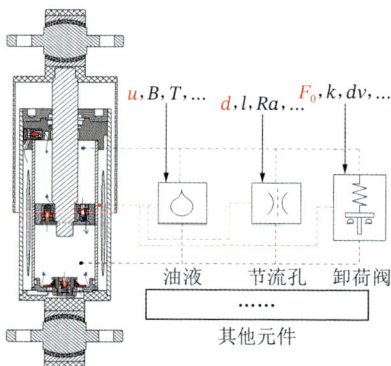

图 7-70　GC-damper减振器力学模型　　图 7-71　不同减振器模型仿真与试验对比

2. 从多刚体、多体系统到耦合大系统动力学研究的发展

在车辆动力学发展早期，一般采用分析力学方法建立车辆系统的牛顿方程，进行车辆动力学研究。随着计算机技术的发展，多刚体系统动力学仿真已成为设计和分析复杂机械系统的重要工具。由于车辆系统是由一系列的刚体和悬挂连接组成的典型多刚体系统，因此多刚体系统动力学在车辆系统动力学仿真中得到了广泛应用。

从 20 世纪 60～80 年代，在航天和机械两个领域分别形成了两类不同的多刚体系统数学建模方法，分别称为拉格朗日方法和笛卡尔方法。这两种建模方法的主要区别在于对刚体位形的描述方法不同，进而导致方程的数量、类型及求解方法均存在较大差异。

拉格朗日方法是一种相对坐标方法，以一个刚体为参考物，另一个刚体相对该刚体的位置由铰的广义坐标（又称拉格朗日坐标）来描述。其优点是方程个数最少，且动力学方程易转化为常微分方程组（ODEs-Ordinary Differential Equations）。然而，这些方程通常具有较强的非线性特征，为使方程具有程式化与通用性，系统矩阵中包含描述系统拓扑的信息，其形式相当复杂。SIMPACK 就是典型的基于该方法的多体动力学软件。

笛卡尔方法是一种绝对坐标方法，以系统中每一个物体为单元，建立固结在刚体上的坐标系，刚体的位置相对于一个绝对参考（总体坐标系）。这类数学模型是微分-代数方程组（DAEs-Differential Algebraic Equations），其特点是方程个数较多，但系数矩阵呈稀疏状，适宜于计算机自动建立统一的模型进行处理，不能直接采用常微分方程算法求解，需要专门的求解技术。ADAMS、UM 和 DAP-Rail 就是基于该方法的多体动力学软件。

多体系统动力学中的惯性体分为刚性体（刚体）和柔性体，刚体上任意两点之间的距离保持不变，如车辆系统的车体、构架和轮对等主要惯性部件。由于刚度较大，在传统车辆动力学研究中，一般忽略其弹性变形，简化为刚体。随着运行速度的提高，高速列车的零部件，特别是车体和转向架构架的弹性变形对整车的动力学性能有不可忽略的影响，这时车体、构架应该考虑成柔性体（弹性体），柔性体上任意一点的位置可以通过刚体运动叠加局部的弹性变形来确定。如图 7-72（b）中柔性体上 P 点的弹性变形为 $\overline{u}_f^p$。轨道车辆上的结构一般刚度较大，变形较小，可认为其符合小变形假设，柔性体的弹性变形描述一般可以采用模态叠加法，如式(7-2)所示：

$$\overline{u}_f^p = \phi^p q_f \tag{7-2}$$

式中：ϕ^p——柔性体上 p 点模态振型矩阵；

　　　q_f——模态广义坐标值，下标 f 表示柔性体。

为了尽量减少模态截断造成的误差，通常选择 Craig-Bampton 模态集，通过有限元软件中的模态综合法计算得到。考虑刚柔耦合后的系统方程引入了模态广义坐标，增加了系统的自由度数量，同时系统的质量矩阵出现刚性运动坐标与模态广义坐标系的耦合项。耦合项的存在使得系统的质量矩阵变得更加复杂和庞大，增大了求解的难度，并显著降低了求解速度。

随着轨道车辆运行速度的提高，以及车辆系统动力学研究的深入，车辆运行边界与车辆的耦合越来越强烈，因此，文献[4,5]提出了高速列车耦合大系统动力学。高速列车耦合大系统动力学采用多体系统动力学建模方法，与一般的多体系统相比，车辆系统有两个主要的区别：一是车辆系统沿特定轨道运行，二是轮轨之间存在复杂的滚动接触，因此车辆系统在具体的建模上与一般的多体系统动力学建模存在差异。由于车辆是沿特定轨道运动，需要发展出基于轨道坐标系车辆系统建模方法。该方法对每个刚体引入一个轨道坐标系，称为刚体轨道坐标系，该坐标系跟随刚体一起沿轨道中心线运动，轨道坐标系的坐标原点用轨道弧长 s 唯一确定，刚体 i 对应的轨道坐标系 $O^tX^tY^tZ^t$，如图 7-72 所示。具体建模过程详见参考文献[7]。基于轨道坐标系建模车辆系统各部件相对轨道的运动信息可以直接获得，有利于轮轨接触的准确计算。

(a) 刚体轨道坐标系描述   (b) 柔性体轨道坐标系描述

图 7-72　高速列车多体动力学轨道坐标系描述

3. 高速列车耦合大系统动力学建模与计算方法

前文提及的高速列车耦合大系统动力学理论,不仅仅是一个大系统耦合的框架与理念,关键是如何进行多体大系统动力学建模。高速列车耦合大系统需要从车辆发展列车,并考虑列车与线路、弓网、流固等耦合作用。因此,在解决大系统的建模与耦合计算方面存在一定的特殊性,文献[4,5]及文献[37]系统介绍了如何解决任意列车编组和列车在任意长线路上运行的建模与计算方法。

（1）循环变量法

列车编组型式基本分为动力分散与动力集中两种模式（图 7-73）,这两种模式在我国复兴号系列高速列车中均有应用。无论是动力集中还是分散,仅有两类车型:动车与拖车,这意味着可以充分利用动车或者拖车的模型一致性,发展新的建模与计算方法。具体的循环变量法见文献[1]。

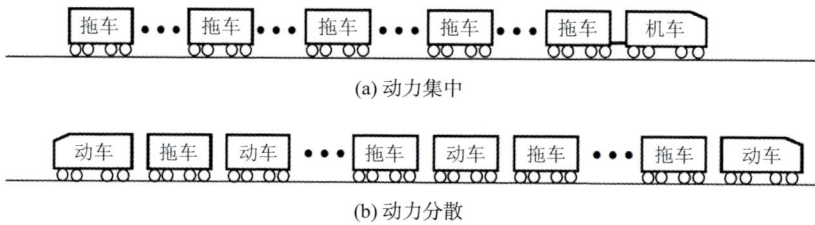

(a) 动力集中

(b) 动力分散

图 7-73　列车编组型式

（2）滑移窗口法

列车运行速度越高,车线耦合作用越强,考虑车线耦合的必要性就越大。为了实现列车在任意长线路上的运行模拟,必须有长大钢轨的建模与计算方法,显然不应该简单地把钢轨长度取长而损失模态空间计算精度。为此,文献[38]最早提出了一种新的滑移窗口方法,实现列车在长大线路上的运行模拟。

在滑移窗口模型中,为满足高速铁路枕木、轨道板和桥梁结构计算窗口的选择,滑移窗口长度的设置是时变的，如图 7-74 所示。整个列车/线路的滑移窗口长度 l_{TW} 与钢轨移动窗口长度 l_R、枕木移动窗口长度 l_S、桥梁移动窗口长度 l_B 之间的关系应满足 $l_R \leqslant l_S \leqslant l_B \leqslant l_{TW}$。如果是路堤段无砟轨道，则没有桥梁窗口 l_B。

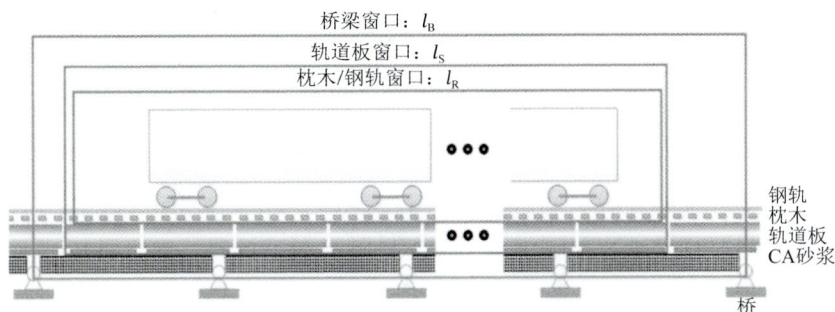

图 7-74 滑移窗口长度计算模型

采用滑移窗口进行车线耦合计算时，由于枕木、轨道板和轨道桥可以看成离散的对象，因此移入移出计算窗口很好处理；钢轨作为一个连续梁体，文献[5]中提出了滑移过程的连续钢轨的滑移窗口计算方法，使得连续长大线路条件的列车运行仿真计算成为可能。滑移窗口模型可充分考虑离散轨下支撑特性和轨道不平顺的影响，尤其是线路沿纵向不均匀变化的支撑特性。具体的滑移窗口计算方法见文献[5]。

三 动力学仿真平台

1. 车辆系统动力学自主软件：DAP-Rail

轨道车辆多体系统动力学仿真平台对于轨道车辆的动力学研究和车辆设计至关重要，国际上已有多个成熟的仿真平台。其中，ADAMS 软件是全球应用最广泛的机械系统仿真软件之一，自 1980 年由 Mechanical Dynamics Inc.推出以来，广泛应用于包括运动学、动力学分析在内的多个领域。ADAMS/Rail 模块于 1995 年推出，结合了 MEDYNA 和 VAMPIRE 的技术，专注于铁路车辆系统的动力学仿真分析。

德国航天局于 1984 年推出了 MEDYNA 软件，适用于铁路、公路车辆、磁浮车辆以及一般机械系统的动态模拟计算，1990 年推出基于相对坐标系建模和递归算法的通用多体动力学仿真软件 SIMPACK，1996 年推出 Wheel/Rail 模块，成为铁路行业广泛使用的仿真软件。

VAMPIRE 软件由英国 AEA 铁道技术公司于 1989 年推出，专门针对铁路机车车辆系统开发。同年，北美铁路协会（AAR）推出 NUCARS 软件，主要用于铁路货车的多体系统动力学分析。俄罗斯的 UM 软件由布良斯克国立理工大学研发，是该国通用的机械动力学/运动学仿真分析软件之一，进入中国市场后得到快速发展，拥有铁路行业大量用户。

我国车辆动力学仿真软件开发起步较晚，但随着国产商业软件的需求越来越强烈，近几年取得了显著进展。1991 年，西南交大牵引动力国家重点实验室开发了基于牛顿方程的车辆动力学仿真程序 TPLDYNA。2009 年，该团队提出基于多体动力学理论开发车辆动力学软件，并于 2012 年推出了 TPL.Vehicle 软件，该软件能够实现常规车辆动力学仿真、刚柔耦合仿真和大系统耦合仿真。然而，由于操作界面不够便捷，软件推广受限。2015 年底，团队对核心代码进行优化和重构，重新设计了前后处理界面，并丰富了专用的力元库和模型库。2022 年 3 月，推出了 DAP-Rail 轨道车辆系统动力学软件，界面如图 7-75 所示。

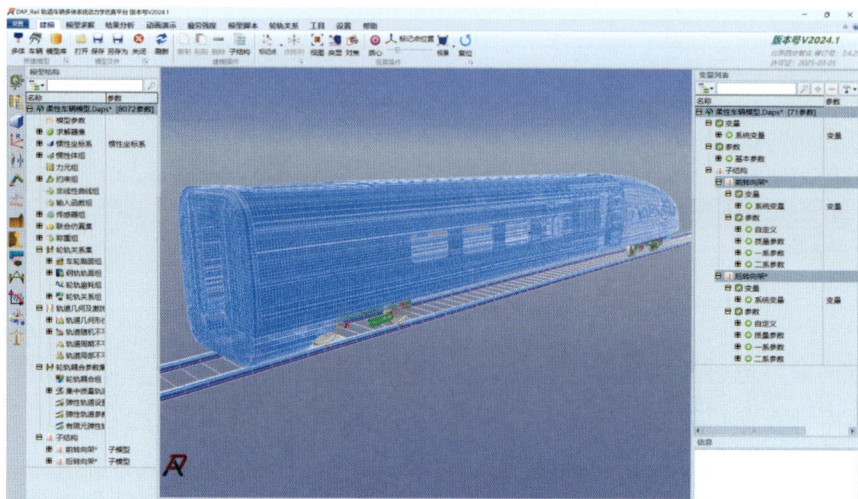

图 7-75　DAP-Rail 轨道车辆系统动力学软件界面

DAP-Rail 是一款通用多体动力学仿真软件，它融合了国内外最新轮-轨接触理论、车辆动力学理论、车辆-轨道耦合动力学理论和大系统耦合动力学理论等研究成果，结合了开发团队的长期研究经验，以及我国轨道交通的实际状态和海量的运营数据。DAP-Rail 专注于轨道车辆系统动力学仿真，主要功能包括：

① 车辆系统动力学仿真。

② 列车系统动力学仿真。

③ 刚柔耦合仿真及动应力计算，模态分析。

④ 道岔通过、车轮多边形、车轮擦伤等变轮轨截面仿真。

⑤ 车轮和钢轨磨耗计算。

⑥ 悬挂元件故障过程动力学仿真。

⑦ 机电控制联合仿真。

⑧ 三维接触计算。

⑨ 滚动振动试验台、悬挂元件特性试验台的建模及仿真。

⑩ 单轨车辆、磁悬浮、火箭撬等各种轨道车辆的建模及仿真。

此外，DAP-Rail 还具有以下特点：

① 软件支持可视化、参数化、子结构和脚本自动化建模等多种便捷的建模方式。

② 拥有 40 多种铁路专用力元，包括精细化的空气弹簧模型、液压减振器模型和斜楔摩擦减振模型等。

仿真软件
DAP-rail

③拥有几乎涵盖了轨道车辆所有车型的轨道车辆模型库，用户通过修改参数可以快速建立自己的模型。

④拥有功能强大的轮轨模块，包括轮轨接触计算、轮轨法向力和轮轨蠕滑力模型。

2. 高速列车耦合大系统动力学仿真平台

高速列车耦合大系统动力学仿真平台是可以同时对高速列车与线路之间的轮轨耦合关系、受电弓与接触网之间的弓网耦合关系、与周边气流之间的流固耦合关系、与供电系统之间的机电耦合关系进行仿真分析的工业软件。该平台在多个方面实现了一系列关键技术的突破，包括面向 CAD 设计模型的动力学属性提取技术、基于参数化和图形化的动力学建模方法、基于子结构组件的耦合大系统动力学跨尺度建模技术、基于时空同步控制的耦合大系统动力学仿真计算方法和列车运行模拟多粒度/多域/多样化展示技术等。这些技术的综合应用，实现了高速列车与线路、接触网、周边气流、供电系统等运行环境子系统在积分步长尺度级的多向耦合仿真计算。平台的开发为高速列车与运行环境子系统的创新设计、性能评估、优化及运行维护决策等提供了工业软件支撑。

该平台还兼顾了多样化应用需求，如串/并行计算模式、待耦合子系统的灵活动态组织、异构/异操作系统运行环境下的子系统间耦合仿真、平台的易扩展性/易用性/友好性等。

（1）平台架构

平台采用 C/S 模式的分布式仿真体系，主要功能模块包括主控模块、前处理模块、耦合计算模块、后处理模块和系统管理模块。其中耦合计算模块是仿真平台的核心，包括计算资源管理子模块、任务调度子模块、耦合控制子模块、执行机代理子模块、车辆动力学耦合计算子模块、线路动力学耦合计算子模块、弓网动力学耦合计算子模块、牵引供电耦合计算子模块、空气动力学耦合计算子模块和耦合计算过程监控子模块，如图 7-76 所示。各模块之间的数据通过数据库系统和数据文件进行关联和管理，图中箭头方向代表数据的流向。

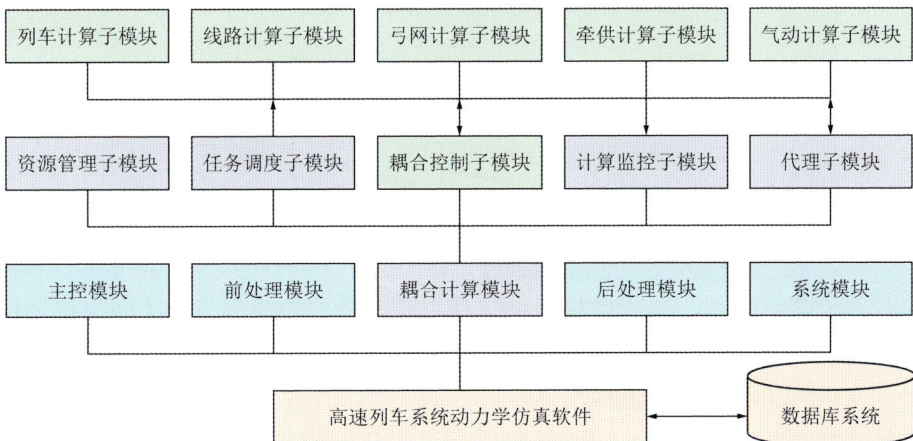

图 7-76　仿真平台软件架构

由于在耦合仿真过程中，各子系统对计算资源要求、运行环境要求等各不相同，同时为了保证多工况下计算网络的负载均衡和整体运行效率，平台硬件架构由调度器-耦合器-执行机三层体系组成，如图7-77所示。

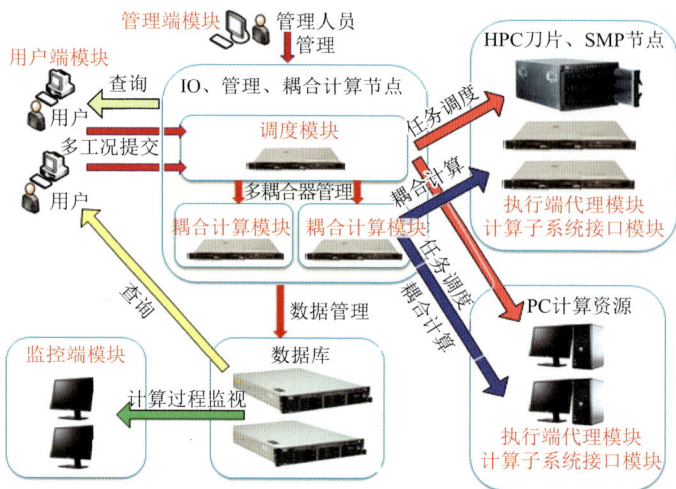

图7-77　仿真平台硬件架构

（2）平台核心功能

平台的主控模块用于各种仿真流程的建立和仿真数据的管理；前处理模块用于建立各耦合仿真子系统的前处理模型，将各子系统的实际物理模型映射为仿真模型；耦合计算模块用于实现高速列车与其运行环境子系统间基于仿真步长级的耦合计算；后处理模块用于对各子系统的耦合仿真结果进行二维和三维可视化分析和运行模拟，得到性能时程曲线、演变规律、评价结果等，为性能评估、优化等任务提供依据。前后处理模块的功能界面如图7-78和图7-79所示。

高速列车耦合
大系统动力学
仿真平台

图7-78　平台前处理模块

图 7-79　平台后处理模块

四　高速列车动力学研究

1. 高速转向架参数设计方法

（1）运动稳定性设计策略

文献[4,5]提出列车运动稳定性的控制策略，如图 7-80 所示。在进行高速列车运动稳定性设计时，首先要保证车体有足够的"镇定"能力，在车体抗蛇行能力不足时，可以考虑通过车间减振器来提高稳定作用；其次通过车体对转向架运动的制约，抗蛇行减振器可以提升转向架构架的抗蛇行能力；最后考虑轴箱定位，通过轴箱定位特别是纵向定位刚度来限制轮对的蛇行运动。

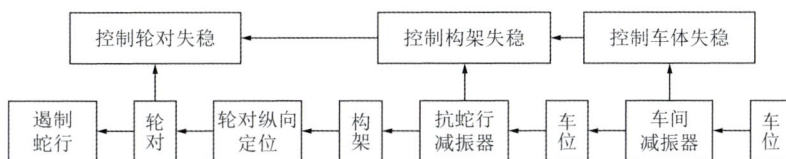

图 7-80　列车运动稳定性控制策略

（2）运行平稳性设计策略

图 7-81 为文献[4,5]所提出的动车组频率隔离控制策略。随着运行速度的提高，线路和气流的激扰频率增大，同时，轮对的蛇行频率随着运行速度和踏面磨耗而增大。为了保证有效的隔振，动车组的车体和转向架自身具有结构和悬挂（刚体）的固有频率，这些频率应与线路激扰频率和轮对蛇行频率有效隔离，即使无法有效隔离，也必须在阻尼设计上保证各自在振型的阻尼比，保证振动的衰减。对于具有固定周期的线路激扰，应在悬挂参数设计时，尽量在运行速度范围内避开共振点，有效隔离线路激扰带来的振动。

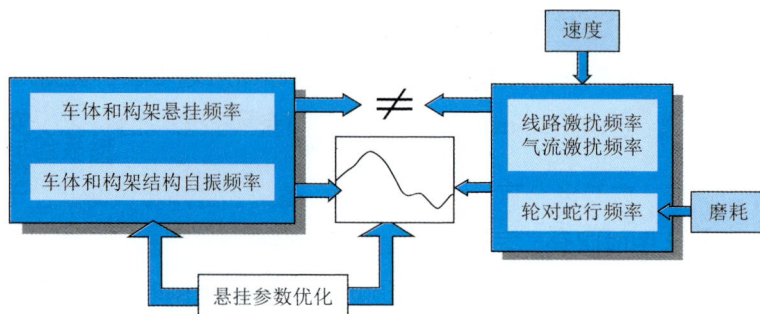

图 7-81　动车组频率隔离控制策略

（3）参数的可靠度设计方法

车辆结构参数和悬挂参数决定了高速列车动力学性能，而这些参数在实际制造时允许有公差，且在运用中可能会发生变化。这样，即可通过实际产品的参数测定，获得其参数的分布规律。对于某个参数，参数的名义值为e_0，许用公差（或者偏差）下参数范围在$(e_0 - e_i, e_0 + e_s)$。参数在许用范围内会按一定的概率分布，对应参数名义e_0就可以得到失稳临界速度的设计名义值v_{cr0}；对应参数选取范围$(e_0 - e_i, e_0 + e_s)$，就可以得到失稳临界速度的取值范围$(v_{cr0} - v_{ei}, v_{cr0} + v_{es})$；对应参数的分布律$P_e$，亦可相应得到临界速度的分布律$P_v$。当然，由于非线性的存在，两者之间的映射关系并不是线性的，这体现在它们相对于各自名义值的范围对称度不同和分布律不同，如图 7-82 所示。因此，在设计中就要考虑临界速度的分布律以及基于概率的可靠度。

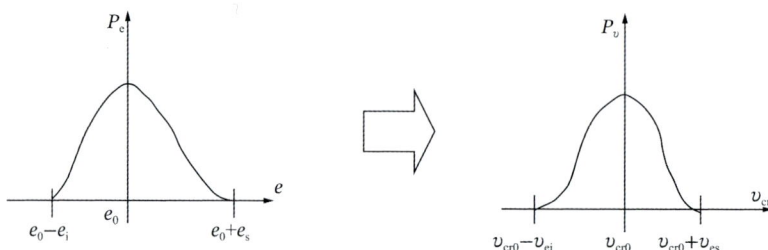

图 7-82　参数及对应临界速度的分布

2. CR400A/B 高速动车组转向架悬挂参数优化研究

高速动车组稳定性是决定列车能否高速安全平稳运行的关键，车辆蛇行失稳形式主要包括车辆低频一次蛇行失稳和转向架高频二次蛇行失稳。低锥度容易发生一次蛇行失稳，高锥度容易发生二次蛇行失稳。

复兴号 CR400AF 采用 LMA 小锥度踏面，复兴号 CR400BF 采用 LMB10 大锥度踏面。为了避免发生一次蛇行失稳和二次蛇行失稳现象，小锥度车辆与大锥度车辆的悬挂参数匹配方法是不相同的。

针对小锥度车辆，蛇行频率较低，需要通过悬挂参数优化，使一次蛇行和二次蛇行的共振点都落在常用车速以上（图 7-83），具体的参数优化匹配规律是：较小的等效锥度、较小的一系定位刚度、较大的抗蛇行减振器阻尼（图中 C_{SX}）和较大的车间减振器阻尼（图中 C_{jX}）。小锥度车辆参数优化匹配口诀可归纳为"小-小-大-大"。

针对大锥度车辆，蛇行频率较高，需要通过悬挂参数优化，把一次蛇行共振点设计在常用车速以下，而二次蛇行的共振点设计在常用车速以上（图7-84），具体的参数优化匹配规律是：较大的等效锥度、较大的一系定位刚度、较小的抗蛇行减振器阻尼和较小的车间减振器阻尼。大锥度车辆参数优化匹配口诀可归纳为"大-大-小-小"。

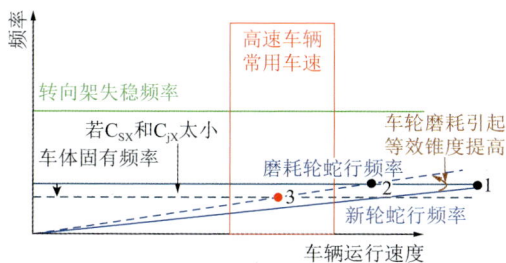

图7-83　小锥度高速车辆的稳定性设计方法　　　图7-84　大锥度高速车辆的稳定性设计方法

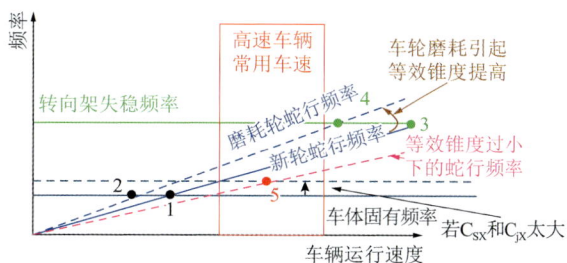

复兴号 CR400AF 和 CR400BF 的车辆悬挂参数就是按上述参数匹配方法设计的（表7-1），虽然二者参数存在很大差别，但它们的动力学性能都很优异，再次证明车辆动力学性能好坏不是取决于某个参数，而是取决于多参数的合理匹配，可见参数优化匹配对车辆动力学的影响十分重要。

CR400AF 与 CR400BF 关键参数对比　　　　　　　　　　　表7-1

参数	CR400AF	CR400BF
等效锥度	0.04	0.1
一系纵向定位刚度	13.7MN/m	40MN/m
抗蛇行减振器阻尼	2450kN·s/m	750kN·s/m
车间减振器阻尼	1960kN·s/m	无

3. 动力学仿真：从简单的校验到全局优化

高速列车系统动力学仿真已经广泛应用于动力学性能研究与参数设计，但仿真研究永恒追求的目标是仿真结果可信，与物理模型的实际响应一致。为了实现"仿真"效果，文献[6,7]提出高速列车系统动力学完整性概念，从模型、工况与指标的角度提出动力学完整性的要求（见本章第一节）。如果按照动力学完整性要求进行仿真，就能保证仿真质量，真正做到"仿真"。

鉴于动力学仿真技术的发展，机车车辆系统动力学研究走过了三个阶段：

（1）车辆系统动力学

传统的车辆系统动力学仿真研究始于 20 世纪 80～90 年代，车辆系统动力学从多刚体模型慢慢发展到刚柔混合模型，但车辆系统动力学研究更多关注在线路激扰下的车辆动力学性能，进而开展机车车辆动力学参数的设计与优化。

（2）高速列车耦合大系统动力学

随着列车运行速度提高，车辆受线路激扰加剧，车辆-轨道耦合动力学研究越来越受到重视，并发展了车线桥耦合动力学模型，在工程中得到了广泛应用。与此同时，空气流动对列车运行行为的影响越来越明显，必须考虑气动力对列车的扰动，列车气动力学研究得到发展，并在我国高速列车的头型设计中发挥重要作用。考虑到列车在运行中所有的耦合作用是同时进行并相互影响的，因此，考虑线路、弓网和气流耦合作用的高速列车耦合大系统动力学研究变得尤为重要，即在动力学完整性中做到了模型的完整性。高速列车耦合大系统动力学研究不仅仅是用于车辆动力学性能研究，进行动力学参数设计；同时用于轮轨、车线、弓网和流固等耦合关系的研究，考虑列车、线路、弓网和气流耦合作用的全局优化。

（3）数字孪生

近几年数字孪生技术发展迅速，应用于各行各业。铁路机车车辆的动力学研究曾经走过虚拟样机研究阶段。虚拟样机技术是在建立第一台物理样机之前，设计师利用计算机技术建立机械系统的数学模型和仿真分析，进行设计方案的优化。可以说，虚拟样机是数字孪生的前身或雏形，而数字孪生不仅沿袭了虚拟样机的技术，更将其扩展到制造、运维领域，能够实现全寿命周期的服役模拟、故障诊断和健康管理。

高速列车耦合大系统动力学的提出是高速列车系统动力学研究的最新发展。大系统耦合把传统的车辆系统动力学从车辆扩展到铁路大系统，但高速列车耦合大系统动力学是以高速列车为核心，除研究列车（或者车辆）系统之外，还关注线路、弓网及气流的耦合作用，以及保障列车安全平稳运行的边界条件。下面用两个案例诠释高速列车耦合大系统动力学研究的意义。

① 线路不平顺限值要求研究。

我国第六次大提速试验发现，由于既有线的几何平顺性差，列车运行的脱轨安全性指标较差。为此，建立了列车与线路耦合模型进行仿真研究，希望能得到列车以 250km/h 速度运行时的线路不平顺限值。图 7-85（a）给出了某型速度 250km/h 动车组拖车（空车）以 250km/h 速度运行时轮重减载率随三角坑（12.5m 波长）幅值变化情况（没有考虑随机不平顺的影响）。由图 7-85（a）可见，若幅值 A 小于 15.7mm，减载率小于 0.65（准静态合格限值）；若幅值 A 小于 17.2mm，减载率小于 0.8（动态合格限值）。因此，如果线路上存在三角坑不平顺，则必须严格限值其幅值，最好控制在 15.7mm 以内（12.5m 波长），才能满足高速列车减载率准静态标准要求。同理，如果三角坑幅值为 15mm，计算得到不同波长下轮重减载率如图 7-85（b），由此可以确定波长的限值。一般而言，幅值越大，波长限值越大。

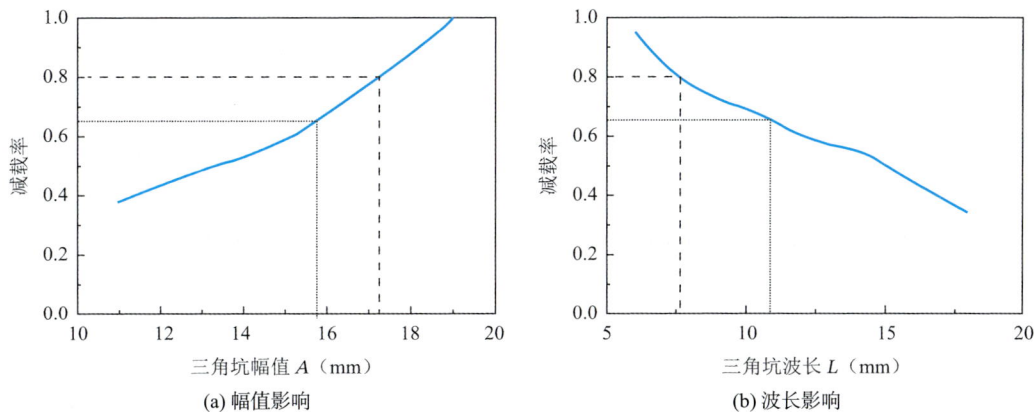

图 7-85　三角坑对减载率的影响

高低谐波和水平谐波等其他不平顺类型都有类似不平顺限值，具体见文献[4，5]。

② 横风作用下高速列车运行速度限值分析。

在大风天气，高速列车会降速运行，甚至停运。因此，研究在不同风速的列车安全运行速度，是传统列车空气动力学必须研究的内容，也就是通过计算列车在不同风速下倾覆系数，来确定列车运行速度的限值。在高速列车耦合大系统动力学理论指导下，利用三节车辆模型所进行的相关研究结果见表 7-2，表中V_{train}是车速（单位为 km/h），V_{wind}是风速（单位为 m/s）。由于采用动力学计算方法，可以得到完整的安全性指标，其中H_{max}是轮对横向轴向力（单位是 kN），Q/P是脱轨系数，dP/P是轮重减载率，D是倾覆系数。随着横风风速的增大，列车运行的安全性指标变大，而且超过安全性评价指标的列车运行速度也越来越小，这也是符合常识的结果。从表 7-2 还可以看到，倾覆系数D是最偏保守的，而轮重减载率最容易达到安全限值。同样在 30m/s 风速下，用倾覆系数评价，安全运行速度最高是 200km/h；而用轮重减载率评价，如采用静态轮重减载率限值，列车安全运行速度应该小于 120km/h，即使是用动态轮重减载率限值，列车运行速度也应该控制在 160km/h，显然小于用倾覆系数评价的速度限值。当然，由于计算采用了三节车辆模型，这与整列车模型在计算结果上存在一定的差异，但计算结果趋势仍在可接受范围内。因此，采用高速列车耦合大系统动力学的安全评价结果更加科学。

不同风速与列车运行速度下的安全性指标　表 7-2

V_{wind}（m/s）		V_{train}（km/h）					
		120	160	200	250	300	350
15	H_{max}（kN）	17.1	19.2	23.9	29.6	36.2	38.6
	Q/P	0.2	0.23	0.29	0.4	0.6	0.86
	dP/P	0.256	0.301	0.343	0.413	0.432	0.484
	D	0.225	0.247	0.316	0.416	0.462	0.607

V_{wind} (m/s)		V_{train} (km/h)					
		120	160	200	250	300	350
20	H_{max} (kN)	18.1	22.1	27.9	35.8	45.2	70
	Q/P	0.24	0.3	0.44	0.65	1.2	1.5
	dP/P	0.354	0.419	0.471	0.533	0.64	0.954
	D	0.258	0.322	0.404	0.606	0.623	1.01
25	H_{max} (kN)	18.2	24.8	32.5	39.9	46.3	80
	Q/P	0.3	0.43	0.8	1.5	1.6	1.7
	dP/P	0.535	0.554	0.632	0.706	0.775	0.842
	D	0.261	0.417	0.525	0.62	0.708	0.88
30	H_{max} (kN)	22.5	27.5	38.1	60	76	98
	Q/P	0.42	0.8	1.2	1.6	1.7	1.75
	dP/P	0.638	0.728	0.825	0.933	0.999	1.04
	D	0.451	0.536	0.673	0.818	0.995	1.15

高速列车耦合大系统理论的应用，支撑了高速列车的创新发展，高速列车实现了高平稳运行。曾经有国外旅客在我国运行中的高速列车上竖立了一个硬币，长时间不倒，充分展示了我国高速列车的运行平稳性。

第五节 转向架动力学及结构强度创新试验技术

一 整车动力学试验台的技术创新

列车运行速度的提高和服役环境的复杂化，对机车车辆动力学品质提出了更高的要求，新的动力学研究和试验方法不断涌现和完善。整车动力学试验台可进行机车车辆动态服役环境模拟，受到世界各国的广泛关注，其对于机车车辆基础理论研究和新产品研发具有重要意义，尤其是对高速列车创新发展至关重要。

1. 世界整车试验台的发展历程

机车车辆整车滚动试验是一项传统的铁路试验项目，最初的目的是在新设计或重大改进的机车车辆上线前，进行车辆及转向架结构干涉、机车牵引能力、运行跑合、轴承温升等检验。国外由于机车车辆产品开发的需要，很早就开展机车车辆整车动力学台架试验，最早的试验台于 1904 年建立在英国大西部铁路公司的 Swindon 工厂。德国、法国、意大利、美国和日本等铁路发达国家，早在蒸汽机车时代就建成了机车车辆整车滚动试验台，这些试验台在新型机车车辆，尤其是转向架的研制中发挥了重要作用。值得一提的是，早在 1936 年，日本人就在"满洲铁道技术研究所"（其旧址为今中车大连机车研究所有限公司）建成了蒸汽机车整车定置试验台，试验装置由德国克虏伯（Krupp）公司制造。

20 世纪 50 年代后期，随着高速铁路技术研究的深化，人们发现了自激振动现象——危及列车运行安全的车辆蛇行运动，日本国铁技术研究所首先通过 1∶10 和 1∶5 缩比滚动试验台验证了蛇行运动失稳现象。此后，测定机车车辆蛇行失稳临界速度成了整车滚动试验台高速试验的重要任务。

整车振动试验台可以检测激振条件下车辆的振动响应，主要用于转向架悬挂参数优化选择，以改进车辆的运动性能。最早的振动试验台比较简单，用偏心轮获得正弦波激振。随着计算机控制和电液伺服技术的发展，在一定的振幅和频率范围内，按照程序或随机设置振动谱，甚至模拟线路谱激振成为可能。20 世纪 70~80 年代，美国 TTCI 建成了车辆整车振动试验台，德国在慕尼黑建成滚振合一的整车试验台，力图实现整车线路运行的动态模拟，该试验台对德国 ICE 高速列车的成功研制起到了重要作用。目前，美国 TTCI 和德国慕尼黑的试验台均因维护成本高、试验任务少而停用。

需要指出的是，依靠计算机控制的电液伺服系统实现振动的试验台频响是有限的，尽管独立振动试验台比滚振合一试验台频响可能略高，但也无法模拟实际运行中丰富的高频激扰，比如多边形、车轮擦伤、轨道不平顺等引起的冲击振动等，因此，为研究转向架的高频响应，必要时仍需采用偏心滚轮，甚至是预制车轮缺陷的滚轮进行激扰的方式。

机车车辆整车动力学试验台主要可以分为三类：

① 滚动台——滚轮纯滚动，带动车轮转动，模拟平直轨道上的运动，可进行蛇行稳定性、牵引制动模拟等试验。

② 振动台——车轮不转动，每个车轮静置于一段短钢轨上，通过对短钢轨施加激振，模拟轨道不平顺，可进行模态、振动传递和振动响应等试验。

③ 滚振台——不仅可以通过滚轮滚动模拟前进运动，同时可以通过滚轮激振模拟轨道不平顺，可进行轮轨关系、蛇行稳定性、运行平稳性、振动模态和牵引制动模拟等试验。

滚动台的目的在于测定蛇行失稳临界速度，进行滚动部件的磨合以及牵引和制动特性试验等；振动台直接从车轮上输入激励，用以研究轴箱以上振动系统的动力特性，或者当作激振平台使用，开展车体和转向架的模态分析和参数识别；滚振台将滚动和振动结合起来，能够实现机车车辆线路运行模拟，更接近真实再现机车车辆的动态运行性能。

新中国成立后，我国开始发展机车车辆自主创新能力，首先在大连铁道研究所（今中车大连机车研究所有限公司）恢复机车定置试验台，为我国各类蒸汽机车、内燃机车的研制进行了一系列试验。

为满足我国机车车辆研制的需要，四方所作为我国机车车辆研发的重要机构，于 20 世纪 90 年代初建成了整车滚动试验台和整车振动试验台，在我国普速、提速和高速转向架研制过程中，开展了一系列试验并发挥了重要作用。其中，高速铰接式列车转向架滚动试验台最高试验速度达到 393.7km/h，超过了 350km/h 的试验台设计速度。与此同时，西南交大牵引动力国家重点实验室的机车车辆整车滚动振动试验台建成，经过六轴和提速升级改造后，目前该实验台是世界上规模最大、功能最全的在役整车滚振试验台（图 6-39），可以实现左右滚轮横向和垂向独立激振，最高试验速度可达 700km/h。该试验台承接了我国几乎所有高速动车组转向架动力学滚振性能台架试验，为高速转向架的研发提供了强有力的支撑。

近 20 年来，动车组主机厂越来越突显技术创新的主体作用，建立和完善了高速转向架试验手段，中车四方股份公司和中车长客股份公司都建有纯滚动台，中车唐山公司建造了两轴滚振 + 两轴纯滚试验台，最高试验速度超过 600km/h；中车株机公司建造了三轴滚振的转向架滚振试验台，最高试验速度 300km/h。

我国建成的机车车辆整车试验台是高速转向架台架试验的重要手段，与仿真分析和线路试验一道构成了我国高速转向架试验研究和技术创新平台。

2. 机车车辆整车滚动振动试验台的创新设计

机车车辆整车滚动振动试验台是利用滚轮的滚动来模拟线路的钢轨运行，表 7-3 呈现了不同线路及不平顺的轨道状态与试验台模拟线路下滚轮的对应关系，如果滚轮能模拟表 7-3 中的状态，则可以实现机车车辆在试验台的模拟运行与线路运行状态一致。

线路状态和滚轮的关系 表 7-3

序号	不平顺类型	轨道状态	滚轮状态	说明
1	水平不平顺			左右滚轮相对在垂向移动
2	垂向不平顺			左右滚轮相对在垂向移动
3	方向不平顺			左右滚轮同向横向移动和摇头
4	轨距不平顺			左右滚轮相对反向横向移动和相对反向摇头
5	曲线			左右滚轮设置在曲线上，并进行差速滚动
6	曲线超高			左右滚轮同时倾斜

机车车辆整车滚动振动试验台方案的核心是模拟钢轨滚轮的自由度。根据表 7-3 所列不同轨道与不平顺条件下所需的滚轮运动状况，除了需要模拟机车车辆相对于轨道前进滚

轮的滚动，以及模拟线路各种不平顺和线路状态，每个滚轮还需要独立进行垂向、横向、摇头和同一轴同步的倾斜运动。当试验台可以实现滚轮的这些复杂运动时，就可以称为全自由度轨道模拟器。机车车辆整车滚动振动试验台的滚轮运动自由度如图7-86所示，包括：

① 左右滚轮沿y轴方向分别移动，模拟轨距变化和方向不平顺。

② 左右滚轮沿z轴方向分别移动，模拟水平和垂向不平顺。

③ 左右滚轮同时绕x轴转动，模拟曲线外轨超高。

④ 左右滚轮绕y轴转动，模拟车辆的向前运动。模拟直线时，左右滚轮同步；模拟曲线时，左右滚轮实现差速。

⑤ 左右滚轮绕z轴分别转动，模拟轨道弯曲方向。

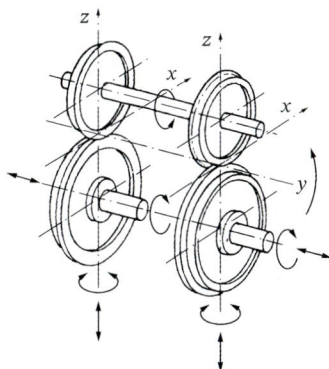

图 7-86　滚振试验台系统组成

在以上滚轮运动自由度中，沿y轴、z轴方向的移动和绕y轴方向的转动是可以实时控制的，绕x轴、z轴的转动可以在试验前按要求预先设置。

机车车辆整车滚动振动试验台的主要功能是开展轮轨蠕滑理论验证研究、脱轨机理研究、轮轨黏着机理及控制研究、轮轨接触关系及磨耗机理研究等，进行蛇行稳定性、运行平稳性、振动模态、牵引/制动功率模拟等相关试验。

机车车辆滚动振动试验台

三　转向架动力学台架试验

利用机车车辆整车动力学试验台开展铁路机车车辆动力学试验研究，遵循标准是《机车车辆动力学性能台架试验方法》（TB/T 3115—2005）及《轨道交通　机车车辆台架试验方法》（GB/T 32358—2015）。因此，机车车辆动力学性能台架试验的具体要求、方法和评价均可参考上述标准。

我国复兴号动车组的研制取得了巨大成功，其优异的动力学性能与转向架的台架试验是密不可分的。复兴号CR400AF/BF转向架的整车动力学滚动振动试验的最高试验速度为600km/h，是机车车辆台架试验的最高速度。下文以CR400BF为主，介绍转向架动力学台架试验（图7-87）。

图 7-87　被试转向架和车体在滚动振动试验台上

1. 试验概述

（1）试验目的

基于机车车辆滚动振动试验台，测定蛇行失稳临界速度、车辆运行平稳性、悬挂系统和结构自振特性，同时监测关键部位轴承温度和齿轮箱温度。通过对比不同悬挂参数下的动力学指标，进一步优化转向架的动力学设计参数。

（2）试验对象

CR400BF 动车组转向架 4 台，包括 2 个动力转向架和 2 个非动力转向架。车体使用假车体进行模拟，假车体按照实际车体质量、质心和转动惯量进行配比。

（3）试验内容

对 CR400BF 动车组转向架的原车方案、悬挂参数对比方案和故障方案在滚动振动试验台上进行试验，试验内容包括跑合试验、稳定性试验、平稳性试验、悬挂自振特性试验。

（4）试验依据

《机车车辆动力学性能评定及试验鉴定规范》（GB/T 5599—2019），《轨道交通　机车车辆台架试验方法》（GB/T 32358—2015）和《评估铁路车辆旅客乘坐舒适性的方法》（UIC 513—1994）。

（5）试验台滚轮廓形

在没有特殊要求时，与车轮接触部分的轨道轮应采用《钢轨　第 1 部分：43kg/m～75kg/m 钢轨》（TB/T 2344.1—2020）中规定的 60kg/m 钢轨断面外形，轨底坡采用 1：40。如对滚轮廓形有具体要求，需根据需求对滚轮外形进行镟修。

（6）轨道谱

试验台的激振能力应与要求的轨道谱相适应，其振幅及频率范围不得小于轨道谱的规定。在进行振动响应测试时，所采用的激振用轨道谱应和被试车实际运行线路的轨道谱相当。常用的典型高速轨道谱包括《高速铁路无砟轨道不平顺谱》（TB/T 3352—2014）中规定的轨道谱和典型客运专线实测谱，典型客运专线实测谱包括武广高铁谱、京津城际谱等。

（7）试验温度监测

试验过程中，对被试转向架 8 个轴箱进行温度监测，其中动力转向架还增加了电机和齿轮箱温度测点。测试轴箱/电机/齿轮箱表面温度，被试车的轴温限值为 120℃，因此，在试验过程中测出的轴箱温度若达到或超过 120℃，则停止试验，待冷却后再进行相应的试验。

2. 试验结果评价

（1）临界速度

车辆临界速度需大于线路最高运行速度（含最高试验速度）的 1.15 倍。

（2）构架端部加速度

采用《机车车辆动力学性能评定及试验鉴定规范》（GB/T 5599—2019）标准，加速度在 0.5～10Hz 带通滤波后，加速度峰值有连续 6 次以上达到或超过 8m/s² 时，判定转向架横向失稳。

（3）平稳性及舒适度指标

参照《机车车辆动力学性能评定及试验鉴定规范》（GB/T 5599—2019）标准执行，高速动车组一般要求最高运营速度下的横向平稳性指标、垂向平稳性指标和舒适度指标小于2.5。

（4）运行品质

参照《机车车辆动力学性能评定及试验鉴定规范》（GB/T 5599—2019）标准执行，高速动车组一般要求最高运营速度下的横向和垂向运行品质小于 $2.5m/s^2$。

3. 转向架动力学滚振试验

可以利用整车滚动振动试验台，开展高速动车组转向架动力学性能试验，测定蛇行失稳临界速度、运行平稳性和舒适度指标等。优选转向架悬挂参数，并评估轮轨磨耗状态和悬挂系统故障状态（如空气弹簧失气和减振器失效）的动力学性能。

对于蛇行运动稳定性试验，可以在不同的车速下施加轨道不平顺激励。撤去激励之后检测系统的振动，例如轮对横向运动是否收敛到平衡位置，如收敛则蛇行运动稳定，如出现周期性的往复运动，说明在该车速下蛇行失稳，即为临界速度。图7-88为高速动车组蛇行稳定性试验的轮对横移量测试结果，最高试验速度达到600km/h也未出现蛇行失稳，说明临界速度超过600km/h。

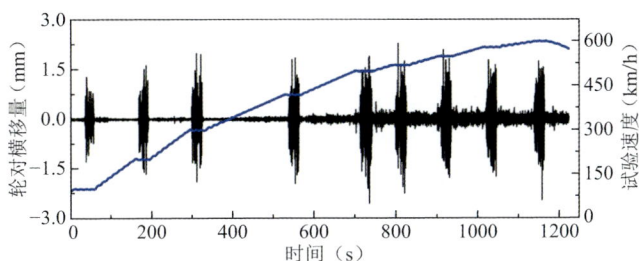

图 7-88　高速转向架蛇行稳定性试验

开展高速转向架悬挂参数对动力学性能的影响研究十分必要，如抗蛇行减振器参数对运行平稳性的影响。图7-89是不同参数下的横向和垂向平稳性指标试验结果，最高试验速度为450km/h。

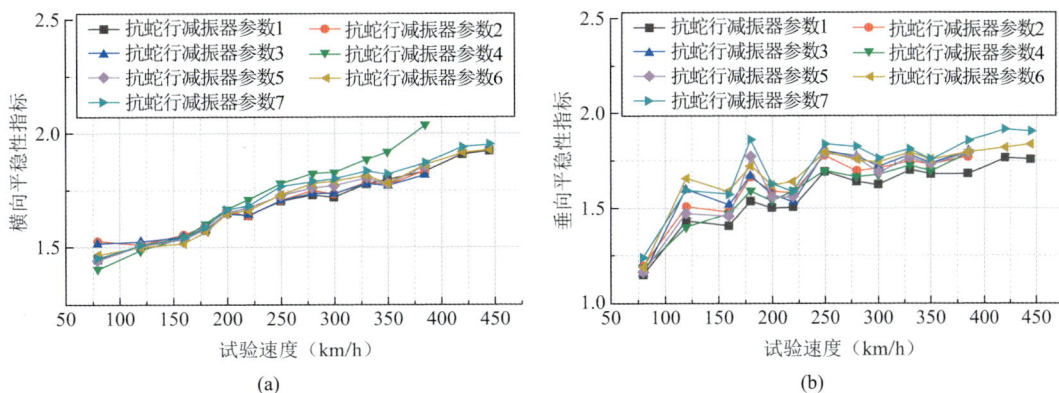

图 7-89　运行平稳性试验

针对具体车型和具体运行线路的台架试验可以有效地预测该车型在特定线路上运行的动力学性能。图 7-90 是在武广线运行的车辆动力学性能预测结果，平稳性指标试验最高速度为 445km/h（385km/h 的 1.15～1.16 倍），在原车悬挂参数工况和武广谱激励下，该动车组在 350km/h 时的横向平稳性指标小于 1.8，垂向平稳性指标小于 1.7，动力学性能指标为优秀。

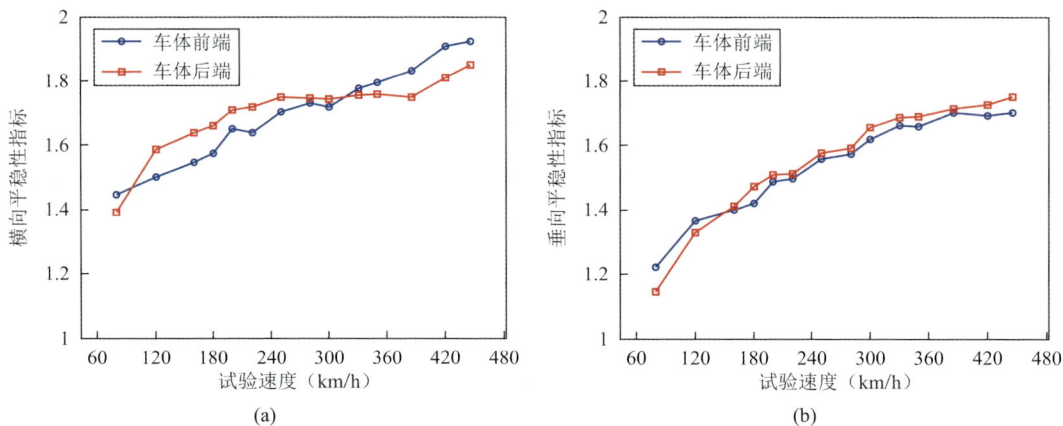

图 7-90 车辆运行平稳性指标（原车-武广谱）

可以看到，机车车辆整车滚动振动试验台试验在高速列车动力学性能的验证与优化方面发挥着重要作用，特别是模拟踏面磨耗与参数退化的运动稳定性试验，既能保证我国高速列车上线长期服役运行的基本动力学性能，又能保证高速列车长期运行的安全性。与此同时，利用台架试验所开展的悬挂参数优化，不仅可以在真实车辆条件下进行更加准确的动力学性能评估，还可以进行参数与性能的再优化。

三 转向架结构强度试验技术创新

1. 转向架结构强度试验技术的创新发展

转向架零部件试验包括功能性试验和可靠性试验。功能性试验的目的是检验零部件功能与性能是否达到设计要求；而可靠性试验则主要通过各种零部件强度试验台检验零部件的使用寿命与可靠性水平。

我国对高速列车的研究始于 20 世纪末，随着试验标准的完善与发展以及研究性试验的深入，对零部件试验提出了越来越高的要求。事实上，我国在 20 世纪机车车辆零部件强度试验技术还十分落后，如转向架构架强度试验，最初仅能垂向加载一个脉动载荷（当时我国还没有伺服控制的液压作动器/激振器），后来发现转向架横向载荷也会影响构架疲劳寿命，于是开始在垂向载荷中考虑横向载荷的影响；随着伺服控制的液压作动器的应用，可以进行垂向和横向同步加载，但这时还仅仅是对构架主结构的加载。事实上构架上的很多结构件，如减振器安装座等在运用过程中经常出现疲劳现象。因此，传统的试验方法无法适应高速列车的发展，特别是转向架零部件的破坏不仅仅受到载荷力的影响，还受到服役环境的影响。因此，高速列车零部件可靠性试验技术的发展趋势就是服役模拟，包括服役载荷的大小与频率、服役环境的温湿度及风沙雨雪，以尽可能使得零部件的服役模拟真实化。图 7-91 是考虑载荷、振动、温度和气流/气压耦合作用的零部件可靠性试验服役模拟方法。西南交大轨道交通运载系统全国重点实验室（原牵引动力国家重点实验室）作为我国高速列车国家级创新研究基地，不断提升零部件试验台服役模拟能力，形成了成套的高速

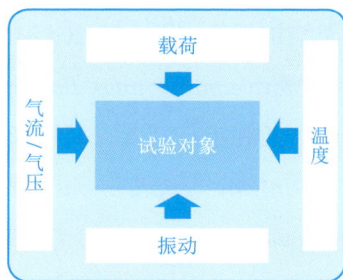

图 7-91　基于服役模拟的可靠性试验技术

车零部件可靠性服役模拟平台，如表 7-4 所示，体现出服役模拟的一体化、全息化、高频化和仿真化，各试验台具体介绍与研究可参见文献[45-50]。创新的服役模拟试验技术，保障了高速列车零部件运行的可靠性和列车运行的安全性。

零部件试验台的服役模拟情况　　　　　　　　　　　　　表 7-4

部件	动载荷	振动	气压/气流	温度	创建试验台
车体	√	√	√		车体一体化加载疲劳台
转向架整机	√	√		√	转向架运行可靠性试验台
构架	√				24 通道随机加载构架疲劳台
轮轴	√	√		√	随机加载和环境模拟轮轴疲劳台
轮对/齿轮箱/电机	√	√	√		小滚轮高频激振半转向架试验台
轴箱轴承	√	√		√	高频电磁激振轴承试验台
空气弹簧	√		√		双空簧模拟参数测试台
橡胶弹簧	√			√	环境模拟橡胶件测试台

2. 转向架结构强度试验技术

结构强度试验台以转向架结构件的疲劳强度试验为核心，以多通道液压伺服系统进行协调性加载，可以实现给定载荷条件下周期加载试验和随机加载试验，也可进行线路载荷谱模拟再现等。图 7-92 为某转向架构架疲劳试验加载作用点示意图。因此，结构强度试验台需要有多通道的随机载荷加载系统，通道往往 20～50 个。

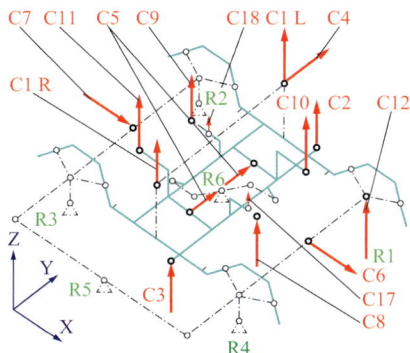

图 7-92　转向架构架疲劳试验加载作用点示意图

转向架构架强度试验包括静态试验和疲劳试验。常用的转向架构架强度试验标准有：

① *Passenger rolling stock-Trailer bogies-*

Running gear-Bogie frame structure strength tests《客运车辆　拖车转向架　走行装置　转向架构架结构强度试验》（UIC 515-4：1993）；

② *Motive power units-Bogies and running gear-Bogie frame structure strength tests*《动力车　转向架和走行装置　转向架构架结构强度试验》（UIC 615-4：2003）；

③ *Railway applications-Wheelsets and bogies-Method of specifying the structural requirements of bogie frames*《铁路应用　轮对和转向架　转向架结构要求的规定方法》（BS EN13749：2021+A1：2023）；

④《机车车辆强度设计及试验鉴定规范　总则》（TB/T 3548—2019）；

⑤《机车车辆强度设计及试验鉴定规范　转向架　第 1 部分：转向架构架》（TB/T 3549.1—2019）；

⑥ *Rolling stock-Bogie-General rules for design of bogie frame strength*《机车车辆　转向架　转向架构架强度设计通则》（JIS E 4207：2019）；

⑦ *Rolling stock-Bogie-Strength test-part1：Methods for static load testing*《机车车辆　转向架　强度试验　第 1 部分：静载荷试验方法》（JIS E 4208-1：2021）；

⑧ *Railway applications-Wheelsets and bogies-Wheelsets-Product requirements*《铁路应用　轮对和转向架　轮对　产品要求》（BS EN 13260：2020）；

⑨ *Railway applications-Wheelsets and bogies-Axles-Product requirements*《铁路应用　轮对和转向架　车轴　产品要求》（BS EN 13261：2024）。

模拟超常载荷的静态试验是验证在运用时可能出现的最大载荷的共同作用下，没有产生永久变形的危险。模拟主要运营载荷的静态试验是验证在运用时出现的主要运营载荷的共同作用下，没有产生疲劳裂纹的危险。模拟特殊运营载荷的静态试验是验证在转向架零部件产生特殊运营载荷的作用下，没有产生局部疲劳裂纹的危险。

疲劳试验目的是确定构架的总体寿命，评估安全裕量，检查在静态试验中没有确认的潜在薄弱点，疲劳试验通常在静态试验完成后进行。试验载荷应尽可能模拟结构部件在机车车辆运营期间实际承受的载荷，实验室疲劳试验循环次数依据相关标准或供需双方认可的技术规范确定。

四　转向架结构强度试验

1. 构架强度试验

（1）试验目的

疲劳强度试验是为了检验转向架构架的疲劳可靠性、识别静强度试验中未被发现的危险点。超常载荷静强度试验是为了检验构架在运用过程中极少可能发生的最大载荷作用下有无产生永久变形的危险。模拟运营载荷静强度试验是为了检验构架在运用过程中有可能发生的载荷组合作用下有无产生疲劳裂纹的危险。

（2）试验内容

①静强度试验部分：超常载荷工况、模拟运营载荷工况。

②疲劳强度试验部分：根据标准进行相应疲劳强度试验。

（3）坐标系

构架试验坐标系示意图如图 7-93 所示。

（4）施加载荷

图 7-94 和图 7-95 为转向架构架典型试验在构架上载荷和约束施加的位置，载荷和约束符号的定义见表 7-5。

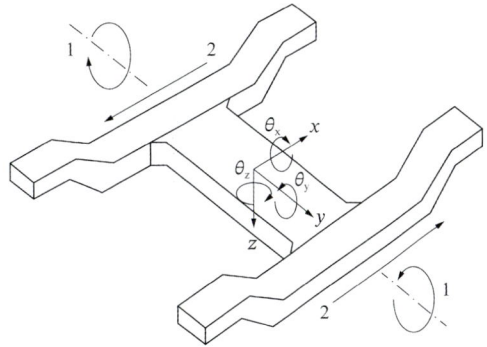

图 7-93　构架试验坐标系定义

1-扭曲；2-菱形

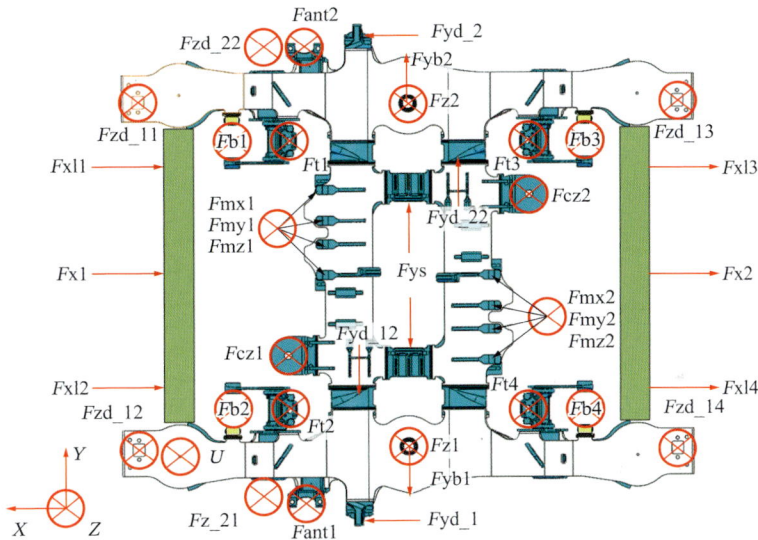

图 7-94　构架载荷施加位置示意图

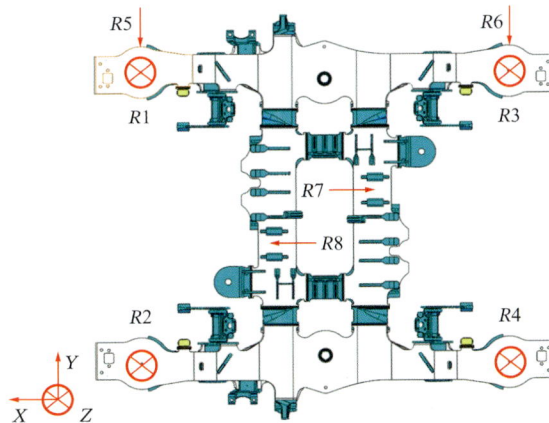

图 7-95　构架约束施加位置示意图

载荷和约束符号的定义　　　　　　　　　表 7-5

符号	定义
F_{z1}/F_{z2}	空簧垂向载荷
F_{yb1}/F_{yb2}	空簧横向载荷
F_{ys}	横向止挡载荷
F_{x1}/F_{x2}	纵向载荷
$F_{xl1}/F_{xl2}/F_{xl3}/F_{xl4}$	菱形载荷
U	扭曲载荷
F_{cz1}/F_{cz2}	齿轮箱载荷
$F_{bx1}/F_{bx2}/F_{bx3}/F_{bx4}$ $F_{by1}/F_{by2}/F_{by3}/F_{by4}$ $F_{bz1}/F_{bz2}/F_{bz3}/F_{bz4}$	制动单元纵向、横向和垂向载荷
$F_{mx1}/F_{mx2}/F_{my1}/F_{my2}/F_{mz1}/F_{mz2}$	电机纵向、横向和垂向载荷
$F_{tx1}/F_{tx2}/F_{tx3}/F_{tx4}$ $F_{ty1}/F_{ty2}/F_{ty3}/F_{ty4}$ $F_{tz1}/F_{tz2}/F_{tz3}/F_{tz4}$	踏面清扫器纵向、横向和垂向载荷
$F_{zd11}/F_{zd12}/F_{zd13}/F_{zd14}$	一系垂向减振器载荷
F_{zd21}/F_{zd22}	二系垂向减振器载荷
F_{yd21}/F_{yd22}	二系横向减振器载荷
F_{yd1}/F_{yd2}	抗蛇行减振器载荷
F_{ant1}/F_{ant2}	抗侧滚扭杆座载荷
$R_1/R_2/R_3/R_4$	垂向约束
R_5/R_6	横向约束
R_7/R_8	纵向约束

（5）静强度试验

首先在超常载荷工况下逐渐加载进行试验，观察应变、位移数据并测得应力，然后进行运营载荷工况的试验，记录相关数据。

① 构架刚度试验。

② 超常载荷工况。

超常载荷分两个步骤施加：第一步施加 1/2 的载荷，第二步施加满载。施加第二步载荷之前，根据第一阶段载荷所得应力数据预测第二阶段加载时测试应力是否超过构架材料的屈服强度，如果超标，试验必须停止。

工况包含了垂向、横向、菱形、纵向冲击、轨道扭曲、紧急制动、电机短路、设备（制动单元、电机、齿轮箱和踏面清扫器）惯性、减振器（二系横向、一系垂向、二系垂向和抗蛇行）、抗侧滚扭杆、起吊（整车和吊耳）、脱轨工况及踏面清扫器等超常载荷。

a. 构架垂直弯曲刚度测试式(7-3)。

$$K_z = \frac{2F_z}{\delta_z} \tag{7-3}$$

式中：K_z——垂直弯曲刚度，kN/mm；

　　　$2F_z$——转向架垂直载荷，kN；

　　　δ_z——载荷作用点垂直挠度，mm。

b. 构架扭转刚度测试式(7-4)。

$$c_{BFR}^v = \frac{F_{measured}}{S_{BFR}^v} \tag{7-4}$$

式中：c_{BFR}^v——构架的扭曲刚度，N/mm；

　$F_{measured}$——每一个位移对应的载荷值，N；

　　　S_{BFR}^v——构架的位移量，mm。

c. 扭转载荷换算。

根据构架扭曲刚度和一系弹簧刚度，可得构架的变形量。

构架的位移量S_{BFR}^v式(7-5)：

$$S_{BFR}^v = \frac{S_g}{\dfrac{4c_{BFR}^v}{c_{ps,z}} + 1} \tag{7-5}$$

式中：$c_{ps,z}$——每轴箱一系弹簧的垂向刚度，N/mm；

　　　S_g——转向架过曲线时轴箱的位移，mm。

③ 运营载荷工况。

工况包含了垂向、横向、菱形、纵向冲击、轨道扭曲、起动牵引、设备（制动单元、电机、齿轮箱和踏面清扫器）惯性、减振器（二系横向、一系垂向、二系垂向和抗蛇行）、抗侧滚扭杆、起吊（整车和吊耳）及踏面清扫器等运营载荷。

（6）疲劳强度试验

试验分三个阶段进行：第一阶段施加600万次，第二阶段施加200万次，第三阶段施加200万次。在第二阶段和第三阶段疲劳试验过程中，动载荷分别按照1.2和1.4倍的系数进行加载。

（7）试验判定

① 超常载荷静强度评估。

所有测点应力应小于相应材料的许用应力，构架局部及整体无永久变形。

② 运营载荷静强度评估。

对各工况测点应力进行组合处理，所有测点均不能超过相应的疲劳极限包络线，如图7-96所示。

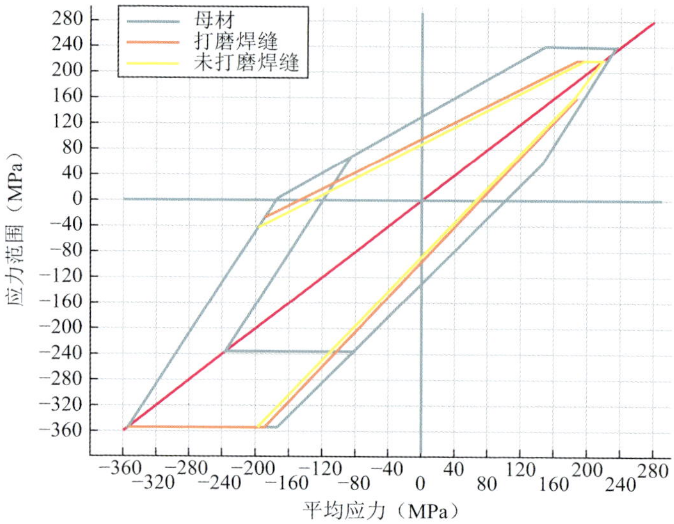

图 7-96　Goodman-Smith 疲劳评估曲线

③ 疲劳试验评估。

试验开始前必须进行无损检测。试验进行到 400 万次、600 万次和 800 万次（以动态疲劳的次数为准）后，进行无损检查，不应出现任何形式的裂纹。试验进行到 1000 万次后，进行无损检查，允许出现在运行中不需要立即修复的微小裂纹。

2. 轮轴强度试验

（1）试验目的

试验是为了考核 $F1/F3$ 车轴试样和全尺寸车轮在一定载荷、一定试验循环次数下的疲劳强度。

（2）试验内容

① 验证车轴的疲劳极限 $F1$（轴身），根据钢材等级（EA1N、EA1T 或 EA4T），设置不同等级的疲劳极限（$F1 = 200\mathrm{MPa}$ 或 $240\mathrm{MPa}$）。

② 验证车轴的疲劳极限 $F3$（轮座配合区），根据钢材等级（EA1N、EA1T 或 EA4T），设置不同等级的疲劳极限（$F3 = 120\mathrm{MPa}$ 或 $145\mathrm{MPa}$）。

③ 验证车轮轮辐在径向应力幅（如 $240\mathrm{MPa}$）对应载荷下的疲劳强度。

（3）施加载荷

① $F1$ 试样载荷标定。

如图 7-97 所示，分别在截面 B/C/D 布置长为 3mm 的应变片；截面 C/D 在 90°方向各布置一个，截面 B 在 0°方向沿圆弧过渡方向，布置 6 个应变片，以便寻找最大应力，每个应变片之间的中心间距为 5mm 左右；其余角度布置 1 个应变片。通过在轴端施加载荷 F 使得贴片位置最大应力达到车轴材料对应的疲劳极限，记录该载荷为疲劳试验载荷。旋转 $F1$ 试件，进行 1000 万次疲劳试验，试验中保证载荷 F 使得最大测点应力误差在疲劳极限的 ±2% 以内。

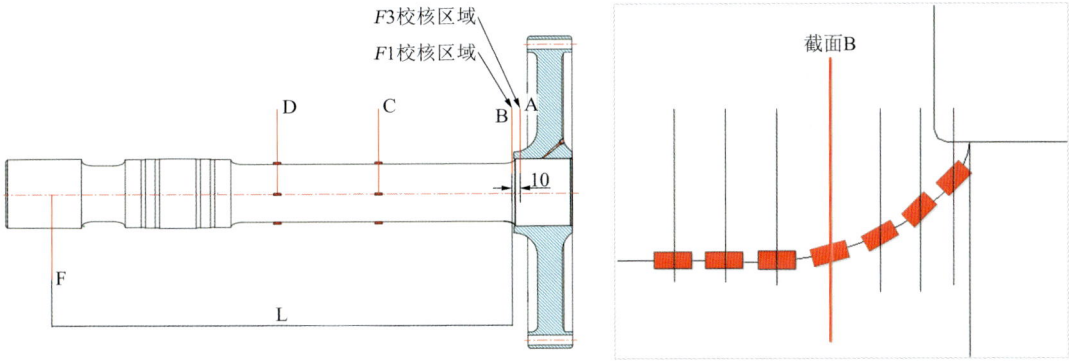

图 7-97　试样及校核区域示意图

② F3 试样载荷标定。

根据图 7-97 所示的检测位置，连续测试 3 根车轴，验证在试验载荷作用下轴身截面 A 的疲劳强度达到车轴材料对应的疲劳极限。旋转 F3 试件，进行 1000 万次疲劳试验，试验中保证载荷 F〔式(7-6)〕使得最大测点应力误差在疲劳极限的 ±2% 以内。

$$F = \frac{\dfrac{\sigma_A \cdot d_C \cdot d_P^4}{d_P \cdot d_C^4}}{\dfrac{32 \times l_D \times d_D}{\pi d_D^4} + \dfrac{AD}{CD}\left[\dfrac{32 \times l_C \times d_C}{\pi(d_C^4)} - \dfrac{32 \times l_D \times d_D}{\pi(d_D^4)}\right]} \tag{7-6}$$

$$\sigma_A = \frac{d_P}{d_C}\frac{d_C^4}{d_P^4}\left[\sigma_D + (\sigma_C - \sigma_D)\frac{AD}{CD}\right] \tag{7-7}$$

式中：σ_A、σ_C 和 σ_D——截面 A、截面 C 和截面 D 的应力，MPa；

$\quad\quad d_P$——轮座直径，mm；

$\quad\quad d_C$ 和 d_D——截面 C 和截面 D 的直径，mm；

$\quad\quad l_C$ 和 l_D——截面 C 和截面 D 到轴端的距离，mm；

$\quad\quad AD$——截面 A 和截面 D 的距离，mm；

$\quad\quad CD$——截面 C 和截面 D 的距离，mm。

③ 全尺寸车轮载荷标定。

根据有限元计算结果在车轮径向应力较大位置粘贴应变片，施加轴向载荷，使得车轮径向最大应力测点应力达到规定的应力幅（如 240MPa），按照该轴向载荷幅值进行 1000 万次疲劳试验，试验中保证加载误差，使得最大测点应力误差在疲劳极限的 ±2% 以内。

（4）试验判定

① 内部完整性检查。

对材质为 EA1N 的车轴和全尺寸车轮，根据 *Railway rolling stock material-Ultrasonic acceptance testing*《铁路机车车辆材料　超声波验收测试》（ISO 5948：2018）中的 Da 方法和 T 方法，通过超声波对径向和纵向检查来确定车轴内部的完整性。验收按照 *Railway applications-Wheelsets and bogies-Axles-Product requirements*《铁路应用　轮对和转向架　车

轴-产品要求》（BS EN 13261：2024）标准执行。

试验在 0 次、600 万次、800 万次和 1000 万次后对每个试样分别进行了内部完整性检查。

② 表面完整性检查。

对材质为 EA1N 的车轴和全尺寸车轮，表面完整性检测按照 *Railway rolling stock material-Magnetic particle acceptance testing*《铁路机车车辆材料　磁粉验收检测》（ISO 6933：2023）中规定的方法执行。不允许存在横向缺陷；在指定区域，不允许存在纵向缺陷。

试验在 0 次、600 万次、800 万次和 1000 万次后对每个试样分别进行了表面完整性检查。

3. 动强度试验

动强度试验针对结构的疲劳特性以及高速列车的实际运用条件，并基于线路实测动应力的高速列车转向架结构疲劳累积损伤评估方法，对转向架承载结构部件的疲劳强度进行评估。

（1）应力谱编制

转向架构架的疲劳评估是以疲劳薄弱部位的跟踪实测动应力为疲劳评估的关键物理量。首先综合考虑结构特征、运用载荷特征、焊接结构疲劳特征、结构模态特征，结合有限元分析方法，确定转向架构架的疲劳关键部位，然后在运用条件下跟踪测试这些部位的动应力时间历程，采用雨流计数方法对测点信号进行计数后编制成应力谱，并扩展至与设计寿命里程对应的疲劳寿命评估应力谱。

（2）疲劳强度评估

综合考虑高、低载荷对疲劳裂纹扩展特性的相互影响特征，以及各级应力水平对结构疲劳损伤的贡献。采用 Miner 线性疲劳累计损伤法则和相应的 S-N 曲线，计算变幅条件下各级应力谱产生的疲劳损伤，将应力谱按损伤相等的原则等效为恒幅应力（即等效应力幅），它能够反映结构在一定的工艺条件、运用工况和运用里程下的动应力状况，评估结构在运用条件下的疲劳强度。这一方法使各级应力水平产生的损伤均得到合理的考虑，并使评估结果略偏保守。

（3）疲劳强度评估判据

在进行高速列车转向架结构疲劳强度评估时，国际上普遍采用疲劳许用应力作为判据。参照 JIS、AAR 有关规程和试验研究结果确定疲劳许用应力，进行结构疲劳强度评估时，将各测点的等效应力幅与疲劳许用应力作比较，如果等效应力幅小于疲劳许用极限，则表示能够安全运行。

4. 载荷谱的损伤一致性校准理论

对于高速列车而言，动力学性能设计固然重要，但结构可靠性更是前提。在对结构件强度的分析设计与试验验证时，核心是载荷输入条件的准确性。设计与试验载荷能够反映高速列车的实际运用状况的前提条件是需要获得与线路运行相一致的载荷谱。

（1）载荷识别基本原理

对于任一结构的载荷识别问题，载荷与响应之间的传递关系均可以表示为式(7-8)。

$$\varepsilon(\omega) = H(\omega)F(\omega) \tag{7-8}$$

式中：ε(ω)——响应向量；

　　　F(ω)——载荷向量；

　　　H(ω)——载荷响应传递矩阵；

　　　ω——载荷频率。

一般情况下由于多个载荷的耦合作用，传递矩阵存在奇异性，直接求逆进行载荷识别存在很大困难。消除奇异性的有效办法之一是进行载荷的解耦，使得传递矩阵对角化。

针对高速列车转向架结构多源载荷耦合作用和低阻尼特性，一种载荷标定解耦方法，有效实现了转向架构架载荷的解耦。考虑到高速列车转向架结构低阻尼特性导致的载荷-响应传递矩阵的病态特征，通过载荷系解耦实现载荷-响应传递矩阵对角化，可以克服载荷-响应传递矩阵的病态问题，为解决因传递矩阵病态导致的载荷识别误差累积难题、实现高速列车转向架结构长周期运用载荷的可靠识别奠定理论基础。

（2）转向架构架基本载荷模式

转向架从准刚体的运动模式和准平衡特征的方式分为浮沉载荷、侧滚载荷和横移载荷；转向架从变形的角度分为扭转载荷和菱形载荷；从驱动系统牵引方面分为电机垂向异向、同向载荷，电机横向载荷，齿轮箱异向、同向载荷，牵引拉杆载荷；从制动系统方面是制动载荷；从转向架的稳定性和减振的角度分为抗侧滚扭杆载荷、一系垂向减振器载荷、二系垂向减振器载荷和抗蛇行减振器载荷。各载荷系的分布如图 7-98 所示。

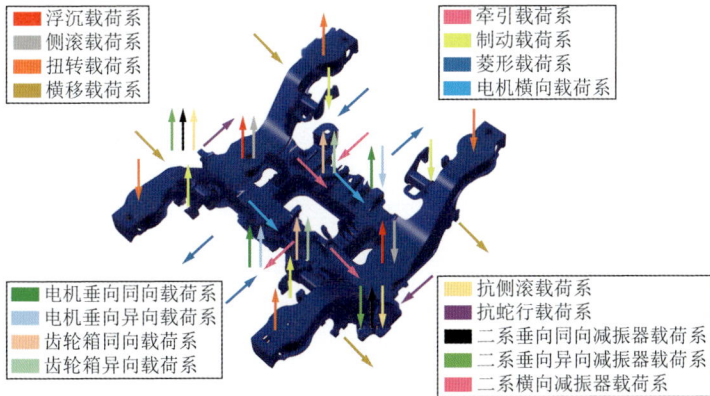

图 7-98　动车转向架构架载荷力系分布图

（3）转向架载荷标定

首先分析选取与各载荷系对应的适宜测试区域，通过高速列车关键结构在位状态载荷-响应传递规律标定，获得各个载荷系和响应的传递规律，遴选出最佳响应测点组合并结合应变片适当的组桥方式，有效消除各载荷系响应之间的耦合，完成载荷系与响应间的传递关系的解耦，实现传递矩阵对角化，消除各载荷系响应间的相互影响，从而有效解决传递矩阵的病态问题。

标定的过程是模拟在位状态进行的，在载荷标定试验台上依次按各载荷逐级加载进行。通过载荷标定将转向架构架制作成为一种组合式的测力传感器系统，以便能在运行条件下同时测出转向架上所承受的全部载荷系。

（4）转向架载荷谱的编制

在线路运行条件下，测试获得各个载荷系的载荷-时间历程，经雨流计数后，一般需要采用波动中心法将这些随机变量转换为一维载荷谱，以便于应用。其核心思想是将信号均值作为"波动中心"，信号幅值作为动分量作用在信号均值上。通过雨流计数和波动中心法可以编制出各个载荷系的载荷谱。

（5）载荷谱的损伤一致性校准

载荷谱必须能客观反映出结构在实际服役情况下的损伤状况，即通过编制的转向架各载荷谱产生的损伤应覆盖测点实际服役条件下真实损伤，且应尽可能靠近实际损伤，减少误差。这是编制结构载荷谱应遵循的根本性准则。然而，对于转向架构架这种结构形式和承载方式复杂、载荷与关键部位应力之间呈动态传递关系的结构，通过直接采用实测载荷谱计算得到的构架疲劳关键部位的损伤，一般显著小于实测应力得到的损伤。为此，我国学者发展了载荷谱损伤一致性校准理论。

通过求解有约束的极小化问题，获得载荷谱的校准系数，将各载荷谱的每级载荷幅值乘以相应的校准系数，即可得到损伤一致性校准后的载荷谱。转向架构架各载荷谱经校准后计算所得的损伤能够全部覆盖服役条件下构架的实际损伤，使得我国高速列车结构疲劳可靠性设计精度大大提高，从而确保了高速列车结构件的服役可靠性。

五　转向架和列车系统动力学研究性线路试验

1. 转向架和列车系统动力学研究体系

机车车辆的产品鉴定试验，按照目前的标准体系要求，必须通过线路试验来完成。关于线路试验及线路试验技术，在本书发展历程篇已经有详细描述，此处不再赘述。我国高速列车发展取得巨大成功，得益于我国在高速列车动力学研究方面特有的研究体系，如图7-99所示。借助原铁道部投资建设的轨道交通实验室所建成的高速列车基础研究实验平台、高速列车数字化仿真平台和高速列车服役性能研究实验平台，在高速列车的研发过程起到了重要作用。首先是利用高速列车数字化仿真平台，进行高速列车动力学参数的优化，完成高速列车的系统设计；设计制造出转向架或整车样机后，则利用基础研究实验平台，对转向架或整车开展动力学台架试验验证与优化；然后生产出高速列车产品，通过线路试验进行产品检测检验，合格的产品获得行政许可，才能上线运行。这样一个流程应该是传统机车车辆研发过程的全部。然而，我国高速列车研发还增加了一个环节，即利用高速列车服役性能研究实验平台，对已经投入运行的高速列车进行跟踪试验研究，以掌握高速列车服役过程中的性能演变规律，据此对高速列车进行再优化与再设计，并为安全评估和运维提供依据。跟踪试验早在2007年铁道部印发的《CRH2型时速300~350公里动车组总体技术方案》和《CRH3型时速300~350公里动车组总体技术方案》中，就明确"为掌握时速300~350公里动车组在服役过程中因参数和运行条件变化导致的安全性、可靠性和乘坐舒适性的变化，应开展动车组的运行跟踪试验，并考虑到动车组载客运行的特殊工况，建立保证时速300～350公里动车组正常运用的跟踪试验方法，并制订相应的试验规程"。因此，对高速列车进行跟踪试验，是全面掌握高速列车动力学性能的重要研究环节，是动力学研究体系的创新。

图 7-99　转向架/整车动力学研究体系

2. 转向架和列车系统动力学研究性线路试验

同样在 2007 年铁道部印发的《CRH2 型时速 300～350 公里动车组总体技术方案》和《CRH3 型时速 300～350 公里动车组总体技术方案》中指出"时速 300～350 公里动车组的技术创新必须能够经得住实践检验，完善的试验研究和验证体系是基础"。研究性试验是试验研究体系的重要组成部分，上面提到的跟踪试验也是研究性试验的范畴。

我国于 2008 年在京津城际上开展的高速列车线路试验中，专门开展了有别于线路鉴定性试验内容的高速列车耦合大系统动力学专项研究性试验。为了获取从车上到车下、车前到车后、车内到车外的高速列车及其耦合系统的动力学状态，研究人员利用高速列车服役性能研究实验平台的车上和车下测量系统（图 7-100），开展了从接触网-列车-线路-气流振动状态的时空同步检测。

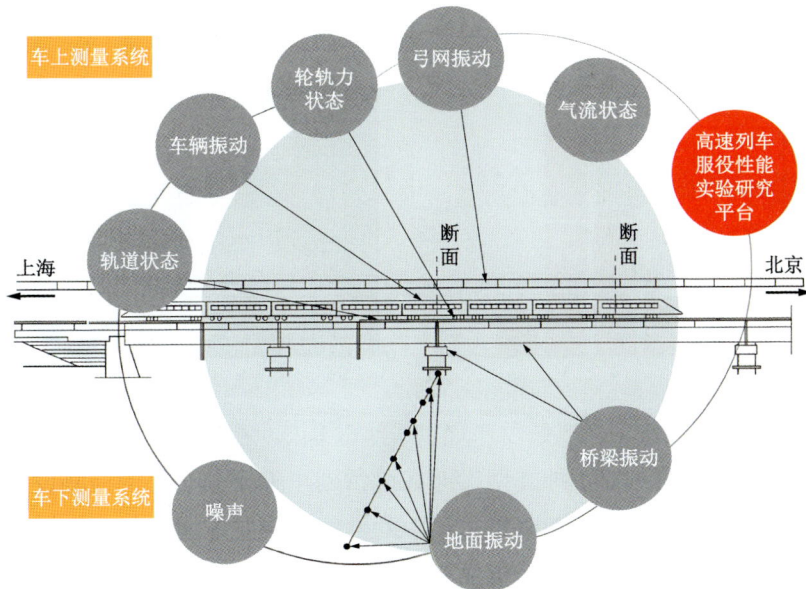

图 7-100　高速列车服役性能实验研究平台

在京津城际开展的高速列车耦合大系统动力学专项研究性试验中，得到了以往鉴定性试验所没有掌握的高速列车动力学性能规律。图 7-101 是某型动车组从前到后不同位置车辆车体加速度变化规律，可以看到列车中间位置车辆的振动相对较小，而装有受电弓的车辆，因为受电弓受气流扰动的影响，进而影响车辆的车体振动，使得垂向和横向加速度都较大。图 7-102 展示的是高速列车高速运行状态下，接触网、车体、构架、轴箱、钢轨、轨道板、桥梁的垂向振动状态，显然，车体的振动通过一系和二系隔振，其振动很小；受轮轨冲击作用影响的钢轨振动最大，振动加速度达到上百g；而经过车轮、车轴与轴承缓冲后轴箱振动次之。另外，在车下检测中还检测了轨道支撑层和过渡板的振动，以及离开线路桥墩 15m 和 30m 的大地振动。车内到车外的状态检测，主要是指车内噪声与车外噪声状态的检测。噪声状态检测到了车下转向架区域、车下空压机区域、车端区域、车窗和车外显示器等不同位置的噪声传动情况。图 7-103 是 CRH 某型高速列车以 394km/h 速度运行时的车外辐射噪声声强云图，可以看到转向架（特别是一位转向架）、风挡、受电弓区域的声强较大，同时在 394km/h 的运行速度下，气动噪声为主要噪声源。

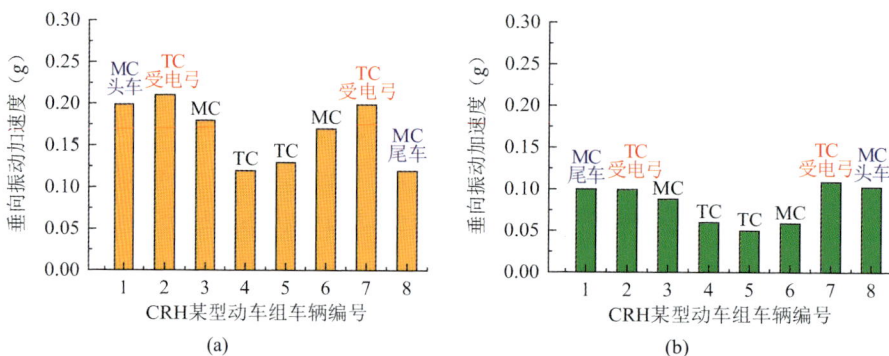

(a)

(b)

图 7-101　CRH 某型动车组不同位置车体加速度变化规律

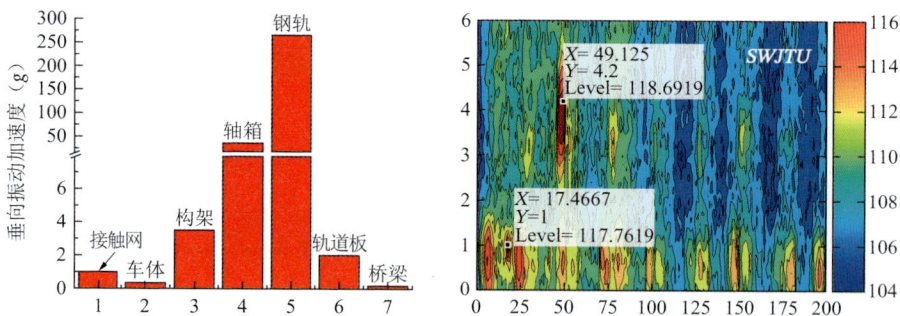

图 7-102　高速列车及耦合系统的振动状态

图 7-103　高速列车车外噪声云图

跟踪试验是研究性试验的一种类型，即在运营列车上安装必要的检测设备，随车进行长期监测，以掌握高速列车在长期服役过程中的性能变化规律及运行安全性状态，其测试结果可用于高速列车及其耦合系统的再优化，并为运维决策提供依据。国铁集团和中车企业都组织过大量的跟踪试验，特别是在 2020 年，有组织开展系统性的高速列车与基础设施跟踪试验，通过对高速列车及其与之耦合的线路、供电等系统进行同步跟踪监测，掌握了我国高速铁路的性能演变规律，为更高速度高速铁路的创新研究积累了宝贵数据。图 7-104 是某型高速列车在不同交路运行的轴箱横向振动加速度均方根值情况，明显可以看出在不同交路上运行时的振动烈度不同。车轮镟修后，服役性能得到恢复，振动明显减小。跟踪试验不仅能掌握我国各型高速列车运行的服役性能与演变规律，同时也可以掌握不同交路的线路状态。

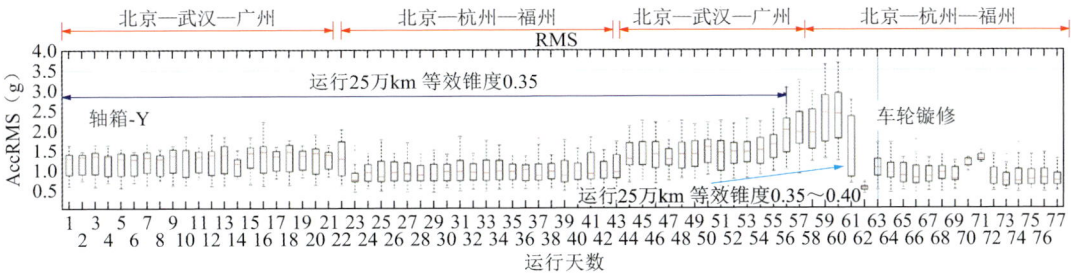

图 7-104　某高速列车在不同交路运行的轴箱振动情况

研究性线路试验，特别是运营列车的跟踪试验，是我国高速列车研究体系的创新，也是保障我国高速列车高水平快速发展的重要措施。

从提速机车车辆转向架到高速列车转向架，已经走过 30 年的发展历程。10 年 6 次铁路大提速，列车最高运行速度从开始的 100km/h，提速到 160km/h、200km/h，再到 250km/h，在既有铁路线上实现了我国旅客列车的高速化。随着引进、消化、吸收、再创新，我国高速转向架的运营速度也从 200km/h、250km/h、300km/h 提升到 350km/h，目前正在研制运行速度 400km/h 的 CR450 高速列车转向架。高速列车转向架通过引进、消化、吸收、再创新，实现了高速列车的国产化；而基于中国标准动车组的正向设计，高速转向架实现了自主创新。与此同时，我们发展了高速列车耦合大系统动力学、损伤一致性准则等新理论和新方法，建设了试验速度达 700km/h 的机车车辆整车滚动振动试验台、全息加载的转向架构架疲劳试验台等基础研究实验平台，搭建了针对研究性线路试验、运行列车跟踪试验的高速列车服役性能试验研究平台，从而形成了从数字化仿真、台架试验到线路（跟踪）试验的高速列车动力学研究体系，有力支撑我国高速转向架的创新发展。相信在不久的将来，我国高速转向架将承载更高速度列车，奔驰在我国广袤的大地上。

参 考 文 献

[1] 张卫华. 机车车辆动态模拟[M]. 北京: 中国铁道出版社, 2006.

[2] 沈志云, 张卫华. 中国高铁技术发展中的理论突破和试验突破[J]. 中国发明与专利, 2020, 17(10): 6-16.

[3] 张卫华. 动车组总体与转向架[M]. 北京: 中国铁道出版社, 2011.

[4] 张卫华. 高速列车耦合大系统动力学理论与实践[M]. 北京: 科学出版社, 2013.

[5] 张卫华. 高速列车耦合大系统动力学理论与实践[M]. 2 版. 北京: 科学出版社, 2022.

[6] ZHANG W, ZENG Y, SONG D, et al. Vehicle dynamics-centered framework for defining and assessing system integrity of high-speed train[C]. Proceedings of the 28th Symposium of the International Association for Vehicle System Dynamics, Ottawa, August 21-25, 2023.

[7] ZHANG W, ZENG Y, SONG D. Theory and practice for assessing structural integrity and dynamical integrity of high-speed trains[J]. Railway Sciences, 2024, 3(2): 113-127.

[8] 池茂儒, 曾京, 邬平波, 等. 一种动车组车轮的踏面优化设计方法[P]. 中国, 发明专利, ZL201510765580. 8, 2016.

[9] 杜松林, 汪开忠, 胡芳忠. 国内外高速列车车轴技术综述及展望[J]. 中国材料进展, 2019, 38(7): 647-649.

[10] 杨勇军, 高文, 樊平, 等. 轮对空心轴双级六连杆传动系统刚度分析研究[J], 铁道机车车辆, 2022, 42(4): 34-39.

[11] 王元喆. 电传动机车驱动装置 (四), https: //zhuanlan. zhihu. com/p/25951200?from_voters_page=true.

[12] ZHAI W, JIN X, WEN Z, et al. Wear problems of high-speed wheel/rail systems: Observations, Causes, and Countermeasures in China[J]. Applied Mechanics Reviews, 2020, 72(6): 060801.

[13] DAI H, LI D, ZHUANG S. Study on the mechanism of high order out of round and wear of high-speed railway train's wheel[C]. Proceedings of the 25th Symposium of the International Association for Vehicle System Dynamics, Rockhampton, Australia, 2017, 8: 14-18.

[14] QU S, ZHU B, ZENG J, et al. Experimental investigation for wheel polygonisation of high-speed trains[J], Vehicle System Dynamics, 2020, 59: 1573-1586.

[15] WU Y, DU, X, ZHANG H, et al. Experimental analysis of the mechanism of high-order polygonal wear of wheels of a high-speed train[J]. Journal of Zhejiang University-Science A(Applied Physics & Engineering), 2017, 18(8): 579-592.

[16] WU Y, HAN J, LIU J, et al. Effect of high-speed train polygonal wheels on wheel/rail contact force and bogie vibration[J]. Journal of Mechanical Engineering, 2018, 54(4): 37-46(in Chinese).

[17] 黄彩虹, 梁树林, 曾京, 等. 牵引电机架悬参数对动车转向架稳定性的影响[J]. 铁道车辆, 2014, 52(11): 7-5.

[18] 张卫华, 罗仁, 宋春元, 等. 基于电机动力吸振的高速列车蛇行运动控制[J]. 交通运输工程学报, 2020, 20(5): 125-134.

[19] 罗仁, 石怀龙. 高速列车系统动力学[M]. 成都: 西南交通大学出版社, 2019.

[20] 金学松, 刘启跃. 轮轨摩擦学[M]. 北京: 中国铁道出版社, 2004.

[21] J. J. KALKER. Three-dimensional elastic bodies in rolling contact[M]. Dordrecht: Kluwer Academic Publishers, 1990.

[22] TAO G, WEN Z, ZHAO X, et al. Effects of wheel-rail contact modeling on wheel wear simulation[J]. Wear, 2016, 366-367: 146-156.

[23] 金学松, 吴越, 梁树林, 等. 车轮非圆化磨耗问题研究进展[J]. 西南交通大学学报, 2018, 53(1): 7-14.

[24] 谷永磊. 高速铁路无砟轨道钢轨波浪形磨损机理研究[D]. 北京: 北京交通大学, 2017.

[25] 张军, 吴昌华. 轮轨接触问题的弹塑性分析[J]. 铁道学报, 2000, 22(3): 16-21.

[26] NACKENHORST U. The ALE-formulation of bodies in rolling contact: Theoretical foundations and finite element approach[J]. Computer Methods in Applied Mechanics and Engineering, 2004, 193(39-41): 4299-4322.

[27] WEN Z, JIN X, ZHANG W. Contact-impact stress analysis of rail joint region using the dynamic finite element method[J]. Wear, 2005, 258(7): 1301-1309.

[28] ZHAO X, LI Z. The solution of frictional wheel-rail rolling contact with a 3-D transient finite element model: validation and error analysis[J]. Wear, 2011, 271(7-2): 444-452.

[29] ZHAO X, LI Z. A solution of transient rolling contact with velocity dependent friction by the explicit finite element method[J]. Engineering Computations, 2016. 33(4): 1033-1050.

[30] LI Z, ZHAO X, ESVELD C, et al. An investigation into the causes of squats: correlation analysis and numerical modeling[J]. Wear, 2008, 265: 1349-1355.

[31] 赵鑫, 温泽峰, 王衡禹, 等. 三维高速轮轨瞬态滚动接触有限元模型及其应用[J]. 机械工程学报, 2013, 49(18): 1-7.

[32] 王晗, 刘超, 赵鑫, 等. 单轮对高速滚动试验台的动态有限元模拟研究[J]. 电力机车与城轨车辆, 2015, 38(3): 16-19.

[33] 黄双超, 赵鑫, 张笃超, 等. 高阶多边形车轮的瞬态磨耗行为分析[J]. 中南大学学报（自然科学版）, 2021, 52(02): 648-658.

[34] 池茂儒, 高红星, 张卫华, 等. 基于辅助空间的空气弹簧非线性模型[J]. 中国铁道科学, 2014, 35(03): 83-89.

[35] 高红星. 铁道车辆油压减振器非线性力学模型研究[D]. 成都: 西南交通大学, 2020.

[36] 高浩. 车辆系统刚柔耦合动力学仿真方法及仿真平台研究[D]. 成都: 西南交通大学, 2013.

[37] 张卫华. 高速列车服役模拟建模与计算方法研究[J]. 力学学报, 2021, 53(1): 96-104.

[38] ZHANG W, SHEN Z, ZENG J. Study on dynamics of coupled systems in high-speed trains[J]. Vehicle System Dynamics, 2013, 51(7): 966-1016.

[39] 王福天. 车辆系统动力学[M]. 北京: 中国铁道出版社, 1994.

[40] 翟婉明, 夏禾. 列车-轨道-桥梁动力相互作用理论与工程应用[M]. 北京: 科学出版社, 2011.

[41] 田红旗. 列车空气动力学[M]. 北京: 中国铁道出版社, 2007.

[42] 黄标, 张卫华, 梅桂明. 基于虚拟样机技术的受电弓/接触网系统研究[J]. 2004, 16(10): 2294-2297.

[43] 池茂儒, 蔡吴斌, 吴兴文, 等. 高速列车动力学参数匹配设计方法: 202310914097. 6[P]. 2023.

[44] IWNICKI S, SPIRYAGIN M, COLE C, et al. Handbook of railway vehicle dynamics[M]. CRC press, 2021.

[45] 宋烨. 动车组铝合金车体疲劳寿命评估理论与试验研究[D]. 成都: 西南交通大学, 2016.

[46] 王建斌. 高速动车组转向架构架强度设计与试验验证[D]. 成都: 西南交通大学, 2010.

[47] 张富兵. 车轮多边形对动车组轮对系统振动的影响研究[D]. 成都: 西南交通大学, 2019.

[48] 王玮. 铁道车辆双空气弹簧动态特性试验台研究[D]. 成都: 西南交通大学, 2017.

[49] 李密. 动车组车轴疲劳试验方法研究[D]. 成都: 西南交通大学, 2018.

[50] 冯泽阳. 动车组变轨距车轴疲劳试验方法研究[D]. 成都: 西南交通大学, 2020.

[51] Traction and Rolling Stock Committee. Passenger rolling stock: Trailer bogies-running gear: Bogie frame structure strength tests: UIC 515-4[S]. Paris: International Union of Railways, 1993.

[52] Traction and Rolling Stock Committee. Motive power units-Bogies and running gear-Bogie frame structure strength tests: UIC 615-4[S]. Paris: International Union of Railways, 2003.

[53] Technical Committee 256. Railway applications-wheelsets and bogies-method of specifying the structural requirements of bogie Frames: EN13749: 2021[S]. Brussels: CEN-CENELEC Management Centre, 2021.

[54] 中国铁道科学研究院集团有限公司机车车辆研究所. 机车车辆强度设计及试验鉴定规范　总则: TB/T 3548—2019[S]. 北京: 中国铁道出版社, 2019.

[55] 中国铁道科学研究院集团有限公司机车车辆研究所. 机车车辆强度设计及试验鉴定规范　转向架　第 1 部分: 转向架构架: TB/T 3549.1—2019[S]. 北京: 中国铁道出版社, 2019.

[56] Japanese Industrial Standards Committee. Rolling stock-Bogie-General rules for design of bogie frame strength: JIS E 4207: 2019[S]. Tokyo: Japanese Standards Association, 2019.

[57] Japanese Industrial Standards Committee. Rolling stock-Bogie-Strength test-Part1: Methods for static load testing: JIS E 4208-1: 2021[S]. Tokyo: Japanese Standards Association, 2021.

[58] Japanese Industrial Standards Committee. Rolling stock-Bogie-Strength test-Part2: Methods for on-track testing: JIS E 4208-2: 2021[S]. Tokyo: Japanese Standards Association, 2021.

[59] Technical Committee 256. Railway applications-Wheelsets and bogies-Wheelsets-Product requirements: EN 13260: 2020[S]. Brussels: CEN-CENELEC Management Centre, 2020.

[60] Technical Committee 256. Railway applications-Wheelsets and bogies-Axles-Product requirements: EN 13261: 2020[S]. Brussels: CEN-CENELEC Management Centre, 2020.

[61] 张卫华, 李权福, 宋冬利. 关于铁路机车车辆健康管理与状态修的思考[J]. 中国机械工程, 2021, 32(4): 379-389.

[62] 翟婉明. 车辆-轨道耦合动力学[M].4 版.北京: 科学出版社, 2015.

[63] ZHAI W.Vehicle-track coupled dynamics:theory and applications[M].Springer,2020.

第八章

高速列车空气动力学与车体设计

撰稿人：梁习锋　李国顺

中国高速列车

　　空气动力学与车体设计技术是高速列车技术创新的核心之一，是保持国际市场竞争优势的"杀手锏"，其目标是低阻低噪、提升乘坐舒适度和安全性，为此需开展高速列车空气动力学形性协同设计、车体轻量化设计、被动安全设计、车体系统设计及相应的试验评估技术研究，创新高速列车碰撞与气动形性协同设计理论与技术，提出融入中华文化特色的列车外形设计方法，构建高强度轻量化车体与互联互通车钩设计技术，研发车体系统设计与模态匹配方法，建立高速列车空气动力学与车体设计理论方法试验验证体系，形成系列原创成果及技术产业集群，对推动我国经济和社会可持续发展、推进高速铁路装备自主创新、提升国际竞争力和满足人民高质量出行需求具有十分重要的战略意义。

第一节 概　述

高速列车一般包括车体及车端连接系统、转向架系统、牵引系统、制动系统、高压供电系统、辅助供电系统、网络与控制系统、旅客信息系统、车内环境控制系统、给排水与卫生系统、安全监测系统、司机室以及列控系统等。高速列车比普速机车车辆的运行速度大幅提升，一般都在 200km/h 以上，这就要求高速列车的车体设计需考虑如下情况：

① 为了保证高速列车全寿命周期内运行安全，车体需要有高的结构可靠性。

② 为了降低能耗，减少成本，车体需要采用轻量化设计，同时，车体各系统部件要有好的模态匹配，尽可能提高车体各阶模态频率，防止与转向架的各种频率接近。

③ 为了提高旅客乘坐舒适性，车体应尽量为旅客提供宽敞的乘坐空间，同时有较好的气密性和隔音降噪减振性能。

④ 为了减小列车高速运行时的空气阻力，高速列车车体要具有优良的空气动力学性能，一般采用流线型头型和车体表面平顺化设计。

车体及车端连接系统一般包括车体结构、内装、车上设施（包括侧门、侧窗、座椅、行李架等）、车钩缓冲装置、内外风挡等。高速列车车体既是司机驾驶和乘客乘坐空间的边界，又是安装和连接列车其他部分的基础，一般包括带司机室的头车车体、带受电弓的中间车体以及其他中间车体三种类型。车体结构则由底架、侧墙、端墙、车顶、司机室（仅头车有）和设备舱等部件组成。

车体是一个运动的承载结构，在高速运行下，承受着各种复杂的载荷。这些载荷往往具有随机特性，对高速列车车体无论在设计上还是制造上都提出了新的更高要求。在设计方面，要求研究和采纳新的设计规范和标准，用现代设计手段和方法，实现高速列车车体的全新设计。在制造方面，要求高速列车车体制造大量采用新材料、新工艺和新设备，在简化制造过程、提高生产效率的同时，提高车体的制造质量。列车车体制造水平的高低，直接关系到设计目标能否达到，因此，在列车车体制造过程中，对生产人员的素质同样提出了更高的要求。

高速列车车体设计与传统的普速列车车体设计有较大区别。首先，在普速列车车体设计中，通常采用传统的基于静力准则的结构设计方法，该方法已远远不能满足高速列车车体结构设计的要求。在高速列车车体设计中，结构动态特性设计已显得越来越重要。结构动态特性设计是根据结构工作所处的动力学环境，按照功能、强度等方面的要求，对结构的振型、频率等动态特性参数进行修正和设计，以使其具有良好的动态特性，达到控制结构振动水平的目的，从而降低结构的动载荷。高速列车车体的结构动态特性设计，包括结构动态设计和振动响应设计两部分。其中，前者要求在结构满足静强度的同时，使结构的固有频率、固有振型等振动特性满足设计要求；后者是在结构满足静强度、固有特性等要求的同时，还要满足振动响应（包括应力、应变、位移、速度、加速度等）的要求。因此，通过结构动态特性设计，可使所设计的结构具有良好的静态和动态特性。

随着运行速度的提高，列车所需要的牵引功率与列车的质量呈线性增长关系。列车质量越轻，需要的牵引功率就越小，所以，减轻列车质量是降低高速列车对牵引功率的需求、实现高速运行的重要措施之一。同时，列车质量降低使轴重减小，轮轨之间的动力作用也随之减小，对延长列车使用寿命、降低列车本身和线路的维修费用、提高列车可用率具有重要意义。因此，对高速列车车体必须进行轻量化设计。

随着运行速度的提高，列车与周围空气的动力作用明显加剧，因此，高速列车的车体外形设计与列车空气动力学密切相关。好的头型设计，可以有效地减少运行空气阻力、列车交会压力波，解决好高速列车运行稳定性问题。故车体设计的另一重要工作是车体外形的流线化设计。

此外，列车运行速度提高后，车体表面的压力波变化会影响到车厢内的压力变化，特别是列车交会和通过隧道时，外界的压力波变化对车厢内的影响更加突出。同时，随着列车速度的提高，列车运行产生的噪声水平也明显增大。为了提高乘客乘坐的舒适度，对高速列车车体还必须进行密封性设计和隔声降噪减振设计等。

第二节　高速列车空气动力学

一　高速列车空气动力学研究的发展历程

高速铁路是国家创新驱动发展的大国重器。我国特有的超大规模高速铁路网、复杂地理气候环境、长距离持续高速运营工况，使高速铁路建设和装备研制面临空气动力制约高速铁路发展、大风危及行车安全等前所未有的挑战。

高速铁路涵盖系统集成、高速列车、工程建造、列车运行控制、牵引供电、运营管理、安全监控等 7 大技术体系，它们均涉及空气动力学问题，如图 8-1 所示。高速铁路空气动力学是解决高速铁路发展瓶颈问题的关键基础科学。

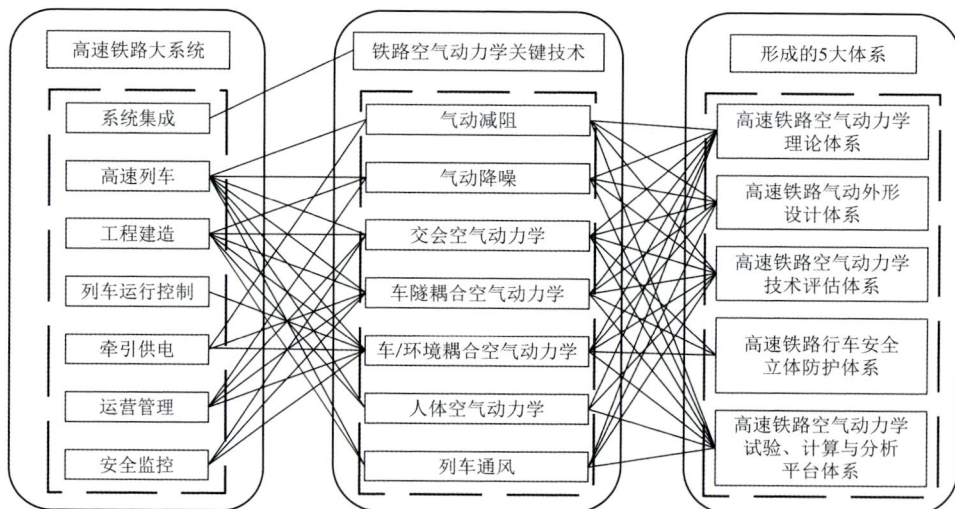

图 8-1　高速铁路大系统与铁路空气动力学的关系

自 1990 年至今，伴随着中国高速铁路的发展，我国开展了高速铁路空气动力学系统研究，建立了理论体系、设计体系、评估体系、防护体系、平台体系等 5 大体系（图 8-1）。

铁路空气动力学主要涉及列车周围流场特性、列车气动减阻技术，列车气动降噪技术，列车通风技术，列车交会空气动力学，列车/隧道空气动力学，列车/气候环境空气动力学，列车/人体空气动力学，铁路空气动力学试验平台等关键理论技术。

（1）起步阶段（1990—2007 年），从普速到高速

解决因空气动力学危及铁路行车安全、降低旅客舒适度、影响环境等科学技术问题，建立了试验、计算、理论、分析平台，为高速铁路建设和运营奠定基础。服务于广深铁路、六次大提速、秦沈客专、中华之星等流线型列车。

（2）全面提升阶段（2008—2011 年），高速铁路持续开通

建立 5 大技术：①高速列车空气动力学与外形、结构协同设计技术；②人/车/隧/环境耦合气动安全协同控制技术；③高速铁路噪声溯源及抑制技术；④高速铁路空气动力行车安全评估技术；⑤高速列车车内流场品质提升技术。解决了空气动力制约中国高速铁路发展的科学技术问题。服务于京沪高铁、武广高铁、京津城际等列车。

（3）跨越发展（2012 年—至今），高速铁路成网运营、高原高寒铁路开通运营

形成 5 大体系：①高速铁路空气动力学理论体系；②高速铁路气动外形（列车、隧道等）设计体系；③高速铁路空气动力学技术评估体系；④高速铁路行车安全立体防护体系；⑤高速铁路空气动力学试验、计算与分析平台体系。

面向我国复兴号高速列车的自主化研制，创建车-线-隧耦合整车气动减阻节能设计理论关系，研发从头部到尾部、底部到顶部、局部到整体的流动引导、分离抑控综合减阻技术，与既有高速列车相比，实现了减阻 14%，人均百公里能耗降低 20%。同时完成了国内高速列车及出口 10 个国家动车组的气动外形设计、试验及体系化评估；时速 350km 下的噪声比和谐号同速下降低约 2dB（A）；交会相对时速 840km，比和谐号高约 20%。提出瞬态压力冲击与列车/隧道/线间距等参数匹配理论及缓解技术，完成我国所有典型高速铁路隧道的气动动模实验及评估。成果应用于高速铁路、城际铁路、地铁隧道，并助力中标印尼雅万高铁，实现 350km/h 不减速穿越隧道，缩短乘客旅途时间。

在大风防风方面，建立 3 大风区铁路技术：①高速铁路立体防风技术；②列车底部流场"疏-绕"防积雪结冰技术；③铁路大风行车安全指挥系统。解决了高原、高寒高速铁路安全行车难题。

中国高速铁路空气动力学研究经过 30 多年的发展，建立了理论体系、设计体系、评估体系、防护体系、平台体系等 5 大体系；取得的系列原创性成果，应用于我国京沪等高速铁路、青藏等高原高寒铁路、兰新等大风区铁路，"复兴号"等所有国产高速列车的研制，以及出口美国、加拿大等国的列车，全部的高速铁路修建（比如线路/隧道/桥梁/防风设施），所有高速铁路的运营、养修维护，为中国高速铁路领跑做出重要贡献。

二 高速列车空气动力学研究方法

1. 高速列车空气动力学风洞试验

（1）风洞试验系统

风洞是用于空气动力学试验的设备，根据马赫数，可分为低速、亚音速、跨音速、超音速和高音速风洞。根据气流循环，可分为回流式和直流式，分别如图8-2、图8-3所示。按实验段结构，可分为开口式和闭口式。低速风洞适用于列车模型试验，可提供重要气动数据。

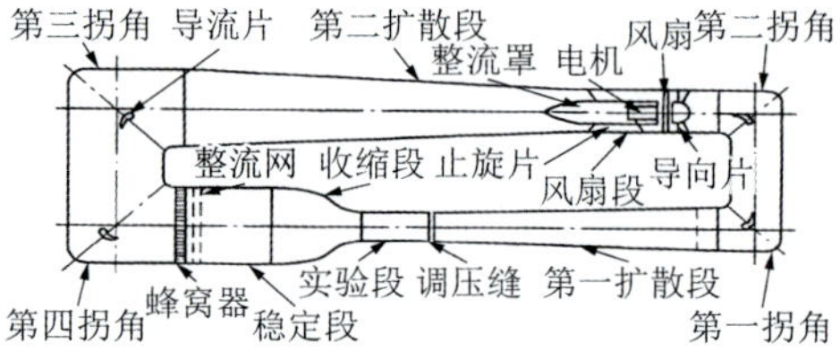

图 8-2　回流式风洞结构 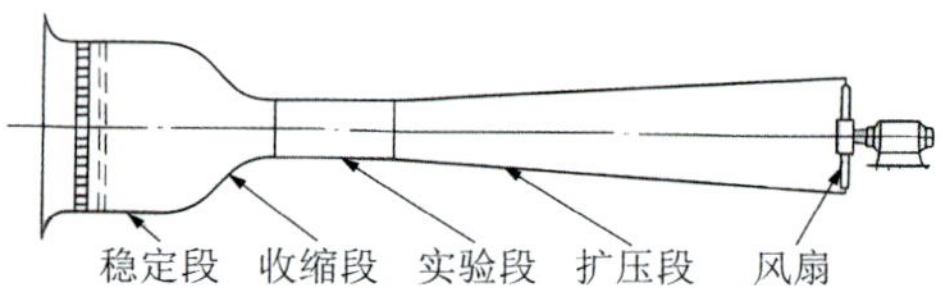　　　　图 8-3　直流式风洞结构

回流式低速风洞主要部件包括：整流网、稳定段、收缩段、实验段、调压缝、扩压段、拐角与导流片、动力段。直流式低速风洞主要部件包括：整流网、稳定段、收缩段、实验段、扩压段、动力段。实验段是风洞中模拟流场、进行空气动力实验的主要部件，是整个风洞的核心，要求实验段的气流稳定，速度大小和方向在空间分布均匀、湍流度低、静压梯度低。

（2）风洞试验原理

列车在空气中运动时，由于空气存在惯性、黏性、重力和弹性作用而产生的作用于列车上的力称为空气动力，主要有惯性力、黏性力、重力和弹性力。

$$惯性力 = \rho l^2 V_t^2 \tag{8-1}$$

式中：ρ——空气密度，kg/m³；

  l——列车的特征长度，m；

  V_t——列车速度，m/s。

$$黏性力 = \mu V_t l \tag{8-2}$$

式中：μ——空气动力黏度，Pa·s。

$$重力 = \rho l^3 g \tag{8-3}$$

式中：g——重力加速度，m/s²。

$$弹性力 = \rho a^2 l^2 \tag{8-4}$$

式中：a——空气中声音传播速度，m/s。

这些力的比值用最先导出其重要性质的气动力学专家的名字命名，分别为：

雷诺数 Re：

$$Re = \frac{惯性力}{黏性力} = \frac{\rho V_t l}{\mu} \tag{8-5}$$

马赫数Ma：

$$Ma^2 = \frac{惯性力}{弹性力} = \frac{V_t^2}{a^2}$$ (8-6)

弗劳德数Fr：

$$Fr^2 = \frac{惯性力}{重力} = \frac{V_t^2}{gl}$$ (8-7)

空气动力学理论研究认为，如果列车风洞试验模型和实际列车几何相似，且二者具有相同的雷诺数、马赫数、弗劳德数、比热容等，则模型和实物的流动完全相似。风洞试验根据运动相对原理和流动相似原理，将列车、线路等物体按照几何相似制作成缩比模型，在满足必要的相似条件下，测量列车模型的空气动力特性，就可以得到实际列车空气动力特性。

2. 高速列车空气动力学动模型实验

（1）动模型实验原理

高速列车气动特性动模型实验根据流动相似原理，将高速列车、隧道和线路等物体按几何相似制作成缩比模型，通过弹射使高速列车模型在模拟线路上高速运行，模拟高速列车交会、高速列车与地面、高速列车与周围环境之间的相对运动，真实再现高速列车交会、通过隧道、列车风等空气三维非定常流动过程。

（2）动模型实验系统测试内容

包括列车运行气动阻力与压力分布、列车明线交会、通过隧道、隧道交会、列车风和列车安全退避距离等列车气动特性实验，需要实时测定如下内容：

①列车明线运行时，列车气动阻力与压力分布、道旁列车风的速度及压力变化、对人行天桥和雨棚等道旁设施的气动影响；②列车交会时，列车外表面空气压力波、列车内部空气压力变化、两交会列车相对速度、列车交会对人行天桥和雨棚等道旁设施的气动影响；③列车通过隧道时，车内外和隧道内壁面的瞬态空气压力变化、隧道口微气压波、隧道内列车风、隧道内部设备气动载荷等；④列车在隧道内交会时，车内外和隧道内壁面的瞬态空气压力变化、隧道口微气压波、隧道内列车风、隧道内部设备气动载荷等。

3. 高速列车空气动力学实车试验

高速列车空气动力学实车试验是在实际线路上对实际运行列车进行空气动力学特性测试的试验。实车试验能够反映实际列车在线路上运行的情况，获得真实环境下列车空气动力学特性规律，试验结果可信度高。然而，实车试验需要耗费很大的财力、物力及时间成本，且可以测量的气动性能参数有限，主要用于验证。

（1）实车试验测试内容

列车空气动力学实车试验包括瞬态和稳态两类试验。列车空气动力学性能瞬态试验为非定常试验，包括列车交会、通过隧道、列车安全退避距离和强侧风作用下的列车气动特性试验，需要实时测定如下内容：

①列车交会试验时，列车外表面空气压力波、客车内部空气压力变化、两交会列车相对速度和车间距等；②列车通过隧道试验时，车内外和隧道壁面的瞬态空气压力变化、隧道口微气压波、隧道内列车风等；③列车安全退避距离试验时，列车风及压力变化、列车风作用下人体模型承受的气动力、人体模型在列车风中受到的瞬态压力冲击；④强侧风作用试验时，列车风和环境风耦合下的列车表面空气压力分布、车辆气动力，挡风墙、桥梁、建筑物压力分布和环境风风速等。

列车空气动力学性能稳态试验为定常试验，包括测定列车稳态运行时的表面空气压力、风道空气压力、冷却风机风量等试验。

（2）实车试验测试方法

① 压力测试。实车试验压力测试系统由压力传感器、多通道放大器、A/D 转换器、计

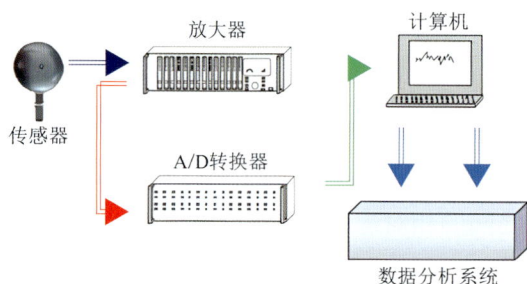

图 8-4　实车试验压力测试系统

算机及相应的分析软件组成，如图 8-4 所示。该系统以计算机为中心，在软件的支持下集成多种虚拟仪器的功能，能对多个测点、多种随时间变化的参量（主要是瞬态压力信号）进行动态在线实时测量。

压力传感器的使用与研发是列车空气动力学实车测试不断提升与进步的体现，经历了从最开始的体积大、非流线化压力传感器，到采用国外的 Kulite 或 Endevco 压力传感器，再到现在自主研发的贴片式压力传感器（图 8-5）；实现了从压力传感器到采集器、到测试软件的完全国产化，已全面应用到实车试验中（图 8-6）。

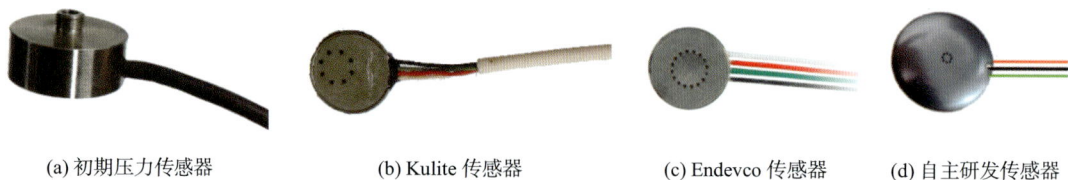

(a) 初期压力传感器　　(b) Kulite 传感器　　(c) Endevco 传感器　　(d) 自主研发传感器

图 8-5　不同阶段压力传感器

图 8-6　压力测试实车试验布点图

② 列车风测试。轨侧列车风可以采用热线风速仪、超声波风速仪、皮托管等进行测试。列车风测试传感器前方 500m、后方 100m 不应有桥梁、隧道等障碍物，测试结果应包括头

部到达前 1s 和尾部通过后 10s 整个时间历程内的流速变化，测试时环境风速、采样频率、传感器精度均需满足相关标准要求。列车风引起的轨侧人员受力可采用在人体模型内部安装测力天平进行测试，如图 8-7 所示。

图 8-7　列车风及轨侧人员受力实车试验图

③ 运行阻力试验。在明线无风环境中，高速列车的运行阻力 R 可以表示为：

$$R = C_1 + C_2 v_{tr} + C_3 v_{tr}^2 \tag{8-8}$$

式中：C_1——机械阻力，其主要依赖于轴重，与列车速度无关；

$\quad C_2 v_{tr}$——动量损失阻力；

$\quad C_3 v_{tr}^2$——气动阻力。

利用实车惰行阻力试验可以得到高速列车的运行阻力。惰行阻力试验在平直道采用溜放法验证动车组运行阻力，动车组进入采样区前应达到预定速度，进入采样区段后切断主断路器保持升弓状态惰行，连续记录惰行速度及相应的时间参数和距离，不同运行速度下的动车组基本阻力可以表示为：

$$\omega = \frac{1000(1+\gamma)}{3.6} \times \left(\frac{\Delta v}{\Delta t}\right) \tag{8-9}$$

式中：ω——单位惰行基本阻力，N/t；

$\quad \gamma$——回转质量系数，$\gamma = 0.0582$；

$\quad \Delta t$——计算步长，s；

$\quad \Delta v$——Δt 内的速度变化值，km/h。

通过试验数据整理，对坡道影响进行修正后，可以获得不同运行速度下的高速列车运行阻力，通过二次多项式曲线拟合得到惰行阻力曲线，由此可以得到不同运行速度下的列车气动运行阻力。

④ 大风环境下列车气动力测试。采用小量程、高精度的差压传感器直接测量车体两侧或上下的差压，然后采用积分的方法求得整个车辆的气动力。大风环境下车辆表面不同区域的压力分布差异显著，测点的合理布置是准确测量车辆气动力的重要前提，需要结合理论分析、数值仿真的结果合理布置测点。某车型的布点方案如图 8-8 所示，实车如图 8-9 所示。即对于不同的局部单元，测得形心处的压差，则整个单元上的气动力为：

$$F_e = \iint p \, dx \, dy \tag{8-10}$$

整个单元产生的力矩为：

$$M_e = \iint pL \, dx \, dy \qquad (8\text{-}11)$$

式中：L——单元形心到取矩中心的距离。

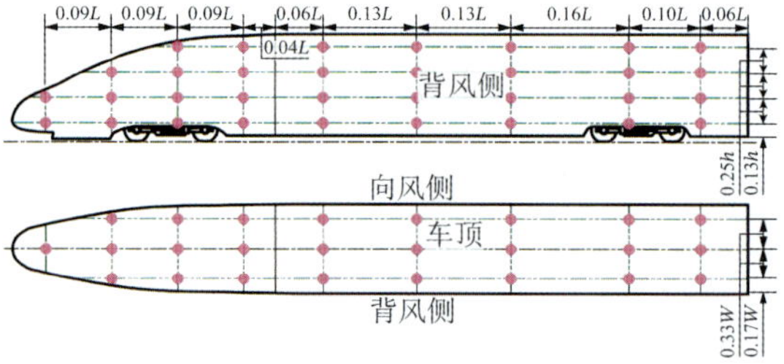

图 8-8 大风环境下列车气动力测点布置方案

图 8-9 车辆气动载荷实时在线测试

根据上述原理，可以求出每个单元上的力与力矩；再根据各单元实际方向，矢量相加后，即可得到整个车辆的气动横向力、升力与倾覆力矩。

⑤ 车外通过噪声试验。对于整车气动噪声性能，当列车速度达到 300km/h 时，高速列车气动噪声将超过轮轨噪声，成为高速列车的主要噪声；通过开展高速运行工况下的列车通过噪声测试，可以在一定程度上反映不同车型的气动噪声性能。高速列车车外通过噪声测试的远场测点距轨道中心线 25m 远，距轨面 3.5m 高，实车测试照片如图 8-10 所示。列车车外通过噪声测量时，列车恒速运行通过测试点，测量从头车通过传声器前开始，到尾车离开传声器后结束。

图 8-10 噪声实车试验测试

故事

高速列车空气动力行车安全评估的实车试验

高速铁路进疆，百里风区成为拦路虎。大风严重威胁铁路运输安全，轻则停运，重则翻车；风区铁路既要保安全又要增效率，一直是困扰铁路的世界性难题。动车进南疆何时圆梦？我国不仅在新疆有"百里风区"，还是世界上铁路风灾严重的国家。解决大风问题的关键，在于找风、识风、防风，并进行系列的实车抗风试验。

大风环境下测试装备的抗干扰、高速运行状态下测点的合理布设、海量数据的精确采集与分析处理是必须解决的系列难题。面对这一系列的挑战，中南大学田红旗教授带领科研团队，不畏艰难进行了全方位、系统性攻关。

首当其冲的是压力传感器的研制。最初，团队使用体积大且非流线化的传感器，气流干扰严重。继而，采用国外的 Kulite 和 Endevco 等传感器，但高昂的成本和配套软件垄断成为阻碍。最终，团队毅然决定自主研发贴片式压力传感器，经过反复试验和改进，成功实现了从传感器到数据采集器和测试软件的全国产化。如今这些设备已广泛应用于线路试验，大幅提升了测试的精度和效率。

为了采集现场一手试验数据，团队成员长期驻扎在新疆铁路无人戈壁风区，数月住在简陋的工棚里，以泡面、馕饼充饥，顶着大风、暴雪等恶劣天气，完成了新疆普速铁路和兰新高铁的全部大风专项实车试验，共进行了 251 个往返，累计里程77650km，终于探明了客、货车辆在大风环境下空气动力学性能边界。

为了保障兰新线"百里风区"行车安全，从 2003 年开始，中南大学团队在风沙、严寒等恶劣环境下，毅然深入一线。当时又遇"非典"肆虐，为了及时获取第一手资料，他们频繁来往于学校和现场。功夫不负有心人，最终突破重重难关拿出了最优试验方案。

依此方案开展的客、货车辆的大风试验，完成了对各型列车空气动力学及动力学特性、挡风墙气动载荷、列车安全临界风速等极限状态下的数据分析、研究和评估，最终确定了兰新普速铁路不同车型大风安全运行办法，完成了防风设施的改造和升级，大幅提升了停轮风速阈值，并为日后高速列车的大风试验积累了经验。值得一提的是，2014 年 4 月，在兰新高铁"百里风区"进行试验时，戈壁滩上突然刮起 15 级大风，工棚异响，随时倾覆。险情下试验人员首先想到的不是个人安危，而是试验数据的安全。当试验人员带着数据迅速撤离，刚刚离开时，工棚就倒塌了，大家惊出了一身冷汗。由此，他们被誉为"用生命做实验的团队"。

2016 年至 2022 年，为了实现"南疆动车梦"，科研团队先后进行了 22 场大风试验，为动车组安全运行的速度限值和防风设施改造方案提供了决策依据。方案实施后，动车年均停轮时间减少82%，限速时间减少86%，并实现了复兴号往返南疆腹地，"丝路"迈入了高速铁路时代。

试验团队秉承"顽强拼搏、团结奋进、担当奉献、勇于创新"的精神，成为我国列车空气动力学现场实车试验技术的开拓者。我国高速列车空气动力行车安全的实车试验评估实践表明，在此技术领域，我国站在了国际前列。

4. 高速列车空气动力学数值仿真

数值仿真是基于数学模型和计算机程序来模拟实际物理过程的技术，可广泛应用于高速列车空气动力学研究。与实验相比，数值仿真能更快地提供大量可靠数据以支持列车外形优化。常用的仿真软件有 ANSYS Fluent、STAR-CCM+和 OpenFOAM 等。

（1）仿真模型处理

在数值仿真的前期准备中，模型前处理是确保仿真准确性和效率的关键环节。此过程涉及创建车体几何模型，并对其进行必要的简化处理。目的是在不影响关键区域流场信息的前提下，避免网格生成时产生过多的计算量和潜在的数值误差。列车几何模型的细化部分主要包括转向架、受电弓和风挡等复杂结构。

（2）仿真计算区域离散方法

高质量的网格生成是数值仿真的另一关键条件，直接影响数值模拟的稳定性和计算结果的精确度。网格类型主要有结构网格、非结构网格和笛卡尔网格等。

①结构网格：具有数据结构简单、计算处理效率高的特点，如图 8-11 所示。结构网格生成需要耗费大量的时间设计网格拓扑关系，且对于具有复杂内/外部结构的列车，高质量网格生成困难。

图 8-11　结构网格示意

②非结构网格：解决结构网格间的拓扑关系限制，如图 8-12 所示。理论上适用于任意列车形状和变化的仿真研究。但非结构网格数据结构非常复杂，计算效率和鲁棒性较差。

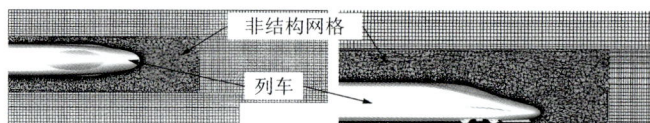

图 8-12　非结构网格示意

③笛卡尔网格：不依赖于物面直接生成空间网格，具有网格生成自动化程度高、复杂外形适应性好、多尺度等流动结构捕捉能力强等优势，如图 8-13 所示。适用于具有复杂流场环境的列车仿真模拟。

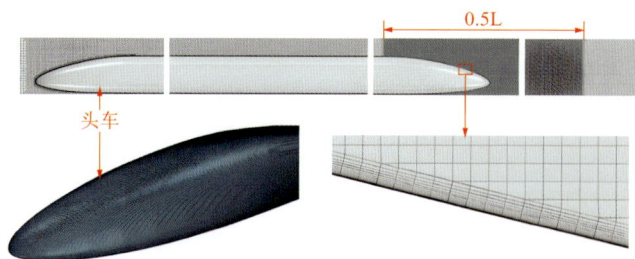

图 8-13　笛卡尔网格示意

（3）车体运动的仿真方法

在模拟列车运行过程中的相对运动问题时，通常使用吹风法、滑移网格法、重叠网格法、湍流模拟方法等。各方法都有其适用场景与限制。

①吹风法：通过在计算域内施加与列车运动相反的风速来模拟列车运动，适用于列车明线运行场景，如图 8-14 所示。

(a) 计算区域侧视图　　　　　　(b) 计算区域正视图

图 8-14　吹风法边界条件设置

②滑移网格法：通过将计算域划分为静止区域和移动区域，网格可以自由滑动以模拟物体相对运动，如图 8-15 所示。

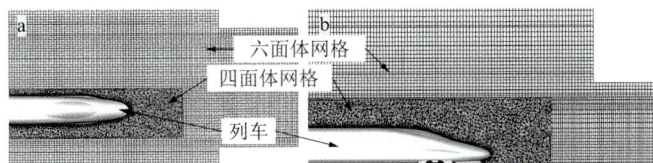

图 8-15　滑移网格模拟方法

③重叠网格法：使用多个独立的、可以自由移动和旋转的、相互重叠的网格系统来模拟含有复杂运动的物体，适用于处理多车体相对运动问题，如图 8-16 所示。

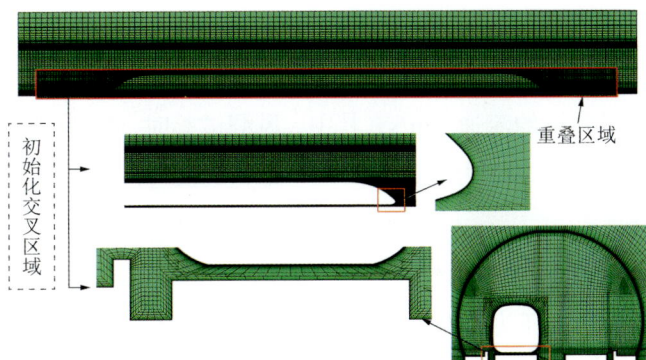

图 8-16　重叠网格模拟方法

（4）湍流模拟方法

湍流模拟方法主要有以下四类。

①直接数值模拟（DNS）：提供最高精度的模拟结果，适用于分辨细小的流动结构，但计算需求极高。

②大涡模拟（LES）：聚焦于大尺度涡旋，适用于模拟大规模流动问题。

③雷诺时均法（RANS）：利用时均方程和湍流模型来模拟流场，且占用计算资源较少。

④LES/RANS 混合模拟：结合 LES 和 RANS 的优点，提高计算效率，同时保持流动模拟的精确度。

三 明线空气动力学

1. 列车表面空气压力

列车是在大气环境贴地运行的长大物体，其经过的线路空间存在的空气介质必然会被列车排挤开，以便列车通过，从而在列车表面产生沿法线方向的压力，称为列车表面空气压力。

列车表面空气压力是空气垂直作用在列车表面单位上的力。其方向按垂直于列车表面，并以指向作用面为正方向，其大小为列车外表面的静压与环境大气压力之差：

$$p_b = p - p_\infty \tag{8-12}$$

式中：p_b——列车表面空气压力，Pa；

$\quad p$——列车外表面静压，Pa；

$\quad p_\infty$——环境大气压力，即参考压，Pa。

为便于分析比较，定义无量纲系数，即列车表面空气压力系数 C_p，其表达式为：

$$C_p = \frac{p_b}{q_\infty} = \frac{p - p_\infty}{\frac{1}{2}\rho V_\infty^2} \tag{8-13}$$

式中：C_p——列车表面空气压力系数；

$\quad q_\infty$——动压 $q_\infty = \frac{1}{2}\rho V_\infty^2$，Pa；

$\quad \rho$——空气密度，kg/m³；

$\quad V_\infty$——空气相对列车的流速，m/s；其中，风洞试验时，V_∞ 为吹风速度；实车试验或动模型实验时，V_∞ 为测试时的列车运行速度 V_t；数值模拟计算时，V_∞ 为远方来流速度。

2. 列车空气阻力

列车运行时的表面空气压力和黏性切应力沿列车运动反方向形成的合力，即列车空气压差阻力 F_{px} 和列车空气摩擦阻力 F_{tx} 之和，称为列车空气阻力 F_x。

列车空气压差阻力 F_{px} 可以表示为：

$$F_{px} = \oint_{S_F} p_{bx}\mathrm{d}S_F \tag{8-14}$$

式中：F_{px}——列车空气压差阻力，N；

$\quad p_{bx}$——列车表面空气压力 p_b 在 x 方向的分量，Pa；

$\quad S_F$——列车外表面积，m²。

列车空气摩擦阻力$F_{\tau x}$可以表示为：

$$F_{\tau x} = \oint_{S_F} \tau_{ix}\, \mathrm{d}S_F \qquad (8\text{-}15)$$

式中：$F_{\tau x}$——列车空气摩擦阻力，N；

τ_{ix}——列车表面的黏性切应力τ在x方向上的分量，Pa。

为便于分析，定义无量纲系数，列车空气阻力系数C_x，其表达式为：

$$C_x = \frac{F_x}{qS_x} = \frac{F_x}{\frac{1}{2}\rho V_t^2 S_x} \qquad (8\text{-}16)$$

式中：C_x——列车空气阻力系数；

q——动压$q = \frac{1}{2}\rho V_t^2$，$V_t$为列车运行速度，m/s；

S_x——列车最大横截面积，m²。

列车的空气阻力系数与列车外形和长度有关。当列车外形、运行条件确定后，阻力系数C_x为常数，此时，列车空气阻力与列车运行速度的平方成正比，随着列车运行速度的提高，列车的空气阻力迅速增大，列车空气阻力占总阻力的比例也越来越大。

3. 列车空气升力

列车空气升力为列车运行时的表面空气压力和黏性切应力沿垂直向上方向形成的合力，即沿着垂直方向的车辆表面空气摩擦升力和压差升力之和。沿坐标z的正方向为正升力，反向为负升力。其大小由式(8-17)确定。即：

$$F_{zk} = F_{pzk} + F_{\tau zk} = \oint_{S_{Fk}} (p_{bz} + \tau_{iz})\, \mathrm{d}S_{Fk} \qquad (8\text{-}17)$$

式中：F_{zk}——列车空气升力，N；下标k代表头车t，中间车z和尾车w，如F_{zt}为头车升力；

F_{pzk}、$F_{\tau zk}$——车辆空气压差升力和摩擦升力在z方向的投影，N；

p_{bz}——列车表面空气压力p_b在z方向的分量，Pa；

τ_{iz}——列车表面的黏性切应力τ在z方向的分量，Pa；

S_{Fk}——列车外表面积，m²。

为便于分析，定义无量纲系数，即列车空气升力系数C_z，其表达式为：

$$C_{zk} = \frac{F_{zk}}{qS_{zk}} = \frac{F_{zk}}{\frac{1}{2}\rho V_t^2 S_{zk}} \qquad (8\text{-}18)$$

式中：C_{zk}——列车空气升力系数；

S_{zk}——参考面积，这里是车辆水平投影面积，m²。

空气升力与列车运行速度的平方成正比，因列车运行速度的改变，再加上环境风的影响，空气升力很难保持稳定，易导致列车发生剧烈振动，严重影响旅客的舒适性。此外，当运行列车遭遇强侧风时，由其引发的升力在与侧向风力共同作用下，极有可能导致列车倾覆。因此，希望列车空气升力尽可能接近于零。

4. 列车交会与瞬态压力波

典型的列车交会过程中的车身测点压力随时间变化曲线如图 8-17 所示。在交会列车头

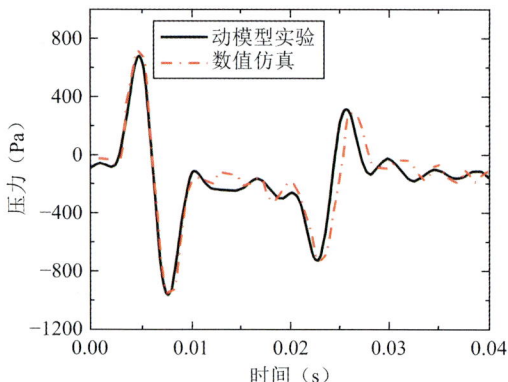

图 8-17　列车交会过程中的车身测点压力随时间变化曲线

部达到测点前压力就已开始增加，之后迅速增大，在列车头部鼻尖到达测点时，产生一正、负脉冲，即头波；在最大负脉冲出现后开始等幅波动，直到尾车鼻尖通过测点时，产生一负、正脉冲，即尾波；再等幅波动直到会车结束后一段时间，信号才逐渐消失。列车表面空气压力突变严重影响行车安全、旅客的舒适性以及环保性。随着列车速度的提高，因列车交会引起的空气动力学问题更为突出，尤其是在线间距小的地段或隧道内交会。

降低列车交会空气压力波的措施包括：新线建设和既有线改造时选择合理的线间距；合理设计车体尺寸，减小车身横截面面积，侧墙采用鼓形壁；适当增加头部流线型长度，减小鼻尖部位过渡处曲率半径，头部形状设计为扁宽型；车体进行气密性设计，防止车外较大压力波传入车内；加强车体结构强度，车窗及密封件、车窗与车体钢结构之间的固结强度，提高车窗玻璃强度，使其能经受瞬态压力冲击；选择合理的货物列车装载加固方式；减少速度差较大的列车交会。高速铁路采用性能良好的动车组，实行客、货列车分流，中、低速列车分流；对于既有提速铁路，在编排列车运行图时，应尽可能避免普快列车、货物列车与提速列车在线间距较小地段交会。

5. 列车尾部流场特性

列车稳定运行时，空气黏性效应将带动列车尾部周围的空气随之运动，形成列车尾部流场并以速度场和压力场的形式表现出来，高速列车尾部流场结构如图 8-18 所示。尾部流场可能造成人员伤亡或列车受损事故；气候干燥且多沙地段下，列车尾部流场卷起扬尘会造成一定程度的环境污染；列车尾部流场引起的飞沙走石将危及周围人员及物体的安全。因此，研究尾部流场结构的规律是改善列车空气动力学性能的重要手段之一。

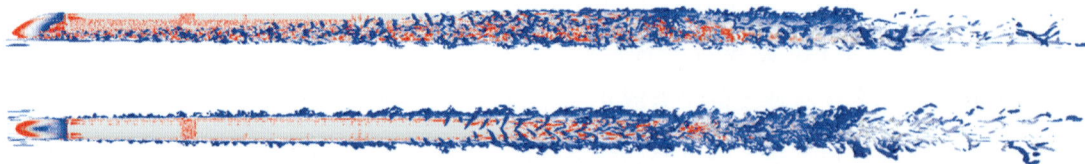

图 8-18　高速列车尾部流场结构

6. 列车风

由于空气的黏性作用，列车在地面高速运行时将带动列车侧面、底部及尾部的周围空气随之运动，形成一种特殊的非定常流动，称为列车风。列车通过时对道旁人体产生作用的区域主要分为列车通过区和尾部流场影响区，二者均对人体产生气动作用力。列车尾部流场影响区已在上节进行论述，接下来对列车通过区中的道旁人体受气动力进行分析。

列车风对人体作用力随人体离开列车侧壁距离的增加而减小。同一列车运行速度下，人体受到的气动力与人和列车侧壁之间距离成反比。为确保安全，必须使道旁人体与列车侧壁之间有安全退避距离。目前判别人体安全性的标准有风速标准和气动力标准两种。日本以平均风速 9m/s 作为确定站台安全距离的危险标准；英国以平均风速 11m/s 确定站台安全距离、以 17m/s 确定作业安全距离（有扶手等类似设施条件下）。法国和德国采用气动力判别。我国提出了人体允许承受的气动力和风速建议值、人体安全退避距离建议值：人体允许承受的最大气动力值为 100N；线路作业指人体允许承受的最大气动力值为 130N；站台旅客和线路作业人员允许承受的最大列车风风速为 14m/s。

四 车-隧耦合空气动力效应

我国是一个多山、多丘陵的国家，铁路隧线比高。列车高速穿越隧道时，强交变气动载荷会导致列车和隧道结构疲劳破坏，旅客头晕、呕吐，甚至耳膜破裂；气压爆波将破坏隧道口附近建筑，严重污染周围环境。针对制约我国高速铁路发展的车-隧耦合空气动力安全问题，创建了车-隧耦合空气动力学综合研究体系，取得了理论方法、实验技术、工程应用等方面的重大突破，在高速列车和新建高速铁路隧道设计中得到全面应用。

1. 隧道压力波特性

当列车头部进入隧道时，类似于活塞进入气缸，空气流动受到隧道壁面限制而被阻滞，使列车前端静止的空气受到剧烈压缩，导致空气压力骤然增大而形成初始压缩波，压缩波以声速沿隧道传播；当压缩波传至隧道出口处时，一部分冲出隧道口，形成微压波，另一部分以膨胀波的形式被反射回来，沿隧道长度方向朝入口端传播。当列车车尾进入隧道时，列车尾部的压力低于隧道洞口外大气压，会产生膨胀波。

车头和车尾进入隧道时形成的初始压缩波和膨胀波是隧道压力波动产生的根源。相同类型的压力波相互叠加将使压力波值增大，不同类型的压力波叠加将使压力波值减小。在隧道内某一位置，车头和车尾经过时都将引起该点的压力变化，其中车头经过时压力降低，车尾经过时压力升高。图 8-19 所示为高速列车通过隧道时测点压力变化：①表示初始的头波；②表示初始的尾波；③表示第一次反射的头波；④表示第二次反射的头波；⑤表示第一次反射的尾波；⑥表示车头出隧道引起的波；⑦表示头部经过测点；⑧表示尾部经过测点。

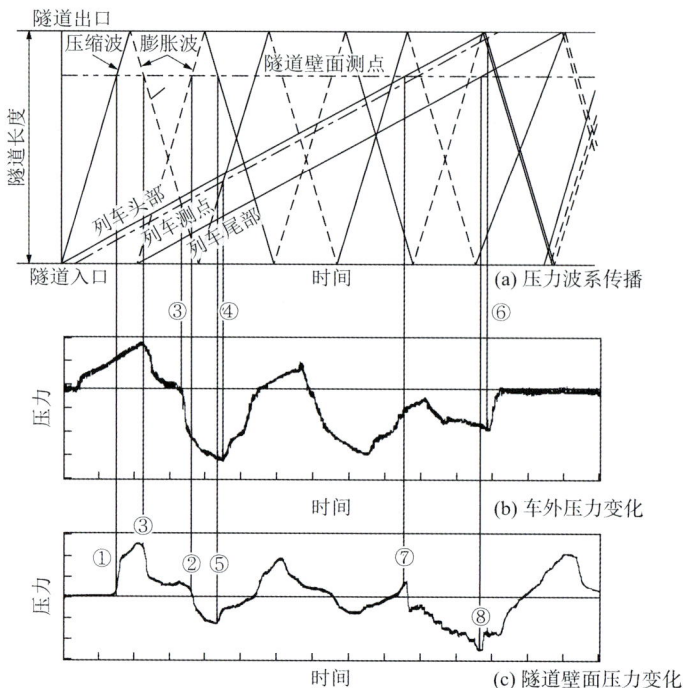

图 8-19　高速列车通过隧道时测点压力变化

2. 隧道压力波影响因素

车-隧耦合空气动力效应影响因素众多，如与列车相关的车速、车长、车体断面、车型等，与隧道相关的隧道长度、隧道横截面积、隧道形状等，与运行状态相关的单车过隧道、隧道交会、交会位置等。高速列车通过隧道时，存在一个理论最不利隧道长度。当隧道长度小于理论最不利隧道长度时，车体表面所受气动载荷先随隧道长度增加而增大，超过理论最不利隧道长度后，车体表面所受气动载荷随着隧道长度的增加而减小。隧道横截面积对隧道内压力变化的影响主要以阻塞比的形式体现，阻塞比是指列车断面面积与隧道断面面积的比值。两列车在隧道内等速交会时，隧道内压力波的传播和叠加相比单车更为复杂。当对面车进入隧道的时间不同，即列车交会位置不同时，隧道产生的压缩波与隧道内原有的马赫波叠加情况也不同。

3. 隧道微气压波及缓解措施

以减缓瞬变压力、降低气压爆波、提高人体舒适性为目标，建立车-隧耦合气动效应协同控制体系，提出车-隧耦合气动效应控制方法。

① 通过列车头部长度、宽度、高度、倾斜度等控制参数和纵向、横向、水平剖面等控制型线的协同优化设计，实现降低隧道内瞬变压力及气压爆波的目的。

② 通过隧道/洞门/缓冲结构等的曲率变化控制初始压力梯度，完成不同参数等对气压爆波的影响规律研究，建立一阶导数连续缓冲结构设计方法，微气压波缓解 50% 以上。

五　列车气动噪声及抑制

1. 通过噪声和气动噪声

随着速度提升，高速列车噪声逐渐增大，成为铁路环境舒适性的重要指标。列车通过噪声级与车速的经典拟合公式为：

$$L_p = L_{p0} + N \cdot \log_{10}(v_{\text{train}}/v_0) \tag{8-19}$$

式中：v_{train}——列车通过车速；

　　　　L_p——对应的通过噪声级；

　　　　v_0——对应的参考车速（200km/h）；

　　N和L_{p0}——对应参考通过噪声级；车速对数值与通过噪声级的线性变化关系。一般来说，对于轮轨噪声，N在30左右；对于气动噪声，N在60以上。

高速列车噪声主要包括轮轨噪声和气动噪声两部分；随着列车速度的提升，N增大，表明气动噪声的占比逐渐凸显。实测数据表明，以300km/h以上速度运行时，气动噪声源能量已经超过轮轨噪声源能量，成为最主要的噪声源，式(8-19)中线性关系会变为分段线性或非线性关系，成为图8-20（a）所示的二次拟合曲线关系。

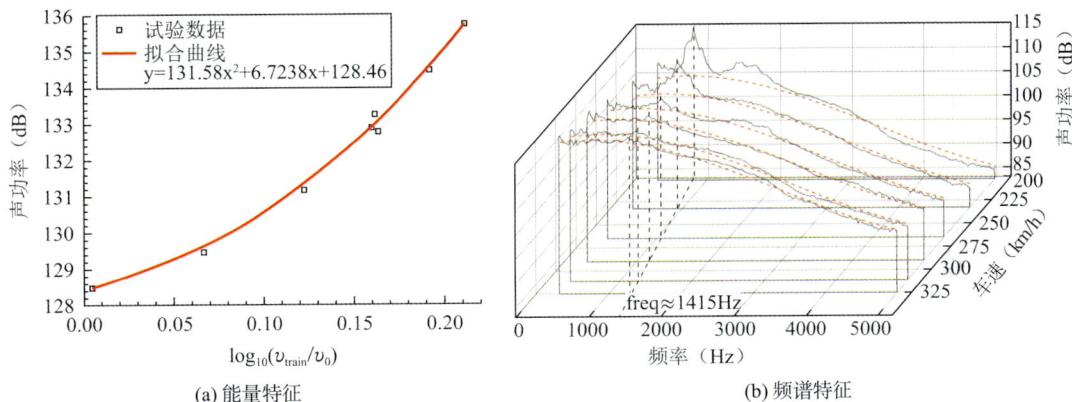

(a) 能量特征　　　　　　　　　　　　(b) 频谱特征

图 8-20　某高速列车车速与噪声源之间的能谱关系（$v_0 = 200$km/h）

从图8-20（b）的声源频谱特征来看，高速列车噪声频谱是典型的宽带-离散组合频谱；随着车速的提高，宽带特征更加显著，离散谱线逐渐被宽带谱"淹没"，在300km/h速度级以上，主要以宽带噪声为主（能量占比95%以上）。高速列车气动噪声是典型的钝体绕流发声，主要来源于列车与空气的相互作用，主声源区包括受电弓、转向架、风挡等非平顺结构区域，其发声频谱特征与当地流场扰动尺度密切相关。高速列车运行马赫数一般不大于0.3，可不考虑其周围气动激扰的可压缩效应，因此，高速列车气动噪声以车体表面偶极子噪声为主，一般不考虑四极子源贡献。列车运行速度、列车外形、空气密度、列车表面粗糙度、轨道条件等都会对气动噪声产生影响。此外，列车运行环境（如风、雨、雪）也会对气动噪声产生一定影响。

2. 气动噪声实验和数值仿真技术

（1）气动噪声实验技术

主要包括以阵列麦克风测试为代表的现场实验技术和在声学风洞开展的实验室测量技术，中南大学从丹麦引进了铁路振动噪声成像测试系统，首次通过实车试验获取了高速列车运动噪声源图谱，图 8-21 给出了某高速列车以 350km/h 通过时的车外噪声源图谱结构。

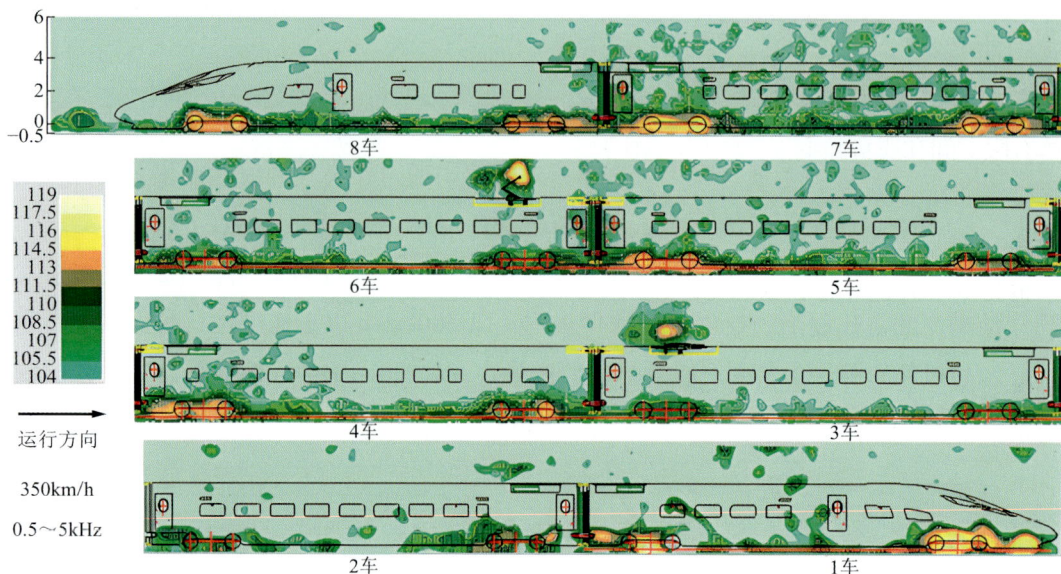

图 8-21　某高速列车车外噪声源典型图谱结构

（2）数值仿真技术

基于精细化流场仿真和声类比积分的混合方法是高速列车气动声学设计常用的数值研究方法。通常包括以下步骤：首先，建立列车及其周围环境的几何模型，精确重建列车的外形细节；然后，使用 LES/DES 等方法模拟列车周围的精细瞬态流场；再结合 FW-H 声类比积分方法或声学有限元/边界元方法进行远、近场噪声预测。该方法的关键在于在较宽的频带范围内，精确再现列车近壁面的多尺度气动激扰特征，对网格尺度要求较高，整体计算规模在亿以上的量级，必须借助超大规模计算能力。从 20 世纪初开始，随着我国超算能力的稳步提升，混合仿真方法因其本身的灵活性和相对易实施性，在高速铁路领域的发展逐渐深入，已成为车体气动声学前期设计的重要研究手段。

3. 气动噪声抑制技术

从平顺化车体设计到吸隔声材料的应用和优化，我国高速列车噪声得到了有效抑制，从最初的引进车型到 CR400 型完全自主研发车型，车外辐射噪声降低了 10dB 以上，CR400 以 350km/h 运行时，车内/外噪声均达到了优级。

外形平顺化是高速列车减阻降噪协同设计的核心概念。首先，头型流线型设计是第一个关注焦点。通过头型流线型拉长、横纵主型线调控设计等，有效延缓、减小近壁面气流分离、实现减阻降噪目的。我国 350km/h 速度级高速列车的头型流线型长度已超过 10m。

第二，车体平顺化设计。减少车身表面的凸起和凹陷，可有效减少气流分离和湍流噪声。典型措施如下：车间连结处，从内风挡改进为内外风挡组合设计；在转向架区域侧面增设小裙板，在受电弓区域增加导流罩。如 CRH380AL 型受电弓区域设置侧板，阻挡噪声向外传播。当然，侧板本身也会带来额外的气动激扰，对减阻降噪产生负作用；对车顶空调、天线、车门车窗等的几何平顺化设计。如 CR400 通过抬升车顶高度（车高 4050mm），使得车顶实现完全平顺化设计，在几乎不损失阻力性能的前提下，获得了优秀的气动降噪特性。

高速列车气动噪声能量分布在几百赫兹到几千赫兹频谱范围内，对车内噪声贡献显著。在车体有限空间和质量约束下的吸/隔声强化技术，尤其是针对中低频的技术，一直是高速列车气动降噪的重点。典型措施如下：在车体结构空隙中加入阻尼吸声材料；铺设减振阻尼吸声地垫；车厢端门加强密封隔声；采用具有优秀吸隔声特性的内饰设计；空调通风的进出风道优化设计。

近年来，我国在高速列车气动噪声研究方面取得了显著成果，在气动发声机理、测量方法、控制技术等方面取得了一定突破。目前，声学超材料技术发展迅速，较大拓展了中低频吸隔声能力，已成为降噪的热点研究方向。未来，随着车速的进一步提升，我国应持续开展气动噪声的研究，以保障高速列车的运行安全性及乘客舒适性。

六 空气动力学与车体外形、结构协同设计

1. 中华之星的车体外形确定

（1）中华之星整体外形研究

我国早期的列车流场特性数值仿真软件采用有限体积法求解三维不可压雷诺平均 N-S 方程，湍流计算采用工程上应用较多的 K-ε 双方程模型。利用风洞试验结果进行了验证，其误差在 8% 以内，足以证明研究中华之星高速动车组气动性能数值仿真方法的可靠性。针对中华之星列车兼顾各方面需求的外形设计，研发了能自动生成三维自由曲面的造型软件，解决了采用各种形状的压型件或型材时（譬如槽型、角型、T 型等型式），部分梁件会扭曲导致的制造困难问题；为了满足数控切割工艺的要求，又进一步提高该软件的设计精度，并针对不同的数控切割设备，研究开发相应的数控切割板梁 CAM 软件，并应用于中华之星外形设计制造。

（2）中华之星动模型实验

采用动模型实验装置开展了中华之星动车组明线交会、通过隧道、隧道交会的空气动力学性能实验，如图 8-22 所示。完成了中华之星动车组气动外形动模型实验研究及设计，通过实际运用考核证明，在列车交会空气压力波方面均满足安全运行要求。

（3）中华之星风洞试验

针对风洞试验出现的地板附面层影响测试精度问题，先在小风洞内探索地板附面层对测试精度影响的机理，然后对 8m×6m 风洞试验段地板进行研究改造，如图 8-23 所示。改建后的地板，表面较平顺，中部转盘直径增大，转盘与固定地板间采用密宫形式互相嵌入，

这样既避免了地板上下气流窜动，又可适当减小地板附面层厚度；此外，将地板安装高度提高，其上表面距实验段底面为 1.06m。采用风洞试验测试了中华之星高速动车组的气动阻力、升力、侧向力及倾覆力矩、俯仰力矩和偏航力矩。

图 8-22 中华之星空气动力学特性动模型实验

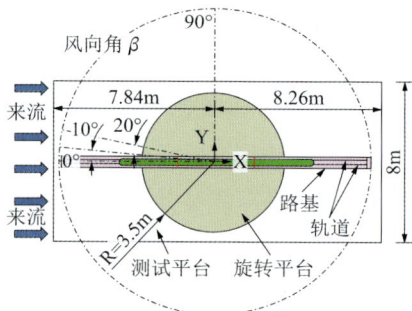

图 8-23 中华之星高速动车组风洞试验转盘示意图

（4）中华之星实车试验

开展中华之星高速动车组交会实车试验，以中华之星高速动车组气动外形设计为基础，通过理论、数值模拟方法、模型试验和实车试验技术的创新研究，最终明确动车组优化外形方案，生产下线中华之星高速动车组，并开展了动车组气动性能的评估研究。设计的中华之星高速动车组气动外形如图 8-24 所示。

图 8-24 中华之星高速动车组气动外形

2. CRH380A/B 的车体外形确定

CRH380B 沿用了 CRH3 的外形，因此，下面重点介绍 CRH380A 外形的确定。对于 CRH380A 的设计，需要满足最高时速 380km 的运行要求，因此，CRH380A 需要自主创新，全面提升列车整体性能，动车组的空气动力外形有较大改变。

（1）整体外形设计

CRH380A 动车组在断面面积基本不变的情况下，增加流线型长度，长细比提高，气动阻力和气动噪声显著降低。轮廓特征上融入具有中国古典哲学思想"方中带圆、圆中取直"的线形和细节处理作为其造型元素的"中国基因"，前脸型线的圆润与车身的直线连接更是彰显中国高速列车"圆中取直，刚柔并济"的内在底蕴。图 8-25 为和谐号 CRH380A 轮廓特征。

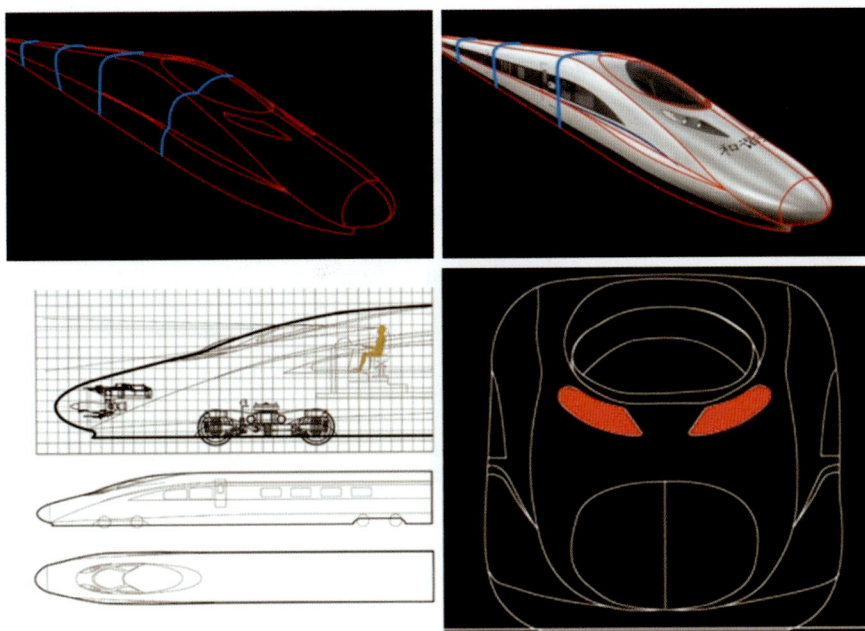

图 8-25　和谐号 CRH380A 轮廓特征

（2）车体表面平顺化设计

对于车端连接部的外风挡，有全包、半包、无风挡等措施。研究发现，在无侧风工况下，风挡的形式对降低整列车阻力作用不大，更多的是改变了各车的阻力分布状况。而在侧风工况下，全风挡可以有效降低整列车的气动阻力，综合考虑设备检修和降阻等实际效果，CRH380A 高速动车组采用了半包的外风挡形式（图 8-26）。

受电弓导流罩主要用来减少由集电系统产生的气动噪声，并降低气动阻力。以降低阻力和噪声为目标进行优化，从中优选出 CRH380A 导流罩。该设计对集电系统的流场进行整流处理，在一定程度上减小了湍流强度，并且有效降低了车外噪声。模型对比如图 8-27 所示。

图 8-26　CRH380A 实车外风挡

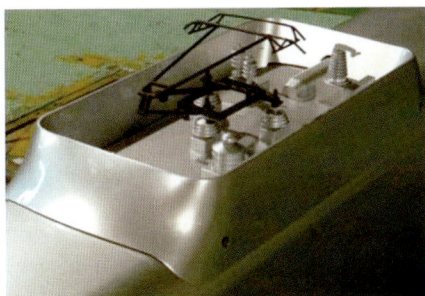

(a) 四周导流设计　　　　　　　　　(b) 两侧导流设计

图 8-27　受电弓导流罩对比

在转向架部位加设转向架侧罩，可以避免大部分气流流入车底设备区域，降低转向架附近涡旋强度，减小压力脉动，降低气动噪声源强度和气动阻力。CRH380A 气动设计中，合理增加了转向架侧罩的面积（图 8-28），侧罩的设计与车体外表面浑然一体；另外，对设备舱采用了高速列车惯用的全封闭措施，门窗和车外的突出物（如天线）也都进行了平顺化下沉处理，使车体外表面平顺化程度更加理想。

(a) 转向架部位压力云图　　　　　　　　(b) CRH380A 转向架侧罩

图 8-28　转向架侧罩设计

（3）综合气动性能评估

CRH380A 设计初期共设计了 20 种列车头型方案，经过了气动阻力、气动升力、侧向力、隧道效应等大量的空气动力学的仿真计算，并通过三维流场数值仿真分析和多目标优化，对择优选出的方案进行了样车试制，完成了 22 项试验验证，最终确定了新一代高速列车的头型方案。采用的技术手段包括头型优化设计，采用半包外风挡和隔音板式导流板，并将车顶天线内置。通过开展气动设计：3 辆编组列车模型气动阻力较 CRH2A 降低 17%，尾车升力降低 51.7%，侧向力降低 6.1%，气动噪声降低 7%。CRH380A 创下时速 486.1km 的最高试验速度纪录。CRH380A 型新一代动车组荣获 2011 中国创新设计红星奖至尊金奖。

3. 复兴号的车体外形确定

（1）复兴号设计目标

中国标准动车组（复兴号）的外观造型是反映中国自主知识产权高速动车组技术形象的载体，须根植于中国的文化沃土进行设计，一方面展示追求世界技术、中国魅力的品牌形象，另一方面展现中国面孔，体现大国精神。设计制造既要提升工艺水平，攻克技术难关，也要注意体现动车组车头造型和色彩搭配的文化性与独特性，在曲面与型线上注重"形神兼备"的表达方式，在结构和体态上追求"气韵生动""动静结合""天圆地方"的审美境界。

（2）CR400AF 型复兴号外形设计

①头型设计。车头采用流线型设计，通过棱线曲面引导空气流动，从而降低列车气动阻力，头车气动阻力比现有 CRH380 系列减小 5% 以上。车头棱线曲面由 80 多块蒙皮拼接而成，造型复杂，成型精度要求极高。车头造型具有 6 条主棱线，每条长达 11m。

②车顶平顺化设计。在车顶空调安装方面，根据地板高度、客室净高、空调高度等设计要素，设计 3 种不同安装方案，空调突出车体断面高度分别为 350mm（方案 1）、190mm（方案 2）和 0mm（方案 3），如图 8-29 所示。研究发现，空调采用不突出车体断面安装方

式（方案 3），可最大限度降低列车气动阻力。

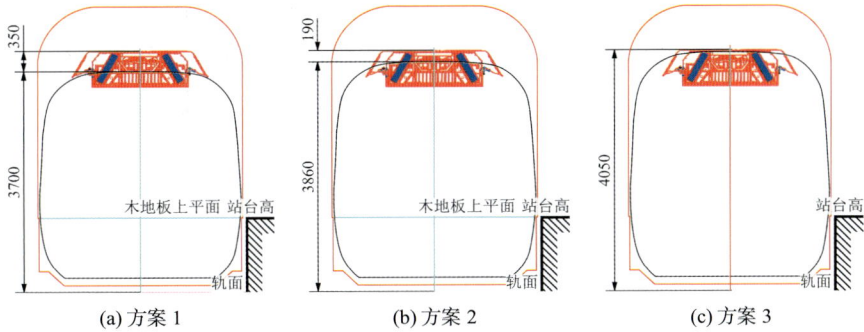

图 8-29　车顶空调安装方式（尺寸单位：mm）

在高压设备安装方面，考虑高压设备安装及绝缘距离，高压设备所需高度尺寸比空调更大，设计 3 种方案：下沉 450mm 开口型式（方案 1）、下沉 450mm 半包覆型式（方案 2）、下沉 590mm 全包覆型式（方案 3），如图 8-30 所示。研究发现，在空间允许的情况下，高压设备采用下沉 590mm 的全包覆型式（方案 3），车顶外形平顺，减阻效果最佳。

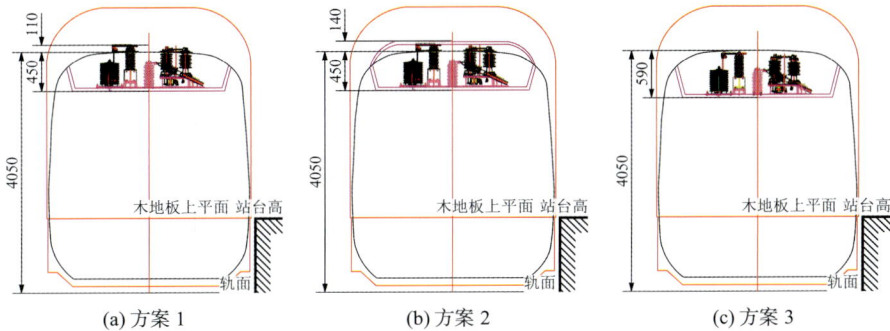

图 8-30　车顶高压设备安装方式（尺寸单位：mm）

在受电弓安装方面，设计了 3 种下沉高度，即受电弓分别下沉 380mm（方案 1）、250mm（方案 2）和 0mm（方案 3），如图 8-31 所示。研究发现，受电弓最大下沉 380mm（方案 1）时减阻效果最优。

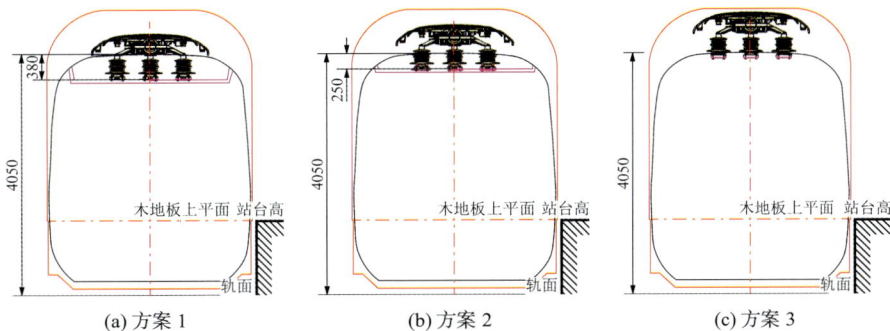

图 8-31　车顶受电弓安装方式（尺寸单位：mm）

③受电弓区域气动设计。受电弓区域气动设计主要包括两类：受电弓平台下沉方案和隔声方案。根据工程实际情况，设计 5 种受电弓平台外形方案（椭圆形、梯形、矩形、鸭蛋形、五边形，下沉高度 380mm，如图 8-32 所示）和 2 种导流隔声方案（四周隔声方案和两侧隔声方案）。

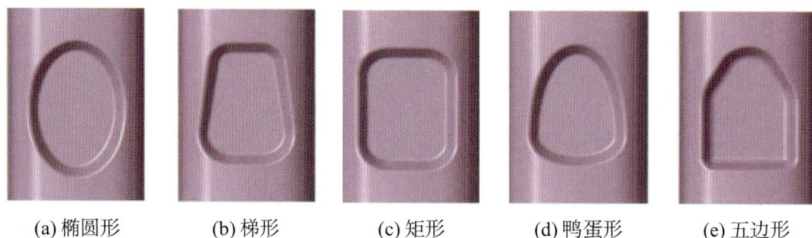

| (a) 椭圆形 | (b) 梯形 | (c) 矩形 | (d) 鸭蛋形 | (e) 五边形 |

图 8-32　受电弓区域外形设计方案

图 8-33 为部分受电弓区域数值计算结果和风洞试验模型。图 8-34 为无风及横风环境下，受电弓区域不同气动设计方案列车气动阻力。研究发现，五边形下沉平台设计方案效果最佳。

(a) 数值模拟仿真

(b) 风洞试验

图 8-33　受电弓平台气动性能仿真及试验

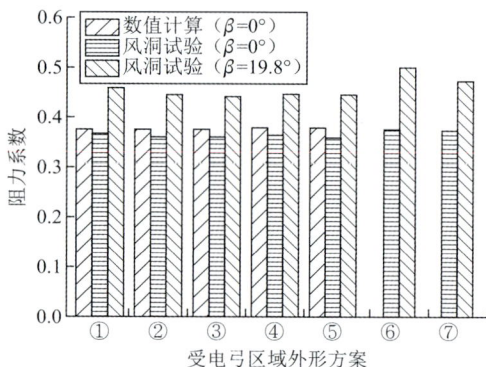

图 8-34　不同受电弓平台的气动阻力系数

④转向架区域气动设计。针对转向架区域工程实际情况，设计不同外形方案，如图 8-35 所示。方案 1 为原始外形方案；方案 2～4 为最小转向架舱方案，并采用不同的导流方案；方案 5 为最大转向架舱方案；方案 6 和 7 在最小转向架舱方案基础上采用扰流设计方案和包覆裙板方案。

| (a)方案 1 | (b)方案 2 | (c)方案 3 |
| (d)方案 4 | (e)方案 5 | (f)方案 6 |

图　8-35

(g) 方案 7

图 8-35　转向架区域外形设计方案（尺寸单位：mm）

图 8-36 为数值计算和风洞试验中转向架区域典型设计方案。图 8-37 给出了无风及横风环境下，转向架区域不同气动设计方案下的列车气动阻力。研究表明，转向架舱尺寸越小，压差阻力越小。在保证安装空间的前提下，最小尺寸为 2096mm，且采用圆弧导流方案最佳。

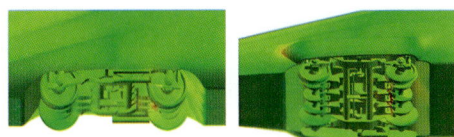

(a) 数值模拟仿真

(b) 风洞试验

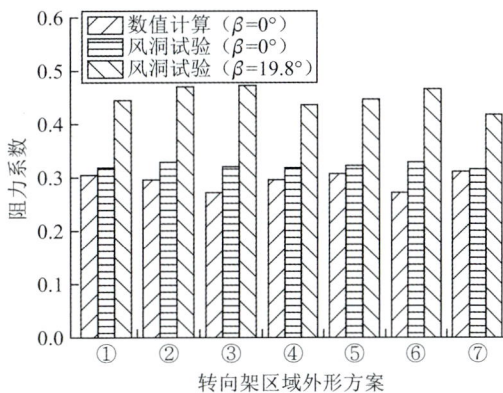

图 8-36　转向架区域数值仿真及风洞试验

图 8-37　不同转向架外形下的气动阻力系数

⑤ 风挡区域气动设计。不同风挡型式的设计都有可能引起列车阻力性能变化，进而对列车运行安全性、舒适性和能耗产生影响。根据车端风挡区域工程实际情况，设计了 7 种不同类型车端风挡外形，如图 8-38 所示，并研究其对列车气动性能影响。

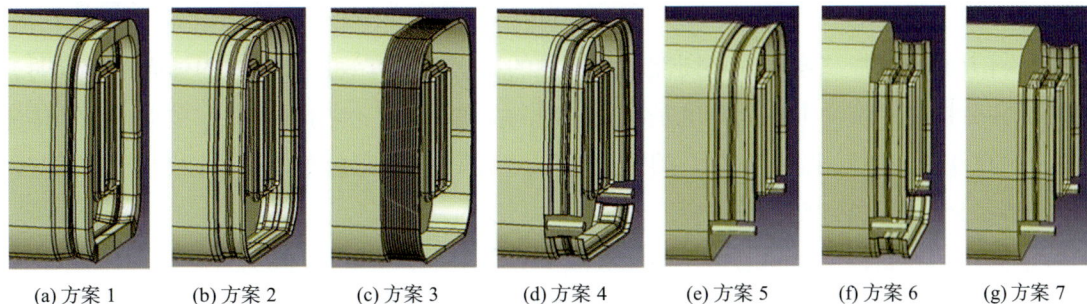

(a) 方案 1　　(b) 方案 2　　(c) 方案 3　　(d) 方案 4　　(e) 方案 5　　(f) 方案 6　　(g) 方案 7

图 8-38　风挡区域外形方案

图 8-39 为数值计算和风洞试验中典型的风挡区域气动设计方案。图 8-40 给出了无风及横风环境下，风挡区域不同气动设计方案的列车气动阻力。研究发现，方案 1 全包风挡，可实现减阻 5.7%，尤其在侧风环境下，减阻效果更优，可达 18.0%，降噪约 1.0dB（A）。

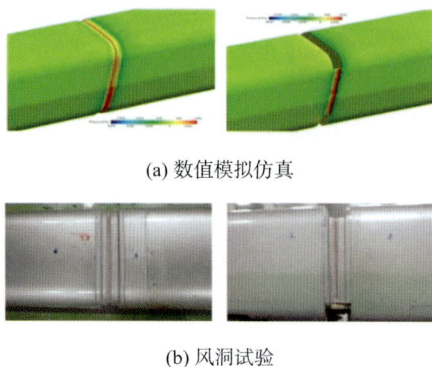

(a) 数值模拟仿真

(b) 风洞试验

图 8-39　风挡区域数值仿真及风洞试验

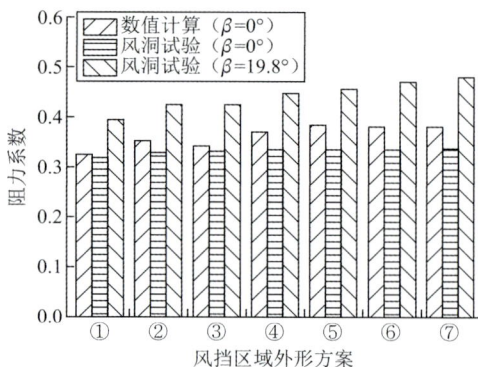

图 8-40　不同风挡外形下的气动阻力系数

第三节　车 体 设 计

一　车体结构可靠性及轻量化设计

1. 车体结构可靠性设计

对于动车组的结构安全性而言，车体的结构可靠性是一个重要的考核指标。在车体设计过程中，需要进行可靠性分析，预测和评估车体的可靠性水平，包括使用有限元分析等方法对车体结构进行强度、刚度等性能的分析，以及使用故障树分析等方法对车体的故障模式进行预测和评估。

动车组车体可靠性设计是一个综合性的过程，需要考虑到多方面的因素。通过合理的材料选择、结构设计、制造工艺和维护与检修等，可以确保动车组车体的可靠性达到要求，为乘客提供安全、舒适和高效的出行体验。以 CR400 动车组为例，车体结构为整体承载式结构，具有良好的强度、水密性和气密性，不仅能承受动车组正常运行时的载荷，还能承受 ±6000Pa 的气动载荷。

材料方面，选择高强度、高韧性、耐腐蚀的材料能够有效提升车体的可靠性，同时，材料的疲劳性能、抗冲击性能等也是需要考虑的关键因素。例如，CRH2 型动车组车体主要采用 5000 系、6000 系和 7000 系的铝合金等，CRH3 型动车组车体采用铝合金型材焊接，符合 EN 755-2 国际标准。

结构设计方面，合理的结构设计能够减少应力集中，提高车体的整体强度和稳定性。车体的密封性能也是设计过程中需要考虑的重要因素。车体结构失效可采用应力-强度分布干涉模型来描述，如图 8-41 所示。由于应力和强度都是随机变量，同时在一定范围内有一定的分布，因此，应力-强度两概率密度曲线在一定条件下可能发生干涉，其相交区域中的阴影部分，称为干涉区或不安全区。即使在设计阶段不存在干涉现象，在长期使用过程中，尤其是在动载荷的长时间作用下，强度也会发生衰减，使应力-强度两概率密度曲线发生干涉，可能引起应力超过强度，出现结构失效。

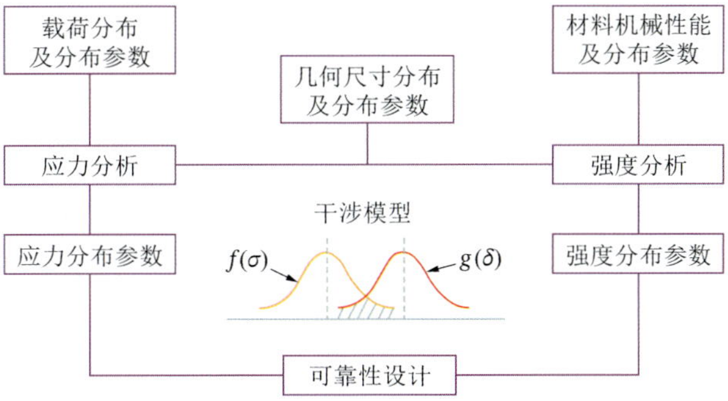

图 8-41　应力-强度分布干涉模型原理

动车组车体结构设计目前形成了以中国《机车车辆强度设计及试验鉴定规范　总则》（TB/T 3548—2019）、《动车组车体结构强度设计及试验》（TB/T 3451—2016），欧洲《铁路设备　铁路车辆车体结构要求》（EN 12663）和日本《铁道车辆　客车用车体结构　设计通则》（JIS E7106）为代表的设计规范。车体结构设计规范中主要规定了静强度、疲劳强度的设计载荷、材料的许用应力以及强度、刚度的评价方法等内容。

（1）静强度评定方法

动车组车体结构在相关标准规定的载荷作用下（表 8-1），静强度应满足设计要求。

车体静强度典型计算工况　　　　　　　　　　　　　　　　　　　表 8-1

工况	描述	垂向载荷	设备振动加速度		
			a_x	a_y	a_z
S-1	纵向压缩载荷，大小为 1500kN	$m_1 g$	—	—	—
S-2	纵向拉伸载荷，大小为 1000kN	$m_1 g$	—	—	—
S-3	地板上方 150mm 处的压缩载荷，大小为 400kN	$m_1 g$	—	—	—
S-4	窗台（腰带）高度处的压缩载荷，大小为 300kN	$m_1 g$	—	—	—
S-5	上侧梁高度处的压缩载荷，大小为 300kN	$m_1 g$	—	—	—
S-6	垂向最大工作载荷	$1.3 \times g \times (m_1 + m_4)$	—	—	—
S-7	单端起吊/抬车	$1.1 \times g \times (m_1 + m_2)$	—	—	—
S-8	双端起吊/抬车	$1.1 \times g \times (m_1 + 2 \times m_2)$	—	—	—
S-9	支撑点移位起吊/抬车	$1.1 \times g \times (m_1 + 2 \times m_2)$	—	—	—
S-10	复轨	$1.1 \times g \times (m_1 + m_2)$	—	—	—
S-11	压缩与垂向载荷叠加，压缩载荷大小为 1500kN	$g \times (m_1 + m_4)$	—	—	—
S-12	拉伸与垂向载荷叠加，拉伸载荷大小为 1000kN	$g \times (m_1 + m_4)$	—	—	—
S-13	1 位转向架与车体间纵向载荷作用	$m_1 g$	—	—	—
S-14	转向架与车体间横向载荷作用	$m_1 g$	—	—	—

续上表

工况	描述	垂向载荷	设备振动加速度		
			a_x	a_y	a_z
S-15	安装设备纵向振动载荷	m_1g	$3g$	—	—
S-16	安装设备横向振动载荷	m_1g	—	$1g$	—
S-17	安装设备垂向振动载荷	m_1g	—	—	$(1\pm c)g$
S-18	气密强度载荷	$g\times(m_1+m_4)$			
S-19	扭转载荷，大小为 40kN·m	m_1g			
S-20	排障器载荷，大小为 137kN	m_1g			
S-21	车顶载荷	m_1g			

注：m_1-整备状态下车体质量，m_2-转向架质量，m_3-正常有效载荷质量，m_4-超常有效载荷质量

在正常运行载荷作用下，最大 Von Mises 应力不大于材料的许用应力$[\sigma]$。

在超常载荷作用下，最大 Von Mises 应力不大于材料的屈服强度σ_s。

（2）疲劳强度评定方法

车体疲劳强度典型计算工况见表 8-2。

车体疲劳强度典型计算工况 表 8-2

工况	载荷或载荷循环	垂向载荷	车体振动加速度			设备振动加速度		
			a_x	a_y	a_z	a_x	a_y	a_z
F-1	空车	m_1g	—	—	—	—	—	—
	设计运营质量	$(m_1+m_3)g$	—	—	—	—	—	—
F-2	运行载荷，纵向	$\pm0.15g\times(m_1+m_3)$	$\pm0.15g$	—	—	—	—	—
F-3	运行载荷，横向	$\pm0.15g\times(m_1+m_3)$	—	$\pm0.15g$	—	—	—	—
F-4	运行载荷，垂向	$(1\pm0.15)g\times(m_1+m_3)$	—	—	$(1\pm0.15)g$	—	—	—
F-5	气密强度载荷	$(m_1+m_3)g$	—	—	—	—	—	—
F-6	抗侧滚扭杆装置载荷	$(m_1+m_3)g$	—	—	—	—	—	—
F-7	二系横向减振器载荷	$(m_1+m_3)g$	—	—	—	—	—	—
F-8	二系垂向减振器载荷	$(m_1+m_3)g$	—	—	—	—	—	—
F-9	抗蛇行减振器载荷	$(m_1+m_3)g$	—	—	—	—	—	—
F-10	连接设备载荷，纵向	$(m_1+m_3)g$	—	—	—	$\pm0.15g$	—	—
F-11	连接设备载荷，横向	$(m_1+m_3)g$	—	—	—	—	$\pm0.15g$	—
F-12	连接设备载荷，垂向	$(m_1+m_3)g$	—	—	—	—	—	$(1\pm0.15)g$
F-13	叠加载荷	$(m_1+m_3)g$	$\pm0.15g$	$\pm0.15g$	$(1\pm0.15)g$	—	—	—

结构疲劳强度评估采用疲劳累积损法或疲劳极限线图法。对于接头的 S-N 曲线，若疲劳极限所对应的循环次数小于 10^7 次，直接以该疲劳极限进行评估；若 S-N 曲线没有明确的疲劳极限，或疲劳极限所对应的循环次数大于 10^7 次，以 10^7 次循环对应的应力范围作为疲劳极限。

对于各疲劳强度计算工况，考察车体各区域在各循环载荷作用下的应力范围；对于循环范围小于对应接头的疲劳极限的区域，认为该区域的疲劳强度满足标准要求。

在 F-1～F-12 工况下，各载荷循环次数均为 10^7 次。对于在循环载荷作用下的应力超过相应接头的疲劳极限的区域，应计算其在循环各载荷作用下的应力分布，确定应力循环特征；基于 S-N 曲线，计算各考察区域的损伤，并根据 Miner 线性累积损伤准则，计算其累积损伤，以累积损伤不大于 1.0 作为结构疲劳强度评估准则。

对于载荷工况 F-13，其存在多种载荷在多方向叠加的情形，载荷循环次数不明确，可根据 DVS 1608 标准提出的方法评估结构疲劳强度。基于考察区域在各工况下的应力分布，计算该区域沿焊缝方向的正应力 $a_{//}$、垂直于焊缝方向的正应力 $\sigma_\perp$ 和剪应力 τ 循环的最大应力、最小应力和循环应力比 R；在此基础上，计算不同循环特性下的结构许用应力 $\sigma_{//,\mathrm{zul}}$、$\sigma_{\perp,\mathrm{zul}}$ 和 τ_{zul}。结构疲劳强度评估公式：

$$\left.\begin{array}{c} a_{//} = \left|\sigma_{//}/\sigma_{//,\mathrm{zul}}\right| \leqslant 1 \\ a_\perp = \left|\sigma_\perp/\sigma_{\perp,\mathrm{zul}}\right| \leqslant 1 \\ a_\tau = \left|\tau/\tau_{\mathrm{zul}}\right| \leqslant 1 \\ a_v = \sqrt{\left(a_\perp\right)^2 + \left(a_{//}\right)^2 + f_v \cdot a_\perp \cdot a_{//} + \left(a_\tau\right)^2} \leqslant 1 \end{array}\right\} \tag{8-20}$$

制造工艺方面，制造精度和一致性对动车组车体的可靠性具有显著影响。例如，CR400 型动车组方案设计阶段，工艺人员提前介入，从工艺角度分析结构设计的合理性，按照工艺可实现性优化车体结构设计方案。车体制造采用柔性通用可调工装，全部机械化作业，研发了车体搅拌摩擦焊接工艺和设备，首创了焊缝打磨选材和曲面焊缝跟踪技术，车体重要焊缝采用机械手焊接及机器人打磨，接头强度和疲劳强度得到了较大提高，残余应力峰值明显降低，焊接变形量仅为熔焊的 20%，有效降低了焊接变形，提升了车体可靠性。

维护检修方面，定期的维护检修对于保持动车组车体的可靠性至关重要。动车组车体的可靠性设计还需要考虑到维护和检修的方便性，设计师需要在车体上设置合理的检修口和检修通道，方便维护人员进行检修和保养工作。同时，还需要考虑到易损件的更换和维修的便捷性，降低维护成本和提高维护效率。通过及时检查、更换磨损部件、修复潜在故障，可以有效延长车体的使用寿命并提高其可靠性。

2. 车体结构轻量化设计

（1）研究现状

轻量化是国内外高速列车的发展趋势，通过降低车体、车内设备的质量，不仅可以减少原材料的消耗，降低制动动能，而且可有效减小轮轨间的动力作用，减小振动和噪声，增加高速列车和线路的使用寿命。在车体结构设计中，首先要考虑在确保车体强度、刚度等性能前提下，尽量降低车体结构质量，结构优化设计需求应运而生。结构优化设计本质上是一个寻优过程，工程实践中在一定约束条件下寻找最优解的方法有很多，但大多数基于已有经验模型改进，导致设计结果通常不是最优解。利用计算机强大的数据处理能力在众多约束条件中寻求最优解，可以有效避免传统优化方式的误差，提高设计效率和优化精度。

目前轨道交通领域结构优化主要研究内容包含三方面：形状优化、拓扑优化、尺寸优化。

① 形状优化。形状优化是一种基于给定的设计目标和约束条件，确定结构几何形状和尺寸参数的设计方法。目前轨道车辆结构设计优化主要基于灵敏度分析、代理模型等方法，对结构的形状参数进行优化。设计人员根据车体结构特点，参照相关设计规程要求在合理优化车体结构设计的基础上，对型材断面及底架边梁等车体结构细部进行优化。现有的形状参数优化设计存在高度依赖设计原型、设计变量规模小、性能优化空间有限等局限，急需新的设计方法来突破形状优化的设计极限，进一步实现轨道车辆车体结构轻量化设计。

② 拓扑优化。拓扑优化是一种面向产品初始概念设计的优化设计方法，能够把车体在实际运行过程中所受载荷、位移等作为设计约束，以最小质量为目标函数，在满足设计标准要求的前提下寻找出最佳的车体设计方案。如图 8-42 所示，拓扑优化通过改变材料分布、连接方式和增加孔洞等方式，使结构满足强度、刚度等约束条件，并且使车体结构的目标性能指标达到最优，优化潜力最大，为后续的形状优化、尺寸优化奠定基础。尽管拓扑优化理论不断成熟，但由于列车数值模型计算成本高、运行工况复杂、设计要求繁多等，目前拓扑优化技术在车体设计中运用仍有限。

③ 尺寸优化。尺寸优化设计变量简单，求解难度低，被广泛应用于轨道车辆装备的方案设计中。然而尺寸优化的限制较多，且只能针对单一结构进行设计，容易造成变量之间的相对孤立。对于高速列车车体来说，车体结构复杂，部件、工况较多，在优化过程中盲目考虑较多的设计变量，不仅会降低优化求解效率，也会影响求解精度，因此，选择合适有效的设计变量非常重要。

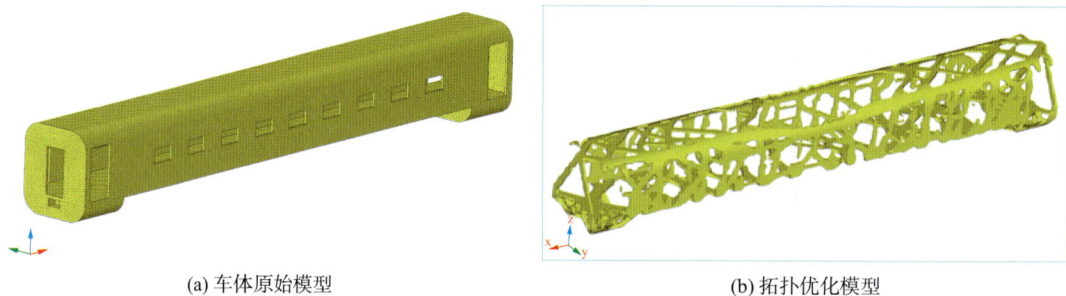

(a) 车体原始模型　　　　　　　　(b) 拓扑优化模型

图 8-42　某型列车车体拓扑优化

近年来，计算机技术以及计算力学的快速发展，使得结构拓扑优化设计成为新产品研发模式中的重点。拓扑优化技术由于其不依赖工程人员、设计师的经验，也能得到高性能的结构设计方案，因而受到广泛关注。

（2）技术发展趋势

随着优化设计理论和算力的不断发展，结构优化设计逐渐趋向于将多级、多设计准则相结合，从而大幅缩短优化设计周期。

① 准确表征复杂服役环境下车体承载特征。针对列车运行相关的线路条件、气候条件、牵引供电等外部环境，有必要分析动车组服役环境，研究掌握复杂服役环境下的动车组结构响应状态，以既有系列化车辆结构特征为基础，研究分析纵向、横向和垂向三个方向车体结构力流传递路径，掌握车体结构的承载特征，从而指导车体结构拓扑优化设计。

② 开展车体关键结构边界条件识别及匹配设计研究。基于动车组复杂服役环境和车体结构承载特征，研究车辆服役环境影响因素及权重分配，提出多种服役环境下耦合-协同效应的边界条件方案；以车体主承载结构和关键部件为研究对象，分析轻量化结构设计及相互连接关系特点，进行强度、刚度与质量、工艺的匹配关系研究，包括兼顾结构、质量与性能的均衡性；为提升车体整体承载能力，进行最大限度优化结构和断面设计；为提高连接可靠性，研究轻量化车体与电气系统、转向架等重要系统和部件的连接关系。

③ 基于拓扑优化的车体结构优化设计方法研究。综合考虑新型高速列车轻量化车体结构连接可靠性、结构强度与质量均衡性、工艺实施可行性及材料力学性能匹配性等因素，提出基于多种材料、多目标的新型车体结构拓扑优化设计方法；考虑复杂因素耦合-协同效应，基于车体结构拓扑优化设计方法，开展车体结构拓扑优化与设计技术研究；以多种材料及结构为研究对象，从整车、部件和组件三个层面，进行承载结构的轻量化设计。

3. 车体材料轻量化设计

（1）研究现状

随着动车组速度的提高，动车组过去所用的相关材料、技术等难以解决由速度提升带来的制动距离增大、振动加剧等问题。此外，用户在追求更高速度的同时，开始更多地关注节能、环保、舒适、便利。而传统金属材料制造的列车在速度不断提高时，加大了振动、冲击、阻力、噪声等问题的解决难度，并且在应对诸如高原、高风沙、高温、高寒、高湿等复杂多变服役环境时，现有材料结构设计显得越来越力不从心。铝合金存在应力腐蚀、外表处理困难、焊接要求高、疲劳强度低等问题；不锈钢面临密封性、局部屈曲、焊接变形等难题；碳钢存在易腐蚀、不利于轻量化、焊接变形大等缺点。总之，传统结构、材料应对更高性能要求设计挑战的技术方案显得不够丰富、技术难度大，无法满足对列车综合性能的要求。

在传统的单组分结构材料难以满足性能需求的情况下，新型轻质高强度材料在结构设计中的应用势在必行。具有低密度、高强度、高耐候等优异性能的碳纤维复合材料、镁合金、钛合金等轻质高强度材料，在航空航天、汽车等领域的成熟工程化应用，为高速列车轻量化提供了借鉴。轻质高强度材料在高速列车领域的运用将提高轨道车辆的综合性能指标，并有望解决金属材料应用领域常见的轻量化、环境适应性等问题。

轨道交通装备高速发展过程中，基于车辆减重、综合性能和乘坐舒适度提高等目标，车体结构材料应用从最初的普通碳素钢、耐候钢、不锈钢，到复兴号动车组广泛使用的铝合金，再到如今广受关注的复合材料。材料的比强度、疲劳性能、耐腐蚀性等性能均不断升高，同时承载系统轻量化水平不断提高，牵引能耗也逐渐降低。

（2）技术发展趋势

高速列车轻量化，从一般意义上理解，似乎只需要采用轻质高强材料即可解决。但是，轻量化往往因刚度不足，易引起结构振动恶化、车内噪声大、乘坐舒适度降低等问题，绝非一个"轻"字就可解决。因此，必须从系统的角度出发，兼顾结构轻量化与车辆高速化的统一，将结构轻量化技术、先进连接技术、耐撞性技术、减振降噪技术和新型材料技术等诸多方面贯穿在研制过程之中，才能从根本上解决车辆轻量化带来的一系列难题，进而提出面向服役性能的车辆高强轻量化综合设计方法与评价体系。

①轻量化技术标准。轻量化技术涉及的碳纤维复合材料规范/标准大多借鉴航空航天行业，未能考虑轨道交通装备特点。通常在使用前需进行强度及动力学等试验以验证其可靠性。车体作为主要承载件，复合材料的设计方法同样缺乏。后期应结合目前复合材料在轨道车辆的应用状况，制定适用于轨道车辆的复合材料标准。

②车体轻量化设计技术体系。根据轨道车辆的顶层设计指标，如轴重、自重、定员质量等，可通过材料、功能、结构、工艺等轻量化手段，对关键系统及部件确定减重指标，提出面向车体结构、设备等关键零部件结构的设计技术体系；在实现结构的轻量化设计同时，兼顾结构承载、功能、性能等多因素需求。

③适用于轨道车辆车体结构的制造工艺。轨道列车内部结构复杂，国内现有技术难以实现整体成型。车体结构连接处最为薄弱，容易出现应力集中和破坏，复合材料与复合材料、复合材料与金属材料的连接结构设计、性能评价等方面都还有待进一步研究。

④复合材料构件服役性能检测与监测技术。由于列车运用工况复杂，复合材料构件在使用过程中受损在所难免，准确识别复合材料构件内部缺陷并评估其对服役性能的影响至关重要。面向金属件的检测与监控设备、技术并不完全适用于复合材料结构，后续还需研究适用于复合材料构件的检测与监控方法。

4. 车体结构强度仿真与试验

（1）强度仿真分析定义

结构强度仿真分析技术是利用计算机和专用软件，结合力学原理，建立工程结构问题的数学模型并对其进行数值求解，也称有限元分析。它随着计算机技术和数值计算方法发展而不断更新，甚至在某些方面可以替代部分试验验证。

结构强度仿真分析主要应用在产品设计阶段，通过仿真分析手段验证结构完整性并对薄弱位置进行整体或局部优化，确保结构在满足强度、刚度等指标的条件下，实现轻量化。

（2）强度仿真分析内容

强度仿真分析需遵循以下原则：

① 线弹性假设。

② 模型适当简化。

③ 载荷、边界条件与运用条件尽可能一致。

④ 材料本构模型准确。

⑤ 评估方法合理。

⑥ 分析结果可验证。

车体结构强度仿真分析包含结构的静强度和疲劳强度分析，仿真分析与试验对比，同时需要考察车体的刚度与稳定性。

车体结构强度仿真分析包括车体及车上安装座结构强度、疲劳分析。车体强度和疲劳评估需要考虑母材、焊缝的静强度和疲劳强度，特殊情况下考察车体与设备连接的紧固件强度。

车体刚度分析需要考虑空车状态和定员、超员状态下的底架边梁、横梁（若有）、窗角和门角的变形。为防止车体与其他系统产生共振风险，保证乘坐舒适性，也需要考察车体振动特性，如空车车体和整备状态下车体模态。

车体稳定性分析需要考虑车体各种状态下受压构件的稳定性，保证车体静强度试验期间或异常运用载荷下不会发生局部或整体屈曲。

车体各种安装座强度主要是考虑减振器座、抗侧滚扭杆座、设备支座强度，当支座局部与设备可能产生共振时，需要考虑局部结构的振动疲劳性能。

（3）强度试验定义

车体强度、刚度试验的目的是验证车体在各种载荷工况下，是否具有足够的强度和刚度，识别车体结构薄弱部位。

（4）强度试验内容

车体静强度试验是一项强制性试验，新研制的车体需要开展静强度试验，主要目的：

① 验证车体强度是否满足相关标准要求，如《动车组车体结构强度设计及试验》（TB/T 3451—2016）、《机车车辆强度设计及试验鉴定规范　总则》（TB/T 3548—2019）、《铁路设备　铁路车辆车体结构要求》（EN 12663）等标准。

② 验证车体是否具有抵抗碰撞冲击或保护司机能力。

③ 验证车体是否满足气密强度要求。

④ 验证仿真分析结果的准确性。

试验工况应依据研制技术条件规定的相关标准设定，一般与仿真分析工况一致。

《动车组车体结构强度设计及试验》（TB/T 3451—2016）、《机车车辆强度设计及试验鉴定规范　总则》（TB/T 3548—2019）、《铁路设备　铁路车辆车体结构要求》（EN 12663）

等标准既规定了垂向载荷、纵向拉压、三点支撑、端部压缩、复轨与架车、转向架冲击、各种安装座接口等静强度载荷工况，也规定了车体疲劳载荷工况与评估方法。

（5）仿真与试验对比

① 对比分析原则。

a. 分析模型与被试车体结构一致。

b. 分析模型与试验加载边界条件一致。

c. 分析取值位置与试验实测位置一致。

② 对比分析流程。仿真分析与试验结果对比分析流程包含仿真分析阶段、测点布置阶段、试验准备阶段、试验阶段、分析试验对比阶段。仿真分析与试验结果对比最终输出为对比分析报告及对比图表。

③ 对比分析结果输出。仿真与试验对比通常主要输出位移与应力对比分析结果，车体位移需要考虑边梁垂向、窗角和门角位移，应力对比需要考虑大于某一测试应力门槛值的位置。对比分析结果表示形式如图 8-43～图 8-45 所示。

图 8-43　底架边梁位移对比

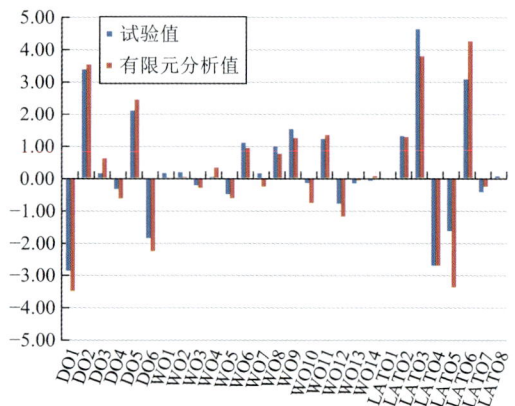

图 8-44　窗角与门角位移对比

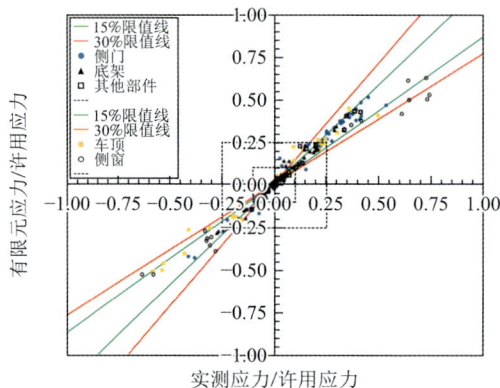

图 8-45　应力对比

当进行详细分析与试验对比时，需要在被试车体生产前对所有的材料属性（比如板厚、材料特性）进行测量并记录备案。

　　仿真与试验对比时，要调整车体有限元模型，使加载条件与试验条件一致，同时识别试验数据的有效性，对于误差较大的点进行合理分析并给出解释。

三　车体系统模态匹配技术

1. 模态匹配设计技术

　　载运工具除了需要考虑结构设计、空间设计等之外，还必须考虑动态性能设计。对于一个线性系统而言，系统自身的动态性能由其传递函数决定，而传递函数是由系统的本质特性确定的，与输入量无关。传递函数蕴含了系统在模态空间中多个振动形态的模态振型、模态频率与模态阻尼，即模态参数。模态匹配的最佳状态是既要避免整车各子系统自身固有频率的耦合，也要避开系统与外界输入激励之间的耦合。

　　模态匹配的意义在于，规划寻优动态系统传递函数n个或者特定的极点，其中C为极点可能存在的域，N为自由度空间位置：

$$\mathop{S}_{s_i \in C, r \in N} = \int L(s_i, r, \omega^{\mathrm{p}}) \, \mathrm{d}f \tag{8-21}$$

式中：L——由输入导致的车辆系统响应量；

　　　s_i——系统极点；

　　　r——激励位置；

　　　ω^{p}——激励输入峰值频率。

　　可以看到，要实现响应优化，首先是系统传递函数和激励相匹配，使得激励频率的峰值与传递函数的峰值相互错开，理想的做法是峰值与谷值相匹配，实现所谓的模态匹配或者是错频设计，以达到响应最小的目标。

2. 车体与转向架模态匹配设计

　　对于轨道车辆车体，在不考虑气动载荷的情况下，车体主要承受来自轮轨和设备的激励。根据列车车体的弹性振型特点和大量的车体模态试验表明，车体弹性振型与转向架空簧四个激励力的相位、频率有确定关系。车体运行时，构架将来自轨道的激励由空簧传递给车体，车体与构架之间作用力相位满足一定条件时，则易发生车体-构架的耦合振动。例如，当构架反向沉浮频率也在这个范围内，就会产生车体点头与构架反向沉浮的耦合振动，使振动加剧。

　　根据车体和构架的振型特点，将车体弹性模态与构架刚体模态的振动匹配形式制作成表格形式，称作车体-构架模态参数匹配表（表8-3）。在有"√"区域的车体和构架模态频率一般需要满足频率匹配原则，即：

$$\frac{\omega_m}{\omega_n} \geqslant \sqrt{2} \tag{8-22}$$

式中：ω_m、ω_n——构架和车体振型易发生耦合振动的模态频率。

车体-构架模态参数匹配表   表 8-3

构架振型	车体振型							
	沉浮	点头	侧滚	摇头	菱形	垂弯	扭转	横弯
同向沉浮	√					√		
反向沉浮		√				√		
构架点头								
构架侧滚			√		√		√	
同向横移								√
反向横移				√				

如果要实现构架与车体耦合某一自由度的激励响应优化，可将激励放置在对振动响应贡献量最大模态的模态参与因子最小处，或者降低激励幅值。比如，要抑制构架浮沉刚体模态与车体垂弯弹性模态耦合状态下的车体弹性振动，可将转向架空簧设置在车体一阶弯曲振型节点处，实现激励的位置优化，以减少车体一阶弯曲弹性振动。但是，转向架空簧支撑位置改变对车体二阶弯曲振动、动力学性能、曲线通过性能都有影响。当然，还可以通过车体结构的质量和刚度匹配，实现振型节点向激励位置偏移，即所谓的振型优化，比如使车体一阶垂弯振型节点向空簧支撑位置靠拢，但是其可行性也受更多约束条件的限制。

3. 车下悬挂设备与车体模态匹配设计

车下悬挂设备与车体模态匹配设计的目的是使车体与设备充分隔振，减少车体与设备间的振动传递，从而提高车辆运行舒适性。一般采用有源设备振动幅值控制、弹性元件隔振、设备动力吸振等方式实现。

车体与设备模态匹配设计技术路线如图 8-46 所示。

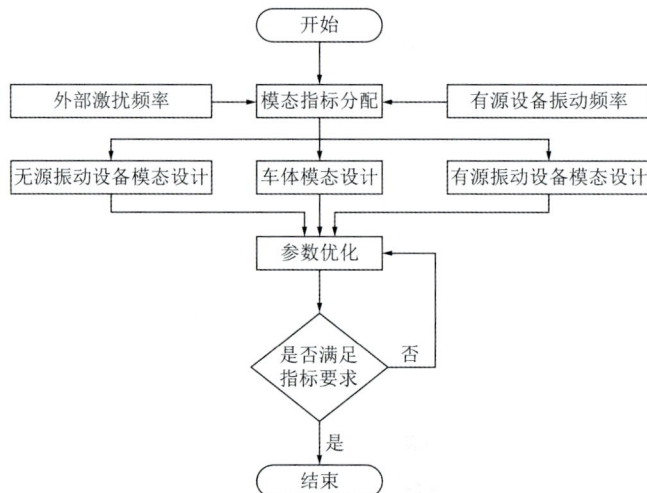

图 8-46　车体与设备模态匹配设计技术路线

在动车组车体与车下设备模态匹配设计中，理论基础主要涉及隔振理论、吸振理论及动力学理论。

（1）隔振设计

图 8-47 为频率、阻尼及传递率关系，其固有频率低于激振频率$1/\sqrt{2}$时，隔振系统才具有隔振能力，而且频率比相差越大，系统隔振能力越强，即应保证弹性联接元件足够软。弹性元件的阻尼作用可减小共振区的振动幅值，但会增加高频振动的传递。当激扰为广谱时，合适的阻尼比可以抑制共振响应幅值，也不会使高频振动过大，应综合考虑阻尼比选取。

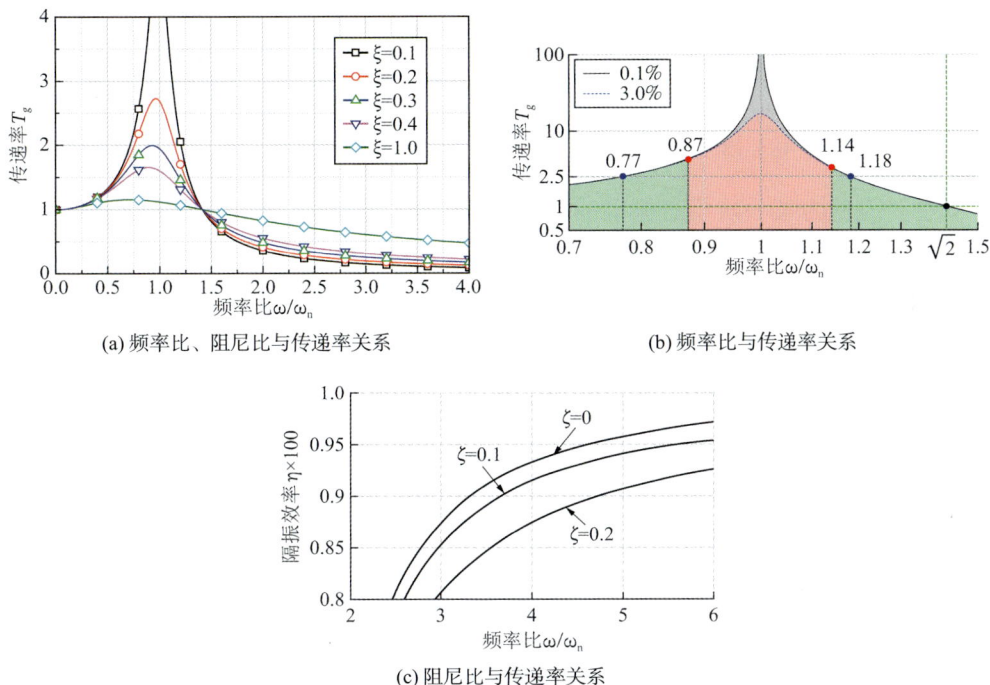

(a) 频率比、阻尼比与传递率关系　　　　　　(b) 频率比与传递率关系

(c) 阻尼比与传递率关系

图 8-47　单自由度隔振系统传递率

一般动车组主体承载结构、有源设备内部均采用隔振设计理论，即主体承载结构的主要模态需要严格按照隔振设计理论避开主要激励频率：

激励频率低于模态频率时，系统传递率始终大于 1，频率比越小，传递率越接近 1。一般为保证系统传递率小于 2.5，要求激励频率避开模态频率的 20%。

激励频率高于模态频率时，当频率比为$\sqrt{2}$时，系统传递率为 1，频率比越大，传递率越小。一般为保证隔振率大于 85%（传递率小于 0.15），要求频率比大于 3；其次，为保证传递率小于 1，要求频率比大于$\sqrt{2}$；最困难的情况下，至少要保证传递率小于 2.5，要求激励频率避开模态频率的 20%。

（2）动力吸振设计

如图 8-48 所示，在主系统（质量为M，刚度为K）上附加一个动力吸振器（质量为m，刚度为k），形成的两级悬挂系统的振动会相互影响。当以主系统为减振目标时，可以充分利用吸振器的振动来减轻主系统的共振幅值，此时吸振器振动加剧，从而实现动力吸振。根据弹性梁车体模型与设备垂向耦合振动关系，模型如图 8-49 所示，弹性系统的动力吸振的力学模型可简化为弹性体和离散质量构成的混合动力学系统。可以应用动力吸振理论来匹配车下悬挂设备和弹性车体的模态，以最大程度地抑制车体的弹性振动。

图 8-48　动力吸振器示意图　　图 8-49　车体与设备耦合振动模型

对于主要表现为某一阶模态振动的车辆结构而言，可以采用动力吸振设计原理，利用附属设备作为动力吸振器衰减主结构的弹性振动。

（3）多体系统动力学理论

采用动力学仿真分析的方法，对模态参数进行优化，从而获得较优的舒适性、平稳性指标，是目前广泛应用的手段，流程如图 8-50 所示。

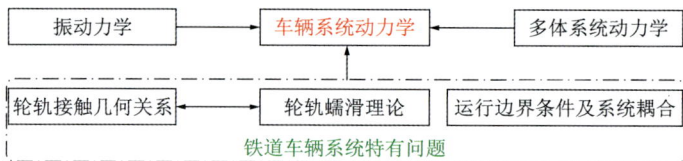

图 8-50　动力学理论分析流程

（4）车下悬挂设备与车体模态指标分配

车下悬挂设备与车体模态指标分配基于线路存在的外部激扰、运行速度及设备工作频率确定，表 8-4 为某动车组车体模态指标分配结果。

车体模态指标分配　　　　　　　　　　　　　　表 8-4

序号	部位	频率要求	备注
1	整备车体	一阶菱形模态、垂弯模态频率不低于 10Hz	避开转向架点头、浮沉激扰，与蛇行失稳频率有足够间隔
2	端部	（1）建议采用控制措施消除气动载荷激扰；（2）端墙一阶模态不低于 30Hz，二阶模态不低于 38Hz	端部模态指标与该部位气动激扰相关，优先考虑消除气动激扰
3	内装侧墙板、顶板、间壁	（1）连接结构考虑隔振设计，采用弹性连接；（2）安装后模态频率高于 22Hz	高频激扰下不产生共振
4	设备舱	底板一阶模态频率不低于 25Hz，裙板一阶模态频率不低于 60Hz，尽量提高模态频率	主要考虑气动载荷激励
5	主变压器、牵引变流器等	垂向 8～10Hz、横向 6～8Hz	动力吸振＋隔振设计，隔振率大于 85%，需结合模态匹配仿真分析优化确定最终频率

序号	部位	频率要求	备注
6	牵引电机通风机、空压机、废排、高压箱等有源设备。	7～10Hz 或更低	隔振设计，隔振率大于 85%

（5）模态匹配参数优化

参数优化可采用动力学仿真分析方法，建立含柔性车体、弹性吊挂、刚性吊挂的动力学仿真分析模型。其中，车体为整备状态，设备布置位置通过整车质量平衡和动力学参数优化确定。首先，计算不考虑车下悬挂设备时的整备模态结果，然后，将柔性车体导入动力学分析软件开展参数优化设计。图 8-51 为某动车组车辆整备模态的结果。

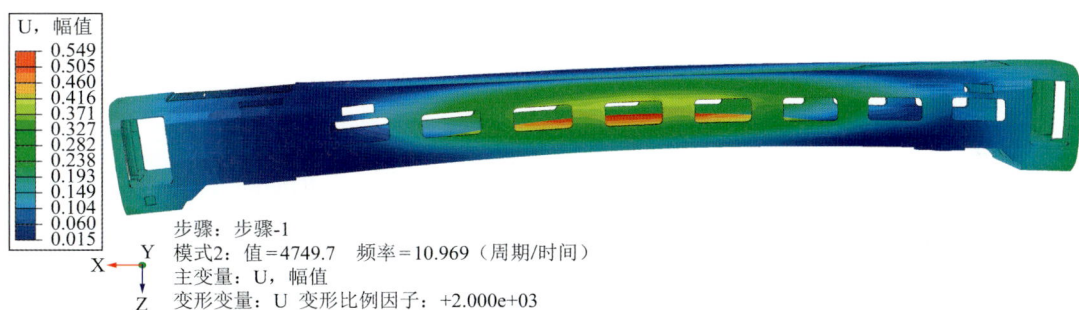

步骤：步骤-1
模式2：值=4749.7　频率=10.969（周期/时间）
主变量：U，幅值
变形变量：U 变形比例因子：+2.000e+03

图 8-51　某动车组车辆整备模态结果

在动力学仿真中，考虑了 4～14Hz 等 11 种不同垂向吊挂频率的吊挂方案，每种垂向吊挂方案又对应 4～13Hz 横向吊挂频率，仿真速度为 400km/h。计算结果表明，不同吊挂频率对平稳性指标有一定影响，新轮工况下吊挂频率对平稳性指标影响较小，但磨耗轮工况下影响较为明显。另外，对于不同测点最优吊挂频率不同，为了指导整车进行吊挂刚度最优设计，将车体前、中、后和边梁中部 4 个测点 8 个方向平稳性取平均值，给出整车综合平稳性指标平均值，如图 8-52 所示。以变压器为例，较优的横向吊挂频率在 8～8.5Hz，垂向吊挂频率在 9～10Hz，纵向吊挂频率应大于垂向吊挂频率，且尽可能大。

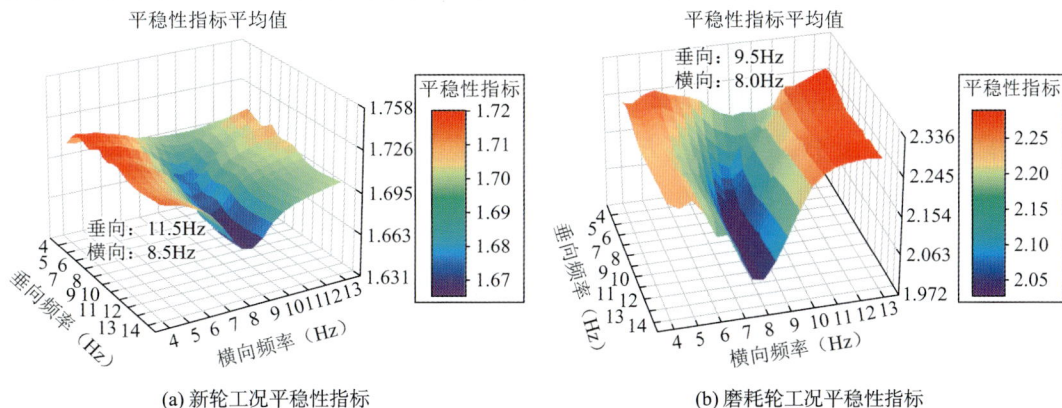

(a) 新轮工况平稳性指标　　(b) 磨耗轮工况平稳性指标

图　8-52

舒适度指标平均值

(c) 新轮工况舒适度指标

舒适度指标平均值

(d) 磨耗轮工况舒适度指标

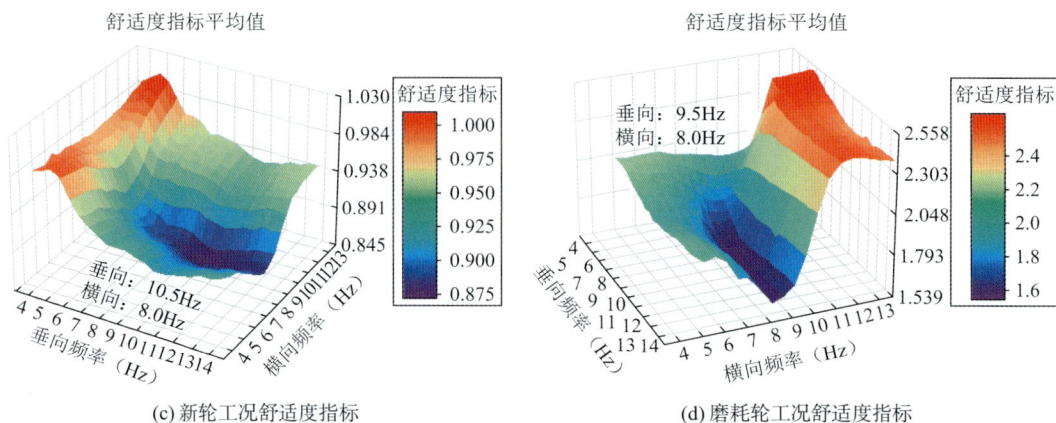

图 8-52 横向和垂向同时优化结果

考虑到车辆动力学性能最优，应采用磨耗轮工况下横向、垂向刚度独立优化结果，确定吊挂参数。

4. 车体内装与车体结构模态匹配设计

随着高速动车组运行速度提高及轻量化设计，传递至车辆系统的激励更加复杂，车体高频弹性振动显著增大，车体内装部件振动也愈加明显。地板作为动车组的关键部件，面积大，且其所用材料弹性模量远低于车体底架铝结构的弹性模量，若其减振设计不当则极易发生局部振动，进而大大削弱乘客的乘坐舒适性。同时，高速动车组在评价乘坐舒适度时，通常以地板振动信号作为输入，车体内装的振动控制对整个车辆运行舒适性评价至关重要。

以某型高速动车组为例，当其高速运行时，车体中部客室地板存在局部振动，出现旅客感受到"脚麻"现象。对地板进行实车跟踪测试及模态测试，结果如图 8-53 所示。从图中可以看出，地板中部加速度振动响应曲线在 12.8Hz 和 33.6Hz 处的峰值最大。其中，12.8Hz 频率处，二系悬挂上方加速度幅频曲线也存在峰值，而传递率曲线幅值则较小，因此，推测 12.8Hz 频率处的加速度响应峰值是由于二系悬挂上方振动引起的客室地板强迫振动。33.6Hz 频率处，二系悬挂上方加速度幅频曲线的幅值较小，而传递率曲线幅值则很大，因此，推测 33.6Hz 频率处的加速度响应峰值是由于二系悬挂上方振动激发地板局部模态导致的共振。为了验证上述推测，对地板进行模态测试，结果如图 8-54 所示，可以看出地板的第一阶模态频率为

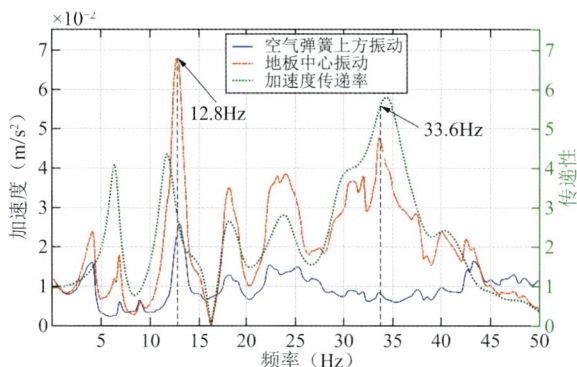

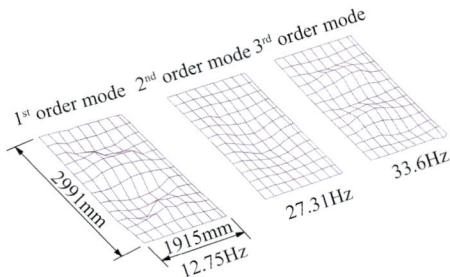

图 8-53 客室地板局部异常振动测试结果

图 8-54 地板模态测试结果

12.75Hz，根据整车的模态试验结果，该模态对应于整车的一阶垂弯模态。而 33.6Hz 对应模态与图 8-53 中的峰值接近，为准确识别模态对 33Hz 附近振动的贡献，采用模态贡献量识别算法对峰值处的响应进行分析。

采用模态贡献量识别算法，分析车辆响应的模态贡献量：

$$Q_j = \frac{\boldsymbol{\varphi}_j^{\mathrm{T}} \boldsymbol{P}}{-\omega^2 \boldsymbol{M}_j + i\omega \boldsymbol{C}_j + \boldsymbol{K}_j} \tag{8-23}$$

式中：$\boldsymbol{M}_j$——模态质量，kg；

　　　$\boldsymbol{C}_j$——模态阻尼，N·s/m；

　　　$\boldsymbol{K}_j$——模态刚度，N/m；

　　　$\boldsymbol{\varphi}_j$——第 j 阶模态振型向量，m；

　　　$\boldsymbol{P}$——激励力向量，N。

计算结果如图 8-55 所示。各阶模态对 33.6Hz 处的振动贡献量从大到小排列依次是模态频率为 33.6Hz、38.2Hz、41.7Hz，模态贡献量分别为 77.2%、54.1%、−23.5%。因此，可以确定 33Hz 峰值处的振动是由 33.6Hz 模态被激发导致的。为抑制客室地板的振动加速度，需要对客室地板振动贡献量最高的频率 33.6Hz 进行模态匹配控制。

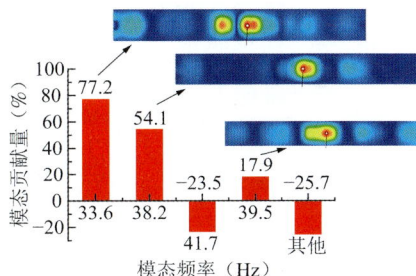

图 8-55　客室地板模态贡献量识别（33.6Hz）

施加动力吸振器前后地板振动响应变化如图 8-56 所示，可以看出，对比无动力吸振器的车体中部振动加速度，采用多重动力吸振器后，振动时域峰值明显降低，最大峰值响应下降约 66%。

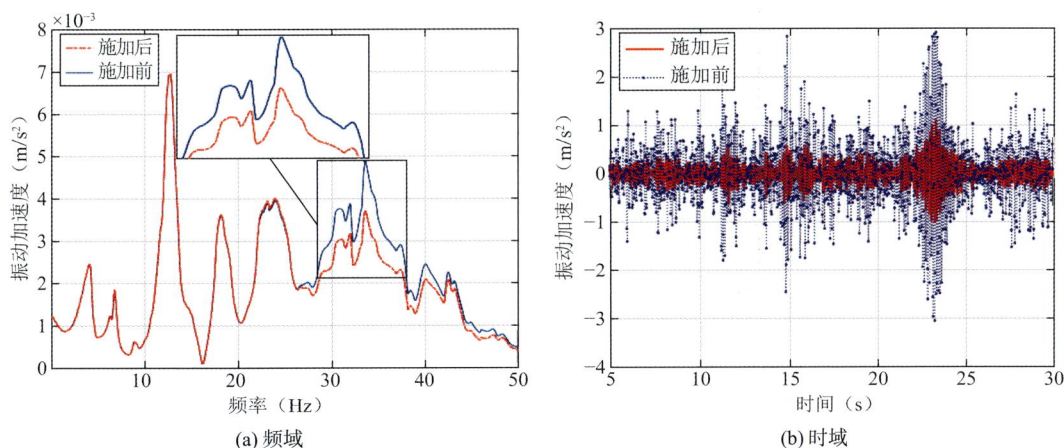

(a) 频域　　　　　　　　　　　　　　(b) 时域

图 8-56　施加动力吸振器前后地板振动响应变化

针对车体内装的模态匹配性能、集成模态贡献量分析，使用车体内装模态匹配理论模型、目标模态频率、净功率流动力吸振设计等方法，可提升车体内装的振动舒适性。

三 车体耐碰撞防爬吸能技术

1. 列车碰撞能量管理技术

碰撞能量管理（CEM）是一种列车碰撞事故的能量管理策略，通过控制列车碰撞过程中的能量耗散形式，达到保护乘员和司机、限制乘员和司机室空间冲击减速度的目的。

（1）碰撞能量管理设计原则

CEM 设计原则是通过在车端非载人区域设置可压溃区域，可压溃区域的变形模式可控，且结构刚度低于载人区域刚度，这种设计模式可以将整列车结构的变形分散到车辆端部的非载人区域，保护乘员区域。在碰撞过程中，主要通过结构变形来进行吸能，而结构挤压变形则主要体现在车辆纵向压缩变形。碰撞总能量与发生碰撞时车速的关系为：

$$E_c = \frac{m_1 m_2}{2(m_1 + m_2)} v^2 \tag{8-24}$$

式中：E_c——碰撞总能量，J；

m_1、m_2——列车质量，kg；

v——碰撞速度，m/s。

设计变量的设定取决于列车编组的数量。列车的头车碰撞界面采用三级吸能结构，包括车钩缓冲器、压溃管、主吸能结构。而车体间的重联界面使用二级吸能结构，包括车钩缓冲器、压溃管。以 4 辆编组列车为例，如图 8-57 所示，对于头车碰撞界面，OA 段（①）表示该界面的车钩缓冲器吸能段，AB 段（②）表示该界面的压溃管吸能段，CD 段（③）表示该界面的主吸能结构吸能段；对于车体间的重联界面，OG 段（⑤）表示该界面的车钩缓冲器吸能段，GH 段（⑥）表示该界面的压溃管吸能段。另外，EF 段（④）和 IJ 段（⑦）表示车体的吸能段。

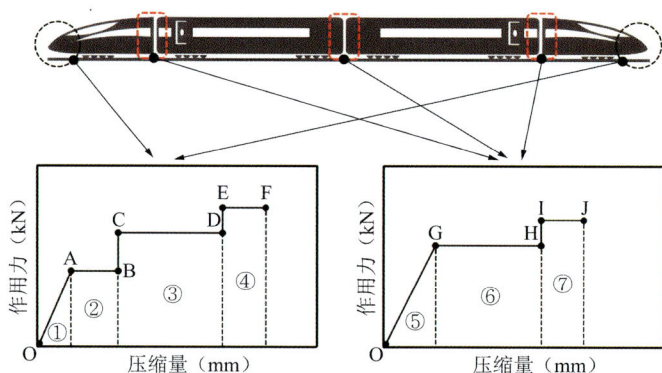

图 8-57　4 辆编组列车吸能结构布置形式

（2）碰撞能量管理设计要求

在碰撞场景方面，根据《动车组车体耐撞性要求与验证规范》（TB/T 3500—2018）和欧洲标准 *Railway applications-Crashworthiness requirements for rail vehicles*（EN 15227：2020 + A1：2024）的要求，列车的碰撞场景分为三种：与相同类型的列车以 36km/h 的速

度正面碰撞（适用于所有系统）；与 80t 货车以 36km/h 的速度正面碰撞（适用于装有侧缓冲器的车辆）；与 15t 可变形障碍物以 110km/h 的速度碰撞（适用于 TEN 线路和有相似的带有水平道岔的线路）。图 8-58 为 *Railway applications-Crashworthiness requirements for rail vehicles*（EN 15227）标准中列车碰撞场景示意图。

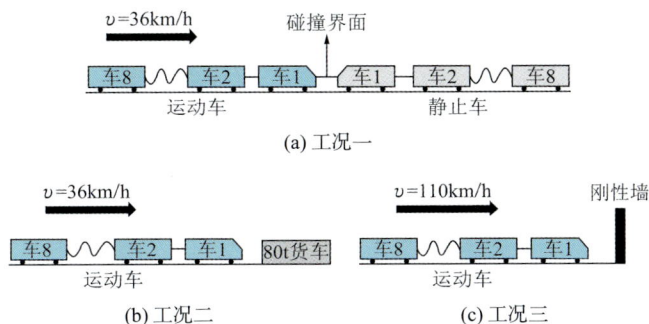

图 8-58 列车碰撞场景示意图

（3）碰撞能量管理优化设计

为有效构建碰撞能量管理优化理论模型，首先要明确设计变量以及优化目标。*Railway applications-Crashworthiness requirements for rail vehicles*（EN 15227）标准对列车耐撞性设计目标进行了明确规定：减少车体上冲的风险；以可控的方式吸收撞击能量；维持生存空间及乘客区域的结构完整性；限定减速度；减少脱轨风险。现有研究在优化设计中，通常将最大车轮抬升量、最大平均加速度、最大瞬时加速度及车体最大塑性变形等动力学响应指标作为优化目标；同时以头部吸能元件、主吸能结构及重联端压溃管的塑性变形平台力为参数为优化对象，开展吸能结构的参数优化设计。

在优化过程中，使用最优拉丁超立方设计法、响应面法、NSGA-II 等方法开展优化代理模型拟合及优化设计，获取 Pareto 解集。考虑到解集多样性与工程需求唯一性具有歧义的问题，灰色关联方法、TOPSIS 等多属性决策方法在列车碰撞能量管理方案评价中得到了广泛应用，取得了较好的效果。

2. 车体耐撞性设计

（1）高速列车车辆结构耐撞性设计理念

轨道车辆的碰撞被动安全防护对车体结构以及车内主要设备提出了"结构耐撞性"要求。"结构耐撞性"是指车体及主要车内设备在撞击过程中，结构的承载能力、变形形式以及车体结构自身吸收冲击动能能力等方面的综合特性。它并非要求结构足够强大以"抵御冲击"，而是要求车体能在一定的撞击速度下实现如下目标：车体结构的次要部位能有序可控地发生塑性大变形，在吸收冲击动能的同时能有效地降低撞击加速度以"缓和对乘员的一次冲击"；车体的主要载人区不发生大的塑性破坏，为司机及乘员"保留必要的生存空间"；控制由碰撞引起的爬车、倾覆和脱轨等后继事故的发生；改进车内设施及乘员约束系统，尽可能降低二次碰撞给乘员带来的伤害。

（2）车体结构耐撞性优化设计

列车碰撞过程中需要耗散巨大的动能。根据能量守恒原理，能量只能转移不能消失，因此，需要采取措施转移冲击动能。研究车体结构耐撞性时，可以在车体上设置产生大塑性变形部位，使需要耗散的大部分冲击动能转变为车体变形能。考虑在撞击条件下通过以单节车为对象，车体产生塑性变形，破坏对冲击动能的吸收，包括车体产生塑性变形的部位、载人区的受损程度、车体结构大变形的模式、车体结构所吸收的冲击动能、在变形过程中冲击力—变形的特性、冲击减速度等特性，是衡量轨道车辆耐撞性的关键指标。

在车体结构耐撞性的优化设计中，需要具体考虑以下环节：

① 车体吸能区和载客区设置。在部分冲击动能通过车钩缓冲器、压溃管以及防爬器等结构的变形能耗散之后，相邻两车辆将直接接触，车体端部结构首先起作用。从动车组的结构型式可以看出，车体的两端部、司机室操纵台前方的区域为非载人区，可以将该区域设计为吸能区，吸收冲击动能，而载客区结构均不发生塑性变形。图 8-59 是采用 LS-DYNA3D 软件计算的某吸能客车车体撞击变形图，从变形图可以看出，车体端部依次产生纵向叠缩变形，通过台处的空间基本上被完全压缩，而车体中部载人区没有发生明显塑性破坏。

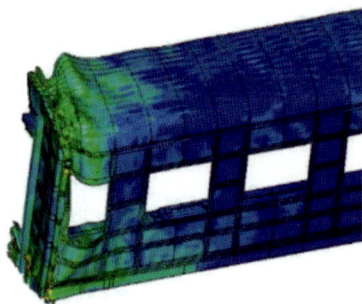

图 8-59　吸能区结构撞击变形示意

② 车体纵向刚度设计。从车体结构的角度来说，车体结构可以设计得很"刚硬"，保证结构碰撞时仅产生"小破损"，但此时冲击减速度很高；也可以设计得很"柔软"，碰撞时结构大部分能充分产生塑性大变形吸收冲击能量，但乘员的生存空间可能被牺牲掉。综合上述两种情况，在"过于刚硬"和"过于柔软"两个极端之间，必须找到合理的车体结构模式，在满足一定冲击能量耗散的条件下，既能将冲击减速度限制在乘员的耐受范围内，又能保证乘客生存空间不被破坏，充分利用轨道车辆非载人区域的结构塑性变形来吸收、耗散冲击动能并缓和冲击。

在这里，引入车体的纵向平均压缩刚度的概念，是指为碰撞界面平均冲击力与相应车体动态压缩行程的比值，$k_1 = \bar{F}(t)/L_1$，$k_2 = \bar{F}(t)/L_2$。可以看出，车体的纵向压缩行程与车体的纵向平均压缩刚度成反比。

总之，在进行车体结构耐撞性优化设计时，应遵循以下几个原则：车体结构首先应保证能够满足正常运用时强度、刚度要求，符合相应规范要求；将车体非载人区设置为吸能区，对于吸能区结构按照承载吸能结构和专用吸能结构进行设计，在满足基本承载要求的前提下对其耐撞性能进行优化；车体自重不会由于吸能结构的设计而明显增加，制造工艺尽可能简单。

3. 列车碰撞吸能及防爬设计

（1）列车碰撞吸能设计

列车碰撞吸能结构的设计原则主要体现在高效吸能、保护乘客、减少结构损伤、符合标准等方面。常用的吸能结构包括专用吸能结构和承载式吸能结构两大类。

专用吸能结构能吸收撞击产生的能量，从而保证中间载人部分的安全。轨道车辆常用的专用吸能结构主要可分为压溃式吸能结构、鼓胀式吸能结构、缩颈式吸能结构、撕裂式吸能结构、切削式吸能结构以及组合式吸能结构等六大类，如图 8-60 所示。

承载式吸能结构可以在列车正常工作期间用作结构承载，发生碰撞时，通过大的塑性变形耗散碰撞中产生的冲击动能，如图 8-61 所示。目前所设计的承载式吸能结构主要应用于轨道车辆底架的前端，实现了底架结构中的承载和吸能一体化设计。许多学者在综合分析薄壁金属结构特点的基础上，设计了一系列能够有序、逐级变形的承载式吸能结构。

图 8-60 专用吸能结构分类

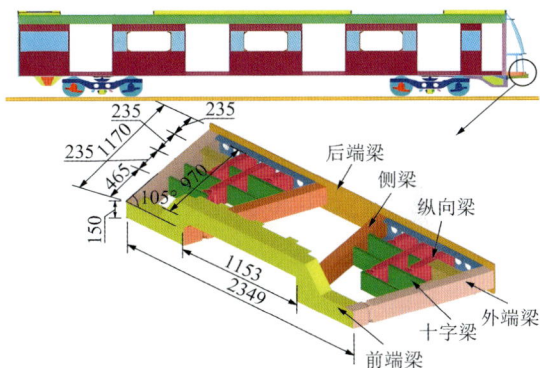

图 8-61 承载式吸能结构（尺寸单位：mm）

（2）列车碰撞防爬设计

列车碰撞防爬功能是指列车在发生碰撞过程中防止相撞的列车向上爬升，从而保证司机和乘客的安全。最早期的防爬器仅具有防爬功能，伴随着被动安全防护技术的不断发展，以及人们对乘车安全的日益重视，只有防爬功能的防爬装置已不能满足列车面对高速冲击时的能量吸收需求。目前轨道车辆防爬器主要由安装板（导向板）、吸能部件、防爬部件组成，防爬器通常安装在车辆前端，以及相邻两节车厢连接处。防爬器按照吸能部件失效形式分为四类：切削式防爬器、膨胀式防爬器、压溃式防爬器及组合式防爬器，如图 8-62所示。

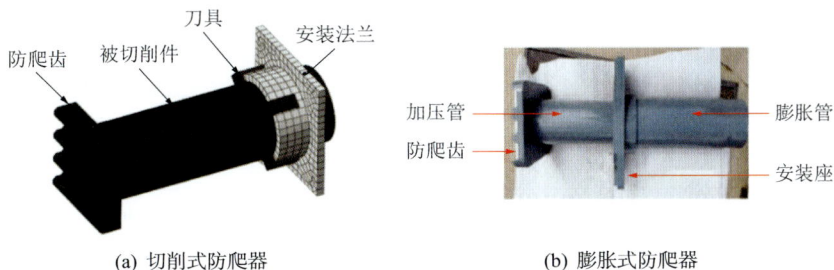

(a) 切削式防爬器

(b) 膨胀式防爬器

图 8-62

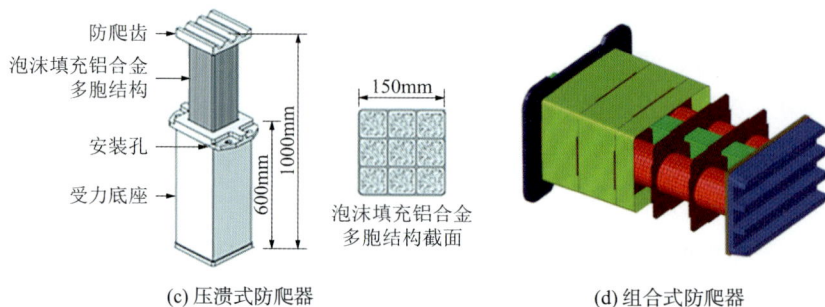

(c) 压溃式防爬器　(d) 组合式防爬器

图 8-62　防爬器分类

四　车体系统设计

随着列车运行速度的提高，为了增加载重量、降低轮轨相互作用力、减少轮轨磨耗以及绿色低碳需要，机车车辆轻量化已是国内外同行业共同的追求目标。其中，由于车体系统质量在机车车辆质量中占较大比例，车体系统设计及其轻量化是机车车辆轻量化设计的最主要内容。我国自 20 世纪 80 年代以来，陆续以铁道部课题形式从材料、结构、焊接工艺等方面开展了研究，并在自主研制的"先锋号""中华之星"等动车组上得到验证和应用，为后来"和谐号"动车组的引进、消化吸收、再创新，以及"复兴号"动车组的自主化研制中车体系统结构和轻量化设计及制造、试验验证等奠定了基础。

1. 车体结构

（1）中华之星车体结构设计特点

中华之星研制是国家高新技术产业化发展计划的项目，为动力集中式动车组，编组为 2 动 9 拖，是我国拥有完全自主知识产权的高速列车。

动力车车体结构侧墙采用鼓形结构，头型采用双拱流线型，头型变化部长度为 5500mm，设计阻力系数不大于 0.23。车顶盖的结构采用夹层独立通风道结构，材料为铝合金，车头盖和车头外形采用复合材料制作，使车体单位长度质量降至 0.8t/m 以下。车体强度执行《高速试验列车动力车强度及动力学性能规范》（95J01-L）的要求。尾部采用气密性较好的折棚式内外风挡，提高连接处的气密性和通过的安全性。后端采用密接式车钩，连挂时能实现机械的和风管的自动连接，前端采用普通 13 号下作用式车钩。主要尺寸见表 8-5。

中华之星动力车车体结构主要尺寸　　　　　　　　　　　　　表 8-5

项点	尺寸
车体长度	21700mm
车体宽度	3300mm
车体高度	3840mm
车辆定距	11280mm
车钩安装中心距轨面高度	880^{+10}_{-5}mm

拖车车体采用鼓形断面，分为不锈钢车体、铝合金车体两种，车体强度执行《高速试验列车客车强度及动力学规范》（95J01-M）的要求，主要尺寸见表8-6。

中华之星拖车车体结构主要尺寸　　　表8-6

项点	尺寸
车体长度	25500mm
车体宽度	3300mm
车体高度	3840mm
车辆定距	18000mm
客室地板面距轨面高度	1210mm
车钩安装中心距轨面高度	880^{+10}_{-5}mm

中华之星完成研制后，铝合金车体成果在国内得到推广，促进了我国轨道车辆铝合金结构的发展。

（2）CRH380A/CRH380B 的车体结构设计特点

① CRH380A 动车组车体结构设计特点。

a. 主要尺寸。车体结构主要尺寸见表8-7。

CRH380A 车体结构主要尺寸　　　表8-7

项点	尺寸
头车车体长度	26250mm
中间车车体长度	24500mm
车体宽度	3380mm
车体高度	3700mm
车辆定距	17500mm

b. 车体轻量化设计。车体轮廓优化、车体断面型材采用变截面设计，有效提升车体气密承载能力。利用等强度设计理论，在车体质量仅增加4%的基础上，气密承载能力提高50%。

c. 车体强度。根据生产阶段，部分批次车体强度满足《铁路车辆车体结构的静载荷试验方法》（JIS　E7105）标准和39kN·m扭转载荷、±6000Pa气动载荷要求；部分批次车体强度执行《200km/h及以上速度级铁道车辆强度设计及试验鉴定暂行规定》（科教装〔2001〕21号）的要求。

d. 车体材料。铝合金型材主要采用 A6N01S-T5、A7N01S-T5，铝合金板材主要采用A5083P-O、A7N01P-T4。

e. 气动性能。头型采用气动性能优良的旋转抛物体构建模型，增加长细比、合理控制截面积变化率，实现三段式线性变化控制，8辆编组列车模型气动阻力降低5%，气动噪声降低7%，尾车升力降低50%以上，交会压力波大幅降低。

② CRH380B 动车组车体结构设计特点。

CRH380B 动车组车体结构分为带司机室的头车、带受电弓的拖车和不带受电弓的动车三种。车体承载结构由底架、侧墙、车顶、端墙、司机室（仅头车）以及设备舱组成一个整体。头车设有司机室，如果发生低速撞车事故，头车的车体结构设计能够给司机提供一个安全空间。

与CRH3C动车组相比，CRH380B动车组车体断面及各大部件之间的接口保持不变。头车车体长度加长162.5mm，车辆定距不变。中间车车体长度加长325mm，车辆定距不变。门口和窗口位置根据动车组统型要求进行设计。

（3）CR400/CR300复兴号动车组的车体结构设计特点

复兴号动车组车体依据强度、刚度、气密性以及旅客乘坐舒适性等要求设计，采用长大中空铝合金挤压型材焊接，为筒形整体承载结构。车体由底架、侧墙、车顶、端墙和司机室（仅头车）等组成，具有高强度、高耐撞性和轻量化等特点。采用大型、中空、薄壁、宽幅铝型材，实现了纵向大幅度自动焊接工艺，提高了产品质量和生产效率。

① CR400AF/CR300AF动车组车体结构设计特点。

a. 主要尺寸。车体结构主要尺寸见表8-8。

CR400AF/CR300AF 车体结构主要尺寸　　　　　　　　表8-8

项点	尺寸
头车车体长度	27200mm
中间车车体长度	25000mm
车体宽度	3360mm
车体高度	4050mm
车辆定距	17800mm

b. 车体断面轻量化设计。开展基于灵敏度分析的车体断面轻量化优化，完成车体断面设计。车体断面如图8-63所示。车体断面型材数量和焊缝数量少，焊接变形小。

c. 车体强度。满足《铁路设备　铁路车辆车体结构要求　第1部分：机车和旅客列车》（EN 12663-1）标准 P-II 类规定，并满足 40kN·m 扭转载荷和 ±6000Pa 气动载荷要求。

d. 被动安全。满足 *Railway applications-Crashworthiness requirements for rail vehicles*（EN 15227）标准要求。基于能量管理，匹配各车端吸能装置、车体承载结构及其他附件结构的耐撞性设计，实现车钩、主吸能部件、防爬单元三级顺序动作，形成被动安全防护。

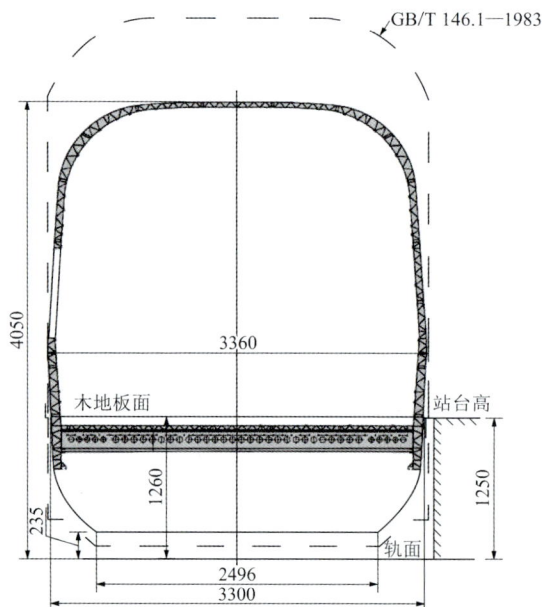

图 8-63　CR400/CR300AF 车体断面（尺寸单位：mm）

e. 车体材料。铝合金型材主要采用 6A01-T5、6005A-T6，铝合金板材主要采用 6082-T651、5083-O，符合《动车组用铝及铝合金》（TB/T 3260—2011）标准。

f. 车体焊接。符合《轨道应用—轨道车辆和车辆部件的焊接认证体系》（EN 15085）标准要求。

g. 气动性能。流线型头型长度12000mm，长细比3.22，纵断面型线采用单拱造型，二段式截面积变化率，头型侧面设置三维导流槽，有效降低气动阻力，抑制升力，降低交会压力波。车顶空调和受电弓采用下沉式安装，降低气动阻力。

h. 大质量设备安装。牵引变压器采用横梁与纵梁形成的整体框架承载结构弹性节点吊挂安装。

② CR400BF/CR300BF 动车组车体结构设计特点。

a. 外形尺寸。头车车体长度为27255mm，中间车车体长度为25000mm，车体最大宽度为3360mm，车体高度为4050mm，车辆定距为17800mm。

b. 车头气动外形。车头外观本着节能、环保、降噪的宗旨，结合运行线路实际特点，具有良好的气动外形，可有效减小列车高速运行时的气动力学阻力，提升列车空气动力学性能，降低气动噪声。

c. 断面外形。车顶空调机组下沉式安装，实现与车体外轮廓一致。受电弓车采用浴盆式下沉式高压平台，设置了受电弓、视频监控、高压箱等设备安装接口，高压箱区域为下沉式安装，其外形不超出车体轮廓。下沉式安装进一步提高了列车高速运行时的空气动力学性能，减少空气阻力，降低气动噪声，并具有良好的外观。受电弓平台的设置，为车外隔音装置的设置提供了安装空间，进一步有效减少弓网噪声向车内客室传递。

d. 耐撞性。车头为列车提供了更高的耐撞性能。前端足够的空间可设置防爬吸能装置并为其提供足够的压缩行程，配以带有气液缓冲器的车钩，吸收碰撞能力可达 2.5MJ。满足 *Railway applications-Crashworthiness requirements for rail vehicles*（EN 15227）标准中 C-I 等级要求。

e. 车体与转向架连接形式。车体底架端部不设置焊接枕梁结构，可有效减少车体自重及车体焊接结构，使车体结构更为简洁可靠。车体与自带枕梁的转向架之间采用螺栓连接结构，通过底架边梁内部的预置螺纹滑块进行连接，结构简单可靠，拆装方便，非常有利于车辆检修维护作业。

2. 车钩缓冲装置

（1）中华之星动车组用车钩缓冲装置

中华之星动车组采用了我国自行研发的密接式钩缓装置，如图 8-64 所示，由连挂系统、缓冲系统和安装吊挂系统组成。

连挂系统主要有凸凹锥导向的密接式钩

图 8-64　中华之星密接式钩缓装置实物外形

体，如图 8-65 所示，连挂和解钩原理如下：

连挂时，凸锥插入对侧车钩凹锥内，凸锥内侧面压迫对方半圆形钩舌转动；同时解钩风缸弹簧受到压缩；钩舌旋转到位后，两钩舌在解钩风缸弹簧作用下恢复原位，使车钩闭锁。

解钩时，由操作人员拉动解钩手柄，使钩舌逆时针方向转动至开锁位置；两车分离即可实现两钩分解。解钩风缸接通气源后还可实现自动解钩。

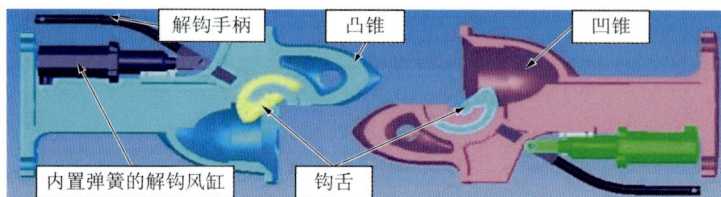

图 8-65　中华之星密接式车钩连挂解钩原理

缓冲系统主要由缓冲器壳体、内半筒组成、弹性胶泥芯子、拉杆组成等部件组成，如图 8-66 所示。缓冲器采用拉压转换设计，钩缓装置无论受拉伸载荷还是受压缩载荷，都会转换为弹性胶泥芯子的压缩吸能，实现缓冲器拉压双向上缓冲系统的容量相同。

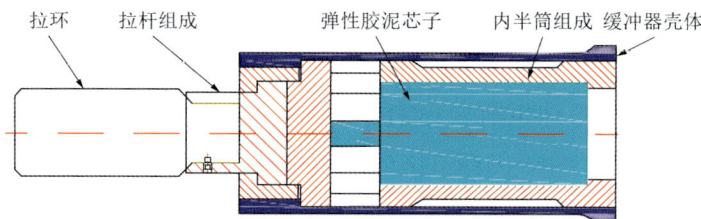

图 8-66　缓冲器结构组成

中华之星动车组采用的密接式钩缓装置，基本消除纵向冲动现象，解决了长期以来铁道客车存在的纵向冲动大、噪声大、纵向舒适性差的问题，使我国铁道客车用钩缓装置的技术水平接近了国际先进水平。

（2）CRH380A（统）/CRH380B 型动车组用车钩缓冲装置

① CRH380A（统）型动车组用车钩缓冲装置。动车组头车车钩使用了国产化创新的全自动密接式钩缓装置，采用了 10 型车钩连挂系统，气液缓冲器，无压溃管，设置有上置式电气车钩，如图 8-67 所示。

10 型车钩连挂原理如图 8-68 所示。车钩在牵引状态，车钩的连挂杆分别钩住对方车钩的钩舌，两钩钩舌和两个连挂杆形成一个平行四边形；由于该平行四边形两对边力大小相同，产生的转动力矩方向相反，因此，该平行四边形机构总能保持平衡。通过这个稳定的四边形结构，两个连挂杆可以将列车间的纵向牵引力传递到车钩的钩舌，并通过钩舌的中心轴传递到钩体上。当车钩承受压荷载时，平行四边形结构不受力，车钩间的压荷载通过车钩的连挂面顶靠进行传递。

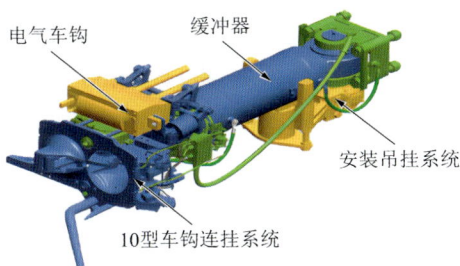

图 8-67　CRH380A（统）型动车组全自动密接式钩缓装置

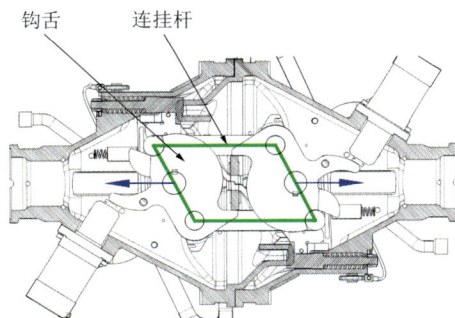

图 8-68　10 型车钩连挂原理

电气车钩位于机械车钩的上部，安装在推送机构上，用于实现列车之间电气信号的自动连接。当机械车钩连挂完成后，推送机构带动电气车钩自动推出，前盖打开实现电气连挂；当机械车钩分解后，推送机构带动电气车钩被自动推回，前盖关闭实现电气分解，如图 8-69 所示。

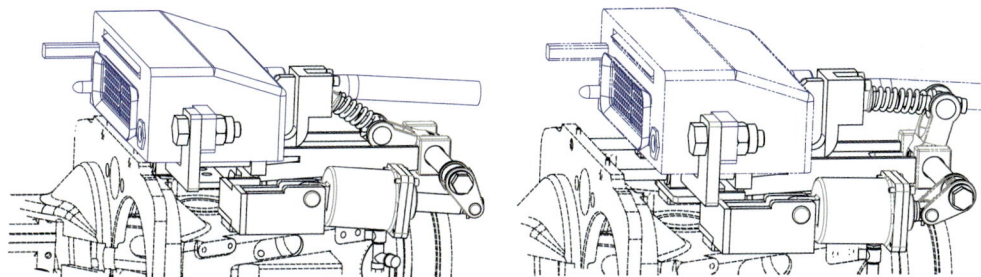

图 8-69　电气车钩伸出和缩回示意图

缓冲系统采用拉压独立的缓冲装置，主要结构为环弹簧和气液缓冲器。受拉时环弹簧元件起到缓冲作用，受压时气液缓冲器芯子起到缓冲作用，如图 8-70 所示。

安装吊挂系统主要起到三个作用，分别是：将自动车钩连接到车体并传递牵引力；使用悬臂结构支承起整个自动车钩；当自动车钩在水平方向偏离中心线时，自动将其回复到中间位置，便于车钩的连挂。安装吊挂系统结构如图 8-71 所示。

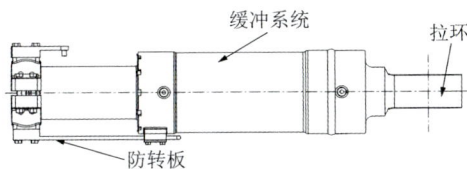

图 8-70　缓冲系统

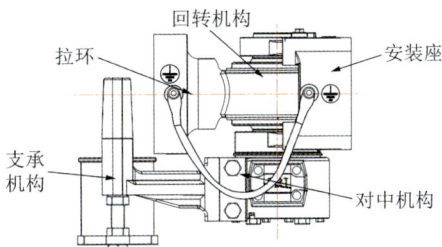

图 8-71　安装吊挂系统结构

该动车组中间车钩采用柴田式半自动密接式钩缓装置，缓冲器采用橡胶缓冲器。

②CRH380B 型动车组用车钩缓冲装置。头车车钩使用了国产化创新的全自动密接式钩缓装置，采用了 10 型车钩连挂系统，缓冲器为橡胶缓冲器，设置有侧置式双电气车钩，

带伸缩功能，带压溃管，其结构如图 8-72 所示。

电气车钩挂接在导杆上，依靠推送气缸将电气车钩推出或拉回，如图 8-73 所示。当车钩在连挂状态下时，两钩的电气车钩触头相互接触实现导通，运行过程中推送风缸，防止由于列车的加减速或纵向冲动造成意外分离。另外，电气车钩推送气缸具有自锁功能，如风压消失，由机械锁定，以保证连接可靠。

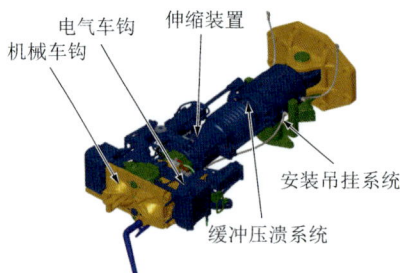

图 8-72　CRH380B 型动车组全自动密接式钩缓装置

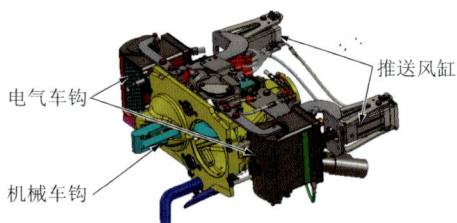

图 8-73　电气车钩和推送机构

全自动密接式钩缓装置带有伸缩功能和压溃管功能，将伸缩系统与缓冲系统集成一体，缓冲系统由橡胶缓冲器和压溃管组成，如图 8-74 所示。

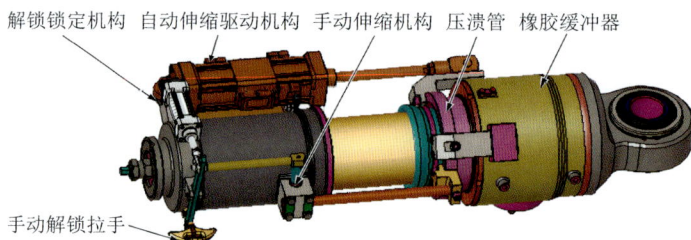

图 8-74　伸缩系统和压溃缓冲系统

压溃管采用了传统膨胀管结构，当车钩力超过压溃管设置值时，膨胀管发生膨胀变形，车钩产生纵向位移并吸收冲击能量。

中间车钩采用一对半永久车钩，卡环连接后实现机械和风路的连接；缓冲器采用环簧和气液缓冲器集成一体结构，具有拉压独立双向吸能作用；受拉时金属环弹簧元件起到缓冲作用，受压时气液缓冲器起到缓冲作用。CRH380B 中间车钩如图 8-75 所示。

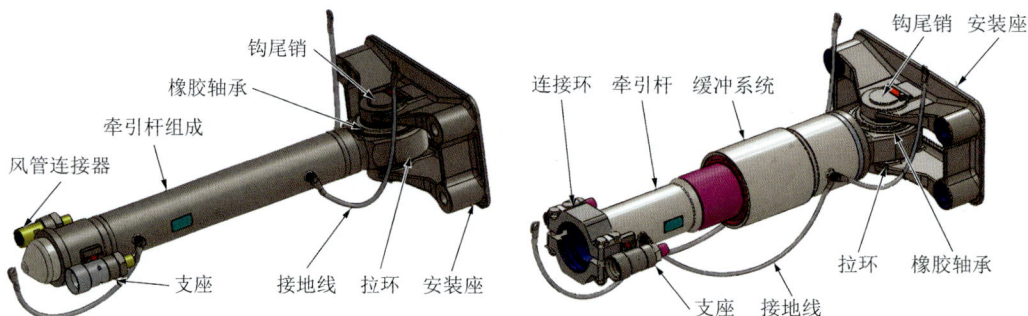

图 8-75　CRH380B 中间车钩

（3）CR400/CR300 复兴号动车组用钩缓装置

CR400 复兴号动车组头车车钩使用了国产化全自动密接式钩缓装置，采用 10 型车钩连挂系统，气液缓冲器，带后置压溃管，电气车钩采取上置式安装，如图 8-76 所示。

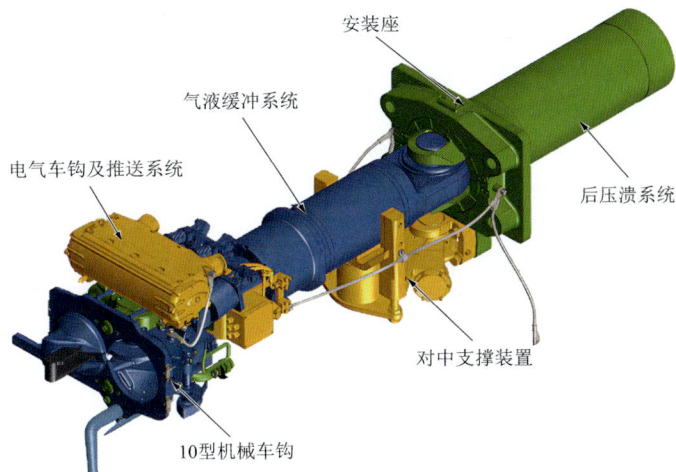

图 8-76　CR400 前端全自动密接式钩缓装置

中间车钩采用一对半永久车钩，卡环连接后实现机械和风路的连接，一半为带压溃管中间车钩，另一半为带缓冲器中间车钩。压溃管采用膨胀管结构，缓冲器采用环簧和气液缓冲器集成一体结构，具有拉压独立双向吸能作用；受拉时金属环弹簧元件发生缓冲作用，受压时气液缓冲器起到缓冲作用。CR400 中间车钩如图 8-77 所示。

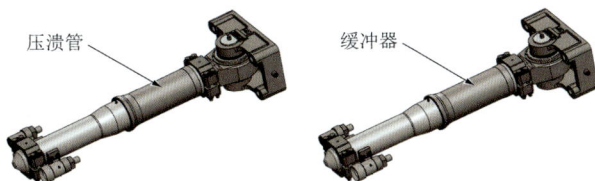

图 8-77　CR400 中间车钩

相比 CR400 动车组，CR300 复兴号动车组用车钩缓冲装置取消了压溃管。

3. 车内布局

（1）车型及定员

CR400 复兴号智能型动车组，8 辆编组，定员为 578 人，采用 4 动 4 拖的动力配置。设置商务客室、一等客室、二等客室、餐车等，定员配置见表 8-9。

动车组定员配置　　　　　　　　　　　　　　　　　　　　　　　　　表 8-9

车号	01	02	03	04	05	06	07	08
车型	商务/ 一等座车	二等座车	二等座车	残障/ 二等座车	餐车/ 二等座车	二等座车	二等座车	商务/ 二等座车
定员（人）	33	90	90	75	63	90	90	45

（2）商务客室

如图 8-78 所示，在 TC01/08 车司机室后方布置了商务客室，定员 6 人/车，共 12 人，座椅布置采用 1＋1 布置，CR400AF 平台商务座椅为"太极"方案，CR400BF 平台商务座椅为"天玄"方案，如图 8-79 所示。

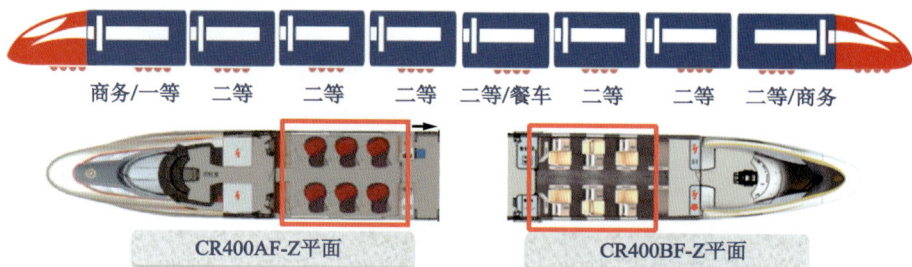

图 8-78　CR400 复兴号智能型动车组商务客室布置

(a)"太极"商务座椅　　　　　　　　　　　(b)"天玄"商务座椅

图 8-79　CR400 复兴号智能型动车组商务座椅布置

（3）一等客室

如图 8-80 所示，布置于头车，座椅采用 2＋2 布置方式，摇篮式机构提供坐姿-半躺姿态。设头顶行李架、中顶及间壁电视等服务设施。

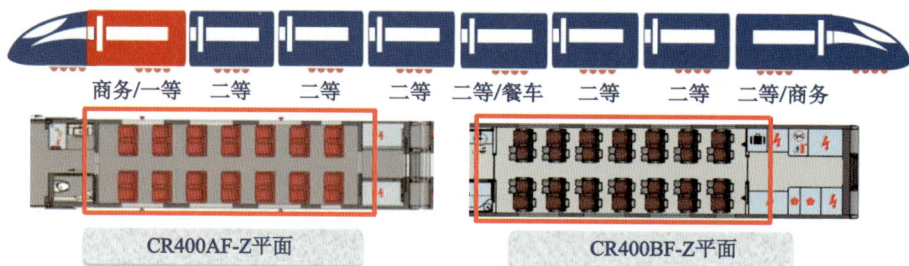

图 8-80　CR400 复兴号智能动车组一等客室布置

（4）二等客室

均布置于中间车及尾车，如图 8-81 所示。座椅采用 2＋3 布置方式，可旋转，靠背单独调节。设头顶行李架、中顶及间壁电视等服务设施。

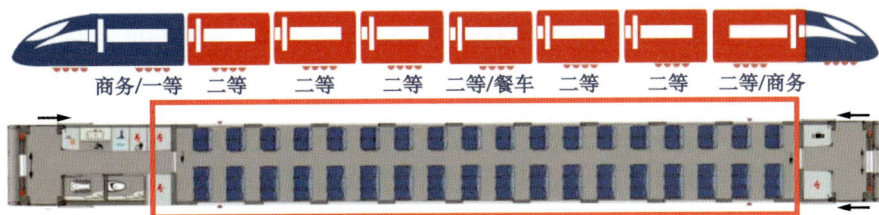

图 8-81　CR400复兴号智能动车组二等客室布置

4.司机室

司机室是司机获取信息、作出决策并对有关系统进行指令控制、驾驶列车完成各种任务的工作场所。在动车组两端分别设置一个司机室，且两个司机室具有相同的结构与功能；司机室采用单司机驾驶布局，司机室的设计遵循《机车、有轨电车、动车组、驱动拖车的司机室布置》（UIC 651）标准，符合现代的人机工程学设计原则。动车组司机室效果如图8-82所示。

图 8-82　动车组司机室效果图

司机室主要包括司机操纵台、司机室遮阳帘、外部照明、刮雨器、风笛和司机座椅等部件。司机操纵台主要作用是控制动车组行驶状态、获取车辆运行关键信息。司机室遮阳帘主要作用是为司机遮挡阳光，避免阳光刺眼影响视野。外部照明主要作用是为司机在夜间或恶劣天气下提供良好视野，同时车尾的标志灯为后部车辆提供车辆位置信息。刮雨器为司机在雨雪等恶劣天气下实现良好的驾驶视野。风笛用于动车组向外输出警示信号。司机座椅为动车组司机提供舒适的乘坐和操作环境。

第四节　车体及空气动力学试验

一　车体强度试验

1.车体强度试验技术

（1）车体强度试验概述

车体强度试验是检验、评价和指导设计的重要依据，一方面将试验结果反馈到设计，对车体结构设计及完善优化提供指导和数据支持，另一方面，车体强度试验是检验车体结构设计安全性和可靠性的基础。车体强度试验一般依据标准对车体的静强度、气密强度、刚度和关键结构的疲劳强度进行试验。由于车体是一个大型的结构体，对车体整体结构进行疲劳强度试验是很困难的，但可以对车体关键承载的局部结构进行疲劳试验，以检验这些关键承载结构的疲劳性能。动车组车体强度试验依据标准或相关技术文件进行，国内外车体强度标准主要包括：《机车车辆强度设计及试验鉴定规范　总则》(TB/T 3548)、《动车组车体结构强度设计及试验》(TB/T 3451)、《铁路设备　铁路车辆车体结构要求　第1部分：机车和旅客列车》(EN 12663-1)、《铁道车辆　客车用车体结构　设计通则》(JIS E7106)、《铁路车辆车体结构的静载荷试验方法》(JIS E7105)、《客车车体及其部件的载荷》(UIC 566)等。

我国早期研制的动车组，比如"先锋号""中华之星"等，车体强度试验主要依据早期的标准或文件，包括《铁道车辆强度设计及试验鉴定规范》(TB/T 1335—1996)、《客车车体静强度试验方法》(TB/T 1806—1986)以及原铁道部发布的《200km/h及以上速度级铁道车辆强度设计及试验鉴定暂行规定》(科教装〔2001〕21号)等。

(2)车体强度试验验证程序

依据《机车车辆强度设计及试验鉴定规范　总则》(TB/T 3548)的规定，在以下情况下，车体应进行强度试验：①全新研制的产品；②定型产品生产体系停止运作超过3年再恢复生产；③定型产品连续生产超过5年；④定型产品转厂生产。对于车体材料变更、生产工艺变更、改进设计和运用条件变化的情况，则视技术评估决定是否需要进行强度试验。针对动力分散动车组，一般选取头车和载重最大的中间车车体进行强度试验；而对于动力集中动车组，动力车车体以及不同结构的中间车车体和控制车车体应进行强度试验。

(3)车体强度试验载荷工况

车体强度试验载荷工况包括垂向最大工作载荷工况、车钩连接处纵向拉伸和压缩载荷工况、车体端墙区域压缩载荷工况、单端抬车工况、整车抬车工况、支撑点移位抬车工况、气动载荷工况、车体-转向架连接装置静载荷工况、排障器静载荷工况、设备连接装置静载荷工况、车体疲劳载荷工况、设备连接装置疲劳载荷工况等。

车体强度试验除上述载荷工况外，对车体结构还应进行刚度试验，获取车体承载结构的各阶固有频率。

(4)车体强度试验工装及载荷施加

一般情况下，车体结构应支撑在二系弹簧座位置。试验时，载荷应施加在与实际应用中对应的准确位置。对于质量大的设备载荷，应以集中载荷形式施加在设备安装位置，其他小质量设备载荷采用均布方式施加在车体地板上；纵向拉伸和压缩载荷应施加在车钩缓冲装置与车体的连接处；单端抬车试验，抬车端应支撑在规定的抬车位，另一端支撑在二系弹簧座位置；整车抬车和支撑点移位抬车试验，车体应支撑在规定的抬车位。各载荷工况的试验，载荷应按照标准规定的组合方式进行施加。

车体刚度试验中，车体应弹性支撑在二系弹簧座处，应至少沿车体长度方向的 7 个断面布置加速度传感器，应用模态识别方式识别车体的各阶固有频率，应能识别 5～40Hz 范围内的车体模态振型。

（5）车体强度试验应力测试及评价

应力的测量应采用应变片或其他已经通过验证的应力测试方法，挠度的测量应采用位移传感器等。应变片与被测构件之间的绝缘电阻应在 200MΩ 以上，特殊困难条件下也不应低于 50MΩ，必要时用防潮剂密封。

静态测试时，试验加载装置的加载误差不应大于 1%，试验用力传感器、位移传感器的满量程误差不应大于 1%，压力表精度等级不低于 1 级。应变仪的基本误差不超过测量值的 ±2%，100με 以下不大于 2με；零点漂移不超过 ±5με/4h。

静态载荷作用下的试验，实测的应力不应大于材料的屈服强度，必要时应考虑安全系数，具体参照《机车车辆强度设计及试验鉴定规范　总则》（TB/T 3548）、《动车组车体结构强度设计及试验》（TB/T 3451）。疲劳强度一般按照疲劳极限线图或疲劳累积损伤法则进行评估。

车体刚度一般按照挠度或车体整备状态下的固有频率进行评价，车体结构的最低固有频率应能支持车体整备状态下的最低固有频率不低于 10Hz，或与转向架的浮沉、点头等频率有足够的间隔，车体整备状态下的固有频率也可以通过试验测得。

2. 车体强度试验案例

（1）试验对象

以某动车组车体静强度试验为例，车辆设计质量参数、技术参数见表 8-10 和表 8-11，动车组车体静强度试验如图 8-83 所示。

某动车组车体设计质量（单位：t）　　表 8-10

序号	名称	数值
1	车体整备质量（不包括转向架质量）	43.51
2	转向架质量（每个）	7.9
3	车体铝结构质量	12.2
4	车辆超员载荷（不包括转向架）	48.23

某车辆技术参数（单位：mm）　　表 8-11

车辆参数	尺寸	备注
车辆长度	26000	—
车辆定距	17800	—
车辆宽度	3360	—

车辆参数	尺寸	备注
车辆高度	4050	距轨面
车钩中心线高度（一位端）	1000	距轨面
车钩中心线高度（二位端）	935	

(a) 流线型

(b) 车身

图 8-83　动车组车体静强度试验

（2）试验依据

试验主要依据《动车组车体结构强度设计及试验》（TB/T 3451—2016）、《机车车辆强度设计及试验鉴定规范　总则》（TB/T 3548—2019）标准及相应技术条件要求。

（3）试验工况

试验工况一般包含垂向载荷、纵向拉伸、纵向压缩、端部压缩、车辆复轨、抬车、扭转、三点支撑、转向架冲击、气密强度等工况。

一般在正式试验前，应进行预加载，载荷应分阶段增加，直到最大载荷，以消除结构内应力；然后进行 3 次正式试验，并取 3 次测试数据的平均值作为最终测量结果。

（4）试验设备及仪器仪表

主要采用的仪器仪表包括动态应变仪、位移传感器、标准测力仪、力传感器等，仪器仪表需在标定期内，且精度满足相关标准要求。

（5）测点布置

车体静强度试验主要测试关键部位应力、垂向刚度、门角与窗角位移，应力测点位置及贴片方向一般根据有限元分析结果，结合《动车组车体结构强度设计及试验》（TB/T 3451—2016）、《机车车辆强度设计及试验鉴定规范　总则》（TB/T 3548—2019）标准及经验确定。由于每个工况考察的位置不同，需要综合考虑每个工况对关注位置的影响来确定应变片布置。测点布置原则为在应力方向明确的位置布置单向片，在应力复杂位置布置三向片或双向片。位移测点一般布置在车体端部、枕梁位置、边梁中部、门口、窗口部位。具体测点布置如图 8-84、图 8-85 所示。

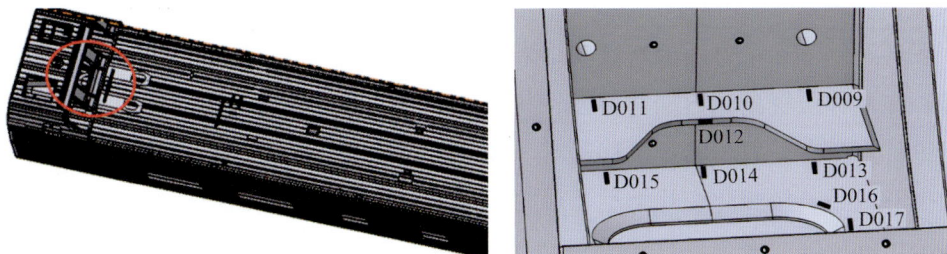

图 8-84　部分应力测点示意图

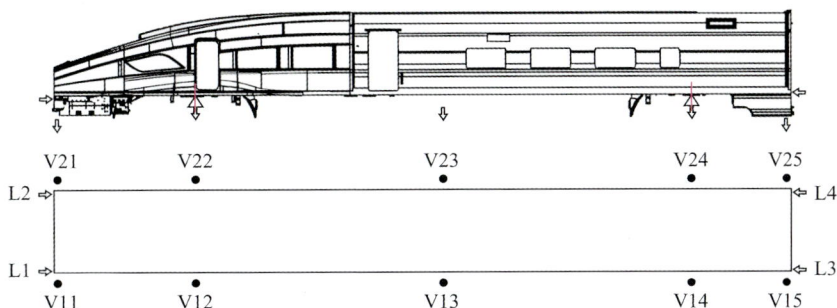

图 8-85　部分位移测点示意图

（6）评估方法

车体静强度评估应以卸载后车体不产生永久变形为检验指标，一般通过比较测试应力与材料屈服强度判定，测试应力低于材料屈服强度认为静强度满足要求。但对于局部应力集中部位，允许测得的应力超过材料的屈服极限，同时应力集中引起的局部塑性变形区应足够小，且卸载后不产生永久变形。

采用单向应变片时，直接比较测试应力与屈服应力；采用三向应变片时，需计算等效应力，用等效应力进行评定。

典型试验加载方案如图 8-86、图 8-87 所示。垂向载荷施加一般采用砝码、沙袋、液压加载方式；气密载荷施加时一般将车体开口处密封，然后对车体进行充气或吸气，使车内外压差达到设计载荷；纵向载荷、端墙载荷一般通过液压加载方式施加。

图 8-86　气密强度加载

图 8-87　垂向加载

（7）试验结果

一般通过以下几个方面检查试验结果有效性：测试残余应变足够小；应变变化与载荷呈线性；在对称位置测试数据对称性；其他检查如局部位移检查、支反力检查等，支反力应与理论计算基本一致、两侧位移基本一致等。

数据有效后，按照应变片类型（单向片、三向片）输出测试部位的应力，进行静强度评估，给出利用度或安全系数。

静强度试验完成后，一般需要分析仿真与试验结果的一致性。分析试验对比，一般选取测试仿真应力结果较大部位，需要注意的是，试验测试出的结果为局部坐标系下的结果，部分测点位置仿真分析结果，需采用局部坐标系下的结果进行对比。图 8-88 为压缩载荷工况的对比结果，通过对比发现，大部分测点仿真分析与试验结果一致，误差小于 15% 的测点占 84.6%，误差在 15%～30% 的测点占 7.7%，大于 30% 的测点占 7.7%。

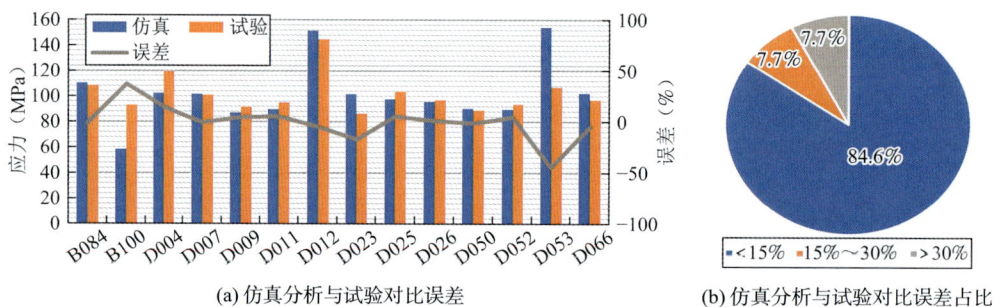

(a) 仿真分析与试验对比误差　　　　　　(b) 仿真分析与试验对比误差占比

图 8-88　仿真分析与试验对比误差分布

产生误差的原因主要有仿真分析模型简化、被试件的局部特征、板厚误差、约束与加载方式一致性等。

二 空气动力学试验

1. 风洞试验

风洞试验是指采用风洞试验方法开展高速列车气动性能试验研究。高速列车风洞试验模型如图 8-89 所示，采用 3 辆编组的形式，通过风洞吹风法，测试高速列车气动力特性。对高速列车分别进行变风速试验，试验风速分别为 $V = 30$、40、50、60m/s。

测点布设及测力方法：测定模型表面压力分布，必须在模型表面上布置测压孔。测压孔必须垂直于模型表面，测压孔直径与测压铜管外径相同；列车表面曲率变化大处测压孔布置较密，其他部位测压孔布置较疏；测压孔布置情况如图 8-90 所示。测力天平分别牢固地安装

图 8-89　8m×6m 风洞高速列车空气动力学试验

在模型车内腔，并通过支杆刚性固定在路基上。天平校心与模型形心重合，如图 8-91 所示。每两节模型车相邻处有内外风挡，内外风挡采用嵌套结构，既可保证与实车流场相似，又可避免两车相碰；车轮下缘与轨道顶面间隔 8mm，以避免相互干扰。

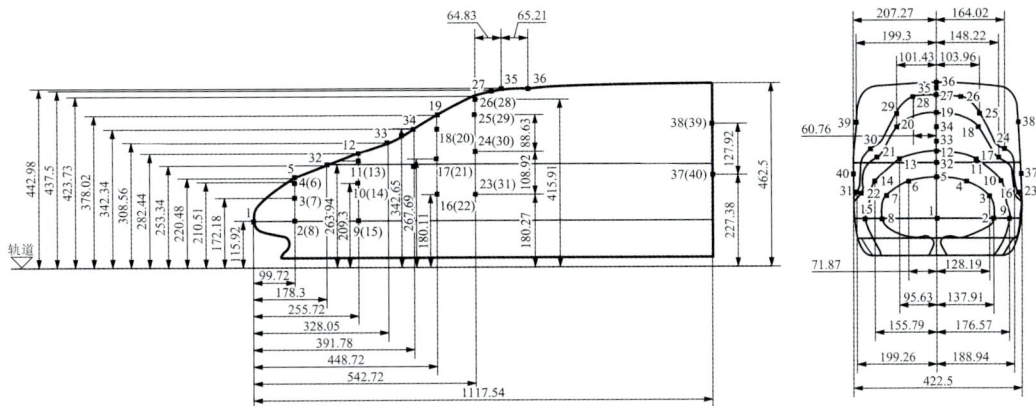

图 8-90　列车流线型头部测点布设（尺寸单位：cm）

图 8-91　气动力测力天平安装

风洞试验结果：由于头车和尾车测点布设情况相同，可以通过列车表面不同测点压力系数的变化分析车体表面压力的分布特征。以鼻尖点为 X 轴的零点位置，风向角为 0 时，不同风速下，头车和尾车中心剖面线测点压力系数分布情况如图 8-92 所示。头车气动阻力 C_D、气动升力 C_L 和侧向力 C_C 系数随车速的变化趋势如图 8-93 所示。

图 8-92　列车流线型中心剖面线测点压力系数

图 8-93　不同风速下头车气动力系数

由上图可知，高速列车明线运行时，鼻尖点位置流场的流速接近于零，即为驻点所在位置，此处压力系数约为1；来流流经驻点后沿列车表面向上方流动，流速加快，压力系数大幅降低；当来流到达司机室正前方车窗位置时，受曲面凸起的影响，此处流场速度受阻，流速降低，导致压力系数变大；气流流过前窗后，流速再次加快并在流线型结束的部位发生流动分离，从而造成这些位置测点压力系数先降低再增大。风向角为0时，随着风速的增加，即车速的增大，头车气动阻力、升力和侧向力系数减小，但风速超过50m/s后，气动力系数降低趋势不明显，基本上不随车速的变化而变化。

2. 动模型试验

（1）动模型试验技术

中南大学轨道交通安全重点实验室拥有两套自主研建的动模型试验系统，分别是时速500km级动模型试验平台（图8-94）和时速600km高速磁浮列车空气动力学特性试验平台（图8-95）。

图 8-94　时速 500km 级动模型试验平台

图 8-95　时速 600km 高速磁浮列车空气动力学特性试验平台

为了测试高速列车壁面测点压力分布情况，通过在列车表面打孔的方式，利用橡胶管，将列车表面的孔隙与固定在车内的传感器探针连接，当列车高速运行时，固定在车内的压力传感器可通过橡胶管感知车外的压力变化，并传输至固定在列车内部的数据采集和存储装置。由于动模型试验列车加速、减速过程中的最大加速度高达50g以上，如何确保车载数据采集装置工作的稳定性是动模型试验成功的关键因素之一。因此，设计了抗振和耐冲击车载设备防护装置，系统采用模块化设计，全焊接电路和器件固化处理，减少并选用抗振性能良好的接插件；设计了主板和传感器等的隔振和缓冲结构，保障55g加速度冲击下测试装备的正常工作和可靠测试，如图8-96所示。隧道壁面压力变化的测试与车体测试方法类似，通过在隧道壁面钻孔的方式，将测压传感器与隧道内壁联通，从而感知列车穿越隧道时隧道内壁的压力波动，并将数据传输至地面采集装置，隧道壁面测点压力传感器布置如图8-97所示。通过激光探头测试列车车速并采用声压耦合的方式测试隧道出口的微气压波。

（2）动模型试验案例

试验模型及工况：高速列车模型为3辆编组的列车，如图8-98所示，隧道断面面积为100m²，列车及隧道模型采用1：20的模型比例。研究工况为高速列车以250km/h、300km/h、350km/h的速度单车通过双线隧道，线路的线间距为5.0m，隧道的长度为287m。通过动模型试验测试不同车速下列车表面压力及隧道壁面压力分布特性。

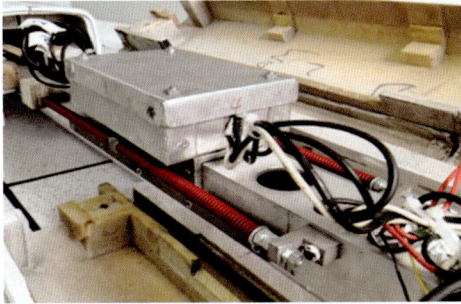

图 8-96　车载测试系统防护装置

图 8-97　隧道壁面测试布置

图 8-98　高速列车及隧道模型

图 8-99 为 $100m^2$ 隧道壁面上的测压点布置示意图，隧道壁面上共布置有 16 个测点，图中可见的（即一半长度的隧道）隧道壁面测点数为 10 个，另一半壁面的测点数为 6 个；高速列车表面布设了 28 个测点，头车 11 个测点，中间车 6 个测点，尾车 11 个测点，尾车测点布置与头车相同，测点布设如图 8-100 所示。

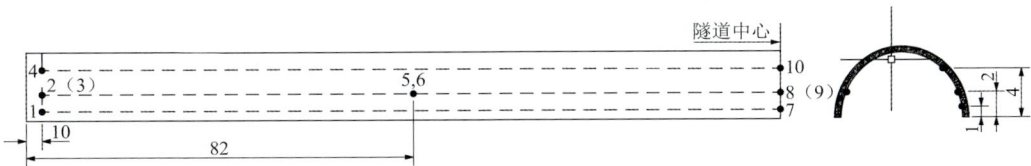

图 8-99　$100m^2$ 隧道壁面上的测压点布置示意图

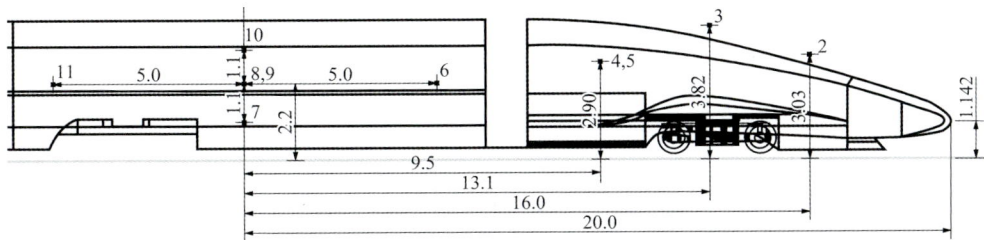

(a) 头车

图　8-100

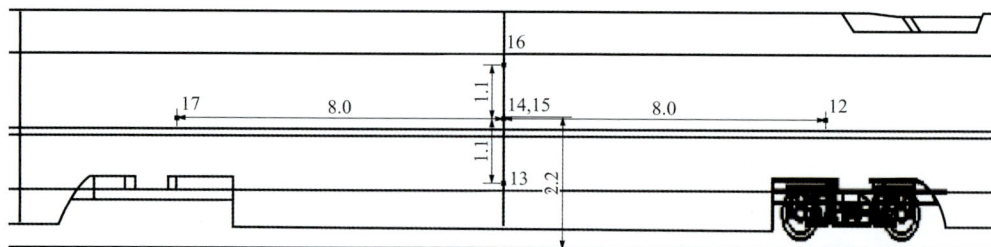

(b) 中间车

图 8-100　高速列车测压点布置示意图（尺寸单位：m）

高速列车分别以 250km/h、300km/h、350km/h 的速度单车通过 100m² 双线隧道，列车表面及隧道壁面测点压力峰峰值见表 8-12，列车表面及隧道壁面压力峰峰值随车速的变化规律如图 8-101 所示。

不同车速下列车表面及隧道壁面测点最大压力峰峰值　　　表 8-12

车速（km/h）	列车表面压力（Pa）	隧道壁面压力（Pa）
250	1613	2375
300	2308	3457
350	3164	4703

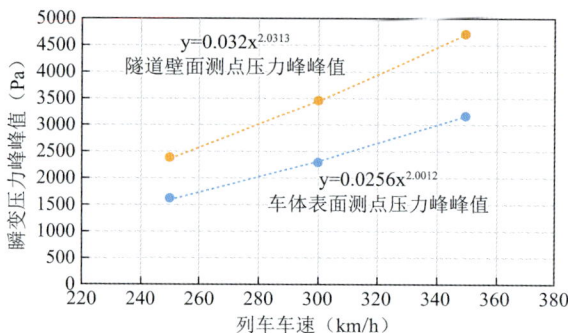

图 8-101　高速列车表面及隧道壁面测点压力最大压力峰峰值与车速的关系

由上图可知，随着车速的增大，高速列车表面及隧道壁面测点压力峰峰值大幅提升，均与列车车速近似呈 2 次方关系增加。

三　碰撞试验

1. 碰撞试验技术

列车上安装有多级吸能结构，可以在碰撞事故中吸收一定的能量以达到保护乘客和车体的作用。由于列车质量与运行速度都比较大，其安装的吸能结构也必须可以承受较大的冲击。通过开展 1:1 的实车碰撞试验，得到冲击过程中的冲击速度、冲击力、位移、能量等响应等参数，以考核车辆结构的碰撞性能是否达到要求。实车碰撞试验按照试验对象可以分为部件级试验、单车级试验以及列车级试验。

部件级试验系统通过将吸能元件固定在试验台车（和刚性墙）上，以预定速度等级进行单车碰撞试验，其试验类型包括：吸能元件单独撞击刚性墙、两种吸能元件组合撞击刚性墙、同类型吸能元件对撞、两种吸能元件组合对撞、同类型吸能元件垂向偏心（40mm）对撞、两种吸能元件组合垂向偏心（40mm）对撞。

单车级碰撞分为单节车撞击刚性墙和两节车对撞两类，图 8-102 所示为中南大学开展的碰撞试验。此类碰撞试验需对试验用动车组头车司机室（含司机室骨架、转向架、车钩、防爬器、吸能元件、排障器及开闭结构等）进行耐撞性试验，以分析该司机室整体结构稳定性、前端骨架变形模式、端部吸能组件耐撞性能及转向架与车体连接结构耐冲击性能。

(a) 单节车撞击刚性墙　　　　　　　　　　(b) 两节车对撞

图 8-102　单车碰撞试验场景

区别于吸能结构、部件级以及单车碰撞试验系统针对单一或少数碰撞场景开展试验研究，列车级试验系统碰撞场景涵盖了相关标准要求中的全部测试场景。因此，列车级的碰撞试验对于科学再现列车碰撞冲击响应、真实评估列车碰撞安全性能极具重要性。中车长客股份公司多编组高速动车组线路碰撞试验方案如图 8-103 所示。数据的采集需要确保各系统正常工作。除无人机系统外，当触发信号动作时，试验数据记录功能自动启动。线路碰撞试验中的安全影响因素很多，安全防护方案的制订是非常必要的。安全防护布置原则是防护任何可能发生的风险，安全防护需要从车辆发生过大横向位移开始起作用。安全防护方案包括防护轨、防护站台、安全制动台车和吸能蜂窝装置。

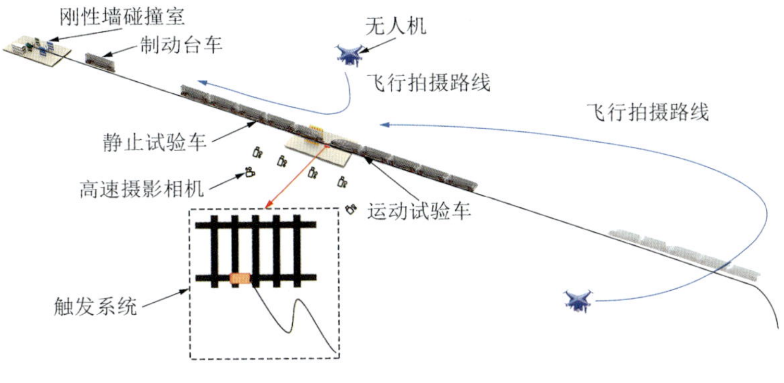

图 8-103　线路碰撞试验测试系统

2. 碰撞试验案例

（1）试验样件及工况

列车端部区域包含头罩开闭结构、车钩、三级吸能装置和排障器等一系列在碰撞过程中会发生塑性变形的结构。开展头车碰撞试验旨在验证吸能结构、防爬器吸能与司机室结构合理刚度匹配关系，为车辆耐碰撞设计提供试验数据和技术支撑，试验样件如图 8-104 所示。试验工况如下：头车司机室前端吸能组件设计容量为 3083kJ，依据 *Railway applications-Crashworthiness requirements for rail vehicles*（EN 15227）标准中关于碰撞质量的定义可知，试验用动车组单车碰撞质量约 60t，达到司机室前端吸能组件设计容量撞击速度应高于 36km/h，试验工况如图 8-105 所示。

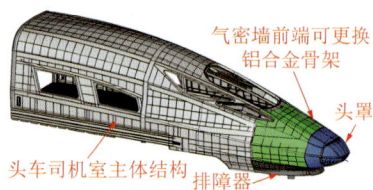

图 8-104　头车司机室碰撞试验样件

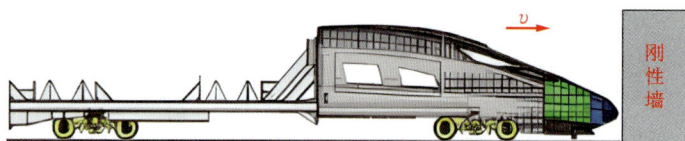

图 8-105　试验工况示意图

（2）试验装置及测点布置

为有效获取试验用司机室前端结构变形模式、转向架与台车钢结构间相对位移等物理描述，试验测试用高速摄影仪，布置如图 8-106 所示。试验车辆加速度传感器测点分布如图 8-107 所示。

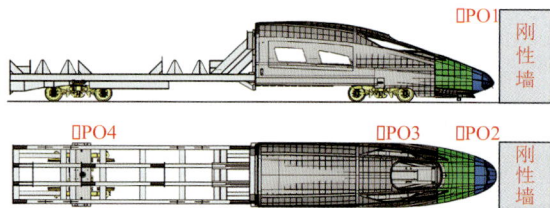

图 8-106　高速摄影仪布置图

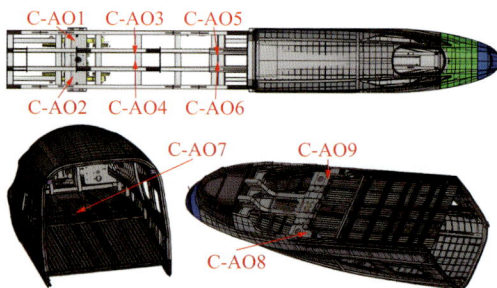

图 8-107　加速度传感器布置图

（3）试验结果

通过测速仪获得试验车在撞击刚性墙前的速度为 10.541m/s。

① 碰撞变形序列图。

在列车发生撞击后，头车司机室前端的变形序列图如图 8-108 所示。从碰撞后的司机室前端吸能组件的变形和位置看，试验车在发生碰撞时，车头有点头趋势，排障器在碰撞时卷曲，车钩和主吸能结构运行正常，达到设计要求。试验车撞击刚性墙位置如图 8-108（d）所示。从撞击痕迹上可以看出，试验车撞击点和试验预计的撞击位置基本吻合。

(a) 撞击前司机室前端侧面状态

(b) 撞击后司机室前端侧面状态

(c) 撞击后开闭机构及吸能组件变形状态

(d) 试验车撞击刚性墙痕迹

图 8-108　司机室前端变形状态

② 冲击动能耗散分析。

a. 位移-时间曲线。

位移-时间曲线以车体上不变形区域的点作为参考点。从图 8-109 可知，235.7ms 时，达到最大位移量 1560.6mm，车体开始回弹；撞击前变形区长度为 2960mm，撞击后长度为 2100mm，实际测得压缩变形位移量为 860mm。

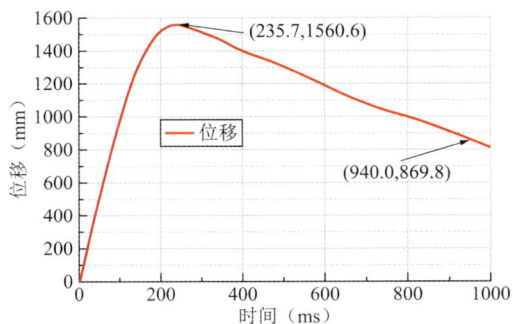

(a) 车端撞击变形时序

(b) 车端变形测量

图 8-109　撞击试验变形时序及变形测试

b. 速度-时间曲线。

从图 8-110 可知，发生碰撞时速度为 10.255m/s，在 235.7ms 时，车体速度减为 0，之后车体开始回弹，在 357.7ms 时，车体回弹速度达到最大为 1.233m/s，碰撞所耗时间为 357.667ms。碰撞前的动能为 3146.974kJ，碰撞后的动能为 47.446kJ，车体前端结构变形耗散的动能为 3099.528kJ。

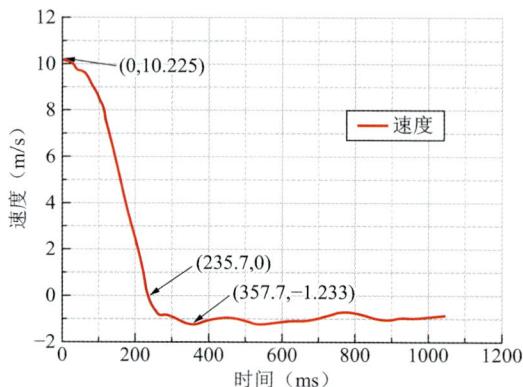

图 8-110　碰撞速度变化曲线

参 考 文 献

[1] TIAN Q H. Review of research on high-speed railway aerodynamics in China[J]. Transport Safety Environ, 2019, 1(1): 1-21.

[2] 田红旗. 中国高速轨道交通空气动力学研究进展及发展思考[J]. 中国工程科学. 2015,17(4): 30-41.

[3] 李文辉. 侧风环境下列车风洞试验影响因素及标准模型研究[D]. 长沙: 中南大学.

[4] 张雷, 杨明智. 受电弓设备对列车气动特性影响的风洞试验[J]. 中南大学学报 (自然科学版), 2011, 42(12): 3894-3898.

[5] 牛纪强, 周丹. 不同湍流状态下动车组阻力及其振动特性的风洞试验研究[C]. 中国力学大会, 上海, 2015.

[6] 田红旗, 周丹, 许平. 列车空气动力性能与流线型头部外形[J]. 中国铁道科学, 2006(3): 47-55.

[7] 田红旗. 列车空气动力学[M]. 北京: 中国铁道出版社, 2007.

[8] 周细赛, 刘堂红, 陈争卫, 等. 头部主型线变化对列车隧道交会气动性能的影响[J]. 中南大学学报 (自然科学版) . 2018, 49(2): 493-501.

[9] 陆意斌, 王田天, 张雷, 等. 时速400km不同编组列车通过隧道时的气动载荷[J]. 中南大学学报 (自然科学版), 2022, 53(5): 1855-1866.

[10] 张雷, 田红旗, 杨明智, 等. 帽檐斜切式洞门斜率对隧道气动性能的影响[J]. 中南大学学报 (自然科学版), 2013, 44(2): 817-822.

[11] 张雷, 杨明智, 张辉, 等. 高速铁路隧道洞门对隧道空气动力效应的影响[J]. 铁道学报, 2013, 35(11): 92-97.

[12] 张雷, 杨明智, 李志伟, 等. 隧道出口洞门护坡对微气压波的影响[J].中南大学学报 (自然科学版), 2014, 45(10): 3671-3675.

[13] 谭晓明, 余振, 谭晓星, 等. 明线上与隧道内高速列车流场结构及气动噪声源[J]. 中国铁道科学, 2021, 42(1): 95-104.

[14] 杜健, 杜俊涛, 田爱琴, 等. 头部参数对高速列车明线交会气动性能的影响[J]. 中南大学学报 (自然科学版), 2017, 48(11): 3132-3140.

[15] 杜俊涛, 田爱琴, 聂双双, 等. 高速列车阻力、升力与头部外形参数映射关系研究[J]. 铁道科学与工程学报, 2016, 13(6): 1017-1024.

[16] 余以正, 杨明智, 滕万秀, 等. 车辆转向架前端加装弧形导流槽对转向架积雪结冰情况的影响[J]. 城市轨道交通研究, 2020, 23(2): 49-54.

[17] 丁叁叁. 高速动车组车体设计关键技术[M]. 成都: 西南交通大学出版社, 2024.

第九章

高速列车牵引传动技术

撰稿人：冯江华　荣智林

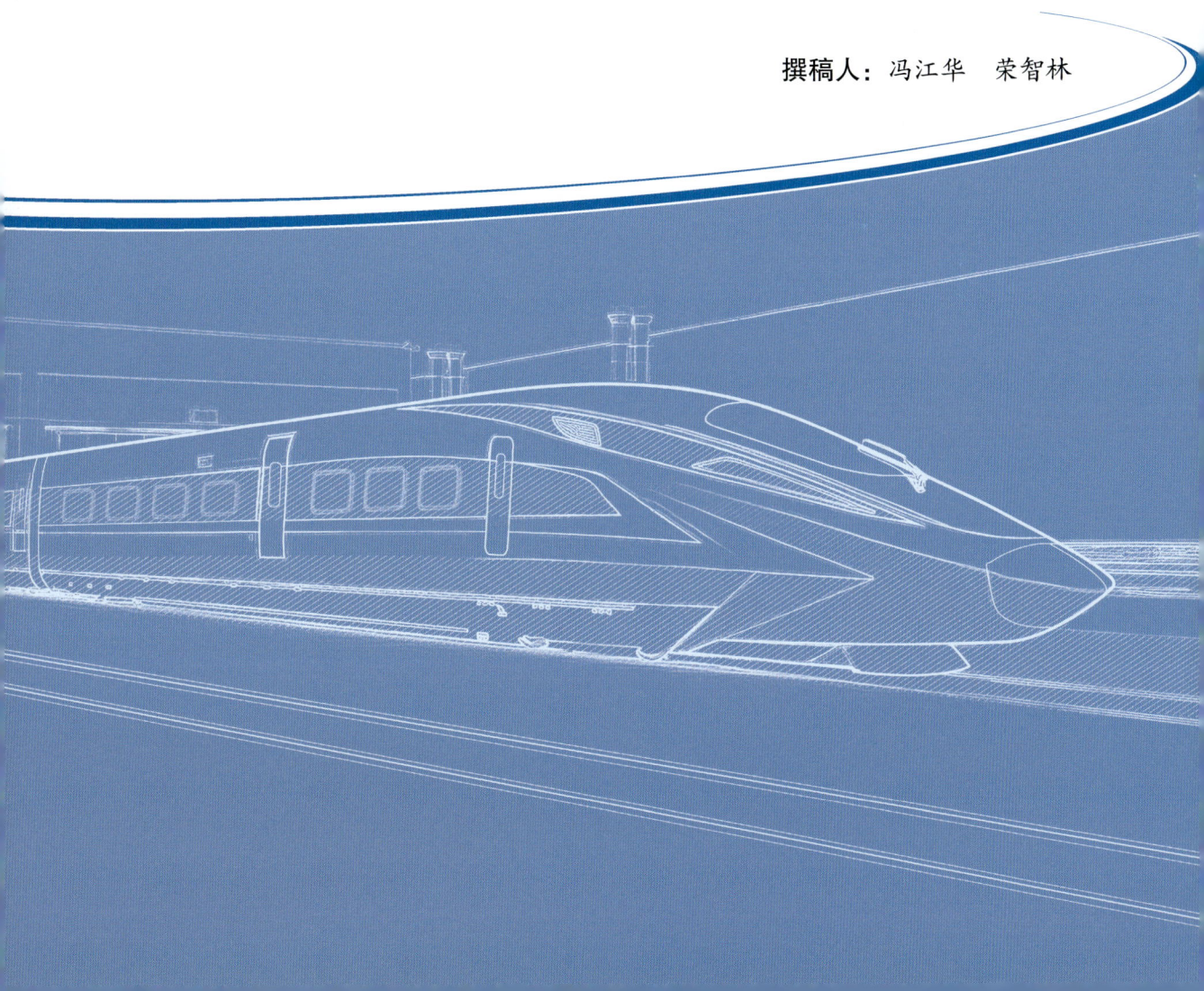

中国高速列车
关键技术篇

　　牵引传动系统是高速列车的关键核心系统，被誉为高速列车的"心脏"，其用以实现机电能量的高效转换，为列车提供牵引力和电制动力。本章将深入探讨高速列车牵引传动系统的主要功能、构成以及核心技术，并回顾牵引传动关键技术的研发历程。同时结合中华之星、和谐号、复兴号等典型高速动车组牵引传动系统的应用案例，对高速列车牵引传动系统的发展进行从技术理论到产品实现，再到实际应用效果的全方位展示。

一　系统原理

牵引传动系统是通过机电能量高效转换产生牵引力和电制动力的高速列车核心系统，其决定了高速列车的传动类型，是高速列车分类和代际划分的重要标志。

根据输入能量形式，牵引传动系统分为电力牵引传动系统（从牵引供电网取电）和内燃牵引传动系统（由内燃机提供牵引传动能源）。其中电力牵引传动系统具有牵引功率大、质量轻、经济性好、低碳环保等一系列优点，但初期投资较大；内燃牵引传动系统具有初期投资少、见效快的优点。内燃牵引传动系统可用于非电气化铁路区段，也可作为高速铁路建设的一种过渡牵引形式。从世界各国发展高速列车的情况看，尽管内燃牵引传动系统应用于高速列车有成功先例，如英国 HST 高速列车、德国 VT610 内燃动车组，但由于高速列车运营速度高，必需大功率的牵引系统，因此世界绝大多数国家的高速列车都采用电力牵引传动系统。结合我国高速列车发展情况，本章主要介绍电力牵引传动系统（简称牵引传动系统）。

按接触网和牵引电机所采用电源制式进行分类，牵引传动系统主要分为：直-直流牵引传动、交-直流牵引传动、直-交流牵引传动、交-直-交流牵引传动四类。

① 直-直流牵引传动是指由直流接触网供电，机车车辆采用直流牵引电机。直流电经直流变换器（若有）向直（脉）流牵引电机供电。

② 交-直流牵引传动是指由交流接触网供电，机车车辆采用直流牵引电机。交流电经整流器整流为直流电，向直（脉）流牵引电机供电。

③ 直-交流牵引传动是指由直流接触网供电，机车车辆采用交流牵引电机。直流电经电力电子器件构成的逆变器将直流电转换为变压、变频的三相交流电，向交流牵引电机供电。

④ 交-直-交流牵引传动是指由交流接触网供电，机车车辆采用交流牵引电机。交流电经整流器整流为直流电（中间直流环节），再经逆变器将直流电转换为变压、变频的三相交流电，向交流牵引电机供电。交-直-交流牵引传动系统（简称交流传动系统）根据采用的电机类型（异步电机或永磁同步电机），又分为交流异步牵引传动系统及永磁同步牵引传动系统。

图 9-1 为交流传动系统典型拓扑结构。系统由一个或数个基本动力配置单元组成，每个基本动力配置单元由一定数量的牵引变压器、牵引电机、牵引变流器及其控制装置组成。牵引传动系统主要以牵引电机为控制对象，对电机的转矩和速度进行调节，实现列车不同运行条件下调节牵引/电制动力和速度的功能。

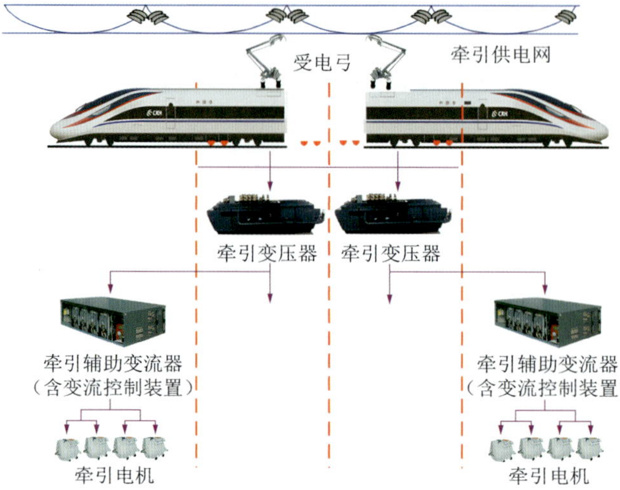

图 9-1　交流传动系统典型拓扑构成图

注：牵引变流器和辅助变流器可以集成为一个装置，也可分别设计为独立的装置。

　　牵引传动系统一直是铁路机车车辆技术创新的核心环节，从早期的直流传动到交流异步传动系统，再到目前高效的永磁同步交流传动系统。其发展不仅致力于提升牵引和电制动性能，还旨在增强运用可靠性、提高能源利用效率、减少环境影响、降低运营成本，满足市场对铁路运输的多样化需求。

　　1879 年的德国柏林工业博览会，德国人展示了世界上第一台由直流牵引电机驱动的电力机车，标志着电气化铁路时代的开启。我国自 20 世纪 50 年代末成功研制国内第一台干线电力机车 6Y1 起，直至 20 世纪 90 年代，生产和使用的以韶山系列为代表的电力机车均采用交-直流牵引传动系统。

　　20 世纪 70 年代，随着电力技术、电子技术和快速晶闸管器件的快速发展，德国、法国等国家掀起交流传动（采用交流电机驱动的传动形式）技术研究的热潮。交流传动技术以应用于德国 BR120 型电力机车和法国 TGV 高速列车为代表，逐渐在全世界得到广泛推广使用。20 世纪 90 年代以后，发达国家新生产的高速列车、重载机车及客货通用机车基本均采用交流传动技术。

　　我国在 20 世纪 70 年代中期开始轨道交通交流传动技术的研究工作。1982 年完成了包括采用移相触发控制的两重四象限变流器、带有二次谐振回路的中间直流电压环节、PWM 牵引逆变器和三相交流异步电机的 100kW 功率等级的交流传动系统的研制。1991 年完成了 1000kW 功率等级的交流传动地面试验系统，并在此基础上于 1996 年研制出 AC4000 型交流传动电力机车，实现了我国交流传动机车零的突破，奠定了我国发展交流传动牵引系统的技术基础。通过长期持续的技术攻关和引进消化吸收，先后开发出先锋号、中华之星、和谐号、复兴号等动车组异步牵引传动系统。

　　在交流异步牵引传动系统发展的同时，20 世纪 80 年代，稀土钕铁硼等永磁材料的特性得到发掘，由于其具有高剩磁密度、高矫顽力和高磁能积等优异的磁性能，使得永磁同步电机得到快速发展。与异步牵引电机相比，永磁牵引电机的磁场由永磁体提供，永磁同步牵引传动系统具有损耗低、效率高、噪声低等显著优势。进入 20 世纪末期，以法国阿尔斯通、德国西门子、日本东芝等公司为代表的轨道交通装备制造企业竞相开展永磁同步牵引传动系统的研究。我国幅员辽阔，拥有品类齐全、技术先进的轨道交通网，永磁同步牵引传动系统的高效节能优势与国家节能环保以及发展绿色交通的目标相吻合，使得加快该项技术的应用研究具有重大而深远的意义。我国积极开展轨道交通永磁牵引传动系统研究与应用，先后成功开发永磁牵引地铁列车和世界首列时速 350km 永磁高速列车，目前正在研发基于永磁同步牵引传动系统的时速 400km 高速列车。

二　关键部件及其核心技术

牵引传动系统关键部件及其核心技术支撑牵引系统高性能、高效率、高可靠工作。

1. 系统技术与共性技术

系统技术与共性技术在牵引传动系统中起着至关重要的作用。系统技术是牵引传动系统整体解决方案的设计、系统集成和匹配优化，强调各个组成部分之间的协同作用，以实现系统层面的性能提升和功能完善；共性技术是牵引传动系统各部件通用的技术，是系统技术的基础，旨在提升设备装置的性能品质。

（1）系统技术

系统技术主要包含三个方面：一是牵引传动系统与列车的匹配，实现牵引传动系统与列车供电、功率、速度等的匹配，以及与电气、机械接口匹配；二是牵引传动系统内部各部件的匹配，实现牵引传动系统质量、尺寸、电气性能等指标综合最优；三是模拟实际运用边界条件，验证牵引传动系统综合性能。

（2）共性技术

共性技术包括热管理技术、电磁兼容性（EMC）技术、轻量化技术、绝缘技术、可靠性技术、工业设计技术等。这些技术不仅能显著提升系统的功能性"硬指标"，还能增强系统在可靠性、安全性以及外观设计等品质类"软指标"上的竞争力。

2. 牵引变压器

牵引变压器运用电磁感应原理，将接触网提供的单相 25kV 50Hz 高压交流电转换为适合牵引变流器使用的电压，实现电压等级的调整。同时要求牵引变压器具有一定的短路阻抗，为牵引变流器提供必需的输入电感，抑制谐波电流和限制短路电流。

牵引变压器的核心构件是铁芯和绕组。铁芯构成了变压器的磁路，同时又是套装绕组的骨架，铁芯由铁芯柱和铁轭两部分构成，铁芯柱上套绕组，铁轭将铁芯柱连接起来形成闭合磁路，为了减少磁滞和涡流损耗，通常铁芯由硅钢片叠成。绕组是变压器的电路部分，由不同匝数的线圈组成，通过改变高低压绕组的匝数比来实现电压变换。

牵引变压器按照铁芯和绕组装配结构形式主要分为心式变压器和壳式变压器。心式变压器结构如图 9-2 所示。铁芯柱截面为圆形立放，高低压绕组截面亦为圆形（实为环形）同心地套在铁芯柱上，绕组包围铁芯，器身（铁芯连同绕组）为垂直布置。

壳式变压器一般是指铁芯位于线圈外部并将变压器线圈包围起来，铁芯和线圈的轴向处于水平位置的一类变压器，壳式变压器结构如图 9-3 所示。它具有两个分支铁芯柱和一个中心铁芯柱，一个中心铁芯柱的宽度为两个分支铁芯柱宽度之和。把全部绕组套装在中间铁芯柱上，两个分支铁芯柱围绕在绕组的外侧，好像"外壳"，故称这种结构的变压器为壳式变压器。

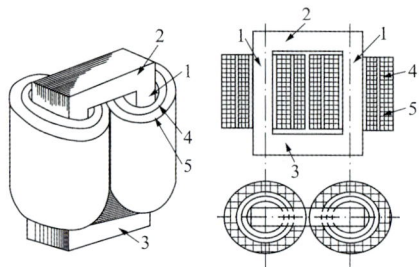

(a) 外形图　　(b) 剖面图

图 9-2　心式变压器结构

1-铁芯柱；2-上铁轭；3-下铁轭；4-低压绕组；5-高压绕组

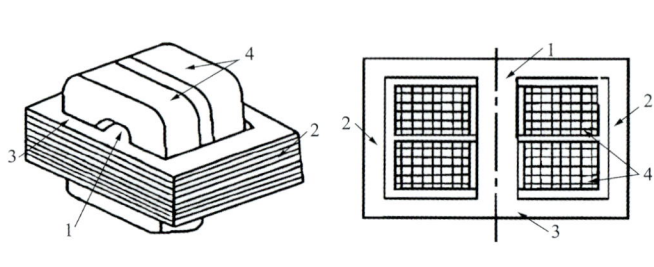

(a) 外形图　　(b) 剖面图

图 9-3　壳式变压器结构

1-中心铁芯柱；2-分支铁芯柱；3-铁轭；4-绕组

壳式变压器的绕组大多采用交叠式结构。由于铁芯截面为长方形卧放，绕组截面亦为长方形套在铁芯柱上卧放，两边有旁轭，铁芯包围绕组水平布置。高压绕组和低压绕组的线饼是垂直布置、交错排列的。

心式变压器易实现多绕组、大容量、高阻抗，有利于实现扁平化、车底安装，但质量较重，振动和噪声较大，采用弹性悬挂方式安装可有效隔离振动。壳式变压器结构紧凑、本体的振动和噪声相对较小，质量较轻，但由于车底高度尺寸限制，不适合大容量、多牵引绕组设计，不利于实现车底安装。因此高速列车大多采用心式变压器。

牵引变压器属于特种变压器，主要关键技术除电磁设计技术、结构设计技术、冷却设计技术、绝缘系统设计技术外，还包括轻量化小型化设计技术和减振降噪设计技术等。

3. 牵引变流器

牵引变流器将牵引变压器输出的交流电通过变频变压控制，转换为符合牵引电机运行要求的交流电。牵引变流器主电路的典型架构包含四象限变流器、中间直流环节、牵引逆变器三部分。

（1）四象限变流器

四象限变流器是列车牵引传动系统的网侧变流器，牵引时将单相交流电转变成直流电，再生制动时将直流电转变成单相交流电。因其可运行于电压、电流的四个象限，因此称为四象限变流器。

目前国内动车组四象限变流器常见主电路有两电平和三电平两种类型，两电平和三电平主电路分别如图 9-4（a）、（b）所示。

(a) 两电平

(b) 三电平

图 9-4　四象限变流器主电路

（2）中间直流环节

在交-直-交变流器中，中间直流回路具有滤波和储能功能，是连接四象限变流器和牵引逆变器之间的重要桥梁，如图 9-5 红框部分所示。

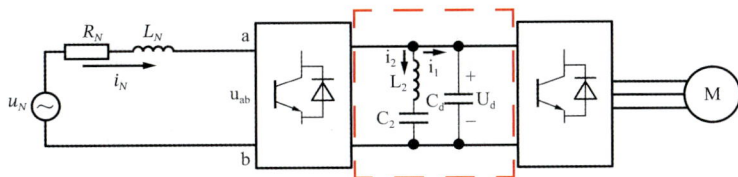

图 9-5　中间直流回路

四象限变流器输出除直流外，还有二次谐波电压分量，该二次谐波电压分量叠加在直流回路支撑电容 C_d 上后，会对逆变器侧的输出造成不良影响。LC 谐振滤波回路（图 9-5 中的 L_2 和 C_2）可以滤除四象限变流器输出的二次谐波，使直流回路电压更加平稳。随着控制技术的发展，因 LC 谐振滤波回路较重，为实现变流器轻量化，可取消 LC 谐振滤波，通过适当增大支撑电容和优化控制算法，可以抑制中间电压波动及其影响。

（3）牵引逆变器

牵引逆变器以中间直流电压为输入，输出电压和频率可调的三相交流电，控制牵引电机转速和转矩。再生制动时以牵引电机输出的三相交流电为输入，向中间直流回路输出直流电压。牵引逆变器常见主电路有两电平和三电平两种类型，其电路如图 9-6(a)、(b)所示。

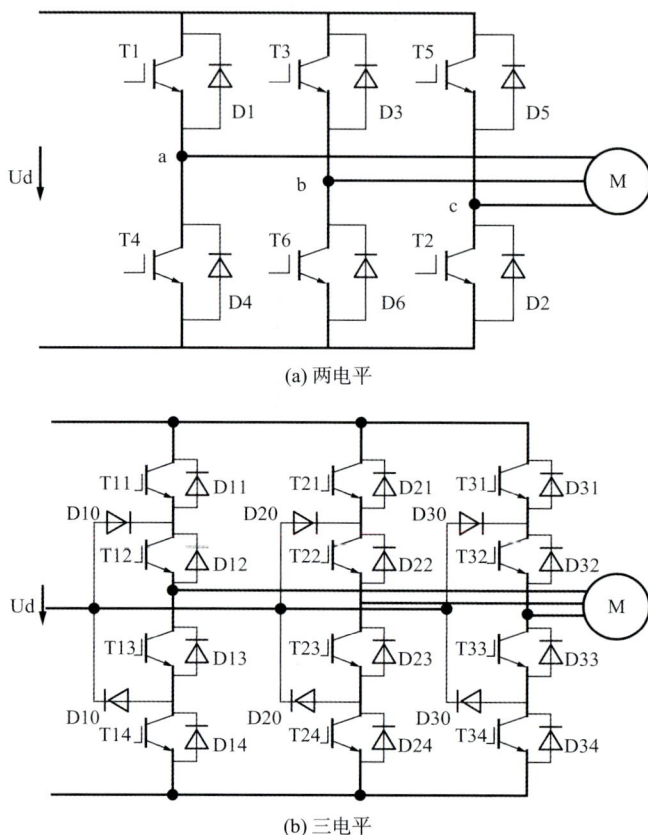

(a) 两电平

(b) 三电平

图 9-6　牵引逆变器主电路

牵引变流器涵盖了多项关键技术，主要有电力电子器件的应用技术、牵引变流器的控制技术、轻量化技术以及冷却散热技术等。这些关键技术共同提升了牵引变流器的性能与可靠性，为轨道交通的安全、高效运行提供了坚实的技术支撑。

4. 辅助变流器

辅助变流器从牵引变压器供电绕组或牵引变流器中间直流环节取电，经过电压变换后输出三相交流电源，供列车散热风机、空调、压缩机等辅助负载使用。

当辅助变流器从变压器供电绕组取电时，经过整流器（目前多采用四象限变流器）、中间直流环节、逆变器、隔离变压器后输出电源。辅助变流器的四象限变流器、中间直流环节、逆变器在电路拓扑、工作原理上与牵引变流器类似，逆变器输出端采用隔离变压器用于电气隔离和滤波。当辅助变流器从牵引变流器中间直流回路取电时，相较于从供电绕组取电方式减少了整流器环节。

根据隔离变压器工作频率不同，辅助变流器电路目前主要有工频变流电路拓扑和高频变流电路拓扑两种形式。前者的辅助变流器具有控制简单、成本低、可靠性高的优点，但体积质量大；相比之下，后者的辅助变流器电路环节多、控制复杂、成本高，但体积质量小。

如图 9-7（a）、（b）所示，工频变流电路拓扑主要包括两电平逆变电路拓扑和三电平逆变电路拓扑，两种电路的结构相似，均为逆变器、隔离变压器、LC 滤波的电路拓扑。

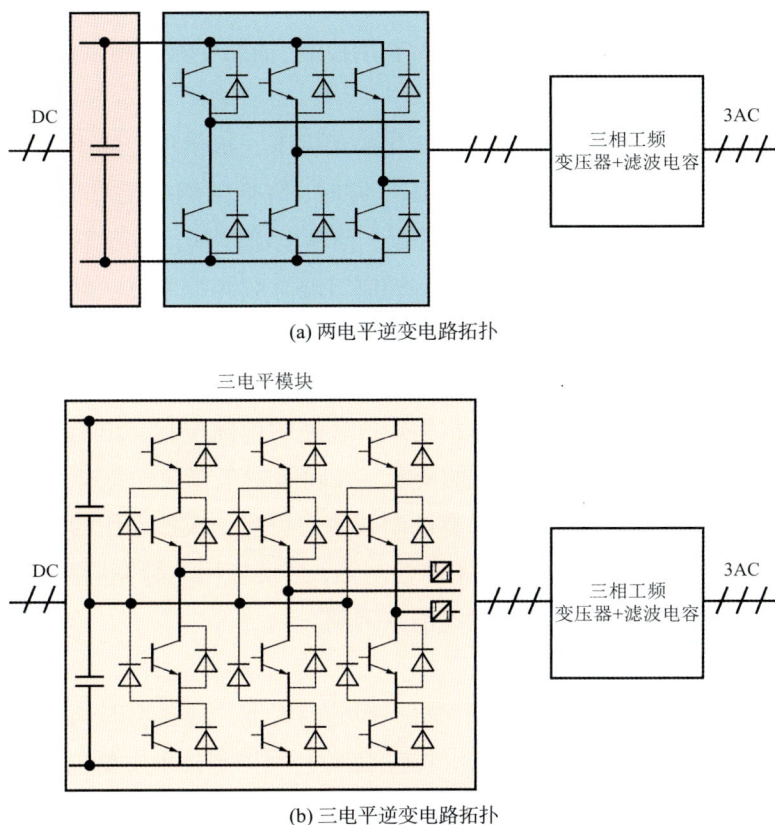

(a) 两电平逆变电路拓扑

(b) 三电平逆变电路拓扑

图 9-7　工频变流电路拓扑

图 9-8 为典型的高频变流电路拓扑，前级电路采用斩波电路作为直流稳压环节，中间环节采用高频 LLC 谐振隔离电路，后级电路则与工频变流电路类似。

图 9-8　高频变流电路拓扑

辅助变流器涉及多项关键技术，除与牵引变流器相同的功率器件技术、热管理技术、可靠性技术外，还有高频磁性器件应用等技术，实现辅助变流器小型化、轻量化、低噪声、高效率。这些关键技术共同提升了辅助变流器的工作性能，为轨道交通的高效节能运行提供了坚实的技术支撑。

5. 传动控制

传动控制主要涵盖两类技术：一是利用电力电子开关器件进行的脉宽调制技术，二是依托先进控制理论的系统功能控制技术。根据变流系统的主要构成和功能需求，传动控制可进一步细分为网侧控制、电机侧控制、黏着利用控制、辅助变流控制以及故障诊断与保护。

（1）网侧控制

网侧控制的主要目标是在负载和网压变化的条件下，提供稳定的中间直流电压，确保网侧功率因数接近1（再生制动工况接近 -1），同时，降低网侧电流畸变率。四象限变流器的控制策略主要包括幅相控制、瞬态电流控制、预测电流控制、d-q旋转坐标系电流解耦控制、滞环电流控制、直接功率控制等。这些控制策略除幅相控制方法外，其他的控制策略均基于双闭环控制原理，其中外环负责直流侧电压控制，内环负责电流控制或功率控制。

（2）电机侧控制

电机侧控制的主要目标是通过对电机力矩或转速的精确控制，实时调节列车的牵引力/电制动力和速度，以满足不同运行工况的要求，并确保列车安全、高效、舒适、平稳运行。电机侧控制主要包括电机控制策略及脉宽调制技术。目前，成熟应用的电机控制策略主要有矢量控制、直接转矩控制、磁链轨迹跟踪控制等；广泛应用的脉宽调制技术为同步调制，包括电流谐波最小优化调制和特定次谐波消除调制。

（3）黏着利用控制

黏着利用控制主要是在防止轮对或钢轨损伤的前提下，通过实时利用轮轨间最大可用黏着力，达到黏着利用效率最大化目标。目前，黏着利用控制技术主要包括再黏着利用控制和优化黏着利用控制两个方向。再黏着利用控制包括传统组合校正法、基于模糊轨面识别的组合校正法、采样阈值动态调整的组合校正法等；优化黏着利用控制包括基于状态观测器的模型控制法、基于蠕滑速度的滑模变结构法、基于轨面辨识的自适应黏着最优控制等。目前，再黏着利用控制中的组合校正法及其改进方法是应用较为广泛的黏着利用控制技术。

（4）辅助变流控制

辅助变流控制的主要目标是为车载辅助设备提供稳定、优质和高效的电源。在提升供电质量方面，可采用低次谐波主动抑制控制提升供电电压质量；在确保供电稳定性和可靠性方面，可采用d-q旋转坐标变换与精确的比例积分（PI）控制器相结合，实现电能变换的精确和快速响应，并通过并联供电技术实现多个变流器之间的高效协作；在提升系统效率方面，可采用谐振软开关控制技术，以降低高频化带来的开关损耗，提高电能转换效率。

（5）故障诊断与保护

故障诊断与保护的主要功能是通过实时监测电机、变流器等关键部件的电流、电压、温度等关键信号，采用先进信号处理技术对这些数据进行深入分析，从而识别故障模式并实现保护。相关技术包括在线故障精准识别、故障诊断与状态评估技术以及关键部件寿命预测技术等，可实现牵引传动系统的快速精准保护及状态监测，增强系统可靠性，降低事故风险，保障高速列车的运行安全并提高检修维护的经济性。

6. 牵引电机

牵引电机是安装在转向架或车体上进行机电能量转换的装置，在牵引模式下将电能转换成机械能，在制动模式下则将机械能转换成电能。牵引电机外形及其在转向架中的布置分别如图9-9、图9-10所示。

图9-9　牵引电机外形

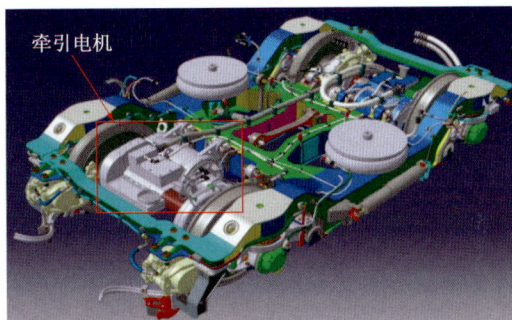

图9-10　牵引电机在转向架中的布置

交流传动机车车辆用牵引电机类型分为异步牵引电机和永磁同步牵引电机两种。下面将分别简述异步牵引电机及永磁同步牵引电机的结构和工作原理。

（1）异步牵引电机

① 异步牵引电机结构。

如图9-11所示，异步牵引电机主要由定子、转子、传动端端盖、非传动端端盖、传动端轴承、非传动端轴承、速度传感器等部件组成。

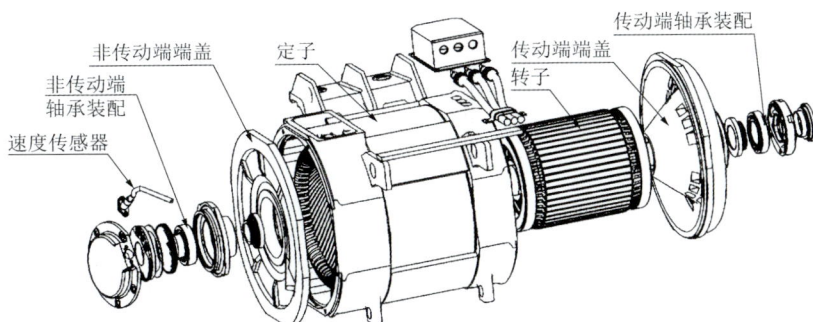

图9-11　异步牵引电机结构

如图9-12所示，异步牵引电机的定子由定子铁芯、定子绕组、接线盒和主电缆等部件组成。

异步牵引电机的转子采用鼠笼式结构。图9-13为异步牵引电机转子，其由转子铁芯、导条、转轴、端环和护环等部件组成。

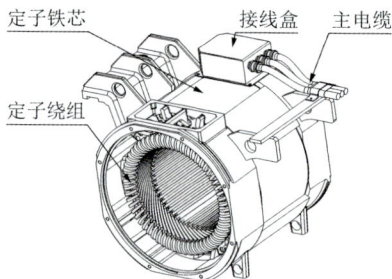

图 9-12　异步牵引电机定子

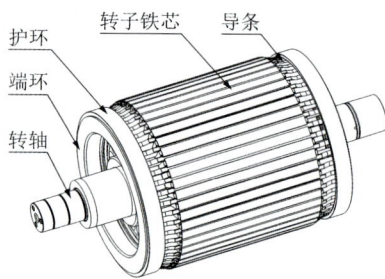

图 9-13　异步牵引电机转子

　　异步牵引电机的轴承布置采用双支点结构，一端为可以轴向移动的圆柱滚子轴承，另一端为用于转子轴向定位的深沟球轴承，两端轴承均采用脂润滑、迷宫式密封结构，轴承采用绝缘轴承，图 9-14 为具体的轴承装配图。

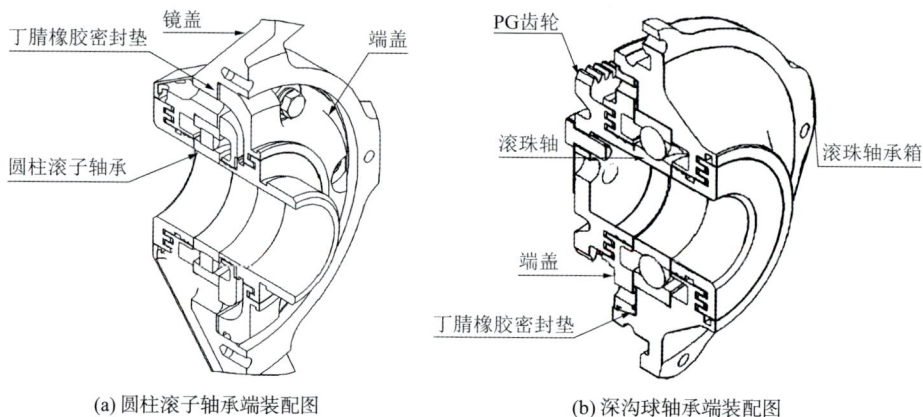

(a) 圆柱滚子轴承端装配图

(b) 深沟球轴承端装配图

图 9-14　异步牵引电机轴承装配图

　　在非传动端装有速度传感器，可为控制系统提供速度信号，便于牵引控制和制动控制。一般在定子铁芯、传动端轴承、非传动端轴承处分别装有温度传感器，用于实时检测温度，实现牵引电机超温保护。

　　异步牵引电机冷却系统大多采用强迫通风方式，安装在车辆上的风机为牵引电机提供通风，冷却空气通过进风口进入电机内部，将牵引电机运行时产生的热量带出，以冷却牵引电机。

　　② 异步牵引电机工作原理。

　　当三相对称正弦波电源施加在三相对称的定子绕组时，在气隙中会产生圆形旋转磁场，处于该旋转磁场的鼠笼转子导条会产生感应电动势，感应电动势将在转子导条与端环所形成的闭合回路内产生转子电流，该电流产生的磁场与定子电流所产生旋转磁场相互作用形成电磁转矩。

　　（2）永磁同步牵引电机

　　① 永磁同步牵引电机结构。

永磁同步牵引电机总体结构与异步牵引电机类似，不同之处在于：一是转子；二是异步牵引电机采用速度传感器测量转速，而永磁同步牵引电机采用位置传感器（通常采用旋转变压器）检测转子位置；三是异步牵引电机一般采用开启式结构，而永磁同步牵引电机采用全封闭结构。

永磁同步牵引电机典型结构图如图 9-15 所示，其主要由定子、转子、传动端端盖、非传动端端盖、传动端轴承、非传动端轴承、位置传感器等部件组成。

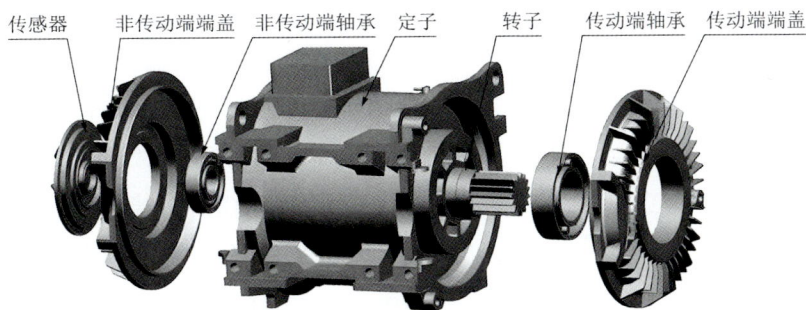

图 9-15　永磁同步牵引电机结构

与异步牵引电机转子不同，永磁同步牵引电机转子布置能永久产生磁场的永磁体。永磁体常用布置形式如图 9-16 所示，主要有表贴式和内置式两种。

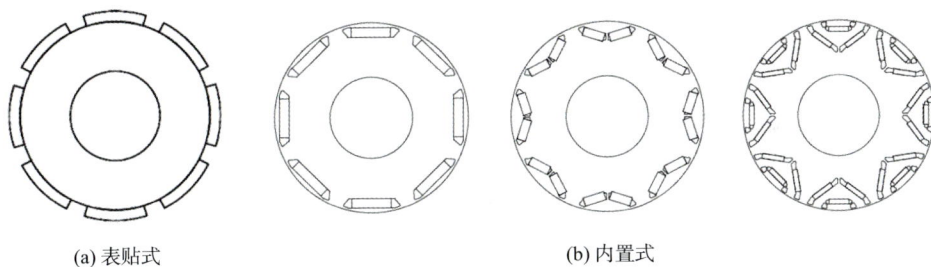

(a) 表贴式　　　　　　　　　　　　　　(b) 内置式

图 9-16　转子永磁体布置形式

永磁同步牵引电机的冷却一般可采用自然冷却、风冷却和水冷却等方式。

② 永磁牵引电机工作原理。

三相对称电源施加在三相对称的定子绕组时，在气隙中会产生圆形旋转磁场，与永磁体产生的磁场相互作用，从而产生电动机的力矩。

牵引电机设计关键技术主要包括高效、高功率密度磁路拓扑设计、电机参数精确计算、电机高效散热结构设计、高可靠性绝缘系统设计、电机低噪声设计等。

第二节　牵引传动关键技术

牵引传动技术是我国机车车辆发展的技术难题之一。高速列车与电力机车的电气系统构成相同，技术同根同源，自 20 世纪 50 年代末我国第一台干线电力机车问世以来，伴随着电力电子和功率器件技术的发展，相关单位对牵引传动技术进行了长期的探索和创新，实现了从直流牵引技术到交流异步牵引技术，再到交流永磁牵引技术的迭代升级，推动了我国铁路从普速到高速的快速发展。

一　基于直流电机的牵引传动技术

直流牵引技术的主要特征是单相工频交流供电，经整流、调压、滤波后向直（脉）流牵引电机供电，实现功率传输。由于需要整流电路，相关车辆被称为整流器式电力机车；当用晶闸管相控调压装置时，被称为相控电力机车。以韶山系列机车为代表，其牵引传动系统主电路拓扑如图 9-17 所示。

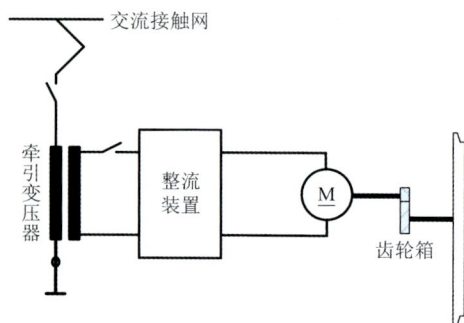

图 9-17　直流电机牵引传动系统主电路拓扑

1. 中国第一台硅整流器电力机车

1958 年 12 月 28 日，以苏联 H60 型电力机车为样板，依据我国相关铁路规范研制的新中国第一台电力机车——6Y1 型 0001 号干线电力机车，由此诞生。6Y1 型电力机车牵引传动系统由变压器、调压开关、引燃管、平波电抗器和牵引电机等组成，主电路拓扑如图 9-18 所示。机车的整流装置由引燃管组成，其相当于直流供电系统中地面整流变电站的整流部分，实现了电力机车直流供电向由 25kV 交流供电的飞跃发展。

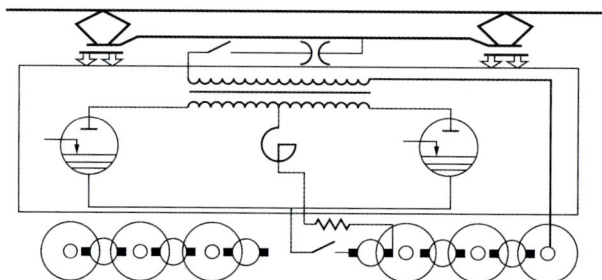

图 9-18　6Y1 型电力机车牵引传动系统主电路拓扑

受当时制造工艺的限制，6Y1 型电力机车前期在宝成铁路试运行时出现引燃管逆弧、调压开关烧损和牵引电机环火三项质量问题。为此，研究团队研制出大功率硅半导体整流器、新型 QKT1-2D 型调压开关、1500V 四极带补偿绕组的 ZQ650-1 型牵引电机，成功解决了上述问题，这也标志着我国初步掌握了交-直电力牵引传动技术。1968 年，经铁道部决定，将 6Y1 型电力机车正式命名为韶山 1 型电力机车。

2. 直流传动机车

随着电力电子技术的发展，我国电力机车从第 1 代韶山 1 型、韶山 2 型电力机车的低压侧调压开关调幅式的有级调压调速技术，发展到第 2 代的韶山 3 型电力机车调压开关分级与级间晶闸管相控平滑调压相结合的调压调速技术，再到第 3 代的韶山 4～9 型电力机车的多段桥晶闸管相控无级平滑调压调速技术，国产电力机车的性能和质量取得较大提升，基本能够满足我国铁路运输的需要。以韶山 4 改进型机车为例，通过借鉴从国外购置的 8K、6K 型电力机车先进技术，其技术、质量和可靠性较原型韶山 4 型有较大提高，牵引传动系统主要创新成果有两段相控整流桥电路、特性控制的机车调速方式等。

（1）从分接调压到相控调压

采用独立的两段半控桥整流调压电路向电机供电，电路拓扑如图 9-19 所示。

牵引绕组 a1-x1、a2-x2 分别与主整流器 1U（1）、1U（2）的交流输入端相连接。两段半控桥的电压叠加后供给牵引电机使用。

（2）从调压调速到弱磁调速

在高速满电压满磁场速度范围内，采用弱磁控制来实现调速。

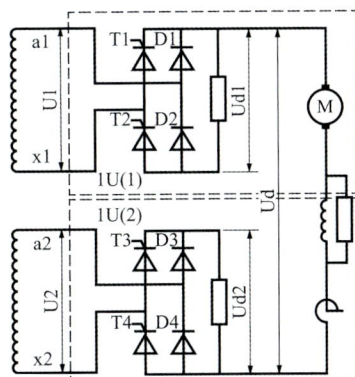

图 9-19　两段半控桥整流调压电路拓扑

牵引工况时，在满电压满磁场的自然特性曲线范围内采用类似半梯形、分级的特性控制，满电压后再进行有级磁场削弱。

制动控制系统根据司机手柄的级位和机车的运行速度，自动地调节励磁电流，使制动电流沿着给定级位的速度-电流曲线变化。

二　基于异步电机的交流传动技术

大功率电力电子器件和控制技术的发展，为现代交流传动技术的发展提供了必要条件。20 世纪 70 年代，我国开始进行半导体变流技术和交流传动系统的研究。

1. 基于晶闸管/可关断晶闸管的异步牵引技术

我国自 1989 年开发出 300kW 交流传动系统以来，基于晶闸管/可关断晶闸管技术的异步牵引技术已经取得了初步突破。到 1992 年，单机功率已经提升至 1000kW 级别，并成功研制了地面试验系统。

根据上述研究取得的成果和经验，1996 年成功研制了单轴功率 1000kW（基于快速晶闸管功率器件）的 AC4000 型交流传动原型电力机车，这是我国牵引传动由交-直传动转变为交流传动的重要里程碑。2002 年，基于可关断晶闸管（GTO）异步牵引技术的中华之星电力动车组研制成功更是实现了中国高铁交流传动技术零的突破。

（1）可关断晶闸管（GTO）应用技术

GTO 器件具有高电压、大电流、电压电流变化率高的特点，它要求变流器在运行过程中严格限制 GTO 的动态电压参数、通态电流幅值及电流变化率，以免引起电压和电流的冲击造成 GTO 元件损坏。GTO 应用技术包含吸收电路技术、门控单元及电源设计技术、GTO

组件设计技术等。

①吸收电路技术。在吸收电路技术攻关过程中，研发团队对各种吸收电路进行了理论分析及大量的实验对比，最终选取了Δ型吸收电路。在研究初期，吸收二极管常发生失效，造成GTO元件击穿损坏，研发团队从电磁兼容、器件机理等方面深入分析，通过反复修改吸收回路参数和结构，最终解决了问题。

②门控单元及电源设计技术。GTO器件可靠的开通、关断是大功率变流的基础条件。GTO是电流型全控器件，由门控单元控制其导通和关断，由于GTO门极控制的关断增益较低，要关断GTO导通3000A的工作电流，其门极需要在瞬间（微秒级）注入800A左右的关断电流，否则GTO芯片会因电流不能完全截止关断引起局部区域过流而损坏；同样地，GTO在开通时也需要在瞬间注入约80A的开通电流，否则也会因仅部分区域导通而导致元件损坏。变流器内的强电磁干扰极易导致GTO误触发，而且对开通、关断的门极脉冲电流di/dt和关断后的门极反向偏置电压也有严格的要求。当时国外GTO器件已有专门的门控单元及其电源配套供应，但为了掌握关键技术，研发团队组织力量进行攻关，提出了门控及其电源的系统解决方案，采用高频DC-AC变换方式，减小了整个门控及其电源的功耗及体积，采用全金属壳体屏蔽结构，有效地解决了电磁干扰问题。同时，还设计了完善的监视保护功能，如输入过压、欠压、过流和电源故障保护等，极大地提高了可靠性。

③GTO组件设计技术。为了保证GTO吸收回路杂散电感最小化，最大程度降低GTO关断过电压，研究团队反复对各种结构相模块及电气连接方式进行GTO开通、关断波形测试比较，最终研发出技术指标先进、性能可靠的GTO模块组件，该模块组件包含相构件模块和RLD模块两部分，如图9-20所示。经测试，在中间直流电压2800V时关断3000A电流，GTO关断过电压只有3850V，远小于GTO过电压限值（4500V），性能指标达到当时的国际水平。

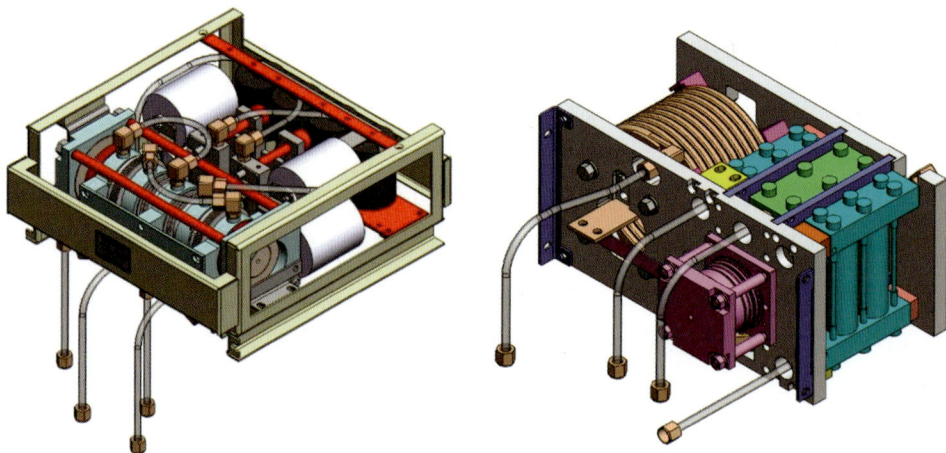

图9-20　GTO相构件模块和RLD模块

（2）冷却技术

冷却技术是GTO变流器能输出大功率的关键。依靠长期的研究和试验，研发团队提出了高纯水冷却方案。为保证整个变流器的冷却系统满足要求，同时为器件选型提供数据，准确计算出GTO及其吸收电路器件损耗也非常关键。在仿真条件有限的情况下，研发团队经过理论计算和试验测试，逐一攻克了这些难关，为冷却部件和系统的研发奠定了坚实基础。

（3）牵引控制技术

① 电机直接转矩控制。

在大功率交流传动系统中，由于功率器件的开关频率较低，为了减小转矩脉动，加快转矩动态响应，采用直接转矩控制是性能优越且简单可行的方案。该方案在恒磁通运行区域较高频率段采用定子磁链矢量正六边形轨迹定向的方式，控制框图如图9-21所示。

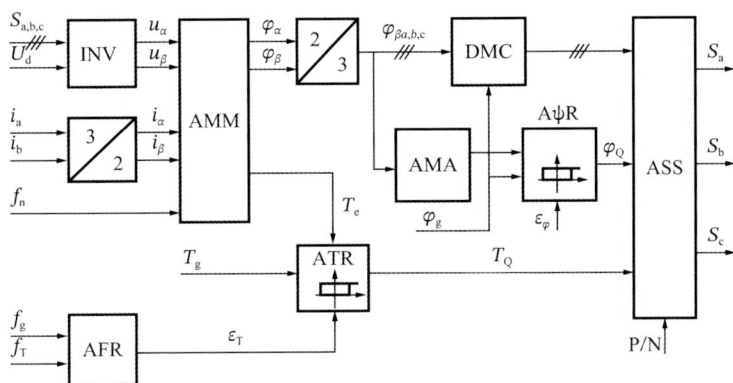

图 9-21　恒磁通运行区域较高频率段的直接转矩控制框图

该方式中逆变器模型（INV）根据开关状态$S_{a,b,c}$和直流母线电压U_d状态计算电动机端电压矢量u_α，u_β，参考频率f_n和电流采样值i_α，i_β输入异步电动机数值计算模型（AMM）计算并输出被控量（定子磁链φ_α，φ_β和电磁转矩T_e），磁链自控制单元（DMC）控制定子磁链矢量$\varphi_{\beta a,b,c}$按照正六边形轨迹φ_g定向并确定定子磁链矢量当前的位置，磁链幅值计算单元（AMA）和磁链调节器（AψR）结合磁链系数ε_ϕ加速定子磁链矢量幅值φ_Q的调节，转矩双位调节器（ATR）结合负载转矩T_g使电磁转矩在给定值T_e附近形成 Bang-Bang 控制，开关频率调节器（AFR）动态调节转矩调节器的容差带ε_T，充分利用开关频率，根据当前输入的信息f_g和f_T、正/反转控制（P/N）、变流器最小开关时间的要求以及开关转换次数最少的原则，选择单元（ASS）优化输出逆变器的控制信号，对定子磁链和转矩实行直接控制。

为了拓展调速范围，必然要改变定子磁链的控制方式。当电动机运行频率增大到一定值后，若仍然保持恒磁通控制，则任何电压矢量都不能产生正的转矩增量。因此，若要提高电磁转矩运行或提高电动机运行频率，必须减小定子磁链幅值，即电动机弱磁运行。磁场削弱范围内的直接转矩控制框图如图 9-22 所示。（参数同图 9-21）

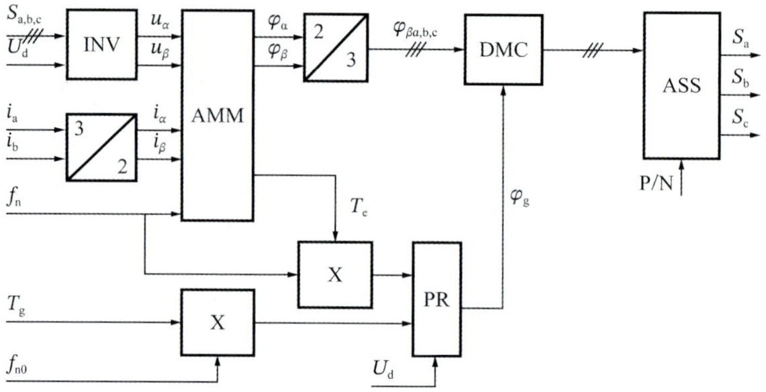

图 9-22　磁场削弱时直接转矩控制框图

在磁场削弱范围中，根据磁链自控制方式依次选择六个有效电压矢量，使定子磁链仍按六边形轨迹运动。通过功率调节器（PR）实现恒功率控制，并输出定子磁链幅值的给定值。

当电机运行在起动以及较低频率时，受变流器开关器件最小导通时间的限制，如果只通过转矩的 Bang-Bang 控制来变换有效电压矢量和零电压矢量，不可能实现期望的较小平均输出电压；并且由于定子电阻的影响，在低速时定子磁链矢量的运行轨迹产生较为严重的畸变。因此，在较低频率的运行区段，宜采用圆形磁链定向的方式，实现转矩的间接控制，其控制框图如图 9-23 所示。

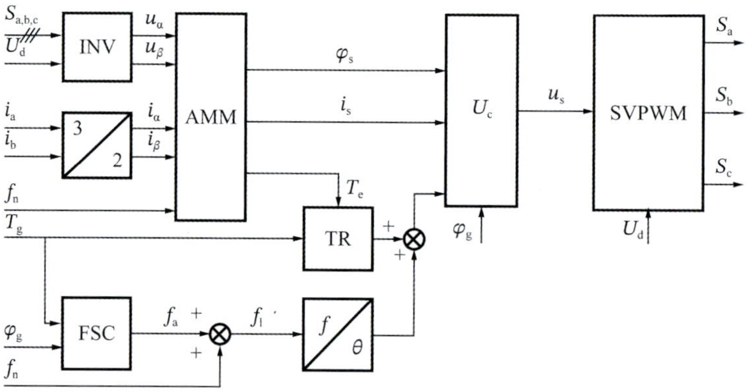

图 9-23　低频运行区段的间接转矩控制框图

在圆形磁链轨迹定向下，通过转差频率计算单元（FSC）、转矩 PI 调节器（TR）以及电机转速（f_n）确定定子磁链的变化角度。电压计算单元（U_c）确保定子磁链沿圆形轨迹运动，同时输出电机端电压给定值，以保证电机输出转矩与力矩给定值一致。借助空间矢量脉宽调制（SVPWM）单元，形成逆变器控制信号。

② 基于瞬态电流的四象限变流器控制。

1972 年，德国学者首次提出了四象限变流器的拓扑，其后很快发展为全世界轨道交通牵引变流器的标准电路。这种拓扑运用四象限变流器控制技术，将交流电变换为直流电，为逆变器提供稳定的直流电源。其性能非常优越，具有能量双向流动、功率因数高、谐波电流小等优点。为了追赶国际先进水平，1996 年研究团队决定研发采用基于数字信号处理器（DSP）的瞬态电流控制算法。

采用的瞬态电流控制框图如图 9-24 所示。其基本控制思想是：中间环节电压的闭环调节输出给定量 I_{N1}^*，为了改善 PI 调节器的动态响应，利用中间环节的电流 I_d 来计算给定电流的有效分量 I_{N2}^*，并和 I_{N1}^* 相加共同作为交流电流的给定值 I_N^*。通过矢量算法得到调制电压 U_S，进而由 PWM 发生器生成控制脉冲。

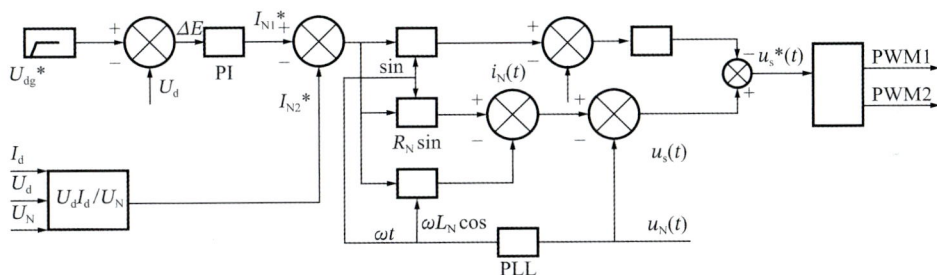

图 9-24　瞬态电流控制方案原理框图

③ 黏着利用控制。

列车高速运行下，前方轨道情况千变万化，轨面状态的随机性很强，一滴油、一滴水，甚至一片落叶，都会影响轮轨的摩擦系数。黏着利用控制是根据轮轨之间的黏着状态，动态形成牵引电机的转矩指令，保证车轮在任何情况下都不发生恶劣的空转或滑行，且能发挥最大黏着力。

基于轮轨黏着特性曲线共性规律的研究，研发团队设计了通过间接调节蠕滑速度搜索最大黏着系数的自适应控制方法。

通过对黏着特性的深入研究和分析，黏着利用控制系统提出了不需要获得机车蠕滑速度的新型黏着工作点判定方法，该方法将包含未知轮轨黏着的传动系统视作"Black Box"：调节电机输出力矩激励该未知系统，采集该未知系统的响应，实现对未知轮轨黏着特性的实时在线辨识进而完成对黏着工作点的判定，并且在判定黏着工作点的同时对黏着工作点实施调节，其原理框图如图 9-25 所示。该方法能够实时判定当前轮轨黏着，主动调节黏着工作点以实现最大黏着利用，由此完全实现了自适应黏着利用控制。

④ 机车级控制。

机车级控制包括电平转换、解锁逻辑、特性控制及防空转控制。采用简统化、系列化的机车级控制装置，系统结构如图 9-26 所示。其软件功能包括机车特性控制、防空转控制和逻辑控制。

图 9-25　黏着利用控制原理框图

图 9-26　机车级控制装置系统结构

r-司机手柄给定力矩；u-电机实际输出力矩；y-车轮输出转速

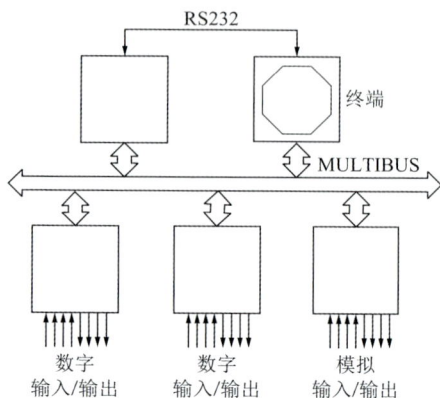

（4）电气传动牵引系统集成设计技术

为满足列车运用要求，在没有任何高速列车运用和试验数据的情况下，研发团队查阅了大量资料，进行了研究分析与基础试验，对牵引传动系统及其部件提出了具体性能要求，包括网侧变流器、逆变器、牵引电机、牵引变压器等。

（5）牵引交流传动试验系统

牵引交流传动试验系统是交流传动系统研发和验证的重要装备，在现代交流传动技术的发展历程中，发挥了极其重要的作用。试验系统由模拟供电网、主变流器、滚动负载试验台、异步牵引电机试验台和微机控制装置五个部分组成，其电气框图如图 9-27 所示。我国利用该系统先后完成了广深 200km/h 动车组、奥星电力机车、中原之星动车组、中华之星高速动车组、和谐号动车组、复兴号动车组等交流传动系统的试验。

2. 基于绝缘栅双极晶体管的异步牵引技术

功率器件在列车牵引系统中扮演着关键角色，其性能直接影响列车的运行效率和安全可靠性。1977 年，德国教授沃尔克（A. Volke）提出绝缘栅双极晶体管（IGBT）的概念，1985 年，日本东芝公司首次实现了 IGBT 的商业化生产。相较于可关断晶闸管（GTO），IGBT 具有诸多优点，如器件为电压控制型元件，驱动电压低，驱动装置得到简化；可承受较高的 di/dt 和 du/dt，无须吸收电路和限流电抗器，降低了变流器的复杂程度；开关损耗小、开关频率高；可直接并联使用，无须采用附加措施即可保证并联器件之间负载电流的均匀分配，满足大功率应用要求。目前，随着器件的成熟，IGBT 已成为轨道交通领域的主流。

我国 IGBT 异步牵引技术，通过技术的不断迭代创新，总体经历了早期技术创新与实践，引进、消化吸收、再创新，打造中国标准高速动车组技术平台三个阶段。

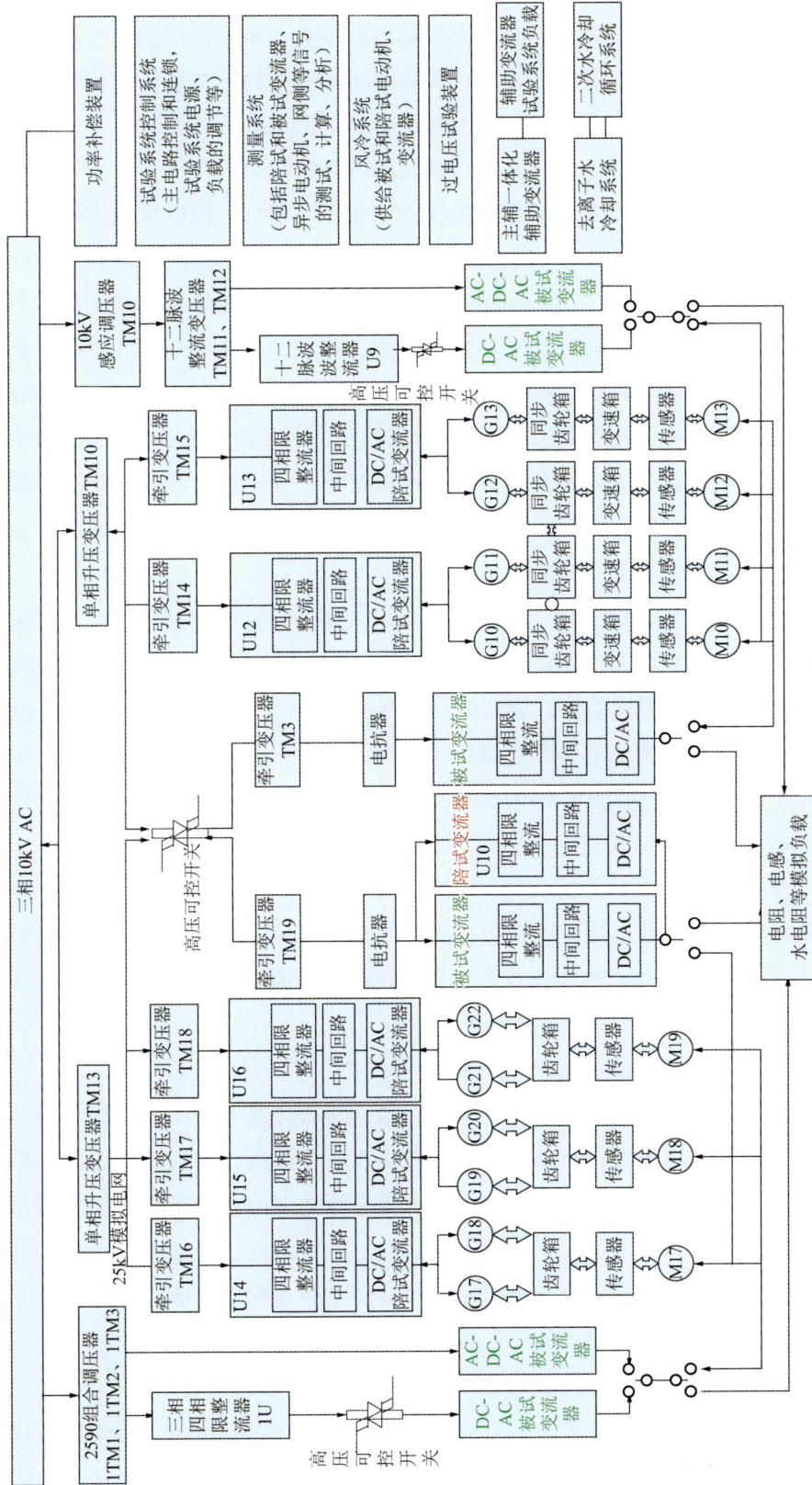

图 9-27　牵引交流传动试验系统电气框图

（1）早期技术创新与实践

20世纪90年代初期,世界上只有日本和欧洲的少数几家厂商研制出大功率高压IGBT,我国研究团队采用国外进口器件开始研究大功率IGBT在轨道交通的应用技术,通过多年持续技术攻关,掌握了大功率IGBT器件应用技术及变流系统集成技术。

为满足市场需要,解决地铁交流传动系统国产化的问题,我国开展了兆瓦级IGBT牵引变流器技术研究,变流器采用了3300V/1200A IGBT器件,控制采用了电机直接转矩控制技术。1998年,国内首台完全自主研发的1300kVA IGBT TGN6型牵引逆变器研制成功,并在DWA1型地铁工程维护车装车运用。随后在2001—2006年期间相关技术产品也分别在北京、上海、广州等城市轨道列车上装车运营,各项性能表现与国外产品媲美,表明了国产化地铁IGBT交流传动牵引系统技术上日臻完善,具备完全替代进口牵引系统的能力。2007年,株洲所在与众多国际化公司竞标沈阳地铁2号线牵引系统项目中拔得头筹,这也是国产化地铁交流传动牵引系统获得的首个批量订单,并后续在我国北京、上海、广州、深圳、重庆、天津、长沙、昆明,以及土耳其伊兹密尔（Izmir）等众多城市批量应用,至2016年初累计交付数量已达3000套。

2001年,由株机厂、四方厂、株洲所和郑州铁路局几家单位联合,成功研制了国内首列完全自主知识产权的交流传动动力分散型动车组——中原之星动车组。该动车组采用"交-直-交"IGBT交流传动系统,最高运营速度为160km/h,在郑州—武昌段投入运营。2002年,根据实际运输需求,动车组进行了扩编改造,由4动2拖编组升级为8动6拖编组,牵引功率由3200kW增加至6400kW。2002年10月投入运营后表现一直稳定可靠,运营总里程突破160万km。

中原之星动车组应用了基于3300V/1200A IGBT的TGA1型牵引变流器、自通风异步交流牵引电机、高阻抗轻量化卧式牵引变压器等牵引系统关键部件。牵引变流器突破了大功率IGBT驱动技术及保护技术、复合母排（Busbar）低感电气连接技术、热设计技术、EMC设计技术等。

① 大功率IGBT驱动技术及保护技术。

IGBT是电压驱动型器件,容性输入阻抗,要求驱动电路提供一条小阻抗通路,使栅极电压限制在一定安全数值内。驱动电路与栅极连线要尽量短,源极对地的阻抗要尽量小。驱动器是控制器与功率器件之间的接口,要求可靠驱动IGBT并具备相应保护功能。

在IGBT驱动技术攻关过程中,研发团队通过大量试验,选取最优参数,同时将死区保护、最小脉宽限制、脉冲分配和逻辑保护等功能电路及驱动电源移植到模块上,缩短了信号传输路径,使变流器IGBT模块的集成度更高,功能更为完善。

② 复合母排（Busbar）电气连接技术。

在轨道交通大功率应用场景下,IGBT模块需要并联应用和低电感设计。应用于TGA1型牵引变流器的IBBM90A IGBT功率模块采用了复合母排（Busbar）电气连接技术,以满足 IGBT 模块低电感设计和并联均流应用要求。中原之星动车组 IBBM90A 功率模块如图 9-28 所示。

图 9-28 用于中原之星的 IBBM90A 功率模块

Busbar 的基本构造是多层结构的连接母线，使流过母线上的正负电流方向相反，抵消线路上的差模杂散电感。Busbar 的应用解决了由元件在开关过程中产生的尖峰电压抑制问题，优化了结构，使 IBBM90A 模块更为简洁可靠。研发团队研制的 Busbar 在工艺上已实现批量化生产并应用于各种功率等级的车载变流器中，同时申请获得了相关专利。

③ 热设计技术。

散热是保证牵引变流器可靠运行的关键，因此热设计技术尤为重要。在 TGA1 型牵引变流器热设计过程中，研发团队通过查阅大量资料，建立 IGBT 损耗计算模型，对所需散热能力进行预估；以此建立散热器的热阻模型，对 IGBT 结温、模块台面温度进行校核；最终形成冷却系统详细设计方案。IBBM90A 变流器功率模块设计了薄片镶嵌式铝散热器，该散热器能够兼顾散热、质量、体积等多方面性能要求，在满足散热性能的前提下，实现模块的轻量化目标，从而提高变流器的功率密度。

研发团队同步对 IGBT 水冷散热技术开展研究，攻克了散热器内部细微的流道表面处理技术难关，研制了水冷散热器批产制造工艺，所研发的水冷技术也逐渐发展成熟，水冷目前已成为牵引变流器散热设计的主流技术。

④ 电磁兼容性 EMC 技术。

TGA1 型牵引变流器使用 IGBT 作为主开关元件，其开关频率较高，且变流器的容量较大，会产生较大的 du/dt、di/dt。这种开关运行状态会对其他部件或设备产生影响。为了克服可能出现的电磁干扰问题，研发团队在设计变流器的过程中，从结构、布线工艺和选型上采取了一系列的措施。

结构设计上，柜体除必要的输入/输出线开口及检修通道外，其他部件采用密封焊接结构；布线工艺上，强电线缆与信号线均做成紧密线束，且两者完全分离，正交布设；屏蔽线缆在选型上选用多股屏蔽线，提高其抗干扰性能。

通过多年技术积累，国产牵引变流器的 3300V IGBT 应用和电机直接力矩控制等核心技术实现了突破，产品总体技术水平达到国际先进水平，而这些关键技术不仅可以应用于地铁列车和城际列车，也可应用于高速列车。但与国外主要轨道交通装备公司相比，当时我国在高速列车工程应用经验、大批量生产质量管控体系、供应链管理能力等方面还存在较大的提升空间。

我国通过早期 IGBT 交流牵引传动技术的探索研究和工程应用，特别是在"系列国产化地铁"批量生产以及中原之星动车组的成功商业运用，掌握了基于 IGBT 的变流器设计、四象限变流器控制、电机控制及系统工程化应用技术，构建了国产化供应链，积累了经验和数据，持续培养了大批专业化人才，为推动后续引进、消化吸收、再创新，奠定了坚实的技术、人才和产业基础。

（2）引进与自主平台齐头并进

① 基于引进平台的消化吸收、再创新。

为满足经济社会对高速铁路客运的需求，同时也是我国铁路机车车辆装备现代化的迫切需要，2004 年，铁道部启动了时速 200km 及以上动车组技术引进与国产化项目，从国外庞巴迪、川崎重工、西门子和阿尔斯通几家公司分别引进了 4 种原型动车组，经过引进、消化吸收、再创新，搭建了 CRH1、CRH2、CRH3、CRH5 和谐号系列高速动车组产品平台，基本满足了国内旅客运输需求。但这四个动车组平台牵引系统及部件技术差异较大，产品标准、主电路拓扑结构、变流功率器件 IGBT 等级均不相同。其中应用最多的 CRH2 型及 CRH3 型高速列车牵引变流器分别对应株洲所引进的三菱电机产品平台和铁科院引进的西门子产品平台。

a. CRH2 型高速列车牵引变流器。

CRH2 型动车组牵引变流器的牵引动力单元功能原理如图 9-29 所示。

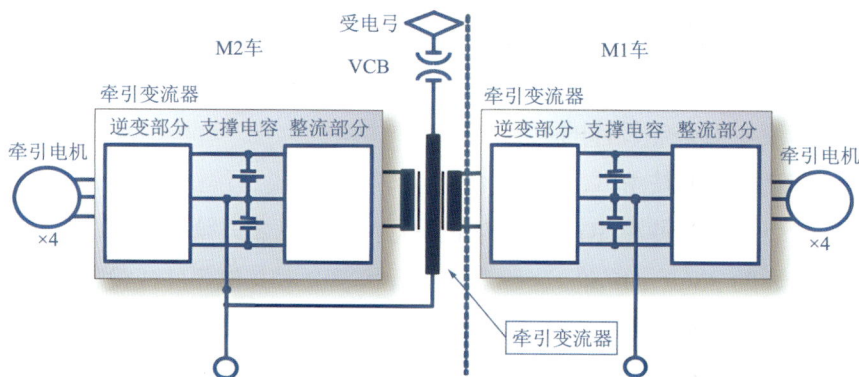

图 9-29　CRH2 型动车组牵引变流器牵引动力单元的功能原理图

CRH2 型动车组牵引变流器特点为：采用三电平交-直-交主电路，在同样的开关频率下，可大幅优化电网侧及电机侧谐波；无二次谐振回路设计提升了功率密度，无拍频控制技术有效降低了中间电压波动对电机脉动转矩及网侧谐波的影响；功率器件采用 3300V/1200A IPM，四象限变流器及逆变器均采用相模块形式，四象限变流器在电路上由两个 3300V/1200A IPM 并联；单轴电机功率小（300kW）；中间直流电压 3000V；牵引变压器具有独立的辅助绕组且牵引辅助变流器均独立成柜。

基于 CRH2 平台，整车及牵引系统消化吸收、再创新的过程大致分为以下几个阶段。

CRH2A，2004—2007 年完成。基于引进的时速 200km 动车组，进行了"联合设计"，针对中国线路应用特点进行适应性设计应用。

CRH2B/2E，2007—2008 年完成。主要变化是将 CRH2A 的原 8 辆车编组扩编成 16 辆车编组。

CRH2C-I，2006—2008 年完成。为京津线开发的时速 300km 动车组，主要变化是动力配置——从 4 动 4 拖调整为 6 动 2 拖，牵引系统总功率提升到 7200kW。

CRH2C-II，2008—2010 年完成。用于时速 350km 的武广线、郑西线，牵引电机功率提升至 365kW。

此后，在此基础上为京沪高铁自主开发了时速 350km 的高速动车组 CRH380A（L）。CRH380AL 对牵引系统容量进行了提升，采用了 14 动 2 拖编组，牵引变流器采用全新设计，应用了当时最新的 3300V/1500A 功率器件。2010 年 12 月 3 日，该车型在京沪高铁枣庄至蚌埠段试验运行的最高时速达到 486.1km。

b. CRH3 型高速列车牵引变流器。

CRH3 型动车组牵引变流器主要特点为：基于 6500V IGBT 功率器件的二电平交-直-交主电路；单轴电机功率大（562kW）；中间直流电压 3600V；设置二次谐振回路；牵引变压器无辅助供电绕组；牵引、辅助变流器共用中间直流电压但独立成柜。

基于 CRH3 平台，整车及牵引系统消化吸收、再创新过程经历了 CRH3C 到 CRH380B（L），牵引电机功率从 562kW 提升至 587kW。引进的牵引系统平台在国内环境适应性方面进一步改进完善，在国内企业有较好的技术基础和工程经验的条件下，开展了相应的创新提升工作。

c. CRH2G 高寒动车组牵引系统功率提升优化。

兰新高铁是我国高速铁路网西北线路的重要组成部分，具有高海拔、高寒、高温、长坡道等特点，据统计，兰新客运专线 15‰以上坡道的海拔高度大部分在 2000m 以上；其中，20‰坡道、海拔在 3000m 以上的线路里程长达 45km，基于引进技术的 CRH2G 动车组在运用过程中出现"水土不服"的现象，20‰坡道运行和达速能力不满足运用需求。

为满足车辆更高运行速度和更高可靠性要求，我国自主创新开展牵引系统功率提升研究，在提升功率的同时，通过优化电机 VF 输出特性和改善电机电流谐波性能，保证了牵引电机可靠、高效运行。

考虑铜/铁损耗平衡的电机 VF 优化技术。实现牵引电机恒功功率提升，首先需要考虑平衡电机的定子铜耗和定子铁耗，以避免出现牵引电机温升过高，影响牵引电机的可靠运行。通过对逆变器输出的电机电压特性进行优化控制，将对应牵引电机的最高电压由 2410V 降低到 2300V，并将既有两段电压曲线"VVVF + 恒压"优化为"VVVF + VVVF + 恒压"，使高速恒功区间定子铜耗和铁耗更加平衡，确保动车组在160～200km/h 持续运行时的目标，满足牵引系统扩容的要求。优化前后牵引电机电压及功率输出曲线如图 9-30 所示。

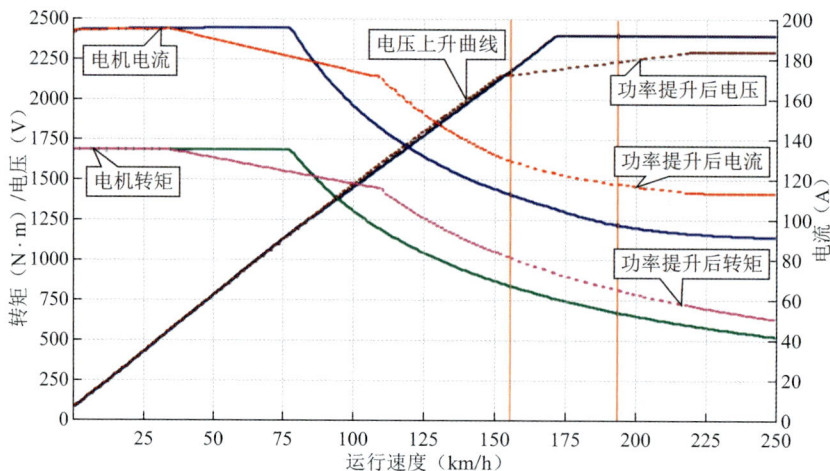

图 9-30　优化前后牵引电机电压及功率输出曲线

电机电流谐波性能优化控制技术。为实现系统功率提升，保障牵引电机可靠运行，需要进一步提高牵引电机的谐波性能，以最大可能减少牵引电机扩容后的温升效应。研发团队通过优化空间矢量调制技术，降低了牵引电机的谐波含量。CRH2G 高寒动车组功率提升前后的电流谐波性能对比情况如图 9-31 所示。

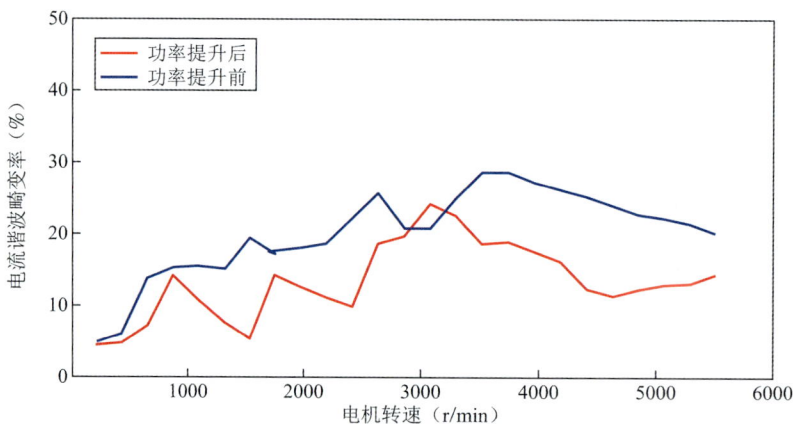

图 9-31　CRH2G 高寒动车组功率提升前后电流谐波性能

通过地面组合试验和正线运营确认，采用牵引优化控制方案后，在 20‰长坡道的线路运行考核试验中，相较于功率提升前，列车平衡速度提高了 19.2%，同时温升降低了 15%。

d. CRH5 型高速动车组技术开发及应用。

在引进 CRH5 型动车组基础上，针对原型车在运营过程中出现的不适应国内复杂运营条件和运用环境问题，通过调整齿轮箱传动比（由 2.5 改为 2.22）、更换牵引电机轴承以及优化控制软件等措施，动车组持续运营速度由 200km/h 提升至 250km/h。

e. 小结。

通过引进、消化吸收、再创新，国内团队在高速列车牵引系统集成设计、生产、试验、质量控制及人才队伍建设等方面都经历了磨炼提升。

牵引系统集成设计方面，对牵引系统与列车牵引/制动等性能的影响关系、牵引系统与供电/信号/气候等环境适应性、牵引主要设备之间匹配性以及系统电磁兼容性等方面都有了更深的认识，解决了引进平台在国内运营的适应性问题，并且快速结合国内实际需求实现再创新，研制出 CRH2G、CRH5G、CRH380AL、CRH380BG 等适用于国内特殊应用环境的动车组。

试验方面，我国搭建了完备的系统集成及试验验证平台，涵盖整车、牵引系统及关键部件的全系列集成及试验能力，特别是建设了全功率背靠背牵引传动试验系统，为测试牵引系统的性能提供了地面 1∶1 的 4 轴牵引试验设施设备，实现对新系统、新产品、新技术快速充分地试验验证。

工艺管理方面，学习借鉴引进产品的生产经验，结合国内生产体系建设，强化预作业工艺及各工艺过程控制，不断健全基础工艺平台，完善工艺文件体系，各工艺方向应用过程潜在失效模式及影响分析（PFMEA）和测试潜在失效模式及影响分析（TFMEA），持续提升工程化能力和工艺管控能力。

质量管理方面，基于 ISO 9000、IRIS、EN 15085 等体系要求，部署系统、过程和产品三个层面的质量管控措施，应用质量功能展开（QFD）、六西格玛（Six Sigma）等工具，为牵引系统关键部件的大批量生产及产品一致性提供了坚实保障。

人才队伍建设方面，锻炼了一支多专业多层级人才队伍，形成了产、学、研、用等协同创新团队，各企业内部培养了设计、生产、试验、工艺、质量、售后等各方面人才，为后续技术的持续创新发展提供了丰富的人才储备。

② 自主超越，产品技术日臻成熟。

自 20 世纪 70 年代开展交流牵引传动系统研究以来，我国坚持"两条腿走路"，即坚持引进吸收与自主创新并行，两者相互促进。

在此期间，我国除了在城市轨道交通扩大自主交流牵引传动系统的应用规模，逐渐替代进口系统成为市场主流，还研制了 CRH380AM、CRH6F、HXD1C 以及出口阿根廷动车组、南非大功率电力机车、土耳其地铁等牵引系统，这些产品平台均具有完全自主知识产权。下面以 CRH380AM 牵引系统为例说明其特点。CRH380AM 高速列车牵引单元系统原理如图 9-32 所示，其牵引变流器主要参数见表 9-1。

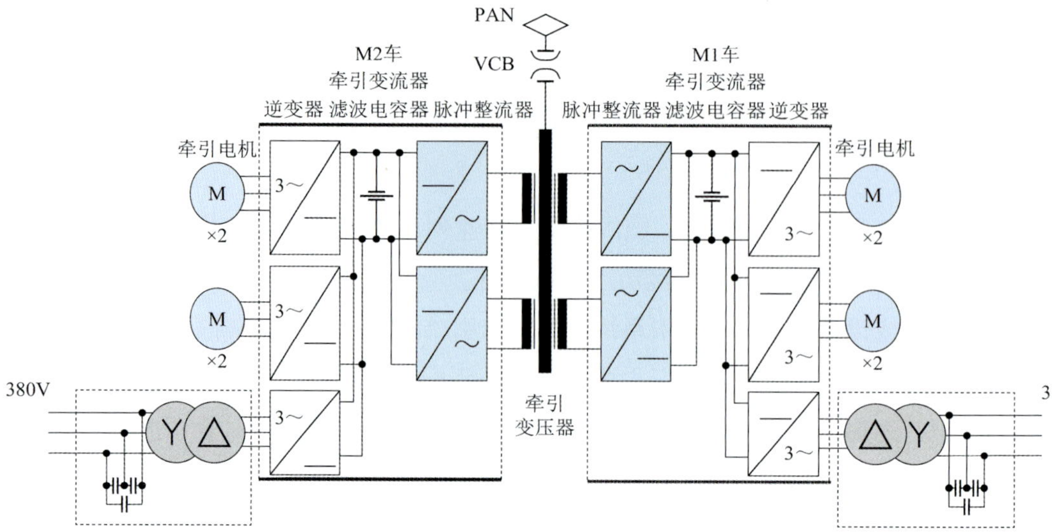

图 9-32　CRH380AM 高速列车牵引单元系统原理图

CRH380AM 高速列车牵引变流器主要技术参数　　　　　表 9-1

项点	技术参数	项点	技术参数
额定输入电压（V）	2×2121	额定输出电流（A）	890
额定输入电流（A）	2×698	额定功率（kW）	600
中间直流电压（V）	3500	质量（kg）	2450
输出电压（V）	三相 0～2730		

2009 年，由四方股份开始牵头开展 CRH380AM 试验列车研制。2011 年，株洲所、株洲电机等单位完成 CRH380AM 牵引系统关键部件研制并装车，该车最高试验时速达到 385km，后续作为检测列车运用。CRH380AM 牵引变流器完全不同于 CRH2 引进平台的设计架构，方案采用 6500V/600A 两电平交-直-交主电路拓扑结构、DC3500V 中间直流回路电压、设置二次谐振回路、牵引辅助变流器集成一体设计（水冷）、电机功率为 600kW、采用架控方案，这些设计理念和技术的提出与应用，为我国设计生产具有完全自主知识产权的中国标准动车组（复兴号）打下了坚实的基础。

在机车牵引变流及传动控制领域，从 2008 年开始，株机厂牵头开展 HXD1C 型机车的设计开发工作，2009 年批量交付运营，截至 2024 年已累计生产 2000 余台。其主要特点为：机车轴式为 Co-Co、单轴控制技术、每轴装有一台额定功率 1200kW 的交流牵引电机、整车功率 7200kW。由株洲所完全自主研制的牵引变流器采用三重两电平四象限变流器、两电平逆变器等主电路设备，功率半导体器件采用 3300V/1200A IGBT，每重四象限变流器及逆变器均为独立的变流器模块，四象限变流器模块采用双管 IGBT 并联。

国内牵引系统科研团队一直坚持"两条腿走路"的方针，历经长期技术沉淀、工程实践，积累了大量高速列车工程经验，突破了高速列车牵引系统关键技术。CRH380AM 高速列车牵引系统的成功研制和实践应用，更加坚定了科研人员研发新一代高速列车交流传动系统平台的信心。

（3）打造中国标准动车组技术平台

2012 年，中国铁路总公司启动"中国标准动车组研制项目"，目标是研发具有完全自主知识产权、达到国际先进水平的动车组列车。复兴号动车组在大功率牵引传动系统轻量化设计、高密度行车与电网能量交互控制等方面进行技术攻关，实现了技术指标的领先，建立了中国标准动车组技术平台。

① 大功率牵引传动系统轻量化设计技术。

复兴号动车组速度高、功率大，在高压绝缘、复杂电磁兼容等条件约束下，牵引系统的主要组成部件（包括牵引变压器、牵引变流器和牵引电机）必须具有体积小、质量轻等特点。复兴号动车组突破了牵引系统设计关键技术，融合电气设计、机械设计、热设计、电磁兼容设计，创新出一种基于多维参数优化的轻量化设计方法和高效智能化综合热管理技术，实现高速动车组大功率高集成轻量化牵引系统的研制，功率密度等指标达到国际领先水平。

a. 牵引变压器。

基于高效节能、绿色环保、小型化、轻量化的设计理念，从变压器特性、电磁参数、绝缘结构、机械结构及接口、通风与冷却等方面开展设计，在牵引变压器减振降噪、本体与冷却系统分离、小型化轻量化等技术实现了突破。

原有高速动车组牵引变压器，一般采用刚性悬挂，变压器直接与车体通过安装座进行螺栓连接，变压器铁芯产生的振动通过结构件和变压器油传递到油箱壁，进而传递到车体上，使得其在垂向振动方向无法满足设计要求。

针对上述技术难题，研发团队深入研究变压器铁芯磁致伸缩原理、变压器内部以及与车体间振动传递函数关系，采用仿真分析与样机验证相结合的方式，将刚性悬挂改为弹性悬挂，降低振源的振动能量，优化振动传递路径及结构模态，发明了一种轨道车辆牵引变压器悬挂装置以及轨道车辆和牵引变压器的弹性悬挂安装结构。通过该方法，复兴号动车组牵引变压器实物地面测试各方向振动平均幅值均小于目标值（0.0075g）。

b. 牵引变流器。

由于复兴号高速列车速度等级更高，牵引变流器、牵引电机等部件需要更高功率，并满足轻量化要求，因此，牵引变流器中间直流电压为 3600V，开关器件采用 6500V IGBT。高压器件的应用对牵引变流器系统的高度集成化设计、轻量化和高功率密度设计带来了严峻的挑战。同时原有高速动车组牵引和辅助系统一般包括牵引变流器、辅助变流器、冷却装置等多个独立设备，分别安装在动车组车下的不同位置，增加了牵引、辅助系统安装、布线难度，车下空间利用率小，系统集成度低。

针对上述技术难题，提出一种牵引及辅助系统集成设计方法，将牵引变流器、辅助变流器、冷却系统集成在一台变流器内。同时运用高压低感电气连接技术和 6500V 高压 IGBT 模块应用技术，解决了系统兼容匹配性、高电压隔离、多重复合散热、电磁兼容性、可维护性等一系列问题。结合小型化、轻量化、减振降噪设计思路，完成了大功率高集成牵引辅助变流器的研制，实现了牵引辅助变流器整车安装空间节省近50%，质量降低20%，功率密度达到0.82kW/kg，噪声降低5dB（A）以上。

c. 牵引电机。

与既有动车组牵引电机相比，复兴号高速列车单位质量功率和效率设计指标要求较高。同时要求噪声低于既有的技术水平，研制难度较大。

针对上述技术难题，研发团队考虑高速动车组车辆安装空间的限制、车辆牵引控制的要求，基于电磁、力学及温度等多物理场的耦合仿真技术及高新材料的选型技术，提出了牵引电机轻量化、低噪声、高效的综合设计方法，突破了牵引电机轻量化、高功率密度的瓶颈，实现功率密度达到0.85kW/kg，额定效率高于95%。牵引电机轻量化设计如图9-33所示。

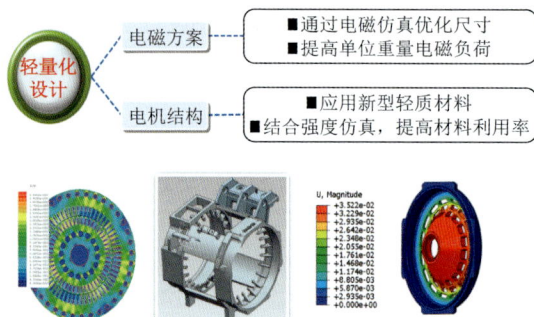

图9-33 牵引电机轻量化设计

② 网侧谐波主动抑制技术。

研发团队突破了适用于高速动车组牵引系统的多重化四象限变流器控制技术难点，自主创新完成了基于车网关系的高效主动谐波抑制技术的研发。

复兴号动车组共8重四象限变流器，重联时共16重四象限变流器，各重四象限变流器之间采用与多重化结构相结合的载波移相PWM调制方式。同时，针对基于车网关系的高效主动谐波抑制技术开展深入研究，通过基于实时状态观测的谐波抑制方法，利用状态观测器对接触网外部特性和牵引系统内部状态进行实时综合分析与判断，并实时分析中低频段网侧谐波，识别特征次谐波的谐振频率，然后结合直流电压、功率因数、前馈控制、特定次消谐等多变量控制环的输出确定指令电压矢量，最后通过基于线路分布参数补偿的高精度快速锁相环和多重化载波移相控制策略，实现对基波电流的有效控制，使得各重电流的谐波能够相互抵消，从而有效地减小多重叠加后的原边电流的谐波含量，电流谐波抑制达到国际先进水平。网侧谐波主动控制技术结构如图9-34所示。

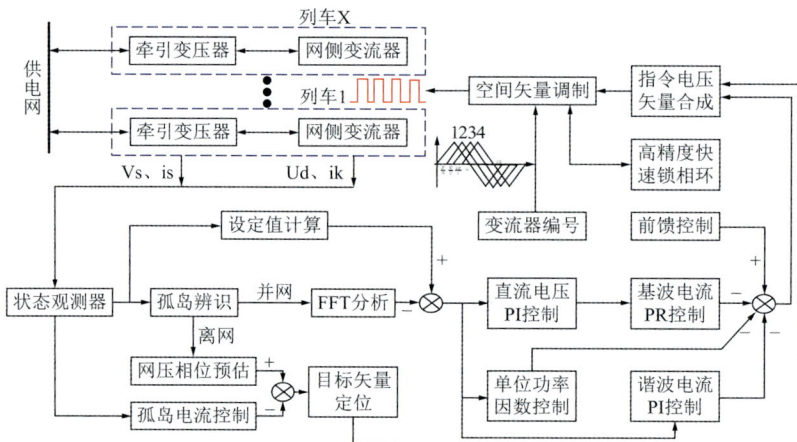

图9-34 网侧谐波主动控制技术

③牵引电机矢量控制策略。

研发团队在复兴号动车组上开展了矢量控制技术的研究和应用。异步电动机的矢量控制就是仿照直流电机解耦控制的思路，将定子电流分解为磁场电流分量和力矩电流分量，并加以控制。实际上是借助坐标等效变换，把异步电动机的物理模型等效地变换成类似于直流电机的物理模型，变换前后在不同坐标系下电动机模型的功率相同且磁动势不变，矢量控制系统原理结构如图9-35所示。

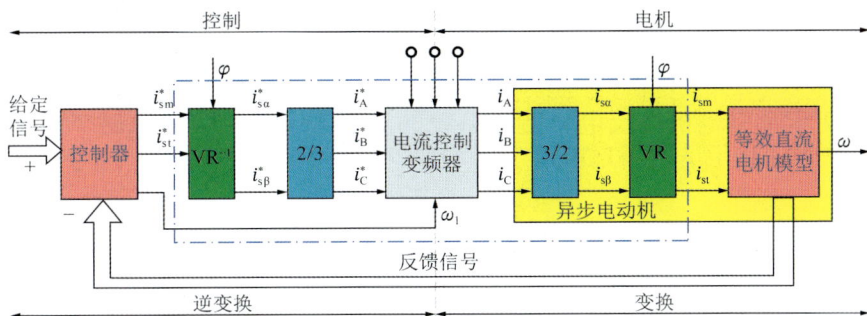

图 9-35　矢量控制系统原理结构图

在高速列车大功率牵引控制领域，考虑功率模块的损耗和散热能力，通常 IGBT 的开关频率小于 500Hz，为充分利用开关频率，一般采取异步-分段同步-方波的多模式调制方式。在同步调制阶段采用定子磁链轨迹优化调制策略，基于电流谐波畸变率（THD）最小为控制目标，求解计算出不同定子磁链轨迹的优化开关角，降低电流谐波损耗，提高电机运行效率。

④ 基于轮轨关系的高速动车组黏着利用最优控制技术。

对于复兴号动车组在广域、全时域运行环境下高加速能力、高速运行的运动稳定性和平稳性问题的要求，必须提高全速域黏着性能，保证动车组轮轨黏着力的充分利用。

通过基于轨面辨识的模糊自适应黏着最优控制技术，采用轮对状态多维感知、轨面特性参数在线辨识、模糊自适应黏着优化控制等手段实现了复杂工况下轮轨黏着力的充分利用。通过动态滚动优化实现牵引力或电制动力快速调节，从而对车轮的空转/滑行趋势进行有效控制，实现了高速运行和恶劣天气等较差轮轨条件下动车组黏着的有效控制。

⑤ 辅助变流器无互联线并网控制。

为提高辅助供电设备的冗余性能，复兴号动车组采用辅助并网控制策略。采用下垂控制方案。其优势是各控制器无需互联线通信，属于完全独立控制，具有很强的冗余性。控制逆变器的输出电压频率可以控制有功功率的大小，控制逆变器的输出电压幅值可以控制无功功率的流动。

三　基于永磁同步电机的交流传动技术

轨道交通永磁牵引系统由永磁同步电机、牵引变流器、控制系统、牵引变压器等组成，其特殊性主要体现在永磁体励磁和同步性。采用永磁体励磁，相比于异步电机，其转子上不会产生励磁电流，故而不会产生励磁损耗，因此降低了转子损耗，具备高效率、高功率密度、高功率因数等优点，相比同规格异步牵引电机，额定效率提高 3%～5%，全工况下节能效果更加明显；同步性是指永磁电机不存在转差，转子转速与定子频率严格成正比关系。由于不同轮对对应的永磁同步牵引电机的定子供电频率有可能不一致，所以不同的永磁同步牵引电机不能采用同一个逆变单元供电，即不能采用异步牵引系统中的车控或架控的群控模式，必须采用 1 个逆变单元驱动 1 台永磁同步牵引电机的轴控模式。逆变单元与永磁电机之间设置三相隔离接触器，用以隔离永磁电机的反电势，避免故障时由于永磁同步牵引电机的反电势造成系统的故障进一步扩大。永磁牵引系统拓扑如图 9-36 所示。

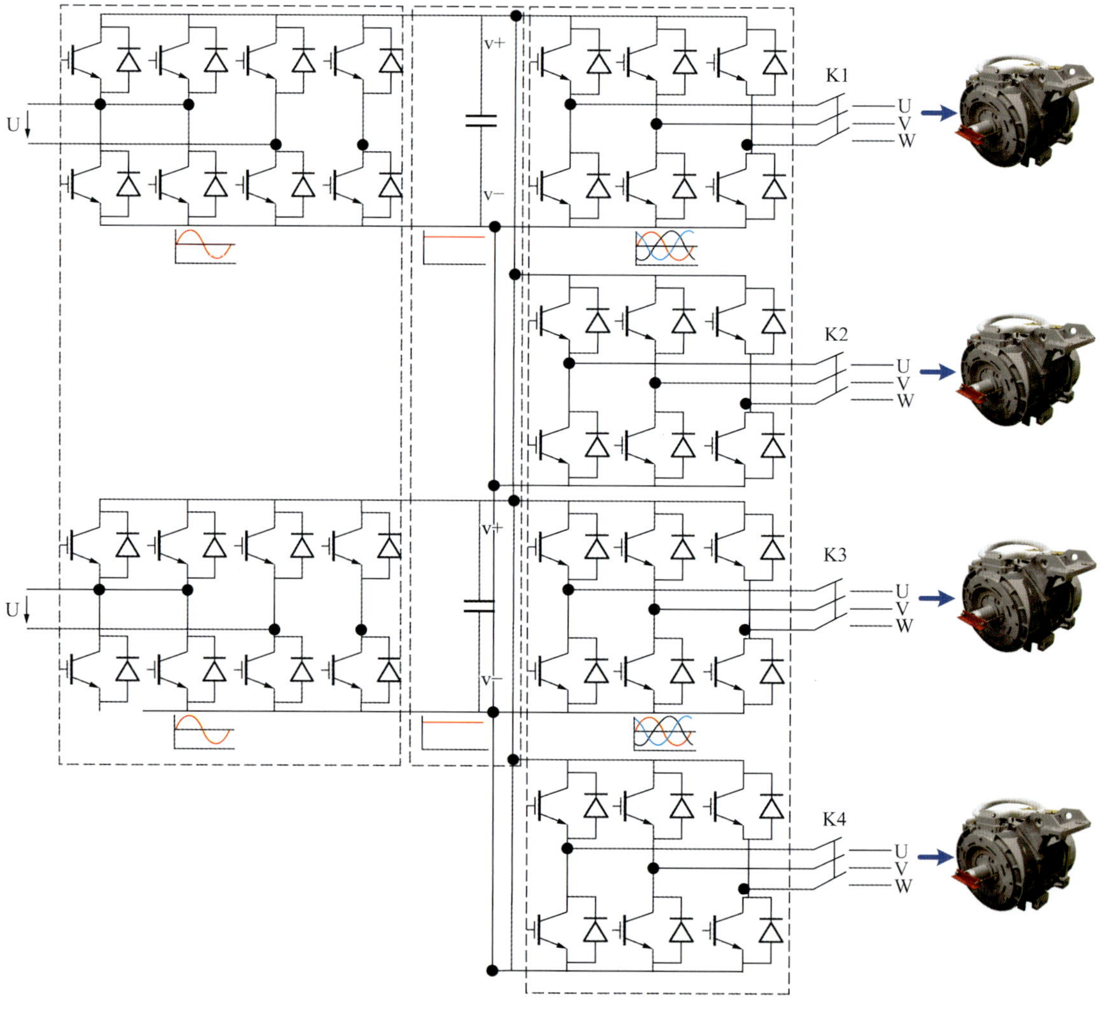

图 9-36 永磁牵引系统拓扑图

高效、低能耗的永磁牵引系统是轨道交通的重要发展方向，自 20 世纪 90 年代起，株洲所组建了轨道车辆永磁同步牵引系统技术开发团队，开始进行永磁牵引系统、电机与控制等关键技术的研究，先后建立了永磁同步牵引系统设计、制造与试验平台；依托国家 863 计划"串联式混合动力车用永磁电机"项目，于 2008 年完成了首款用于电动大巴的永磁电机开发和应用，为永磁同步牵引系统在轨道车辆上的应用夯实了基础。

1. 构建永磁牵引技术基础

2009 年，株洲所开展技术难度更高、工况更为复杂的地铁领域中低速永磁牵引技术研究。作为车载应用的由逆变器供电调速的永磁牵引电机具有很多特殊性，包括运行环境恶劣、振动冲击大、电动机的功率大、功率密度更高、转速更高等。这些特殊性给永磁牵引系统的研究带来诸多挑战，如电磁设计方法、永磁电机控制等。

（1）攻克精细化电磁设计，实现电机高功率密度

以电磁计算和与牵引系统的匹配技术为基础的设计方法是开发永磁牵引电机的关键。轨道交通永磁电机转子拓扑结构复杂，设计参数多，研发团队通过永磁电机电磁参数化设计技术，攻克了高功率密度电磁拓扑设计方法，开发了国内第一台真正意义上的轨道交通永磁电机。

永磁牵引电机电磁转矩计算见式(9-1)，永磁牵引电机的电磁转矩由两部分组成，即永磁转矩和磁阻转矩。在相同电流条件下，永磁体产生的磁链越大、直轴和交轴电感差别越大（即电机凸极比 $\frac{L_q}{L_d}$ 越大），则电磁转矩越大，从而使电机达到所需转矩时消耗的硅钢片体积和质量越小。

$$T_e = 1.5p\left[\varphi_f i_q + (L_d - L_q)i_d i_q\right] \tag{9-1}$$

式中：p——转子极对数；

　　　φ_f——永磁体产生的磁链，Wb；

i_d 和 i_q——直轴和交轴电流，A；

L_d 和 L_q——直轴和交轴电感，H。

永磁牵引电机转子结构包括"一"字形、"V"字形、"V + 一"形和"双V"形等，其永磁体产生的磁链和凸极比逐渐增大，但永磁体用量逐渐升高。结合轨道列车对永磁牵引电机转矩、过载能力、恒功率运行范围等性能指标的要求，充分对比不同转子结构之间的优劣势，通过选择合理的转子结构，有效减小电机硅钢片用量和质量，实现轻量化设计，进而提高电机功率密度。不同的永磁体磁极形状如图 9-37 所示。

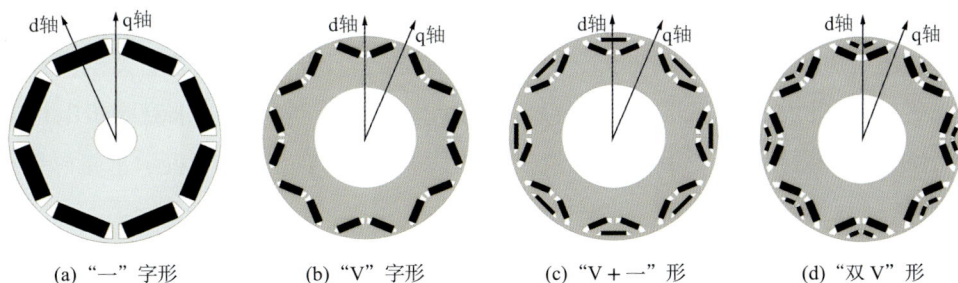

(a) "一"字形	(b) "V"字形	(c) "V + 一"形	(d) "双V"形

图 9-37　不同永磁体磁极形状

异步电机需要通过电流（励磁电流）来建立磁场。由于电流的大小受到限制（如避免过大的功率损耗或发热问题），因此异步电机在工作过程中通常避免过大的励磁电流，以防止出现磁饱和的现象。永磁电机的励磁磁场是由永磁体产生的，因此不需要外部的励磁电流。为追求高性能（如高转矩或高功率密度），永磁电机设计时通常允许工作在较高的磁饱和度下，电机d轴与q轴绕组磁链存在较强耦合作用，为精确计算电机性能带来了挑战，d-q轴磁链计算的准确性是计算d-q轴电感的关键，为此研发团队提出了一种考虑电机d-q轴交叉耦合作用的d-q轴电感及电机特性计算方法，可进一步提升永磁电机电磁性能计算准确性。

永磁同步电机（Permanent Magnet Synchronous Motor，PMSM）的电磁转矩特性可以通过式(9-2)计算得到，而最大转矩输出能力由其相电压和相电流决定，以 A 相为例进行计算。

$$\left.\begin{aligned}
T_\mathrm{e} &= 1.5p\left[\varphi_\mathrm{f}i_\mathrm{q} + (L_\mathrm{d} - L_\mathrm{q})i_\mathrm{d}i_\mathrm{q}\right] \\
u_\mathrm{a} &= \sqrt{u_\mathrm{d}^2 + u_\mathrm{q}^2} \leqslant u_\mathrm{max} \\
i_\mathrm{a} &= \sqrt{i_\mathrm{d}^2 + i_\mathrm{q}^2} \leqslant i_\mathrm{max} \\
u_\mathrm{d} &= -\omega_\mathrm{r}L_\mathrm{q}i_\mathrm{q} + R_\mathrm{s}i_\mathrm{d} \quad \text{or} \quad u_\mathrm{d} = -\omega_\mathrm{r}\varphi_\mathrm{q} + R_\mathrm{s}i_\mathrm{d} \\
u_\mathrm{q} &= \omega_\mathrm{r}(\varphi_\mathrm{f} + L_\mathrm{d}i_\mathrm{d}) + R_\mathrm{s}i_\mathrm{q} \quad \text{or} \quad U_\mathrm{q} = \omega_\mathrm{r}\varphi_\mathrm{d} + R_\mathrm{s}i_\mathrm{q}
\end{aligned}\right\} \tag{9-2}$$

式中：φ_d、φ_q——d轴、q轴磁链，Wb；

$\quad\quad u_\mathrm{max}$——最大相电压，V；

$\quad\quad i_\mathrm{max}$——最大相电流，A；

$\quad\quad u_\mathrm{a}$——A 相电压，V；

$\quad\quad i_\mathrm{a}$——A 相电流，A；

$\quad u_\mathrm{d}$、u_q——d轴电压、q轴电压，V；

$\quad\quad \omega_\mathrm{r}$——电角速度，rad/s；

$\quad\quad R_\mathrm{s}$——A 相电阻，Ω。

最大相电流受电源电流限制。对于脉宽调制控制器，最大相电压可以通过母线电压确定：$u_\mathrm{max} = 0.707u_\mathrm{dc}$。

全局交叉耦合计算方法首先建立电机有限元模型，通过扫描不同i_d，i_q下的三相磁链，将三相磁链进行d-q变换，获得不同i_d，i_q下的d-q轴磁链，最后通过考虑交叉耦合效应的电感计算公式计算不同i_d，i_q下的d-q轴电感，进而计算电机关键特性。永磁同步电机电磁转矩包括永磁转矩和磁阻转矩，其计算见式(9-3)。其中，用$\varphi_\mathrm{d}(i_\mathrm{d} = 0, i_\mathrm{q})$表示永磁磁链$\varphi_\mathrm{f}$，考虑了实际运行时$i_\mathrm{q}$对$\varphi_\mathrm{f}$的影响。

$$T_\mathrm{e} = 1.5p\{\varphi_\mathrm{f}(i_\mathrm{q})i_\mathrm{q} + [L_\mathrm{d}(i_\mathrm{d}, i_\mathrm{q}) - L_\mathrm{q}(i_\mathrm{d}, i_\mathrm{q})]i_\mathrm{d}i_\mathrm{q}\} \tag{9-3}$$

$\varphi_\mathrm{d}(i_\mathrm{d}, i_\mathrm{q})$$d$-$q$轴电感可通过式(9-4)计算得到。

$$\left.\begin{array}{l} \varphi_f(i_q) = \varphi_d(i_d = 0, i_q) \\[2mm] L_d(i_d, i_q) = \dfrac{\varphi_d(i_d, i_q) - \varphi_f(i_d = 0, i_q)}{i_d} \\[2mm] L_q(i_d, i_q) = \dfrac{\varphi_q(i_d, i_q)}{i_q} \end{array}\right\} \tag{9-4}$$

式中：$\varphi_d(i_d, i_q)$，$\varphi_q(i_d, i_q)$——不同i_d，i_q下的d，q轴磁链，Wb。

全局交叉耦合法与局部耦合法相似，$\varphi_f(i_q)$可通过有限元法计算求得，但需要注意的是φ_f受i_q的影响。不同i_d，i_q工况下电机相电压的计算见式(9-5)，通过该式约束电机所需的输入电压，通过以上方法可以准确计算永磁牵引电机不同工况下的电压、电流、dq轴磁链等关键参数。

$$U_a = \sqrt{\left[\omega_r \varphi_q(i_d, i_q) i_q - R_s i_d\right]^2 + \left[\omega_r \varphi_d(i_d, i_q) + R_s i_q\right]^2} \tag{9-5}$$

轨道交通永磁同步牵引电机由逆变器供电，电压波形中含有丰富的高次谐波分量，谐波的幅值、频率与 SVPWM 电压调制开关频率相关。这些电压谐波会在电机内部产生与转子不同步的谐波磁场，在绕组中产生谐波电流，从而引起谐波损耗，包括定子铜耗、定子铁耗、转子铁耗、永磁体涡流损耗。其中，转子铁耗、永磁体涡流损耗为转子损耗的主要成分，是影响转子温升的主要因素之一。目前，异步牵引电机谐波损耗的计算具有较完善的理论和实践基础，但对于永磁同步牵引电机的谐波损耗计算的相关研究较少。

针对逆变器供电下的永磁牵引电机谐波损耗场路耦合计算方法的研究，搭建电机状态方程等效模型与电机矢量控制的联合仿真模型，如图 9-38 所示，通过该仿真，能够得到电机的电压及电流波形。

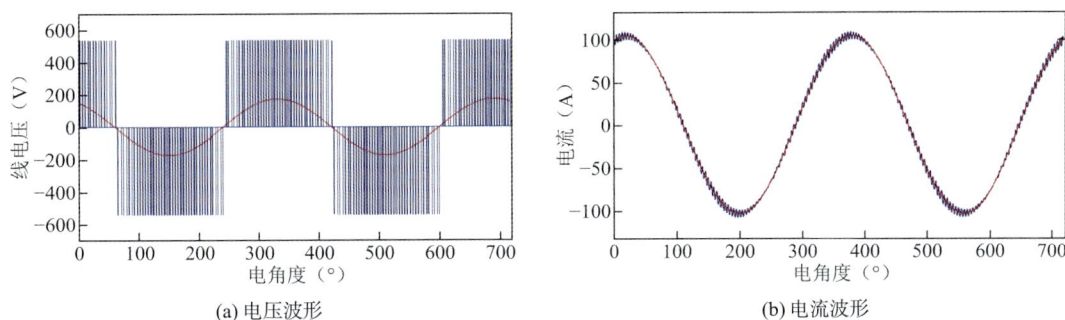

(a) 电压波形　　　　　　　　　(b) 电流波形

图 9-38　电机电压波形和电流波形

将该电流波形作为激励添加到二维或三维有限元分析模型中，从而可求解出逆变器供电下牵引电机三维磁密分布云如图 9-39 所示，永磁体涡流损耗如图 9-40 所示。永磁体分段后，涡流在每段永磁体中呈闭合环形分布，主要集中在表面区域，形成涡旋状路径，边缘密度较高，内部逐渐减弱。

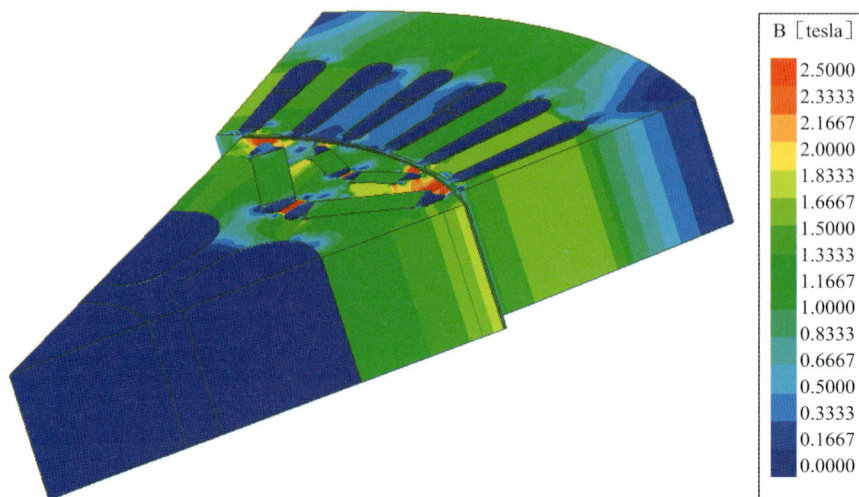

图 9-39   电机三维磁密分布云图

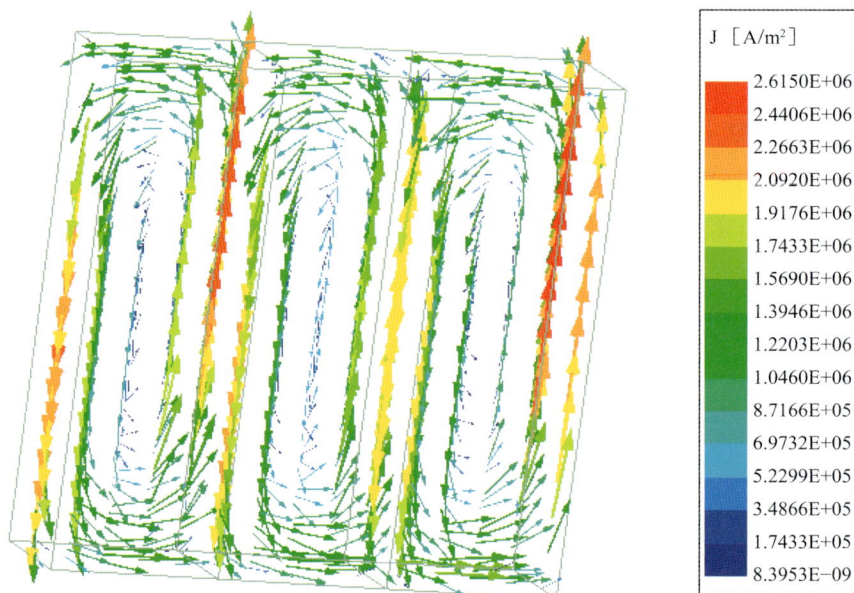

图 9-40   永磁体内部涡流分布图

由于在有限元仿真中加载的是稳态的电流波形激励，因此永磁体涡流损耗的计算收敛速度很快，相比在有限元模型中加载电压波形，仿真时间缩短约 60%，大幅提升了永磁体涡流损耗的仿真计算效率；此外，永磁体涡流损耗的计算数据与加载电压波形的计算数据差距在 6% 以内，满足工程设计精度的需要。

（2）自主攻关，掌握永磁电机控制关键技术

永磁电机的控制对列车至关重要。永磁电机在对转矩控制时，因矢量控制中转矩由定子直轴电流 i_d 和定子交轴电流 i_q 共同决定（i_d 是定子电流在转子水平方向的投影，称为无功电流；i_q 是定子电流在转子磁通垂直方向的投影，称为有功电流），通过调节 i_d 和 i_q，可以得

到所需的转矩值。定子上施加的电压V_s可以间接地调节定子电流i_d和定子电流i_q，其幅值和相位同时对电机电流产生影响，i_d和i_q存在耦合，因此需找到对定子直交轴电流分别调节的方法，对i_d和i_q控制实现解耦，实现高动态性能的转矩响应控制。

在同步旋转坐标系下永磁同步电机的电压、电流计算方程见式(9-6)。

$$\begin{cases} u_d = R_s i_d + L_d p i_d - \omega_r L_q i_q \\ u_q = R_s i_q + L_q p i_q + \omega_r L_d i_d + \omega_r \varphi_f \end{cases} \tag{9-6}$$

永磁电机转矩计算方程见式(9-7)。

$$T_e = 1.5p[\varphi_f i_q + (L_d - L_q)i_d i_q] \tag{9-7}$$

从永磁同步电机电压电流和转矩方程可以看出，电磁转矩与交直轴电流成正相关，同时交直轴电流分别受交直轴电压控制，因此可以通过调节交直轴电压来调节交直轴电流，进而实现对电磁转矩的控制。轨道交通永磁同步电机控制框图如图9-41所示。

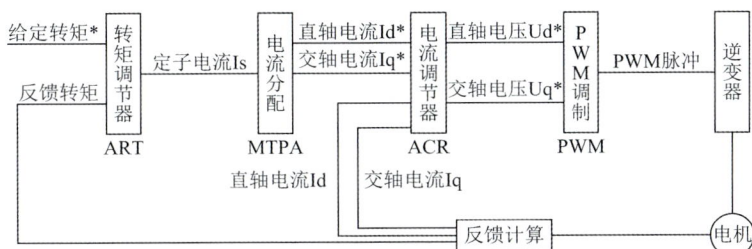

图9-41　轨道交通永磁同步电机控制框图

相较于异步电机，永磁电机由永磁体励磁，当永磁同步电机高速运行时，电机反电势高于控制电压的幅值，速度调节受限。通过弱磁控制，增加与反电势相反的磁场，形成新的复合反电势，实现电机快速弱磁控制，满足电机弱磁升速的要求。

传统弱磁控制方法一般由模式切换加电压相角控制组成，其存在许多弊端。团队采用了一种基于双电流闭环的全速度统一控制方法，去掉了控制模式切换环节，统一了全速段矢量控制模式（图9-42）。提高了方波下弱磁动态性能，对弱磁控制的电流指令轨迹规划进行优化，保证转矩的高动态响应。其中，T_e^*和T_e分别为参考转矩和负载转矩，i_d^*和i_q^*为dq轴参考电流，u_d^*和u_q^*为$d-q$轴参考电压，u_α^*和u_β^*为$\alpha\beta$轴参考电压，S_{ABC}为逆变器开关信号，i_{as}，i_{bs}是采样电流，θ_r是电机角度，i_α和i_β为三相采样电流的$\alpha\beta$轴分量，i_{qh}和i_{dh}为三相采样电流的dq轴分量。

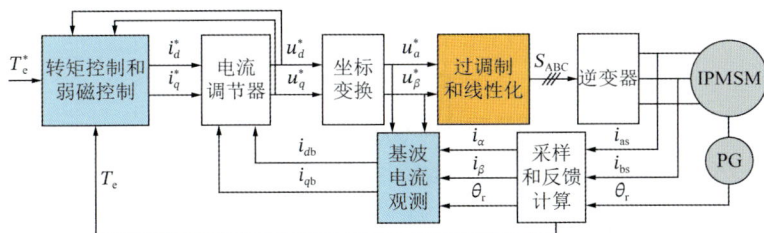

图9-42　基于双电流闭环的全速段统一的控制方法

2. 高速大功率永磁牵引技术

2011 年 5 月，株洲所与四方股份、浙江大学、上海大郡动力控制技术有限公司等单位联合承担国家 863 计划项目，开展高速动车组永磁同步牵引系统的研究工作。2014 年 9 月，株洲所成功研制高速动车组用永磁同步牵引电机及系统，永磁同步牵引电机额定功率达到 690kW，功率密度达到 1kW/kg，满足整车功率及转向架受限安装空间要求。

（1）高效热管理与高耐温绝缘系统

为满足电磁场和热场性能指标要求，需采用基于流-热耦合仿真分析的热传导和冷却介质对流换热优化设计方法对电机实施热设计。首先，基于牵引电机电磁设计方案，对其逆变器供电下的定子铜耗、铁耗、永磁体涡流损耗等进行准确计算；然后，在一定的假设条件下，将电机等效为结点和热阻构成的网络模型，绕组铜损、定转子铁损、永磁损耗和机械损耗作为热源加入该模型中。热仿真分析模型如图 9-43 所示。一般采用电路理论相关知识求解该模型，以得到电机各个部分的温度。根据基尔霍夫定律，即基尔霍夫电流定律（KCL）、基尔霍夫电压定律（KVL）对每个回路建立热平衡方程见式(9-8)。

$$\sum_j \frac{f(T_j^i) - f(T_n^i)}{R_{j,n}} + q_n V_n = C_n \frac{T_n^{i+1} - T_n^j}{\Delta t} \tag{9-8}$$

式中：C_n——第 n 个单元的热熔；

$\quad\quad q_n$——第 n 个单元体积内的热源密度；

$\quad f(T)$——温度 T 的函数，对于导热热阻和对流换热热阻 $f(T) = T$，对于辐射热阻 $f(T) = T^4$。

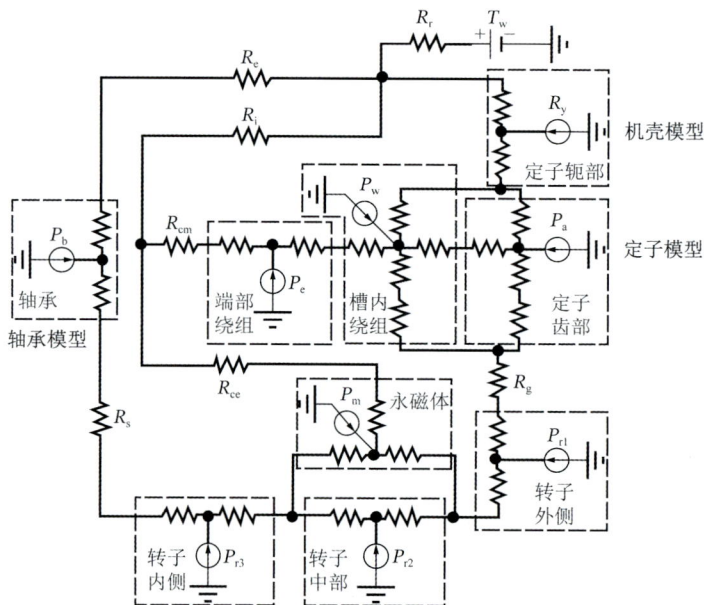

图 9-43　永磁牵引电机热仿真分析模型

计算模型通过对流热阻来表示由空气流动引起的对流换热。当电机运行时，转子搅动内部空气流通，空气与端部绕组、转子铁芯端部、机壳等均存在对流换热。

最后，基于牵引电机的结构和损耗参数，建立了流-热耦合仿真分析平台，实现了永磁牵引电机各个部件温升的准确评估；提出了合理的冷却结构，实现了电机内部绕组、永磁体、轴承等关键部件温度梯度分布均衡，提升了散热效率，从而解决了轨道列车永磁同步牵引电机采用全封闭结构所带来的散热困难的问题。

为进一步提高电机的散热效率和可靠性，并解决电机内部热传导效率低和耐高温能力不足的问题，基于有机硅浸渍树脂、云母带、聚酰亚胺薄膜、芳纶纤维纸等材料，构建了具有高导热、高耐温特性的永磁同步牵引电机新型绝缘系统结构，并建立了该绝缘系统的温度-寿命模型，对其耐温等级、短时热过载能力等进行了评估。基于该新型绝缘系统结构，有效提高了轨道列车永磁牵引电机内部热传导效率，并提升了电机的功率密度。

永磁体温度上升时，永磁体磁链减小，电机输出转矩能力下降，严重时甚至会造成电机转子永磁体失磁，导致电机彻底损坏，电机电感也会因电机磁路饱和程度受到影响。为进一步提升永磁牵引系统可靠性，需要实时在线辨识永磁传动系统运行状态和电机参数，实现整个系统动态过程的状态在线监测。

实时获取准确的电机参数并用于控制系统中各项参数的整定能够提高系统性能，实现对电机的精确控制。通过研究模型参考自适应算法、卡尔曼滤波算法以及采用龙伯格-滑模观测器的多参数辨识技术，实现电机参数在线实时辨识。永磁体磁链在线辨识框图如图 9-44 所示。

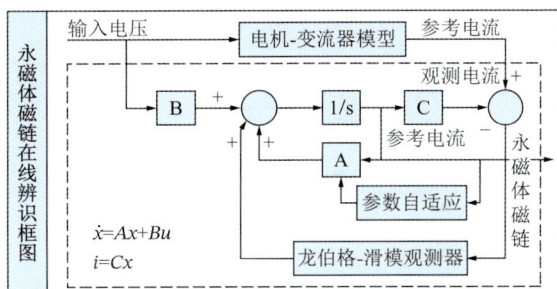

图 9-44　永磁体磁链在线辨识框图

（2）无位置辨识与高速重投

轨道车辆电磁环境复杂、振动剧烈，易导致位置传感器失效而引发系统故障，所以一般采用无位置传感器控制技术解决此问题。相较于地铁直流供电，干线铁路采用交流分段供电模式，约间隔 30km 设置一个无电区，轨道车辆越过无电区、惰行结束或故障消除后，牵引系统需具备带速度重新投入功能，恢复整车动力。永磁牵引系统由于永磁电机旋转产生反电势，重投时易引发转矩冲击，甚至影响系统可靠性和安全性；速度越高，反电势越大，当反电势大于变流器最大输出电压时，重新建立控制困难，易形成冲击电流而损坏变流器。因此，需要采用极为稳定可靠的技术方案来适应这种特定的应用需求。

目前，按照永磁同步电机无传感器控制转速有效运行范围，通常将无位置传感器技术分为中高速和零低速两类，如图 9-45 所示。中高速无位置传感器控制技术一般是基于永磁电机基频模型的位置估计方法，通过基频的反电动势或者磁链模型来估计转子磁极位置信息，实现方法相对简单，因此模型法在无位置传感器永磁同步电机控制系统中得到广泛应用。零低速由于永磁同步电机反电势信噪比严重降低，加之逆变器非线性和建模不确定性的影响，基于反电动势模型法的无位置传感器控制技术此时难以获得较好的位置观测效果。

图 9-45　无位置传感器控制方法

根据轨道交通特殊情况，基于电感梯度函数与转子空间位置的映射关系，采用低频脉冲电压注入的辨识技术，解决了零低速低开关频率下位置辨识不收敛的难题，实现了全速域的位置精确、快速辨识，其整体原理框图如图 9-46 所示。其中，u_s 为电机的定子电压（可能包含三相电压或 α-β 坐标系电压），u_r 表示磁场电压或弱磁控制信号。i_s 为永磁电机定子电流通过电压调节器（VR）生成最终的电流指令 i_s^r。$\hat{\theta}_{cmp}$ 为观测器估算的转子电角度，$\hat{\theta}$ 为融合不同算法的角度输出后得到的高精度转子位置角。$\hat{\omega}$ 为由位置融合和速度融合模块联合估算的电机转速。K_1、K_2 为电流反馈或角度误差的调节增益。K_3、K_4 为速度融合或电压调节器的动态补偿增益。

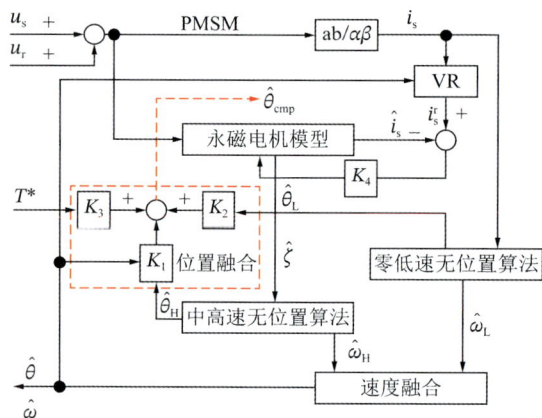

图 9-46　无位置传感器观测技术原理框图

永磁电机速度越高，反电势越高，带速重投难度越大，通过反电势和转子位置自寻优，结合不同工况下电机和变流器实际状态，研发团队提出了永磁电机全速段带速重投控制策略，如图 9-47 所示，充分抑制电机重投时的电流冲击，实现了变流器全速度段重投控制，并在永磁高速动车组上成功应用。

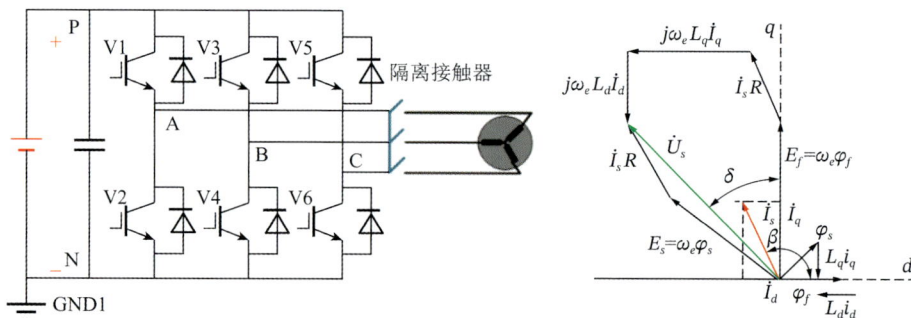

图 9-47　全速度段重投控制

永磁牵引技术在高速列车上的成功应用，使我国高速铁路拥有了世界上最先进的牵引技术，有力地提升了我国高速铁路的技术水平，我国成为了世界上少数几个掌握高铁永磁牵引系统技术的国家，推动我国高铁动力技术真正进入到了"永磁时代"。

3.更高速度大功率永磁牵引技术

2021 年，国铁集团"CR450 科技创新工程"以研发更高速度、更加安全、更加环保、更加节能、更加智能、更加自主、更可持续、系统更优的复兴号动车组新产品为目标，持续巩固拓展我国高铁领跑优势。

根据顶层技术指标要求和设计输入分析，牵引变压器主要从轻量化、小型化、效率提升、减振降噪等方面开展关键技术研究，通过使用新型高温绝缘技术、油量优化匹配技术等实现产品性能提升。牵引变流器基于轻量化柜体、新型功率半导体器件、高频辅变、控制技术、集成一体冷却等关键技术开展变流器方案设计，提升产品轻量化、高效率、智能化水平。牵引电机主要从高功率、轻量化、高效率等方面考虑，开展了大功率永磁电机电磁、结构与冷却系统等设计研究工作。

除牵引系统关键部件设计及功能之外，CR450 动车组对永磁牵引传动系统的品质和可靠性提出了更高的要求。

（1）永磁牵引电机噪声主动管控

随着乘客及业主对轨道交通牵引系统品质要求的不断提高，电机的电磁噪声问题越来越引起人们的关注，需要在设计阶段尽可能减小电机的电磁噪声。永磁电机采用逆变器供电，导致电机电流存在畸变、谐波含量增加，从而引起电磁力波的谐波含量多、幅值高，进而容易引起较大的电磁噪声。建立了永磁电机电磁噪声仿真分析平台，以在电机设计阶段对可能产生的电磁噪声进行分析，并采取一定的抑制措施。

针对 PWM 供电条件下时空谐波引起电机特定阶次噪声电磁噪声突出问题，通过采用基于电机模态-开关频率优化匹配，降低电机转矩脉动，避免激发电机模态引起共振；基于电机齿谐波特征规律，通过最优循迹法注入特征阶次高频谐波，抵消电机齿谐波，削弱径向电磁力波，降低特定阶次电磁噪声。电机振动噪声主动抑制技术原理如图 9-48 所示。

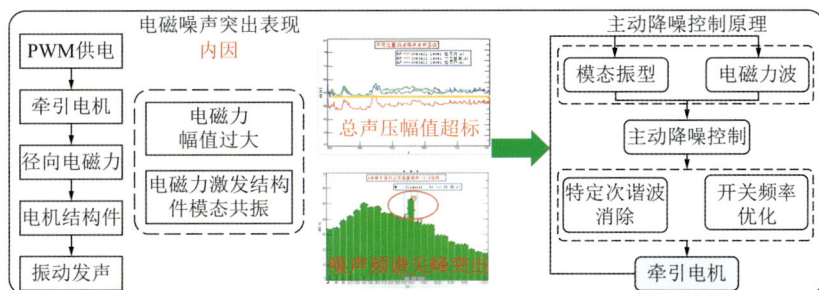

图 9-48　电机振动噪声主动抑制技术原理图

（2）永磁牵引电机诊断与保护

永磁牵引系统在高速动车领域应用仍面临诸多挑战。随着车辆速度的提高，永磁电机功率密度更大、体积更小，电机的热负荷更高，强机械振动、大冲击电流等可能引起永磁电机绝缘劣化和永磁体性能衰减，进而导致故障发生。

为确保永磁牵引系统的可靠性和安全性，开展永磁牵引系统失效后的故障影响分析及分级，识别严重失效、一般失效和轻微失效。统筹部件级、系统级、整车级特征变量的关键信号，检测系统运行状态，实时采集电流、电压、温度、振动等信号，并结合变流器实时控制模型，提取早期故障特征的状态变量，实现永磁牵引系统典型故障在线诊断；基于分级分类处置原则，研究故障自动保护、自动复位、主动控制的应急控制措施，缩小故障影响范围。

四　功率半导体器件技术

功率半导体器件作为电子装置电能变换的核心元器件，是"电力和电气"的 CPU。世界高速列车的发展史，亦是一部功率半导体器件技术创新与产业进步史。从整流二极管到晶闸管，催生了电力电子技术，推动了牵引传动由不可控整流向相控整流的技术转换；从晶闸管到 GTO，实现了从直流传动到交流传动的技术升级；从 GTO 到 IGBT、PCU、SiC，实现了高效轻量化，推动了高速列车技术快速发展。经过数十年的积累与沉淀，株洲所已成为国际全系列功率半导体器件的 IDM（集成设计制造）模式企业代表，建有 8 英寸（1 英寸 = 25.4mm）IGBT 芯片产线、6 英寸 SiC 器件产线。拥有芯片—封装模块—应用的全套技术和完整产业链，满足轨道交通、输配电、新能源汽车、新能源发电及其他工业领域等应用需求。

1. 二极管

二极管是一种两端器件，其电路图形如图 9-49 所示，A 为阳极，K 为阴极。如果在 A 端加一个相对 K 端高的电压，就可以认为它处于正向偏置状态，器件导通。相反，二极管处于反向偏置状态时，是不会导通的，但会有一个很小的反向电流流过，称它为漏电流。在理想条件下，正向压降和反向漏电流都是可以忽略的。

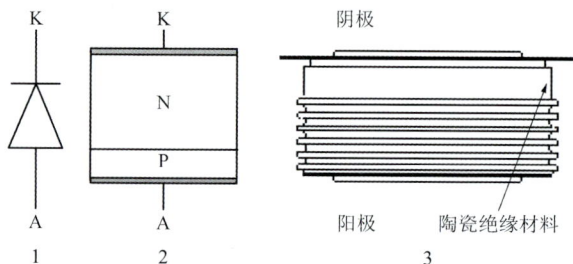

图 9-49　电力二极管

1-图形符号；2-常见二极管截面图；3-平板型封装结构

在 19 世纪 60 年代，我国机车用硅器件主要依赖进口。1964 年，株洲所成立了半导体器件研究小组，在没有净化车间、净化设备、空调等半导体厂房必备生产环境下，攻关解决了诸多技术难题，于 1969 年完成平板型硅二极管元件开发，在 1970 年 4 月为韶山 1 型电力机车配套生产了第一台硅机组所需 1200V/300A 二极管整流元件。此后，二极管整流元件不断发展，并广泛应用于直流传动电力机车和内燃机车。

2. 晶闸管

1957 年，世界上第一只晶闸管问世。晶闸管是一种在主功率处理区有四层 P 和 N 型材料交替（即 3 个 PN 结）的三端器件。晶闸管的控制端称为门极（G），其他两个端子分别为阳极（A）和阴极（K）。晶闸管电路图形符号和典型截面图如图 9-50 所示。

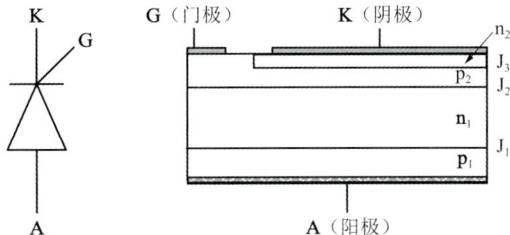

图 9-50　晶闸管电路图形符号和典型截面图

1984 年，通过 8K 电力机车技术引进，株洲所从美国西屋公司引进晶闸管技术。通过"引进消化-吸收-再创新"的路径，株洲所研制了一套"中西合璧"的工艺，建成了一条具有自主技术特色的 3 英寸晶闸管生产线，这也成了株洲所半导体制造流程化、标准化作业的开端。后续晶闸管技术不断升级迭代，在轨道交通领域应用于韶山系列直流传动电力机车。

（1）全压接技术开发

为了进一步发展器件电流能力，需要解决大尺寸制造下带来的技术问题。传统的烧结技术（800℃以上高温将钼片和硅烧结为一体以提高芯片机械强度）显现出弊端。高温工艺导致 3 英寸以上芯片产生了巨大翘曲，同时焊层的缺陷增加。在研发团队寻求低温焊接工艺时，全压接技术凭借高功率循环寿命显现优势。实现全压接技术需要同步实现厚铝技术、表面镀层缺陷控制技术和压装应用技术等以规避受力不均导致的芯片损坏。

（2）6 英寸 8500V 晶闸管研制

特大功率电力电子器件是电力电子技术的心脏，是支持和驱动电力电子技术更新换代的决定性因素。2006 年，株洲所攻克了 6 英寸 8500V 可控硅的终端加工技术、深结掺杂技术、低损耗控制技术等关键核心技术，成功研制出 6 英寸 8500V 晶闸管，并在全世界范围内首次实现该产品的推出与批量工程化应用。

3. GTO/IGCT

交流传动技术的发展需要一种具有自关断能力的全控型大功率半导体器件。要求该器件既具有普通晶闸管的阻断电压、触发特性和通态特性，同时具有开关晶体管的门极自关断能力，且开关速度快。

为了解决交流传动技术需求，株洲所于 1989 年开始自主研制 GTO 器件，研制的 300A/1200V 逆阻烧结型 GTO 在 1994 年通过专业鉴定，并成功应用于 8K 型电力机车的辅助变流器。后续完成了 3000A/4500V 非对称压接型 GTO 器件的研制，并在中华之星、奥星等交流机车上装车应用。

基于长期研制 GTO 累积的技术基础，株洲所 2003 年开始研制 4000A/4500V IGCT 器件。IGCT 器件采用了大量新型技术，使其具备了当代新型电力电子器件的技术特征，株洲所在国内率先掌握了 IGCT 器件关键设计与制造技术，并形成自主 IGCT 专利体系，建立一套完整的研发设计、生产制造及试验检测技术平台。IGCT 器件主要应用于高速磁浮牵引供电及冶金行业轧机主传动系统中。

4. 绝缘栅双极晶体管 IGBT

20 世纪末，轨道交通车辆已从交-直传动向交-直-交传动转型发展。国际主流技术的"杀手锏"就是 IGBT，当时国内无法自主生产此类产品，全部依靠进口。2007 年，国家相关部委就将 IGBT 器件技术设立为重大专项课题，组织相关力量集中进行研发，但由于基础落后、人才匮乏，进展缓慢。IGBT 技术的落后，使得我国一些关键产业发展一度受制于人。

2008 年，株洲所通过"引进-消化吸收-再创新"的路径，率先在国内研制出 3300V 高压 IGBT 芯片，将具有高热循环能力、高可靠性的 AlSiC 基板、AlN 衬板，研制成高压 IGBT 模块，符合车辆频繁起动和长距离可靠性运行的应用特点。3300V 等级 450A、1500A IGBT 在和谐号电力机车、动车组，CR300 复兴号动车组及城际、城市轨道交通中均实现批量应用，升级后的 3300V 1600 A 和 2400A 等级 IGBT 开始在复兴号电力机车应用。

高速列车对器件提出了更高功率密度的需求，其中间直流回路电压等级高达 3600V，器件电压等级达到 6500V，封装结构和材料需使器件绝缘能力最高达到 10.2kV。研发团队突破"U"形 DMOS 元胞结构、增强型受控缓冲层及横向变掺杂集电极等芯片结构设计关键技术，开发了常温通态压降约为 2.8V，常温阻断能力达到 7000V 的 6500V 平面栅 IGBT 芯片，综合性能与国际一流水平相当。6500V 750A 等级 IGBT 已在 CR400 复兴号动车组、CR200J 动力集中车等实现批量应用。

目前，3300V～6500V 等级 IGBT 已广泛出口至世界各地，并拓展至其他工业领域，应用场景覆盖智慧矿山、油气开采、船舶港口等，持续为高端工业装备创新发展提供可靠"中国芯"。

（1）"U"形 DMOS 元胞结构技术

如图 9-51 所示，6500V IGBT 基于采用"U"形 DMOS 元胞结构。n 阱在 P 阱的外围将 P 阱包围住，n 阱与 n 漂移区，n 缓冲层，P 阳极一起形成 PIN 二极管。在 IGBT 的结构中的 P 阱外围引入一个比 n 漂移区掺杂略高的 n 阱可以阻挡空穴进入 P 阱，可极大地提高 PIN 二极管的电子注入效率，提高漂移区载流子浓度，从而降低 IGBT 的通态压降。

（2）增强型受控缓冲层及横向变掺杂集电极技术

通过在 IGBT 背面的 P^+ 集电区和 N^- 漂移区之间加入掺杂浓度较高的 N' 缓冲层，使电场在缓冲层迅速衰减至终止，阻止耗尽区扩展至 P 集电区而导致穿通，称之为场截止技术（又称软穿通技术）。

一种基于横向变掺杂的集电极结构如图 9-52 所示，在芯片元胞区所对应的集电极区部分采用较高浓度掺杂，与

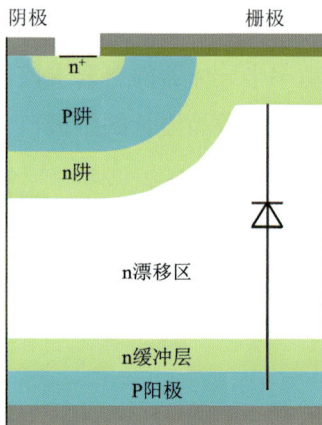

图 9-51　IGBT 元胞结构示意图

芯片终端区所对应的集电极区部分采用较低浓度掺杂，控制背部集电极区空穴注入效率，减少器件关断时的少子抽取时间，从而改善芯片关断时的拖尾电流，大大提高芯片的开关速度。与此同时，研发团队提出了一种增强型受控缓冲层结构，如图 9-53 所示，在常规缓冲层和集电极区之间增加一个或多个薄缓冲层，从而实现对导通损耗、关断损耗、短路能力及开关特性软度的独立调节，在提升 IGBT 功率密度的同时，降低芯片的功耗，并提高短路安全工作区性能。

图 9-52　横向变掺杂集电极

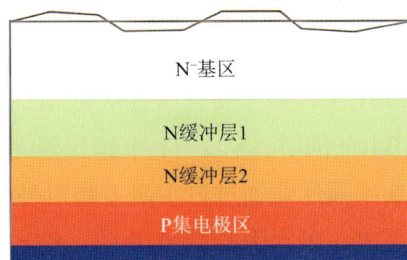

图 9-53　增强型受控缓冲层

5. 高功率密度智能化集成功率器件 PCU

高功率密度智能化集成功率器件（Power Converter Unit，PCU），是株洲所为高速列车自主研发的一种先进的智能化高功率集成封装器件，其集成化示意图如图 9-54 所示，外形如图 9-55 所示。在封装层面集成了功率芯片、低感功率互联电路、智能控制器、多类型传感器和快速插拔式水电连接器，将传统 IGBT 器件的基板和变流模块的散热器合并，实现了机、电、热、控制、快速连接等一体化高度集成，综合了 IPM 器件封装及组件级集成技术优势，具有高集成度、智能化、高功率密度、应用便捷高效等特点。PCU 采用了新结构（高压沟槽等）自主芯片、高效热管理、高密度互联等先进技术，其输出能力较传统器件提升不低于 15%，牵引系统效率提升至不低于 98%，有效推动提升了轨道交通装备效率。目前，6500V PCU 产品已在 CR450 高速动车组实现应用。

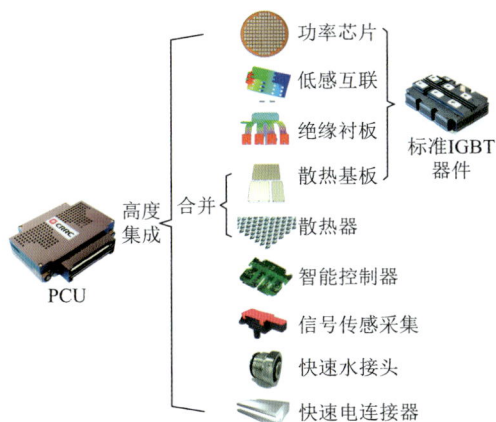

图 9-54　PCU 集成化示意图

图 9-55　PCU 器件外形

6. 碳化硅功率器件

为了更有效地利用能源，SiC 等宽禁带半导体材料功率器件受到广泛关注。SiC 作为宽禁带半导体，因具有宽禁带、高临界击穿电场、高热导率、高载流子饱和漂移速度、熔点高、化学稳定性高及抗辐射等材料特点，使其功率器件具有高耐温、高频、高压、低损耗的优点，电力变换装置具有更高的效率、低的功率损耗、更小的尺寸和质量。SiC 功率器件的优越性能有望给轨道交通产业带来革新。

面向轨道交通应用需求，SiC 器件主要是 SiC 肖特基二极管和 SiC MOSFET。受技术成熟度和耐高压等影响，在轨道交通应用中，主要采用更为稳定可靠的平面栅 SiC MOSFET 器件。2001 年，英飞凌公司首次将 SiC 肖特基二极管实现商业化运作。株洲所在研究传统硅基 IGBT 的同时，从 2011 年起开始将硅基 IGBT 技术与第三代 SiC 材料相结合，深入研究 SiC 功率器件。通过自主研发与对外合作相结合，坚持以我为主的思路，与中科院微电子所联合成立研发中心。2016 年，株洲所开发了 1700V 的 SiC 二极管和混合 SiC 模块；2019 年发布了国内首个高压 3300V SiC MOSFET 芯片及全 SiC 模块产品。全 SiC 器件 3300V 750A 产品分别在异步牵引、永磁同步牵引地铁列车中实现示范装车应用，为我国轨道交通的"金名片"持续提供强大动力。

故事

我国牵引动力大功率半导体器件发展之路

大功率半导体器件是铁路牵引动力的核心器件，是电力、内燃机车以及高速列车传动技术不断升级的重要支撑。

长期以来，我国牵引动力的大功率半导体器件主要由铁路机车车辆工业企业研发和供应，经历了从无到有、从有到强的发展过程，其中株洲所最有代表性。

1964 年，为了将 6Y1 型电力机车的引燃管改为硅整流器，株洲所成立了半导体器件研究小组，8 名科技人员在家属区的几间房子里试制出硅整流管，由此揭开了铁路系统研制半导体器件的序幕。

众所周知，半导体器件制造对生产环境和设备要求极高，而株洲所条件十分简陋，尽管后来有所改善，但仍缺少净化车间和精密的生产设施。即便如此，株洲所还是在 1970 年试制和生产了 300A/1200V 硅整流管，为韶山 1 型电力机车生产提供产品。株洲所不久又成功试制出 200A/1000V 晶闸管，为韶山 2 型电力机车改造成相控调压贡献了力量。

后来，在铁道部支持下，株洲所半导体器件研发和生产条件持续改善。1978 年净化厂房投入使用后，产品质量和产量快速提升。1983—1984 年，株洲所试制了 500A/3000V～4000V 晶闸管和 800A/3000V～4000V 整流管，性能和成品率均达到国内先进水平，为 SS3、SS4 电力机车提供产品。此后，株洲所半导体器件研究和生产一直对我国新型牵引动力的研发、制造发挥着重要的支撑作用。

从 1988 年开始，株洲所开展了 GTO 的研究工作。2000 年研制成功 2000A/4500V 的 GTO。2003 年株洲所启动了更高效的 IGCT 的开发，经过不懈奋斗，4000A/4500V IGCT 研制获得成功，被推广应用。2006 年，株洲所成功开发了世界上第一只 6 英寸 8500V 晶闸管，标志着中国大功率半导体器件技术达到了国际先进水平。

2008 年，株洲所在引进消化的基础上自主设计建设了 8 英寸 IGBT 芯片及模块封装生产线。2018 年，IGBT 产品在复兴号列车上装车使用。目前，我国 IGBT 芯片设计、技术水平和制造能力均达到国际一流水平。

株洲所半导体器件研发成果虽获得了多项国家科技进步奖、发明奖，但研究人员清醒地认识到，前进的路上仍充满挑战。目前，株洲所加大了在大功率半导体器件前沿领域的研发力度，有信心在几年内实现碳化硅器件的工程化应用，以满足高速列车发展的需求。在创新驱动、现代化发展的道路上，这支团队秉承"团结、拼搏、创新、共赢"的企业精神，不断砥砺前行。

第三节　高速列车发展三个阶段的典型应用

我国对高速列车牵引传动技术的探索最早可以追溯到 20 世纪 70 年代，通过自主探索与积累、引进消化吸收再创新到全面自主创新，构建了高速列车技术开发、设计制造、试验验证的科研体系，先后研发了各种型号的动车组，动力配置涵盖动力集中和动力分散，速度等级涵盖了 100～400km/h 等，代表产品有：中华之星高速动车组、和谐号系列高速动车组、复兴号系列高速动车组等。

一　零的突破，迈入高铁领域

在秦沈客专综合试验段，中国自主研发的中华之星高速动车组试验速度达到 321.5km/h，创造了当时中国铁路运行的最高速度纪录，实现了中国高速铁路零的突破。

1. 顶层需求

中华之星高速动车组最高运营速度为 270km/h。主要技术特点如下：

采用动力集中方式，由两端各一台动力车组成推挽牵引方式，中间 9 节为拖车。

采用交流传动技术，即由"四象限变流器 + 中间直流环节 + 牵引逆变器"组成的水冷 GTO 模块结构的牵引变流器、单机功率 1225kW 的三相异步牵引电机，全列轮周牵引功率 9600kW，再生制动功率 8800kW。

单节动力车包含 VVVF 和 CVCF 各 1 组辅助电源输出，辅助电源对辅助机组分类分级供电，系统冗余性强，节能降噪效果好。

2. 系统拓扑与性能指标

（1）主电路

主电路如图9-56所示，由网侧电路、牵引变压器、牵引变流器及牵引电机构成，具有过流、过载、接地、过压保护等功能。

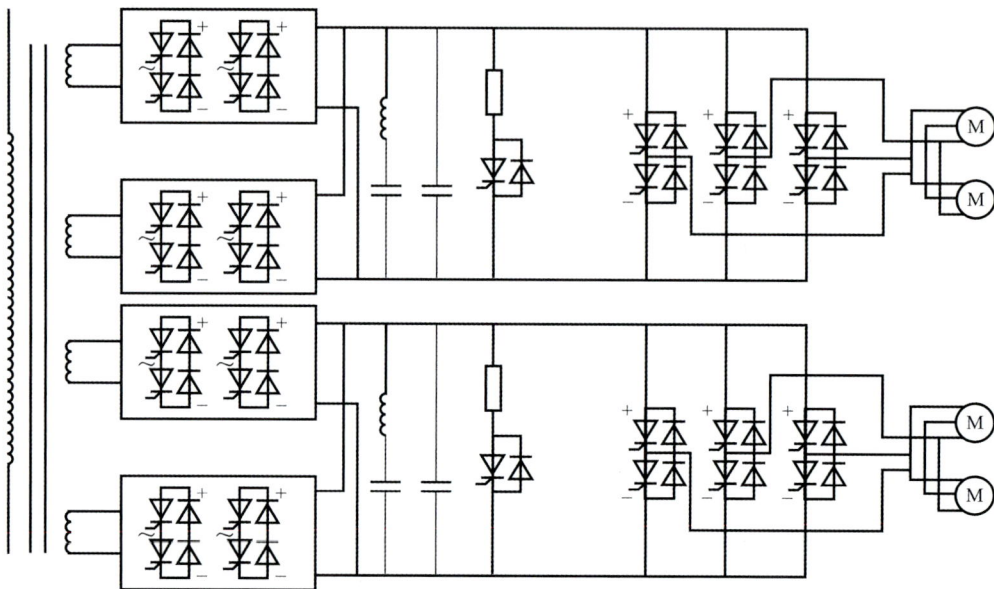

图 9-56 中华之星高速动车组牵引传动系统主电路

牵引变压器一次侧通过受电弓和真空断路器得电。牵引工况下，牵引变压器4个独立的二次侧绕组分别向4重四象限变流器供电，其中每2重四象限变流器并联输出，共用1个中间直流环节电路。中间直流环节电路向牵引逆变器供电，驱动1个转向架上的2台异步牵引电机工作，实现转向架独立控制。再生制动过程能量流向则相反。

（2）辅助电路

辅助系统包括相对独立的3部分电路：三相辅机供电电路，容量为2×100kVA；DC600V列车供电电路，容量为500kVA；单相220V交流供电电路，容量为20kVA。辅助系统具有过压保护、过载、过流保护以及接地保护功能。

（3）系统性能参数

系统性能参数见表9-2。

系统性能参数　　　　　　　　　　　　　　　　　　　表 9-2

项点	技术参数	项点	技术参数
轮周牵引功率（kW）	4800	轮周电制动功率（kW）	4400
起动牵引力（kN）	200	最大电制动力（kN）	150
恒功速度范围（km/h）	110～284		

3. 参数、功能设计与工程化设计技术

（1）牵引变流器

中华之星高速动车组采用 GTO 水冷牵引变流器，该变流器设计容量 3600kVA，直接驱动 2 台 1200kW 的异步牵引电机。

① 牵引变流器的主要技术特点。

主电路特点：牵引变流器输入端为两重四象限变流器，输出端为三相逆变器，中间直流环节包括支撑电容器、二次谐振电路、过电压斩波电路等，具有结构紧凑、简洁实用、安全可靠等优点。

控制电路特点：输入端采用四象限变流器控制方式，具有中间直流环节电压稳定、功率因数接近于 1.0、能量可再生等优点；输出端采用异步电机直接转矩控制方式，具有动态响应特性优良、控制简洁高效、牵引力变化平稳等优点。

开关器件采用 4500V/3000A 等级的 GTO，采用水冷却方式；各部件采用模块化设计。

② 牵引变流器的主要参数。

牵引变流器的主要电气和结构参数见表 9-3。

牵引变流器的主要技术参数　　　　　　　　　　　　　　　表 9-3

项点	技术参数	项点	技术参数
额定输入电压（V）	2×1471	输出电压（V）	三相 0～2180
额定输入电流（A）	2×974	额定输出电流（A）	890
中间直流电压（V）	2600～2800	质量（kg）	2450

（2）传动控制

牵引控制单元是由一系列标准电路板组成的，主要包括：I/O 板、电源板、四象限控制板、电机控制板、监控板、逻辑控制板、脉冲分配板等。上述电路板集成在一个标准机箱内，安装在变流器柜内。机箱采用插箱式结构，通过整体背板实现各类板卡的固定安装及相互之间的数据通信，内部数据交换由并行的总线完成。

牵引控制基本功能如下。

变流器逻辑控制：具备对高压主电路的断路器、接触器、变流器模块等逻辑控制功能，实现对断路器、接触器的闭合与断开控制，实现对四象限模块、逆变模块的启动与停止控制。

牵引制动特性控制：具备牵引制动模式转换控制、方向控制、电机转矩变化率控制、励磁控制、网压限功率控制、恒速控制、快速放电控制等。

数据通信：具备符合列车通信网络标准的 MVB 通信接口，与中央控制单元等形成控制与通信系统。系统管理插件将各个控制板的数据转换成符合 MVB 协议格式的数据包，传输至列车网络控制和诊断系统，并接收来自列车网络控制和诊断系统的数据。同时，具备当列车控制与诊断系统出现故障时，可用硬线实现紧急牵引功能。

故障保护：具备完整的故障保护功能、模块级的故障自诊断功能，可实现过压、过流、过热、接地、通信异常等故障诊断与保护，具备实时数据传输、监视及故障数据记录功能。

（3）牵引变压器

中华之星高速动车组牵引变压器为下沉式一体化多绕组全分裂变压器，其主要设计特点如下。

线圈采用饼式线圈，以实现牵引绕组之间，牵引与辅助、采暖绕组之间的解耦。线圈导线采用 Nomex 纸绝缘，具有耐热等级高、机械强度大的特点，低压侧线圈导线采用温度为 180℃的换位导线。

采用强迫导向油循环风冷方式，有 2 路油循环系统，冷却效果好。采用复合型全铝板翅式冷却器，水冷变流器的水冷却器和油冷变压器的冷却器组合在一起。首次采用 ALPHA 绝缘油作绝缘和冷却用，它的特点是闪点高、燃点高、具有较高的绝缘强度、可完全生物降解，对环境无污染，并且抗氧化性好，经处理后可循环使用。

牵引变压器主要技术参数见表 9-4。

牵引变压器技术参数 表 9-4

项点	网侧绕组	牵引绕组	辅助绕组 1	辅助绕组 2	采暖绕组
结构方式	单相、心式				
频率（Hz）	50				
额定容量（kVA）	6452	4×1433	200	20	500
额定电压（V）	25000	4×1471	860	220	860
额定电流（A）	258	4×974	232.5	91	581.4
阻抗电压（%）	48				
质量（kg）	10425				

（4）牵引电机

为适应牵引逆变器的需要，中华之星高速动车组采用的 JD128 异步牵引电机是在奥星电力机车的牵引电机基础上，增大了定子和转子漏感，使得电机在全磨耗下，满足 270km/h 速度下发挥 1225kW 功率的要求。

JD128 异步牵引电机的基本参数见表 9-5。

JD128 异步牵引电机基本参数 表 9-5

项点	基本参数	项点	基本参数
工作制	S1	额定转速（r/min）	1528
连续定额（kW）	1225	极数	4
额定电压（V）	2028	质量（kg）	2160
额定电流（A）	407		

（5）辅助变流器

中华之星高速动车组采用 TGF9A 型辅助变流器，由牵引变压器辅助绕组供电，每台辅助变流器容量为 100kVA，由一套整流模块、两套逆变模块、两套 EMC 滤波器、控制箱及电抗器组成；整流模块采用晶闸管半控桥电路，逆变器采用 IGBT 电压型逆变电路，单台逆变器容量为 70kVA，输出 380V 三相交流电；正常情况下其中一个为恒频恒压逆变器（CVCF），另一个为变频变压逆变器（VVVF）。

TGF9A 型辅助变流器主要技术参数见表 9-6。

TGF9A 型辅助变流器技术参数　　　　表 9-6

项点	技术参数
额定输入电压（V）	860
输入电压频率（Hz）	50（±1）
输出电压（V）	三相 2×380

4. 与国外同类产品对比

中华之星高速动车组牵引传动系统是中国自主创新的结晶，包括软件在内的核心技术均由我国自主研发，并攻克了高速动车组系统集成、高性能控制、大功率 GTO 变流器工程化、IGBT 辅助变流器、大功率异步牵引电机、牵引变压器等关键技术。

略显不足的是，中华之星高速动车组采用大功率可关断晶闸管 GTO，与同期已采用大功率 IGBT 且有成熟的商业应用经验的欧洲、日本动车组相比，在总体工程化水平和应用业绩等方面仍存在差距。

二　引进消化，打造产业体系

2004 年以来，按照国务院"引进先进技术，联合设计生产，打造中国品牌"的总体要求，在铁道部、科技部统一组织和领导下，株洲所、株洲电机、铁科院等主要配套企业，通过高速动车组的技术引进、消化吸收再创新、自主创新，先后完成了时速 200～250km、时速 300～350km 等多种动车组的牵引传动系统研制，搭建了高速列车牵引传动系统技术创新平台和制造平台，逐步完善了集基础理论、设计制造、试验评估、运用维修于一体的高速列车技术体系，构建了高速列车产业链。

1. 顶层需求

牵引系统动拖比、速度指标等顶层指标要求见表 9-7。

系统顶层指标要求　　　　表 9-7

车型	CRH1A	CRH2A	CRH3C	CRH5	CRH380A	CRH380B	CRH380CL	CRH380D
动（M）拖（T）比	5M3T	4M4T	4M4T	5M3T	6M2T	4M4T	8M8T	4M4T
最高运营速度（km/h）	200	200	300	200	350	350	350	350
最高试验速度（km/h）	250	250	330	250	385	385	385	385
轮周牵引功率（kW）	5300	5023	8800	5500	9360	9200	19200	10080
起动牵引力（kN）	325	176	260	302	197	257.5	519.8	270
辅助电源容量（kVA）	700	490	960	1200	520	960	1920	800

2. 系统拓扑与性能指标

（1）CRH1A 牵引系统组成

CRH1A 型动车组由 8 辆车构成 1 个基本编组，并分成 3 个动力单元，如图 9-57 所示，属于交-直-交传动的电力牵引。其牵引传动系统的能量传递与转换过程为：受电弓从接触网获得 25kV/50Hz 交流电，经牵引变压器降成 900V/50Hz 交流电，又经网侧变流器转换成 DC1650V 直流电，再由逆变器转换成频率可变、电压可变的三相交流电送给牵引电机，进而被转换成牵引列车的机械能。

（2）CRH2A 牵引系统组成

如图 9-58 所示，CRH2A 型动车组牵引系统由主变压器（2 台）、牵引变流器（4 台）、异步牵引电机（16 台）组成，牵引电机轮周功率 300kW。

动车组由受电弓从接触网获得 25kV/50Hz 单相交流电，通过真空断路器（VCB）连接到牵引变压器原边绕组。牵引变压器牵引绕组输出的 AC1500V/50Hz 电源输入四象限变流器，变流控制装置实现对中间直流电压 2600～3000V 定压控制、牵引变压器原边单位功率因数的控制以及故障保护。再生制动时，将电机能量经过牵引变压器反馈至电网。牵引逆变器采用 VVVF 的控制方式，对 4 台并联的电机进行速度、力矩控制。

（3）CRH3C 牵引系统组成

CRII3C 型动车组采用动力分散式，每列 8 节编组，4 动 4 拖额定功率为 8800kW，分成两个动力单元，每个动力单元的牵引主电路设备主要由受电弓、避雷器、高压主断路器等高压电器、牵引变压器、2 个牵引变流器（包括牵引控制单元）8 个牵引电机和 8 套机械传动装置组成。能量可双向传递，在牵引工况时主要是从上往下传递，受电弓从接触网接受 25kV/50Hz 的高压交流电能，经过安装在车底架上的牵引变压器降压到 1550V/50Hz 交流电，降压后的交流电经过四象限变流器变换后输出直流电，为牵引逆变器和辅助逆变器提供直流电源，牵引逆变器把直流电逆变为频率、电压可变的三相交流电驱动牵引电机运行，将电能转换成牵引电机的机械能；电制动时将电机的机械能转换成电能回馈电网。CRH3C 型动车组牵引系统拓扑图如图 9-59 所示。

（4）CRH5A 牵引系统组成

CRH5A 型动车组牵引系统由两个动力单元组成，包括主变压器（2 台）、高压控制箱（2 台）、牵引变流器（5 台）、异步牵引电机（10 台）组成，通过 TCN 标准列车网络对各个动力单元进行管理和控制，实现动车组列车的牵引和调速。牵引电机轮周功率 550kW，体悬安装，由万向轴传递牵引力。CRH5A 型动车组牵引系统主电路原理如图 9-60 所示，受电弓从 25kV 的接触网获得电能，通过牵引变压器降压后供给四象限变流器，四象限变流器将牵引变压器二次侧单相交流电转变成系统要求的 3600V 直流电，经牵引逆变器，通过牵引控制单元的控制向牵引电机提供电压、频率可调的三相交流电源，实现牵引制动和速度调节。

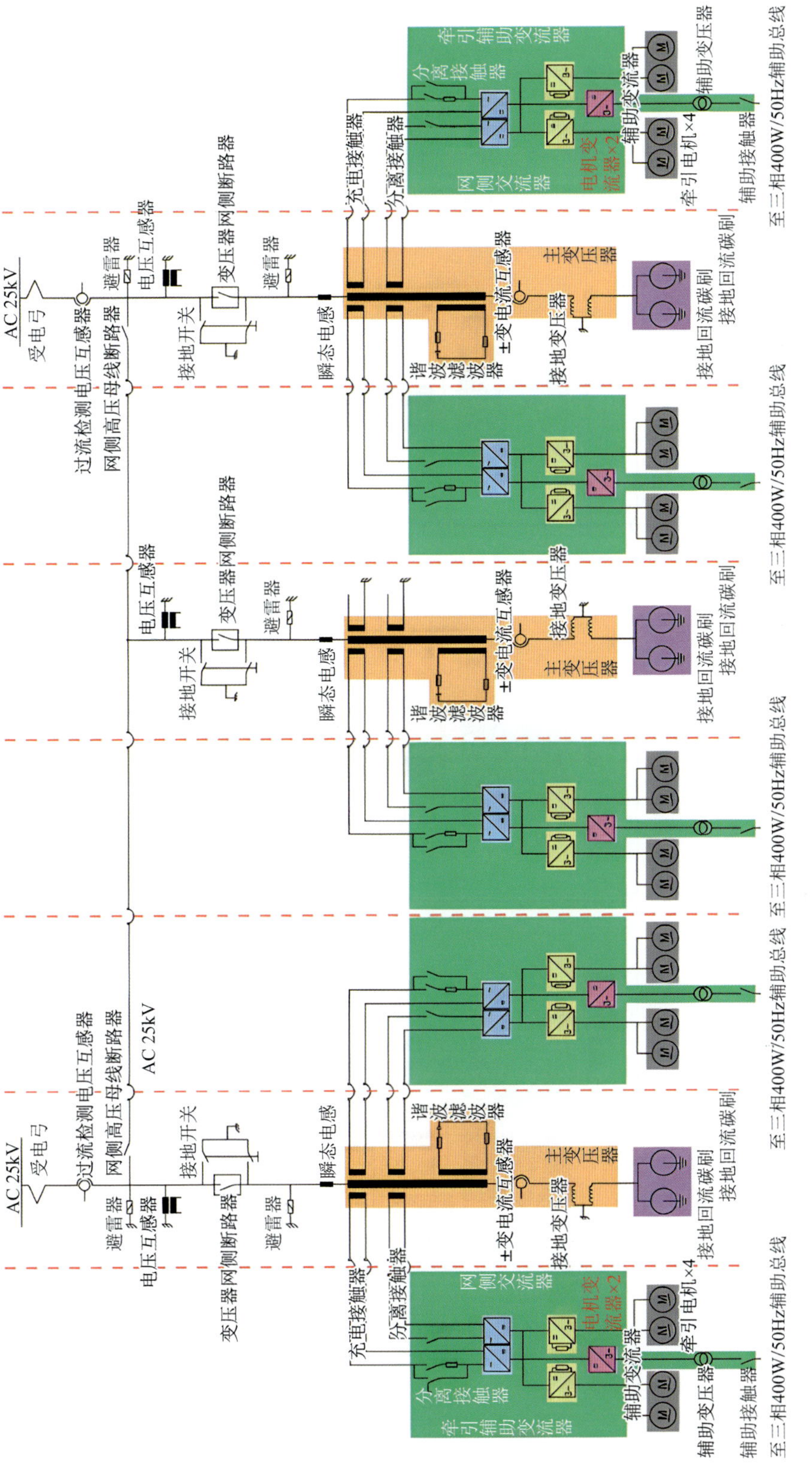

图 9-57　CRH1A 型动车组牵引系统拓扑图

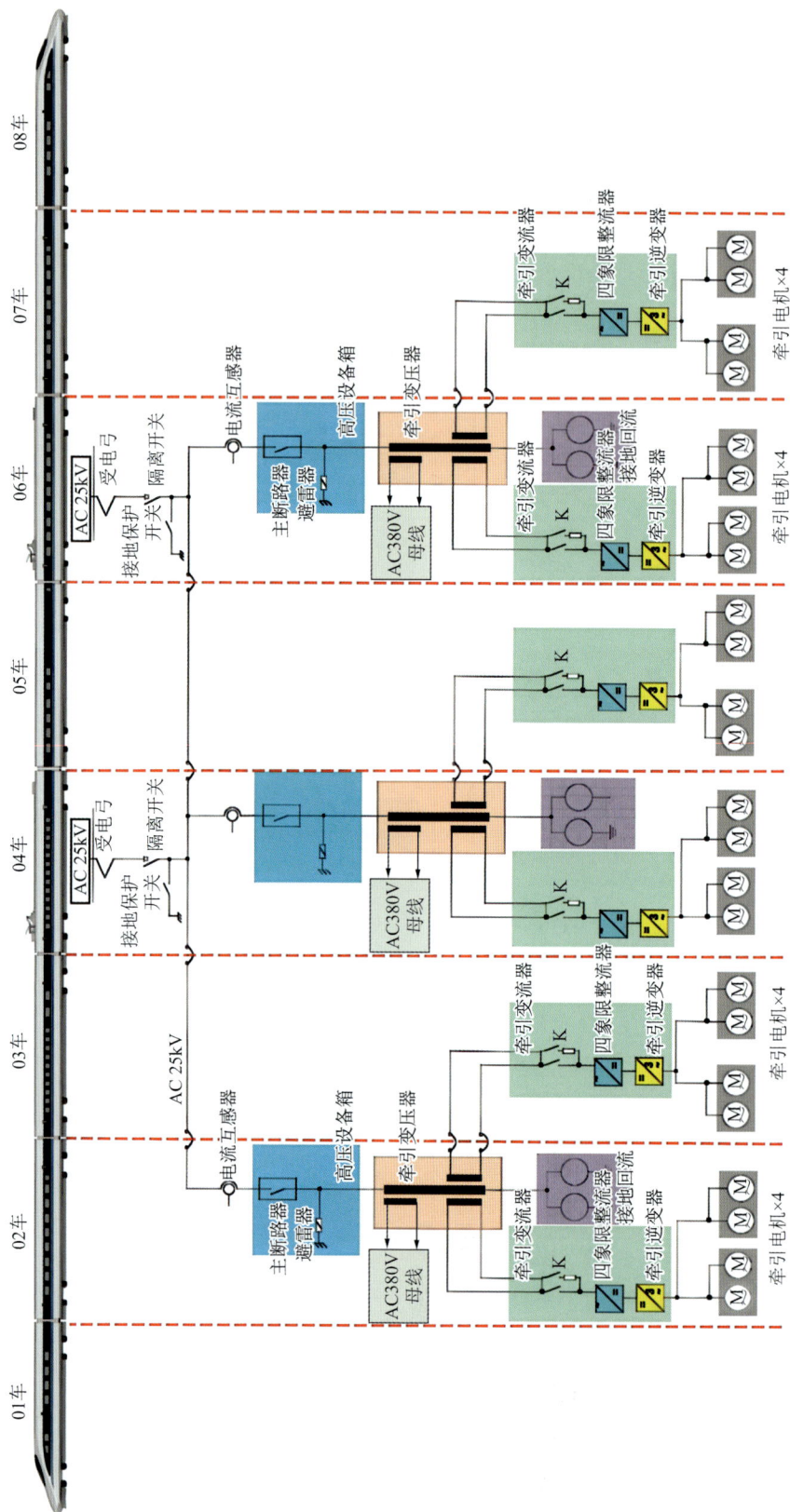

图 9-58　CRH2A 型动车组牵引系统拓扑图

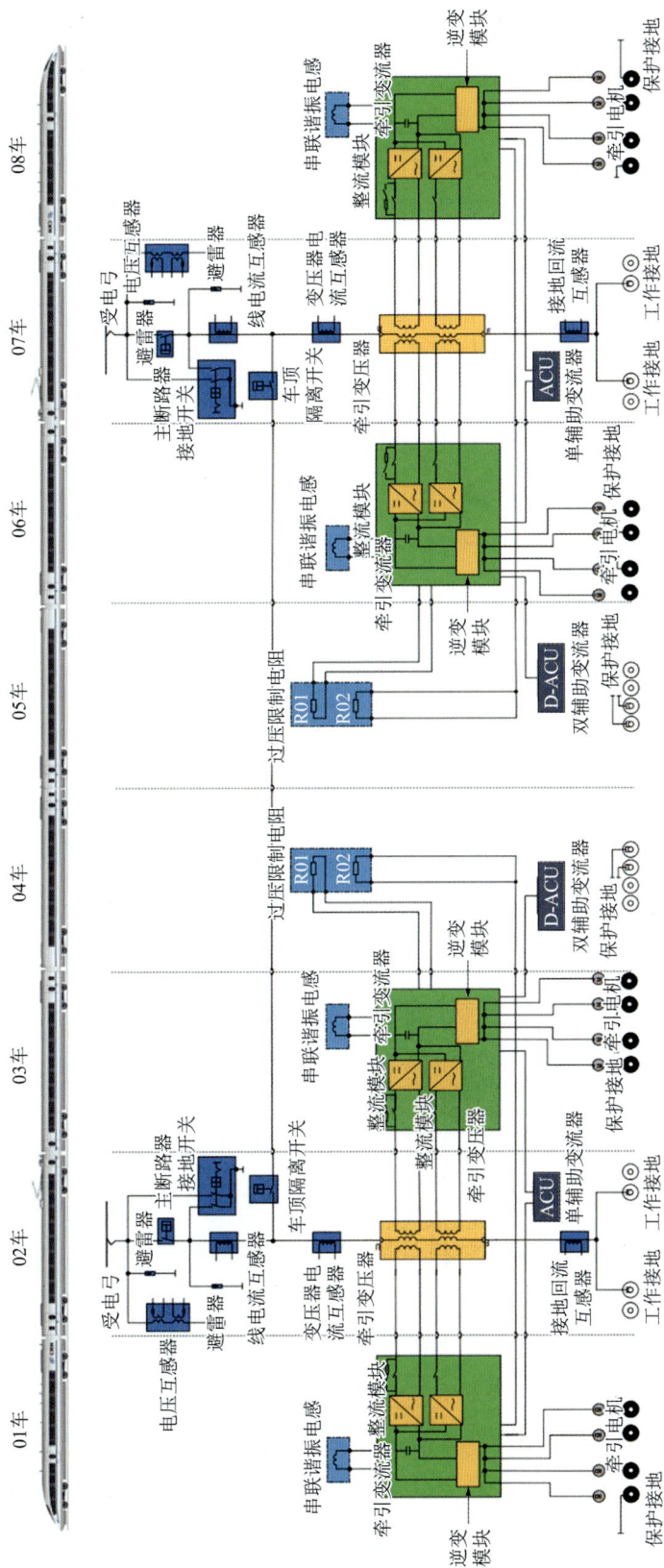

图 9-59　CRH3C 型动车组牵引系统拓扑图

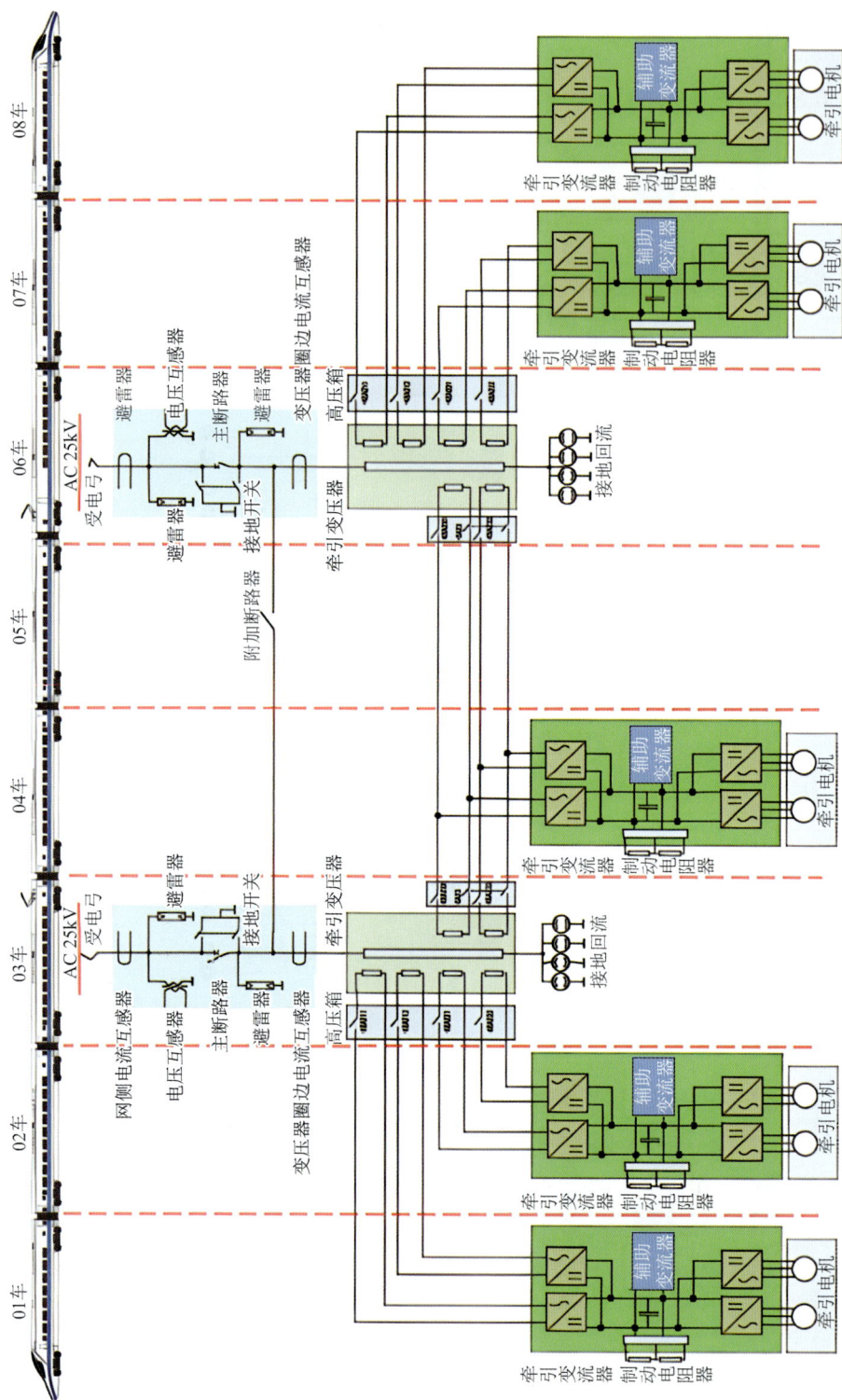

图 9-60　CRH5A 型动车组牵引系统原理图

（5）系统性能指标

牵引系统轮周牵引功率、起动牵引力、辅助电源容量等性能指标要求见表9-8。

牵引系统性能参数表 表9-8

车型	CRH1A	CRH2A	CRH3C	CRH5	CRH380A	CRH380B	CRH380CL	CRH380D
轮周牵引功率（kW）	5300	5023	8800	5500	9360	9200	19200	10080
起动牵引力（kN）	325	176	260	302	197	257.5	519.8	270
辅助电源容量（kVA）	700	490	960	1200	520	960	1920	800

3. 参数、功能设计与工程化设计技术

（1）牵引变流器

牵引变流器的功能是进行电能转换，以满足牵引列车及牵引控制对电能形式的需要。CRH系列动车组牵引变流器的性能参数见表9-9。

CRH系列动车组牵引变流器性能参数 表9-9

	车型	CRH1	CRH2/CRH380A	CRH3/CRH380B/CRH380C	CRH5	CRH380D
	技术特点	输入二重四象限，辅助系统由中间回路供电	输入单重四象限，辅助系统由变压器辅助绕组供电	输入二重四象限，辅助系统由中间回路供电	输入二重四象限，辅助系统由中间回路供电	输入二重四象限，辅助系统由中间回路供电
	电路结构	二电平	三电平	二电平	二电平	二电平
四象限变流器	输入电压（V）	2×900	1500/1658	2×1550/1850/1350	1770×2	4×964
	输入电流（A）	2×800	875/974	2×985/2×985/2×974	2×495	4×900
牵引逆变器	电机控制方式	架控	车控	车控/车控/架控	轴控	架控
	输出电压（V）	1287	2300	2800/2800/2066	2808	1400
	额定输出电流（A）	800	424/448	880/880/808	211	780

（2）传动控制

传动控制单元与列车网络、牵引变压器、牵引变流器、牵引电机以及外部电气电路和制动系统等对象关联。

以CRH1型动车组为例，其牵引传动系统主回路的能量转换过程受以MITRAC通用计算机为核心的传动控制系统控制。传动控制系统通过多功能车辆总线（MVB）接受司机室的控制命令，也通过MVB传送车辆运行信息到主控计算机作进一步的处理和显示。每辆动车包含一个传动控制系统，传动控制系统控制四象限变流器、牵引逆变器和辅助变流器的运行。

（3）辅助变流器

辅助变流器为动车组上除牵引动力系统和直流设备之外的所有用电设备提供电源，主要负载设备包括：空气压缩机、牵引系统冷却通风机、油泵/水泵电机、空调系统等。CRH系列动车组辅助变流器的性能参数见表9-10。

辅助变流器性能参数 表 9-10

车型		CRH1	CRH2	CRH3	CRH5	CRH380A	CRH380B	CRH380CL	CRH380D
供电特征		中间直流回路供电	独立绕组供电	中间直流回路供电	中间直流回路供电	独立绕组供电	中间直流回路供电	中间直流回路供电	中间直流回路供电
输入回路	输入电压（V）	DC1650	AC400	DC3600	DC3600	AC400	DC3600	DC2310	DC1500
逆变器输出	输出电压（V）	3AC400、3AC230	3AC400	3AC440	3AC380	3AC400	3AC440	3AC440	3AC400
	输出频率（Hz）	50	50	60	50	50	60	60	50
	输出功率（kVA）	160	205	160/2×160	300	205	160/2×160	160/2×160	200

（4）牵引变压器

CRH系列动车组主要采用两种结构的牵引变压器，即心式变压器和壳式变压器。各车型主要技术参数见表9-11。

CRH 系列动车组主变压器性能参数 表 9-11

车型		CRH1	CRH2	CRH3C	CRH5A	CRH380A	CRH380B	CRH380C	CRH380D
结构		心式	壳式	心式	心式	壳式	心式	心式	心式
额定电压	原边（V）	25000	25000	25000	25000	25000	25000	25000	25000
	牵引（V）	4×901	2×1500	4×1551	6×1770	2×1658	4×1850	4×1350	8×964
	辅助（V）	1004	400	无	无	400	无	无	无
额定电流	原边（A）	84	122.4	226	210	167	234	247	242
	牵引（A）	4×585	2×856.7	4×910	6×496	2×1102	4×790	4×1141	8×784
	辅助（A）	158	122	无	无	1300	无	无	无
额定容量（kVA）		2108	3060	5644	5262	4174	5848	6164	6048
总质量（kg）		4100	2910	6200	7000	3570	6400	6400	6070

（5）牵引电机

CRH系列动车组均采用三相异步电机，其中，CRH5型动车组的牵引电机采用车体悬挂方式并通过万向轴传递给齿轮箱输出扭矩到轮对，驱动动车组运行；其他动车组均采用转向架构架悬挂方式，直接通过齿轮箱驱动轮对。各动车组牵引电机的技术特点、参数见表9-12。

CRH 系列动车组牵引电机技术参数　　　　表 9-12

项点	参数				
车型	CRH1/CRH380D	CRH2/CRH380A	CRH3C/CRH380B	CRH380C	CRH5
额定功率（kW）	265/630	300/365	587	615	568
额定电压（V）	1287/1404	2000	2750	2066	2089
额定电流（A）	155/322	106/130	145	202	211
额定转速（r/min）	2736/2971	4140	4100	4100	1177
额定效率（%）	94	94.8	94	94	93.5
极数	4	4	4	4	6
质量（kg）	617/765	440/460	750	760	1610

4. 工艺与大批量制造技术

CRH 型动车组（和谐号）生产时期，工艺制造领域前后交叠经历了两个阶段，第一阶段主要引进日本和欧洲等国的高速动车组技术并合作生产，第二阶段则是在逐步国产化的同时完成再创新。

2005—2009 年，通过与日本三菱、德国西门子、法国阿尔斯通等国际标杆企业合作，实施了高速动车组工艺与制造技术的引进、消化、吸收、再创新，主要应用和谐号车辆及后续升级车型的生产制造。工艺技术、专业能力和工艺可靠性研究水平得到提升，质量和精益管理能力得以完善，较好地适应了轨道交通装备长寿命高可靠的产品特点以及多品种小批量交付的生产模式。

5. 供应链开发

开展物料国产化供应链建设。比如复合母排，开展国产化试制，建立了全新的生产线，全面对标进口技术和工艺要求，在较短的时间完成试制并批量供应。

对于国内采购物料，制定了对应的物料开发方案。比如结合动车变流器的铝合金骨架工艺特点，选择了多家供方进行技术开发。在后续的批量供货时，通过固化工艺、工装、人员，定期督查指导，全程监造等多种方式，确保工艺稳定，保证量产的质量符合要求。

通过以上各项措施，在较短的时间内建立了稳定的供应链，开发了国产化供应商，以有效的供应链管理措施，确保了合格物料的及时、稳定交付。

6. 现场应用技术及其改进提升

在技术引进消化吸收的基础上，通过自主创新解决了 CRH 系列引进动车组国产化运用问题。结合 CRH380A 动车组牵引变流器三电平功率模块自主设计需求，完成了三电平功率模块、低感母排和热设计等关键技术的攻关。自主设计的三电平模块和低感复合母排，实现了大功率低感连接和良好均流；根据损耗差异，设计了高性能散热器，实现了高效散热。通过试验验证，上述成果在高速动车组上批量装车并可靠运营，完全满足高铁牵引系统的要求。

7. 存在的问题

国外技术平台的 CRH 系列动车组牵引系统各具特点，但都存在着不适应中国铁路发展的技术问题，主要有以下几点。

一是动车组是在国外技术平台上发展起来的，技术上受制于人，外方转让的技术是我方能够把给定产品制造出来的技术，而不是设计和开发产品的技术。牵引系统中实时控制软件及控制算法等关键软件技术没有转让，修改仍由外方技术人员负责，且关键设计原理、相关技术参数和核心零部件制造技术也并未转让，很难满足我国铁路高质量发展的需求。

二是由于国外动车组平台的差异，使得我国当时使用的不同型号动车组在操作界面、运用界面及维修界面上差异较大。就牵引系统而言，和谐号各车型传动比不一致、动拖比不一致，变压器结构形式、绕组数量、输出电压等不一致，变流器主电路拓扑、电平等不一致，电机额定功率、电压、转速等不一致。不同型号的和谐号动车组，甚至同一型号不同批次的动车组都不能够实现重联运营，给铁路运营部门带来了很多不便，降低了运营效率，增大了运营维修成本。

三 自主创新，奠定中国标准

2012 年，中国铁路从发展需求出发，以全面掌握高速列车关键核心技术、拥有完全自主知识产权为目标，开始研制中国标准动车组（复兴号），打造自主化的动车组技术平台。

1. 顶层需求

CR400 型动车组牵引系统与整车起动加速度、平均加速度、剩余加速度及其他动力冗余性的功能和性能要求相匹配，具有高效、节能、安全可靠的技术特点。

① 0～200km/h 的平均加速度不小于 $0.4m/s^2$。

② 350km/h 运行时的剩余加速度不小于 $0.05m/s^2$。

③ 可利用的黏着系数按最不利条件考虑，黏着系数在起动时约为 0.12。

④ 轮周牵引功率（持续制）9600kW（±10%），轮周最大再生制动功率应不低于额定牵引功率的 1.3 倍。

⑤ 再生制动力可在 10km/h 以上速度时输出最大制动力，并在 10km/h 开始线性下降，直至速度为 2km/h 时降为 0，再生制动力实际发挥由制动控制策略决定。

⑥ 当动车组 25% 及以下动力失效时，在定员载荷下可全程往返一次。

⑦ 当动车组 50% 动力失效时，在定员载荷下可在 12‰ 的坡道上起动，并能前进至最近车站。

⑧ 当一列定员载荷的动车组因故障停在 12‰ 的坡道上，另一列空载动车组能够从坡底

将故障动车组顶推或拖拽到下一站。

⑨ 当牵引设备发生故障或损坏时，牵引系统应能够迅速保护、自动或提示司机手动隔离故障设备并导向安全，故障影响不应扩大化。

2. 牵引系统组成

CR400 型动车组为动力分散型高速动车组。其牵引系统采用交流传动技术，主要由牵引变压器、牵引变流器、牵引电机、齿轮箱等部件组成。牵引系统包括 2 个动力单元，每个动力单元由 1 台主变压器、2 台牵引变流器和 8 台牵引电机构成，其中每台牵引变流器通过车控/架控方式驱动 4 台牵引电机。CR400AF 型、CR400BF 型动车组牵引系统组成如图 9-61 所示。

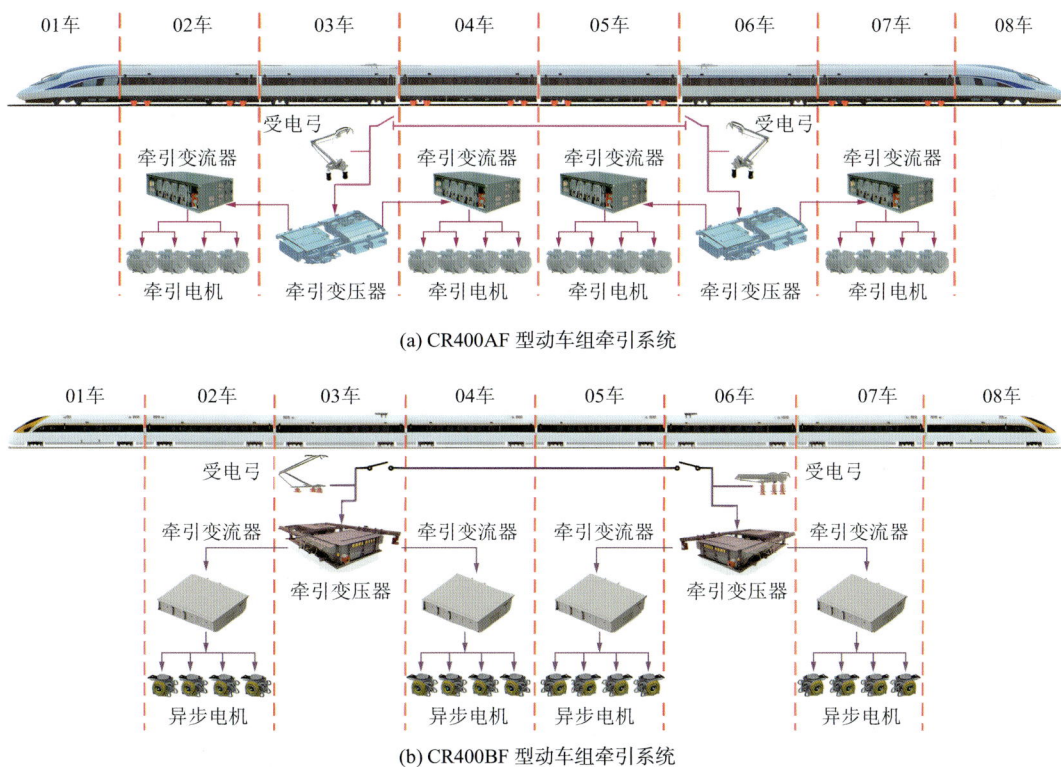

(a) CR400AF 型动车组牵引系统

(b) CR400BF 型动车组牵引系统

图 9-61　CR400 型动车组牵引系统组成

3. 参数、功能设计与工程化设计技术

（1）牵引变流器

牵引变流器由四象限变流器、中间直流环节和牵引逆变器组成。牵引变压器原边接收 25kV/50Hz 供电电压，次边输出至牵引变流器，通过变流器预充电单元和四象限变流器模块给中间直流环节电压回路供电，确保中间直流电压稳定，并可将再生制动能量反馈到接触网供电系统，动车组车载电源的电能通过牵引变流器的中间直流环节获得，辅助变流器将直流电转化为列车车载电源供电的三相交流电。

CR400AF 型动车组牵引变流器主电路如图 9-62 所示，CR400BF 型动车组牵引变流器主电路如图 9-63 所示。

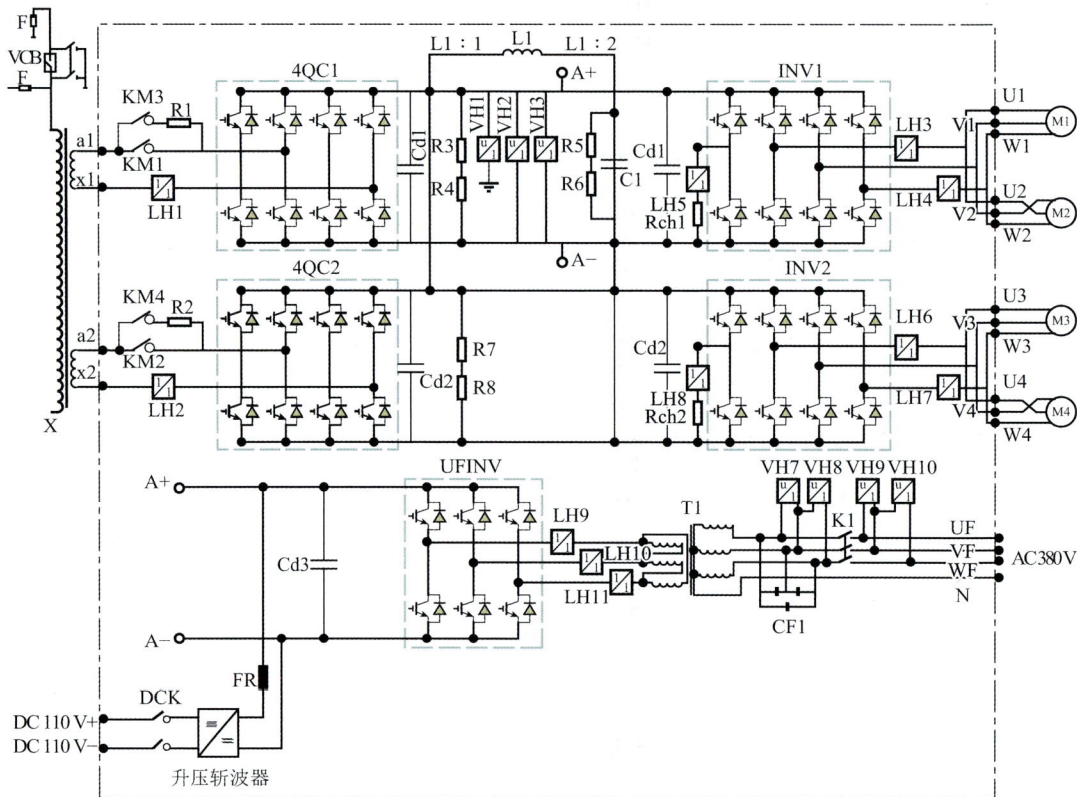

图 9-62　CR400AF 型动车组牵引变流器主电路

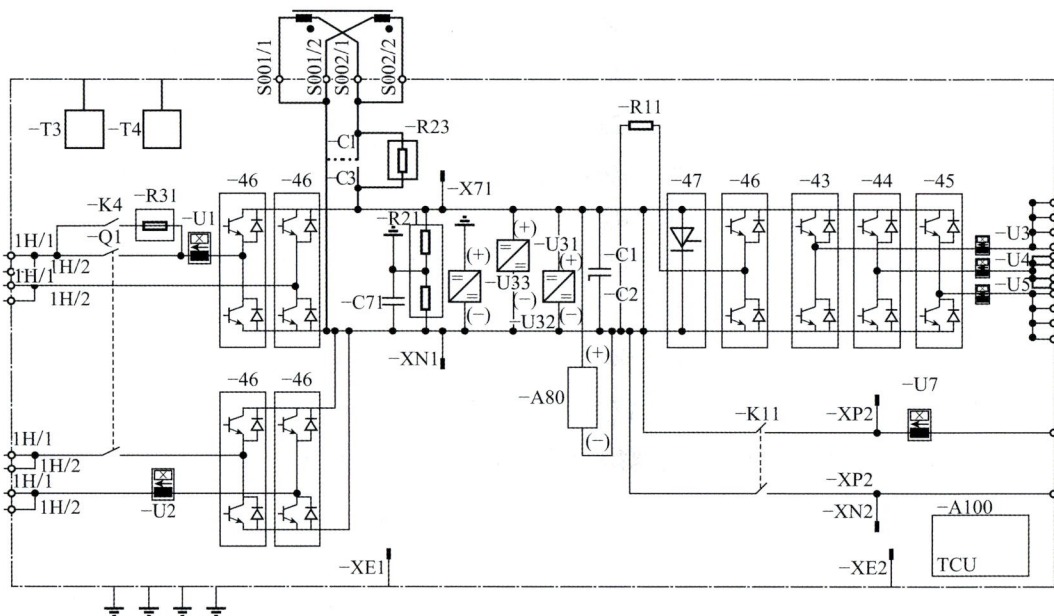

图 9-63　CR400BF 型动车组牵引变流器主电路

CR400 型动车组牵引变流器主要技术参数见表 9-13。

CR400 型动车组牵引变流器主要技术参数　　　　　表 9-13

项点	CR400AF 型动车组	CR400BF 型动车组
四象限输入电压（V）	1900	1900
四象限输入电流（A）	829	846
中间直流环节电压（V）	3600	3600
逆变器输出电流（A）	155	170

（2）传动控制

①载波移相控制。

为减小网侧谐波，牵引变流器四象限采用载波移相控制技术。同一牵引变流器中含有 2 个四象限变流器模块，每个四象限变流器模块构成一重相位控制，两重四象限变流器模块移相角度错开 90°。动车组中各变流器根据正常工作的变流器数量和自身位置自行计算四象限变流器模块移相角度。相比于和谐号动车组，CR400 型动车组网侧等效干扰电流降低 62%。

②过分相牵引电机发电。

在动车组速度大于 80km/h 时，逆变器控制电机进入轻微的再生制动模式，反馈的电能维持中间直流环节电压稳定，辅助系统可维持正常工作，满足中压负载不断电。

③无火回送自发电。

动车组在无火回送超过 55km/h 速度时，牵引电机开始发电维持牵引变流器中间直流电压，辅助变流器能够启动，向充电机、主空压机、空调等负载供电。

（3）牵引变压器

牵引变压器采用整体设计，单相心式结构，变压器本体与冷却系统、储油柜一体化布置，结构紧凑，采用整体弹性悬挂技术和强迫导向油循环风冷方式。主要组成部件为绕组、铁芯等。

①绕组：设有高压绕组和牵引绕组。

②铁芯：采用具有耐高温和绝缘表面的高导磁硅钢片叠积而成。

③箱体：采用高强度结构钢制油箱，油箱侧面布置储油柜，储油柜通过装满硅胶的吸湿器与外部空气相通。

④外围部件：高压 A 端子（套管）、高压接地端子、低压牵引端子、油泵、温度传感器、温度继电器、压力释放阀、油位继电器和油流继电器等。

⑤冷却系统：风机与油冷却器采用集成一体化技术，采用并联油路设计。冷却系统与变压器本体采用整体弹性悬挂方式。

CR400 型动车组牵引变压器主要技术参数见表 9-14。

CR400 型动车组牵引变压器主要技术参数　　　　表 9-14

项点		CR400AF 型动车组	CR400BF 型动车组
牵引绕组数量		4	
额定容量（kVA）	原边	6300	6432
	次边	4 × 1575	4 × 1608
额定电流（A）	原边	252	257
	次边	4 × 829	4 × 846
额定电压（V）	原边	25000	
	次边	4 × 1900	4 × 1900
短路阻抗		42.5% × （1 ± 10%）	46% × （1 ± 10%）
效率		约为 96%	
冷却方式		强迫导向油循环风冷	
质量（kg）		6000 × （1 ± 3%）	6100 × （1 ± 3%）

（4）牵引电机

牵引电机满足动车组整车牵引特性和电制特性，最大转速不低于 5600r/min，在定子铁芯和轴承都配有温度传感器，实时监测电机运行状态，在非传动端安装速度传感器，检测电机的转速及转向，电机在两端端盖设置废油脂腔，存储废油脂。

牵引电机为鼠笼式异步牵引电机，强迫通风，防护等级为 IP23，采用 S1 工作制。牵引电机采用 200 级耐电晕绝缘结构。牵引电机的主要参数见表 9-15。

牵引电机主要技术参数　　　　表 9-15

项点	CR400AF	CR400BF
通风方式	强迫风冷	强迫风冷
额定功率（kW）	625	650
额定电压（V）	2750	2800
额定电流（A）	155（基波）	170（基波）
额定转速（r/min）	4100	4173
额定效率	0.945（基波额定）	0.945（基波额定）

4. 工艺与大批量制造技术

伴随新一代动车组的自主创新及中国标准的主导应用，复兴号动车组工艺制造领域同样展现出全面、深度的自主创新。这一时期，基于和谐号动车组时期的引进创新和技术积累，通过持续自主创新，结合智能制造、数字化转型等工程建设，工艺技术专业能力全面覆盖工程设计、柜体加工、电子装联、集成装配、检测试验、包装物流、检测维修等各大板块及各类细分技术领域，生产运营与质量管控能力全面优化，健全大功率器件及其组件技术的集成设计制造模式，拥有芯片—模块—装置—系统完整产业链，同步建设数智化制造能力，部署了从关键器件、核心部件到整机装备全产业链的智能制造试点示范和推广应用，兼顾轨道交通装备更长寿命高可靠性的产品特点，以及轨道交通和新能源领域低碳、绿色、可持续发展的产业战略和低成本、高质效、定制化的多品种大批量交付需求。

5. 自主供应链开发

对于中国标准化高速列车（复兴号），由技术、工艺、采购等多部门组成专项团队，开展供应链建设和质量保证专项管理。

引入采购品类管理技术，根据物料品类制定采购策略。对于复兴号动车组，采购和技术共同确定了 21 类 200 多种关键物料，采购部门开展国内外全面的寻源，关键物料均有 2 家及以上的供应资源。如辅助变压器有 3 家供应资源，电抗器、风机、电力电容等有 2 家供应资源等。对于瓶颈物料，识别 14 种物料开展资源开发，由技术、商务、质量成立专项物料开发团队，完成了物料的开发，实现了降本提质增效。

6. 现场应用技术及其改进提升

CR400 动车组总体运用可靠，但仍存在因现场适应性不足导致发生故障，2017 年 6 月批量投入运营以来，部分车型发生了多起高压箱设备放电导致的网侧过流故障。发生故障后在应急处理时，机械师以人工方式查看受电弓监控视频确认具体故障发生动力单元，由此增加了机械师判断故障位置的难度与不确定性，增加了应急处置的时间，对动车组的正常运营秩序造成了影响。通过增加 CT4 电流互感器，增加高压控制单元采集通道及瞬时值记录功能，优化高压控制单元和中央控制单元的诊断逻辑、应用远程无线传输系统等一系列的方法，明确了网侧电流过流故障接地点的定位方案。通过实际应用证实新方案切实、有效解决了无法定位接地点位置的问题。

7. 与国外同类产品对比

突破了时速 350km 中国标准动车组（复兴号）牵引系统设计及控制的关键技术，融合电气设计、机械设计、热设计、电磁兼容设计，实现轮周功率指标国际领先（复兴号：634kW/轴，N700：297kW/轴，ICE3：488kW/轴）；牵引变流器输出功率 2766kW，功率密度达到 660kW/t，超过国外同类型产品。

四 持续创新，建立引领优势

为建设交通强国，构建现代综合交通运输体系，推动铁路技术向更高水平迈进，进一步巩固我国高铁的世界领先地位，进入"十四五"时期后，中国开始实施"CR450 科技创新工程"。

1. 顶层需求

CR450 动车组牵引系统全面体现了更高速度、更加安全、更加环保、更加节能、更加智能、更加自主、更可持续、系统更优的顶层要求，具有明显的代际特征和技术先进性。

2. 牵引系统组成

CR450 动车组采用 4 动 4 拖架构，全列分为两个动力单元，每个动力单元均配置 1 台牵引变压器、2 台牵引变流器、8 台永磁牵引电机。CR450 动车组牵引传动系统拓扑如图 9-64 所示。

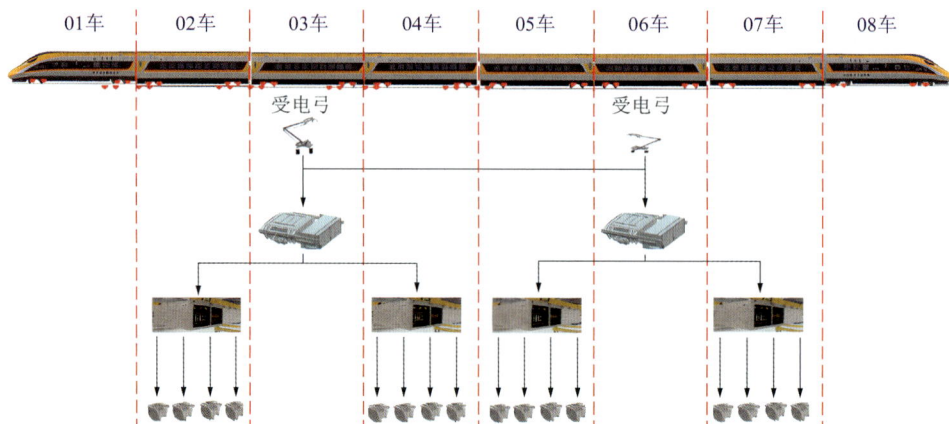

图 9-64 CR450 动车组牵引传动系统拓扑图

受电弓从接触网单相交流 25kV/50Hz 受流，通过主断路器（VCB）连接到两台牵引变压器原边绕组上。牵引变压器设置 4 个次边绕组，每 2 个次边绕组给相邻动车上的 1 台牵引变流器供电。牵引变流器采用交-直-交变换，除为本车 4 台三相永磁同步牵引电机进行变频调速外，还通过中间直流环节为辅助逆变器提供电能，辅助系统采用高频辅变，输出制式为三相三线制。

3. 参数、功能设计与工程化设计技术

（1）牵引变流器

每节动车配置一台牵引变流器，每台变流器内装有两重四象限变流器、四个牵引逆变器及一个辅助变流器。牵引变流器将牵引变压器两个次边绕组输入的单相交流电通过整流逆变转换为三相变压变频交流电，为牵引电机供电，一台牵引变流器中的四个逆变器分别驱动四台牵引电机。辅助变流器模块从中间直流回路取电，将中间直流电压逆变为三相交流电为列车辅助系统进行供电。列车在被牵引且在无网侧供电的条件下，速度满足一定条件时启动无火回送模式，保证其辅助变流器工作并对三相 AC380V 辅助母线供电和对蓄电池充电。牵引变流器柜中还装有传动控制单元，可通过以太网进行通信。

CR450 动车组牵引变流器主要技术参数见表 9-16。

CR450 动车组牵引变流器主要技术参数　　　　　　　　　　表 9-16

项点	技术参数	项点	技术参数
输入电压（V）	单相 2×1900	输出电压（V）	三相 0～2808
额定输入电流（A）	2×879	额定输出电流（A）	4×157
标称直流电压（V）	DC 3600		

（2）传动控制

CR450 动车组运营速度 400km/h，最高试验速度高于 450km/h，保留冲击 600km/h 能

力。列车采用永磁牵引传动技术，与 CR400 动车组相比，CR450 动车组的永磁牵引系统更加节能高效，轴控方式在故障工况下动力损失更少、冗余度更高。

① 永磁电机控制。

牵引变流器具有永磁牵引电机无位置传感器控制功能，牵引电机在无位置传感器、旋转变压器的不同配置下，均可满足电机控制要求。

牵引变流器具备永磁牵引电机零位角辨识功能，可自动识别牵引电机的零位角。

牵引变流器具备永磁牵引电机故障保护功能，可对电机缺相、电机失磁、相间短路、匝间短路等故障有效保护，保障列车行车安全。

② 隔离接触器控制。

在逆变输出侧与永磁电机之间，配置三相独立的隔离接触器，传动控制单元根据控制与保护需要控制隔离接触器的闭合与断开。

（3）牵引变压器

牵引变压器安装在 03 和 06 拖车下设备舱内，把受电弓从网压侧的 25kV/50Hz 交流电降压为 1900V 后供给牵引变流器。

牵引变压器为单相心式变压器，设置 1 套高压绕组和 4 套牵引绕组。变压器膨胀油箱与变压器本体一体化布置，冷却系统与变压器本体采用整体弹性悬挂方式。主要结构如下。

绕组：设有 1 套高压绕组、4 套牵引绕组；铁芯：采用低磁滞伸缩硅钢片，具有耐高温和绝缘表面，芯片进行充分堆叠；油箱：采用高强度结构钢油箱；冷却系统：风机与冷却器采用集成一体化技术，冷却系统进风方向与行车方向一致；配置副油箱，补偿油温变化带来的油体积变化；采用耐高温 A 端子，变压器绝缘系统由原来的混合级绝缘系统提升至均匀高温绝缘系统。

CR450 动车组牵引变压器主要技术参数见表 9-17。

CR450 动车组牵引变压器主要技术参数　　　　表 9-17

项点	CR450（A 平台）	CR450（B 平台）
容量（kVA）	7100	7100
二次额定电压（V）	1900	1900
二次额定电流（A）	934	895
结构	单相、心式	单相、心式
	4 个牵引绕组	4 个牵引绕组
质量（kg）	5000	5050
效率	0.965	0.965

（4）牵引电机

牵引电机为三相永磁同步电机，通过牵引变流器对其驱动控制。电机轴端设置位置传感器，向牵引变流器提供转子位置信号，变流器可采用无位置传感器控制。电机在铁芯、驱动端轴承、非驱动端轴承分别设置温度传感器，进行温度检测与保护。

CR450 动车组牵引电机基本技术参数见表 9-18。

CR450 动车组牵引电机基本技术参数　　　　　　　　表 9-18

项点	CR450（A 平台）	CR450（B 平台）
电机类型	永磁	永磁
额定功率（kW）	750	750
额定电流（A）	170	165
额定电压（V）	2808	2808
额定转速（r/min）	4200	4251
极数	8	6
质量（kg）	≤ 700	≤ 700

4. 与国外同类产品对比

通过新型功率器件应用、永磁牵引、牵引系统匹配、轻量化设计、新算法等技术研究，CR450 动车组牵引系统性能达到国际领先水平，具有明显的代际特征和技术先进性，有力支撑 CR450 动车组更高速度、更加安全、更加环保、更加节能、更加智能、更加自主、更可持续、系统更优的顶层要求。在国铁集团组织下，2023 年 6 月 28 日在湄洲湾跨海大桥，搭载 CR450 牵引传动系统的试验列车实现单列最高时速 453km、双向两列相对交会最高时速 891km 运行；6 月 29 日在海尾隧道，试验列车实现单列最高时速 420km、双向两列相对交会最高时速 840km 运行，并对新技术部件进行了有效的性能验证，各项指标表现良好，为"CR450 科技创新工程"的顺利实施打下了坚实基础。

第四节　研发平台建设

一　仿真计算平台

仿真广泛应用于各个工程领域，以加速产品研发测试，提高研发效率，仿真计算平台已经成为高端装备企业研发平台不可或缺的关键基础。国外轨道交通知名企业如西门子、阿尔斯通、庞巴迪、ABB 等都已经建立了成熟的列车及关键部件仿真平台，应用于产品策划、工程化、使用寿命评估以及关键零部件的可靠性分析及工艺设计。基于仿真的产品设计及测试验证方法在国内牵引系统开发中的应用也日益广泛，并发挥了重要作用，其能力建设具体可分为以下 3 个阶段。

起步阶段（20 世纪 80 年代末—20 世纪 90 年代末）。20 世纪 80 年代末，国内引入了主电路模拟器来支撑 8K 型电力机车直流电机控制器的调试，大大提高了 SS4 系列电力机车的调试效率，大幅缩短了产品试验周期。一些商业仿真工具开始应用在自主交流牵引系统的开发探索中。这段时期是牵引系统仿真计算能力建设的萌芽期。

发展阶段（2000—2010 年）。进入 21 世纪，基于仿真的设计与验证思路逐渐应用于牵引传动产品。半实物仿真因其能够准确模拟工况场景，在控制设备开发测试中受到广泛欢迎，2003 年，基于德国 dSPACE 实时仿真机的硬件在环半实物仿真系统首次引入到国内牵引系统研发中，如图 9-65 所示。同时，结构、热、电磁兼容等多学科仿真设计技术也逐步应用于支撑牵引装备性能提升。

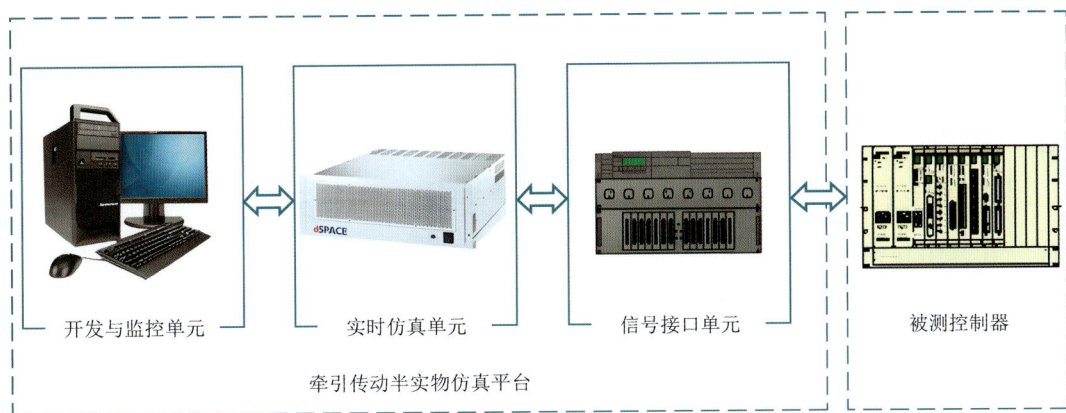

图 9-65　牵引传动半实物仿真

完善阶段（2011 年至今）。为应对高速列车产业的快速发展，国内各企业建成了综合仿真技术平台，用以支撑更高复杂度、更高性能指标的牵引系统产品研发。株洲所建成"车-网-路一体化综合仿真平台"，形成供电、信号、列车全运行环境耦合的仿真能力，四方所建设了"多学科仿真及一体化仿真平台"，大连电牵建设了"牵引传动和网络控制系统仿真测试平台"。

目前，国内基于轨道交通牵引系统多层次、多领域仿真的设计能力已逐步形成。

在系统层面，国内构建了列车单车操纵、列车群运行调度、供电设备配置及能量调度、车-网-路大系统综合仿真、性能评估及优化能力，支持车、网、路大系统解决方案，如图 9-66 所示。

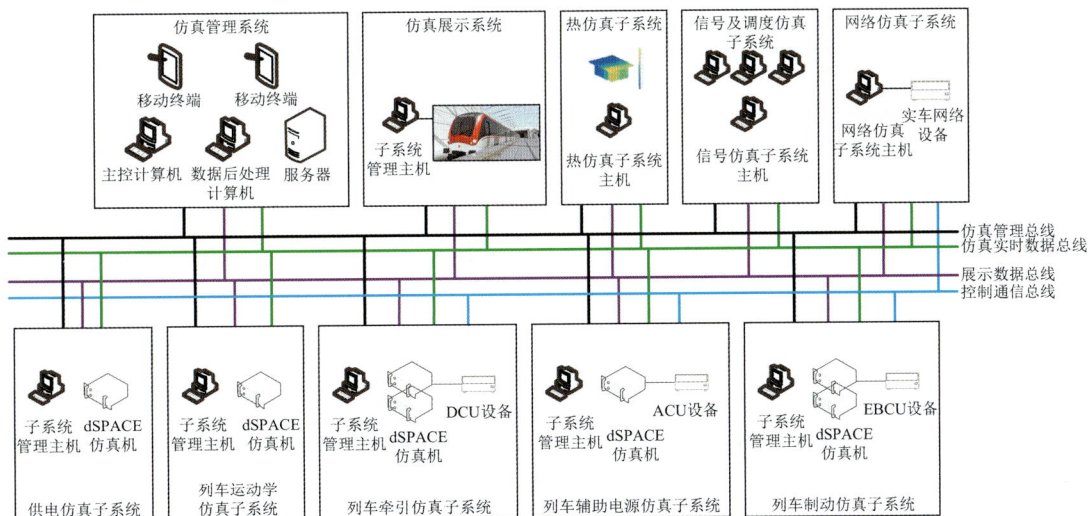

图 9-66　轨道交通车-网-路大系统综合仿真平台

在控制层面，国内建成了针对牵引传动电气系统高精度的硬件在环仿真平台，形成了成熟的牵引控制设备全工况、全运行环境的半实物测试方法、流程及工具链，大幅缩短了控制设备开发与验证周期，降低了测试与试验成本，保障了产品的可靠性。

在关键部件层面，国内逐步建成了针对变流模块、机箱机柜、电机、变压器、电抗器等的力学、热学、电磁兼容、噪声、可靠性的单学科及电-热-寿命多学科协同仿真能力，形成了对产品设计、验证、维护等全生命周期活动的支持，有效提升了产品的质量与性能。

二　检测试验平台

从直流传动到交流异步传动再到永磁同步传动技术，检测试验平台作为牵引系统的"试金石"，在其中起到了至关重要的支撑作用。我国轨道交通牵引电传动试验体系的建设与发展大致可以分为以下 4 个阶段。

起步阶段（1950—1980 年）。新中国成立初期，由于技术和经验的限制，我国轨道交通牵引传动技术主要依赖引进和模仿。在这一阶段，我国开始建立一些基础的试验设施，如始建于 1956 年的铁科院环行铁道试验基地（国家铁道试验中心）。由于技术水平和基础设施的限制，试验线路、测试设备、安全保障系统等均无法满足高速动车的试验需求，当时的试验能力主要集中在低速列车的性能测试上。

自主发展阶段（1980—2000 年）。改革开放后，随着国内铁路科技的快速发展，逐步构建起自主的牵引电传动试验体系。20 世纪 80 年代，我国开始在科研院所和高校建立相应的实验室，如株洲所的变流技术国家工程研究中心、西南交通大学的牵引动力国家重点实验室等，开展牵引传动系统及关键部件的试验研究。在此期间，建成国内首套 10m 电磁兼容法暗室，具备磁场强度、电磁辐射、电源端骚扰电压、骚扰电流等试验能力；建成国内首台交流传动对拖试验台，可开展牵引系统带电机负载下的对拖试验。

快速提升阶段（2000—2012 年）。进入 21 世纪，牵引传动试验体系建设取得了显著成就。在此期间，国家级和省部级轨道交通牵引传动实验室如雨后春笋般涌现出来，如高速铁路系统试验国家工程实验室、高速列车系统集成国家工程实验室、动车组和机车牵引与控制国家重点实验室等。不仅配备了先进的测试设备，也构建了完整的试验验证体系，试验技术水平取得了跨越式的发展。

创新引领阶段（2012 年至今）。随着牵引传动技术不断革新，我国在高速列车牵引传动系统、永磁同步电机驱动技术、大功率变流器等方面取得了一系列国际领先的成果。一方面不断拓展牵引传动检测试验体系的新研究领域，如能量回馈、材料轻量化应用、物料筛选、产品寿命与可靠性测试等；另一方面大力加强数字化实验室建设，采用先进的图像识别、传感器采集、分布式数据库等技术推动向管理数字化、试验自动化、试验虚拟仿真化方向发展，实现了检测试验向数字化、智能化的转变。

日趋完善的检测试验体系、不断改进的检测装备与试验方法为电力牵引与控制核心技术研究提供了创新平台，为相关电子电气产品的先进性、可靠性、成熟性等提供了完整的体系保障，不仅支撑了国内高速铁路和城市轨道交通装备的快速升级，也为推动全球轨道交通技术革新贡献了中国智慧和力量。目前，检测试验平台已能够全面覆盖整车级、系统级、部件级、物料级、元件级产品的功能、性能、环境适应性、电磁兼容性、结构安全性等试验能力，主要试验能力见表9-19。未来，我国轨道交通牵引传动试验体系将继续发挥重要作用，推动我国轨道交通事业向更高水平迈进。

检测试验平台主要试验能力　　　　　　　　　　　　表 9-19

序号	试验对象		具备试验能力	依据标准
1	整车级	高速动车组、铁路电力机车、城轨车辆	起动加速试验、牵引特性试验、动力制动试验、速度控制系统试验、运行阻力试验、网压波动试验、网压中断试验、网压突变试验、网侧谐波试验、噪声试验等	GB/T 44991 GB/T 14894
2	系统级	牵引电传动系统	转矩特性试验、效率和能耗试验、温升试验、系统功能试验、网压变化范围试验、系统保护试验、故障管理试验等	GB/T 25117 GB/T 37863
3	部件级	牵引变压器、牵引变流器、辅助变流器、牵引电机、电抗器、牵引控制装置等	功能试验、性能试验、温升试验、电磁兼容性试验、冲击和振动试验、环境适应性试验等	GB/T 25119 GB/T 25120 GB/T 25122 GB/T 25123 GB/T 34575
4	物料级	功率模块、传感器、断路器等	功能试验、性能试验、物料筛选、可靠性测试等	GB/T 21413 GB/T 29309
5	元件级	板卡、芯片、电阻、电容等	硬件测试、物料筛选、可靠性测试等	GB/T 29309

三　标准体系

高速列车牵引传动技术标准体系是与高速列车车顶高压电器、牵引变压器、牵引变流器、牵引电机等牵引传动系统设备相关的基础标准、产品标准和方法标准按其内在联系形成的科学的有机整体，是轨道交通电气设备与系统技术标准体系的重要子体系之一，对提升牵引传动系统产品质量、实现设备互通互认、促进领域技术进步起到不可或缺的作用。

高速列车牵引传动技术标准体系构建经历了以行业标准为主，到采用国际标准制定国家标准，再到采用国际标准和自主制定同步开展等3个主要阶段，主要通过国际电工委员会轨道交通电气设备与系统标准化技术委员会（International Electro Technical Commission/Technical Committee 9，IEC/TC9）、全国轨道交通电气设备与系统标准化技术委员会（SAC/TC278）和 IEEE 高速列车和磁浮标准委员会（IEEE/VT/HSTMSC）3 个标准化工作机构开展工作。在采用国际标准方面，主要依据国际电工委员会轨道交通电气设备与系统技术委员会（IEC/TC9）制定的国际标准，并结合我国实践经验，制定了《轨道交通　机车车辆　电气隐患防护的规定》（GB/T 21414）、《轨道交通　机车车辆牵引变压器和电抗器》（GB/T 25120）、《轨道交通　机车车辆用电力变流器》（GB/T 25122）系列第 1、2 部分、

《轨道交通 机车车辆设备 冲击和振动试验》（GB/T 21563）等标准。自主制定标准方面，主要基于高速列车交流传动电气系统标准体系，结合中国高速列车应用实践，加大了自主技术标准研制，自主制定了《轨道交通 牵引电传动系统》（GB/T 37863）、《轨道交通 机车车辆用电力变流器》（GB/T 25122）系列第 3、4、5 部分等代表性标准。

目前，我国已形成协调一致、有机结合且体系庞大的高速列车牵引传动技术标准体系，有力支撑了我国高速列车的快速发展。未来，随着高速列车牵引传动技术的进步，将逐步研发高速磁浮、新能源动力、新型高效牵引变流等技术标准并将其纳入标准体系中。

四 国家级创新平台

变流技术国家工程研究中心（简称变流工程中心）于 1995 年获批建设，2000 年验收通过，是我国大功率变流技术领域唯一的国家级工程研究中心。变流工程中心以国家重大战略方向为指引，依托中车株洲电力机车研究所有限公司核心研发资源，长期致力于变流领域前沿技术研究及工程化应用，为我国变流技术的发展提供了重要支持，主要涉及变流设计技术、变流控制技术、网络控制技术、智能控制技术、芯片控制技术五大技术方向。变流工程中心核心参与"中国标准动车组"等重点工程，支撑我国从高铁大国迈向高铁强国、高端工业装备从依赖进口到全面自主替代，实现多个领域国内首创工程和产业化应用。

国家高速动车组总成工程技术研究中心是国家 2011 年批复，2014 年验收通过的高速动车组领域工程技术研究中心。依托中车四方股份公司建设，针对中国高速铁路快速发展和铁路交通装备行业战略需求，承担国家、部委下达的重大科技课题，围绕高速动车组总成技术、牵引传动技术以及核心科学问题和共性关键技术问题，开展基础及应用研究，为规模化生产提供系统化、工程化的成熟配套技术，推动中国高速动车组技术发展。

功率半导体与集成技术全国重点实验室是在 2015 年建设的"新型功率半导体器件国家重点实验室"基础上，由原依托单位株洲中车时代电气股份有限公司，联合湖南大学整合组建，并于 2022 年通过国家科技部全国重点实验室重组认定。实验室面向能源、交通、工业等领域，服务"双碳"战略，融合集成电路技术和宽禁带材料优势，开展功率半导体共性技术、新材料、新结构与工艺、先进封装、智能集成等技术研究。实验室拥有新型功率芯片与特色工艺、先进封装架构与智能集成两大研究方向，主要围绕新型功率半导体器件的关键共性技术研究与优化升级开展工作。目前搭建了功率半导体封装实验室、半导体测评实验室、HTGS 手动试验平台等试验设施。

动车组和机车牵引与控制国家重点实验室是依托铁科院和中国中车联合建设的国家级创新平台，实验室于 2010 年由科技部批准建设。自批复建设以来，实验室坚持面向世界铁路科技前沿，以服务国家对高速、重载铁路发展需求为己任，围绕动车组和机车牵引与控制系统领域，依托京沪高铁等重大工程，系统开展关键核心技术攻关，重点攻克了CRH380 系列动车组以及复兴号动车组、智能动车组、高原双源动力集中动车组、更高速度综合检测列车牵引系统和列车网络控制系统等关键技术，解决了系统核心控制难题，实现了牵引系统顶层控制、大功率交流传动控制等技术的全面突破。

参 考 文 献

[1] 刘友梅. 我国电力机车四十年技术发展综述[J]. 机车电传动, 1998(Z1): 18-22, 37.

[2] 张大勇. 我国机车电传动技术的发展[J]. 机车电传动, 2007(3): 1-4.

[3] 刘友梅, 陈清泉, 冯江华, 等. 中国电气工程大典 第13卷 交通电气工程[M]. 北京: 中国电力出版社, 2009.

[4] 黄中荣. SS6型电力机车（三）—主电路[J]. 电力机车技术, 1994(2): 12-19.

[5] 刘忠修, 陈翰芹. 改善电力机车功率因数[J]. 机车电传动, 1987(2): 19-24.

[6] 冯江华, 李江红. 高速列车牵引控制技术攻关[J]. 机车电传动, 2024(2): 4-8.

[7] 忻力. 兆瓦级IGBT牵引逆变器的开发[J]. 机车电传动, 2000(5): 4-5, 9.

[8] 刘伟志, 李红, 左鹏. 大功率IGBT驱动技术的研究[J]. 铁道机车车辆, 2003(S2): 84-86.

[9] 杨梁崇. CRH2G高寒动车组牵引系统功率提升牵引优化控制[J]. 机车电传动, 2018(3): 29-33.

[10] QI Y, ZHOU L. The Fuxing: The China Standard EMU[J]. Engineering, 2020, 6(3): 227-233.

[11] 《面向世界的复兴号》编委会. 面向世界的复兴号[M]. 北京: 中国铁道出版社, 2020.

[12] 缪炳荣, 张卫华, 邓永权, 等. 新一代中国高速铁路动车组面临的技术挑战与策略研究[J]. 中国工程科学, 2015(4): 98-112.

[13] 刘勇, 邓莎, 黄宇峰, 等. 基于磁热耦合的新型高速动车组牵引电机传热特性数值研究[J]. 电力机车与城轨车辆, 2017, 40(1): 25-30.

[14] 罗文广, 付刚. 车网谐波耦合特性及车载抑制策略研究[J]. 机车电传动, 2020(2): 53-57.

[15] 冯江华. 轨道交通永磁同步牵引系统研究[J]. 机车电传动, 2010(5): 15-21.

[16] 冯江华. 轨道交通永磁电机牵引系统关键技术及发展趋势[J]. 机车电传动, 2018(6): 9-17.

[17] 符敏利, 陈致初, 王健, 等. 高速动车组永磁牵引电动机研制[J]. 机车电传动, 2016(3): 1-4, 9.

[18] 文宇良, 张朝阳, 刘雄, 等. 基于无位置传感器的永磁同步电机带速度重新投入控制算法研究[J]. 大功率变流技术, 2012(3): 39-42, 47.

[19] 徐绍龙, 付翔宇, 胡亮, 等. 250km/h标准动车组平台牵引电机电磁噪声优化控制[J]. 控制与信息技术, 2019(5): 39-42.

[20] 冯江华. 基于电信号的高速列车动力链诊断技术研究[J]. 机车电传动, 2021(1): 1-9.

[21] 刘国友, 罗海辉, 李群锋, 等. 轨道交通用750A/6500V高功率密度IGBT模块[J]. 机车电传动, 2016(6): 21-26.

[22] 金肩舸, 杨进锋, 王晓元, 等. 高功率密度智能化集成功率器件及其并联应用研究[J]. 机车电传动, 2023(4): 145-151.

[23] 刘友梅.“中华之星”270km/h 的高速列车[J]. 中国铁路, 2003(12): 35-36.

[24] 杨文昭, 刘可安, 何多昌.“中华之星”高速动力车主变流器及其控制系统[J]. 机车电传动, 2003(5): 62-66.

[25] 黄登威, 张金平.“中华之星”高速动力车牵引变压器的研制[J]. 机车电传动, 2003(5): 71-74.

[26] 高培庆.“中华之星”动力车用 JD128 异步牵引电动机[J]. 机车电传动, 2003(5): 67-70.

[27] 吴强. 机车辅助变流器的技术发展[J]. 机车电传动, 2002(3): 4-7.

[28] 刘永江, 张晓, 林珍君, 等. CRH380A 动车组自主牵引变流器三电平功率模块研制[J]. 机车电传动, 2021(1): 115-120.

[29] LU C, ZHANG B, ZHAO H. CR-Fuxing high-speed EMU series[J]. Frontiers of Engineering Management, 2023, 10(4): 742-748.

[30] 李秋泽, 单巍, 张英春, 等. 中国高速动车组转向架技术发展及展望[J]. 机车电传动, 2023(2): 14-35.

[31] 宋永丰, 陆阳. 动车组网侧谐波抑制技术研究[J]. 铁道机车车辆, 2016, 36(3): 117-120.

[32] 高吉磊. 高速动车组牵引系统无动力回送发电功能的研究[J]. 机车电传动, 2017(1): 46-50.

[33] 刘金柱. CR400BF 复兴号动车组网侧过流故障分析与系统优化[J]. 铁道机车车辆, 2021, 41(5): 70-75.

CHAPTER 10

第十章

高速列车制动技术

撰稿人：李和平

中国高速列车

　　高速列车制动系统是保证列车安全、稳定、高效运行的关键技术之一，其核心目标是确保列车在各种速度和运行条件下都能迅速、准确地减速或停车，为高速列车的安全运行提供保障。在我国铁路机车车辆和高速动车组发展历程中，经过几十年来的自主研发和持续创新，我国突破了高速列车制动技术壁垒，逐步掌握了高速列车制动系统核心技术，并且走在了世界的前列。本章将介绍中国高速列车制动技术的发展变化，分析阐述高速列车制动系统的作用、主要功能和核心技术，展现中国高速列车制动技术自主创新成果。

第一节　概　　述

制动系统的主要作用是控制机车车辆和列车的运行速度，使它们减速、停止或者以限定速度运行；其次是当机车车辆或列车在平道或者坡道上停止时，保持静止不动。列车与列车之间必须保持一个安全的距离，速度控制就成为保证铁路运输及安全的基本条件。因此，列车制动系统的研究与设计是非常重要的。列车的安全运行需要制动系统"保驾护航"。

高速列车制动系统主要采用微机控制的直通式电空制动系统，由制动控制系统、防滑控制系统、基础制动装置、供风系统、司机制动操纵装置等组成。

高速列车制动系统的核心功能是保证列车运行的制动距离和减速度，与此相关的核心技术有制动系统控制技术、制动系统故障诊断技术、制动系统防滑控制技术和制动摩擦副技术等。

一　制动系统控制技术

1. 制动系统的管理与控制

制动控制系统采用计算机控制，接受司机控制器、列车控制系统、列车自动防护（Automatic Train Protection，ATP）系统的控制指令，并通过网络及硬线传送至各车的制动控制单元，同时，制动控制系统会根据制动力要求及再生制动能力，计算所需的空气制动力，控制各车施加空气制动。

由于高速列车产生的制动能量巨大，靠单一的制动方式不能满足要求，因此高速列车均采用多种制动方式组合的复合式制动方式。在列车复合制动过程中，全列车的复合制动控制方式能够优先充分利用再生制动，把摩擦制动产生的排放减少到最低。在动力转向架上应尽量采用再生电制动，再配合摩擦制动；而在非动力转向架上使用盘形摩擦制动。

空气制动系统将制动控制系统的电气指令转变为不同的空气压力，进而控制制动缸压力，实现列车的制动与缓解。

制动系统分为三级管理与控制，如图 10-1 所示。列车制动管理（Train Brake Management，TBM）负责列车级的制动管理，单元制动管理（Section Braking Management，SBM）负责本单元的制动管理，局部制动控制单元（Brake Control Unit，BCU）负责本车的制动控制、防滑控制、防抱死监测、制动诊断等，各级之间的管理与控制通过网络进行数据传递，并与中央控制单元（Central Control Unit，CCU）、牵引控制单元（Traction Control Unit，TCU）进行实时信息交互。

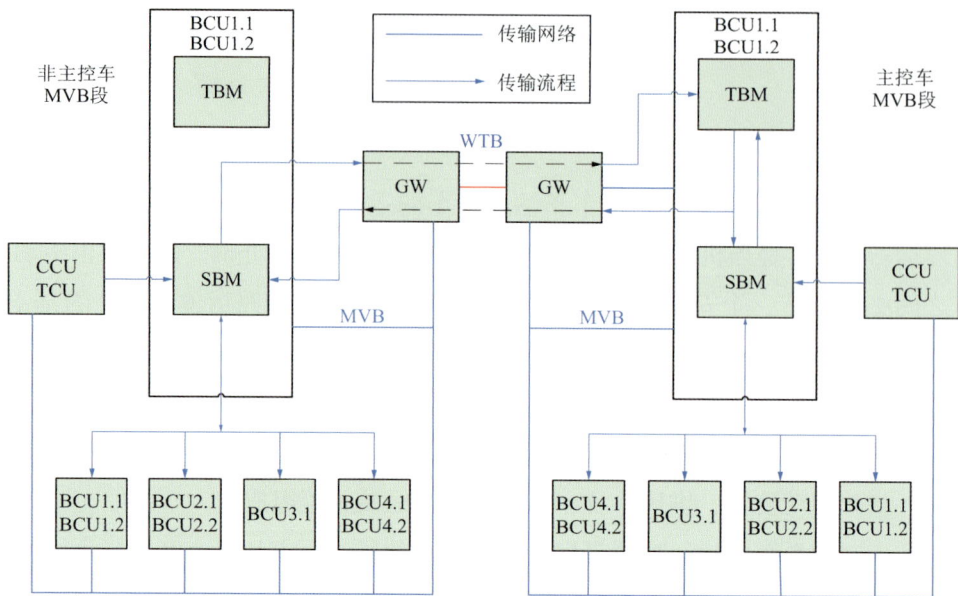

图 10-1　制动管理与指令传输

TBM-列车制动管理；SBM-单元制动管理；BCU-局部制动控制单元；CCU-中央控制单元；TCU-牵引控制单元；GW-TCN 网关

2. 常用制动控制

制动指令的传输主要通过 SBM 实现。制动过程中，单元内的 BCU 和 TCU 将本车的摩擦制动力、电制力、车重等信息发送到 SBM，SBM 将上述信息汇总后发送到多功能车辆总线（Multifunction Vehicle Bus，MVB）网络上，再通过网关转发后经绞线式列车总线（Wire Train Bus，WTB）网络到 TBM 所在的牵引单元并被 TBM 接收。

TBM 对制动力进行分配后，将分配信息发送到 MVB 网络上，网关将分配信息经 WTB 网络发送到其他的牵引单元，被相应的 SBM 接收后，进行转换并再次发送到 MVB 网络被局部的 BCU 和 TCU 接收并执行，从而完成制动。

3. 紧急制动控制

紧急制动是安全等级最高的制动，紧急制动过程中将施加最大制动力并达到最大减速度，在尽可能短的时间和距离内使列车停车。制动时根据轮轨间的黏着限制及制动盘、闸片热负荷情况，对制动力进行分阶段控制。

（1）紧急制动 EB（Emergency Braking）

紧急制动 EB 是在制动系统设备正常的情况下实施的紧急制动，按速度模式曲线控制方式实施制动控制。紧急制动 EB 时空气制动随时与再生制动进行自动配合，实现空电复合制动，并充分利用电制动。紧急制动 EB 时动轴上施加最大电制动，拖轴和动轴上同时施加空气制动。

（2）紧急制动 UB（Urgency Braking）

紧急制动 UB 是在紧急制动安全环路失电时控制紧急制动电磁阀实施的紧急制动。紧急制动 UB 采用纯空气制动，根据轮轨间的黏着限制及制动盘、闸片热负荷情况，通常对制动力进行分阶段控制。实施紧急制动 UB 通过经车辆负荷校正的紧急制动控制压力，控制每辆车的中继阀进行制动，在列车完全停止前不允许缓解。

4. 停放制动控制

停放制动控制是为了防止静止状态下的动车组列车发生溜逸。动车组停放制动功能主要是通过带弹簧储能的制动夹钳装置实现的。停放制动由各车的 BCU 进行控制。

停放制动控制指令来源于停放制动的控制按钮和 CCU。

列车设有停放制动监控环路，一旦在本地制动控制系统检测到列车非静止且本车的停放制动未处于缓解状态，就会触发紧急制动停车。

5. 保持制动控制

在列车静止时，BCU 施加保持制动力，当列车再次牵引时自动缓解保持制动力。

该功能可以设置为两种激活方式：一是自动施加，司机可通过隔离旋钮或按钮停止该功能；二是按下按钮激活该功能，取消按钮停止该功能。对于牵引与制动一体的司控器，需设置该功能。自动保持制动设计应使列车可以在最大载荷及最大坡道情况下起步。

二　制动系统故障诊断技术

为了保证制动系统的可靠性和动车组的正常运用，制动系统必须具备良好的故障诊断能力和故障存储功能，以便故障快速定位，及时进行故障处理并为检修维护提供支持。

1. 制动系统的故障诊断体系

动车组制动系统的故障诊断以行车安全为首要考虑因素，故障诊断系统可确认、评估、报告在运用中发生的故障，以及故障对其他系统的影响，便于系统维护、故障定位查找和分析故障成因分析。

制动系统的故障诊断结果存储在各车辆的制动控制单元内，存储内容包括故障代码、故障发生的时间、故障消除的时间、故障发生的次数。除了存储，故障诊断的结果还通过 MVB 实时发送到 CCU 和司机显示屏，CCU 根据故障对行车安全的影响程度对列车进行限速或触发紧急停车，司机可以根据显示屏的提示进行相应的处理。

2. 制动系统故障诊断模式

制动系统故障诊断模式包括开车前的系统检查、动车组运行过程中的实时诊断、系统检查和维修时的诊断。

3. 故障诊断系统性能指标

评价动车组故障诊断系统的主要性能指标有故障辨识能力、故障分离能力、故障检测的及时性、故障误报率和漏报率、鲁棒性、自适应能力。

4. 制动系统的故障代码

制动系统的故障以故障代码形式存储在 BCU 中。动车组故障诊断代码由动车组系统结构分类编码和子系统内部故障划分组成，子系统（包括制动系统）内部故障划分由故障等级编码和故障模式编码组成，共四位数字。第一位代表子系统号，第二位代表故障等级，第三、第四位代表故障模式。

5. 制动系统的故障分级管理

每个诊断事件都有对应的维修优先级。动车组制动系统根据故障发生时的工况和故障部位对运营影响的程度，设定了不同的运用维修优先级，便于及时排除相关制动故障。

6. 制动系统故障导向安全控制原则

对于动车组制动系统可能发生的故障、失效等情况，系统具有故障导向安全控制原则，绝不能危及行车安全。在列车出现不影响安全的故障而需要列车运行时，能够在允许的速度条件下受控运行。

三 制动系统防滑控制技术

高速动车组制动类型有黏着制动和非黏着制动，目前世界各国高速动车组以黏着制动为主。黏着制动的制动力大小取决于轮轨间的黏着条件。随着车辆速度的提高以及各种环境因素的影响，轮轨间黏着系数降低，列车在制动过程中会不可避免地出现车轮滑行的问题。轮轨之间的滑动会延长制动距离并使踏面擦伤，不仅降低乘车舒适性，还给转向架等部件带来振动冲击，缩短其寿命，严重时甚至危及行车安全。因此，应尽可能防止车轮滑行现象的发生。

微机控制的防滑系统是一个由速度传感器、防滑控制器、防滑阀、基础制动装置及车轮组成的闭环控制结构。装于车轴的速度传感器将采集的车轮速度信号传输到电子控制单元，电子控制单元对本车或本转向架的速度信号进行处理，如诊断出车轮发生滑行将发出防滑控制指令，通过防滑电磁阀来控制制动缸的压力。

在防滑过程中，根据速度差和减速度的变化情况，进行制动缸排气和充气控制。根据滑行状态，制动缸排气、充气控制具有阶段控制与全控制两种方式，在控制时既要减少制动力不必要的损失，又要防止车轮抱死，还要有利于轮轨黏着系数的快速恢复。

四 制动摩擦副技术

制动摩擦副性能直接影响列车的运行安全，是高速列车在其他制动措施失效情况下的最后一道安全保障。通过制动摩擦副产生列车制动力，在高速紧急制动的情况下需要承受巨大制动热负荷。制动摩擦副产生的列车制动力既要满足紧急制动时的距离要求，又要保证自身的安全性和可靠性。因此，制动摩擦副技术是高速动车组关键技术之一。

1. 高速列车制动摩擦副

高速列车制动摩擦副的基本要求包括：

① 必须能够承受紧急制动时所产生的巨大制动负荷。

② 可靠性高。

③ 具备良好的摩擦磨损性能。

2. 高速列车制动盘及闸片

① 高速列车制动盘基本性能要求：热物理性能良好、机械性能良好、散热性能良好、适应环境要求。

② 高速列车闸片性能要求。随着列车速度的提高，制动负荷越来越大，对制动闸片的要求也越来越高。对闸片最重要的要求是有能力吸收高速列车动能，而闸片的材料、结构和性能不被破坏，同时闸片在制动过程中对制动盘不能有明显的损伤。因此，高速列车闸片应当满足以下要求：较高的摩擦耐热性、摩擦系数稳定性、摩擦材料的抗黏结性、较强的热物理性能、足够的机械强度、较好的环境适应性。

第二节　高速列车制动系统关键技术

一　我国早期机车车辆制动技术研究

1. 我国铁路提速前机车车辆制动技术发展简述

新中国刚成立时，国民经济"一穷二白"，机车车辆制动装置基本上是 20 世纪 20 年代之前的国外产品。20 世纪 50 年代，我国开始生产客车三通阀、货车三通阀和蒸汽机车制动机，改写了我国不能生产制动机的历史，并进行了制动机简统。20 世纪 50 年代末，我国分别研制成功 GK 型货车制动机和 GL3 型客车制动机，基本上解决了 50～60t 货车的制动技术问题和客车的紧急制动问题。

20 世纪 60 年代，我国铁路制动技术开始进入自主研发的初级阶段。

1966 年初，完成自主研发的 103 型货车分配阀样机试制，试验证明性能基本达到设计要求，随后逐步在货车上推广应用。1969 年，试制成功 104 型客车空气分配阀，1975 年开始在全路推广应用，成为我国铁路旅客列车主型空气制动机。1978 年，采用 103 型空气制动机的 C62A 重载敞车获全国科学大会优秀科技成果奖。103 及 104 型分配阀的研制成功和推广应用，为提高我国铁路运输作出了重要贡献。

1978 年，JZ-7 型机车空气制动机通过了铁道部组织的技术鉴定，解决了旧机车制动机初充风及再充风时间长、操纵长大列车时前部车辆产生自然缓解等问题，成为我国内燃机车的主型制动机。

1982 年，DK-1 型机车电空制动机通过了铁道部组织的技术鉴定，这种制动机具有减压准确、充排风快的优点，可与电阻制动或再生制动起联锁作用。在失电时可立即实施常用制动并转换为空气制动，成为我国铁路电力机车主型制动机。

1989 年，F8 型客车分配阀通过了部级鉴定。目前 104 型分配阀和 F8 型分配阀均在客车上使用，且可混编使用。

2. 提速机车车辆制动技术研发

从 1997 年 4 月 1 日至 2004 年 4 月 18 日的短短 7 年间，全路连续实施了 5 次大面积提速，主要干线客车最高时速达到 160km，部分区段最高时速达到 200km，全面加快了铁路技术进步。

（1）提速给制动系统带来的问题

我国铁路在实施提速之前，主要干线客运列车的最高运行速度长期低于 110km/h，列车速度的大幅度提高给制动系统带来了以下问题：

① 由于原有空气制动机制动波速的限制，列车前后制动和缓解不一致。随着列车长度增加，这个问题更加突出，造成列车在加速和减速时出现很大纵向冲动。不仅仅影响旅客舒适性，也给列车运行安全造成隐患。

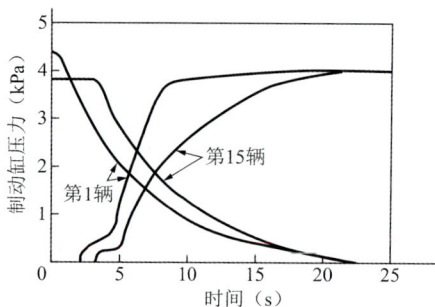

图 10-2　机后 1 位及 15 位客车制动缸压力曲线

② 空气制动机制动时，空走时间长，难以满足制动距离要求。图 10-2 是同一列车的第 1 辆及第 15 辆的制动缸压力上升曲线。从图中可以看出，编组越长后部车辆制动缸升压越慢。

③ 由于速度的提高，制动热负荷大幅度增加，踏面制动方式已经无法适应。

④ 列车速度提高后，为了尽可能缩短制动距离，必须充分利用轮轨黏着，增大制动力，这导致列车制动时滑行抱死的可能性增大，必须采取防滑措施。

（2）机车制动机

SS8 型电力机车和 DF11 型内燃机车是我国旅客列车几次大提速的主力机车，这 2 种机车均采用电空制动机，具有列车电空制动控制功能。

SS8 型电力机车的 DK-1 型列车电空制动系统是在 DK-1 型机车电空制动机的基础上，根据 104、F8 型车辆电空制动机对机车制动机系统的要求进行了优化。机车动力制动由再生制动改为加馈电阻制动，以解决机车过接触网相分段时的再生颠覆问题，同时有利于提高功率因数，减少谐波干扰，强化机车可靠性。加馈电阻制动由电阻制动区和加馈制动区构成整体电制动特性，机车可以实现在特性限制曲线区域内任一点上运行。

SS8 型电力机车制动特性的控制采用恒流准恒速控制，通过司机控制器的反向操纵，制动操纵有 11 级，但操纵指令是连续的，可实现无级调节。SS8 型电力机车采用的 DK-1 空气制动机具有空电联合制动功能。限速制动控制时电制动为主，空气制动为辅。停车制动时以空气制动为主，电制动解除。机车电空制动机可对列车电空制动系统进行直接控制，以提高客运列车制动的反应速度，提高运行可靠性。基础制动装置采用单元式单侧双闸瓦制动器，每台转向架上设有一个停车蓄能制动装置。

DF11 型内燃机车的 JZ-7 型电空制动机在 JZ-7 型空气制动机的基础上增加电控器件。

既有电空制动控制又有空气制动控制，且在电空制动控制作用不切除时，电空制动控制和空气制动控制的作用同时存在，电空制动控制优先于空气制动控制。在切除电空控制功能后，就自动成了 JZ-7 型空气制动机。基础制动为单元制动器和高磷闸瓦。

（3）提速旅客列车制动技术

① 旅客列车电空制动技术。

针对旅客列车空气制动机存在的问题，国家科学技术委员会和国家经济委员会将"旅客列车电空制动技术"及相关配套技术列入"七五"国家重点科技攻关项目。1985 年 9 月铁道部在铁科院召开了旅客列车电空制动机方案讨论会，决定旅客列车电空制动系统采用 104 型分配阀加电空制动方案。

104 型电空制动机采用了经过改进的 104C 型分配阀，在 104 型空气制动机的基础上增设了控制用电磁阀，用电来操纵制动系统的制动、缓解和保压等。

1990 年在 F8 型客车分配阀的基础上研制了 F8 型客车电空制动机。

电空制动的使用使列车的制动性能有了很大的改善，列车几乎可以实现同步制动和缓解，减少了列车的纵向冲动，使列车的运行更加舒适平稳。同时实现了阶段缓解的功能，缩短了列车的制动距离。当电空制动失效时，列车自动转为空气制动系统，增加了列车的安全冗余。

② 盘形制动技术。

机车车辆传统的制动方式是采用踏面制动方式。踏面制动只适用于时速 120km 以下的列车，显然已经不能满足提速旅客列车的要求。

盘形制动可以大大减轻车轮踏面的热负荷和机械磨耗，而且制动平稳、噪声小。盘形制动的摩擦面积相对较大，可根据需要安装若干套，其制动效果明显高于踏面制动，因此时速 120km 以上的列车普遍采用盘形制动。

我国在铁路上首次应用盘形制动是 1958 年，四方机车车辆厂（简称四方厂）与铁科院、上海交通大学参与设计，1961 年生产的低重心客车采用了轮装制动盘。由于当时客车技术水平和经验不足，低重心客车并没有投入使用。四方厂在 1961 年生产的我国第一列、也是我国第一代双层客车上采用了铸钢轴装制动盘，该车一直运行到 1982 年。

20 世纪 70 年代国内开始对制动盘进行深入研究，选择了在常温及高温下机械性能较好、热膨胀系数较低、热传导系数较高的一种特种铸铁作为双层客车及后续提速客车的制动盘材料。1982 年铁科院机辆所首次在 1∶1 试验台对制动盘温度场进行了实物测试，在国内首次利用计算机对制动盘进行了温度场及热应力场仿真模拟计算。

1989 年，时速 120km 的双层旅客列车投入运营。该车采用了铁科院研制的 H300 型大功率制动盘、带闸片间隙自动调整功能的制动夹钳单元及合成闸片。在此之前，国内铁路车辆使用的制动盘主要是进口产品。

1992 年 6 月，在铁科院环行铁道试验基地分别对安装了盘形制动装置的准高速客车，进行单车溜放制动试验，最高试验速度为 162km/h，试验证明盘形制动装置具有良好的制动性能。自 1993 年开始，盘形制动装置在准高速客车和提速客车上推广应用。

③ 电子防滑技术。

我国铁路防滑技术车轮滑动保护（Wheel Slide Protection，WSP）研究始于1966年，早期的防滑技术是采用机械式防滑装置，其防滑作用滞后时间长、灵敏度低，可靠性差，无法根据轮轨黏着系数的变化调节制动力，因此没有广泛应用。

20世纪70年代出现了第一代电子防滑器，是以轮对转动的速度差为判据，具有较好的灵敏度，但所采用的分立元件有零点漂移现象，性能不稳定。

微机控制电子防滑器的研制始于1982年，源于铁道部立项开展的"制订我国铁路制动工况黏着系数"研究课题，铁道部向铁科院下达了"制动黏着测试装置研制"的科研任务。铁科院经过四年的努力研制成功了用于制动黏着系数试验研究的制动黏着测试装置。

制动黏着测试装置中包括基于单板机的轮对滑行检测及防滑装置、制动力监控装置等（图10-3）。轴速可通过安装在轴端的光电脉冲发生装置测得，检测装置以设置的减速度和（或）两轮对的转差率为标准判断轮对是否发生滑行。制动时一旦检测到轮对的减速度或转差率达到设定值时可迅速缓解。

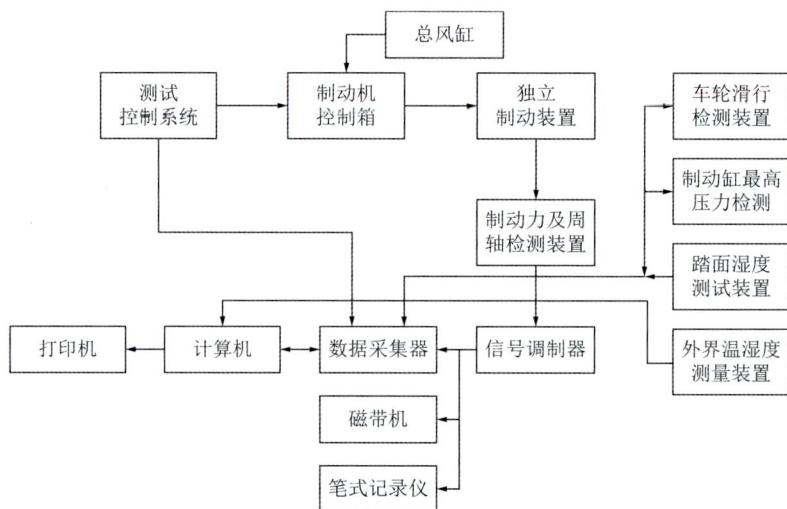

图 10-3　制动黏着测试系统装置原理图

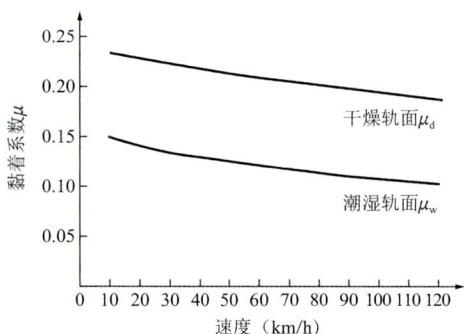

图 10-4　我国铁路制动黏着系数曲线

1988年7月～1991年1月，项目组先后在济南、上海及哈尔滨三个铁路局开展黏着试验。试验区域代表了我国三个典型的气候条件，即干燥的华北地区、多雨潮湿的南方地区和冬季严寒的东北地区。通过各种气候和人工洒水工况下的制动黏着系数测试，获得了大量的试验数据，根据试验结果分析，首次得出我国铁路制动黏着系数公式［式(10-1)、式(10-2)］及黏着系数曲线（图10-4）。

干燥轨面：

$$\mu_{d} = 0.0624 + \frac{45.60}{\upsilon + 260} \qquad (10\text{-}1)$$

式中：μ_{d}——干燥轨面的黏着系数。

$\qquad\upsilon$——列车速度，km/h。

潮湿轨面：

$$\mu_{w} = 0.0405 + \frac{13.55}{\upsilon + 120} \qquad (10\text{-}2)$$

式中：μ_{w}——潮湿轨面的黏着系数。

$\qquad\upsilon$——列车速度，km/h。

虽然这次试验研究和取得的黏着系数公式具有一定的局限性，但它开创了我国这一领域内系统试验研究的先河，结束了我国铁路没有自己的制动黏着系数的历史，为进一步深入开展研究奠定了基础。1991年12月该成果通过了铁道部组织的技术鉴定。

在制动黏着测试装置及大量试验数据的基础上，铁科院研制成功了TFX1系列微机控制电子防滑器，其性能达到国外先进水平，打破了国外的垄断，填补了我国制动技术的空白，并于1994年开始推广应用，成为我国铁路客车的主型防滑器。

1998年6月在京广线郑武段进行的高速试验中，参加试验的2辆客车安装了自主研制的盘形制动装置和电子防滑器，其余车为进口产品。这次试验虽然仅进行了常用制动试验，但是由于每个机车和客车均有一个轮对为测力轮对，另有一辆客车的一个轮对为测速轮对，测力轮对和测速轮对的制动装置处于关闭状态，因此整列车只有70%左右制动力可用。在制动初速度为229.1km/h的常用制动试验时，机车的电阻制动出现故障，盘形制动承担了全部制动负荷，制动盘和闸片经受住了严峻的考验。试验过程中电子防滑器工作可靠，轮对无一擦伤。

3. 先锋号动车组制动系统研究

早在1978年，铁科院就对"交流电动车组制动系统的研究""高速旅客列车电空制动机的研制"立项，开展动车组制动技术的研制工作。1990年，铁道部组织开展了一系列高速客车与动车组制动技术相关的研究课题，如"高速列车制动技术的研究""高速列车制动系统关键部件的研制""300km/h高速列车制动系统总体""高速列车电空制动控制系统的研究"等，对高速动车组制动系统技术条件、关键零部件等进行了研究和研制。

1997年，"200km/h动力分散交流传动动车组的研制"（即先锋号）列入"九五"国家重点科技项目。该动车组的制动控制系统由上海铁道大学（后并入同济大学）研制、基础制动装置由铁科院研制。

根据动车组技术特点和制动技术发展变化，先锋号制动系统须能够优先发挥动力制动，实现列车制动力的无级可调和精确控制、制动系统满足列控系统（ATP/ATC）的控制要求，具有故障诊断和适当的应急自动处理能力，确保列车运行安全可靠。

满足上述功能要求的列车制动系统在国内尚属空白，课题组对系统制动指令产生与传输、制动控制和基础制动三大核心技术进行了论证和方案设计，提出了列车制动系统总体方案。

先锋号的空气制动控制模式，采用电控（即电信号传递制动指令）和直通电空制动系统。为实现制动力的无级可调，采用双备份的脉冲宽度调制（PWM）模拟信号作为制动指令传输方式。

为实现微机制动控制单元（Microcomputer Brake Control Unit，MBCU）对制动缸容积 C_v 压力的精确控制，采用模糊控制算法和频响较高的电磁阀解决了过程控制精度问题（图 10-5）。试验表明制动时制动缸压力的超调量几乎为零，制动缸升压时间仅为 0.85s，缓解时间约为 2.14s，完全满足制动缸压力控制所需的精确性和灵敏度要求。

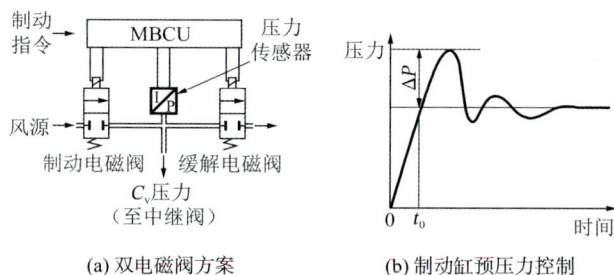

(a) 双电磁阀方案   (b) 制动缸预压力控制

图 10-5   EP 单元工作原理图

在防滑策略上，先锋号动车组采取了以主动防滑为主的思路，在制动系统设计时首先考虑轮轨黏着的影响，制动减速度和制动力控制在黏着限制范围内，在出现滑行趋势时，启动电子防滑装置，避免轮对发生滑行。

先锋号动车组最高设计试验速度为 250km/h，为应对高制动负荷带来的巨大制动能量和制动功率，在国内首次采用高强度合金锻钢制动盘以及粉末冶金闸片作为基础制动装置的摩擦副。

针对动力转向架无法安装轴装制动盘的情况，铁科院成功研制了轮装制动盘，这是国内首次采用轮装盘形制动方式。

先锋号动车组的大热容量制动盘及粉末冶金闸片在运行试验时，最高试验速度达到 292km/h，制动盘及闸片性能良好、安全可靠。这标志着我国大热容量的制动盘及粉末冶金闸片达到国际先进水平。

先锋号动车组的微机控制直通电空制动系统、高速动车组用锻钢制动盘及铜基粉末冶金材料闸片、轮装盘形制动装置的研制成功，表明我国初步掌握了高速动力分散动车组的制动核心技术，填补了国内空白。

4. 中华之星动车组制动系统研究

2000 年，国家计划委员会将 270km/h 高速列车正式列入国家高新技术产业化发展计划项目，并将列车命名为"中华之星"。2001 年，铁道部下达"270km/h 高速列车设计任务书"，铁科院负责制动系统研制工作。

中华之星高速动车组属于交流传动动力集中型电动车组，由 2 节动力车和 9 辆拖车组成，运营速度 270km/h，最高速度 300km/h。根据总体技术要求，铁科院自主研制了微机控制直通电空制动系统。该系统由控制系统、防滑装置、基础制动装置及备用空气制动等组成。电空制动具有 1～7 级常用制动和电空紧急制动，并能与动力车的再生制动自动复合。各车辆的制动控制单元根据制动指令、荷重信号，计算出相应制动等级下的目标制动力，并通过电动气动（Electro-Pneumatic，EP）电磁阀的闭环控制实现制动缸压力的自动调整，从而产生再生制动与电空制动复合的空电联合制动，实现基本恒减速度控制。各车辆的 BCU 接受直通电空制动的制动总线指令（硬线指令）及网络控制指令的冗余控制，以硬线指令为主，具有多种故障导向安全的保护措施。

制动指令的传递方式，在国外均采用将模拟量的级位指令调制成 PWM 波来传递，以提高指令传送的抗干扰性。研究表明，采用编码开关指令的直接传送，其传送的可靠性将优于前者。中华之星动车组首次尝试用电子逻辑控制单元来代替传统的继电器技术并取得了成功，使用结果表明其可靠性令人满意。

BCU 是整个制动控制系统的核心部件。它的主要功能是实施制动力按级位和载重自动调整，达到相应级位下的基本恒减速率的控制；在目标制动力不变的前提下，采用电制动力优先并充分利用的原则，以复合制动的方式实施与气制动力的匹配调整；通过网络与 CCU 交互制动指令及信息，以实施硬线指令与网络指令的冗余控制，以及各类信息的相关处理。其功能框图如图 10-6 所示。

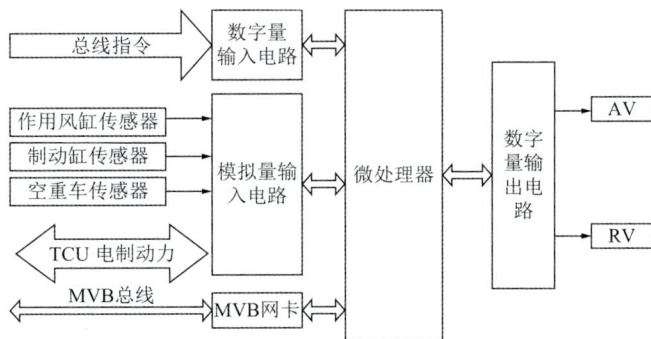

图 10-6　中华之星动车组 BCU 功能框图

为实施上述功能，BCU 接受的指令采取硬线与网络指令的冗余，以硬线指令为主的方式。硬线指令及信号通过 BCU 控制 EP 电磁阀，从而实现制动力按级位和载重自动调整的基本功能。在空电联合制动控制方面，采用网络控制。

EP 电磁阀是 BCU 控制的执行元件。国外通常采用比例电磁阀，通过调整其阀口的开度来达到控制流量的目的。从测试结果来看，其流量的可调节范围很窄，即使微量的控制信号变化，也会导致输出流量产生较大变化，且容易达到饱和状态，可调整性和稳定性难以保证。中华之星动车组采用直动式开关电磁阀闭环控制，它同样能达到制动力按级位控制的目的。从实际装车效果来看，能确保每级有准确、稳定的制动缸压力。由于采用了高灵敏度和高可靠性的开关电磁阀，未出现与电磁阀可靠性相关的故障。

基础制动采用"合金锻钢制动盘+粉末冶金闸片"的方案，首先提高了制动盘材料的热强度性能；其次从结构设计上改善热应力状态。国外高速列车制动盘所用钢材的硫、磷含量均低于 0.01%，我国制动盘硫、磷含量低于 0.006%。制动盘及闸片具有良好的抗热裂、摩擦性能稳定性及耐磨性，使列车的制动能力得到很大提高，缩短了制动距离。2002 年 11 月 27 日，中华之星高速动车组在秦沈客运专线试验中最高速度达到 321.5km/h，又一次改写了"中国铁路第一速"。

在先锋号、中华之星等动车组研制过程中，开展了大量研究、试制、试验、验证工作，积累了丰富的历史资料，培养锻炼了一批研发设计、生产制造、运用维护人才，初步建立了动车组技术研发平台和试验检验手段，提高了我国高速列车自主创新的能力，为后来我国高速列车技术的持续深入研究创造了条件。

5. 制动系统试验台

（1）1∶1 制动动力试验台

1∶1 制动动力试验台为实物制动单元的模拟试验装置。1971 年，铁科院自主研制了我国第一台机车车辆 1∶1 制动试验台，采用直流电机驱动，功率 125kW，转动惯量 2089kg·m²，最高速度 200km/h。建成后铁科院开展了各类闸瓦的试验、检验工作，担负着全国铁路系统的各种闸瓦和盘形制动装置等研制试验和检验任务，为我国铁路事业的发展作出了重要的贡献。1987 年，升级改造后的试验台采用了微机自动控制系统，实现了试验过程的自动化，可以自动测试电流、电压、温度、速度、压力等数据，并完成数据的存储、计算、输出、绘图。在我国铁路领域首次实现了实时控制、自动采集数据、自动调节试验速度等功能。客车最高试验速度 200km/h，货车最高试验速度 160km/h。

1997 年，第二个 1∶1 制动试验台投入使用。该试验台能模拟的运行速度与转动惯量范围较宽，可以进行时速 300km 以下的铁路客车、货车、内燃机车、电力机车及动车组等机车车辆制动盘、闸片、闸瓦等基础制动摩擦部件的制动性能试验。

（2）防滑器试验台

TFX 型防滑器综合试验台是用来检验防滑器整机性能及其部件性能的专用设备。它适用于检测客车的各型防滑器，可以检测防滑器的整机及部件（主机、防滑阀、速度传感器、压力继电器）性能。目前该试验台在全路客车段以及车辆检修厂广泛使用。

（3）先锋号动车组制动系统试验台

先锋号动车组微机控制直通电空制动系统试验台主体由控制台、风源系统及试验台架三大部分组成。控制台包括显示屏、主机、电源装置、速度发生装置、AD/DA 装置、I/O

装置、ATP 模拟装置、司控器以及司机信号转换装置等，试验时通过这 8 个单元对被测系统的气路状态进行试验控制和检测。风源系统提供试验台所需的洁净压缩空气。试验台架部分 1∶1 模拟列车制动系统管路及转向架制动单元，留有安装被测制动部件（微机控制直通电空制动系统）的接口（机械接口和电气接口），用于对微机控制直通电空制动系统的性能进行地面系统检测。

试验台可通过工控机设置各种试验需要的参数，使用不同的模拟装置提供制动系统需要的信号，通过分布在试验台架上的各个测点监测系统的性能，并可将测试数据保存下来，通过软件选择所需要分析的测试数据具体显示或打印各数据的详细信息。试验台可进行制动系统防滑控制性能试验、ATP（ATC）控制下制动试验、阶段制动、阶段缓解试验、停放制动试验、停车精度试验、冲动限制试验等。

（4）中华之星高速动车组制动系统试验台

中华之星高速动车组制动系统试验台主要由司机控制器、制动逻辑控制装置，以及与其配套的单元制动缸、制动储风缸、空簧模拟风缸和相应的管路组成，可进行不同编组配置的常用制动和紧急制动试验、空电复合制动试验、防滑性能测试、气动阀的性能测试、各种故障模拟测试和故障导向安全的保护措施试验等。

二　技术引进消化吸收，建立高速列车制动创新技术平台

1. 高速列车制动技术创新历程

2004 年，我国开始了铁路技术装备"引进先进技术，联合设计生产，打造中国品牌"工作。根据我国的要求，和谐号动车组均采用微机控制直通电空制动系统（图 10-7）、空电联合复合制动模式。制动系统具有常用制动、紧急制动、停放制动、防滑控制、故障诊断等功能。为了提高制动时的乘坐舒适度，常用制动冲动限制的极限值为 $0.75m/s^3$。基础制动装置均采用盘形制动，对于不同的车型，分别采用了轴装制动盘、轮装制动盘，制动盘的材质有铸钢、铸铁、锻钢。制动缸夹钳单元有带停放制动和不带停放制动两种形式。除了早期的 CRH1 的闸片为合成材料外，其余闸片均为粉末冶金材料。

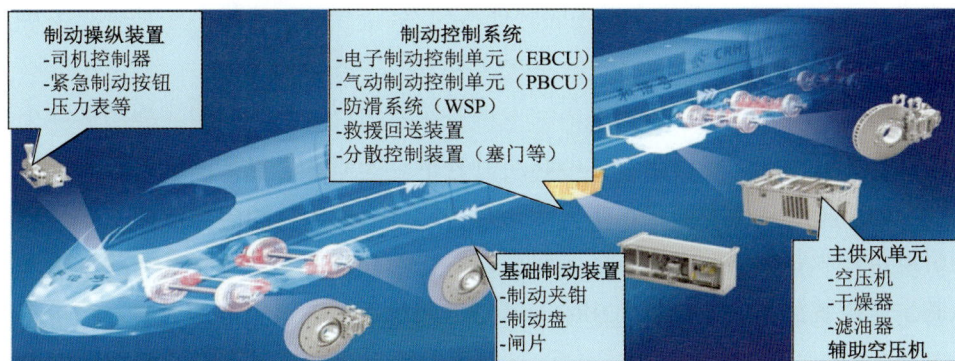

图 10-7　和谐号动车组制动系统基本组成

和谐号动车组制动技术引进、消化和吸收工作分别由铁科院机辆所（承担欧系产品，主要用于 CRH1、CRH3、CRH5 系列动车组）和中国中车（承担日系产品，主要用于 CRH2 系列动车组）。

和谐号动车组制动系统只有部分技术转让给我国。其中铁科院平台，国外只转让了制动夹钳，控制系统中的部分阀类如中继阀、空重阀、止回阀等，图纸，生产组装工艺，质量控制文件及相关标准；控制软件、防滑技术、控制单元、电磁阀类、传感器、闸片、制动盘、制动系统测试软件和运维软件等关键技术不在转让范围。中国中车平台，国外只转让了司机制动控制器、活塞式空气压缩机、干燥器、增压缸、风缸、阀类、制动控制装置机箱、液压夹钳、闸片和踏面清扫器等；控制软件、防滑技术、控制单元、电磁阀类、传感器、制动盘、制动系统测试软件和运维软件等关键技术不在转让范围。

为了打破国外高速列车制动系统的技术壁垒，实现高速列车制动技术的自主可控，引进技术消化吸收的同时，我国铁路动车组制动技术的自主研发工作始终没有停止。在我国轨道交通机车车辆技术迭代过程中，铁科院参与了制动技术研发及运维的全过程，全面参与了我国铁路历次机车车辆提速，及先锋号、中华之星、重载机车等制动技术的研发工作，积累了较为丰富的经验，建立了一支强有力的科研队伍，初步形成了比较全面的试验测试技术平台；中国中车在多年的轨道交通制动技术研发、生产过程中积累了丰富的资源，可以集中力量办大事，足以支撑中国中车的制动技术自主研发工作。因此，铁科院和中国中车均具备自主研制高速列车制动系统的能力。

在此期间，国家发展改革委、科技部、铁道部组织了一系列动车组技术自主研发项目，科技部"十一五"科技支撑计划项目"高速轮轨铁路引进消化与创新"（其中包括课题"350km/h 动车组制动系统技术研究、试制及试验"）、科技部和铁道部针对高速铁路核心技术体系的自主创新制定的"中国高速列车自主创新联合行动计划"、国家科技支撑计划项目"中国高速列车关键技术研究及装备研制"（其中包括"高速列车牵引传动与制动系统"）、铁道部科技研究开发计划"高速动车组制动系统技术规范的研究""动车组制动系统控制模式优化的研究""动车组关键技术自主创新深化研究"（包括动车组制动系统自主化替代研究）等。这些科研课题为自主研发工作提供了强有力的支持。

在自主研发过程中，我国科研人员一方面总结分析以往我国轨道交通制动技术发展中的经验教训，同时虚心学习国外先进的技术和标准，结合和谐号动车组大量的运维数据及中国高速铁路的运用环境和运维需求，明确技术路线。在生产组装过程中，严格遵循并广泛采用引进消化吸收获得的先进工艺、过程控制、检测手段、质量标准，建立了先进的生产和试制生产组装流水线，研制了相应的试验检测设备。经过不懈的努力，取得了丰富的成果。

铁科院研制了制动控制用 7 大类控制模块、40 余种阀类以及由 4 类模块化和智能化控制板（电源类、扩展接口类、核心控制类、网络通信类）组成的多种标准智能化控制板硬件资源。采用现代的计算机技术，开展了从系统设计到控制、算法、数据可视化，再到控制系统的实现及在线监测与维护管理等控制软件系统的自主开发全过程，研制成功可根据项目、车辆控制需求进行选择和集成的平台，组成一个共享串行总线（CAN）的分布式计算机控制系统，可实现制动控制的所有功能。

铁科院自主研发了基础制动装置的高速制动盘和闸片、制动夹钳。制动盘在台架试验时最高试验速度达到 530km/h，型式试验最高速度达到 420km/h，完全满足 380k/km 的高速列车要求。针对列车供风系统，培养了国内外多家空压机供应商，均可提供成熟产品。

高速动车组制动系统具有完全自主知识产权，其技术要求、功能、参数及接口与和谐号动车组一致，与既有动车组制动系统成功实现互换和互控。控制系统、基础制动装置和供风系统形成了完整的高速动车组制动系统。上述产品和技术均通过了铁道部组织的技术评审。

在此期间，铁科院申请与高速列车制动技术相关的专利 43 项，其中发明专利 19 项，主持起草了铁道行业动车组制动技术标准 7 项、关键部件的认证技术条件 7 项。

2013 年 1 月，我国自主研制的 250km/h 动车组基础制动装置（制动盘、夹钳单元、闸片）开始在 CRH5-036A 型动车组上载客运用考核；2013 年 5 月，350km/h 动车组基础制动装置（制动盘、夹钳单元、闸片）开始在 CRH3-070C 型动车组上载客运用考核；2014 年 2 月，制动系统在 CRH3-005C 型动车组进行换装，在完成一系列试验后，同年 9 月 4 日开始在京津城际铁路进行载客运用考核，最高持续运行速度 300km/h。自主研制闸片实现批量运用。

中国南车、中国北车（后合并为中国中车）也开展了关键核心部件的自主替代研究工作。先后完成了 CRH2/CRH380A 型动车组制动系统核心控制部件——电子制动控制单元（含硬件和软件）的样机研制、防滑系统关键部件——防滑阀和速度传感器、制动盘和闸片等，上述产品和技术均通过了中国铁路总公司组织的技术评审。闸片于 2014 年 7 月开始在 CRH380A-2681/2682 型动车组上载客运用考核；制动盘于 2016 年 12 月开始在 CRH380A-2723 型动车组上载客运用考核；防滑阀和速度传感器于 2016 年 11 月开始在 CRH2A-4091、CRH380A-2687 型动车组上载客运用考核；电子制动控制单元于 2017 年 3 月开始在 CRH2A-2435、CRH380A-2792 型动车组上载客运用考核。先后完成了阀类密封圈/垫、膜板、橡胶硫化件等共计 50 余种产品的自主研制，并分批分阶段开展载客运用考核并实现批量运用。

铁科院和中国中车自主研制的高速动车组制动系统及零部件装车运用考核均取得圆满成功，标志着我国已经掌握了 300～350km/h 高速动车组制动系统的全部核心和关键技术，打破了国外企业的技术壁垒。也为复兴号动车组制动系统的研制提供了丰富的技术储备，打下了坚实的基础，这些技术成果均在复兴号动车组制动系统中得到广泛应用。

2. 高速列车制动系统研发设计平台

2007年国家发展改革委下发了《关于高速铁路系统试验国家工程实验室项目的复函》，2008年铁道部下发了《关于中国铁道科学研究院高速铁路系统试验国家工程实验室建设项目项目建议书的批复》。结合"两部联合计划"等科研项目，我国设计和建设了具有高速列车制动系统结构设计、仿真分析、软硬件测试、产品检验等功能的研发设计平台（IDTS），该平台主要由计算机仿真分析设计平台和试验验证平台组成（图10-8）。

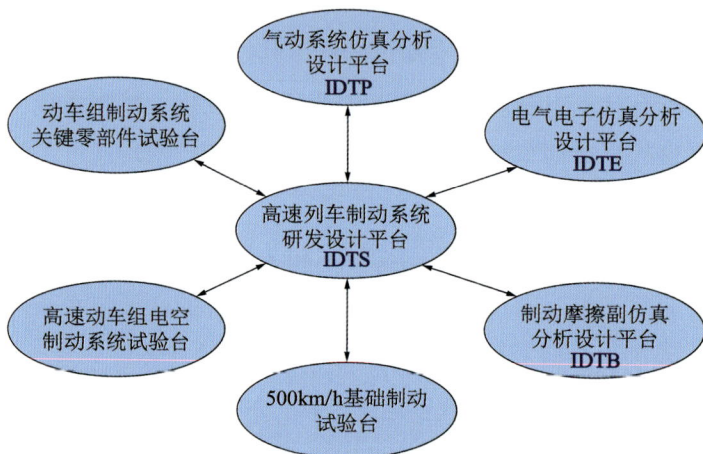

图10-8　高速列车制动系统研发设计平台组成

其中计算机仿真分析设计平台包括制动系统气动系统仿真分析设计平台、电气电子仿真分析设计平台、制动摩擦副仿真分析设计平台和制动系统综合仿真平台。可开展制动系统机械、气动、电气电子等多学科系统工程的建模和仿真，可进行元件级、部件级和列车级制动系统仿真分析，以及制动控制策略与算法，包括制动控制、防滑控制、供风控制、网络技术及故障保护与诊断等功能、性能的研究和控制系统软件校验测试，制动摩擦副结构、温度场及应力场仿真分析。

气动系统仿真分析设计平台（图10-9）具有制动系统阀类产品建模、系统集成、仿真分析、结果处理及分析、模型优化、元件模型加密等功能，能够进行气动元件特性分析及优化设计、单车及列车级系统仿真计算。

电气电子仿真分析设计平台（图10-10）能够对系统中各模块采用统一图形化的功能构建模型，利用试验系统的快速原型技术，实现快速控制原型和硬件在回路仿真。可以对控制系统的控制功能进行有效性检验；采用标准化的系统组件，应用软件功能很大程度上不依赖于硬件来实现，自动化的代码生成工具不仅大大节省了开发人员的时间，而且其代码的执行效率和安全性能得到充分的保障。

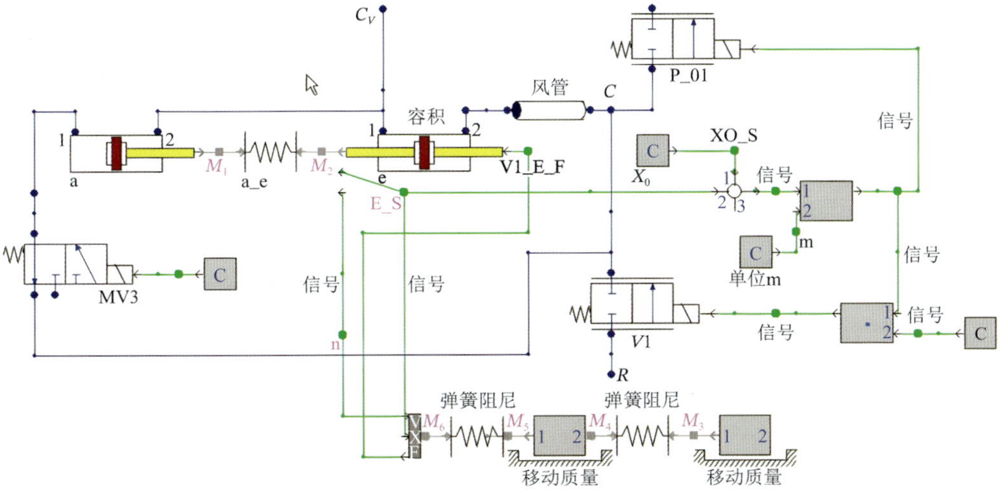

图 10-9 气动系统的建模及测试

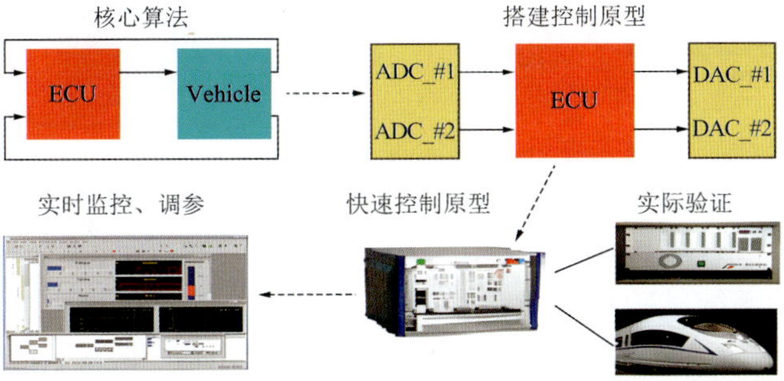

图 10-10 电子制动控制装置快速控制原型构建

制动摩擦副仿真分析设计平台能够对制动盘温度场及应力场进行仿真分析（图 10-11），进而对制动盘进行结构优化。

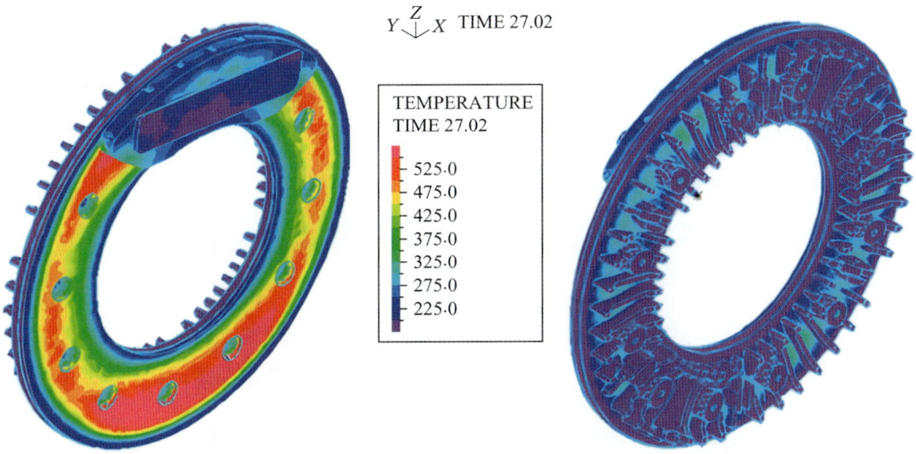

图 10-11 制动盘仿真分析

制动系统综合仿真平台（图 10-12）运用硬件在环仿真技术（HIL），以电子制动控制单元（Electronic Brake Control Unit，EBCU）和司机控制器为实物，气制动控制单元、防滑阀、基础制动、车辆动力学及轮轨黏着等被控对象为实时仿真模型，开展动车组制动系统部件、系统级控制功能和性能的仿真测试研究。

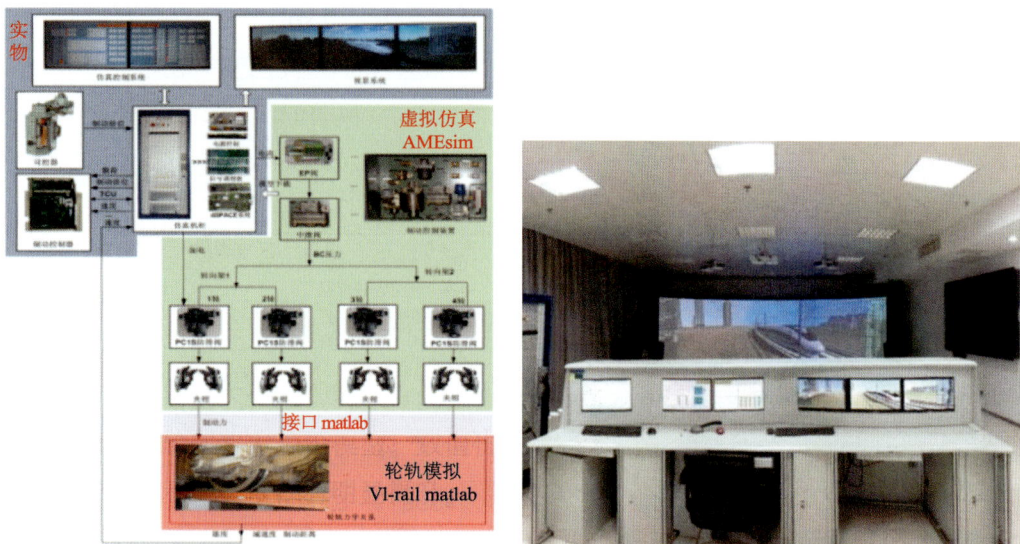

图 10-12　制动系统综合仿真平台

3. 高速列车制动系统试验技术平台

高速动车组制动系统试验技术平台主要由高速动车组电空制动系统试验台、500km/h基础制动试验台、动车组制动系统关键零部件试验台等组成。可进行高速动车组控制系统、基础制动装置、关键零部件的性能、可靠性试验分析和验证，低温和冰雪等环境条件下制动系统的试验研究，各种制动工况下产品的功能、性能、接口关系等试验和检验及故障模拟，还可对高速列车制动系统及关键部件的软件、硬件进行仿真分析、设计、计算、测试等。

铁科院平台高速动车组电空制动系统试验台（图 10-13）用于动车组制动系统系统级功能、性能试验研究，具有常用制动、紧急制动、动力制动与电空制动匹配、空重车调整、防滑控制、停放制动、故障导向安全试验等功能。可为动车组制动系统国产化提供装车试验平台，也可为现场故障的再现提供相应技术手段。

图 10-13　高速动车组电空制动系统试验台

中国中车的制动系统综合试验台（图 10-14）可模拟列车实际运行工况，全过程检测制动系统运行数据。可以 1∶1 模拟单转向架 0～400km/h 范围内的纯空气制动过程，定量地研究制动参数、制动方式、制动性能等，可进行各种速度下的常用制动、快速制动、紧急制动、耐雪制动及防滑等性能测试，以及辅助制动试验和救援转换装置模拟试验，是国内外首个可以完全模拟制动状态的系统综合试验台。

图 10-14　制动系统综合试验台

试验台主要由转向架、制动控制装置、轴重模拟系统、惯量模拟系统、驱动系统、轨道轮传动系统、环境模拟系统、视频监控系统、数据采集系统及单轨轮系统等组成。惯量模拟系统由 4 组机械惯性飞轮箱组成，模拟车辆运行时的惯性，配合电机电惯量补偿实现惯量的无级调节；轮对最大线速度可达 608km/h。环境模拟系统可对轮轨接触处喷洒水、减磨液、润滑油等不同介质；数据采集系统对速度信号、轮轨正压力信号、扭矩信号、压力信号、温度信号、振动信号、位移信号等进行全面实时采集及保存。

（1）高速 1∶1 制动动力试验台

高速 1∶1 制动动力试验台用于制动摩擦副研究和试验验证。可 1∶1 再现列车的能量转化过程。铁科院、中车戚墅堰机车车辆工艺研究所股份有限公司（简称中车戚墅堰所）和中车制动系统有限公司（简称中车制动公司）分别建立了不同试验速度、惯量和模拟运行环境的试验台，这些试验台在我国高速列车制动技术的研究和试验验证工作中发挥了重要作用。时速 400km 制动盘台架试验可扫二维码观看。

时速 400km
制动盘台架试验

铁科院试验台在 2018 年通过了国际铁路联盟（UIC）的国际认证并取得证书，这是迄今为止欧洲以外唯一一台通过 UIC 认证的 1∶1 制动动力试验台，标志着我们的试验技术得到了国际同行的认可。

（2）高速涡流及磁轨制动试验台

高速涡流制动和磁轨制动试验台（图 10-15）最高试验速度为 500km/h，试验台主要用于高速列车涡流及磁轨制动装置的基础研究、工程化研究、性能试验、可靠性（耐久性）研究和试验验证，可进行线性涡流制动和旋转涡流制动、磁轨制动的制动特性、电磁特性、温升特性和可靠性（耐久性）试验；还具有高速列车盘形制动试验功能。试验台预留了与牵引电机的接口，必要时可进行再生制动试验。

（3）关键零部件试验台

① 防滑系统试验台。

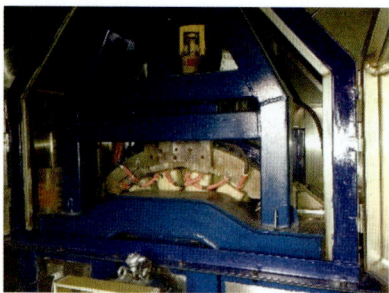

图 10-15　涡流制动和磁轨制动试验台局部

同济大学设计开发的防滑系统试验台由调速电机带动防滑器速度信号调制齿轮模拟两根车轴转动，安装在齿轮外侧的速度传感器得到频率正比于两转速的波形信号，输出到防滑器，经防滑器判别后发出相应的控制排风阀内电磁阀动作信号，电磁阀带动排风阀动作，使风缸内的压力产生相应的变化。通过测得速度信号、电磁阀控制信号、压力信号及其相应的变化关系，即可测定防滑器的性能。试验台调速电机的动作过程、各种信号的测试和数据采集分析均由工控机进行控制，并实时显示测试数据曲线。

防滑器试验台可模拟两个车轴，对两路调速电机分别或同时进行不同速度、不同减速度控制，能对两路风缸进行压力测定。试验台工作过程由工控机控制，能同时对两路速度、压力、电磁阀排风控制信号进行数据采集。

② 高度阀试验台。

高度阀能够根据载荷的变化对空气弹簧进行充风或排风，以调节车体高度，防止车体出现倾斜，对于动车组安全运行十分重要。高度阀参数调整是一个难点，试验台通过调整充排风驱动轴的旋转角度进行控制。在参数调整时，先找到高度阀关闭的点、此时处于流量特性曲线的原点。将驱动轴的该位置标定为零位，该点位于充、排风两点的中间。该区间高度阀关闭，既不向空簧充风，也不排风。该区间称作高度阀的死区。死区参数的测量是通过自动试验程序完成。试验台采用了较小的步进间距、先快后慢的充风方法，很好地解决了快速精确压力控制和充排风始点检测问题。

4. CRH380A/B 型动车组制动系统

CRH380A/B 型动车组是以时速 300～350km 的 CRH2 和 CRH3 型动车组两个平台为基础而研制的新一代高速列车，持续运营时速 350km、最高运行时速 380km。CRH2 和 CRH3 型动车组经过前期运营考验，基本能满足运营要求。但也暴露了一些问题，如电制动利用不充分、电制动与空气制动匹配需优化、防滑性能需要改善、制动闸片磨耗快、辅助空压机控制不合理等问题。同时还需解决由于速度提升给制动系统带来的新问题，如紧急制动减速度有较大变化、制动热负荷增大、更容易出现滑行、制动控制模式需要优化、停放制动能力需要调整、长编组带来的问题等。针对这些问题，我国科技人员提出了一系列优化改进措施。这些优化措施均落实在 CRH380A/B 型动车组制动系统中，并已批量装车应用。

（1）CRH380A 型动车组制动系统优化改进措施

① 优化制动控制参数，针对复合制动滑行，调整防滑系统软件，以满足运用要求。

② 增加了低速冲动控制方案，提高了旅客舒适度。

③ 油压夹钳优化为气动夹钳，优化滑行控制参数。

④ 设置 BP 救援装置，实现不同动车组之间的相互救援。

⑤ 将活塞式空压机优化为螺杆式空压机，主空气压缩机组由 3 台减少到 2 台。

⑥ 设置撒砂装置。

⑦ 设置停放制动装置。

（2）CRH380B 型动车组制动系统优化改进措施

① 优化系统控制参数和制动控制软件，以满足车辆对制动系统的要求。

② 基础制动结构不变，制动盘安装螺栓强度升级。

③ 优化调整防滑系统软件，满足运用要求。

④ 提高再生制动功率，再生制动与空气制动的速度转换点为 10～15km/h。

⑤ 优化配置撒砂系统及控制模式。

⑥ 16 辆编组制动管理与控制由分段制动管理器负责，优化风源系统。

⑦ 备用制动控制系统的试验和升级。

（3）CRH380A/B 型动车组制动系统简介

CRH380A 型动车组采用微机控制的直通式电空制动系统，采用 2 动 1 拖和独立动车（1 动或 1 动 1 拖）的制动力管理方式，优先使用再生制动，再生制动力不足或再生制动故障时由空气制动力补充。

制动系统具有常用制动、快速制动、紧急制动 UB、耐雪制动、停放制动等制动功能，还具有网络通信、防滑控制、司机制动试验、救援/被救援控制、空压机启停管理、故障诊断及存储等功能。BCU 综合从光纤网络或硬线读取的常用制动指令、车辆载荷信息、列车速度信息，计算出列车所需制动力，并与再生制动能力值进行比较，当再生制动力足够时由单元内的 2 个动车共同承担 2 动 1 拖编组的制动力，当再生制动力不足时，补充空气制动力。

制动系统主要由制动控制系统、空气供给系统及基础制动系统三大部分组成。每车配置一台制动控制装置，动车转向架采用轮盘式基础制动装置，拖车转向架采用"轴盘＋轮盘"式基础制动装置。CRH380A 型动车组制动系统构成如图 10-16 所示。

CRH380B 型动车组制动系统包括直通式空气制动系统和自动式空气制动系统。直通式空气制动系统采用电子控制，可按制动模式曲线控制列车减速或停车。自动式空气制动系统通过控制制动管压力进行制动控制，属于备用制动。制动系统由制动指令装置、控制装置（包括防滑保护）、风源系统和基础制动装置等组成。每 4 辆车组成一个制动单元，每个单元都有自己的 MVB 总线，列车中的制动单元通过 WTB 相互连接，WTB 和 MVB 通过网关连接（图 10-17）。

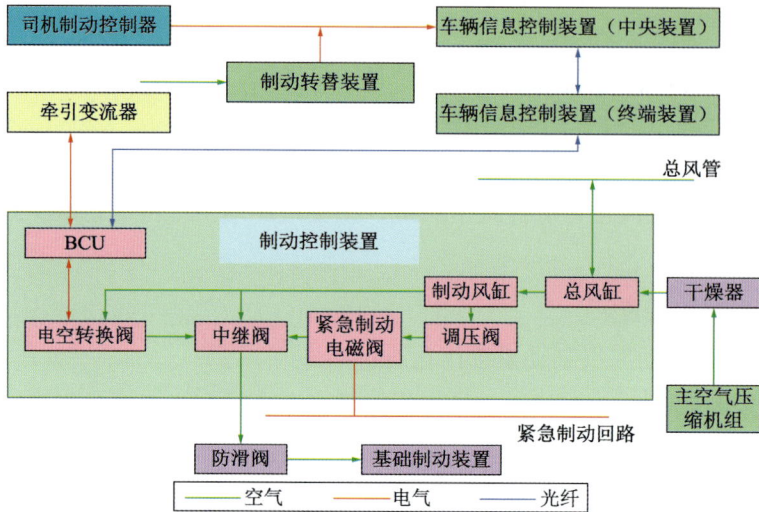

图 10-16　CRH380A 型动车组制动系统构成

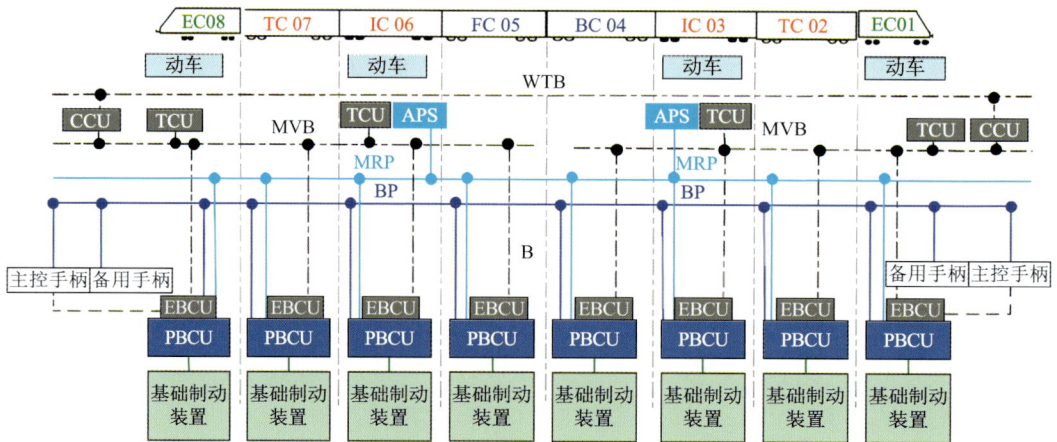

图 10-17　CRH380B 型动车组制动系统组成

EC-端车；TC-变压器车；IC-中间车；FC-一等车；BC-餐车；CCU-中央控制单元；TCU-牵引控制单元；MVB-多功能车辆总线；APS-空气处理系统；MRP-总风管；BP-列车管；PBCU-气动制动控制单元；EBCU-电子制动控制单元

正常情况下制动系统的控制是通过每个司机台上制动控制器的手柄或 ATC 装置进行，系统基于预先设定的制动模式曲线控制列车的减速或者停车。再生制动和摩擦制动的作用由 BCU、TCU 和 CCU 协调控制，优先使用再生制动，再生制动力不足时由拖车和动车的空气制动补充。

安装在每个车上的 BCU 负责执行本车的制动控制功能，包括接收和处理制动控制手柄或信号系统发出的制动指令，以及其他用于列车制动控制的重要信息。制动控制系统遵守故障导向安全原则，当出现影响行车安全的故障时会自动实施紧急制动停车。直通制动系统不能正常工作时，可手动转换到备用的自动空气制动系统。

故事

中车制动系统中枢 EBCU 的发展之路

2016 年 3 月 27 日，在大西线试验段，随着 CRH380AN 0206 高速动车组缓缓驶入忻州站，中车动车组制动系自主化攻关团队每个人都长吁了一口气，悬着的心终于落下了，中国中车自主研制的电子制动控制单元（EBCU）350km/h 正线试验获得圆满成功。

EBCU 作为动车组微机直通电空制动系统的中枢，用于制动力计算、分配和控制，直接关系到制动性能的优劣和运行安全性。2005 年，浦镇海泰承担了 CRH2 型动车组制动系统的技术引进工作，但日方明确表示 EBCU 不予转让，对涉及的电路板、控制软件、维护软件甚至试验台只能从日方采购。后续在动车组的提速升级、设计优化，均只能依赖日方开发团队，而且费用高、周期长。

2009 年开始，浦镇海泰组建了技术攻关团队。针对进口的 EBCU 这个"黑匣子"，技术团队凭借产品说明书、工艺和试验文件等资料，经过输入输出特性分析和对运用故障的经验总结分析，结合动车组多年的运用经验，形成了符合国内运营工况的防滑控制和故障诊断解决方案，以需求为导向开展了正向设计。同时为保证产品的可靠，委托国际第三方机构对整个研发过程开展独立安全评估。技术团队历经方案比选、初始样机和正式样机开发、厂内静态和动态试验，历时两年半，在 2013 年 9 月完成样机的研制并取得安全评估证书，由中国中车自主研发的 EBCU 终于诞生，控制功能达到最高 SIL4 级的安全要求。

新诞生的 EBCU 直接关系到动车组的运行安全，能否顺利实现装车运用，还需经受住各种严酷的线路测试与考核。2016 年 3 月～2018 年 7 月，中车 EBCU 先后通过了铁科院环行铁道试验基地 160km/h 低速试验、大西试验段 350km/h 正线试验、10 万km 空载运用考核、30 万 km 载客运用考核。从最高 40℃ 的动车组调试库到零下 20℃的试验线，从潮湿闷热的广东佛山到寒冷干燥的山西原平，技术团队全程参与为自己刚刚出生的"孩子"保驾护航。在大西线正线试验临近结束时，动车组意外施加紧急制动停在了隧道内，所幸经排查，为车辆其他系统故障所致并快速排除，虽是虚惊一场，却留下了深刻的印象，安全无小事，每每想起仍心有余悸。

2016 年 3 月，中车 EBCU 首次在大西试验段正线试验取得圆满成功，满足最高运营时速 350km 运营要求。2016—2018 年，又装车于多种动车组，完成运用考核，并获得铁路产品认证证书。2018 年开始批量运用于 CR400AF 系列高速动车组和 CRH6 系列城际动车组。

5. 制动系统技术条件制订

通过早期的自主研发和引进消化吸收再创新，我国基本掌握了时速 200～300km 高速列车制动技术，同时在进行的 350km/h 以上高速列车制动系统的国产化研制工作也取得许多成果和经验，但尚未形成自己的高速列车制动系统技术规范。2009 年，铁道部组织开展高速动车组技术规范深化研究工作，铁科院承担了"高速动车组技术规范深化研究——制动系统技术规范的研究"课题，参与单位包括中国南车、中国北车所属企业等，其目标是提出 200～250km/h、300～350km/h 动车组制动系统的技术规范，以填补国内空白。

为了做好规范的编制工作，课题组对国外与动车组制动系统技术有关的标准、规范进行了调研和整理。对国内正在运行的各型动车组制动系统的技术要求和技术指标进行了比较和梳理。掌握了各型动车组制动系统的共同点和主要差异。我国高速动车组制动系统技术规范作为铁路行业的统一标准，既考虑了动车组制动系统必须具有的技术要求、规范的通用性、统一的试验要求，也考虑了动车组制动技术发展的趋势和要求。该技术规范根据中国高速铁路的特点和要求，初步形成了具有自主知识产权的高速列车制动系统技术规范，为制动系统的设计、试验、生产提供技术依据，填补了国内空白。

三 自主创新复兴号动车组制动系统

1. 复兴号动车组制动技术特性

复兴号动车组制动系统的自主研制工作以系统工程理论为依据，开展了从需求分析、功能分解、仿真设计、样机试制、系统集成、试验验证等一系列设计创新活动。起草编制了时速 350km 复兴号动车组技术条件、互换统型部件技术要求和技术条件、涉及制动系统的互联互通接口技术规范。进行了自主化制动系统技术方案研究和设计，攻克了制动控制逻辑、高热负荷摩擦副、高速防滑策略、智能诊断和互联互通等关键技术难题，突破国外公司的技术封锁，实现制动系统自主研制与设计制造、系统集成，软件完全自主化开发，形成符合中国铁路运用需求的标准化平台性制动系统技术方案，填补了国内的技术空白。全面掌握了制动系统关键核心技术、系统集成技术、试验验证技术和运用维护技术等，自主建立了研发、产品、试验、制造和维护平台，主持编制了相关技术标准和技术条件 30 余项，形成了比较完整的高速列车制动系统标准体系和从系统级到部件级完整的产品群。

（1）制动系统技术特点

① 采用微机控制的直通式电空制动系统。

复兴号动车组的直通式电空制动系统，在系统设计时依据复兴号动车组技术要求和运营要求，在零部件设计时主要依据中国标准和中国铁路行业标准，也参考了部分国际标准（如 EN、UIC）。值得一提的是，国际标准主要为"贸易型"标准，大部分为基础性、通用性、互换性材料和试验方法标准，很少规定产品的具体性能指标；中国标准主要为"生产型"标准，产品标准广泛，对产品的功能、性能指标有明确要求。

②不设自动式空气制动机。

复兴号动车组直通式电空制动系统由贯穿全列车的总风管向各车辆的制动设备供风，各车的微机控制装置通过网络和列车硬线接收司机制动请求，控制制动和缓解。欧洲采用微机控制自动式电空制动系统，是通过控制列车管压力来控制动车组的制动及缓解。复兴号动车组直通式电空制动系统具有控制精度高、反应迅速、操纵灵活、车辆制动同步性好等特点。

③采用全列车空电复合制动控制。

复兴号动车组采用全列车空电复合制动控制，能够更加充分地发挥全列车的电制动作用，仅当全列车电制动力不足或者电制动失效时才补充施加空气制动。

④控制单元闭环控制。

复兴号动车组制动系统的控制单元实施闭环控制，对执行机构动态监控，具有自动修正或补偿的能力，从而保证预定目标的实现。

（2）制动系统创新点

①创新了时速 350km 速度等级动车组制动系统核心技术，打破了国外技术垄断。

运用系统工程理论和方法，结合长期运营经验和对高速列车制动机理的深入研究，掌握并创新了包括制动管理技术、气动控制技术、基础制动控制技术、系统集成技术、试验验证技术、系统运维技术等高速动车组制动系统全生命周期管理的核心技术，打破了国外技术垄断。

构建了列车安全环路、制动硬线指令、列车网络三级指令体系（图 10-18），创新了"列车-网段-单车"三级制动分层和单车自律的制动管理技术，对关键设备进行了冗余设计，可实现单点故障时的热备切换，具备降级模式，在极端情况下仍能保证安全停车，增强了制动系统鲁棒性，提高安全可靠性。创新了列车级制动力管理方法，使闸片的使用寿命增加了 1 倍以上，降低了全寿命周期的使用成本。创新了制动控制算法，结合列车自动运行系统（Automatic Train Operation，ATO）控车功能，应用北斗定位技术，实现了自动驾驶、自动停车，提高停车精度，降低司机工作强度。国内首创了地震预警紧急制动装置，提高了列车运行的安全性。

②形成了完整的中国动车组制动系统技术标准体系，并主持编制国际标准。

结合中国动车组制动系统及关键零部件的技术创新成果和运用需求，首创了全面、先进、层次分明的中国动车组制动系统标准体系，涵盖制动系统、控制系统、关键零部件等系统及部件的设计、制造以及运维各个方面，将技术创新的成果纳入标准体系，引领了制动技术的发展，填补我国动车组制动系统标准体系的空白，为高速动车组制动系统及零部件的研制、试验、安全运营及持续创新提供了坚实的基础和保障。后续还主持编制国际标准，部分技术创新成果已纳入国际标准。

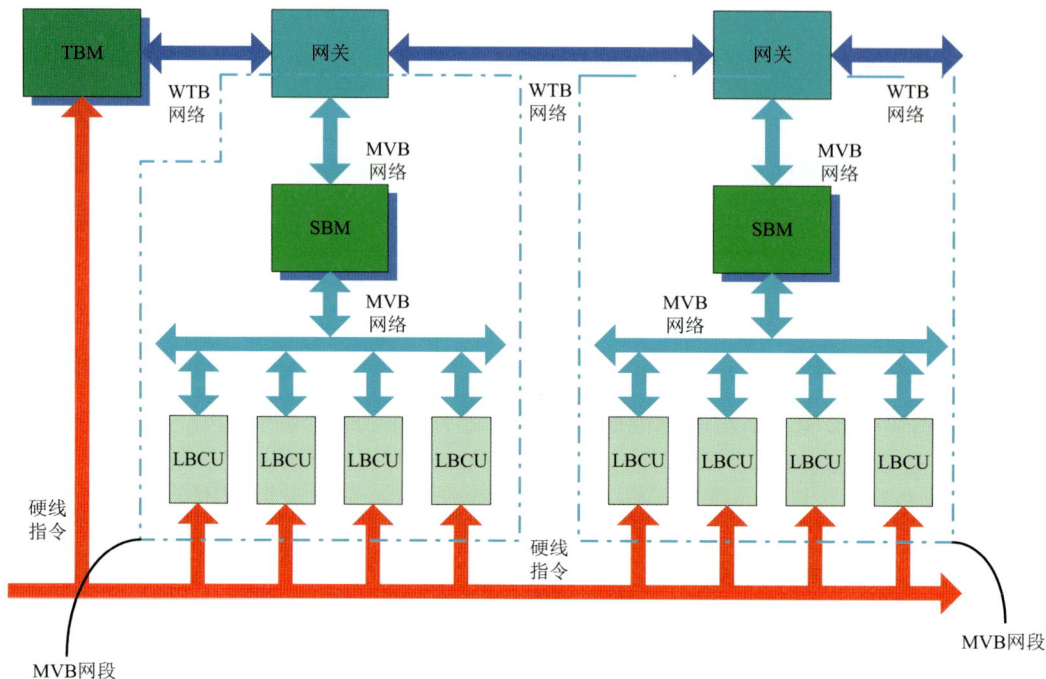

图 10-18　"列车-网段-单车"三级制动管理

③ 创建了时速 350km 速度等级动车组制动系统研发设计平台。

针对高速动车组制动系统的专业特点和研发流程，建立了包含设计仿真、试验验证、半实物仿真在内的一整套制动系统研发设计平台（图 10-19），涵盖了气动控制、电气控制、盘形制动、制动控制和系统集成等专业领域，可用于气动部件的流体特性研究和可靠性研究、控制装置及整车电气控制逻辑的模拟及测试验证、模拟雨雪及低温环境条件下最高试验速度500km/h 的大功率盘形制动装置研发和测试验证、控制软件开发过程中的调试、集成测试、工况模拟和故障复现测试等，为我国高速动车组制动系统正向设计提供了强有力的支撑。

图 10-19　动车组制动系统研发设计平台

④ 突破了时速 350km 速度等级动车组防滑控制技术。

提出了适用于我国动车组实际应用的防滑控制策略（图 10-20），解决了由制动系统统一管理电制动防滑和空气制动防滑的技术难题，国内首次提出了模型参考自适应控制方法，以适应牵引系统车控模式、架控模式和轴控模式的多样性，实现了不同模式下的电制动防滑和空气制动防滑的合理匹配和控制。

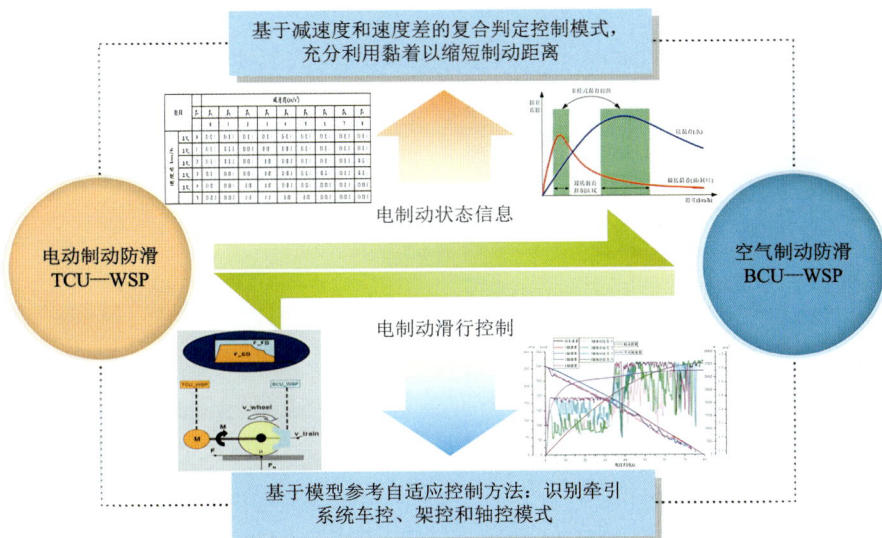

图 10-20　复兴号动车组制动防滑控制策略

国内首次突破了动车组防滑系统的黏着-蠕滑控制机理，提出了一种基于分层递阶模式的黏着-蠕滑控制新策略，将整个滑行控制过程分为两个阶段并采用不同的滑行控制策略，解决了在轮轨间存在着变化的微量滑动条件下也能获得最佳黏着系数的技术难题，改善了恶劣条件下的轮轨黏着利用率，实现了充分利用轮轨黏着以缩短制动距离的目的。

国内首次实现了基于速度差-减速度的复合矩阵判定模式和自适应追踪轮轨黏着状态的控制策略，根据轮轨黏着状态的不同，自适应地采用不同的滑行控制状态，即使在超低黏着条件下也能抑制轮对滑行防止轮对擦伤，解决了不同黏着状态下车轮的黏着-滑行控制的技术难题，提高了防滑系统对我国铁路复杂运用环境和轮轨黏着特性的适应性，提高了列车运行的安全性和舒适性。

⑤ 创新了故障导向安全和健康管理技术，保证列车安全停车、受控运行。

建立了完善的制动系统故障诊断功能，通过监测制动系统的关键物理量变化，结合失效模式和影响分析模型进行实时故障识别和分级，涵盖了所有部件级和系统级的功能、性能和工作状态，形成故障代码，实现了对故障的快速定位和处理，列控系统能根据故障等级进行"故障导向安全"控制，自动限速运行或紧急停车，减少了人为处理的不安全因素，保证动车组安全、受控运行。

制动系统故障预测与健康管理（Prediction and Health Management，PHM）系统

（图 10-21）基于对制动系统故障机理和失效模式的深入了解，利用先进传感技术监测制动系统特征变量及动车组运行状态，通过远程数据传输技术、人工智能技术、专家系统（基于模型的推理、案例的推理、规则的推理）、神经网络、模糊逻辑、遗传算法等实现复杂模型的云端计算，获得对制动系统状态的准确监控和故障预测，对关键零部件进行健康状态评估和剩余寿命的估算，指导运维部门对制动系统开展基于状态修、预防修，为降低全生命周期运用成本奠定基础。

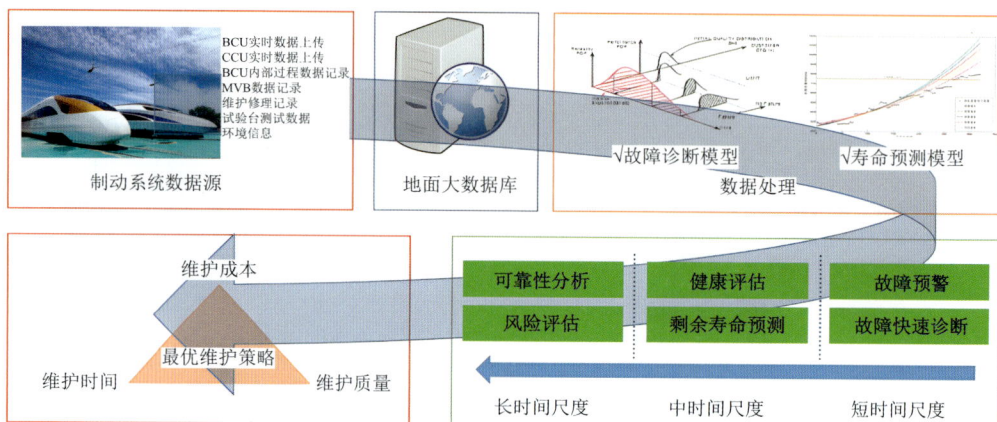

图 10-21 动车组制动系统 PHM 系统架构

⑥ 创新了大功率盘形制动技术，解决了制动盘裂纹萌生和扩展定量评价的难题。

自主搭建了大功率盘形制动摩擦副仿真、试验平台，解决了复杂环境条件和严酷制动热负荷条件下大功率制动摩擦副结构可靠性、摩擦稳定性、散热快速性综合仿真的准确性问题，处于国际先进水平。制订了适合中国铁路特点的高速动车组制动摩擦副技术标准，结束了高速列车盘形制动摩擦副产品完全引用国外产品标准的历史。建立了欧洲以外唯一一套具有国际铁路联盟资质的高速列车大功率盘形制动摩擦副结构优化设计平台，实现了400km/h 高速严酷紧急制动工况下摩擦系数、瞬时温度、摩擦面热成像、动态变形、紧固件动态轴力和弯矩等大功率盘形制动摩擦副制动稳定性参数和结构可靠性参数的实时采集，掌握了大功率制动盘总体结构、散热筋布局与制动盘变形、紧固件受力之间的相互关系，突破了高速动车组制动摩擦副自主研制和技术创新中的技术瓶颈。

建立了基于线弹性断裂机理的制动盘裂纹评价模型与台架试验相结合的科学研究方法，通过大量的试验验证和理论分析，找到了裂纹应力强度因子范围ΔK和裂纹扩展速率$\mathrm{d}a/\mathrm{d}N$之间的关系［式(10-3)］，得出铸钢制动盘疲劳裂纹扩展门槛值ΔK_{th}为 24MPa·m$^{1/2}$，解决了制动盘材料裂纹扩展边界条件的计算和测定问题。

$$\frac{\mathrm{d}a}{\mathrm{d}N} = 6.39 \times 10^{-11} \Delta K^{2.31} \tag{10-3}$$

式中：$\dfrac{\mathrm{d}a}{\mathrm{d}N}$——疲劳裂纹扩展速率，无量纲；

ΔK——应力强度因子范围，$MPa/m^{1/2}$。

2. 复兴号动车组制动系统概述

复兴号动车组制动系统是智能化制动系统，按照"故障导向安全"的原则进行设计，制动系统为车控方式，按列车级进行空电复合制动控制，控制策略考虑动力制动优先，只有当动力制动能力不足时，才使用空气制动。系统按模式曲线控制列车减速或停车，具有MVB、以太网车辆总线接口并能与列车控制系统等进行通信。司机控制器的7级制动指令通过列车硬线传送到各车的制动控制单元，主控头车的列车控制系统检测硬线制动指令后发送到各车。

制动系统的列车级主控功能可实现全列车制动力管理、分配和计算。列车中的每个MVB网络单元（2动2拖）内具有单元主控功能的EBCU，进行MVB网络单元内的制动力管理、分配和计算，列车级和单元主控功能均满足冗余要求（图10-22）。

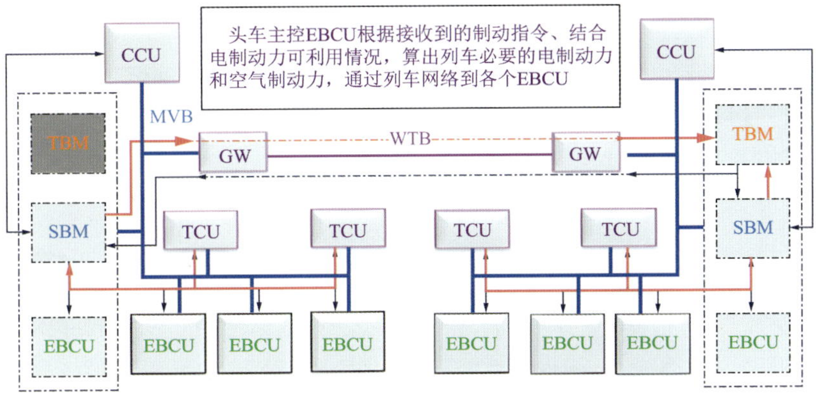

图 10-22　时速 350km 复兴号动车组制动力管理示意图

CCU-中央控制单元；TCU-牵引控制单元；MVB-多功能车辆总线；WTB-绞线式列车总线；GW-网关；TBM-列车制动管理器；SBM-单元制动管理器；EBCU-电子制动控制单元

动车组设救援转换装置，在救援和回送时可由采用自动式空气制动系统的既有机车操纵控制。不同速度等级的动车组可以互相救援。

系统具有常用制动、紧急制动EB、紧急制动UB、停放制动、保持制动、清洁制动、乘客紧急制动、WSP、DNRA、制动力分级控制、撒砂、升弓供风控制、主空压机控制、制动系统监测、诊断和故障记录、制动试验、回送和救援等功能。

（1）制动系统技术要求

① 最高运行速度：350km/h。

② 常用制动冲动极限：不超过 $0.75m/s^3$。

③ 紧急制动距离：制动初速度为 350km/h 时，制动距离不超过 6500m。

④ 满载的列车具有在 20‰坡道上安全停放的能力。

⑤ 制动控制系统按照"故障导向安全"的原则进行设计。

⑥ 采用车控方式，控制系统具备按列车进行控制的能力。

⑦ 充分发挥动力制动作用，只有当动力制动能力不足时使用空气制动。

⑧ 按模式曲线控制列车减速或停车。

⑨ 产品采用模块化设计并便于更换及维修。

⑩ 基础制动装置采用盘形制动形式。

⑪ 空气制动系统应能满足列车正常运行性能的要求。

⑫ 制动系统具有 MVB 接口并能与列车控制系统等进行通信。

⑬ 司机控制器设置缓解位、7 级常用制动位、紧急制动 EB 位。

⑭ 每节车设乘客手动紧急制动设施。

⑮ 动车组设 BP 救援转换装置。

（2）制动系统组成与功能

① 制动系统组成（图 10-23）。

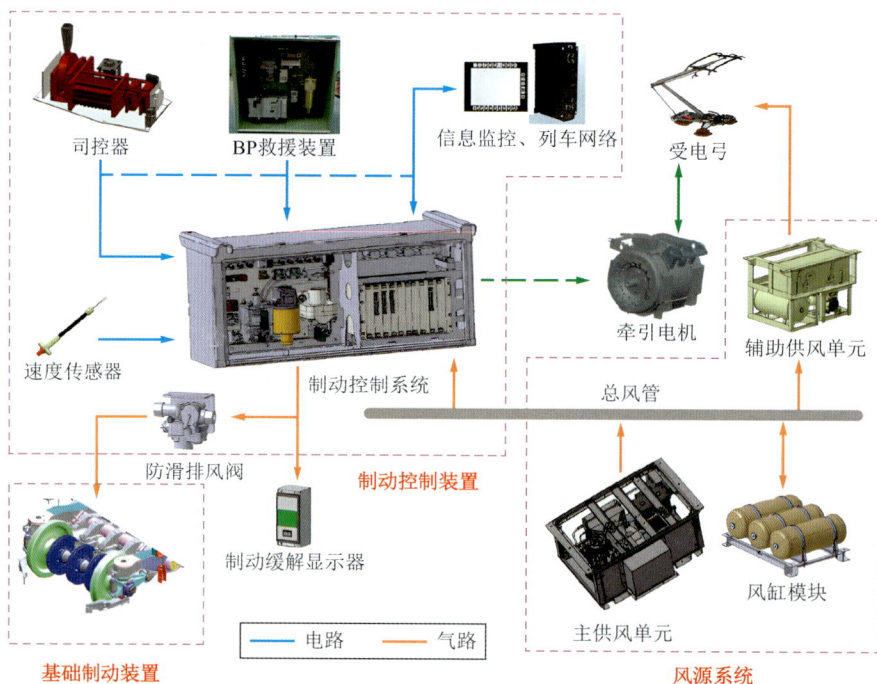

图 10-23　时速 350km 复兴号动车组制动系统组成

a. 司机制动指令设备。

司机制动指令设备包括司机控制器、紧急制动 UB 按钮、停放制动施加按钮、停放制动缓解按钮、保持制动按钮、清洁制动按钮等。

b. 制动控制设备。

制动控制的关键设备是制动控制装置（图 10-24 展示了两种型号的制动控制装置），由电子控制单元（EBCU）、气动控制单元（PBCU）和控制箱体三部分组成。EBCU 为计算机控制装置，主要由电源类、扩展接口类、核心控制类、网络通信类等四类模块化和智能化的控制板组成。EBCU 接收与处理司机制动指令，并控制各车的制动与缓解。PBCU 根据其控制功能划分为制动控制模块、停放控制模块、供风及空簧控制模块、撒砂控制模块、压力开关模块等。

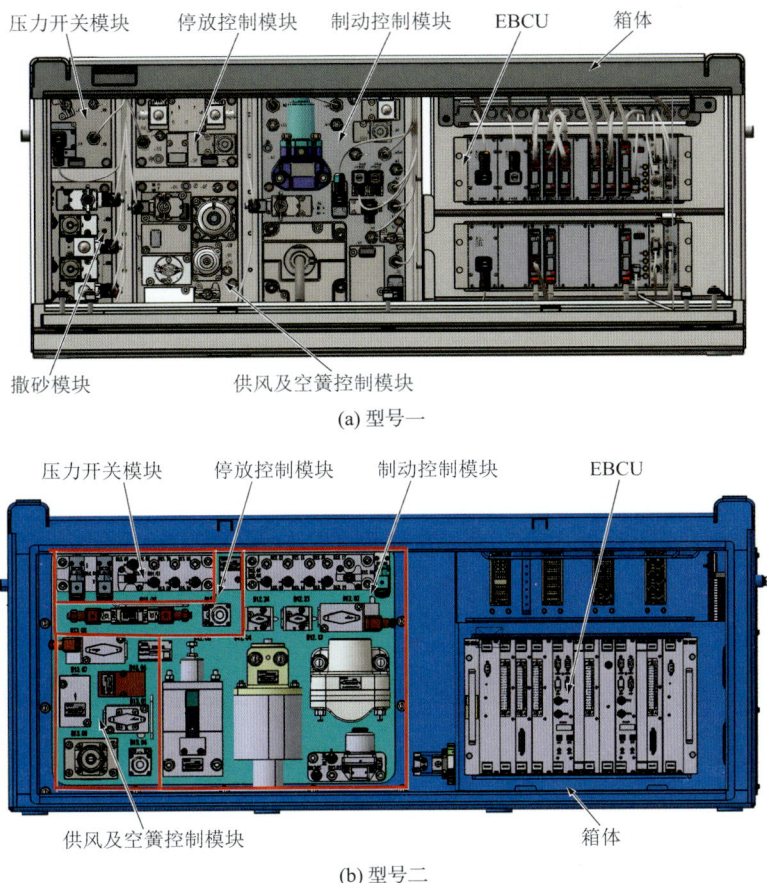

(a) 型号一

(b) 型号二

图 10-24　动车组制动控制装置

c. 基础制动装置。

动车组基础制动装置采用盘形制动，主要包括制动盘、闸片以及夹钳单元。除了带停放制动功能的夹钳单元技术参数不同外，制动盘、闸片及夹钳单元的结构、安装尺寸、技术要求均一致。每个动力轴配置 2 个轮装制动盘，每个拖车轴配置 3 个轴装制动盘。制动盘热容量满足动车组最高运营速度下连续两次紧急制动的热负荷以及最高试验速度下的紧急制动能力要求。

制动盘采用铸钢材料，闸片采用粉末冶金材料、弹性浮动形式、燕尾安装方式。制动夹钳单元具有闸片间隙自动调整功能，并能够手动调整。

d. 供风设备。

动车组配备两套主供风单元和辅助供风单元。主供风单元采用螺杆式空压机和双塔干燥器，可以长时间持续工作，压缩空气质量符合《压缩空气　第 1 部分：污染物和纯度等级》（ISO 8573-1）3.2.3 级要求。

e. 防滑设备。

防滑设备包括速度传感器、齿盘、防滑阀以及防滑检测设备等，每根轴都安装一个速度传感器和防滑保护装置，并且具有速度检测和计算功能。防滑排风阀工作时，引起的纵向冲动满足冲击极限的要求。

f. 救援回送设备。

救援回送设备由救援回送转换装置、塞门及风缸等组成。救援回送设备安装在列车的两头车上，用于救援和被救援。当列车处于被救援状态时，它可以把救援动车组或机车列车管压力转换为电气指令；当列车处于救援状态时，它可以把救援车辆的制动指令转为风压的变化，再通过列车管传递给被救援车辆。

g. 升弓控制设备。

升弓控制设备主要包括辅助供风单元、升弓控制模块、压力开关等部件。辅助供风单元的辅助空压机采用单缸无油活塞式空气压缩机。当总风管无风或风压不足时，由辅助供风单元供风。

h. 紧急制动设备。

司机室设置有紧急制动按钮，可以触发紧急制动 UB，紧急制动 UB 一旦触发不能解除直至停车。

每辆车还设置了乘客紧急制动拉箱，当列车正常行驶时，拉动乘客紧急制动拉箱，可以触发紧急制动 EB。

i. 辅助设备。

辅助设备主要包括塞门、软管、制动缓解显示器和停放制动缓解指示器等。

② 制动系统主要功能。

a. 基本要求。

制动系统具有常用制动、紧急制动 EB、紧急制动 UB、停放制动、保持制动、清洁制动、防滑、防抱死、制动力分级控制、撒砂、升弓供风控制、主空压机控制、监测、诊断和故障记录等功能。

制动系统具有列车级主控功能，实现全列车制动力管理、分配和计算，列车级主控功能应满足冗余要求。列车中的每个 MVB 网络单元（2 动 2 拖）内应具有单元主控功能的 EBCU，进行 MVB 网络单元内的制动力管理、分配和计算，单元主控功能应满足冗余要求。

在列车主动稳定控制（Active Stability Control，ASC）模式下，由 CCU 来计算列车总的制动力需求，优先利用电制动。当电制动力不足时，CCU 自动退出 ASC 模式，并提示司机。

除 ASC 模式外的制动请求，由制动系统来进行列车制动力管理。

系统具有车辆载荷识别功能、空重车调整功能，制动缸压力能够随列车载重变化进行自动调整。车辆载荷信号取自空气弹簧的压力。

制动系统设有与列车运行控制系统的车载设备的接口，并受其控制。列车运行控制系统触发的紧急制动，通过断开安全环路执行紧急制动 UB。

控制系统具有速度-黏着控制的能力。

b. 常用制动。

常用制动时采用空电复合制动控制，按速度模式曲线实施制动控制。正常运行时制动系统根据司机控制器、列车运行控制系统等给出的制动指令进行制动和缓解。制动时优先采用动力制动，动力制动力不足时，由空气制动补充。

常用制动减速度（不含风阻）控制曲线如图 10-25 所示。

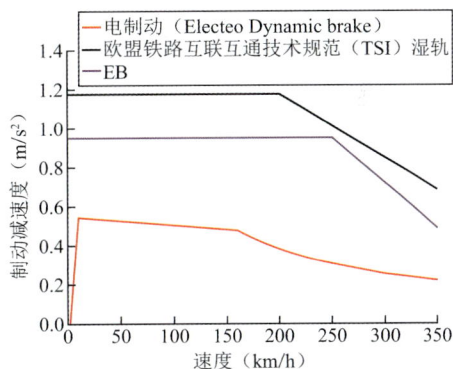

c. 紧急制动 EB。

紧急制动 EB 是在制动系统设备正常情况下，按速度模式曲线实施的紧急制动，EB 紧急实施空电复合制动，优先充分利用动力制动。此时制动系统具有制动力不足检测功能，并以硬线形式输出检测结果。

当司机控制器在紧急制动 EB 位、或列车非静止条件下停放制动意外施加、司机警惕装置触发紧急制动请求或乘客触发乘客紧急制动设施时，触发紧急制动 EB。由司机控制器触发的紧急制动 EB 指令解除后可以缓解。其他情况触发的紧急制动 EB，在列车完全停止前不能缓解。

紧急制动 EB 减速度（不含风阻）控制曲线如图 10-26 所示。

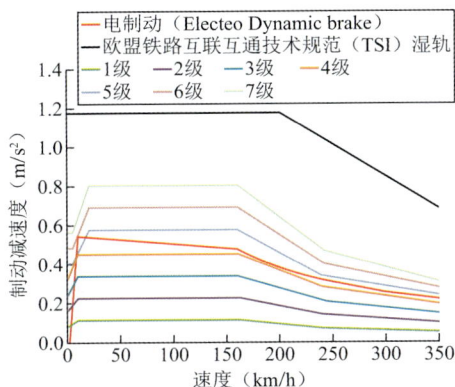

图 10-25　常用制动减速度（不含风阻）控制曲线　　图 10-26　EB 减速度（不含风阻）控制曲线

d. 紧急制动 UB。

紧急制动 UB 是在安全环路失电时触发紧急制动电磁阀实施的紧急制动。当实施紧急制动 UB 时，将施加直通电空制动的最大制动缸压力。

当由于列车运行控制系统触发列车紧急制动、列车分离、紧急制动 UB 安全回路断开或失电、列车失电、按下司机室紧急制动按钮时触发的紧急制动 UB，在列车完全停止前无法缓解。

紧急制动 UB 减速度（不含风阻）控制曲线如图 10-27 所示。

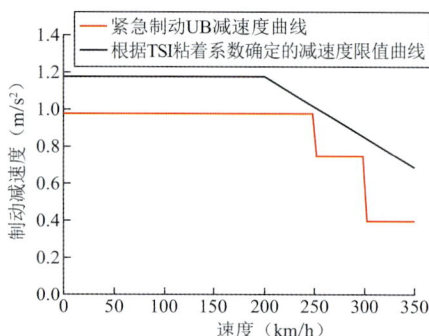

图 10-27　UB 减速度（不含风阻）控制曲线

e. 防滑控制。

车轮防滑保护由制动防滑装置负责，具有滑行控制、轮径修正、故障导向安全控制等功能。防滑保护基于速度差-减速度的复合矩阵判定模式（图 10-28）和自适应追踪轮轨黏着状态的多模式黏着切换控制策略（图 10-29），当判断滑行发生时，通过控制防滑排风阀来减少制动力，同时向 TCU 输出电制动力减少信号，必要时将切除电制动。当防滑系统失效时，空气制动仍能维持运用而无滑行保护。车轮防滑效率必须大于或等于 80%。

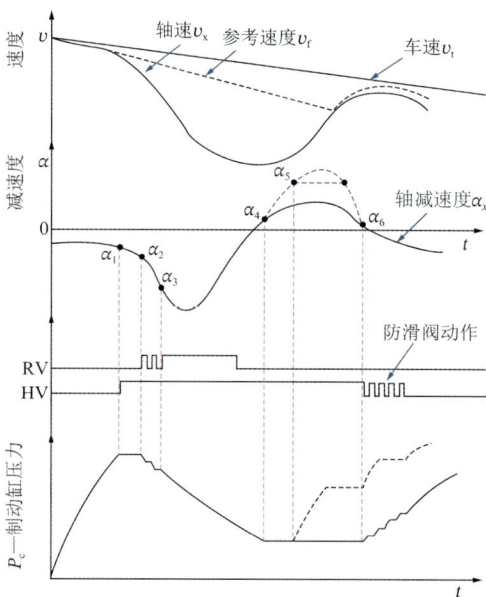

图 10-28　复合矩阵判定模式

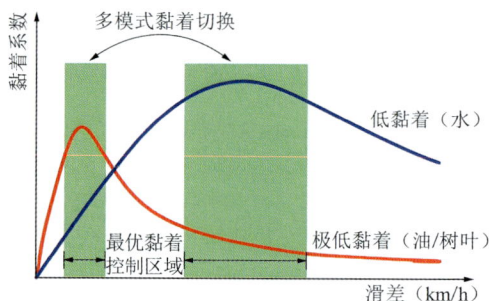

图 10-29　多模式切换控制策略

在惰行时由制动控制单元对当前车辆轮对直径进行修正。在每次轮径改变或镟轮后，可将新的轮径值储存在制动控制单元中。

f. 制动系统监测及诊断。

制动系统连续监测和诊断制动系统的主要设备和信号状态，接收和发送数据给相关诊断系统，并具有诊断数据的软件过滤、状态检测自动复位、自诊断及数据存储和读取功能，在故障或事件发生瞬间保存当前故障或事件及故障或事件的历史数据，并允许维护人员读取和下载数据。

3. 复兴号动车组制动系统设计及验证

（1）动车组制动系统需求分析和计算

动车组制动系统需求分析和计算主要包括列车用风设备各种工况分析、供风系统供风能力计算、耗风量计算、制动能力计算等。

依据时速 350km 复兴号动车组技术条件,采用自主开发的动车组制动计算软件,计算出紧急制动减速度、最大常用制动减速度、制动减速度曲线、整列制动力、各车制动缸压力、闸片-制动盘作用力、实际利用的黏着系数、冲动限制要求的升压时间、停放制动力、保持制动能力、各种工况下制动热负荷等。表 10-1 是紧急制动 UB 减速度计算数据,图 10-30 是初速度为 350km/h 时连续进行 2 次紧急制动 UB 轮盘温度变化曲线。

紧急制动 UB 减速度 表 10-1

运行速度（km/h）	0～250	251～300	301～350
减速度（m/s²）	0.98	0.75	0.40

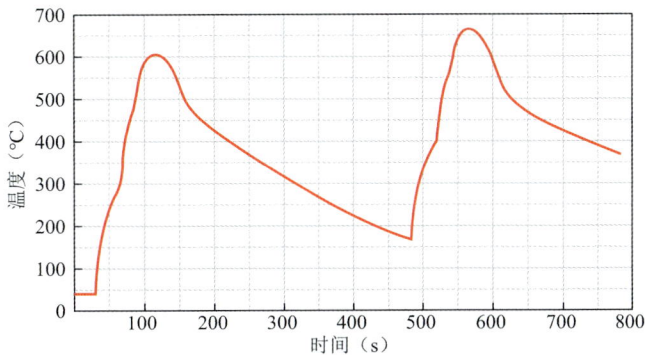

图 10-30 轮盘温度变化曲线

（2）制动系统功能需求

制动系统应具有常用制动、紧急制动 EB、紧急制动 UB、停放制动、保持制动、清洁制动、车轮滑行保护、车轮不旋转检测、制动力分级控制、增黏设备控制、升弓供风控制、主空压机控制、监测、诊断和故障记录等功能。

TCU 控制电制动力设定值的执行,EBCU 控制摩擦制动力设定值的执行。

制动系统应具有列车级主控功能,实现全列车制动力管理、分配和计算,列车级主控功能应满足冗余要求。列车中的每个 MVB 网络单元（2 动 2 拖）内应具有单元主控功能的 EBCU,进行 MVB 网络单元内的制动力管理、分配和计算,单元主控功能应满足冗余要求。

在 ASC 模式下,由 CCU 来计算列车总的制动力需求,优先利用电制动。当电制动力不足时,CCU 自动退出 ASC 模式,并提示司机。除 ASC 模式外的制动请求,由制动系统来进行列车制动力管理。

制动系统应具有车辆载荷识别功能、空重车调整功能,制动缸压力能够随列车载重变化进行自动调整。车辆载荷信号取自两个转向架空气弹簧的压力。

制动系统设有与列车运行控制系统的车载设备的接口,并受其控制。列车运行控制系统触发的紧急制动,通过断开安全环路执行紧急制动 UB。

（3）制动控制系统设计

根据技术条件以及需求分析和计算,开展制动系统设计。制动系统设计是一个纷繁复杂的工作，必须考虑到所有与制动相关因素。

制动系统设计包括常用制动、紧急制动、乘客紧急制动、停放制动、保持制动、清洁制动、防滑功能、故障导向安全、车轮不旋转检测、冲动限制、制动力分级控制、主空压机控制、制动试验、制动系统有关的互联互通功能要求等。

如常用制动，除 ASC 模式外的常用制动请求，由制动系统来进行列车（含重联）制动力管理。制动系统具有列车级主控功能，实现全列车制动力管理、分配和计算，列车级主控功能满足冗余要求。列车中的每个 MVB 网络单元（2 动 2 拖）内具有单元主控功能的 EBCU，进行 MVB 网络单元内的制动力管理、分配和计算，单元主控功能应满足冗余要求。常用制动时制动系统进行列车空电复合制动控制，设有 7 级常用制动，常用制动减速度曲线按速度模式曲线控制方式实施制动控制。

7 级常用制动时各车的制动力分配如图 10-31 所示。

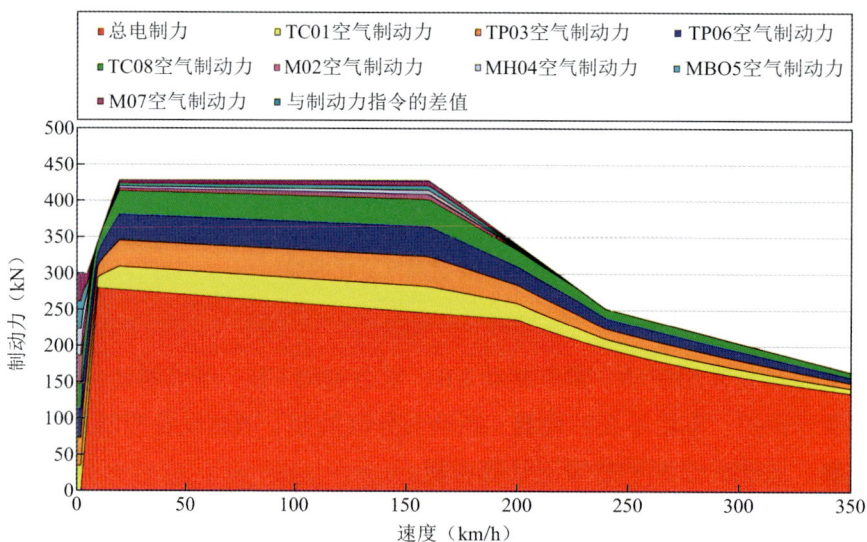

图 10-31　7 级常用制动时各车制动力分配

紧急制动 EB 是在制动系统设备正常情况下实施的紧急制动，按速度模式曲线控制方式实施制动控制。列车设置紧急制动 EB 环路，EBCU 通过检测紧急制动 EB 环路状态和网络信号触发紧急制动 EB。紧急制动 EB 时，制动系统应能使空气制动随时与动力制动进行自动配合，实现空电复合制动，应充分利用动力制动。紧急制动 EB 采用按比例分配模式。

紧急制动 UB 通过独立的紧急制动安全环路实施，直接作用于紧急制动电磁阀。紧急制动电磁阀应采用失电制动的控制形式。紧急制动 UB 时，根据车重情况生成最大紧急制动力。

（4）制动系统试验验证

为了验证制动系统计算和设计的符合性和有效性，进行了制动系统型式试验和运行试验。型式试验包括电制动特性曲线试验、保持制动（坡起制动）试验、停放制动试验、静态制动性能试验。制动运行试验主要测试动车组速度、制动距离、制动时间、制动缸压力和空气弹簧压力、动力制动参数、制动盘和制动闸片温度等。表 10-2 是紧急制动 UB 试验结果，图 10-32 是 350km/h 紧急制动 UB 减速度试验曲线。

紧急制动 UB 运行试验结果　　　　　　　　　　　　表 10-2

制动 工况	目标速度 （km/h）	实际初速度 （km/h）	制动距离 （m）	制动时间 （s）	平均减速度 （m/s²）	折算距离 （m）	制动距离 技术要求（m）
紧急制动 UB	350	349.4	5573.3	99.1	0.805	5849.5	6500
		346.7	5857.2	105.5	0.792	5969.2	
		350.2	5925.4	104.6	0.799	5918.6	
	300	299.0	3528.2	78.1	0.977	3585.9	3800
		299.3	3407.0	75.9	1.010	3423.0	
		299.6	3546.6	78.8	0.976	3556.1	
	250	249.4	2178.5	60.0	1.096	2189.0	3200
		249.4	2239.8	60.9	1.071	2250.6	
		249.6	2179.1	59.6	1.103	2186.1	

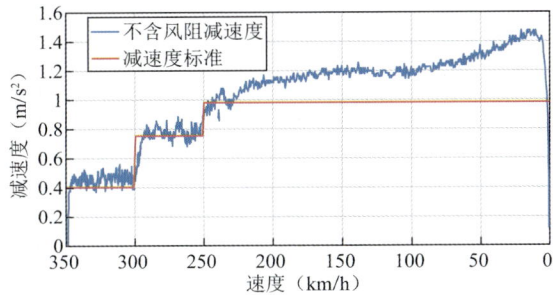

图 10-32　350km/h 紧急制动 UB 减速度试验曲线

试验结果表明，制动系统各项功能和参数均满足技术要求和设计要求。

4. 高速列车制动系统标准体系建立

高速列车制动系统标准体系以实现高速列车制动技术及产品的标准化为目标而建立。高速列车制动系统标准体系总结分析了多年来我国在高速列车制动系统研发、设计、生产、试验验证实践，结合运用经验，对现有的基于不同技术体系的动车组平台深入研究，取长补短，确定统一的技术条件、统一的设计任务书，在技术设计层面对功能性能、主要配件等进行统型，打造一个适合中国的、全新的、简统化的动车组平台，提高动车组运用的经济性，有效降低运用、维护成本。高速列车制动系统标准化包括运用和维修两个层面。从运用层面，实现旅客界面、司机操作界面、救援接口、故障诊断等方面的统一；从维修层面，尽可能减少备品备件种类和数量，统一修程修制，实现部件的尽可能统一、不同厂家动车组的互联互通，降低运营、设计和生产成本，缩短研发周期。制动系统标准体系既有系统级标准，也有制动控制系统、救援回送转换装置等子系统级标准，以及高度阀、压力变换阀等部件级标准。高速列车制动系统标准体系是完整的、有层次的技术标准体系。

中国高速列车制动系统标准体系（含制动及供风）主要由国际标准、国家铁路局归口管理的铁路行业标准（TB）系列标准，中国国家铁路集团有限公司（简称国铁集团）管理的技术标准和技术标准性文件（Q/CR、TJ）、统型技术条件，以及国铁集团相关文件、制动系统产品生产企业的企业标准构成。标准体系具有完整性、适用性及先进性等特点。

铁路行业标准既有系统性的顶层标准，又有制动系统主要零部件标准，还有对制动零部件设计生产的要求。如《动车组制动系统》（TB/T 3402）是动车组制动系统的顶层技术标准，规定了动车组制动系统的技术要求、系统构成、检验规则等，适用于以微机控制的直通式电空制动系统为主的动车组制动系统的设计、制造与验收。《动车组制动控制系统》（TB/T 3403）规定了动车组直通式电空制动控制系统的术语和定义、环境条件、功能要求、技术要求、检验、检验规则、标志、包装、运输和储存。《动车组制动装置零部件设计及制造规范》（TB/T 3404）规定了动车组制动装置零部件设计和制造要求及装车后的试验方法。

国铁集团的铁路专用产品技术标准包括国铁集团企业标准（Q/CR）、铁路专用产品标准性技术文件（TJ）以及统型技术条件。如《电动车组制动系统》（Q/CR 612）对电动车组制动系统环境条件、技术要求、功能要求、系统组成及主要部件要求、检验规则等提出详细的要求。还有针对零部件和试验规则的标准，如《铁道客车空重车调整阀技术条件》（Q/CR 547）、《机车车辆用压力变送器》（Q/CR 322）、《列车制动运行试验规则》（Q/CR 250）等。《车载地震紧急处置装置技术条件》（Q/CR 635）则适用于车载地震紧急处置装置的研发、试验检验、生产及运行维护。

铁路专用产品标准性技术文件（TJ）如《动车组闸片技术条件》（TJ/CL 307）、《动车组供风单元》（TJ/CL 306）、《动车组制动夹钳单元》（TJ/CL 308）、《动车组制动控制装置》（TJ/CL 309）、《动车组制动盘》（TJ/CL 310）、《复兴号动车组撒砂装置暂行技术条件》（TJ/CL 595）等，涵盖了动车组制动系统主要零部件，特别是关键零部件，规定了相关产品的术语和定义、技术要求、检验方法、检验规则等。

针对不同型号动车组，国铁集团进行了统一的规划和设计，组织编制了动车组统型技术条件。其中涉及制动系统零部件的统型技术条件共15项，如"复兴号动车组制动夹钳装置统型技术条件""复兴号动车组轮装制动盘统型技术条件"等，这些统型部件技术条件规定了使用条件、结构、接口、技术要求、检验方法、检验规则等。

5. 参与制动系统相关国际标准制定

中国高速铁路和重载运输技术的发展得到国际社会的高度重视，大大提升了中国在国际高速铁路和重载运输行业的地位。近年来，国际标准化组织主动邀请我国参与国际铁路标准的制订，中国铁路的一些技术标准已逐步融入国际标准。铁科院代表我国主持参与了多项国际标准的编制工作。我国参与的制动系统国际标准的制订工作主要包括两个方面：

（1）主持参与 UIC 标准制订

我国是国际铁路联盟（UIC）活跃成员，铁科院制动领域专家担任了 UIC 制动专业委员会委员。

2010 年，在 UIC 的 B126.21 工作组讨论修订标准《制动 盘形制动及其应用 闸片验收的一般规定》（UIC 5410-3）过程中，我国介绍了中国高速列车直通电空制动系统新技术，而当时欧洲采用的是基于列车管控制的自动式电空制动技术，中国高速列车的成功经验和我国参与人员的不懈努力，使得 UIC 将中国高速动车组采用的直通电空制动技术写入了新版的 UIC 541-03 标准，并成为强制执行的内容，从此中国高速动车组制动系统有了国际标准的支撑。

2014 年 6 月，我国提出了制订 *Brake system without main brake pipe*《直通电空制动系统》标准的建议。由于直通电空制动技术在中国高速动车组成功应用且有丰富的研究成果，具备制定该标准的条件，该建议得到专家们认可。这是第一个由我国提出并主持编制的国际铁路制动专业技术标准。由于我国动车组和地铁制动系统均采用直通电空制动系统，该标准的制订对中国铁路及城市轨道交通具有重要意义，同时也弥补了 UIC 标准体系的不足。2022 年，我国主持的 UIC 标准《直通电空制动系统》（IRS 50541-07）正式发布［UIC 为了寻求国际化，2016 年以后发布的标准都是以 IRS（International Railway Solution）开头］。

除了上述标准外，我国还参与了《制动 空气制动缸/制动单元（包括踏面和夹钳单元）-制动缸和制动单元认证通用技术条件》（UIC 541-01）、《制动 各种制动部件的构造规范 司机制动阀/司机制动控制器》（UIC 541-03）、《制动机 制动机部件制造规程 根据载重率自动调整的制动系统及空重车制动位自动控制器》（UIC 541-04）、《制动 磁轨制动装置技术条件》（UIC 541-06）、《制动 盘形制动及其应用 闸片批准使用的通用条件》（UIC 541-3）、《制动 闸片和闸瓦国际认证试验台技术要求》（IRS 50548）等 UIC 标准的修改制订工作。

（2）主持参与 ISO 标准制订

我国从 2013 年开始参加 ISO 铁路制动专业标准的编制工作。2013 年 4 月开始，由中国、英国等八个国家的制动领域专家组成的"WG01 制动计算"工作组，开始 ISO 标准《制动计算》的制定及其他相关工作。铁科院制动领域专家作为 ISO/TC269 技术委员会的注册专家参与了整个工作过程。

我国参与了《制动计算》（ISO 20138）编制的全过程。该标准制定了国际统一的制动计算方法平台，是 ISO 铁路应用委员会成立后第一个正式发布的铁路行业国际标准。铁科院以参与该标准制订为契机，同步优化了自主开发的制动计算软件的各功能模块，使该软件不仅可实现 ISO 制动计算标准规定的计算内容，还可根据列车不同制动控制策略及可能遇到的故障工况进行理论计算，软件各项功能与欧洲开发的制动计算软件基本一致。

2024 年 3 月，由铁科院起草的 *Railway applications Braking system General requirements* 《铁路应用　制动系统　通用要求》（ISO 24221：2024）发布。该标准是机车车辆制动系统的顶层设计要求，侧重于对制动技术的要求，对制动系统的设计原则、制动控制原则、制动力管理，以及摩擦制动、动力制动、涡流制动、磁轨制动等不同制动形式提出要求，适用于所有轨道交通车辆，将作为 ISO 制动系统标准体系中列车级及零部件的基础标准。

此外，我国还参与了《铁路应用　制动　通用词汇》（ISO 24478）、《压缩空气质量》（ISO 4975）等标准制订工作。

四 持续创新的中国高速列车制动系统

1. 京张智能动车组制动系统

相比于既有的时速 350km 复兴号动车组，京张智能动车组对制动系统提出了更高的要求，如京张智能动车组首次采用自动驾驶技术；首次安装使用地震预警系统；要求制动系统在不考虑动力制动的情况下，空气制动系统及相关部件的设计均应能满足列车正常运行的要求。停放制动保证在定员载荷下停放在 30‰ 的坡度上不溜逸，并具有不小于 1.2 倍的安全系数；满足 −40℃ 运行和 −40℃ 存放 48h 后各项功能和性能正常的高寒运用环境要求。

（1）适用于自动驾驶技术的制动系统

相对于 ASC 模式，ATO 的调速控域更广，停车的精度小于 0.5m。为进一步提高制动控制精度，基于自适应控制理论开发了新型列车级减速度闭环控制算法，基于滑模控制方法开发了车辆级制动缸压力鲁棒控制算法，提出三环减速度控制算法，提高了常用制动过程中对减速度的控制能力。优化后的制动系统具有智能诊断和智能控制能力，从而更好地适应京张智能动车组的运用要求和 ATO 要求。

（2）高寒适应性

制动系统增加了防冻结功能，通过规律地夹钳动作，加强了车辆在户外临时停放的抗冻能力，提高了高寒环境的适应性。采取自动除霜的智能控制方法，主动控制夹钳动作防止盘片冻结。

（3）制动力分配模式优化

在综合考虑黏着特性、摩擦副的能力以及故障导向安全控制要求基础上，采用制动力分级控制方式，有效解决了制动热负荷问题。

（4）地震预警系统

京张智能动车组首次设置地震紧急处置装置车载设备，车载装置 GSM-R 通信单元通过通用无线分组业务（General Packet Radio Service，GPRS）方式和小区广播方式接收铁路局中心系统发布的紧急处置信息。当接收到紧急处置信息后，根据紧急处置级别的不同，通知司机施加最大常用制动或自动触发紧急制动。

2. 更高速动车组制动系统面临的挑战

CR450 动车组以 400km/h 运行时制动距离与 350km/h 复兴号动车组指标相当，即紧急制动距离不大于 6500m，技术指标远高于现有国内外试验或运用动车组水平，制动系统面临着更低黏着、更大制动热负荷、更高减速度的挑战。

（1）更高速度下黏着利用

CR450 动车组紧急制动工况下的黏着利用相比 CR400 复兴号动车组提升了近 30%，制动距离越短，减速度要求越高，轮轨黏着要求也越高，而随着速度的提高，可用黏着却进一步减少，降低了制动系统全天候运用的可靠性，在雨雪天气下，增加了冲标越界及擦轮的风险。对常用制动和紧急制动的轮轨黏着利用及其动能转化总量和速率提出了更高的要求。

为了探讨 350km/h 以上的制动黏着特性和控制策略与高速黏着的适应性，进一步提高高速制动能力，在大西高速铁路开展了 350km/h 复兴号动车组制动性能综合试验。试验测得的制动黏着利用系数低于轮轨关系试验台在水介质下测得的黏着系数（图 10-33）。表明更高速度制动黏着仍有一定可用空间，验证了 350～400km/h 速度级制动黏着的利用具有理论上合理性。

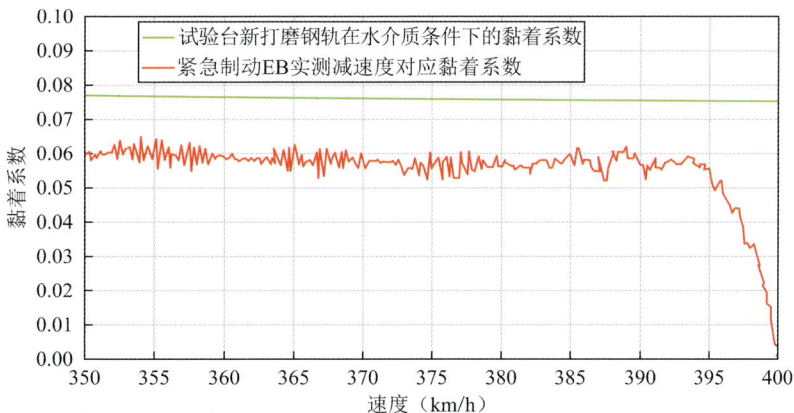

图 10-33　实测黏着系数与试验台黏着系数对比

（2）防滑能力提升

研究表明，在制动过程中轮轨间出现的大滑移，可能会导致轮轨间的水介质的性质、数量发生变化，实际测得的黏着系数-滑移率曲线是一个湿轨到干轨的过渡过程。在速度 300～400km/h 工况下，大滑移轮轨黏着模型黏着系数随滑移率的增大先达到一个饱和点后开始降低，后在滑移率较大时又随其升高（图 10-34），说明需要达到一定的蠕滑率才能获得较优黏着，因此，有必要进一步提高蠕滑率，进而提高制动能力。

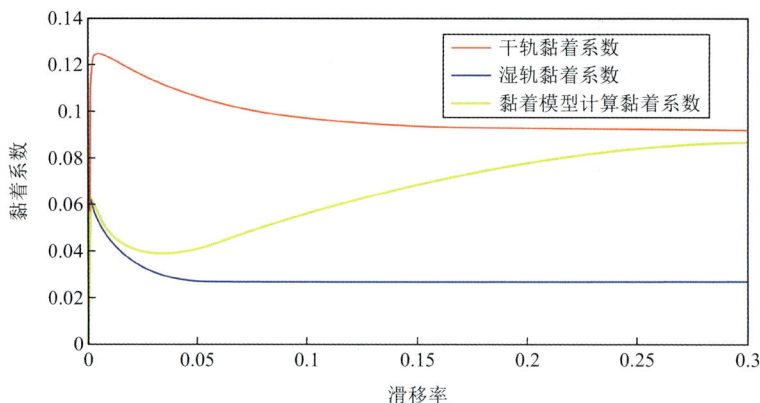

图 10-34 400km/h 速度黏着系数-滑移率曲线

列车防滑控制的关键是功能完善的防滑控制算法。铁科院首次提出一种高速超低黏着工况下的大滑移轮轨黏着理论模型，数值仿真分析表明采用大滑移阶段滑移率防滑控制策略可使黏着利用和减速度都有明显提升。

（3）制动盘技术提升

既有 350km/h 复兴号动车组紧急制动的制动盘温度建议不大于 700℃，而目前已达到 600℃以上的情况，余量有限。400km/h 时制动热容量增加 30%，紧急制动时制动盘的将超过 700℃，必须采用新结构、新材料、新工艺，研制适合更高制动能量、更高制动功率的盘形制动摩擦副，满足时速 400km 动车组运用工况的热容量、可靠性、可用性技术要求。

3. 制动发展趋势及新技术研究

（1）更加精准的数字化智能制动控制

采用人工智能、机器学习和传感器技术等先进技术的数字化智能制动控制算法，实时监测列车的运行状态和制动需求，根据列车的运行环境、载荷状态、制动距离等因素，实现智能化决策和自适应控制，自动调整制动策略和制动力分配，实施最优的精确制动，提高列车的制动性能和稳定性。结合列车的行驶状态提前感知可能的制动需求，并提前进行制动准备，精准定位停车。结合大数据分析和故障诊断技术，预测制动系统的潜在故障，并及时进行预警和维护，提高制动系统的可靠性和安全性，减少故障对列车运行的影响。

（2）电驱机械制动技术

随着电子技术的发展，以及列车轻量化和节能降耗要求的提高，推进了制动系统从传统点对点形式的机械操控模式向基于信息交互处理和实时控制的新型电控集成模式方向的转化。电控机械制动模式的线控制动系统主要通过电机带动传动执行机构，驱动闸片对制动盘的施压从而实现制动，采用电子控制系统实现智能控制，不需要空气介质的参与。

电驱机械制动技术因其模块化、集成化和节能环保的特点，成为轨道交通车辆制动领域研究的热点。有研究认为，未来的制动系统将向着电驱机械式的制动系统发展，现有的气动制动系统可能将被取代。

（3）新型制动摩擦副

提高制动性能和高温强度、摩擦系数的稳定性、降低磨损、减少环境污染以及轻量化始终是盘形制动追求的目标。随着材料科学和工程技术的不断发展，新型制动摩擦副不断涌现，如陶瓷制动盘、碳纤维制动盘、纳米材料制动摩擦副等，为实现上述目标提供了条件。然而，新型制动摩擦副的制造和应用也面临一些挑战，如材料成本、生产工艺与列车制动系统的技术要求及服役性还有较大差距，综合经济技术性需要长期考量。

（4）大系统融合趋势下的制动技术

随着信息技术、电子技术的发展，列车控制系统将向小型化、模块化、集成化和智能化转变，必然实现牵引、制动和网络一体化集成控制和功能融合。未来的融合控制单元将实现列车级牵引力、制动力的管理功能，整车功能由融合控制单元在各关键系统之间分配。意味着对制动功能进行拆解并对功能单元进行重新分配，BCU 功能由逻辑和功能控制转化为电子执行系统，其主要逻辑和功能部分转移至融合平台内完成。

第三节　先进完善的制动系统试验条件

一　制动系统地面试验

随着中国高速动车组制动技术的不断发展，一个与之相匹配的制动系统地面综合试验台十分必要。

1. 铁科院动车组制动系统地面试验台

铁科院动车组制动系统地面试验台（图 10-35）通过测试系统采集、处理和显示制动系统的输出值，进行制动系统研究和试验，满足动车组制动系统地面试验、软件的集成调试、故障模拟、与牵引系统地面联调联试、系统技术培训等。试验台包括试验对象、工作环境、测试系统、参观界面、基础结构 5 大部分。

试验台具有以下功能：

① 风源系统控制模拟试验。

② 常用制动试验，包括空电复合常用制动性能试验和纯空气常用制动性能试验。

③ 紧急制动 UB 试验。

④ 紧急制动 EB 试验。

⑤ 停放制动试验。

⑥ 联挂试验。

⑦ 旅客紧急制动。

⑧ 不同制动模式试验。

⑨ 撒砂控制功能试验。

⑩ 空气悬挂控制系统测试。

⑪ 防滑、防抱死功能测试。

⑫ 回送救援功能测试。

⑬ 系统诊断功能测试。

⑭ 制动相关的安全回路测试。

⑮ 保持制动施加/缓解测试。

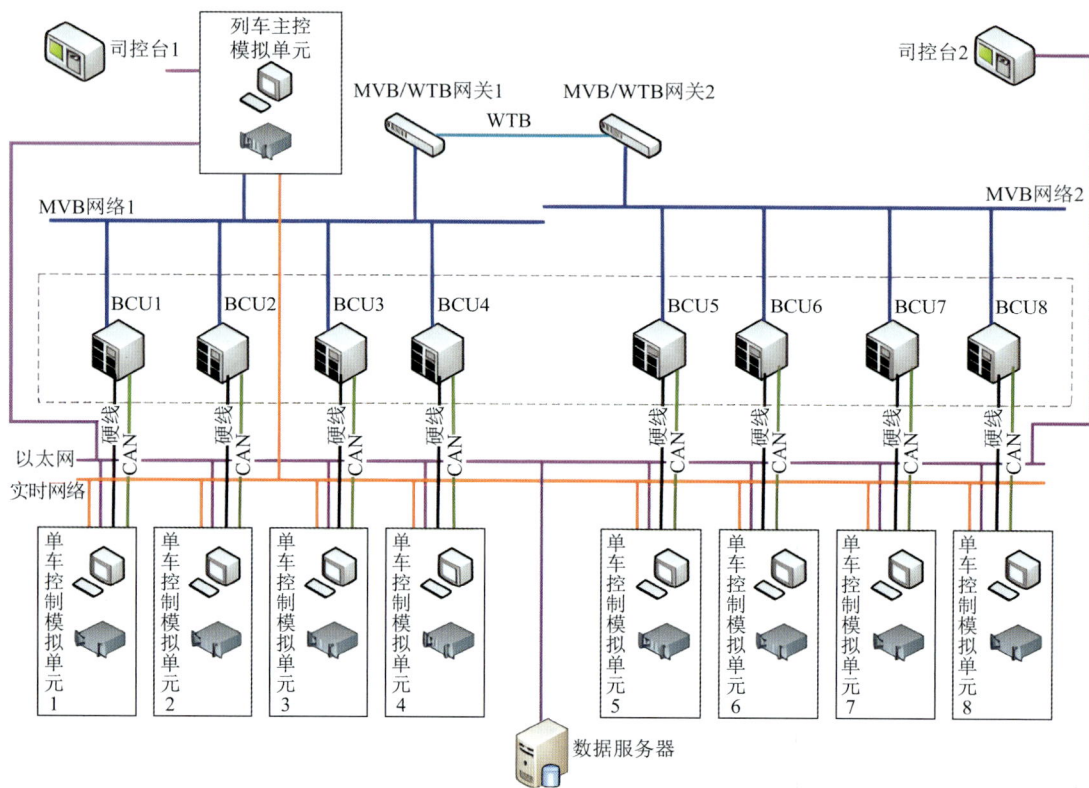

图 10-35　铁科院动车组制动系统试验台

2. 浦镇海泰制动系统地面试验台

试验台真实地模拟列车运行工况，测试系统同步采集、记录各点动作过程数据，实现制动系统的功能、性能的分析验证。

试验台通过网络设备可模拟 2 列车重联试验，重联后，在主控端能够监测所有车辆制动系统的状态信息和故障信息。在主从控制模式下，重联后主控头车的 EBCU 承担整列车制动力管理的功能，实现 16 辆编组的电空混合功能。

复兴号动车组 Tc-M-T-M 为一个网络制动单元，试验台可完成 2 个网络单元的制动系统地面型式试验；通过网络硬件设备和软件模拟 WTB/MVB 网络通信，可实现 2 列车重联模式下的制动系统性能试验。试验台可模拟动车组制动试验、救援回送试验、防滑试验、电空演算试验等制动性能试验。

试验台主要功能：

① 司机制动试验。

② 列车安全回路试验。

③ 各级位阶段制动阶段缓解试验。

④ 各级位一段制动一段缓解试验。

⑤ 整列车复合制动试验。

⑥ 混合制动试验。

⑦ 反应速度特性试验。

⑧ 停放制动试验。

⑨ 保持制动试验。

⑩ 防滑试验。

⑪ 故障导向安全试验。

⑫ 清洁制动试验。

⑬ 乘客紧急制动试验。

⑭ BP 救援试验。

二　关键零部件试验

1. 制动控制装置试验台

制动控制装置试验台主要用于动车组制动控制装置组装完成后、出厂前的功能试验（包括气密性、制动功能、停放功能、撒砂功能、升弓功能、供风功能、防滑控制和 BCU 内部逻辑等）和磨合试验。

试验台由 4 个单台试验台组成，4 个单台试验台之间采用以太网互连，采用 1 主 3 从的工作方式（图 10-36）。可以通过选择相应的上位机工程控制软件，实现不同的试验内容。可通过服务终端软件向被测装置发送指令或从被测装置接收信号。试验既可手动也可自动进行，在检测到不合格项的时候会报警提示。

2. 制动夹钳单元试验台

制动夹钳单元试验台主要功能：

① 强度测试。

② 制动缸和停放缸气密性测试。

③ 效率试验测试。

④ 灵敏度试验测试。

⑤ 缓解间隙测试。

⑥ 制动单元输出力试验测试。

⑦ 停放制动输出力试验测试。

⑧ 总调整量试验测试。

⑨ 停放缸性能试验测试。

⑩ 手动缓解拉力试验测试。

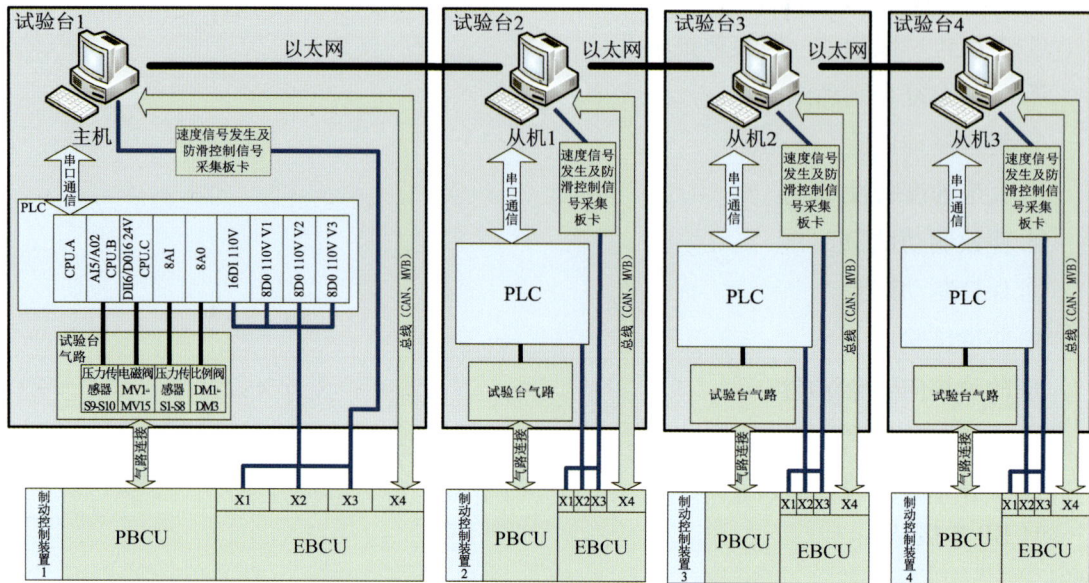

图 10-36　制动控制装置试验台原理示意图

3. 高速防滑试验台

高速防滑试验台具有以下功能：

① 黏着仿真模型。

黏着仿真模型按照真实轨道状况进行建模。根据实际轨道测量数据和模型理论绘制黏着曲线。

② 试验和性能模型。

模型参数包括轨道上坡度和下坡度模型、列车加速、惰行和制动阶段速度变化、空气系统、停车性能等，可计算与车辆特性和试验中使用的黏着曲线相关的 WSP 性能。

③ 车辆性能模型。

车辆性能模型用于表示与 WSP 运行相关的车辆特性。

④ 车辆功能模型。

车辆功能模型用于模拟车辆控制信号，可模拟 TCU、紧急制动等功能，研究不同信号对 WSP 试验结果产生的影响。

⑤ 防滑仿真试验。

防滑仿真功能试验可实现从仿真模型导入到运行及管理的所有内容，主要包括模型导入、仿真设置、仿真激励、模型监控、模型库管理等功能。

⑥ 故障模拟。

试验台支持软件实时故障模拟，提供驱动模拟的模块，软件具备自动化测试配置。

⑦ 模式切换功能。

通过仿真软件、综合配线系统和真件设备完成模型调用、模式切换、硬线自动配线等功能。

⑧ 手动控制和自动控制功能。

⑨ 故障数据回放及动态模拟。

可根据故障数据进行动态模拟，并具有故障数据回放功能，再现车辆速度变化及防滑阀动作情况，验证防滑控制逻辑效果。

三　整车及运行试验

高速动车组制动性能测试系统，能够对列车制动系统所有关键参数进行采集，并直接给出测试参数信息和曲线。测试系统可根据不同试验需求，调整测试内容，并具有显示动态运行线路图功能。有关内容详见第六章第四节。

四　控制软件试验验证

1. 制动系统软件开发集成测试平台

动车组制动系统的各类软件在开发阶段、投入使用前和设计变更时，都要借助测试工具，验证各个软件模块是否符合软件设计规范、是否完全符合制动控制系统需求规范，同时进行详细的功能测试、变更项点符合性测试，以确认软件变更的可行性。针对运行中出现的问题，也需要有手段来模拟现场工况，进行故障复现、故障定位与原因分析。因此，一套制动系统软件开发集成测试平台是非常必要的。

铁科院研制的软件测试平台设计成 8 辆编组的动车组形式，超过 8 辆以上编组采用虚拟车辆的方式实现。预留一个可以进行实物负载扩展的仿真节点，用于真实对象测试。平台采用主从式架构，包含 2 个测试服务节点、1 个主仿真节点、8 个子仿真节点、1 个真实负载节点及附属设备等（图 10-37）。

2. 软件开发集成测试平台主要功能

制动系统软件开发集成测试平台通过模拟制动系统电子控制单元（EBCU）的外部工作环境，支持单板、单车和列车的软件开发调试和集成测试，并能模拟列车运用工况，进行故障复现和排查。

① 配置管理。可对负载板卡、负载模型、总线协议等参数进行统一配置，自动完成软硬件配置校验，建立制动系统正常运行所需要的外部环境。

② 网络配置。网络配置可采用 MVB 和 WTB，也可以采用以太网控车的以太网列车骨干网（Ethernet Train Backbone，ETB）和列车实时数据协议（Train Real-time Data Protocol，TRDP）网络，实现两种网络功能的测试。

③ 数据监控。通用数据监控界面采用列表和波形图的方式，由用户自由编辑监控界面，提供列车常用的控件库，并可将当前设计的组态界面以文件的方式进行保存，便于备份和复用。

④ 负载模型配置。配置对象有列车速度仿真、被控对象仿真、CCU 接口、TCU 接口、安全环路逻辑等，实现基于真实 IO 数据的负载模型。可将真实负载接入到测试系统中，构建整车制动环境。支持 Lab-VIEW 等仿真工具的仿真模型 DLL 算法直接导入。

⑤ 司控台功能模拟。司控台设置有司机控制器、备用制动控制器、备用制动控制模块、紧急制动按钮和紧急阀，可模拟紧急制动、常用制动、备用制动等工况。

⑥ 虚拟车辆。通过列车制动环境模拟设备加载其余车辆模型，满足短编、长编动车组的测试需求。

⑦ 制动试验。试验中各模拟车辆能自动响应指令、反馈状态，并可模拟正常工况和故障工况。考虑到不同项目的需求，试验交互界面设置为独立的模块，可以灵活配置交互内容、功能以及模块的启用或禁用。

⑧ 数据管理。试验台数据管理用来实现试验数据的采集、存储及处理，同时可采集和显示列车的制动信息。

⑨ 故障注入。根据制动系统故障诊断功能测试需求，可手动和程控注入各种故障。

⑩ 自动化测试和手动测试。对于模拟极限工况和故障工况，可由人工控制所有仿真节点的工况模拟信号。手动测试功能的优先级高于模型输出。

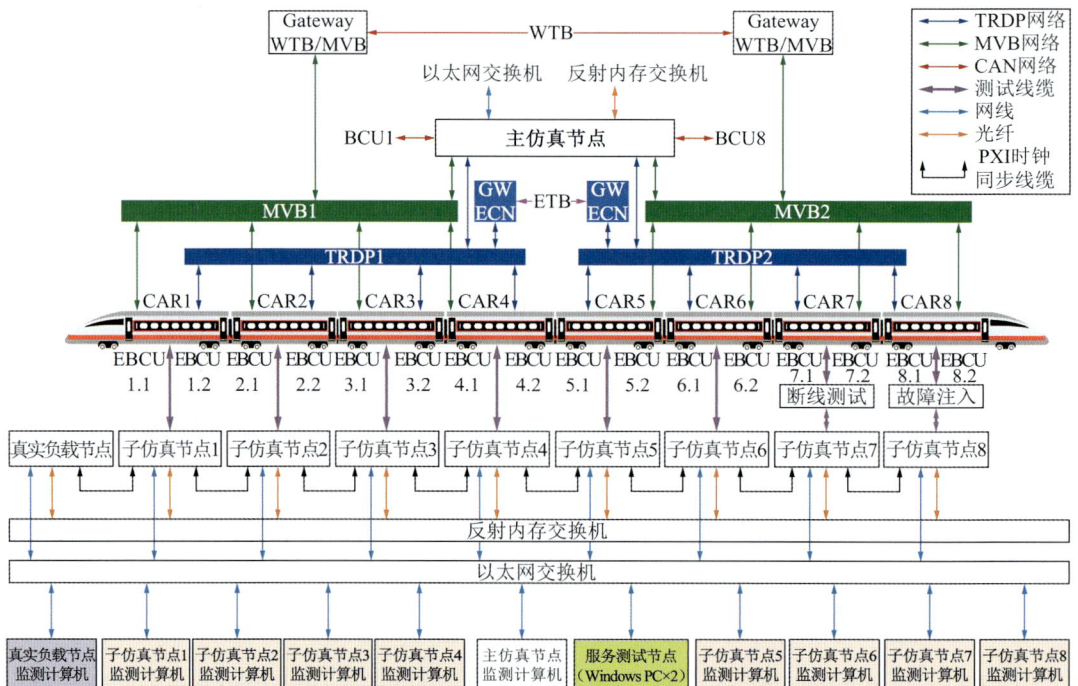

图 10-37 制动系统软件开发测试平台的系统架构

参考文献

[1] 李和平, 李苈. 高速列车制动系统[M]. 成都: 西南交通大学出版社, 2019.

[2] 周军. 基于台架试验的高速动车组防滑控制特性研究[J]. 中国铁道科学, 2022, 44(1): 26-31.

[3] 章阳. 动车组制动系统 PHM 方案研究[J]. 铁道机车车辆, 2020, 40(5): 19-22.

[4] 丁福焰, 王可, 宋跃超, 等. 高速列车线性涡流制动特性的试验研究[J]. 中国铁道科学, 2019, 40(6): 126-132.

[5] 周军, 李万新, 齐政亮, 等. 高速动车组制动系统防滑控制研究[J]. 铁道机车车辆, 2017, 37(3): 4-8.

[6] 于鹏超, 李和平, 曹宏发, 等. 动车组车载地震紧急处置装置概述[J]. 铁道机车车辆, 2016, 36(3): 51-55, 71.

[7] 曹宏发, 周军, 陈伟, 等. 基于仿真技术的防滑试验方法研究[J]. 铁道机车车辆, 2015, 35(3): 11-16.

[8] 李万新. 高速动车组电空制动系统的建模和参数分析[J]. 中国铁道科学, 2017, 38(2): 89-95.

[9] 李和平, 曹宏发, 杨伟君, 等. 和谐号动车组制动技术概述[J]. 铁道机车车辆, 2011, 31(5): 1-11, 38.

[10] 孙剑方, 李和平, 曹宏发, 等. 动车组制动安全性研究[J]. 铁道机车车辆, 2011, 31(5): 12-14, 51.

[11] 曹宏发, 李和平, 章阳, 等. 高速动车组制动系统电气仿真设计平台[J]. 铁道机车车辆, 2011, 31(5): 84-88.

[12] 李和平, 杨伟君, 金哲, 等. 高速列车制动系统气动仿真平台[J]. 铁道机车车辆, 2011, 31(5): 89-92.

[13] 丁福焰, 余欲为, 李和平. 高速基础制动试验台测试技术[J]. 铁道机车车辆, 2011, 31(5): 145-147.

[14] 周军, 曹宏发, 陈伟, 等. 高速列车防滑系统仿真台架试验标准和方法研究[J]. 铁道机车车辆, 2013, 33(2): 43-50.

[15] 李继山, 李和平, 丁福焰. 1:1 动力制动试验台原理及应用[J]. 铁道机车车辆, 2013, 33(3): 18-20, 99.

[16] 程宏明, 章阳, 华晶, 等. "复兴号" 动车组制动试验设计与应用[J]. 铁道机车车辆, 2019, 39(2): 31-35.

[17] 蔡田, 张远东, 章阳, 等. 基于瞬态特性的动车组制动系统故障诊断方法研究[J]. 铁道机车车辆, 2023, 43(1): 111-116.

[18] 曹宏发. 国内外动车组制动系统及救援技术分析[J]. 铁道机车车辆, 2019, 39(5): 1-4.

[19] 张犀, 杨欣, 邵军. 高速动车组制动性能测试系统[J]. 铁道机车车辆, 2011, 31(5): 138-141.

[20] 陈波, 常崇义, 周军, 等. 基于单轮对试验台的高速制动防滑试验研究[J]. 中国铁道科学, 2022, 43(1): 118-125.

[21] 李和平, 曹宏发, 杨伟君. 高速动车组电空制动系统试验台[J]. 铁道机车车辆, 2011, 31(5): 135-138.

[22] 李和平, 严霄蕙. 70 年来我国铁路机车车辆制动技术的发展历程[J]. 铁道机车车辆, 2019, 39(5): 25-35.

[23] 李和平, 严霄蕙. 70 年来我国铁路机车车辆制动技术的发展历程(续)[J]. 铁道机车车辆, 2019, 39(6): 16-31.

[24] 焦标强, 曹建行, 吕宝佳, 等. 基于 PolyMax 模态参数识别法的轴装式制动盘模态试验[J]. 中国铁道科学, 2020, 41(5): 102-107.

[25] 周军, 齐政亮, 樊贵新, 等. 基于多模式硬件在环试验台的防滑系统仿真试验方法[J]. 铁道机车车辆, 2024(4): 1-9.

第十一章

高速列车网络与控制技术

撰稿人：冯江华　杨卫峰

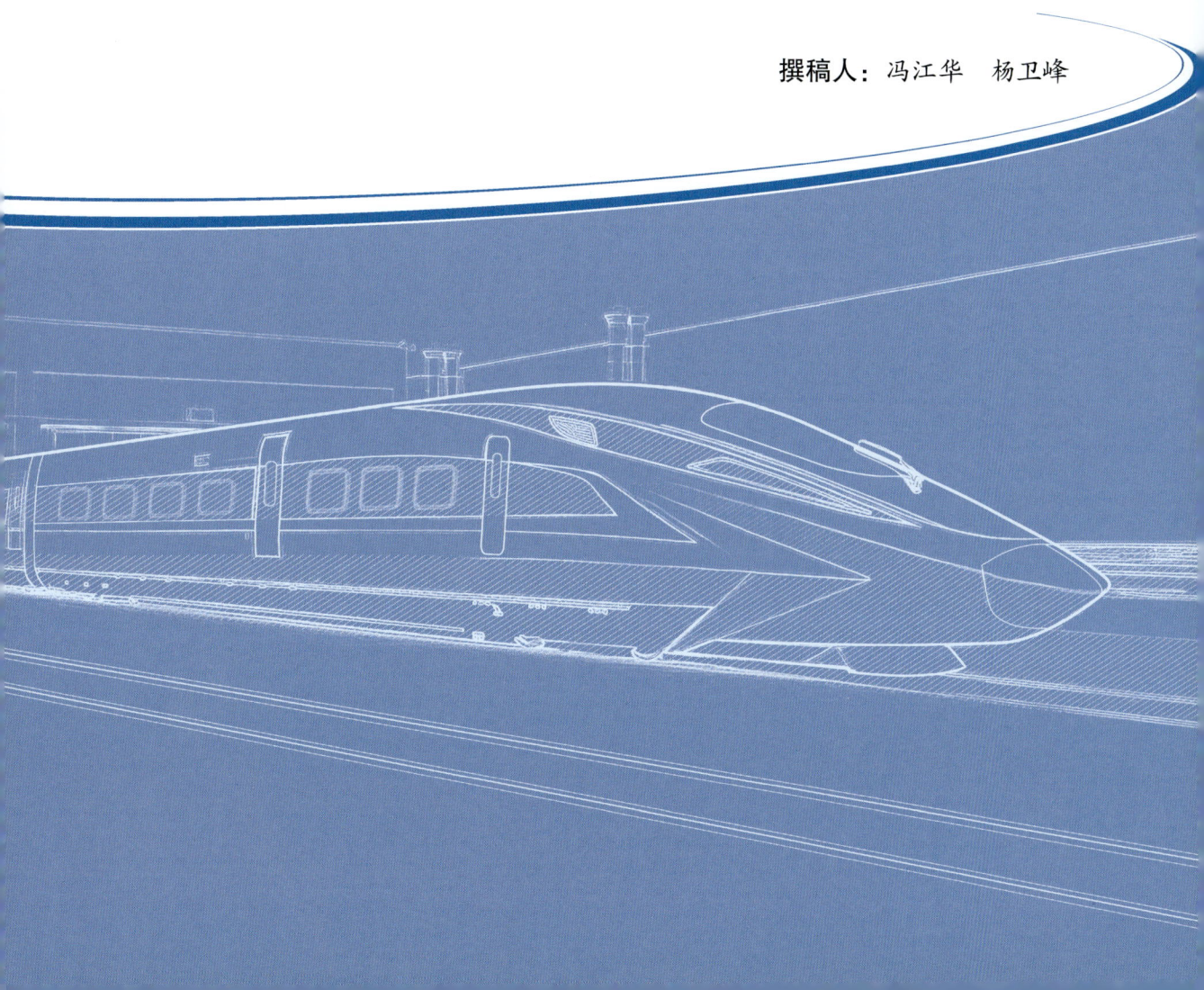

中国高速列车

在高速列车中，列车网络控制系统是列车的"神经系统"，该系统实现了整车控制、信息采集、实时状态监测显示、故障诊断和部分保护功能，已成为高速列车的核心技术之一。随着我国铁路机车车辆和高速动车组发展，网络控制系统经历从无到有，从部分技术引进消化吸收，到系统设计技术自主创新，再到系统创新完全自主可控的历程。目前我国已经完全掌握了高速列车网络控制系统核心技术，并走在了世界的前列。本章将简要介绍列车网络控制系统的功能，阐述列车通信网络分层架构、核心技术构成、研发平台建设以及在高速列车上的典型应用。

第一节　概　　述

一　系统定义和主要功能

列车网络控制系统主要实现轨道交通车辆车载电子设备的通信控制、逻辑控制、故障诊断和监测等功能，是高速列车的核心技术之一。

列车网络控制系统已从单台机车的集中控制向整列车的分布式网络控制方向发展，网络控制已成为高速列车的必备技术之一。列车网络控制系统集测、控、管为一体，是列车设备控制的中枢神经和控制中心，它的主要功能有：

① 实现整列车的同步、协调、可靠的牵引与制动控制或恒速控制功能。

② 实现整列车的系统和设备状态监测、故障诊断决策、故障保护等功能。

③ 实现整列车所有联网设备的数据通信和信息共享。

④ 实现整列车与旅客界面相关设备的控制，如车门控制和空调控制等功能。

⑤ 实现车载信息汇总并向地面传输功能。

⑥ 实现列车车载设备检查试验功能。

二　国内外发展概况

1992 年国际电工委员会轨道交通电气设备与系统标准化技术委员会（International Electro Technical Commission/ Technical Committee 9，IEC/TC9）以委员会草案的形式向各国发出列车通信网络的征求意见稿。列车通信网络规定由车辆级的多功能车辆总线（Multifunction Vehicle Bus，MVB）和列车级的绞线式列车总线（Wire Train Bus，WTB）两级网络组成，并在 1999 年形成了第一个列车通信网络国际标准《铁路电子设备　列车通信网络（TCN）》（IEC 61375），株洲所基于该标准研制了第一代自主化列车网络控制系统 DTECS 平台，打破了国外厂家的技术垄断。同时株洲所紧跟国际标准，组织铁科院机辆所、中车长客股份公司、中车四方股份公司等单位完成了中国国家标准《轨道交通电子设备　列车通信网络（TCN）》（GB/T 28029）的起草和发布，纵横机电、中车四方所等厂家，分别基于该标准陆续研制了自主的列车网络控制系统。

2008 年，IEC 开始制定基于实时以太网技术的列车通信网络国际标准，列车通信网络系统延续分层架构，列车级采用以太网列车骨干网（Ethernet Train Backbone，ETB）技术，车辆级采用以太网编组网（Ethernet Consist Network，ECN）技术，并于 2014 年将形成基于实时以太网的列车通信网络技术补充到 IEC 61375 国际标准中。ETB/ECN 除了能满足列车控制的实时性、确定性、可靠性以外，还具有 100Mb/s 或 1000Mb/s 的通信带宽。株洲所、四方所、大连电牵、铁科院等公司共同参与了 IEC 标准的起草，与国外厂家同步，株洲所于 2013 年研制了基于实时以太网 ETB/ECN 技术的列车网络控制系统 DTECS-2 平台，并在国内动车组、机车和城轨车辆中取得了广泛应用。

2018 年，为了进一步提高列车通信网络的实时性和确定性，国内列车网络系统供应商开始攻关时间敏感型网络（Time-Sensitive Networking，TSN）技术，并同步参与到 IEC 标准的修订中。目前由中车株洲所、纵横机电等公司研制的基于 TSN 的网络控制系统已在 CR450 动车组样车上应用，这是全球首个在高速动车组上应用了 TSN 技术的列车网络控制系统，标志着我国列车网络通信技术达到全球领先水平。

三 系统构成和核心技术

1. 系统构成

列车网络控制系统一般由中央控制单元、输入输出单元、交换单元、中继单元、事件记录单元、网关单元、人机交互单元等组成。

中央控制单元能够进行整列车的同步、协调、可靠的列车控制和信息传输，确保列车的平稳运行，对列车各个系统进行集中控制，保证列车各个功能协调有序进行。

网关单元实现不同通信协议之间的数据交换，满足不同协议或不同介质网络之间的互联需求。

输入输出单元实现对车辆电路数字量和模拟量信号的采集和输出，如继电器开关和电压电流等的采集和输出。

事件记录单元对列车状态进行实时监测和记录，可以实现列车的故障诊断。

人机交互单元通过对车载信息的实时显示，让司机和运维人员能够及时了解列车的运行状态，确保行车安全，并提高维护效率，同时，操作人员还可以通过人机交互单元进行参数设置和设备切除与恢复。

2. 通信技术

（1）列车骨干网技术

列车骨干网是连接列车编组网并提供编组网间相互通信通道的通信网络。一个编组内可部署一个或多个列车骨干网节点。列车骨干网节点提供的编组间数据通信接口如图 11-1 所示。

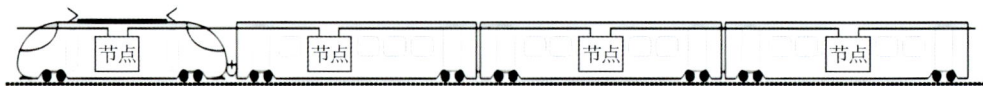

图 11-1　骨干网通信接口

① 基于总线技术的列车骨干网。

当列车骨干网基于总线技术时，骨干网节点会连接到一个共用的数据传输介质并构建一个广播域和冲突域。如图 11-2 所示，在基于总线技术的列车骨干网上使用总线接入控制方法来避免冲突，通常部署加倍的共用数据传输介质进行冗余。列车骨干网节点将总线打断并识别数据的接收方向，以保证列车初运行的正常。同时，列车骨干网节点还提供旁路中继功能以防止节点掉电而使总线中断。

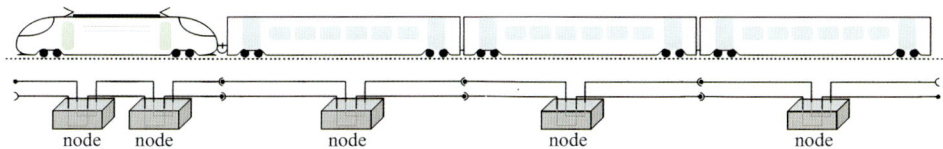

图 11-2　总线式骨干网结构

② 基于交换技术的列车骨干网。

当列车骨干网基于交换技术时，列车骨干网节点提供一个数据传输介质来连接骨干网节点及其相邻的节点。如图 11-3 所示，在基于交换技术的列车骨干网上采用双链路汇聚实现数据传输冗余。同时，列车骨干网节点提供旁路中继功能以防止节点掉电而使总线中断。

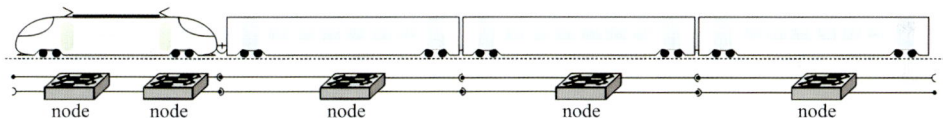

图 11-3　交换式骨干网结构

（2）车辆编组网技术

车辆编组网是连接同一编组内的终端设备并为其提供通信通道的通信网络。每个编组可由一个或者多个车辆编组网组成。同时，为了实现跨编组通信以及保证数据传输的可靠性，车辆编组网通过一个或多个列车骨干网节点连接到列车骨干网。

① 基于总线技术的车辆编组网。

当采用基于总线技术的车辆编组网时，通信设备会连接到一个共用的数据传输介质上，由此构建一个广播和冲突域，如图 11-4 所示为一种典型应用的总线式车辆编组网结构。

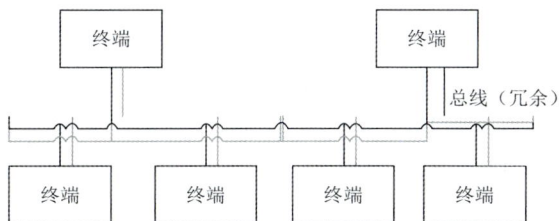

图 11-4　总线式车辆编组网结构

在基于总线技术的车辆编组网内，采用总线接入控制机制避免冲突，同时传输介质冗余以提升网络可用性。车辆编组网通过具有网关功能的列车骨干网节点连接到列车骨干网上。

② 基于交换技术的车辆编组网。

在基于交换技术的车辆编组网中，终端设备通过如图 11-5 所示的编组网交换机连接到车辆编组网上。编组网交换机是一台具有多个网络接口的网络设备，负责将数据以单播、组播和多播的方式进行转发。基于交换技术的车辆编组网完全由点对点的通信介质构成，包括终端设备与交换机之间以及交换机与交换机之间。作为车辆通信网络的一部分，通信设备之间的媒介采用全双工模式。

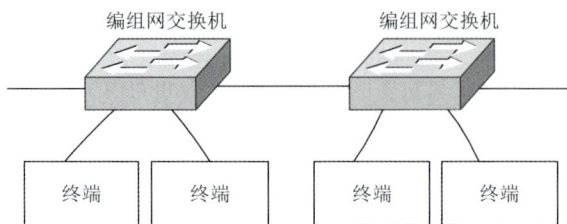

图 11-5　交换式编组网结构

3. 控制技术

列车网络控制系统是列车的核心子系统之一，它包括实现各种控制功能为目标的中央控制单元、实现车辆控制的车辆控制单元和实现信息交换的通信网络，其功能主要包括以下方面：实现牵引与制动控制，实现列车运用过程中各种可能需要的功能关联和电路连接，即逻辑控制功能，实现列车运行过程中的故障信息处理、提供列车运行的状态信息等。列车网络控制系统可分为列车级控制和车辆级控制。

（1）列车级控制

列车级控制主要由中央控制单元实现，完成列车的综合信息管理和控制决策，给出与整车有关的控制目标和控制策略。从主控司机室采集的司机控制指令、ATO 运行控制指令和重联信号，通过列车级控制处理后，完成列车运行速度、加速度、牵引和制动力等运行目标优化，产生列车控制指令，经列车总线传送到车辆级控制单元，实现列车的统一指挥。

在操作端识别方面，列车同一时刻有且只有一个司机室电钥匙信号激活。该被激活的车辆为主控车，仅主控车司机室的方向手柄、牵引和制动手柄等操作部件输入的信号能够被系统识别并起控制作用；其他车辆则为列车中的从控车，接受主控车的控制指令，并反馈状态信息等给主控车。

方向控制，具有列车方向识别控制功能，在列车运行过程中主控车网络控制系统检测方向手柄的位置状态，并以该方向手柄的位置作为列车运行方向；具有列车方向保护控制功能，当列车无方向时，网络控制系统应封锁全列牵引；具有非零速方向保持功能，在非零速情况下，系统不允许进行方向切换且保持原有方向。

受电弓控制，是根据激活司机室发出的升弓指令、受电弓条件等信息进行列车升弓、降弓控制的功能。

主断路器控制，是根据激活司机室发出的合主断指令、主断条件等信息进行列车合主断、分主断控制的功能。

牵引和制动指令控制功能，是根据牵引和电制动设定力、激活司机室的牵引和制动手柄位置等信息实现牵引和制动工况判断，并发送至牵引控制单元用于控制。

过分相控制，是对列车经过无电区进行负载管理控制，保障列车平稳通过无电区以及通过无电区后的快速提速功能。

恒速控制，是实现牵引工况下列车恒定速度的控制，定速控制精度可达 ±2km/h。

（2）车辆级控制

车辆级控制主要由车辆控制单元、输入输出单元、事件记录单元、中继与交换单元、网关控制单元和人机交互单元等组成，主要任务是监测和管理车辆单元内的设备，接收列车级发来的控制指令，决策车辆单元的控制策略、优化控制目标、协调控制行为、运行监控和性能评估等。

空调控制，是对列车所有车辆的空调系统进行工作模式设定和温度设置，实现空调压缩机分时启动控制功能，以及在辅助供电系统故障时的空调压缩机减载、停机等控制功能。

照明控制，是对列车所有照明系统进行控制，实现车内、车外照明功能。

设备切除，是对本单元牵引变流器、牵引逆变器、受电弓、主断和充电机等设备执行切除操作，实现故障快速隔离，保障列车运行的功能。

轮径设定功能，是指列车操作人员可通过司机室显示屏对每个转向架的轮径进行设置。

4. 诊断技术

网络控制系统通过分布在列车各个关键部位的传感器，实时收集列车的运行状态数据，如温度、压力、速度和电流等，通过诊断算法，控制系统诊断识别出列车的异常数据，报出故障及时提醒乘务人员，同时记录故障发生时刻的相关数据。

（1）故障信息

故障信息应至少包含发生日期和时间以及结束日期和时间，故障代码、位置、名称和故障处理指南。

（2）故障代码

故障代码宜采用统一原则，由系统部件代码、故障等级代码和故障现象代码组成，以便实现不同供应商的列车互联互通。其中故障等级可划分为三个级别：

一级故障：严重故障，应立即处理。

二级故障：中等故障，车辆功能受限，可以继续运行。

三级故障：轻微故障，车辆可以继续运行，但需入库维护。

当诊断出故障时，列车网络控制系统应按照对应的故障等级采取相应的动作。

（3）故障记录

网络控制系统具备故障记录功能，能够存储故障诊断结果等关键信息，当故障发生时，系统会触发记录机制，采用先进先出的方式存储故障数据，确保最新故障信息得以有效记录与管理。

（4）事件记录

网络控制系统实时记录列车运行过程中的各类操作指令及关键状态数据，形成事件记录，为运营分析、故障诊断及性能优化提供数据支撑。

第二节　我国网络控制关键技术研发历程

我国高速铁路控制技术源于电力机车控制技术，在控制技术领域的研究起步较晚，但通过走独立自主研究开发与引进国外先进技术相结合的技术路线，从早期的模拟控制，到结合了数字电路和模拟电路优势的模数控制，再到采用 RS485、HDLC、ARCNET、Lonwoks 和 CAN 等低带宽通信技术的网络控制技术，逐步形成了初期的网络控制系统。

从 20 世纪 90 年代开始，列车采用多功能车辆总线（MVB）和绞线式列车总线（WTB）进行通信，实现了高速、较大容量的数据传输，极大提升了控制系统内部设备之间的通信效率，支持更复杂的列车控制和管理，提高了列车的安全性和运营效率，这是网络控制系统的第二个过程。

从 21 世纪初开始，随着数据传输量变大，我国开始开展将以太网总线技术作为控制系统核心的研究。以太网总线技术具有高带宽、低延迟和可扩展性强等特点，其引入使得高速铁路控制系统能够处理更大量的数据，实现更高级别的自动化和智能化，为高速铁路控制系统的未来发展提供了广阔的空间和可能性，这是网络控制系统发展的第三个过程。

随着以太网控制技术广泛应用和智能化需求的持续提升，通信数据量大大增加。从成本等方面考虑，需要把多个网络融合成一个综合承载网络，如何保障大带宽下控制数据的实时性是以太网应用后面临的一个问题。TSN 采用时钟同步和流量整形技术，对带宽资源和时域资源进行精确调度和管理，兼有 WTB/MVB 总线通信技术的确定性、实时性和以太网技术的高带宽的优点，是目前网络控制系统已经发展到的第四个过程。

一　技术摸索

我国在列车控制技术领域的研究起步较晚，从 20 世纪 70 年代电力机车的有节点电路开始，到 1971 年以运算放大器为核心的机车电子控制装置的原型在机车上装车，标志着以运算放大器为核心的机车电子控制装置正式诞生。电子控制的引入，极大地提高了机车的控制精度和响应速度，使得机车能够更加准确地执行驾驶员的指令，更好地适应复杂的运行环境，也为我国后续的电力机车控制技术研究奠定了基础。改革开放以后，国民经济快速发展，铁路客货运量猛增，铁路运输能力全面紧张，大功率机车数量不足是其中一个重要原因。为了解决这个问题，一方面，我国进口了 ND5 型内燃机车，并以技贸结合的方式引进通用电气的机车电传动技术和电子控制技术，提高了内燃机车的制造水平。另一方面，我国进口法国的 8K 型电力机车，并对 8K 型机车上的微机控制系统、数模控制装置等进行消化吸收，为后续韶山系列车型的控制系统改进升级打下了基础。20 世纪 70 年代以来，随着微电子技术和计算机应用技术的迅猛发展，国际上从事电力机车制造业的各大公司纷纷加大对电力机车控制技术的研发投入。我国虽然在电力机车控制技术领域的研究起步较晚，但通过走独立自主研究开发与引进国外先进技术相结合的技术路线，已成功地在技术上从模拟控制、数模混合控制阶段，过渡到了以微型计算机技术为主体的控制技术阶段。为了追赶国外技术研发进度，实现自主研发，我国开启了微机控制系统研发的国产化进程。

1987 年是国产电力机车微机控制领域的起始之年。我国在消化吸收 8K、6K 两种车型的微机控制技术后，决定硬件以 8K 型机车为蓝本，吸收 6K 型机车的故障诊断技术和 DF6 型内燃机车上的显示模式，自行开发故障诊断和显示功能，并研制出了国产化的机车微机控制系统。国产化的机车微机控制系统采用三级控制，其中：①列车控制级负责整台列车基本功能的控制与监视。列车控制级对 CPU 实时服务的要求为秒级。②机车车辆控制级负责有关机车车辆的控制、监视和故障诊断，以及与列车控制级和传动控制级之间的数据交换。机车车辆控制级对 CPU 实时服务的要求为毫秒级。③传动控制级负责有关变流器、电机的检测、控制和监视，对 CPU 实时服务的要求为微秒级。每一级以适合于该级控制对象和功能的 CPU 为核心，如 80186 和 8097，并允许有多个处理器。机车微机控制系统的分级概念，为在较高层的控制级（实时性稍弱）采用控制用的高级语言奠定了基础。

随着微机控制的推广使用，从底层通信技术到应用层功能，微机控制技术有了很大的发展，特别是 RS485 通信技术、网络通信及重联控制技术，以及故障预防、诊断和显示技术等 3 个方面。

（1）早期的微机控制——RS485 通信

在早期的微机控制系统中，RS485 通信主要用在机车控制级与晶闸管触发级间的通信。这种通信发生在同一插件箱的两种插件之间，由于受外部干扰较小，通信失误的几率也较小，但它们之间的通信涉及接口芯片与 CPU 特性的配合，不同批次的芯片有时需要调整阻容值才能使通信正确。其次，RS485 通信用于人机对话级与机车控制级之间，即显示屏需要分时与各个转向架控制、插件箱通信。这种通信线较长，受干扰的可能性大，两个通信设备不在一起，机壳的电位也有差异，容易引起接口芯片烧损和误码。

（2）初级的微机控制——两级架构

动车组的兴起对列车网络通信技术提出了更高要求，为实现动车组列车的控制或者首尾机车重联控制，不能采用传统的硬连线方式，而必须采用网络通信控制的方式。由列车总线和车辆总线两级总线构成的列车通信网络应运而生。车辆总线用于连接同一车辆或单元中的各个计算机控制设备；而列车总线用于连接各个车辆或单元的中央计算机（又称节点）。

（3）故障诊断

为有效应对列车运行中可能出现的问题，在微机控制软件中制订了许多预防事故扩大的措施和故障对策，目的是使故障发生时系统导向安全状态。以电空阀为例，国内电空阀卡住不动作的现象时有发生，有因电空阀本身的质量问题造成的，也有因空气管路的不清洁造成的。如果某一电空阀不动作就可能造成各转向架前后方向不一致，或是牵引、制动状态不一致。对未能按命令转换的转向架，必须封锁脉冲，才不致使事故扩大。

微机控制的显著特点之一就是故障诊断和记录。除了出库前的检查诊断外，在运行中还对各种传感器作随机诊断。每次故障发生时能保存故障发生前 1s 和故障后 0.5s 内所有模拟量和数字量的数据。回库后，可将这些故障数据调出来画成相应的曲线，进行故障原因分析。记录数据中也包括当时的运行速度和司机手柄级位，为判断是否操作失误提供了坚实的依据。

二　WTB/MVB 总线网络控制系统

随着列车通信网络技术的飞速进步，其可靠性得到了显著提升，功能也日益丰富和强大。列车通信网络已不再局限于收集和传递监视、诊断所需的信息，而是能够承担起传递控制命令的重要职责。它不仅减少了传统重联线的使用，而且能够通过网络的精确控制，使列车各部件的运作更加协调、精确和合理。彼时众多铁路供应商纷纷研究列车网络通信技术，ABB 研发了连接机车控制层与传动控制层的串行控制器总线，该总线后来发展成为用于连接机车内的所有智能设备的车辆总线，简称 MVB。西门子研发了 DIN43322 列车总线，以满足机车或动车组重联控制的需要。

1999 年 6 月，经过长达 11 年的工作，IEC/TC9/WG22 在阿西布朗勃法瑞公司（ABB）的 MVB、西门子的 DIN43322 和意大利的 CD450 等运行经验的基础上制订的《铁路电子设备　列车通信网络（TCN）　第 1 部分：总体架构》（IEC 61375-1）正式成为国际标准。

20 世纪 90 年代，株洲所在引进 ADTRANZ、EKE 技术的基础之上，开发了国产化的列车网络控制系统产品，并将其应用到诸多国家级或铁路重大项目，包括先锋号、中原之星、中华之星、国产化地铁和 SS3B 固定重联车。在此基础上，2005 年，株洲所开发了性价比更高的自主化的 DTECS 列车网络控制系统，先后在和谐型机车 HXD1C、城市地铁以及复兴号动力分散和动力集中动车组中大批量应用，成为后续近 20 年间的主型产品，生产了几十万套。在这个阶段，株洲所率先打破了国外的技术垄断，并积极参与 TCN 国际标准制定，主持制修订 2 项国际标准，分别为：《铁路电子设备　列车通信网络（TCN）　第 2-7 部分：无线列车骨干网》（IEC 61375-2-7）和《轨道交通　用于分流应用的牵引车辆的无线电遥控系统》（IEC 62845）。

2004—2007 年，随着和谐型机车、和谐号动车组的引进，国内包括纵横机电、四方所、大连电牵等单位纷纷加大研发力度，在符合 TCN 标准产品的研发上取得诸多成效，推动 TCN 基础标准在国内得到事实上的统一。

1. WTB/MVB 网络架构

WTB/MVB 网络架构是一种分层结构，分为列车总线和车辆总线。WTB 是一种串行数据总线，被用于在日常作业中经常改变其编组的列车各车辆，并且它可以在固定编组的列车中充当列车总线。MVB 是用于连接固定编组的几个车辆中各种可编程设备、传感器和执行器的车辆总线。它也可在固定编组的列车中用作列车总线。总线式列车网络架构如图 11-6 所示。

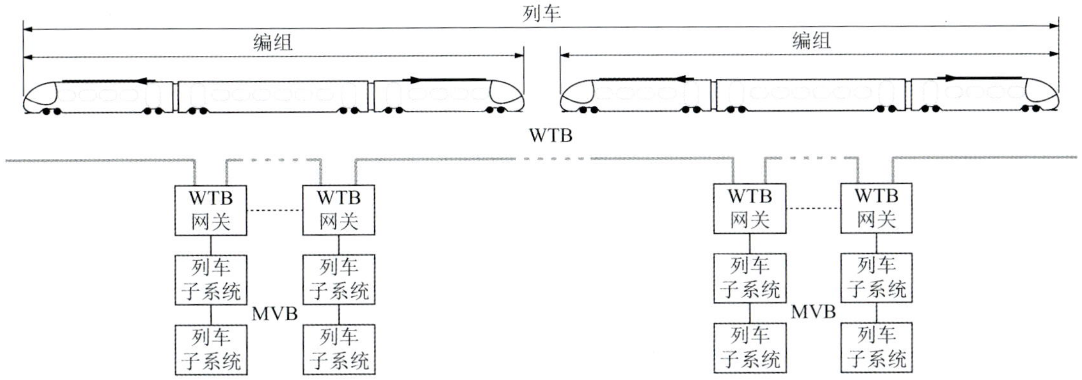

图 11-6 总线式列车网络架构

（1）绞线式列车总线

绞线式列车总线由 WTB 网关组成，主要解决列车重联与解编动态编组问题。《轨道交通电子设备 列车通信网络（TCN） 第 2-1 部分：绞线式列车总线（WTB）》（GB/T 28029.2）规定了其通信速率为 1Mb/s，以屏蔽双绞线为介质（如 UIC 558 电缆），无需中继器即可传输 860m，并同时连接 32 个节点。

（2）多功能车辆总线

多功能车辆总线（MVB）是一种串行数据通信总线，主要为有互操作性和互换性要求的车辆互联设备而设计的。《轨道交通电子设备 列车通信网络（TCN） 第 3-1 部分：多功能车辆总线（MVB）》（GB/T 28029.9）规定了其以差分传输导线对、屏蔽双绞线或者光纤为物理传输介质，通信速率 1.5Mb/s。不同介质下传输距离不同，最长传输 2km。

2. WTB 列车总线

绞线式列车总线 WTB 是一种为经常相互连挂和解连的重联车辆而设计的串行数据通信总线。WTB 具有让每个节点识别列车方向，并以连续顺序为各个节点自动编号的功能。如果由于某种原因使列车编组发生变化时，总线主节点便开始执行初运行过程。在这个过程中，总线主给每个节点都分配一个连续的地址，并将各节点在电气上连接起来。初运行结束之后，每节车辆都能获得列车的编组信息。WTB 初运行是最为核心的技术。

WTB 初运行是指当车辆编组情况改变时，总线主对总线重新配置的过程。初运行过程当中所有的节点通过电缆串联在一起，形成总线，并且在两端插入端接器。所有的节点都有自己唯一的地址，在明确了自己的位置和相对于总线主的方向后，会通知总线主自己的查询周期和节点描述符。最终，每个节点都会收到一份包含其他节点的地址、位置和描述符情况的网络拓扑数据。WTB 初运行示意图如图 11-7 所示。

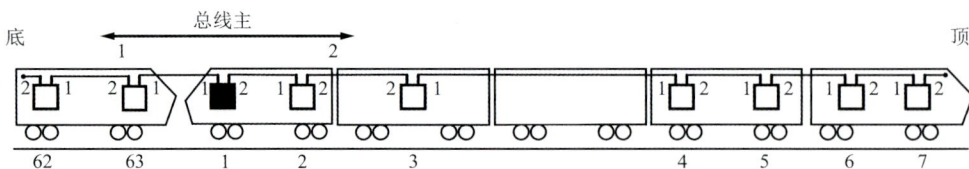

图 11-7　WTB 初运行示意图

总线主在每个基本周期向一个方向的末端节点发送一个存在请求帧，期待得到末端节点的存在响应。在下一个基本周期，总线主将查询另一个方向的末端节点。

如果总线主本身就是末端节点，它依然向自身发送存在请求，并自己进行存在响应以使其他节点知道它的存在。接到存在请求的末端节点会从其辅助通道发送一个检测请求。

如果没有节点与末端节点的辅助通道一侧连接，末端节点就不会收到存在响应，等待时间超时后，会在向总线主发送的存在响应帧里报告"没有发现新的节点"。

如果发现新的节点，则会对新节点发送"命名请求"，并把该节点加入 WTB 拓扑。不停重复上述过程，则完成了 WTB 总线的延展，得到了 WTB 最终拓扑和所有节点的地址。

3. MVB 车辆总线

MVB 为多功能车辆总线，它是列车通信网 TCN 的一部分。MVB 是一种专为满足互连设备互操作性和互换性需求而设计的串行数据通信总线。它将位于同一车辆或不同车辆中的标准设备接入列车通信网络，其固定传输速率为 1.5Mb/s。

MVB 线缆连接有双线和单线两种方式。双线连接方式即每根通信线缆采用两组通信线连接的方式。该方式虽然比单线连接稍微复杂，但是可靠性更高，在物理层上真正实现了双线冗余。板卡具备线路选择功能，正常情况下优先采用信任线传输信号；当信任线出现故障时，采用另一台线缆作为信号来源。MVB 线缆连接方式如图 11-8 所示。

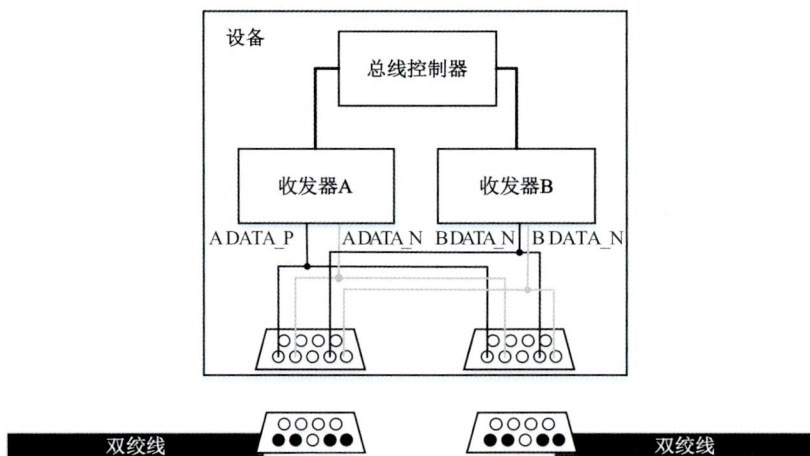

图 11-8　MVB 线缆连接方式

MVB 帧编码方式和解码方式是采用两种不同电平的二进制，这两种电平称作高和低。MVB 采用非归零码来表示 BIT，在 1.0BT 时间内，前半部分为高、后半部分为低，表示逻辑 1；在 1.0BT 时间内，前半部分为低、后半部分为高，表示逻辑 0，如图 11-9 所示。

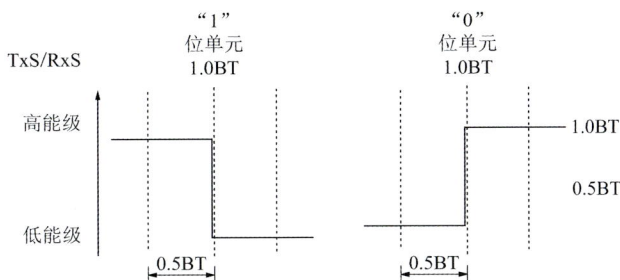

图 11-9　MVB 编解码-1

除了数据位，还有用于表示帧起始的非数据位，在 1.0BT 时间内，全为高称为"NH"，全为低称为"NL"，如图 11-10 所示。

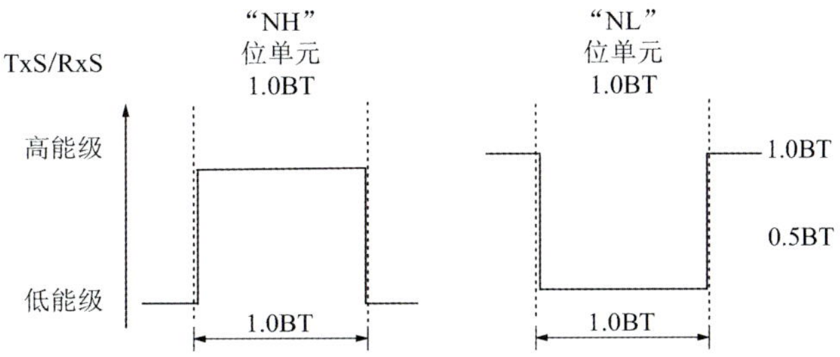

图 11-10　MVB 编解码-2

4. 总线数据通信

（1）WTB 报文

WTB 总线主通过向从节点发送总线主帧实现通信交互。当总线主帧发出后，所有的从节点都会收到该帧，但只有被指定的从节点会作出响应。这个从节点响应帧也会被所有的节点接收到，但一般情况下只有总线主会对其进行处理。

WTB 报文分成 3 种：过程数据报文、消息数据报文和监视报文。过程数据是一种源寻址的周期性的数据广播，用作列车实时通信、传递控制指令和关键信号；消息数据根据实际需要，采用目标寻址的单播或组播传送方式，用于诊断数据的传输；监视报文主要为实现初运行设计，包括：检测报文、存在报文、拓扑报文等。

（2）MVB 报文

MVB 属于总线仲裁型网络，数据传送采用主帧和从帧应答方式，1 个报文由主帧和从帧组成。其中主帧由总线管理器发出，达到总线调度的目的。从帧由主帧所选定的设备响应，提供对应的数据。MVB 报文分成 3 种：过程数据报文、消息数据报文和监视报文。MVB 的过程数据报文和消息数据报文与 WTB 类似，MVB 的过程数据调度周期为2^nms（最小为 1ms，最大为 1024ms），有效数据长度为2^nB（最小为 2B，最大为 32B）。MVB 监视报文用作链路管理，包括设备状态传输、事件轮询、总线主权转移。

5. 总线式列车网络控制系统产品

总线式列车网络控制系统产品主要功能和作用见表 11-1（以 DTECS-1 产品为例），其形态可以是模块式或者机箱式，如图 11-11 所示。

总线式列车网络控制系统产品主要功能和作用　　　　　　　　　　表 11-1

产品名称	英文简称	主要功能和作用	通信接口
车辆控制模块	VCM	车辆的控制和管理	2 × MVB
网关模块	GWM	实现 MVB 与 WTB 网关转换	2 × MVB 4 × WTB
事件记录模块	ERM	实现车辆运行过程中的事件记录和故障记录	2 × MVB
RS485 通信模块	RCM	实现 MVB 与 RS485 网关转换	2 × MVB 4 × RS485
HDLC 通信模块	HCM	实现 MVB 与 HDLC 网关转换	2 × MVB 2 × HDLC
中继模块	REP	实现 MVB 总线（EMD）之间的信息交互	4 × MVB
模拟量输入输出模块	AXM	车辆电路模拟量输入与输出	2 × MVB
数字量输入输出模块	DXM	车辆电路数字量输入与输出	2 × MVB
数字量输入	DIM	车辆电路数字量输入	2 × MVB

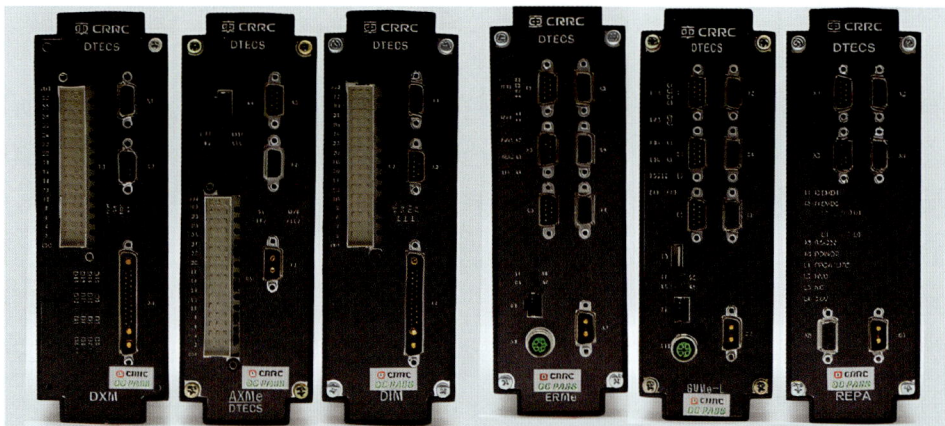

图 11-11　总线式列车网络控制系统产品图谱

三　实时以太网网络控制系统

WTB/MVB 的列车通信网络主要传输列车控制、状态监视等少量数据，其带宽仅有 1Mb/s 和 1.5Mb/s。2014 年以前，我国既有的列车控制系统与信息服务系统采用分离的通信网络。列车控制系统的通信网络采用了 MVB 和 WTB 总线通信技术，具有实时性和可靠性的特点，缺点是带宽较小，无法传输丰富的信息服务数据；信息服务系统的通信网络具有较大的带宽，但是不具备实时性、可靠性和安全性的特点，也无法满足列车重联的自动组网要求。随着车载网络功能需求的不断增加、列车控制对象的日益上升、通信数据量的急剧增长，以 WTB/MVB 为代表的总线通信技术带宽过低的问题显得愈发严重，已经无法满足当前列车网络通信发展的需要。在过去的 30 年中，实时以太网技术得到快速发展，通信速率从最初的 10Mb/s 提升到 100Mb/s，并朝着 1000Mb/s 通信带宽发展，为解决列车网络的带宽瓶颈问题提供了解决思路。

2008 年，国际标准组织 IEC/TC9/WG43 工作组在工业以太网的基础上，结合列车特定应用，开始制定基于实时以太网的列车通信网络，并在 2014 年发布了《铁路电子设备　列车通信网络（TCN）　第 3-4 部分：以太网编组网（ECN）》（IEC 61375-3-4）、《铁路电子设备　列车通信网络（TCN）　第 2-5 部分：以太网列车骨干网》（IEC 61375-2-5），2015 年发布了《铁路电子设备　列车通信网络（TCN）　第 2-3 部分：TCN 通信简介》（IEC 61375-2-3）国际标准。这些标准分别对以太网编组网、以太网列车骨干网和通信协议等细节进行了详细定义和约束。株洲所与 IEC 标准同步开展实时以太网技术的研究，依次攻克了以太网环网协议、列车初运行、操作初运行、列车实时数据协议等难点。经过多年的努力，在 IEC 标准发布的同年，株洲所全自主研制的 DTECS-2 实时以太网列车网络控制系统在长沙地铁 1 号线上首次装车并实现运营，该系统包含以太网列车级骨干模块（Ethernet Train Backbone Node, ETBN）和车辆级编组网模块（Ethernet Consist Network Node, ECNN）。铁科院纵横机电也研制了以太网列车级骨干网模块 ETBN 和车辆级编组网模块 ECNN 等设备。2020 年，中车四方股份公司和中车长客股份公司研制的时速 250km 的中国标准动车组，全面取消了 WTB/MVB 网络，采用 100Mb/s 带宽的实时以太网构建列车网络控制系统。铁科院牵头组织制定了以太网互联互通协议规范。中车株洲所、纵横机电、中车四方股份公司、中车长客股份公司等单位通过开展底层协议和应用层控制方面的多次测试，最终完成了系统研制。基于该成果，两列动车组实现了重联并批量运营，这标志着实时以太网在高速动车组上的全面应用。采用以太网技术的列车控制系统具有高带宽、低延迟和可扩展性强等特点，能够处理更大量的数据，实现更高级别的自动化和智能化，为高速动车组的控制提供了广阔的空间和可能性。

故事

高速列车网络控制系统开发纪实

高速列车的列车网络控制技术关乎列车控制、状态监视、故障诊断、运行维护等重要功能，是关键核心技术之一。20 世纪 90 年代后期，株洲所承担了国家重点科技攻关项目——先锋号列车网络控制系统的研制任务。

以株洲所路向阳为组长的课题组在对各国列车网络控制模式进行比较后，认为欧洲 TCN 网络模式通信速率高，控制实时性好，并决定采用其设计思路。之后课题组率头组织上海铁道大学、浦镇车辆厂等单位，共同设计出了网络拓扑系统架构，并开发了 MVB 通信网卡。基于 TCN 技术构建的列车网络控制系统，通过将列车的各个子系统有机联接起来，有效实现了列车的控制、监视与诊断功能，成为我国列车分布式网络控制系统的开创性成果。

首战告捷，但先锋号列车网络控制系统仍然具有列车总线传输速率低等问题。株洲所继续攻关，通过与芬兰一家公司技术合作掌握了列车总线 WTB 技术，并对处理器、底层驱动软件和实时操作系统等进行优化，提升了列车总线的传输速率以及系统的处理能力。这一成果应用于中华之星高速列车上，使中华之星高速动车组总线通信速率与先锋号相比提升了 50 倍。

从先锋号到中华之星，列车网络控制系统都与 TCN 标准接轨且做到完全自主可控。该分布式的列车网络控制系统，从列车级延展到车辆级，并拓展到部件，实现了对列车故障诊断。

随着列车网络控制系统不断发展，国际上开始制订相关标准。1999 年，国际电工委员会 IEC 发布 WTB/MVB 的列车通信网络标准，当时国内企业还没有话语权。2008 年，IEC 开始策划将车载实时以太网技术纳入 IEC 61375 新标准。株洲所攻关团队闻风而动，迎难而上。2014 年突破了核心技术屏障，成功研发出我国车载以太网控制系统。消息不胫而走，当年 7 月收到国外邀请，攻关团队前往德国。在那里我方产品顺利通过与多家欧洲公司产品的互联互通测试。测试通过，不仅意味着我国技术水平获得了国际权威认可，更意味着株洲所成为了列车关键技术标准制订不可或缺的参与者。

与此同时，IEC 开始策划制订以太网一致性测试标准 IEC 61375-2-8，中国由于实力不俗，顺理成章地获得了该标准第 9 章节 TRDP 协议一致性测试标准制订的主导权。此外，源自中国技术创新且由中国专家主导制定的标准还有 IEC 61375-2-7 列车无线骨干网（WLTB）等。鉴于名声在外，目前我国列车网络控制系统已经走进北美洲、南美洲、欧洲、亚洲、非洲、大洋洲的几十个国家和地区。

1. 以太网列车通信网络架构

与 WTB/MVB 类似，基于 IEC 61375 定义的以太网列车通信网络拓扑仍然采用分层结构，分别是由以太网列车骨干网节点（ETBN）构成的以太网列车骨干网（ETB）、由以太网编组网节点构成的编组网，以及由终端设备（End Device，ED）构成的终端层组成，其分层结构如图 11-12 所示。

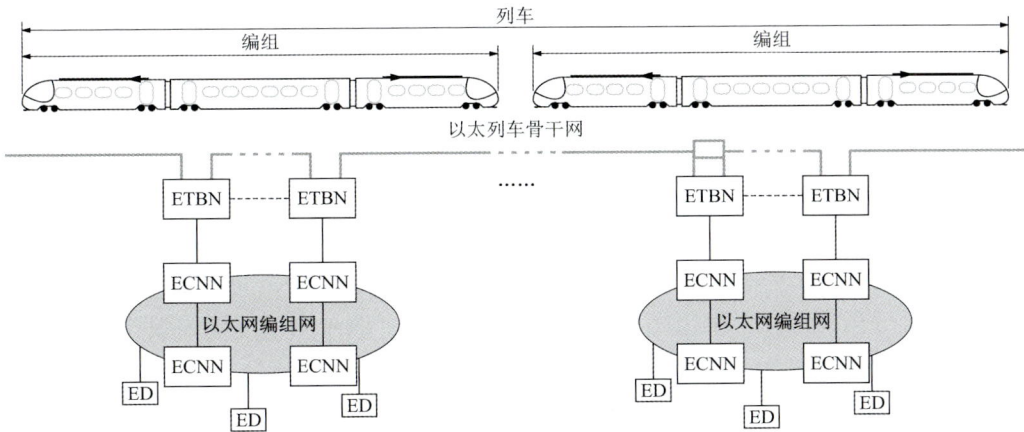

图 11-12 基于以太网的列车网络架构

（1）列车骨干网

列车骨干网由 ETBN 设备构成，主要解决列车重联与解编动态编组问题。依据 GB/T 28029.6 标准规定，骨干网拓扑结构采用双线性链路汇聚拓扑，还支持掉电旁路功能。骨干网采用 100BASE-TX 的物理层，连接器使用《电子设备用连接器　产品要求　第 2-101 部分：圆形连接器.带螺纹锁紧的 M12 连接器的详细规范》（IEC 61076-2-101）定义的 M12 D coded 连接器，线缆采用 CAT5e 电缆。此外，骨干网还支持基于列车拓扑发现协议（Train Topology Discovery Protocol, TTDP）的行业专用初运行协议、铁路地址转换协议（Railway-Network Address Translation, R-NAT）等。

（2）编组网

以太网编组网由 ECNN 设备构成，核心作用是向终端设备层提供接入服务，GB/T 28029.12 是编组网遵循的主要标准。不同于骨干网，相关标准并未严格规定编组网的拓扑形式，各厂商可以根据实际需要采用线形拓扑、环形拓扑、并行拓扑、梯形拓扑或者其他形式的拓扑。推荐编组网采用 100BASE-TX 物理层，连接器使用符合 IEC 61076-2-101 定义的 M12 D coded 连接器，采用 CAT5e 电缆；不同于骨干网，标准中并未禁止编组网使用其他制式的物理层，比如 10BASE-T、1000BASE-T 等。

2. 列车骨干网技术

在多编组列车上电初始化、编组重联和编组解编的过程中，列车网络拓扑会发生变化，连接到列车上的编组数目和类型会在列车初运行中改变。通常主要有如下三种情况。列车重联：一个或者多个编组连接到一列车的一端。重联的特例是两列车重联。列车解编：一个或者多个编组从列车的一端移除。解编的一个特例是将一列车分割为两列车。节点插入：插入发生在列车中间的列车骨干网节点比其相邻节点晚激活。因此列车网络需要进行自动配置。

为了能正确地在列车网络拓扑发生变化的时候配置列车骨干网节点，提出 ETB 列车初运行。ETB 列车初运行功能有：为通信设备提供列车级网络地址、建立终端设备本地 IP 到列车 IP 地址映射、为 ETB 节点配置静态路由表等。

列车初运行会为列车上所有处于活跃状态的列车骨干网节点进行排序，并判断 ETB 节点所在编组相对于列车方向的编组朝向。为了保持设备 IP 不变，在系统处于降级模式（比如 ETB 节点丢失、ETB 节点插入）时不能运行列车初运行。因为列车 IP 配置信息会在系统运行过程中不断地计算、更新，并在所有 ETB 节点间共享。虽然网络信息会在系统运行过程中不断计算，但提交初运行结果的时机由列车应用程序控制。

列车初运行会为每一个编组网和 ETB 节点分配一个编号用来标识编组和 ETB 节点。这两值将用来构建列车 IP 映射表、定义列车路由表和地址转换协议（NAT）规则，以及对终端设备命名等。

图 11-13 为 ETB 初运行执行过程示意图，由三个骨干网节点 A、B、C 线型连接组成列车骨干网。骨干网节点 A、B、C 在初始化完成后会以 100ms 为周期，以组播方式周期性地向节点发送拓扑帧。节点收到拓扑帧后会计算拓扑并比较拓扑。当全网拓扑一致时，表示初运行已收敛。初运行收敛后，如果系统允许初运行，则会进行初运行动作。同时，初运行执行完毕后，系统还会不断地计算、检查和比较拓扑，为下次初运行做准备。

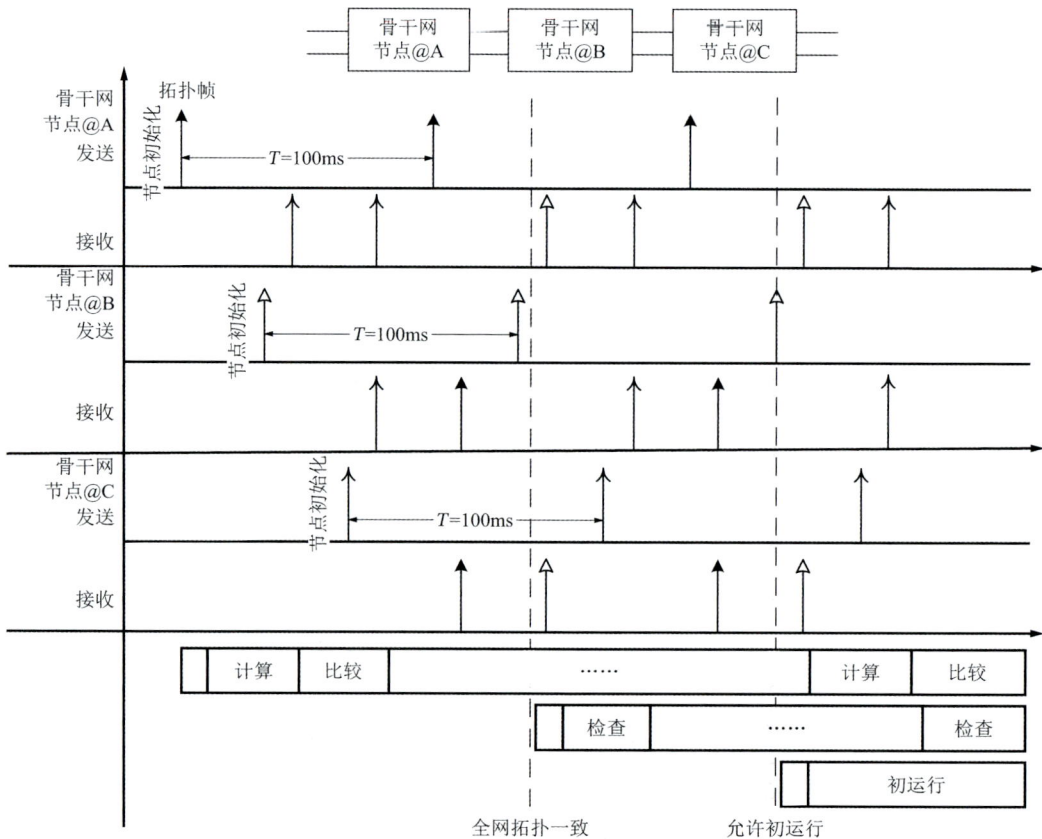

图 11-13　ETB 初运行示意图

3. 以太网编组网技术

以太网编组网可以采用线形、环形和梯形拓扑等方式连接。不同于线形拓扑，环形和梯形拓扑要通过协议，例如快速生成树协议等，来阻断网络物理成环，建立逻辑的树形拓扑，防止环路中出现广播风暴。对于重要的终端设备，可通过冗余的链路接入到编组网内。如图 11-14 所示，将一个终端设备通过两个独立的通信链路连接到两个不同的编组网交换机上。

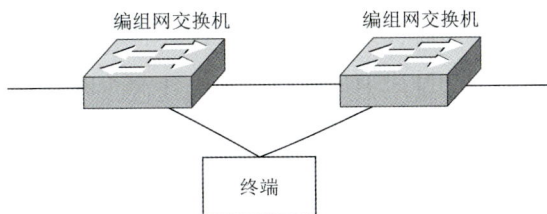

图 11-14　终端双网口接入

与基于 MVB 总线技术的车辆编组网类似，基于 ECN 交换技术的车辆编组网通过实现网关功能的列车骨干网节点连接到列车骨干网上。在基于 ECN 交换技术的车辆编组网中，可把一个编组网划分成不同的子网，子网间通过网关进行连接，如图 11-15 所示。

4. 以太网数据通信

在以太网应用过程中，通常在应用层定义了专门的协议用于实现某些特定功能，例如邮件的传输采用 SMTP 简单邮件传输协议、文件的上传下载采用 FTP 文件传输协议等实现。同样，列车上的相关控制数据和状态数据的传输也定义了专用的列车实时数据协议（Train Real-time Data Protocol，TRDP）。该协议用于传输过程数据和消息数据，位于传输控制协议/用户数据报协议（TCP/UDP）上层，如图 11-16 所示。TRDP 采用专用的 TCP/UDP 端口，其中过程数据仅采用 UDP 传输，端口号为 17224，消息数据可采用 UDP 或者 TCP 传输，端口号为 17225。

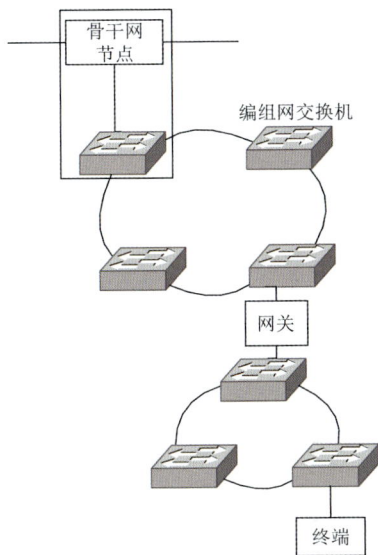

图 11-15　多子网网关接入

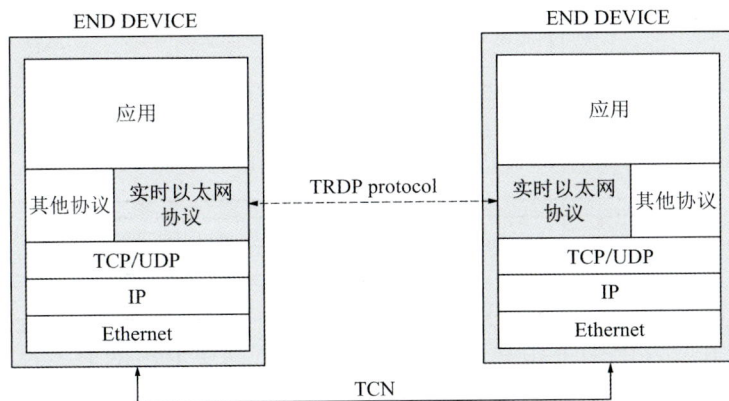

图 11-16　TRDP 协议栈示意

（1）过程数据

过程数据主要传输控制数据、监视数据等和列车控制紧密相关的数据，一般由主控与各执行单元进行周期性交互，部分执行单元也可选择性进行交互。与 MVB 类似，以太网过程数据多采用多播通信。任何需接收某端口数据的设备，通过加入端口对应的多播组即可接收。过程数据的有效载荷最大支持 1432B，远大于 MVB 的 32B，因此可将多个应用数据组合成一个包进行传输，减少网络上包的总数。过程数据封装后成为过程数据协议数据单元（PD-PDU），在发送和接收端之间采用无连接和无确认的方式进行传输。过程数据采用周期性传输，或在周期性的请求下通过应答传输。

（2）消息数据

消息数据通常可用来传输故障诊断、日志记录等非控制数据，或事件触发式状态数据。例如某一时刻发生故障，主控单元将故障信息发送至存储设备存储；或者司机某一时刻通过显示器向主控单元请求查看状态数据等情形。这些数据通过消息数据封装后成为消息数据的协议数据单元（MD-PDU），在发送端和接收端间可采用有连接且有确认的 TCP 进行传输，也可采用无连接且无确认的 UDP 进行传输。考虑到实时性，MD-PDU 最大长度为64KB。

5. 以太网列车网络控制系统产品

实时以太网列车网络控制系统产品主要功能和作用见表 11-2（以 DTECS-2 产品为例），其形态可以是模块式或者机箱式，如图 11-17 所示。

以太网列车网络控制系统产品主要功能和作用　　　　　　　　表 11-2

产品名称	英文简称	主要功能和作用	通信接口
以太网编组网模块	ECNN	构建列车编组网，实现车辆内各设备间的以太网数据交互	4×1000Mb/s ECN 接口 + 12×100Mb/s ECN 接口
以太网骨干网模块	ETBN	构建列车骨干网，实现列车与列车之间的以太网数据交互	8×100Mb/s ECN 接口 + 4×100Mb/s ETB 接口
事件记录模块	EDRM	实现车辆运行过程中的事件记录和故障记录	MVB 接口 2× 以太网接口
中央控制单元	EGWM	全车集中控制和管理，保障各系统有序运行	MVB 接口 WTB 接口 2× 以太网接口
输入输出单元	IOM	车辆电路数字量和模拟量信号采集和输出	MVB 接口 2× 以太网接口
人机接口单元	HMI	实时显示列车状态和故障信息，司机及时了解当前列车运行状态，进行参数设置和设备切除与恢复	MVB 接口 2× 以太网接口
无线传输装置	WTD	车载数据通过无线传输到地面系统	Wi-Fi （3G/4G/5G）

图 11-17 以太网列车网络控制系统产品图谱

四 TSN 列车通信网络控制系统

TCN 采用以太网技术以后虽然有足够的带宽，但却未简化列车的整体设计。列车往往部署多个通信网络，分别用于列车控制、铁路信号、视频安全和乘客信息系统等。主要的原因是实时以太网技术本身基于软实时技术，在多种业务数据混合传输的场景下，控制数据可能无法保障传输的确定性。

为了简化列车整体通信的复杂度，把各个子系统的多个网络融合成一个综合承载网络，可采用 TSN 技术来保障控制数据的实时性和安全性，TSN 技术需要达到 1μs 级别的时钟同步精度和 500μs 级别的通信抖动要求。株洲所、纵横机电等国内网络系统供应商在没有成熟产品可研究的情况下，不畏困难，完成了关键的时钟同步、流量整形等核心 TSN 技术的攻关，并且完成了基于 TSN 的列车通信网络控制系统的研制。TSN 可兼有 WTB/MVB 总线通信技术的确定性、实时性和以太网技术的高带宽、灵活性的优点，使得列车通信网络迎来了一个全新的阶段。中车四方股份公司和中车长客股份公司研制的 CR450 动车组样车采用了基于 TSN 技术的列车通信网络控制系统。

1. TSN 列车通信网络架构

时间敏感网络 TSN 的基本原理在于，通过统一的网络时间和调度机制，对通信数据流进行管理，以实现确定性和可预期的以太网通信。此技术旨在提升以太网网络的实时性和可靠性，同时提供灵活的网络资源管理。

TSN 技术是一种基于 IEEE802.1 任务组开发的数据链路层协议规范，旨在构建更可靠、低延迟、低抖动的以太网。其核心在于，通过精确时钟同步、带宽预留、流量整形等机制，保障时间敏感业务流的服务质量。在时钟同步方面，TSN 采用的 IEEE 802.1AS 协议，是对 IEEE 1588 协议进行精简和修改的版本，亦称为 gPTP 协议。该协议通过主从节点间的同步数据帧进行传输，记录数据帧的发送和接收时间信息，并将其添加至数据帧中。从节点获取这些时间信息后，可计算其与主时钟的时间偏差和网络节点的传输延时，进而对本地时钟进行校正，实现与主时钟的同步。此外，TSN 通过一系列协议扩展和标准化工作，如带宽预留、流量整形、逐流过滤和帧抢占、时间感知调度以及无缝冗余等技术，为时间敏感数据流的传输提供超低的端到端时延和传输确定性。时间敏感网络 TSN 技术通过综合运用时钟同步、数据调度和网络配置等机制，实现对通信数据流的精确控制和管理，满足实时性、确定性和低延迟等严苛要求。

结合 IEC 61375 标准的 ETB/ECN 分层架构以及 TSN 的技术特点，基于 TSN 的列车网络架构如图 11-18 所示。

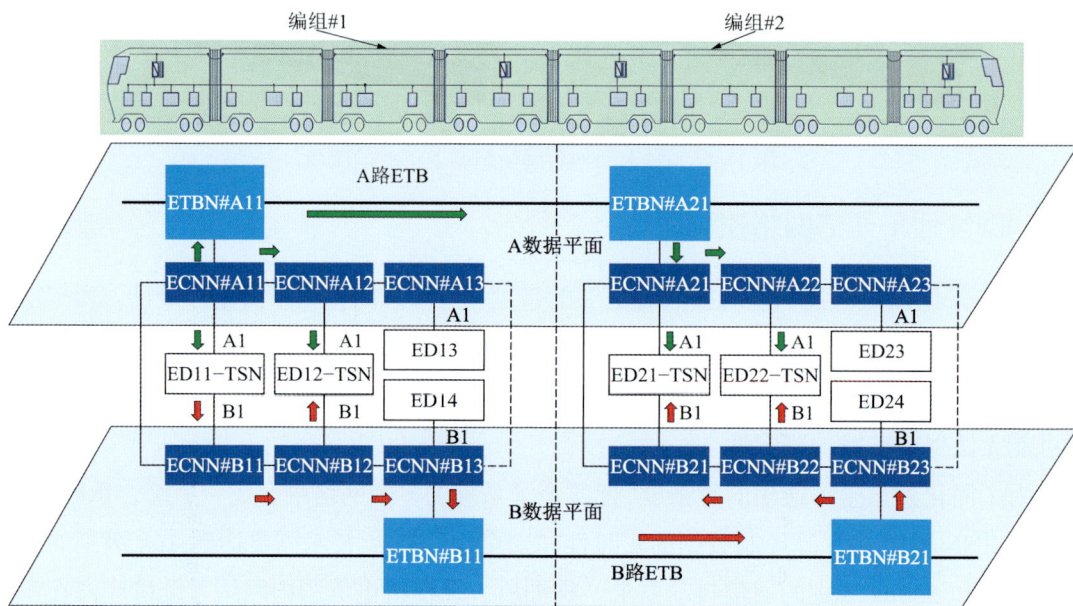

图 11-18　基于 TSN 的列车网络架构示例

该架构整体采用双平面冗余的结构，采用与 IEC 61375 相同的分层模式，分别由支持TSN 的以太网列车骨干网节点 ETBN 构成列车骨干网 ETB，由支持 TSN 的以太网编组网节点 ECNN 构成编组网，以及由支持 TSN 终端设备 ED 和普通终端构成的终端层组成。

2. TSN 列车骨干网

TSN 列车骨干网由 ETBN-TSN 设备组成，每个编组固定配置两个 ETBN 设备，主要解决列车重联与解编动态编组问题。与《轨道交通电子设备　列车通信网络（TCN）　第 2-5部分：以太网列车骨干网（ETB）》（GB/T 28029.6）标准不同，基于 TSN 的列车骨干网未采用链路汇聚的方式，而是使用双线形结构，同时取消了掉电旁路功能。物理层可能会升级到 1000Mb/s 或 10Gb/s 以太网，通信线缆可能会继续使用双绞线电缆或光缆。鉴于网络架构和物理层的变化，TTDP 等相关协议需要做出相应的修改。

3. TSN 编组网

TSN 编组网由 ECNN-TSN 设备构成，以成对的方式部署，其核心作用是向终端设备层提供接入服务。不同于 IEC 61375-3-4，《轨道交通电子设备　列车通信网络（TCN）　第 3-4 部分：以太网编组网（ECN）》（GB/T 28029.12）未明确规定编组网的拓扑，基于 TSN 的编组网物理结构上明确采用环形拓扑。TSN 编组网面向双网口控制类终端设备提供并行结构双数据平面冗余方式，同时面向普通终端设备提供环形冗余服务。物理层可能会升级到 1000Mb/s 或 10Gb/s 以太网，通信线缆可能会继续使用电缆或光缆。终端设备则由具备 TSN 功能的 ED-TSN 和普通以太网终端 ED 构成，与车辆控制相关的关键设备均要求支持 TSN，且采用双网口冗余方式，其他的与车辆控制无关的设备可以继续采用单网口方式。在物理层方面，TSN 编组网可能会彻底摒弃 10BASE-T 物理层，强制使用 100BASE-TX 物理层。在线缆方面，TSN 编组网使用 CAT5e 电缆。

4. TSN 通信技术

IEEE 802.1 TSN 已经发布和正在制定的子标准超过 30 余项，其中最主要的是时钟同步和流量整形技术。

（1）时间同步

目前车载应用使用时间同步的方式，比如 NTP 协议、SNTP 协议、私有授时协议等，无法满足 TSN 的使用需求，必须引入 IEEE 802.1 AS-Rev 这一全新时间同步协议的支持。网络设备和终端设备之间的时钟同步是"时间敏感"网络的基础。TSN 使用 gPTP 时钟同步。高精度的时钟要求交换机和终端设备硬件支持，以实现精确的时间戳和精确的时钟。

按照传统的失效不扩散原则，骨干网和编组网宜采用隔离的 PTP 域，某个编组网时钟失效不会影响其他编组网或骨干网，骨干网时钟失效不会影响编组网。时钟冗余，可以采用 IEEE 802.1 AS 规定的最佳时钟算法（Best Master Clock Algorithm，BMCA），或者多 PTP 域冗余方式，或者多个时钟共同组成主时钟组的方式，也可以由车载应用静态制定主时钟方式。

（2）流量整形

目前车载应用中的流量整形主要采用基于信用、权重或严格优先级的整形策略。然而，为适配 TSN 技术要求，需新增对 IEEE 802.1 Qbv 流量调度整形机制的支持。

基于 Qbv 机制，列车网络通信排列成周期性的长度不等的时隙，在这些时隙中，通过配置将不同的时间分配给一个或多个以太网优先级，使其在限定的时间内可以独占使用。传输介质完全预留给指定的流量类型，保证传输过程不会中断。这些虚拟的受时间控制的通信通道隔离了关键数据和非关键数据。为了实现这点，交换机端口的每个流类队列（TC）均被分配了一个传输门，如图 11-19 所示。它可以对帧的传输进行控制，如果状态是"Open"，则允许传输选择算法选择该队列内的帧进行传输；如果是"Closed"，则阻止队列内帧的传输。

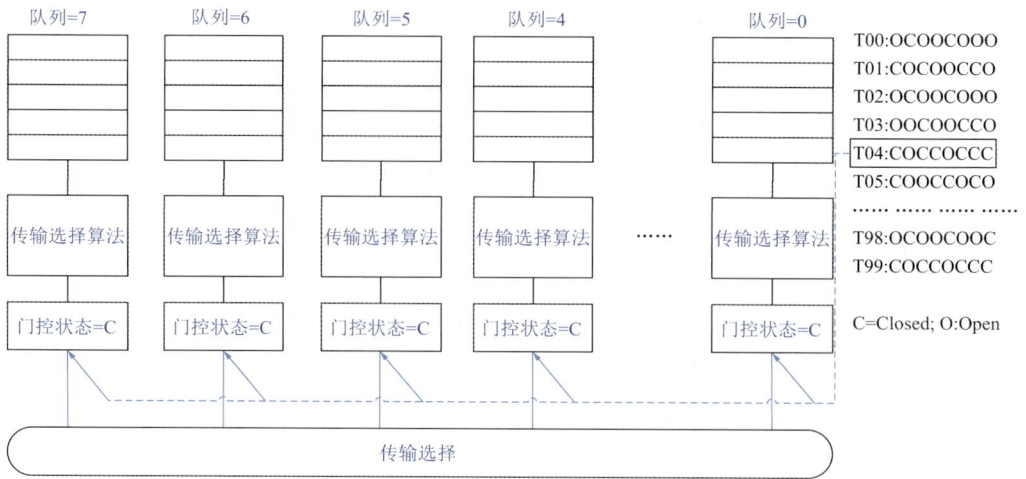

队列=7　队列=6　队列=5　队列=4 …… 队列=0

T00:OCOOCOOO
T01:COCOOCCO
T02:OCOOCOOO
T03:OOCOOCCO
T04:COCCOCCC
T05:COOCCOCO
…… …… …… ……
T98:OCOOCOOC
T99:COCCOCCC

C=Closed; O:Open

传输选择算法

门控状态=C

传输选择

图 11-19　调度流端口控制

5. TSN 列车网络控制系统产品

TSN 列车网络控制系统产品主要功能和作用见表 11-3（以 DTECS-3 产品为例），其形态可以是模块式或者机箱式，如图 11-20 所示。

TSN 网络控制系统产品主要功能和作用　　　　　　　　　　　表 11-3

产品名称	英文简称	主要功能和作用	通信接口
TSN 编组网节点	ECNN	构建车辆编组网，实现车辆内各设备间的 TSN 和普通以太网数据交互	4×1000Mb/s TSN ECN 接口＋20×100Mb/s TSN ECN 接口
TSN 骨干网节点	ETBN	构建列车骨干网，实现列车与列车之间的 TSN 和普通以太网数据交互	8×100Mb/s TSN ECN 接口＋4×100Mb/s TSN ETB 接口
中央控制单元	CCU	基于 TSN 的主控单元，实现全车集中控制和管理，保障各系统有序运行	2×TSN 以太网接口
TSN 模拟量输入输出模块	TAXM	车辆电路模拟量输入与输出	2×TSN 以太网接口
TSN 数字量输入输出模块	TDXM	车辆电路数字量输入与输出	2×TSN 以太网接口
TSN 数字量输入	TDIM	车辆电路数字量输入	2×TSN 以太网接口

图 11-20　TSN 列车网络控制系统产品图谱

第三节　高速列车网络控制系统发展过程中的典型应用

我国高速列车网络控制系统可以划分为四个发展过程：第一个是零的突破、技术探索过程，自研的网络控制系统应用到先锋号、中华之星；第二个为引进消化吸收再创新过程，通过消化吸收和再创新的列车网络控制系统应用到和谐号动车组；第三个为自主创新过程，具有完全自主知识产权、互联互通的列车网络系统应用到复兴号动车组；第四个为引领过程，我国新一代列车网络控制系统与正在研发的 CR450 动车组全面配套。需要指出的是，我国高速列车网络控制系统的发展过程是依据车型的发展来划分的，与我国列车通信网络自主化的发展过程并不完全对应。事实上，我国列车通信网络全自主化的研发从未间断，即使在高速铁路引进消化吸收阶段，我们也是坚持"两条腿走路"，一边坚持自主研发，一边进行引进消化吸收再创新。以株洲所为例，2000 年左右，株洲所在引进 EKE 客车网络监控系统技术基础上，开始了 TCN 网络的全面自主化研发，2005 年完成第一代平台 DTECS-1 的研制，并于 2007 年实现在上海地铁 1 号线的装车应用，2008 年开始全面应用于 HXD1C 机车，并迅速大批量规模化应用，此间积累了大量的经验和教训；2009 年，株洲所成立专门的团队进行实时以太网技术的跟踪研发，并于 2013 年完成第二代平台 DTECS-2 的研制；此后，株洲所于 2015 年完成了控制信息通用化控制平台 DTECS-G 的研制。正是得益于 DTECS 平台的研制和持续的迭代优化，我国才能够在复兴号动车组上实现网络系统的全面自主创新，并为中国标准奠定基础。同时，纵横机电和中车四方股份公司等单位也为中国高速列车网络控制系统的自主化发展和持续创新发挥了重要作用。

一　零的突破，迈入高铁领域

1. 技术概况

1997 年前后，随着秦沈客运专线的立项，我国下决心向高速铁路进发。在机车车辆方面，国家正式立项先锋号动车组项目。列车网络控制系统作为先锋号的核心攻关技术之一，其研发任务落到了株洲所的肩上。

先锋号动车组项目中的"网络控制系统"课题开始后，首先面临的是列车网络控制模式的抉择。这一抉择不仅决定了先锋号动车组的技术特征，还将对我国未来列车网络控制技术的发展方向产生深远影响。当时国外主流的列车网络控制系统模式为以下三种：

第一种是日本新干线上的列车网络控制系统。它是日本企业基于 ARCNET 网络进行定制开发，通过制定特殊的网络通信协议，构建了一个环形拓扑结构。其优点是系统的任何一个通信节点突然断开时，网络通信都不会受到影响，缺点则是由于采用光纤通信，维护和布置难度大，成本较高，且网络的开放性有限。

第二种是美国列车采用的控制模式。该模式是将原先在楼宇网络控制中应用较多的

LonWorks 技术移植到列车网络控制系统中，定制化开发较少，芯片协议的可获得性较强，但缺点是由于脱胎于楼宇控制网络，网络带宽不高，传输速率较慢。

第三种是欧洲的 TCN 网络。它是西门子、ABB 等公司基于车辆控制的特点专门联合开发的现场总线，优点是协议开放性好、互操作性强、可靠性高、经济实用，但其技术由西门子和 ABB 主导研制，未来能否打破它们的限制实现自主发展，还有待考证。

在深入比较考察后，项目组成员最后认为欧洲的 TCN 网络控制模式更为先进，且今后能够实现自主开发，最终确定将该模式作为未来的发展方向。TCN 网络在先锋号和中华之星的应用，为自主网络控制系统的发展积累了宝贵的经验。

2. 系统拓扑

先锋号网络拓扑结构总体上采用两级拓扑结构。列车总线采用 FSK 总线，传输率为 19.2kb/s；车辆总线采用 MVB 总线，其传输速率为 1.5Mb/s。列车总线下挂 6 个车厢节点，分别为 2 个中央控制单元（CCU）、2 个车辆控制单元（VCU）、2 个动车控制单元（MCU）。车辆总线仅负责本车厢内的设备通信；与 DCU、ATP 的通信采用控制器总线，其速率为 62.5kb/s。其拓扑结构如图 11-21 所示。CCU 向全列车发出指令，协调全系统的工作，并对分散在列车中各个动车上的牵引动力设备实现联合控制。本地控制单元（VCU/MCU）可以接收 CCU 的指令，负责本车厢的控制任务，将指令下发给车厢内的各设备，执行 CCU 要求的相关操作。

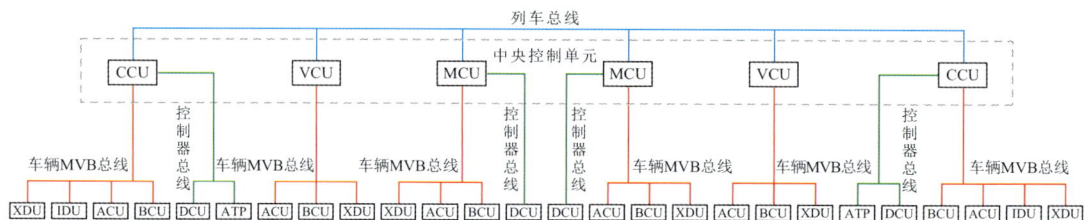

图 11-21　先锋号列车控制系统的网络拓扑结构

基于 TCN 技术的列车网络控制系统最终成功应用在先锋号。这套列车网络控制系统把列车的各个子系统有机地连接起来，有效地实现了列车的控制、监视与诊断功能，开创了我国列车分布式网络控制系统的先河，引领了当时列车通信网络技术发展的潮流。

通过提升硬件性能和优化升级软件，网络平台能够全面满足列车网络通信高速率和控制的高实时性要求，从而提高产品的控制性能。我国于 2001 年研发的中华之星高速动车组网络控制系统，采用了 WTB 总线代替 FSK 总线作为列车总线，使得中华之星的列车总线通信速率比先锋号提升了 50 倍，让列车控制功能在先锋号的基础上得到了进一步的扩展和提升。

3. 硬件装置

先锋号和中华之星动车组网络控制系统的主要组成如下。

① 中央控制单元（CCU）：负责对列车总线、本车的车辆总线和本车的控制器总线进

行管理，承担调度本车内各个智能设备之间的信息交换的任务。

②动车控制单元（MCU）和车辆控制单元（VCU）：负责本车的车辆总线、控制器总线的管理，调度本车内各个智能设备之间的信息交换。

③轴温、车门、空调监视与控制单元（XDU）：对轴温、车门和空调进行顺序逻辑控制或监视，将状态信息综合后报送本车的 MCU、CCU 或 VCU。

④辅助系统控制单元（ACU）：对辅助变流器、列车供电整流器、总风缸、充电机和各种辅机进行顺序逻辑控制和状态监视。

⑤制动控制单元（BCU）：根据司机的指令、载重、实际电制动力和速度，指示传动控制单元（DCU）或控制空气制动装置产生相应的制动力。

⑥传动控制单元（DCU）：根据司机和 BCU 的指令，控制主变流器的输出电压和频率，使牵引电机发出所需的牵引力或电制动力。

⑦列车自动防护（ATP）设备：根据地面信号和列车速度对列车实施超速防护。ATP 和监控装置放置在端部动车上的 ATP 柜中，ATP 显示器放置在司机台正面左侧。

⑧智能显示器（IDU）：在列车正常运行时显示列车牵引状态，在列车发生故障时显示故障现象和提示，在开车前的列车自检和回库后的数据查询时作为人机界面。

4. 功能特点

早期在高速铁路网络控制技术上，先锋号和中华之星有众多新技术新创造，它们填补了国内技术空白，顺应了技术潮流，为之后的再创新和自主创新奠定了基础。

定速控制功能，当司机设定好需要的列车行驶速度后，网络控制系统可以快速精准地计算出列车所要发挥的牵引力，实时控制牵引动力系统进行牵引力调节，并且在电牵引和电制动两种工况间自动转换。这一功能使列车速度控制在设定速度的 ±2km/h 范围内。

自动过分相功能，当列车行驶到过分相区前方时，司机只需按下"过分相"按钮，网络控制系统便能自动控制列车进行牵引力卸载、断开主断路器等操作，待检测到接触网网压变化及恢复正常后，自动控制列车闭合主断路器，并重新进行列车牵引。这一功能使得过分相这一过去烦琐的人工操作流程变为由网络控制系统全自动执行控制，大幅度降低了司机的劳动强度，减少了人工过分相操作时列车降速的程度，使列车运行更平稳。

故障诊断和安全导向功能，中华之星还在国内首次实现了对列车进行故障诊断和安全导向。系统将列车的所有故障进行等级划分，针对不同级别的故障进行不同的安全导向，最大限度地保证列车的基本运行。当某一动力装置出现故障，牵引电机无法工作时，在其他牵引电机功率有富余的情况下，列车网络控制系统可将列车所需的动力均匀地分配到其他动力设备上，不会明显影响到列车诸如牵引加速、制动等动力性能，这在国内系统上是首次运用。

地面测试系统，为了确保列车网络控制系统的系统装车以及在后续商业运营中性能可靠，先锋号网络控制系统对系统装车安装、布线等提出了技术要求，并构建了一套列车网络控制系统的测试和验证模式。这整套地面验证和试验模式为我国自主研发网络控制系统提供了宝贵的经验，在后来的高速列车科研攻关中得到推广和提高。

二 引进消化，打造产业体系

1. 技术概况

当跨入 21 世纪的大门时，在世界经济发展的横坐标上，高速铁路已经成为一种时代标志，成为世界上一些国家和地区经济腾飞的助推器。高速铁路作为大国重器，德国、日本、法国等国家一直走在前列，并率先实现了产业化。中国与这些国家相比，差距较大。而中国国情要求必须尽快发展大运量、低能耗、占地少的高速铁路。那么中国铁路如何迎头赶上呢？如何利用中国庞大的市场优势，赢得世界上最先进的技术？答案是要想快速发展，引进先进技术是必要的选择。

国情和国际环境决定了，在中国自主创新的进程中，部分技术需通过产业合作获得，尤其对那些处于明显技术弱势、在短时间内难以取得局部性突破的产业。同时，原创性的自主创新和引进消化吸收再创新，也需要采用这个途径作为初级阶段的基础。

2004 年铁道部展开了动车组技术引进招标，最终选择了加拿大庞巴迪公司设计的 CRH1 型动车组、日本川崎重工设计的 CRH2 型动车组、德国西门子公司设计的 CRH3 型动车组和法国阿尔斯通公司设计的 CRH5 型动车组。CRH 车型网络控制系统对比情况见表 11-4。

CRH 车型网络控制系统对比　　　　　　　　　　　　表 11-4

项点	CRH1	CRH2	CRH3	CRH5
基本单元数	3 个	2 个	2 个	2 个
协议标准	TCN 标准	ARCNET 标准	TCN 标准	TCN 标准
传输介质	双绞线或光纤	光纤和双绞线	屏蔽双绞线	屏蔽双绞线
传输介质断开影响范围	影响较小	影响小	影响较小	影响较大
拓扑结构	总线型	环型	改进的总线型	总线型
结构特点	层次清晰	结构复杂	层次清晰	层次清晰
列车级总线	WTB 总线	双环网、自我诊断传输网	WTB 总线	WTB 总线
车辆级总线	MVB 总线	光纤线、电流环传输线	MVB 总线	3 条 MVB 总线、1 条 CAN 总线
每个网段的带宽占用率	占用率高	占用率高	占用率高	占用率低
牵引控制单元	不对称分布	对称分布	对称分布	不对称分布
制动系统	不是独立成网	不是独立成网	不是独立成网	单独成网

2. 系统拓扑

网络控制系统分两种类型，一种是采用 ARCNET 标准，一种是采用 TCN 标准。

ARCNET 类型的网络拓扑以 CRH2 车型为例，列车级网络连接各中央装置和终端装置，如图 11-22 所示，主要有两种类型：一是以光纤为传输介质的列车信息传输总线，采用 ARCNET 双重环网结构。二是以双绞线为传输介质的自我诊断传输网，主要采用 HDLC 作为通信协议。当环形网络发生故障时，自我诊断传输网可以传输控制指令，对各设备进行控制，自我诊断信息通过多站总线结构进行单向传输，采用固定长度的循环传输方式。车辆级网络则用于车厢内各设备间的信息传输，主要传输介质为光纤线和电流环传输线。

图 11-22　CRH2 型动车组控制系统的网络拓扑结构

TCN 类型的网络拓扑以 CRH3 车型为例，车辆级和列车级通信分别采用 MVB 和 WTB 总线，均采用屏蔽双绞线两路冗余设计，如图 11-23 所示。此外，CRH3 的 MVB 总线采用了主链结构，MVB 的各分支段通过中继器（Repeater）连接到主链上。当某个设备出现功能性故障时不会影响该总线上其他设备的通信，但如果传输介质出现故障则会对其他设备产生影响，比如 2 车的车辆总线有断点，那么该故障会造成 2 车所有的车载设备不能正常通信，但对其他车中的车载设备无影响。

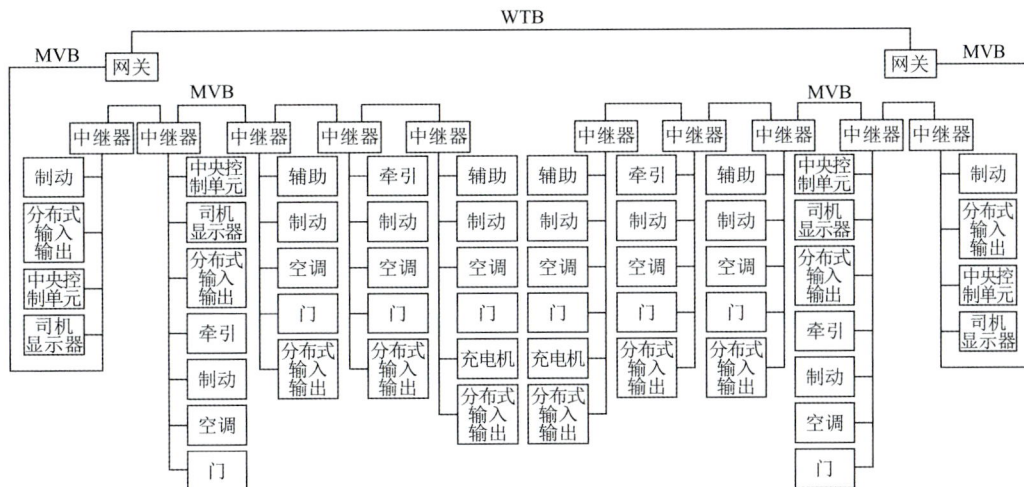

图 11-23　CRH3 型动车组控制系统的网络拓扑结构

3. 硬件装置

CRH2 车型采用 ARCNET 标准，其装置组成如下。

① 中央装置：作为列车信息控制系统的核心部件，负责处理、传输和存储列车运行过程中的各种信息，由双重系统构成，以确保其可靠性；采用光纤连接终端装置，构成环线回路，实现信息的双向传输。

② 终端装置：作为列车信息控制系统的节点，负责接收和发送来自中央装置的信息，并控制车厢内的相关设备。

③ 车辆信息显示器：安装于司机室操纵台与机械师室，主要显示列车控制信号，牵引、制动、网络等子系统设备状态，并提供各界面按钮用于操作。

④ 显示控制装置：负责控制车辆信息显示器的显示内容。

⑤ IC 卡读写装置：用于读取 IC 卡中的信息，为列车运营提供数据支持。

CRH1、CRH3、CRH5 车型采用 TCN 标准，其装置组成如下。

① 网关（GW）：GW 是绞线式列车总线（WTB）与多功能车辆总线（MVB）之间的桥梁，负责实现两者之间的双向信息交换。

② 中央控制单元（CCU）：CCU 负责对列车总线、本单元车辆总线的管理，负责调度本单元内各个网络设备之间的信息传输。完成本单元的控制、监视与诊断，根据司机室占用情况，可实现列车级控制、监视与诊断功能。

③ 微处理器（MPU）：MPU 是车辆总线 MVB 的控制单元，负责动车组的控制和通信。所有智能、非智能设备和系统都通过 MVB 和 WTB 总线连接到 MPU 并与之通信。

④ 远程输入输出模块（RIOM）：RIOM 为 MPU 执行信号采集并执行由 MPU 发送的输出命令。它们通过车辆牵引总线与 MPU 进行通信。

⑤ 中继器（REP）：REP 是一种专用的硬件设备，用于扩展 MVB 在长度和节点方面的容量。通过中继器连接的 MVB 总线的两个不同区段在 MPU 层次上看来只是一个更长的 MVB 总线。

⑥ 人机接口设备（HMI/MMI）：HMI/MMI 是司机和列车乘务员与列车网络控制系统交互的接口。它接收来自 MVB 上的信息，经过处理后通过显示界面将必要的信息显示给相关人员，同时操作者可以通过 HMI/MMI 输入自己的操作指令、切除或恢复设备等信息到系统中。

4. 功能特点

和谐号（CRH 系列）动车组在网络控制系统上的技术进步，主要体现在以下 5 个方面：

（1）先进的网络通信协议

和谐号采用了更为先进的网络通信协议，如列车通信网络（TCN）标准，包括绞线式列车总线（WTB）和多功能车辆总线（MVB），确保了列车内部各系统间的高效、可靠通信。

（2）分布式控制结构

和谐号的网络控制系统采用了分布式控制结构，实现了各车厢设备信息的集中管理和控制，提高了列车的整体运行效率。

（3）智能化故障诊断和监控系统

和谐号动车组配备了智能化的故障诊断和监控系统，能够实时监测列车各系统的工作状态，自动诊断故障，并给出相应的处理建议。

（4）高可靠性和冗余设计

和谐号动车组的网络控制系统采用了高可靠性和冗余设计，如总线网络的双路冗余设计，确保了在一条线路故障时，另一条线路能够立即接管，保证列车正常运行。

（5）综合信息管理

和谐号动车组的网络控制系统能够综合处理来自各车厢的信息，如乘客信息、环境信息、设备状态等，为乘客提供更加舒适、安全的旅行环境。

我国在和谐号动车组上进行了众多技术创新和系统优化，但是依然面临一些急需解决的问题，那就是基于不同平台研发出的和谐号车型，存在标准不统一、不能互联互通、难以互为备用等缺点，提高了运营和维修成本。同时在牵引、网络、制动等关键系统上，外方对底层软件和协议并没有转让，也造成了软件变更困难的问题。

此时期的国内各网络控制系统厂家，一方面进行全面地引进消化吸收再创新，另一方面也坚持两条腿走路，持续进行自主网络关键技术的研发。

以 CRH2 为例，在消化吸收的基础上，株洲所对相关软件进行了大规模的应用升级。CRH2 型动车组 31 版大版本软件升级优化主要有四个过程：第一个过程是 2015—2017 年运用修、高级修升级改造，主要是新增网络警惕、撒砂防滑、轴温监控、DRWTD 车地记录等功能，从控制、监视和记录全方面升级；第二个过程是 2018—2020 年的全功能升级，主要是过分相控制逻辑优化、乘客信息控制优化、新增地面 PTU 信息编辑等功能，结合运营和客户差异化需求提高运营质量和使用便利性；第三个过程是 2021—2023 年的车轮抱死诊断优化升级，主要是优化车轮抱死诊断逻辑、VCB 状态信号滤波、高压系统接地显示等功能，弥补车辆控制的盲区；第四个过程是 2024—2025 年的恒速优化升级，解决牵引系统恒速状态下牵引和再生工况不一致等软件缺陷。在消化吸收的同时，株洲所持续进行自主的 DTECS 系统的研发，陆续发布了三代平台，在机车、地铁上装车几千套，积累了大量的产品研发和应用的宝贵经验，为后续的标准动车组研发奠定了坚实基础。

三　自主创新，奠定中国标准

株洲所、纵横机电、四方所持续多年的网络控制系统的自主化研究，特别是基于 TCN 标准的 DTECS 系列平台在机车、城轨列车的大批量应用，为我国全面自主创新、制定中国标准奠定了坚实的基础。

1. 技术概况

2017年9月，由我国自主设计研制，拥有完全自主知识产权的CR400AF、CR400BF型复兴号动车组以350km时速运营；2019年12月，时速250km的CR300AF、CR300BF型复兴号动车组批量上线运营；2021年6月，时速350km的CR400AF-Z、CR400BF-Z型智能动车组上线运营。

自2012年起，中国铁路总公司引领了一场高速铁路动车组技术革新的浪潮。在这一浪潮中，铁科院担当了技术领航者的角色，携手中国北车、中国南车（2015年6月合并为中国中车）以及众多业内领先企业，共同致力于全面提升中国高速铁路动车组的设计、软件开发和制造技术。铁科院牵头编制了复兴号总体技术条件、网络控制等子系统技术条件，株洲所和纵横机电等在网络控制系统设计开发和测试阶段提供了关键核心技术，推动了复兴号动车组网络控制系统的研发与升级。四方平台动车组采用的是株洲所的网络控制系统，长客平台动车组采用的是纵横机电的网络控制系统。

网络控制系统其中一个重要功能就是实现互联互通，能够使不同厂家生产的相同速度等级复兴号动车组重联运营、不同速度等级的动车组相互救援。时速350km复兴号动力分散型动车组的互联互通具有重大的标志性意义。互联互通基于各参与方（各主机厂、各网络控制系统企业等）共同遵守的一系列规范实现，其中最主要的有：《网络初运行及互联互通控制规范》《列车级数据传送规范》《网络控制系统功能需求规范》《HMI显示屏统型界面》《故障代码编制规则及故障代码》《整备模式功能需求规范》《列车线信号定义》，这些规范分别由株洲所、长客股份、铁科院、四方股份等单位根据我国动车组自身的特点原创性地提出，并由各参与方讨论、协商通过并执行，从一个侧面体现了中国标准的内涵。铁科院在此基础上编制了详细的《互联互通地面测试大纲》，首次地面试验于2015年4月在株洲所实施，为期40天，取得了成功。互联互通测试主要包括三个方面，即TCN/以太网初运行、操作初运行和服务端口一致性。双方基于长期的技术积累与战略协同，确保了复兴号动车组在技术先进性、安全性、舒适性及运营效率等方面均达到国际领先水平。

2. 系统拓扑

CR400复兴号动车组的网络控制系统TCN网采用两级总线式拓扑结构，分为列车级总线WTB和车辆级总线MVB，列车级和车辆级数据转换采用WTB/MVB网关。列车级总线应具有动态配置功能，适应8辆编组、两个8辆编组任意方向重联、16辆编组、17辆编组的动态配置。车辆级总线采用固定网络配置。车辆级各子系统的控制设备宜通过MVB接口直接连接至车辆总线，当子系统或子系统控制器不具有MVB接口时，应提供并允许子系统输入输出信号通过MVB网卡接入车辆网络。

动车组按动力单元设置MVB网络，在一个动力单元内只设一个MVB网络，且由一个MVB总线管理器调度，一个动力单元内任意两个MVB设备之间应直接通信，不可由除中继器以外的第三个设备进行转发。每个动力单元通过中继器将一个MVB网络分成多个 MVB 网段，中间车设置一个 MVB 网段，头车应设置两个 MVB 网段，头车冗余的网络设备应分别布置在两个 MVB 网段。

每个动力单元设置两台中央控制单元。8 辆编组的中央控制单元设置在 1 车和 8 车。

网络控制系统 TCN 网部件主要包括：中央控制单元、人机接口显示屏、网关（可包含在中央控制单元中）、输入输出设备和中继器。

复兴号的网络控制系统同时也具备以太网功能，整车通过一个以太网环网连接，用于各设备维护、数据下载、软件更新等工作。由于以太网高带宽的特性，复兴号动车组采用以太网传输轴温数据、软件版本显示、IO 数据显示等非控车数据的传输，以降低 MVB 网络整体负荷。

网络控制系统以太网部件主要包括交换机和终端设备。

CR400 复兴号 8 辆编组动车组的 WTB/MVB 网络拓扑结构示意图如图 11-24 所示，以太网网络拓扑结构示意图如图 11-25 所示。

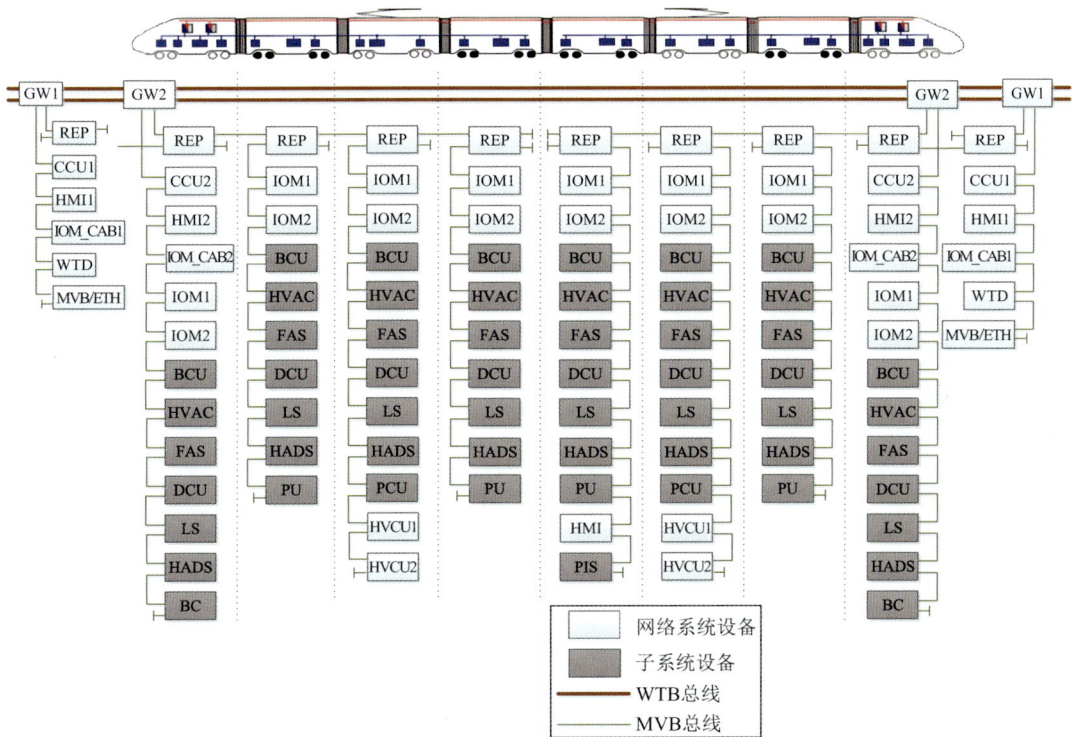

图 11-24　8 辆编组动车组的 WTB/MVB 网络拓扑结构示意图

3. 硬件装置

复兴号动车组网络控制系统采用分布式、模块化设计，有利于装卸和维修；采用符合 IEC 61375 标准的 TCN，易于扩展，可以适应不同形式的列车编组；通信采用双通道冗余机制，提高了系统运行的可靠性。网络主要设备包括 TCN 网关（GATEWAY，GW）、中央控制单元（CCU）、人机接口单元（HMI）、中继器（REP）、输入输出模块（IOM）、无线传输装置（WTD）、以太网交换机等。

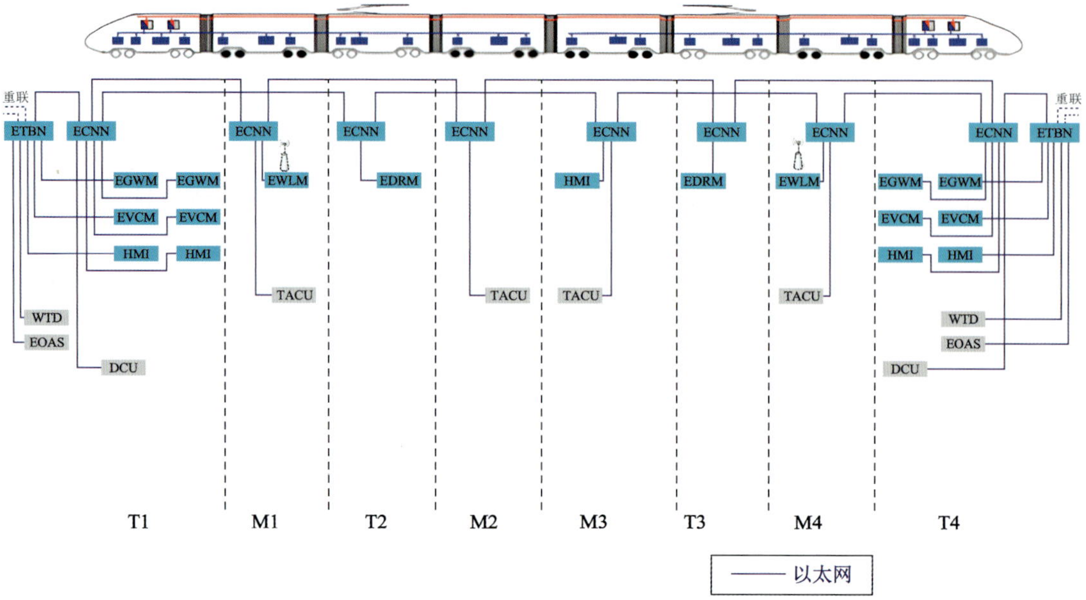

图 11-25　8 辆编组动车组的以太网网络拓扑结构示意图

EGWM-网关模块；HMI-人机交互接口；EDRM-事件记录模块；EOAS-司法记录系统；TACU-牵引辅助控制单元；ETBN-以太网骨干网节点；EWLM-以太网无线模块；WTD-无线传输设备；EVCM-车辆控制模块；ATDS-触温检测系统

（1）中央控制单元（CCU）

CCU 具有对本牵引单元车辆网络的管理功能，包括控制、监视、诊断和测试功能，当检测出总线或网络设备通信故障时应报警提示或采取必要的措施使动车组运行不受影响或导向安全。

（2）输入输出模块（IOM）

IOM 可与不具有车辆总线接口的设备或控制器信号进行连接，例如对高压系统部件控制继电器、牵引系统冷却设备供电开关及控制继电器、安全环路状态继电器等设备状态信号进行采集，并依据中央控制单元控制指令进行输出控制。

（3）人机接口单元（HMI）

HMI 可实现对列车重要设备状态、运行数据、故障诊断信息进行显示、故障提示和存储功能。另外通过显示屏还可以实现对牵引设备切除、空调温度调节、照明关闭、制动测试等操作。

（4）中继器（REP）

REP 具有实现信号再生和整形的功能。通过中继器可将车辆总线分为若干网段，当某个网段故障时不会影响其他部分车辆总线的工作。

（5）TCN 网关（可集成在 CCU 中）

TCN 网关实现列车总线和车辆总线的双向数据传输，保证列车级总线和车辆级总线网络通信的实时性、可靠性，保证列车级总线和车辆级总线网络数据分配的合理性。

（6）以太网交换机

实现子系统通过以太网接口与车辆以太网的连接，进行以太网数据的传输。

（7）无线传输装置（WTD）

WTD通过其自身的MVB接口板与列车通信总线相连，能够采集MVB车辆总线的数据，并对指定端口的数据接收后进行重新整理、解析、存储。WTD将车辆信息分类为实时运行数据、实时故障数据、非实时运用数据等，并且能够提供本地数据存储和下载功能，也能通过无线传输技术将本地数据发往地面服务器，从而满足对列车状态进行动态跟踪监控、根据所采集的数据对运行列车上的各设备提供诊断、指导检修的目的。

4. 功能特点

（1）通信功能

通信功能包括车辆级通信和列车级通信两个方面。车辆级通信指的是为编组内的设备提供通信服务，即一个编组内的设备可以互相访问进行通信。列车级通信指的是为编组间的设备提供通信服务，即一个编组内的设备可以和另一个编组内的设备进行通信。

从子系统通信的角度来看，列车网络通信可以细分为多个关键子系统之间的数据传输和交互。具体而言，复兴号动车组的高压系统通信通过输入输出设备或配备MVB通信接口的高压系统控制单元，将受电弓、主断路器、隔离开关、牵引变压器的控制和状态反馈接入车辆网络，确保电力供应的稳定与安全。牵引系统通信中，牵引系统控制单元通过MVB总线直接接入车辆网络，而司控器手柄级位信息则通过输入输出设备传输，实现牵引力的精准控制。

（2）控制功能

复兴号动车组网络控制系统与列车各子系统紧密配合，实现了一系列关键的控制和监视功能。我国先后开展了复兴号主要控制与诊断功能的研究，制定了控制功能逻辑规范，对时速350km和时速250km的复兴号动车组列车控制和管理系统（TCMS）及各系统主要的控制功能进行了明确要求。这些功能确保了列车的高效、安全运行，并提供了丰富的故障诊断和信息支持。例如：高压系统，列车网络与列车硬线逻辑电路及变流器等配合实现对高压系统的受电弓、主断、高压隔离开关、牵引变压器等设备的逻辑控制和过压、欠压、过流等保护功能。通过主断释放环路、紧急关断环路实现高压部件的顺序控制和保护，对重要高压部件的多次重复故障具有高压锁闭功能。

（3）诊断功能

诊断系统能确认、评估、报告故障，包括对其他系统的影响，同时提供操作、维护和维修支持。诊断系统由中央诊断系统和子系统诊断两部分组成。子系统可进行自诊断和相关功能诊断，并将诊断结果报告给中央诊断系统。中央诊断系统对子系统诊断结果进行存储、分类和显示；诊断系统可以存储故障原因、环境数据、日期、时间和车辆号等信息。

可用外部诊断工具读取诊断信息。

（4）车地通信

动车组设置车载信息无线传输装置（WTD），利用 4G/5G 移动通信技术，实现动车组运行信息、车载系统设备状态和故障信息的实时传输，实现故障数据本地下载和远程下载功能。

（5）冗余功能

在列车网络控制系统中，冗余功能至关重要。它主要包括通信介质冗余和设备冗余两个方面，旨在确保列车在各种潜在故障情况下都能保持稳定的运行能力。

复兴号的 WTB/MVB 网络控制系统采用了通信介质冗余。WTB 总线采用线路 A 和线路 B 的双通道冗余结构，即便某一通道出现故障，WTB 通信也能保持正常。MVB 总线同样基于双通道设计，单一通道故障不会影响通信。同时，复兴号的网络控制系统也采用了设备冗余。每个动力单元配备两台中央控制单元，分别担任主控和从控角色，确保主控故障时从控能自动接管。

复兴号的以太网网络控制系统采用了通信介质冗余。列车级通信 ETB 物理层上采用双通道链路聚合的冗余结构。如果通道 A 出现故障，ETB 交换机上的冗余控制单元将切换为通道 B 进行通信，对系统性能没有影响。如果两条线全部故障，将失去半列车的通信，列车可采用降级模式或紧急牵引模式运行。车辆级通信 ECN 采用环网或双线形冗余通信，如果环网或双线形单点发生故障，网络将切换至冗余通道通信，网络通信不会受到影响；如果同时两点发生故障，根据故障点所在的位置和司机钥匙所在的位置，列车可采用降级模式或紧急牵引模式运行。中央控制单元、人机接口显示屏等设备冗余的部件，不强制要求通道冗余；牵引、制动、列车自动运行（ATO）、车载安全监测、火灾报警、充电机、门控器具备通道设备冗余。

（6）互联互通

网络控制系统互联互通包括三部分功能：WTB 或以太网初运行、操作初运行和服务端口一致性。WTB 网络初运行遵循《轨道交通电子设备 列车通信网络（TCN） 第 2-1 部分：绞线式列车总线（WTB）》（GB/T 28029.2），以太网初运行遵循《轨道交通电子设备 列车通信网络（TCN） 第 2-5 部分：以太网列车骨干网（ETB）》（GB/T 28029.6）和《轨道交通电子设备 列车通信网络（TCN） 第 2-3 部分：TCN 通信规约》（GB/T 28029.4）标准。操作初运行指在 WTB 或以太网初运行后，基于初运行结果，由控制终端控制网络的节点索引、主控车的识别、方向识别和拓扑确认等。服务端口一致性是指完成以太网初运行和操作初运行后，由以太网功能节点提供网络地址解析服务、拓扑变化通知服务等。

① 网络初运行。

WTB 网络初运行指列车级 WTB 节点自动配置的过程。通常，当设备上电或列车组成改变时，特别是每次车辆联挂或解编时，WTB 节点设备要重新对列车级网络进行重组设定，进行统一编址，设定各节点的地址和方向。

列车级以太网网络初运行是指列车级以太网网络自动配置的过程，其功能与 WTB 网络初运行类似。处于列车级的以太网 ETBN 通过计算、更新和分享拓扑信息，形成列车级网络配置。

列车级有 WTB 和 ETB 两个总线，控制数据可经由两个总线传输，但控制设备采用 WTB 总线数据进行控制。

② 操作初运行。

WTB 网络初运行完成后，操作初运行基于 WTB 网络初运行结果识别主控操作指令，进行 WTB 操作初运行。WTB 操作初运行包括节点排序方向识别、主控车识别。列车牵引方向以 WTB 主设备的方向为基准，当 WTB 初运行完成后，所有节点均知道自身节点与 WTB 主设备的朝向，从而识别本车方向是同向还是反向。

中国标准动车组重联后，WTB 网络初运行结束，将存在两种 WTB 节点地址序列，分别为 1-2-3-4 和 4-3-2-1，如图 11-26 所示。

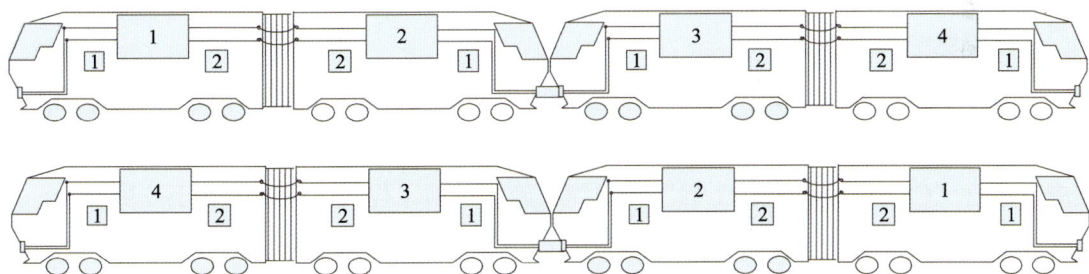

图 11-26　WTB 节点地址序列示意图

当列车为单编组时，应规定占用司机室单元的列车向前方向是该单元的方向 1，占用司机室单元的列车向后方向是该单元的方向 2；非占用司机室单元的列车向前方向是该单元的方向 2，非占用司机室单元的列车向后方向是该单元的方向 1，如图 11-27 所示。

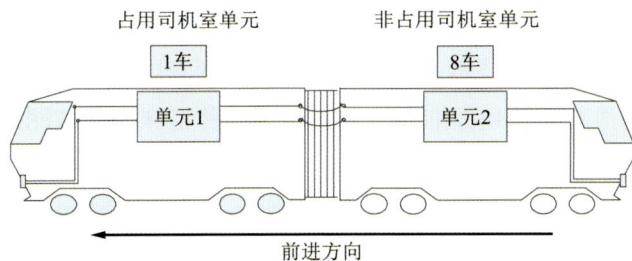

图 11-27　单编组方向示意图

当列车重联时，规定占用司机室单元的列车向前方向是该单元的方向 1，占用司机室单元的列车向后方向是该单元的方向 2；占用司机室所在编组中，非占用司机室单元的列车向前方向是该编组的方向 2，非占用司机室单元的列车向后方向是该单元的方向 1。

非占用司机室所在编组中，联挂单元的列车向前方向是该单元的方向 1，联挂单元的列车向后方向是该单元的方向 2。

非占用司机室所在编组中，非联挂单元的列车向前方向是该单元的方向 2，非联挂单元的列车向后方向是该单元的方向 1，如图 11-28 所示。

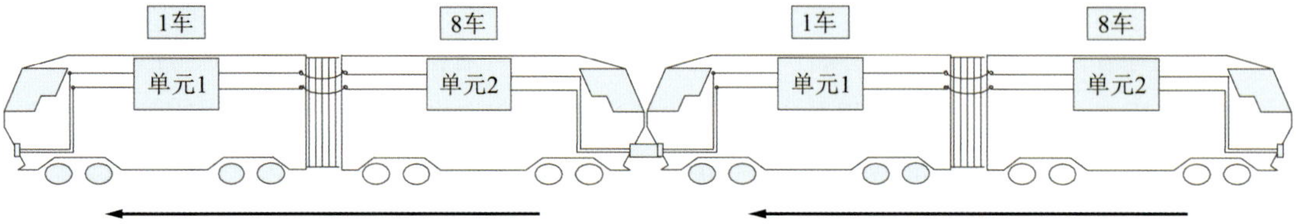

图 11-28　重联编组后方向示意图

四　持续创新，建立引领优势

1. 技术概况

CR450 的提出是在 2021 年 1 月。国铁集团宣布 2021 年以"提升科技自强自立能力"为主要着力点，推进应用型技术创新，组织技术创新攻坚战，进一步释放科技创新红利，其中就包含"CR450 科技创新工程"的组织实施。这项工程的研发方向在于"更安全、更环保、更节能、更智能"。

随着智能化和安全监测需求的日益增长，对网络带宽的要求也在不断提高。为了满足这些需求，通信网络必须兼具实时性、确定性和大带宽的特性。中车株洲所和铁科院共同提出了采用 TSN 技术作为新一代的网络控制系统，中车株洲所在的 ART 智轨项目、下一代机车项目以及北京地铁项目等都已经采用或计划采用 TSN 技术作为列车通信网络技术。这些项目的实施不仅展示了 TSN 在国内轨道交通领域的广泛应用前景，也进一步推动了 TSN 技术的发展和完善。

TSN 不是一项全新的网络技术，而是在标准以太网和虚拟桥接局域网基础上，针对数据链路层进行技术增强的一系列标准协议，它属于一种特殊的局域网络。相较于标准以太网，TSN 具有时间同步、确定性传输、兼容性高、安全性强的特点。

CR450 的网络控制系统采用了 TSN 技术，在确定性、安全隔离和时钟同步三个方面取得了很大的提升。在确定性方面，为满足精准控车要求，采用 TSN 技术提升通信确定性，通信抖动最低可至 1ms。在安全隔离方面，利用 TSN 的时分复用特性，将关键控制数据流和监测数据流隔离，可实现在同一物理网上稳定传输关键数据和监测数据，精简网络架构。在时钟同步方面，TSN 支持时钟同步和确定性调度，为全网提供统一的高精度时钟，可将时间差控制在微秒级，便于智能运维平台对整车故障时刻数据进行对比分析。

2. 系统拓扑

CR450 网络控制系统基于网络设备构建网络拓扑，实现信息传输、逻辑控制、故障诊断、显示交互及网络安全功能，CR450 网络控制系统拓扑示例如图 11-29 所示。

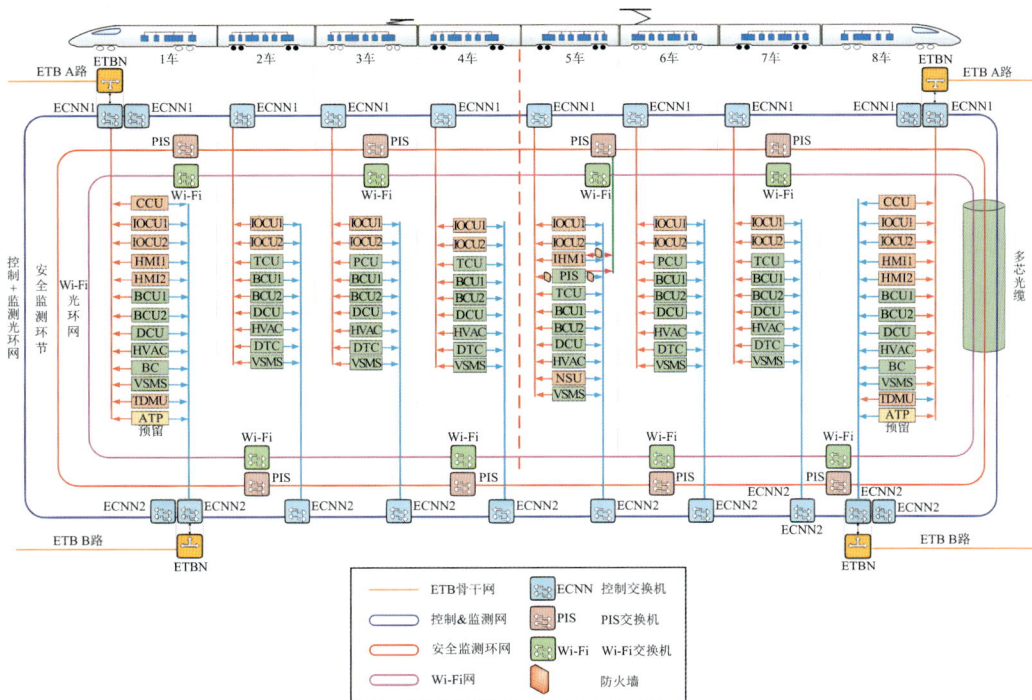

图 11-29　CR450 网络控制系统拓扑示例

CCU-中央控制单元；ETBN-骨干网交换机；VMSM-车载安全监控系统；BCU-制动控制单元；IOCU-车辆控制单元；ECNN-编组网交换机；TDMU-车载数据中心；TCU-牵引控制单元；HMI-人机交互显示屏；DTC-给水卫生系统；HVAC-加热、通风、空调系统；BC-充电机；DCU-车门控制单元；NSU-网络安全防护单元；ATP-列车超速防护控制系统；PCU-受电弓控制单元；PIS-旅客信息系统

3. 硬件装置

CR450 动车组网络控制系统采用板卡机箱式设计，易于功能的扩展。网络控制系统设备主要包括：中央控制单元、输入输出控制单元、TSN 交换机、显示屏和网络安全防护设备。

中央控制单元集成高可靠电源冗余设计，强大算力赋能辅助驾驶与智能化运算，集控制、监视、诊断功能于一体，并搭载 2 路冗余 TSN 通信板，遵循 IEEE 802.1As 与 IEEE 802.1Qbv 标准，确保时钟同步与高效数据流调度。

输入输出控制单元采用全面冗余设计，主控板热备冗余，保障控制逻辑无缝切换；通信接口及背板均实现冗余，确保通信畅通无阻；I/O 功能独立双路，提升系统可靠性，整体设计优化以保障列车运行安全稳定。

TSN 交换机采用双电源板并联供电，支持电源冗余，配置冗余交换板，确保通信冗余。支持 TSN L2 层转发，兼容 IEEE 802.1As 和 IEEE 802.1Qbv 协议，实现精准时钟同步与数据流调度。

显示屏智能化升级，集成语音交互与视频监控功能，增加千兆以太网接口。显示性能显著增强，亮度提升至 1000cd/m²，对比度优化至 750∶1，提供良好视觉体验。

网络安全防护设备集成防火墙与监测审计板卡，实现入侵检测、访问控制及《信息安全技术　工业控制系统专用防火墙技术要求》（GB/T 37933）、《信息安全技术　工业控制系统网络审计产品安全技术要求》（GB/T 37941）增强级要求，具备 2Gb/s 吞吐量与流量采集能力，支持 30 万并发连接，延时低于 200μs，确保网络高效安全。

4. 功能特点

按照是否支持 TSN 通信功能划分，列车全网所有网络设备以及终端子系统可分为 TSN 设备和非 TSN 设备两类。为实现列车中关键控制数据流的实时可靠传输，列车全网的数据流分为 TSN 数据流和普通 TRDP 数据流两种，其中关键设备的控制数据采用 TSN 数据流传输，普通设备的控制数据、监测数据、维护数据采用非 TSN 数据流（普通以太网数据）传输。

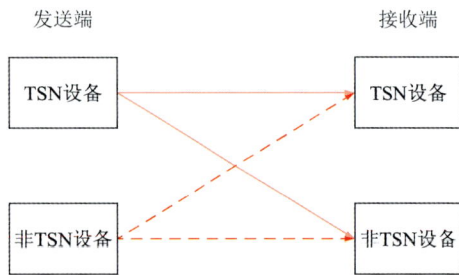

图 11-30　数据传输方式

根据数据接收端和发送端的设备类型，网络中共有四种数据传输方式，分别为 TSN 设备发送数据，TSN 设备接收数据；TSN 设备发送数据，非 TSN 设备接收数据，非 TSN 设备发送数据，TSN 设备接收数据；非 TSN 设备发送数据，非 TSN 设备接收数据，如图 11-30 所示。

TSN 和非 TSN 数据流仍均按照既有实时以太网通信模式，采用 UDP 组播通信，只是在数据链路层划分为不同时间片传输。

在设备的每个端口中定义 0～7 一共 8 个优先级列队，当一个优先级队列对应的门处于打开状态，对应优先级队列的数据帧可以进行传输，门关闭时则无法进行传输。为实现列车关键控制数据流的可靠传输，将发送端 TSN 设备发送给接收端 TSN 设备的控制数据流规定为 TSN 数据流（在 CR450 项目中按目前规划终端设备仅 ICCU、IVCU、HMI、VDC、VSMS、TCU、BCU、ATO 设备支持 TSN，如 IVCU 发送给 ICCU 的数据则为 TSN 数据流），其余设备的数据流规定为非 TSN 数据流。

列车的数据流分为编组网数据流和骨干网数据流。

（1）编组网数据流

TSN 数据流传输采用 A、B 平面冗余传输，如图 11-31 所示。

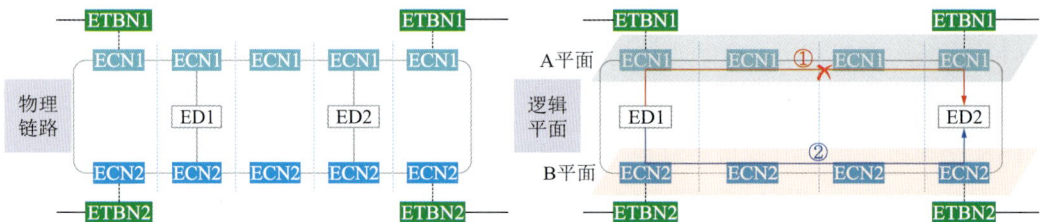

图 11-31　TSN 数据流传输示意图

以 ED1 发送给 ED2 数据为例，ED1 的数据分别通过链路①、链路②发送至 ED2，保证数据冗余传输。

逻辑 A 平面数据流：以 ED1 发送给 ED2 数据为例，ED1 的 A 路数据通过链路①发送至 ED2 的 A 路。

逻辑 B 平面数据流：以 ED1 发送给 ED2 数据为例，ED1 的 B 路数据通过链路②发送至 ED2 的 B 路。

逻辑 A/B 平面保证数据冗余传输，非 TSN 数据流采用环网协议冗余传输，如图 11-32 所示。

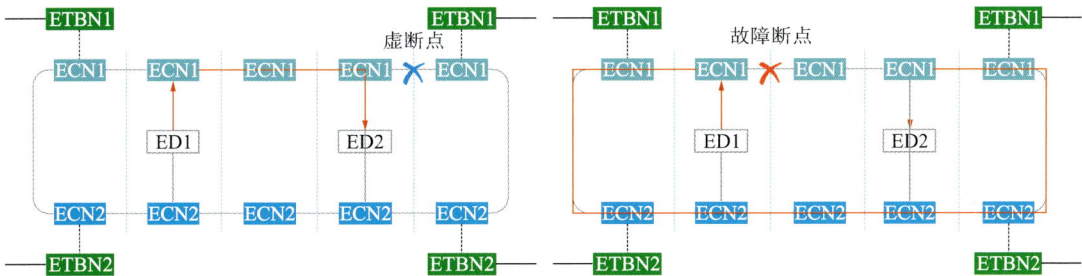

图 11-32　非 TSN 数据流传输示意图

正常工况非 TSN 数据流：以 ED1 发送给 ED2 数据为例，随机产生虚断点，避免网络风暴，根据虚断点位置，ED1 的 A、B 两路分别通过环网协议传输到 ED2。

故障工况非 TSN 数据流：以 ED1 发送给 ED2 数据为例，取消虚断点，以故障断点避免网络风暴，ED1 的 A、B 两路分别通过环网协议传输到 ED2。

（2）骨干网数据流

头车部署 2 个骨干网交换机 ETBN，分别传输 ETB 的 A 路和 B 路数据，如图 11-33 所示。

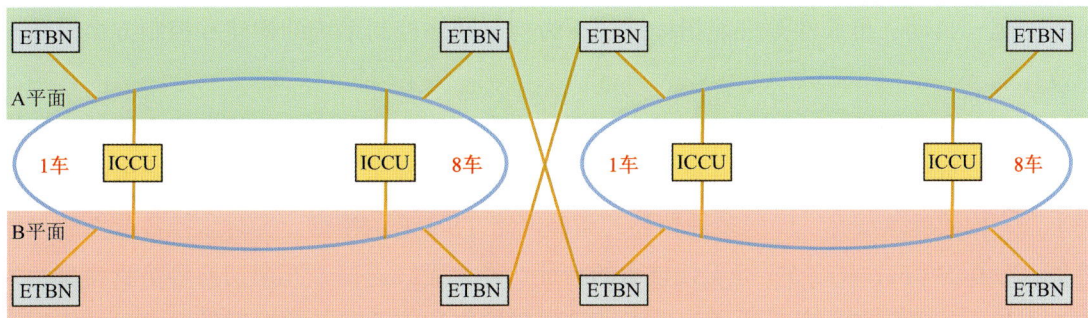

图 11-33　重联数据流传输示意图

TSN 数据流：CCU A、B 两个网口的跨编组分别通过 ETB A 路、ETB B 路传输至重联车的 CCU（每个 ETBN 承载 1 份跨编组 TSN 数据流）。

非 TSN 数据流：ETB 链路默认 1 路传输，另外 1 路作为备用链路，当默认链路故障，则启用备用链路（仅 ETBN 主传输非 TSN 数据流，即 A 路 ETBN 或者 B 路 ETBN 传输跨编组非 TSN 数据流）。

第四节　研发平台建设

一　仿真计算平台

列车网络控制系统主要实现列车控制、监视和诊断等功能。不同的列车所采用的通信技术、控制器和执行器往往不同，给列车控制分析带来了不确定性，因此有必要建立一套网络通信系统的仿真模型。通过这些模型，网络控制系统工程师可灵活构建列车网络通信系统仿真平台，并对网络通信系统的实时性、确定性、可靠性、吞吐量等方面进行精准仿真、分析和评估，为网络拓扑方案、数据流方案和控制方案设计提供可靠支撑。

国外的列车网络仿真技术起步较早，已经形成了较为成熟的技术体系，特别是在模型构建、算法优化、数据处理等方面，国外技术处于领先地位。知名仿真软件企业，如西门子、PTV Group 等，已经与全球多个国家的铁路企业和研究机构建立了合作关系，共同推动列车网络仿真技术的发展和应用。国内的列车网络仿真技术虽然起步较晚，但近年来发展迅速。国内企业和研究机构在算法优化、模型构建等方面取得了显著进步，涌现出一批具有实力的企业，如西南交通大学与中车株洲所合作开发的仿真平台等，在技术研发、产品推广和客户服务等方面表现出色，逐渐在市场上占据一席之地。

2016 年，中车株洲所开展了轨道交通网络通信系统的仿真平台关键技术研究，形成了包含网络拓扑模型、数据流模型、可靠性评估模型、混合数据传输模型等在内的列车网络通信系统仿真平台。2020 年，随着实时以太网在高速动车组上的应用，在原有基础上新增了多编组列车重联模型、跨编组维护模型。基于上述仿真平台，开展网络通信系统的吞吐量、时延、抖动、可靠性等性能指标评估，为列车网络控制系统的构建和控制方案设计提供支撑。

随着 TSN 时间敏感网络、车地无线通信、车车远距离无线通信、信息安全等技术的推广，未来的网络仿真平台需要开展更多新的技术研究。例如，研究基于时间触发的数据驱动方法，构建涵盖线性、环网多种拓扑的车载网络 TSN 通信模型，实时监控各节点的参数性能；分析 Wi-Fi、4G、5G 等无线技术的特征，建立无线通信、冗余切换等仿真模型，为判断车地无线通信和车车无线通信是否满足列车控制和信息服务数据通信要求提供依据；研究开放式网络下的入侵机制，通过高性能和大规模的仿真技术进行系统安全评估，建立安全防范模型，构建安全防护机制，开展安全防御论证试验，为构筑有效的列车网络控制系统的防御体系提供理论支撑。

二　检测试验平台

列车网络控制系统对于列车安全运行起着重要作用,试验体系需分别对其标准一致性、环境适应性、功能和性能进行相应的测试,以验证其可靠性和有效性。其试验能力发展主要经历了以下几个阶段:

1. 以功能验证为主的试验

20世纪70年代末至80年代初,车载微机雏形分别在德国西门子公司和瑞士勃朗－鲍威利有限公司(BBC)出现,此阶段的车载微机仅用于牵引传动系统的控制。由于系统相对简单,此阶段网络控制系统试验主要测试其是否满足列车的基本通信功能要求。21世纪之前,国内还未形成完善的列车网络控制系统试验体系,相关测试以研发性的功能调试及装车后的功能调试为主。

2. 型式试验

20世纪90年代末,随着国内铁路网的全面推进,温湿度、振动电磁等环境对于电子电气产品的影响逐渐受到关注。我国幅员辽阔,不同地区的使用环境差异明显,车载电子电工产品所处的电磁环境越来越复杂,网络控制系统的环境适应性问题逐步受到重视。1999年,株洲所首建针对轨道交通行业的电磁兼容实验室,包含了当时亚洲最大的电波暗室。与此同时,相关环境试验和电磁兼容试验标准在网络控制系统上得到应用,如国际电工委员会的《轨道交通　全部车辆用电子设备》(IEC 60571)、《电磁兼容性(EMC)》(IEC 61000),欧盟的《铁路设施　机车车辆　电子设备》(EN 50155)、《轨道交通　电磁兼容》(EN 50121),国内的《轨道交通　机车车辆电子装置》(GB/T 25119)、《轨道交通　电磁兼容　第 3-2 部分:机车车辆　设备》(GB/T 24338.4)、《电磁兼容　试验和测量技术》(GB/T 17626)等。网络控制系统产品装车前,均需依据相关标准开展型式试验,确保其在各种工作条件下的性能达标和稳定。

3. 网络一致性试验

步入21世纪,由于网络控制系统包含牵引、制动、门控等多个子系统,各子系统往往由不同厂商提供,不同厂商产品之间的互操作性逐步得到重视。国际电工委员会(IEC)的第9技术委员会(TC9)成立了第22工作组(WG22),其任务是制定一致性测试标准,从而使各种铁道机车车辆能够相互联挂。以 IEC 61375 系列标准为基础,欧洲主流的网络控制系统生产商如西门子、阿尔斯通等,建立了一致性测试实验室,当某车辆线路使用其网络控制系统时,则要求所有子系统在其设立的实验室通过一致性测试。2009年,株洲所建立了我国首家列车通信网络(TCN)一致性实验室,面向国内轨道交通行业提供一致性测试服务。2011年,由全国牵引电气设备与系统标准化技术委员会(SAC/TC 278)组织发布了针对列车通信网络的《轨道交通电子设备　列车通信网络(TCN)》(GB/T 28029)系列国家标准,并对一致性测试要求进行了规定。株洲所、纵横机电、四方所、大连电牵等先后构建了相应的一致性测试系统，通过一致性试验来确认产品与标准的符合度，从而保证设备间相互通信的效果及质量。至此，我国列车网络控制系统的试验体系已初步建成。

4. 互联互通与整车功能试验

2010年后，网络控制系统基于应用数据的互联互通测试逐步得到规范，形成了地面互联互通试验和整车现场功能试验。

互联指物理互联，是动车组互联互通的基础，两列动车组通过统一的前端车钩（含机械、气路、电气）接口实现连接；通过统一的过渡车钩实现机车与被救援动车组的连接，通过统一的救援连接器实现由救援车辆向被救援动车组提供电源。

互通指控制互联，包括网络控制、硬线控制、空气压力等指令。采用统一的列车级网络初运行标准、通信协议、故障诊断代码等规范，实现控制指令、状态信息的相互贯通；采用统一的列车级硬线控制电路安全环路，实现和相互救援动车组制动指令互通。

互操作是互联互通的难点，也是地面测试的目标，包括底层通信和上层应用。对于底层通信，不仅要求各厂家采用相同通信类型及标准，还需保障通信质量，进行网络一致性测试。对于上层应用，需按照制定的列车级数据传送规范、故障代码编制规则以及相关控制逻辑规范等进行测试。

在整车型式试验方面，由国家认可的机车车辆检验站开展整车型式试验。其中与网络控制系统直接相关的试验有6项，分别是基本功能、冗余功能、逻辑控制、故障诊断、旅客信息和网络重联功能试验，间接相关的整车功能如牵引、制动、恒速控制、车门控制、空调控制等随其他系统一同测试验证。

5. 网络安全试验

2012年后，新发布的IEC 61375系列标准引入了实时以太网技术，取代了传统的总线网络，以应对列车通信数据的信息化和智能化需求。无人驾驶技术、智能运维技术的发展，也对网络控制系统功能安全和信息安全提出了新的要求。借鉴欧盟的铁路安全理念，2020年后，国内轨道交通行业开始对车辆各子系统逐步推行独立安全评估。与此同时，轨道交通行业内的各企业单位和高校院所均开展了网络信息安全技术的研究和应用，针对车载网络的信息安全检验检测体系也已日趋完善。

网络控制系统在经过40余年的发展历程后，现已形成了完善的试验体系。各类试验的大体内容和方法见表11-5。

网络控制系统试验分类 表 11-5

序号	试验类别	试验内容	试验方法
1	一致性试验	试验内容包含物理层一致性试验和协议一致性试验两个方面。物理层一致性试验主要测试产品的特性阻抗、插入损耗、幅值等物理特性；协议一致性试验主要测试产品的软件实现与标准的符合度	物理层一致性试验需要用到专业的仪器设备测试物理参数，仪器设备包括示波器、信号发生器、网络分析仪、数字万用表等。协议一致性试验需要用到标准陪试设备和一致性测试软件

序号	试验类别	试验内容	试验方法
2	设备型式试验	试验内容包括高低温、交变湿热、低温存放、振动冲击、EMC 等环境适应性试验	试验系统通过模拟各种环境工况，验证设备在各种工作条件下的性能和稳定性
3	互联互通试验	验证网络控制系统的功能是否满足技术需求的要求。试验内容包括地面通信试验和地面组网试验	互联互通试验一般在网络控制系统的半实物仿真试验平台上进行。试验平台包括最小网络拓扑的试验环境，并与各子系统被试设备相连，针对网络参数、通信、控制和诊断、重联控制等功能进行测试
4	整车型式试验	试验内容包含通信功能试验、人机交互功能试验、冗余功能试验、逻辑控制功能试验、故障诊断和时间记录功能试验等	需要使用的设备包括 TCN 协议分析仪、通信线缆试验仪、便携式示波器、万用表、相机等

三　运维能力

高速列车的运维能力建设主要基于智能产品开展寿命（健康）数据的自动集采、分析和远程利用。建立科学完善、安全可靠的故障预测与健康管理（Prognostics Health Management，PHM）平台原因有三个方面，一是可基于 PHM 技术对高速列车进行实时监测和故障预测，实现列车由计划修向状态修的转变；二是高速列车 PHM 系统对关键设备的健康状况进行实时监测，保障列车运行安全；三是通过 PHM 大数据模型对整车、系统以及部件进行科学分析，助力产品优化升级。

随着中国高速列车的持续发展，国内轨道交通核心企业逐步掌握高速列车 PHM 的关键技术，如故障诊断、健康状态评估等。通过整合现有的 PHM 技术，已形成一套较为完整的高速列车 PHM 系统，可实时监测高速列车的运行状态，提高列车的运行可靠性和安全性。通过引入大数据、人工智能等先进技术，实现故障预测、整车运行性能评价等功能，进一步提高了 PHM 系统的预测准确性和维护效率。

高速列车 PHM 系统是根据 PHM 技术理念以及设计方法，并考虑到数据的多种处理方式、存储周期和多源异构数据的边缘计算等需求而搭建。由车载系统、车地数据传输系统和地面系统构成，按照系统功能分为子系统级 PHM、列车级 PHM 和地面级 PHM 功能，全面覆盖了"车-空-地"的 PHM 技术生态链。建立 PHM 体系"子系统-列车-地面"三级协同机制。

当前高速列车 PHM 模型主要分为以下四类。

1. 性能监测

通过性能监测实现以下三类预警：

① 对性能偏差突变进行识别和预警。

② 对性能偏差一致性是否超过限定值进行识别和预警。

③ 对性能偏差变化趋势进行识别和预警。

关键系统发生预警时，车载 PHM 系统同步记录并发送系统内部预警时刻前后一小段时间的工作状态数据，由 WTD 转发至地面服务器，以便进行后续分析。

2. 状态识别

通过在子系统单元对各子系统的高频数据进行建模分析，定义部件状态识别规则，开展 PHM 模型识别与告警工作，分析数据是否异常。在实际应用中，需根据具体场景选取合适的方法进行 PHM 分析诊断。

3. 寿命统计

对于接触器、断路器、空气开关等设备，车载 PHM 单元可以在统计其动作次数、开断时间的基础上，根据设定的阈值对其寿命进行提醒。

4. 趋势预测

当车载本级设备性能不足以支撑 PHM 模型计算时，可将提取的时域和频域的特征数据，发送至算力更强的地面级 PHM 实施进一步基于大数据驱动的 PHM 趋势分析，实现关键系统部件的故障预测。

未来，结合人工智能算法等方式继续加强 PHM 技术的研究开发和利用，可为高速列车的运行维护和管理带来更多的便利和安全保障。

四 标准体系

高速列车网络与控制技术标准体系是与高速列车中央控制单元、车辆控制单元、输入输出单元、总线管理器、网关等网络与控制系统设备相关的基础标准、产品标准和方法标准，按其内在联系形成的科学的有机整体，对提升网络与控制系统产品质量、实现设备互通互认、促进领域技术进步起到了不可或缺的作用。

我国高速列车网络与控制技术标准体系构建经历了从采用通用标准、采标专用标准到采标与自主标准并重等 3 个主要阶段，先后发布了《列车通信网络》（TB/T 3035—2002）、《轨道交通电子设备　列车通信网络（TCN）》（GB/T 28029）系列、《高速列车网络控制系统》（GB/T 34141—2017）等重要标准，立项《基于 WTB 的列车通信网络试验方法》《基于 MVB 的列车通信网络试验方法》等自研标准项目。

截至 2024 年底，高速列车网络与控制技术标准体系已形成包含 154 项基础标准、18 项列车网络控制系统标准的协调一致、有机结合的庞大标准体系，有力支撑了我国高速列车的快速发展。未来，随着高速列车牵引传动技术的进步，将逐步制定时间敏感网络、新一代无线传感网络、网络安全、自主运行等技术标准并纳入标准体系中。

参考文献

[1] 张新宁. SS3B 型电力机车总体线路（三）[J]. 电力机车技术, 1994, 4: 21-25.

[2]　全国牵引电气设备与系统标准化技术委员会. 轨道交通电子设备　列车通信网络（TCN）第 2-1 部分：绞线式列车总线（WTB）：GB/T 28029.2—2020[S]. 北京：中国标准出版社，2020.

[3]　全国牵引电气设备与系统标准化技术委员会. 轨道交通电子设备　列车通信网络（TCN）第 3-1 部分：多功能车辆总线（MVB）：GB/T 28029.9—2020 [S]. 北京：中国标准出版社，2020.

[4]　全国牵引电气设备与系统标准化技术委员会. 轨道交通电子设备　列车通信网络（TCN）第 2-5 部分：以太网列车骨干网（ETB）：GB/T 28029.6—2020 [S]. 北京：中国标准出版社，2020.

[5]　全国牵引电气设备与系统标准化技术委员会. 轨道交通电子设备　列车通信网络（TCN）第 3-4 部分：以太网编组网（ECN）：GB/T 28029.12—2020 [S]. 北京：中国标准出版社，2020.

[6]　全国牵引电气设备与系统标准化技术委员会. 轨道交通电子设备　列车通信网络（TCN）第 2-3 部分：TCN 通信规约：GB/T 28029.4—2020 [S]. 北京：中国标准出版社，2020.

[7]　路向阳. "先锋"号电动车组控制系统[J]. 机车电传动，2002，3: 8-10.

[8]　路向阳. "中原之星"车载计算机网络控制系统[J]. 机车电传动，2002，6: 9-14.

[9]　李秋梅、陈特放. CRH 型动车组网络控制系统的分析[J]. 计算机与信息技术，2012，9: 85-89.

[10]　高枫，赵红卫，黄志平，等. 高速动车组列车网络控制系统自主化研制及应用[J]. 铁路技术创新，2015，2: 77-82.

[11]　全国牵引电气设备与系统标准化技术委员会. 高速列车网络控制系统：GB/T 34141—2017 [S]. 北京：中国标准出版社，2017.

CHAPTER 12

第十二章

高速列车噪声防护技术
与车内装备

撰稿人：赵明花　董效辰　史　翔　徐　磊

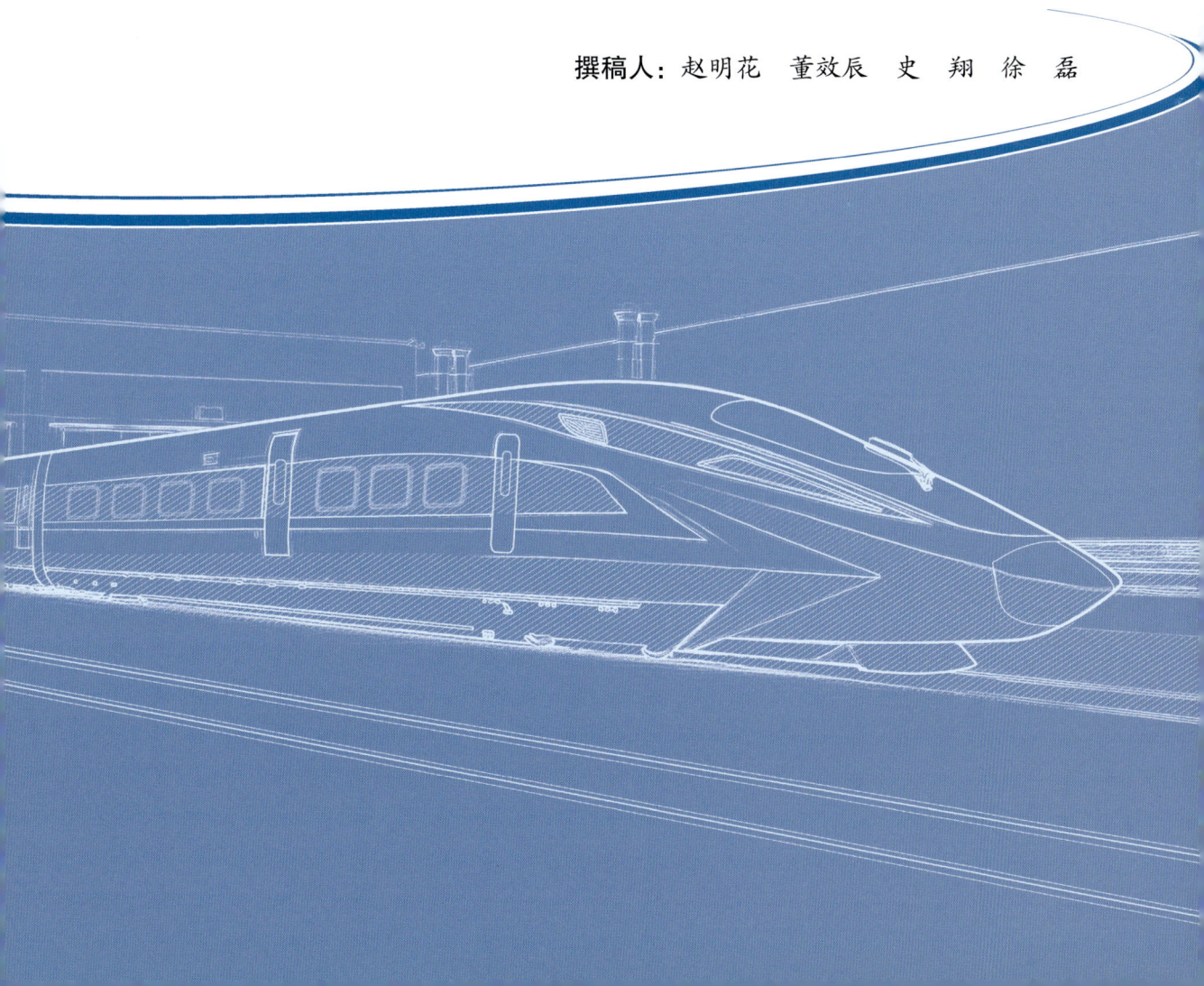

噪声是高速列车重要技术指标，噪声防护技术是涉及列车环境保护和旅客舒适度的关键技术，车内门窗、风挡、空调等装备是保证旅客舒适度和噪声防护的关键部件。本章节将讲述高速列车噪声的产生及分布、噪声防护设计以及控制难点、噪声防护的机理和方法；并选取与噪声关联度较大、专业性较强的成套系统装备，如塞拉门、空调、前挡玻璃和侧窗、风挡四大部件，讲述其原理和结构特点。

第一节　概　　述

一　噪声防护的重要性及难点

高速列车是载人移动装备，运行工况复杂，其安全性和舒适性非常重要，而噪声与速度呈指数级正相关关系，防护难度极大。高速列车噪声产生的源头主要有运动带来的轮轨滚动噪声、克服空气阻力的气动噪声、牵引系统的电磁噪声等。

高速列车噪声的防护措施，主要是针对传播路径加强噪声的吸隔声设计以及应用新技术、新材料进行隔声结构设计。列车运行速度越高，噪声防护难度会变得越困难，其难点主要在于：

① 高速列车的噪声设计与中低速列车相比，在技术指标上有明显区别，与列车多项指标呈现很强的关联度，如车辆的气密指标、空调的进风压力指标、车辆的隔声指标等，更与运行环境、车辆的振动密切相关。因此，高速列车的噪声防护设计是一个系统工程。在进行车辆各子系统的功能和结构设计时，均需考虑减振降噪要求，并针对其中的薄弱环节采取防护措施。

② 噪声很难用仿真计算的方法准确预测。为此，科研人员在实践中总结出了"试验-仿真-试验"的多层循环预测法，对车辆级和子部件级均采用循环预测法，通过反复迭代进行仿真分析。因此，需要通过大量的试验和数据，才能不断提高仿真计算的准确性。

③ 噪声防护设计与各系统设计间矛盾突出，必须综合考虑，比如噪声控制与各系统的轻量化设计是最大的矛盾。如果不考虑声学参数优化设计，结构的轻量化有可能导致其结构模态降低，引起减振性能的弱化、隔声性能的降低。为了确保整车的声学性能，弥补结构轻量化带来的"声学性能损失"，需要使用更多的减振降噪材料进行补强，使得结构原本降低的重量反而被减振降噪材料提高了。因此，如何在有限空间和质量下实现减振降噪结构设计是高速列车设计的突出难点。

④ 轨道线路对降噪措施会产生很大影响，轨道线路降噪主要措施有车外声屏障和减振阻尼块等。车外声屏障的利用，虽然能够有效降低车外噪声，但对于车内噪声来说可能会产生多次反射带来的噪声叠加；减振阻尼块失效后，有导致轮轨激励增大的隐患，这些都增加了车内噪声防护的复杂性和难度。

高速列车运行时对外辐射噪声也是重要技术指标，直接涉及到线路的建设和沿线居民的生活质量，被社会广泛关注。对外辐射噪声的控制，一方面要遵循限值要求，采取一些降噪措施；另一方面要在建设中采取一些必要的防护措施，这部分内容不在本章节叙述。

二 车内主要装备的技术难点

铁路车辆自换型至 25 型以后，开始配装塞拉门、空调、密封风挡，很长时间都是依赖进口或合资生产。进入高速时代后，高速列车风挡玻璃和侧窗的密封、防噪声难度也大大增加，因此在和谐号动车组技术引进初期这些装备都被列为十项配套技术，全部由合资厂合作生产。

这里介绍的车内主要技术装备包括塞拉门、空调、前挡玻璃和车窗、风挡，不仅与列车安全性、舒适性密切相关，更与旅客乘坐体验直接相关。其结构设计、功能控制对密封和隔声起着至关重要的作用，并且对噪声的影响非常大。随着速度的提升，车内主要技术装备功能指标愈发严苛，要发展更高速度的列车，必须具备自主研发能力。这需要通过长期研究、沉淀技术和数据积累，并掌握严格的制造和试验验证技术，才能不断提升装备的技术水平。

这些装备的技术难点在于，其功能指标、轻量化要求与乘客体验感等需要综合考虑，并且生命周期内的经济性和维修性也需要充分考虑。经过技术引进、消化吸收再创新，目前国内已从设计制造到试验验证，及材料和元器件方面形成了一套成熟可靠的产业链，并且一些产品还具备向国外销售的能力。

第二节　车内外噪声防护技术

国内噪声防护技术研究起步较晚，理论和试验研究曾是一个薄弱环节。随着中国高速铁路的发展，噪声防护技术也得以快速发展。通过大量的试验研究和数据积累，我国提出了适合中国高速铁路的噪声限值并实施工程化，补充和完善了理论和试验数据的缺失，形成了完整的试验-仿真-试验的循环预测研究方法及分部位分频段管控的设计方法。

一 高速列车噪声源识别

1. 高速列车发声机理及声源特性

高速列车的主要噪声包括轮轨噪声、牵引系统噪声、辅助设备噪声、气动噪声等，车辆处于不同状态时起主导作用的噪声源不同。国外对噪声的研究起步很早，荷兰学者 A. Van Beek 等人开展了名为 HARMONOISE 的欧洲重点研发计划项目，针对列车运行状态下的主要噪声源进行研究。其研究报告指出，车辆在运行状态时主要噪声源与行车速度有关，噪声与速度的关系如图 12-1 所示。

该研究指出，可以将列车速度分为三个区段，两个不同区段的分界点为声学转换速度，列车的声学转换速度不是固定不变的，它与列车和轨道的状态、所采取的减振降噪措施有关。当列车运行速度低于 35km/h 左右时，牵引噪声是起主导作用的噪声源，辅助设备噪声则几乎不随列车的运行速度变化而变化。随着速度进入第二个区段，轮轨噪声逐渐增大，且比重越来越高，是总辐射噪声的主导成份。随着列车速度的增加，轮轨噪声呈 3 次幂增长，而气动噪声也快速增加，这一阶段的噪声是以轮轨噪声为主，同时叠加了气动噪声。当列车速度进入第三个区段时，气动噪声的比重越来越大，随行车速度的增加呈 6 次幂增长，这一阶段的噪声是以气动噪声为主，同时叠加了轮轨噪声。这一研究与国内的大量试验结果基本吻合，但在我国轨道条件下，高速列车的第三区段声学转换速度在 250km/h 以上。

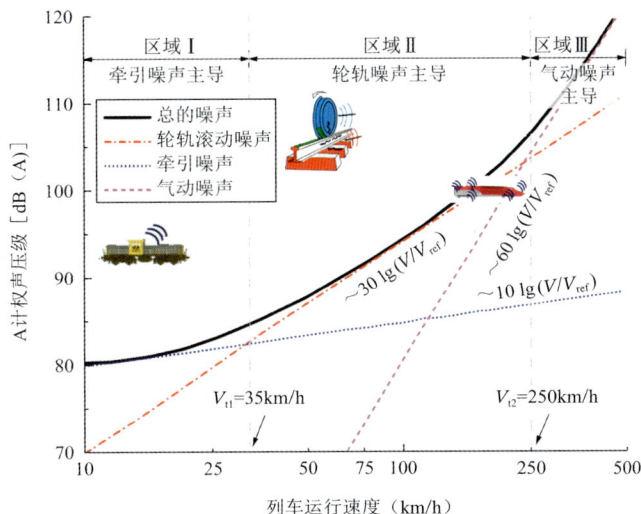

图 12-1　铁路噪声随列车运行速度的变化规律

从高速铁路技术引进初期，我国开始非常重视噪声的研究，进行了大量的试验，发现噪声的技术指标大都在噪声限值临界点上，甚至有些车型是超指标。因此，国内很多专家投入到噪声防护技术的研究。他们通过对噪声线路试验结果、车辆结构声学特性实验室测试结果进行梳理，逐步形成了对车内噪声、车内振动、车内声源识别以及车下噪声、车下振动和车外噪声、车外声源识别的全面认知；通过理论和试验反复迭代，为高速列车噪声问题研究和后续高速列车速度提高提供了有力支持。由于牵引噪声与速度不直接相关，轮轨噪声和气动噪声与速度有强相关关系，因此噪声技术的研究主要围绕轮轨噪声和气动噪声展开。

轮轨噪声可以分为轮轨滚动噪声、冲击噪声和曲线啸叫三种类型。根据轮轨辐射噪声的来源，还可以分为来自车轮和钢轨两部分。轮轨滚动噪声是由于轨道结构钢轨表面的短波不平顺激发轮轨振动，并通过空气传播而产生的，其产生机理如图 12-2 所示。

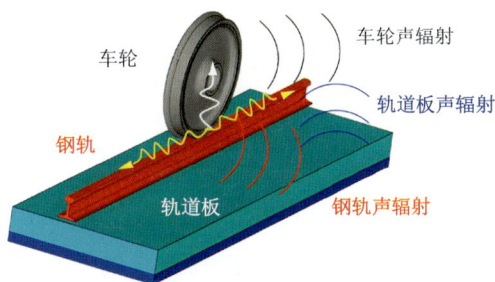

图 12-2　轮轨滚动噪声产生机理

轮轨表面粗糙度以不平顺的方式输入至轮轨接触系统。在轮轨接触斑处，通过接触斑滤波作用后，对系统形成激扰，即轮轨联合粗糙度，此为"轮轨粗糙度激扰"。轮轨联合粗糙度进而通过车轮与钢轨接触形成轮轨相互作用力，此为"轮轨相互作用"。车轮和钢轨在轮轨相互作用力激振下会产生动态响应，体现为车轮振动和钢轨振动。而钢轨振动又通过轨下垫层将部分振动能量传递给轨道基础结构，引起基础结构的振动。这些结构振动能量进一步通过空气介质向外传播，形成车轮声辐射、钢轨声辐射和基础结构声辐射。它们的传播共同作用于车外空间，形成轮轨滚动噪声的空间声场响应，此为"轮轨振动声辐射"。

轮轨表面不平顺波长为 3～6cm，不平顺幅值可达 0.3mm，轮轨滚动噪声的能量集中在频率 800～2500Hz 范围。若列车在波浪形磨耗的钢轨上运行时，会激发一种典型的颤噪声，其频率与行车速度有关，噪声会比平顺状态下激发的噪声高 10dB(A)。轮轨滚动噪声与列车速度，列车、钢轨和车轮类型以及它们的状况（如磨耗、扁疤、接头、不平顺等）有密切的关系。列车在运行通过时，不仅会辐射出噪声，而且会在轮轨接触部位激发产生振动，这些振动还会借助钢轨扣件、轨枕以及道砟传递至下部结构（如地面、路基、隧道、高架结构等）。轮轨冲击噪声是由于车轮或钢轨表面的局部不连续性所产生。这种不连续性包括钢轨的轨隙、钢轨接头的不平坦和车轮踏面的局部磨损，以及在制动时闸瓦抱死车轮所造成的踏面局部磨平。

曲线啸叫是当车辆在小半径曲线线路上运行时发出的一种高音调噪声。一般的转向架式车辆，轮对车轴平行地配置于转向架构架中。当运行在小半径曲线线路时，车轮沿曲线钢轨运行，并非纯滚动运行，要产生局部的横向滑动，轮缘与钢轨侧面发生激烈摩擦和切削作用，从而形成一种高音调的啸叫声。

随着列车运行速度达到 250km/h 以上时，气动噪声成为主要噪声源之一。高速列车气动噪声源主要集中在转向架、受电弓、列车头尾部、风挡、空调等部位。列车各个区域的流场结构特征互不相同，形成机理也不尽相同。对于头车部位，气流的不稳定冲击效应、流线型肩部的气流局部分离再附着现象、排障器区域涡扰动与气流掺混的综合作用，形成了该区域特有的流场结构。对于中间车体，湍流边界层内发夹涡主导着光滑车体表面的动量传输，是该区域湍流生成与耗散的重要机理。对于尾车部位，由于流线型顶部气流下行，在肩部发生了大尺度分离，并与两侧气流高度混合，形成尾流区高湍流度、强湍动能和一对方向相反的大尺度拖拽涡结构的流场特征。对于未封闭的风挡区域，由于几何结构不连续，上游端面脱落，剪切流撞击下游端面，形成环绕内风挡的大尺度旋涡，是该区域脉动流场形成的主要机制。对于受电弓区域，中上部杆件的气流分离、涡脱落及其相互作用，以及底部的弓腔耦合是该区域流场结构的主要特征。对于转向架区域，腔体流动与轮对、车轴等结构在狭小的转向架舱的空间相互交融，是该区域复杂流场结构的主要形成机理。

高速列车远场辐射噪声随传播距离的增加而近线性衰减。考虑地面反射效应，当传播距离增加一倍，噪声能量减小约 3dB(A)，且由于地面边界的声吸收和近地面障碍物的声散射，会进一步衰减声能。另外，由于空气的声吸收特性，铁路噪声传播距离较长时，会显现出一定程度的空气声吸收损失，这种损失特征与空气介质的声学特性，如大气温度、湿度、密度等，以及噪声的频谱特性密切相关。

2. 高速列车噪声传递规律分析

噪声防护是有代价的，因此准确地研判噪声的传递规律是非常必要的。

（1）噪声频谱特性

下面一组数据是在对 CRH380BL 型列车于京沪高铁开展的实车试验所测得数据基础上总结得出的，这些数据表明了车辆以 250km/h 和 300km/h 速度运行时车内噪声总声压级的分布情况，如图 12-3 所示。

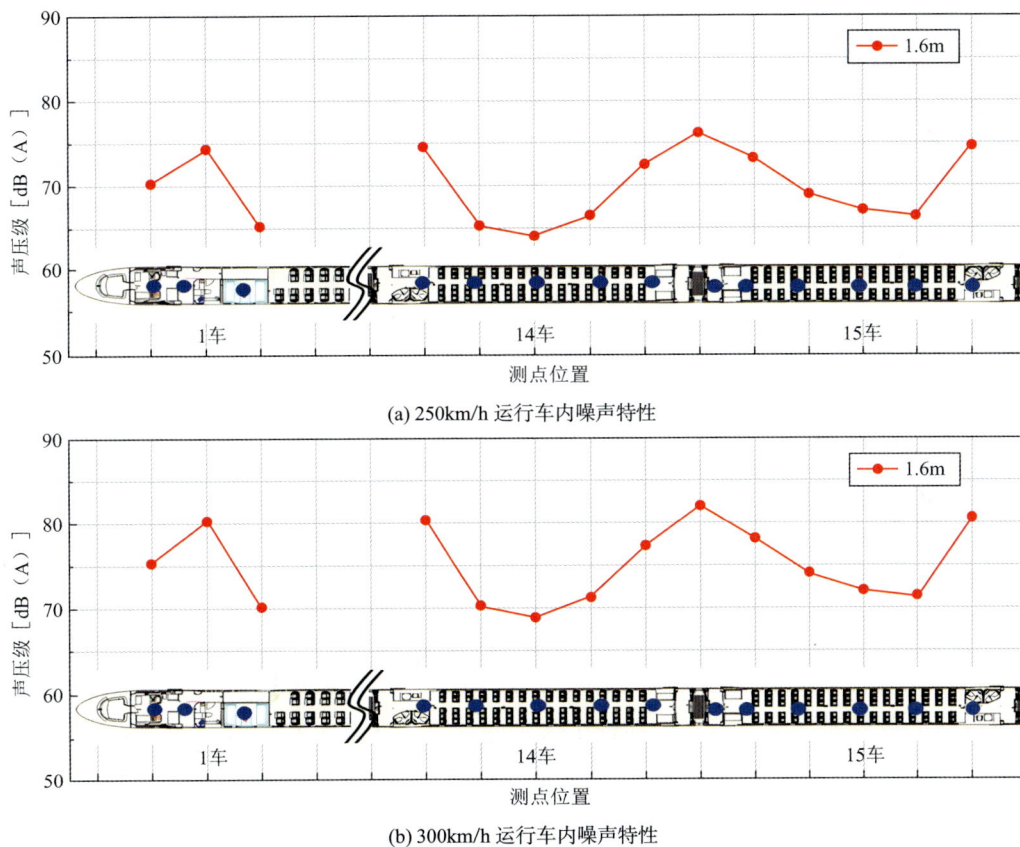

(a) 250km/h 运行车内噪声特性

(b) 300km/h 运行车内噪声特性

图 12-3　不同速度等级下的车内噪声特性

当高速列车以 300km/h 速度运行时，客室中部噪声基本在 70dB(A) 左右，而客室端部噪声基本在 80dB(A) 左右，明显高于客室中部。

图 12-4 给出了某一动车组在时速 300km 时受电弓车车内各个位置 1.6m 高测点的噪声 1/3 倍频程频谱。

由图 12-4 可知，动车两端到中部，噪声中高频能量衰减明显，低频则基本上没有太大变化。对车内噪声较大的客室两端来说，降低该区域的中高频噪声是降低总声压级的关键。

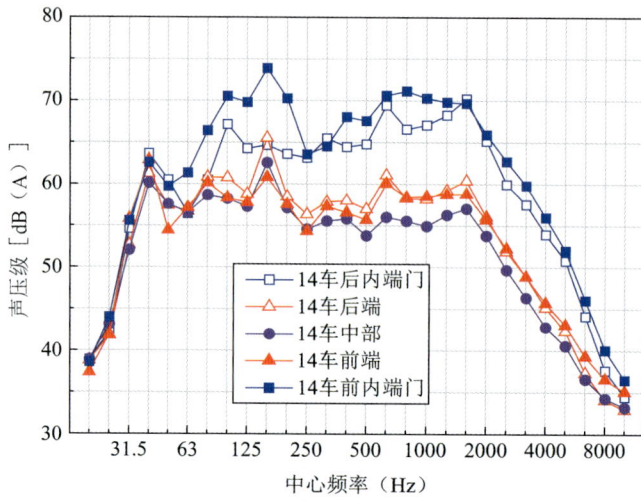

图 12-4　动车车内噪声 1/3 倍频程频谱

动车车内噪声最显著的频率范围主要集中在中心频率为 40Hz、160Hz、630Hz 和 1600Hz 等 1/3 倍频程频带，这些频段的噪声能量对相应测点的噪声总声压级起到了显著作用。因此，降低这些频段的噪声将可有效地降低车内噪声总声压级。

（2）噪声传递路径分析

轨道车辆的车外噪声源在向外辐射的同时，也有相当一部分会传递到车内。同时，转向架区域、设备悬挂位置的结构振动也会传递至车体并引起车体振动及辐射噪声。根据噪声源的传递路径，可以将它们分为固体传播声和空气传播声两类，如图 12-5 所示。

固体传播声分为一次固体传播声和二次固体传播声。其中，一次固体传播声主要包括，由于轨道不平顺和车轮非圆化产生的激扰力，通过转向架结构和悬挂系统向车体传递引起车体振动，并激励车体内部装饰结构振动产生声辐射；二次固体传播声主要包括，车辆外部噪声以波的形式通过空气介质传播到车体表面，进而激起车厢内地板和侧墙等部件的振动声辐射。

空气传播声则主要包括直达声和透射声两种形式。直达声指的是车辆外部噪声通过车体表面的孔隙直接传递至车厢内部，主要和车体的密封性能有关；透射声指的是车辆外部噪声穿透车体表面壁板传递至车厢内部，主要和噪声本身的强度及壁板的隔声量有关。

通过以往的试验测试可得，高速列车在以 350km/h 速度运行期间，车内噪声显著频率主要集中在 100~200Hz 和 500~650Hz。其中，100~200Hz 噪声源主要来自于车身表面气动作用，以及过枕跨频率；500~650Hz 噪声源主要来自于轮轨噪声和转向架结构振动。随着车辆行驶里程的增加，高速列车的车内噪声有增长的趋势。

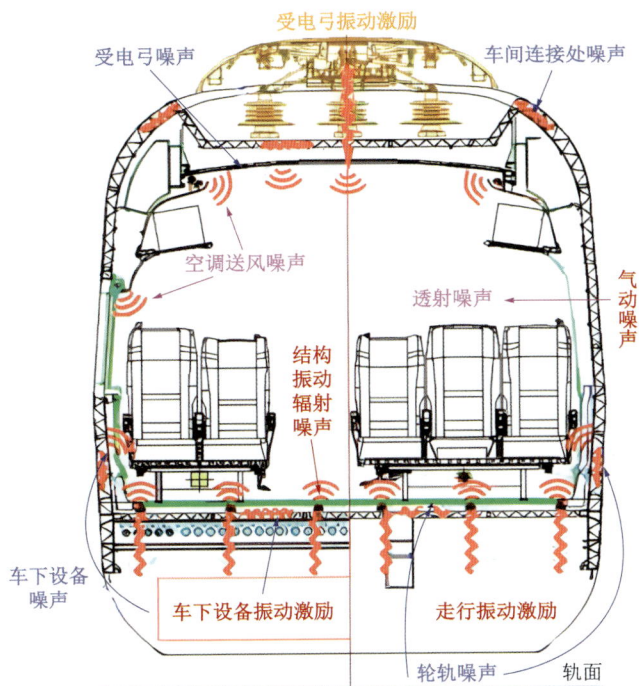

图 12-5　轨道车辆车内噪声传递机理

通过分析噪声实车试验数据，并结合高速列车的结构特点发现，司机室的噪声是以气动噪声为主，叠加了轮轨噪声；客室端部的噪声是叠加了气动噪声、轮轨噪声以及空调噪声；客室中部的噪声是轮轨噪声叠加了气动噪声和空调送风噪声。从传递的路径看，司机室的噪声通过风挡玻璃、司机室侧窗、司机室隔门、司机室地板、司机室侧墙、司机室顶板等结构部件传递；客室端部噪声通过顶板、受电弓等高压设备、空调、风挡和端门、侧门（塞拉门）、侧窗、地板等结构部件传递；客室中部的噪声是通过内顶板-空调送风装置、侧窗、地板、客室门传递。

研究噪声的产生、分布以及传递特性有助于对噪声防护采取有效的措施。对噪声进行定量分析以保证防护措施采取的有效性。噪声产生的因素复杂，难以精确定量，需要采用循环预测法反复迭代进行仿真分析，这就需要对噪声进行仿真预测。

二　车内噪声仿真预测

1. 国内外车内噪声设计要求

噪声与列车运行速度有着密切的关系。随着列车速度的提高，噪声防护的难度越来越大。对比欧洲铁路互联互通技术规范（Technical Specification for Interoperability，TSI）、国际铁路联盟标准《关于保证高速列车技术兼容性的规定》（UIC 660：2002）、《机车、动车、动车组和带司机室拖车的司机室布置》（UIC 651：2002）等国际标准中的车内噪声限值，见表 12-1。

车内噪声国际标准限值统计表　　　　表 12-1

速度（km/h）	位置	TSI	UIC 660	UIC 651
300	客室中部	—	68（目标 65）dB(A)	—
	客室端部	—	70（目标 67）dB(A)	—
	司机室	80dB(A)	—	80dB(A)

国内标准中，《铁道客车内部噪声限值及测量方法》（GB/T 12816—2006，已于 2021 年废止）规定的车内噪声目标限值见表 12-2，按照坐席种类规定了限值，即一等车不大于 65dB(A)，二等车不大于 68dB(A)；标准中仅规定在构造速度下运营时的噪声限值，并不适用于高速动车组分区域下的噪声限值要求。《铁道机车和动车组司机室噪声限值及测量方法》（GB/T 3450—2006）规定了机车和动车组司机室内部噪声限值不大于 78dB(A)。

车内噪声限值　　　　表 12-2

车种		运行时［dB(A)］	静止时［dB(A)］
软卧车、软坐车、一等车		≤ 65	≤ 60
硬卧车、硬座车、二等车		≤ 68	≤ 62
餐车	餐厅	≤ 68	≤ 62
	厨房	≤ 75	≤ 70

从以上噪声限值来看，国外对客室噪声限值的要求只到 300km/h 速度级，针对更高速度还没有标准，因此中国高速铁路要发展更高速度必须要先制定标准。为了高速列车车内噪声得到有效控制，中国铁路总公司在充分调研的基础上制定了《时速 350 公里中国标准动车组暂行技术条件》，其中根据速度及车内位置规定了车内噪声限值，分为优、良两级，见表 12-3。

时速 350km 中国标准动车组车内噪声限值　　　　表 12-3

速度	客室部位	车内噪声指标［dB(A)］	
300km/h	客室中部	68（优）	70（良）
	客室端部	70（优）	72（良）
	司机室	77（优）	79（良）
350km/h	客室中部	70（优）	72（良）
	客室端部	72（优）	74（良）
	司机室	79（优）	80（良）

在 CR450 高速列车的设计中，噪声指标作为四大顶层指标之一。按照速度提升、舒适性不减的理念，CR450 高速列车的噪声顶层指标为 400km/h 运行时，噪声按优良两级指标控制。客室中部、客室端部噪声优级分别不大于 68dB(A)、70dB(A)，良级分别不大

于 70dB(A)、72dB(A)，与速度 350km/h 运行的复兴号动车组相比，要求相当甚至更加苛刻。通过对 CR400 平台的现状分析可知，若要实现 CR450 的噪声顶层指标，需要在 CR400 基础上降噪 3～5dB(A)，并且还需要满足减重 10%的总体条件限制。这是一个巨大的考验，是自我挑战的世界级难题，必须下大力气研究精益求精的技术方案。方案从超低阻力、超级隔振隔声两个方面开展研究，主要包括通过加大流线型设计、减小断面尺寸和优化外表面圆滑程度降低阻力；用新材料和新结构实施隔振隔声组合拳来提升隔振隔声水平；依据频谱分布及传递特性实施精准防护，解决噪声控制与轻量化之间的矛盾，实现系统最优。

2. 车内噪声仿真方法

在工程结构的中、高频振动噪声分析中，由于计算量和结构模态参数的不确定性，传统的数值分析方法（如有限元法、模态叠加法等）不能很好地为工程结构设计提供合理的振动噪声预测结果。统计能量分析（SEA）方法已经发展 50 多年，逐渐被认为是解决复杂结构高频耦合系统动力学问题的有效工具，该方法可以在设计阶段预测列车等载运工具的振动噪声平均水平。

（1）统计能量分析法

统计能量分析法首先把结构划分为子系统，把各子系统的振动能量作为描述振动的基本参数，根据振动波和模态间的内在联系，建立可以分析声、结构振动的系统动力学分析方法，机械系统或流体系统都可以借助一系列的子结构来构成系统分析模型。其中，每个子结构都是包含许多模态的振荡器。在建立统计能量分析模型时，有以下普遍的基本假设：

①模型中的各子结构之间是线性、守恒的耦合，即这些耦合都是弹性耦合、惯性耦合或回转力耦合，不存在非保守性质的耦合特征。

②在所研究的频带内，能量会在那些具有共振频率的子结构之间进行流动。

③系统所受的力为互不相关的宽带随机激励，这些随机激励在统计上是独立的，所以具有模态非相干性，并可以应用能量的线性叠加原理。

④在给定的子结构中，给定频带内所有共振模态之间的能量是等分的。

⑤互易性原理适用于不同子结构间。

⑥任何两个子结构间的能量流与振动时耦合的子结构间的实际能量差成正比。

统计能量分析适用于解决中高频区内的复杂系统动力学问题。

（2）统计能量分析基本理论框架

对单自由度振动系统，系统的耗散功率 P_d 为：

$$P_\mathrm{d} = Cv^2 = 2\zeta\omega_n Mv^2 = 2\zeta\omega_n E = \frac{\omega_n E}{Q} = \omega_n \eta E \tag{12-1}$$

式中：C——振动系统的阻尼系数；

υ——速度；

ζ——阻尼比；

ω_n——系统固有频率；

M——振动系统质量；

E——振动系统能量；

Q——品质因子；

η——系统内损耗因子。

推广至一定频带内的一系列单自由度系统组成的一般子结构，有：

$$P_d = \frac{\omega E}{Q} = \omega \eta E \tag{12-2}$$

式中：ω——频带的几何平均中心频率；

η——该频带内所有模态的平均损耗因子。

以两个子结构组成的最简单的统计能量模型为例，建立其功率平衡方程。其中，P_1和P_2为两个系统的耗散功率，E_1和E_2为两个系统的振动系统能量，即基于式(12-2)将单系统P_d泛化为系统P_1、P_2，单振动系统能量E泛化为E_1、E_2，可建立式(12-3)两个系统的功率流平衡方程：

$$\begin{cases} P_1 = \omega \eta_1 E_1 + \omega \eta_{12} E_1 - \omega \eta_{21} E_2 \\ P_2 = \omega \eta_2 E_2 + \omega \eta_{21} E_2 - \omega \eta_{12} E_1 \end{cases} \tag{12-3}$$

在保守耦合情况下，由线性、无源和可逆子系统构成的大系统，都存在互易性普遍原理。统计能量分析中的互易性原理为：

$$n_i \eta_{ij} = n_j \eta_{ji} \tag{12-4}$$

式中：n_i，n_j——分别为子系统i、j的模态密度；

η_{ij}、η_{ji}——分别为振动能量从子系统i传至子系统j的耦合损耗因子和振动能量从子系统j传至子系统i的耦合损耗因子。

因此，利用互易性原理，方程(12-3)可表述如下：

$$P_1 = \omega \eta_1 E_1 + \omega \eta_{12} n_1 \left(\frac{E_1}{n_1} - \frac{E_2}{n_2} \right) \tag{12-5}$$

$$P_2 = \omega \eta_2 E_2 + \omega \eta_{21} n_2 \left(\frac{E_2}{n_2} - \frac{E_1}{n_1} \right) \tag{12-6}$$

写成矩阵形式，有：

$$\omega \begin{bmatrix} n_1(\eta_1 + \eta_{12}) & -n_1 \eta_{12} \\ -n_2 \eta_{21} & n_2(\eta_2 + \eta_{21}) \end{bmatrix} \begin{bmatrix} \frac{E_1}{n_1} \\ \frac{E_2}{n_2} \end{bmatrix} = \begin{bmatrix} P_1 \\ P_2 \end{bmatrix} \tag{12-7}$$

系统的损耗因子、输入功率都可通过理论计算或试验测试获取，这时，通过求解式(12-7)就可解出所需各子系统的平衡能量水平。推广至包含N个子系统的复杂动力学系统，其能量平衡方程为：

$$\omega\begin{bmatrix}(\eta_1 + \sum_{i\neq1}^{N}\eta_{1i})n_1 & -\eta_{12}n_1 & \cdots & -\eta_{1N}n_1 \\ -\eta_{21}n_2 & (\eta_2 + \sum_{i\neq2}^{N}\eta_{2i})n_2 & \cdots & -\eta_{2N}n_2 \\ \cdots & \cdots & \cdots & \cdots \\ -\eta_{N1}n_N & \cdots & \cdots & (\eta_N + \sum_{i\neq N}^{N}\eta_{Ni})n_N\end{bmatrix}\begin{bmatrix}\dfrac{E_1}{n_1} \\ \dfrac{E_2}{n_2} \\ \cdots \\ \dfrac{E_N}{n_N}\end{bmatrix} = \begin{bmatrix}P_1 \\ P_2 \\ \cdots \\ P_N\end{bmatrix} \tag{12-8}$$

或

$$\omega[L][E] = [P] \tag{12-9}$$

式中：$[L]$——包含内损耗因子和耦合损耗因子的系统能量损耗矩阵。具体为：

$$[L] = \begin{bmatrix}(\eta_1 + \sum_{i\neq1}^{N}\eta_{1i})n_1 & -\eta_{12}n_1 & \cdots & -\eta_{1N}n_1 \\ -\eta_{21}n_2 & (\eta_2 + \sum_{i\neq2}^{N}\eta_{2i})n_2 & \cdots & -\eta_{2N}n_2 \\ \cdots & \cdots & \cdots & \cdots \\ -\eta_{N1}n_N & \cdots & \cdots & (\eta_N + \sum_{i\neq N}^{N}\eta_{Ni})n_N\end{bmatrix} \tag{12-10}$$

$[E]$为子系统能量矩阵，$[P]$为系统输入功率矩阵，具体表达式分别为：

$$[E] = \begin{bmatrix}\dfrac{E_1}{n_1} & \dfrac{E_2}{n_2} & \cdots & \dfrac{E_N}{n_N}\end{bmatrix}^{\mathrm{T}} \tag{12-11}$$

$$[P] = \begin{bmatrix}P_1 & P_2 & \cdots & P_N\end{bmatrix}^{\mathrm{T}} \tag{12-12}$$

方程(12-8)中包含的统计能量分析参数包括模态密度、内损耗因子、耦合损耗因子以及输入功率。如果具备这些参数，求解联立方程，即可得到每个子系统上总的能量。能量定义式为：

$$E = \begin{cases}M < v^2 > \\ \dfrac{V < p^2 >}{\rho c^2}\end{cases} \tag{12-13}$$

式中：　　　M——结构子系统的质量，kg；

$< v^2 >$——时间平均和空间平均的均方振动速度，m^2/s^2；

$M < v^2 >$——结构子系统的能量，J；

V——声学子系统的体积，m^3；

$< p^2 >$——时间平均和空间平均的均方声压，$kg^2/(m^2 \cdot s^4)$；

ρ——介质密度，kg/m^3；

c——声音在介质中的传播速度，m/s；

$V < p^2 >/\rho c^2$——声场子系统的能量，J。

系统的模态密度、内损耗因子、耦合损耗因子以及输入功率都可通过理论计算或试验测试获取，通过这些参数和输入功率，可以求出目标子系统的平均能量水平，从而进一步转换成所需要的振动级、声压级、应力等动力学参数。

（3）统计能量分析子系统划分原则

统计能量分析之所以能够为受高频宽带激励的复杂工程结构系统提供动力学计算响应预测，就是因为它能够把复杂系统（包括机械和声学系统）划分为不同的模态群，并且在统计意义上把大系统分解成便于分析的独立子系统，而不是逐个地、精确地确定每个模态的响应。所以，在工程结构初步设计阶段应用统计能量分析的第一步就是定义出模态群构成的子系统，所建立的统计能量分析模型必须能够清楚地表示出振动能量的输入、存储、损耗和传输特征。

统计能量分析中的子系统是可存储能量的子系统，只有一些相似共振模态组成一群共振运动的子系统才可能存储振动能量。因此，一群相似共振模态就可视为一个子系统。一个子系统分析带宽内的模态数，是由子系统的特征参数模态密度确定的。目前建立统计能量分析模型子系统的一条重要原则就是子系统模态密度必须足够高。有研究表明，分析带宽内的模态数须超过 5 才能保证计算结果有效。

模态相似的准则是振型要有相同的动力学特性（即相同的阻尼、模态能量和耦合损耗因子等）。通常根据复杂结构耦合系统的自然边界条件、动力学边界条件、材料介质特性以及上述的原则建立子系统。同时，还要根据实际情况、任务阶段要求和经验建立统计能量分析模型。

（4）统计能量分析的特点

统计能量分析具有一种独特的建模方法，它以梁、杆、板、壳、柱等子结构为建模基础，搭建复杂系统的振动和声学耦合动力学预测模型。

统计能量分析的"统计"指的是所有系统子结构参数或总体参数都是在时间、空间和频率上经过统计平均处理的。例如，描述子结构能量消耗特性的内部损耗因子是在子结构上许多点测量的平均结果；描述子结构能量接受特征的模态密度则是在频带内平均的一种参数。正因为如此，用这种方法对振动水平进行的分析，其结果也必然是一种平均值，需要从统计的意义上去理解。

统计能量分析中的"能量"指的是系统中各个子系统间的相互联系是通过功率流描述的。模型的外界输入以输入功率流的形式进入系统，而输出结果以子结构的输出功率流表示。系统各子结构间的功率流动存在一定的规律性。各能量由高内耗子结构向低内耗子结构流动，能量由低模态密度子结构向高模态密度子结构流动。当然，能量流动方向还取决于子结构间的耦合特性。

统计能量分析中的"分析"则指的是一种建模方法和理论预测方法，它具有一切"分析"方法的所有特征，如模型的建立、参数确定、求解系统方程得到所需要的解等。不过，其独特之处是该模型中许多参数需要通过试验取得，特别对复杂子结构更是如此。由于统计能量分析方法具有上述特性，因此它也存在一定的局限性。主要表现为：

① 按目前的统计能量分析发展水平，该方法适用于解决高频区内复杂结构的动力学问题，而不适用于解决中低频问题的分析。但是，采用与有限元混合建模的技术，可以有效解决中高频问题。

② 由于统计能量分析所有参数都是时、空、频域的平均统计量，所以分析结果不能得到某一特定位置处的响应结果。也就是说，统计能量分析不能预测系统中某局部位置的精确响应，但能准确地从统计的意义上预测整个子结构的平均响应。它几乎是目前唯一能预测复杂系统对高频宽带随机激励响应的实用分析方法。

3. 车内噪声预测

基于统计能量分析方法，高速列车车内噪声预测可按照下面几步进行：

① 确定声源并计算声源强度最大值。通过列车布局确定声源，并根据声源的声学规范制定限值。

② 确定各部件隔声的最小值。参考隔声规范限值要求的最小值，计算各部件的隔声值，如地板结构、侧墙结构、车顶结构、车窗结构等。

③ 建立车内噪声仿真预测模型。基于统计能量法，以 VA One 软件为仿真计算平台，将子系统连接起来建立，基于式（12-8），对车内噪声水平进行预测分析。

④ 仿真预测分析。基于车辆 SEA 模型，建立复杂系统中能量流动和分布的数学模型，利用部件的模态密度、连接结构的耦合损耗因子、SEA 模型的载荷分布等参数进行车辆噪声预测，图 12-6 所示为单节车辆 SEA 模型加载声载荷后的声场环境。

⑤ 利用该仿真预测模型对静置状态下列车车内噪声进行预测分析时，主要考虑空气传播、结构传播的各辅助设备噪声激励；对运行状态下列车车内噪声预分析时，主要考虑空气传播、结构传播的轮轨噪声。

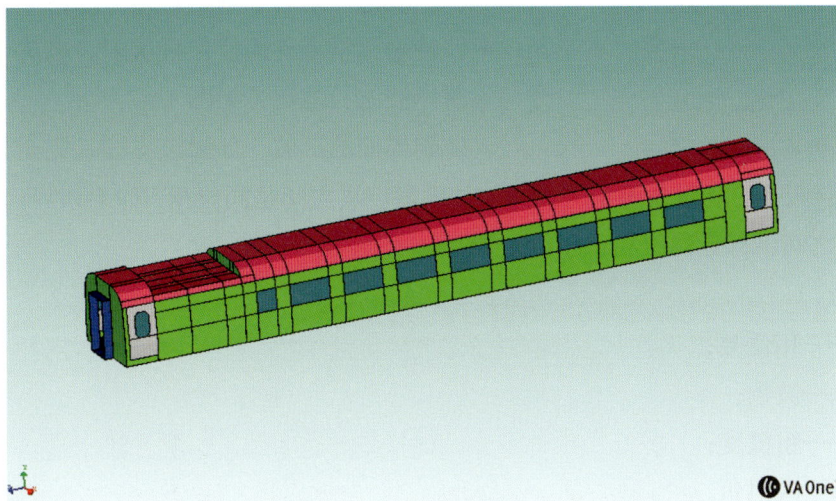

图 12-6　单节车辆 SEA 模型加载声载荷后的声场环境

三 车外噪声预测

1. 国内外车外噪声设计要求

我国高速列车车外噪声按《声学轨道机车车辆发射噪声测量》（ISO 3095）标准进行测试，国内外尚无涉及限值的标准，限值要求按照《时速 350 公里中国标准动车组暂行技术条件》执行，见表 12-4。

车外噪声指标

表 12-4

测试速度	评价指标〔dB(A)〕	
	优	良
350km/h	94	97
300km/h	91	94

2. 车外噪声仿真方法

统计能量分析法、边界元法、几何声线法等数值计算方法可用于车辆等载运装备车外的噪声预测分析，本节以几何声线法为例介绍列车车外噪声仿真方法。

（1）几何声线法

声线法是利用经典射线声学理论求解出"本征声线"，并且通过其迅速描述声场的方法。声线法分析声场的优点主要是简明、直观，特别是在大型几何声学问题中有广泛的应用。

几何声学假定声学环境中声波以声线的方式向四周传播。声线在与介质或界面（如墙壁）碰撞后能量会损失一部分。因此，在声场中不同位置声波的能量累积方式也有所不同。如果把一个声学环境当作线性系统，则只需知道该系统的脉冲响应就可由声源特性获得声学环境中任意位置的声学效果，所以脉冲响应的获得是整个系统的关键。

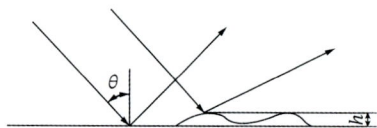

图 12-7　界面粗糙度的判别

（2）声线的反射与散射

声波传递至物质界面作何种反射，取决于界面粗糙度与入射声波波长之比，如图 12-7 所示。

入射到界面的声波，如果该界面是完全光滑的，则声线都作镜像反射，反射角等于入射角，且反射声线之间是同位相；如果该界面是粗糙的，则反射声线之间不再是同位相，相位差为：

$$\Delta\phi = 2kh\cos\theta \tag{12-14}$$

式中：$\Delta\phi$——相位差；

$k = w/c$——波数；

h——粗糙度；

θ——入射角。

如果相位差与 2π 相比可以忽略，则该界面可以被认为是光滑的。如果相位差较大，则由于干涉效应镜像反射将被削弱，部分声能发生扩散。Rayleigh 根据相位差是否大于π/2来判别表面是粗糙还是光滑。Rayleigh 判断依据为：

$$h \geqslant \lambda/(8\cos\theta) \tag{12-15}$$

通常情况下，声线所携带的声能在界面发生部分镜像反射、部分扩散反射。若界面吸声系数为α，扩散系数为d（d表示反射声能中扩散反射声能所占的比例），则界面的吸收、扩散反射和镜像反射之间有如下关系：

$$\alpha + d(1-\alpha) + (1-d)(1-\alpha) = 1 \tag{12-16}$$

式中：　　　α——被界面吸收部分；

$d(1-\alpha)$——扩散反射部分；

$(1-d)(1-\alpha)$——镜像反射部分。

若界面发生完全镜像反射，则$d = 0$；反之，若界面发生完全扩散反射，则$d = 1$。在实际模拟过程中，给出房间界面的扩散系数d，每当声线遇到界面时，产生一个随机数r，如果$r > d$，则声线作镜像反射；反之，则声线作扩散反射。这是基于概率分析的概念，对于大量的声线，有$(d \times 100)\%$部分作扩散反射，$[(1-d) \times 100]\%$部分作镜像反射。对于镜像反射部分，声线遵循镜像反射定律传播。对于扩散反射，反射角与入射角无关。描述界面扩散反射的模型有多种，常用的是均匀扩散反射模型和朗伯余弦定律扩散反射模型。

声线除了在界面发生反射外，还必须考虑声线在物体间的扩散反射。可用概率分析的方法来建立一种描述声波在物体间扩散反射的模型。

① 镜像反射模型。

若声线在界面上发生镜像反射，则反射声线的方向可由斯奈尔（snell）定律确定，即入射声线、反射声线和界面的法线处于同一平面内，入射声线和反射声线分居在法线的两侧，反射角等于入射角，如图 12-8 所示。

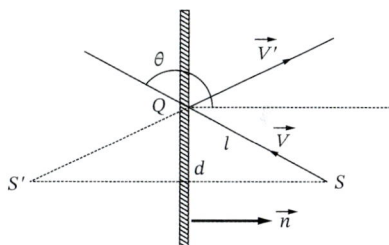

图 12-8　镜像反射

声线从$S(x_0, y_0, z_0)$发出，入射到界面上。S'为S关于反射界面的虚声源，声源S到界面的距离为d。现假设入射声线V的方向角为$(\alpha_0, \beta_0, \gamma_0)$，界面法线$n$的方向角为$(\alpha_n, \beta_n, \gamma_n)$，由式(12-17)表示：

$$\cos\theta = \cos\alpha_0 \cos\alpha_n + \cos\beta_0 \cos\beta_n + \cos\gamma_0 \cos\gamma_n \tag{12-17}$$

虚声源的位置坐标为：

$$\begin{cases} x'_s = x_0 - 2d\cos\alpha_n \\ y'_s = y_0 - 2d\cos\beta_n \\ z'_s = z_0 - 2d\cos\gamma_n \end{cases} \tag{12-18}$$

反射点Q的坐标：

$$\begin{cases} x_Q = x_0 + l\cos\alpha_0 \\ y_Q = y_0 + l\cos\beta_0 \\ z_Q = z_0 + l\cos\gamma_0 \end{cases} \tag{12-19}$$

则镜像反射V'方向向量为：

$$\vec{V'} = \overrightarrow{S'Q} = \{x_Q - x'_s, y_Q - y'_s, z_Q - z'_s\} \tag{12-20}$$

将式(12-18)和式(12-19)代入上式，并由$d = l\cos(180° - \theta) = -1\cos\theta$，有：

$$\vec{V'} = l \cdot \{(\cos\alpha_0 - 2\cos\theta\cos\alpha_n), (\cos\beta_0 - 2\cos\theta\cos\beta_n), (\cos\gamma_0 - 2\cos\theta\cos\gamma_n)\}$$

所以，镜像反射声线的方向余弦为：

$$\begin{cases} \cos\alpha_1 = \cos\alpha_0 - 2\cos\theta\cos\alpha_n \\ \cos\beta_1 = \cos\beta_0 - 2\cos\theta\cos\beta_n \\ \cos\gamma_1 = \cos\gamma_0 - 2\cos\theta\cos\gamma_n \end{cases} \tag{12-21}$$

② 均匀扩散反射模型。

均匀扩散反射是指反射声线向半空间内的各个方向均匀地辐射扩散部分的能量。从概率分析的角度来看，对于每根声线而言，这等同于反射声线向半空间内各个方向反射的概率相同。换言之，反射声$\theta_1 = 0$线在空间立体角内均匀分布。将$\theta_1 = 0$，$\theta_2 = \pi/2$，$\phi_1 = 0$，$\phi_2 = 2\pi$代入上式，求得$C_0 = 1/2\pi$。有：

$$\theta = \arccos(1 - R_1) \tag{12-22}$$

$$\phi = 2\pi R_2 \tag{12-23}$$

由(θ, ϕ)用式(12-21)计算反射声线的方向余弦$(\cos\alpha_r, \cos\beta_r, \cos\gamma_r)$。需要注意的是，极轴的方向是界面的法线方向。由于各个界面不可能互相平行，所以界面的法线方向各不相同，各个界面都有相对于其法线方向的局部直角坐标系，$(\cos\alpha_r, \cos\beta_r, \cos\gamma_r)$是声线在该局部直角坐标系的方向余弦。若要确定声线相对于空间总体坐标系的方向余弦，还要经过坐标变换，设声线在总体坐标系中的方向余弦为$(\cos\alpha_1, \cos\beta_1, \cos\gamma_1)$，则有：

$$\begin{Bmatrix} \cos\alpha_1 \\ \cos\beta_1 \\ \cos\gamma_1 \end{Bmatrix} = [A] \begin{Bmatrix} \cos\alpha_r \\ \cos\beta_r \\ \cos\gamma_r \end{Bmatrix} \tag{12-24}$$

$[A]$是坐标变换矩阵：

$$[A] = \begin{bmatrix} \sin\alpha_n & 0 & \cos\alpha_n \\ -\dfrac{\cos\alpha_n\cos\beta_n}{\sin\alpha_n} & \dfrac{\cos\gamma_n}{\sin\alpha_n} & \cos\beta_n \\ -\dfrac{\cos\alpha_n\cos\gamma_n}{\sin\alpha_n} & \dfrac{\cos\beta_n}{\sin\alpha_n} & \cos\gamma_n \end{bmatrix} \tag{12-25}$$

3. 车外噪声预测

基于声线法，列车车外噪声预测可按照下面几步进行：

① 确定声源并计算声源强最大值，通过列车布局确定声源，并根据声源的声学规范制定限值。

② 建立车外噪声仿真预测模型，基于声线法，以 Virtual.Lab 软件为仿真计算平台，对车外噪声水平进行预测分析。

利用该仿真预测模型，对不同工况下列车车外噪声进行预测分析时，主要考虑空气传播、结构传播的各辅助设备噪声激励；对运行状态下列车车外噪声预测分析时，主要考虑空气传播、结构传播的轮轨噪声以及气动噪声。匀速状态下车外噪声仿真预测模型要考虑车辆的轮轨噪声、齿轮箱和牵引电机噪声以及辅助设备噪声等载荷激励。图 12-9 所示为声线法进行车外噪声仿真时，加载声载荷后模型周围的声场云图。

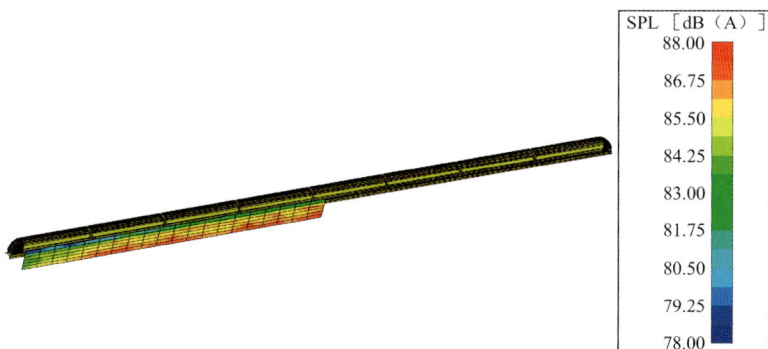

图 12-9 匀速状态下车外噪声仿真预测云图

四 典型车型主要噪声防护设计

1.车内噪声防护设计

按照分部位、分频段控制原则，可通过结构设计提升隔振与隔声性能，以及应用新技术、新材料等手段实现仿真预测目标值，这是车内噪声防护设计的主要方法。为此，可开展以下研究：

①声学超结构和超材料的工程化应用研究及仿真分析、试验验证，包括断面夹层声学超结构研发、薄膜超材料实验室样件测试及结构设计、装车应用效果验证等。

②减振器优化设计包括变刚度地板减振器设计、侧墙及顶板弹性减振器性能提升。

③低振动声辐射内装地板设计。

④根据不同隔声特性优化组合车体结构，并开展试验验证。

⑤根据噪声传递路径研究重点部件和重点区域的降噪措施。

高速列车在 350km/h 以上速度运行时，车内噪声的增加主要集中在中低频段（315Hz以下）。根据传递路径分析，结构声对车内噪声的贡献占主导。按各区域贡献度由大到小排列为地板、车窗 、中顶、侧顶、窗下墙板、窗口墙板，如图 12-10 所示。

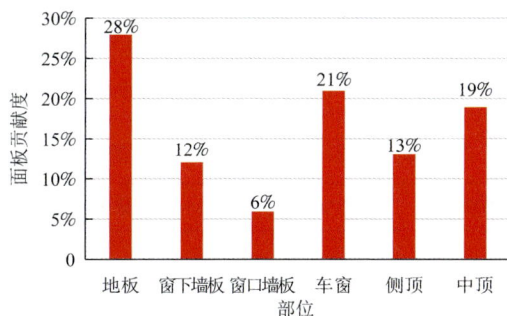

图 12-10 各部位车内噪声贡献度

根据目标降噪量，通过仿真分析能量流计算确定各部件的隔声目标值，传递至车内的噪声能量要降低约 50%～61%，根据整车噪声指标分解模型计算，分解到各区域的断面隔声指标需增加 2～3dB(A)。既有结构隔声性能提升，主要从车体型材优化、断面夹层吸声优化、内装地板隔声设计以及门窗结构隔声优化等方面采取措施。降噪新技术应用，以降低中低频结构声为目的，主要从减振器性能优化、断面声学超结构设计以及降低内装地板振动声辐射三个方向开展。

（1）变刚度地板减振器

既有地板减振器有效减振频率在 200Hz 以上，综合考虑内装地板的载荷动态范围（空载→重载），设计一种大承载范围的变刚度恒频率隔振器，使其能在有限的空间和变形条件下起隔振作用。通常内饰地板减振器仅为普通橡胶材料，而改进方案内饰地板减振器改为金属基底加聚氨酯材料，同时进行了分区设计，使得地板的隔声性能提高约 1dB(A)。

（2）裙板和转向架区域底架吸声设计

在转向架裙板包覆的基础上，增加吸声设计可进一步减少轮轨噪声向车外的传播。为了研究吸声材料对转向架区域声场的影响，如图 12-11 所示，在转向架旁的车体添加高度为 $H = 0.846$m 的挡板。在此基础上，分别计算在挡板内侧附三种不同吸声材料时转向架区域的噪声特性和内外声场分布。采用的三种吸声材料分别为 ARMASOUND 240、三聚氰胺吸声材料、COLLOFOAM 聚酯纤维棉。

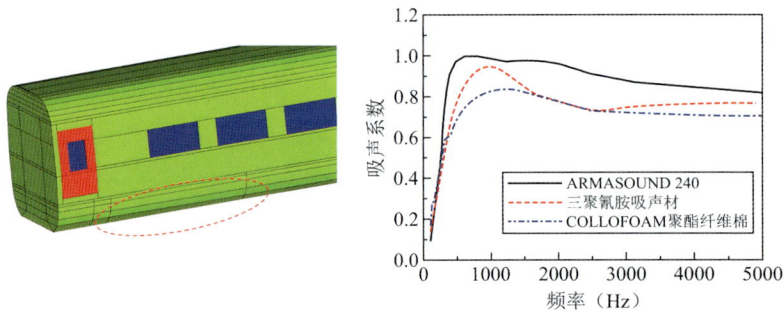

图 12-11　转向架区域吸声处理

计算结果表明：不同吸声材料（不同吸声系数）对车外噪声的影响不同，主要区别在中高频。ARMASOUND 240、三聚氰胺吸声材料、COLLOFOAM 聚酯纤维棉相比于无吸声材料，车外噪声分别降低了 1.2dB(A)、0.6dB(A)、0.6dB(A)，见表 12-5。

转向架区域吸声处理对车外噪声的影响　　　　　　　　　　　　　　表 12-5

监测点	无吸声材料	ARMASOUND 240	三聚氰胺吸声材料	COLLOFOAM 聚酯纤维棉
车外标准点声压总值［dB(A)］	91.2	90.0	90.6	90.6

表 12-6 给出了转向架区域吸声处理对车下噪声的影响。可以看出，不同吸声材料（不

同吸声系数）对车下噪声的影响区别不大。ARMASOUND 240、三聚氰胺吸声材料、COLLOFOAM 聚酯纤维棉相比于无吸声材料，车外噪声分别降低了 0.8dB(A)、0.7dB(A)、0.7dB(A)。

转向架区域吸声处理对车下噪声的影响　　　　　　　　表 12-6

监测点	无吸声材料	ARMASOUND 240	三聚氰胺吸声材料	COLLOFOAM 聚酯纤维棉
地板下方 10cm 声压总值［dB(A)］	124.0	123.2	123.3	123.3

（3）车体型材、断面夹层吸声处理

车体型材、断面夹层吸声措施主要有车体型材喷涂阻尼浆，型腔内填充吸声棉等方法。

在车内和底架转向架区域喷涂阻尼浆，可提高一定的隔声性能，同时对整车减振提供阻尼，以 CR400BF 为例，具体数值见表 12-7。

车体型材喷涂阻尼浆降噪效果　　　　　　　　表 12-7

CR400BF 底架结构	面密度（kg/m²）	隔声量［dB(A)］	备注
底架铝型材	35.57	31.81	干燥后 123WF 每毫米厚度阻尼浆 0.94kg/m²，损耗因子 0.16（20℃）
5mmBES + 型材 + 3mm 123WF	45.53	36.63	
5mmBES + 型材 + 3mm 123WF 复合地板	—	50.78	
5mm 新涂料 + 型材 + 3mm 新涂料	45.64	37.8	相同质量情况，隔声量提高 1.17dB，复合结构隔声量提高 0.35dB，新涂料面密度相同，损耗因子 0.19（20℃）
5mm 新涂料 + 型材 + 3mm 新涂料 复合地板	—	51.13	

同时，对铝型材喷涂阻尼浆厚度对隔声量的影响进行了试验测试。从测试数据来看，随着阻尼层厚度的增加，试件的隔声量大小呈现递增趋势，且以中高频为主。其中，喷涂 2mm 阻尼材料型材较无涂层试件的计权隔声量增加 4.5dB(A)，4mm 阻尼材料型材较 2mm 阻尼材料型材的隔声量增加 2.4dB(A)。

对铝型材型腔中填充超长纤维玻璃丝棉吸声材料进行了试验，原始铝合金型材填充吸声材料前后以及喷涂阻尼浆型材填充吸声材料前后的隔声曲线如图 12-12 所示。试验结果可以看出，对于铝型材结构，在型腔中填充超长纤维玻璃丝棉吸声材料，整体隔声量显著提高，隔声量增加约 4～7dB(A)，但是频率隔声量仍然以中高频为主，低频隔声量仅提高 1dB(A)左右，且增重较多，因此要综合考虑。

（4）客室地板组合隔声优化

由于车内不同的区域噪声的声源特性不同，针对不同区域地板进行针对性的优化设计是非常必要的，可以采取的措施主要有：转向架区域型材喷涂阻尼浆，型材与内地板之间增加高性能吸声、隔声、阻尼材料等。采用不同的组合方案提升客室地板结构的隔声特性被证明是有效的，其中一些方案的隔声特性曲线及降噪效果如图 12-13 所示，具体值见表12-8。

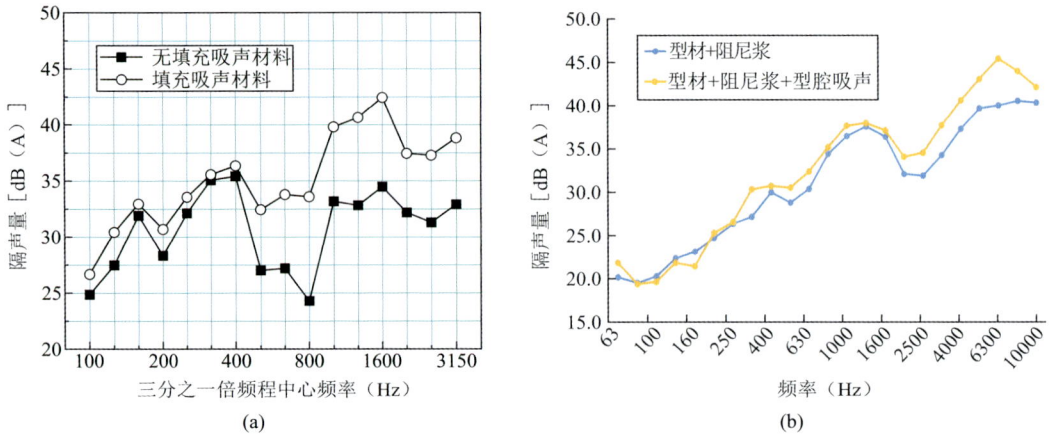

(a)

(b)

图 12-12　有无填充吸声材料的铝型材隔声测试结果

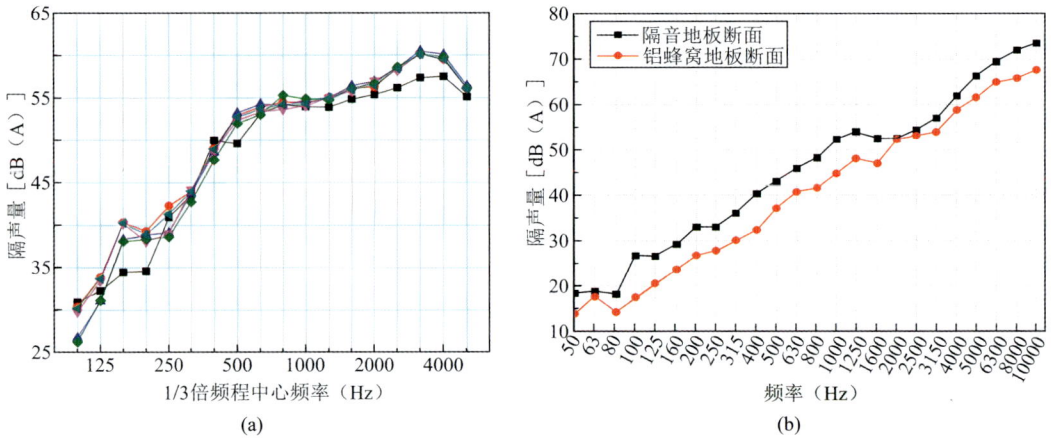

(a)

(b)

图 12-13　不同地板组合方案隔声特性

客室地板结构优化降噪效果　　　　　　　　　表 12-8

客室地板组合方案	车内声源特征	客室地板组合新方案	隔声效果分析
3～4mm 阻尼浆		3～4mm 新阻尼涂料	
80mm 铝型材弹性支撑		80mm 铝型材弹性支撑结构设计	
3mm123WF 阻尼浆	统计了复兴号动车组司机室350km/h 及385km/h 噪声特征：350km/h 主频125Hz、200Hz，主要能量集中125～315Hz；385km/h 主频125Hz、200Hz，主要能量集中在125～315Hz	3mm 新阻尼涂料	根据对应阻尼浆、地板减振、隔声地板研制等应用可实现全频段隔声量提高 2dB(A)，125～315Hz 提高 3～4dB(A)
10mm 沥水板		10mm 沥水板	
40mm 玻璃棉		40mm 玻璃棉	
5mm 隔音毡		5mm 隔音毡	
19.5mm 木地板		19.5mm 超材料地板	
3mm 地板布		3mm 地板布	
Rw50dB(A)		Rw52dB(A)	

当然，客室地板隔声优化方案的确定，需要从声学特性、重量、成本等多方面综合考虑，并试验验证才可以推广应用。

（5）车窗结构隔声措施

根据车内重点区域降噪需求和整车声学指标分解，车窗的隔声也要重点考虑。经过仿真分析（表 12-9）发现，通过调整玻璃两面板厚度，错开两车窗面板的吻合频率，避免明显吻合谷的出现，调整厚度（玻璃两面板厚度）比由 1∶1 改为 9∶1，隔声量可提高 3dB(A)，如图 12-14 所示。

仿真参数 表 12-9

车窗结构	尺寸参数（m）		材料参数	
玻璃面板	长（a）	1.4	板弹性模量（$E_1 = E_2$）	5.5×10^{10}Pa
	宽（b）	0.82	板弹密度（$\rho_1 = \rho_2$）	2500kg/m^3
	玻璃 1 厚（h_1）	0.005	泊松比（$\upsilon_1 = \upsilon_2$）	0.24
	玻璃 2 厚（h_2）	0.005	损耗因子（$\eta_1 = \eta_2$）	0.005
空腔	板间距（H）	0.009	空气密度（ρ_0）	1.21kg/m^3
	—	—	声速（c_0）	343.0m/s

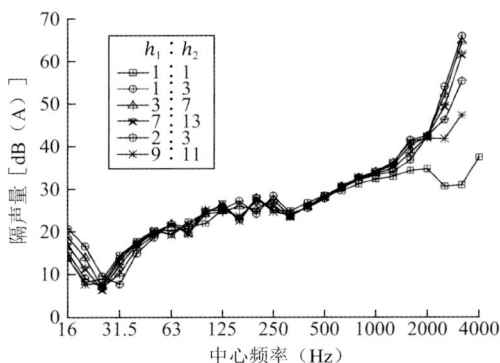

图 12-14　车窗玻璃面板不同厚度比隔声量

结合结构轻量化及隔声综合要求，进行了不同侧窗方案的隔声测试，不同方案及其隔声量测试见表 12-10。可以看出，通过优化车窗结构，在保证隔声量的前提下，可有效降低车窗面密度，有利于车辆轻量化设计。

车窗结构优化降噪效果 表 12-10

既有车窗结构	方案 1	方案 2	方案 3	方案 4
4mm 钢化玻璃	10mmPC 树脂	4mmPC 树脂 0.76mmPU 4mmPC 树脂	5mmPC 树脂 0.76mmPU 4mmPC 树脂	6mmPC 树脂 0.76mmPU 4mmPC 树脂
0.76mmPVB				
3mm 钢化玻璃				

续上表

既有车窗结构	方案1	方案2	方案3	方案4
$R_w \geqslant 42dB(A)$	$R_w = 38.04dB(A)$	$R_w = 38.55dB(A)$	$R_w = 38.96dB(A)$	$R_w = 39.22dB(A)$
面密度45	面密度38.94	面密度37.73	面密度38.86	面密度40.08

2. 车外噪声防护设计

（1）应用低噪声车轮对

为了研究转向架区域对车外噪声的影响，在转向架区域分别加减 1dB(A)、2dB(A)、3dB(A)的噪声，得到动车组以 350km/h 运行时车外噪声预测结果，如图 12-15 和表 12-11 所示。

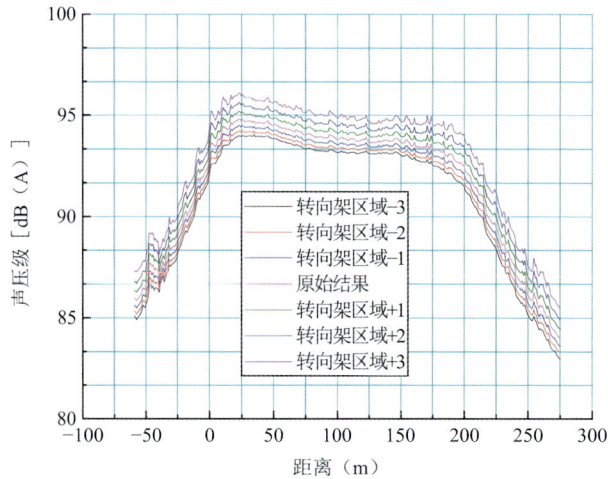

图 12-15　考虑低噪声轮轨技术的车外运行噪声预测结果（速度：350km/h）

转向架优化降噪效果　　　　　　　　　　表 12-11

序号	转向架区域噪声增量 [dB(A)]	350km/h通过连续等效声压级 [dB(A)]
1	1	94.4
2	2	94.8
3	3	95.2
4	−1	93.8
5	−2	93.6
6	−3	93.4

由表 12-11 可见，转向架区域的降噪措施是非常必要的，可以考虑采用低噪声轮轨技术。目前运用在列车车轮上的低噪声优化措施主要有喷涂型阻尼车轮和调谐质量阻尼车轮等。其中，喷涂型阻尼车轮中阻尼材料是将固体机械振动能转变为热能而耗散的材料，主要用于振动和噪声控制。材料的内阻尼具有抑制振动的功能，因此选择具有高阻尼的材料

贴附在振动结构上形成阻尼层，就可起到消耗振动能量从而抑制振动的作用。常见的表面阻尼处理车轮包括喷涂式阻尼车轮和约束型阻尼车轮。喷涂型阻尼车轮将粘弹性阻尼材料喷涂到车轮辐板表面，如图 12-16 所示。当车轮在钢轨上滚动时，粘弹性阻尼材料一方面将一部分机械能转换成热能耗散掉，另一方面将机械能以势能的形式存储起来，从而达到减振降噪的效果。

喷涂型阻尼车轮实验测试结果表明，与裸轮相比，径向激励下总声功率降低 6.4dB(A)，轴向激励下总声功率降低 4.3dB(A)，能有效降低车轮的振动声辐射。

图 12-16 喷涂型阻尼车轮

调谐质量阻尼车轮主要是基于动力吸振器原理。动力吸振器能够在特定的频率范围内降低结构的振动，如果该频率范围能够覆盖结构大部分的共振频率，那么动力吸振器将对结构的振动和噪声起到良好的抑制作用。

我国现阶段采用的车轮减振方案如图 12-17 所示，图中车轮被称为调谐质量阻尼（Tuned Mass Dampers，TMD）车轮，图 12-17（a）为 TMD 车轮示意图，图 12-17（b）为我国某车辆场所采用的调谐质量阻尼吸振器优化措施。研究人员对该车轮优化方案的实际效果进行了系统的研究，试验结果表明，车轮动力调谐质量阻尼器对城市轨道列车车内噪声抑制效果不明显；对城市轨道列车车外噪声抑制效果明显，有 1.2～3.1dB(A)的抑制效果。

(a) TMD 车轮示意图   (b) 现场照片

图 12-17 我国现役车辆 TMD 车轮

（2）降低气动噪声

为了研究气动噪声对车外噪声的影响，将气动噪声分别加减 1dB(A)、2dB(A)、3dB(A)，得到动车组以 350km/h 运行时车外噪声预测结果，如图 12-18 和表 12-12 所示。

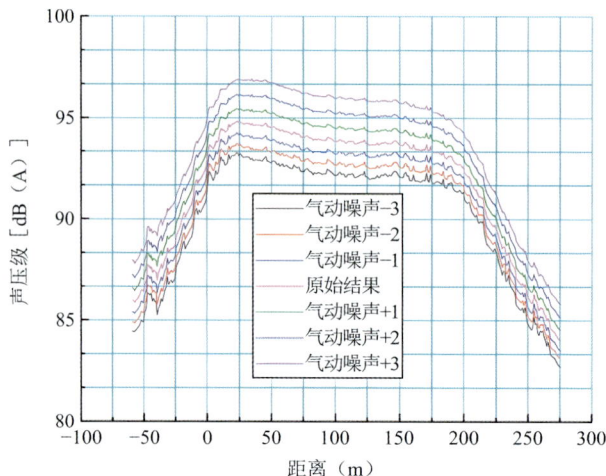

图 12-18　考虑气动噪声的车外运行噪声预测结果（速度：350km/h）

气动降噪效果　　　　表 12-12

序号	气动噪声增量〔dB(A)〕	350km/h 通过连续等效声压级〔dB(A)〕
1	1	94.8
2	2	95.5
3	3	96.2
4	−1	93.5
5	−2	93.0
6	−3	92.5

从图 12-18 和表 12-12 中可以看出气动噪声对动车组车外噪声的影响较大。因此高速列车的设计，必须运用空气动力学原理优化车体相关结构，以此降低气动噪声，进而降低动车组通过时的车外噪声。这里包括车头和车尾的设计、受电弓区域的设计和车辆连接部位以及转向架区域和车体底部等设计。复兴号动车组通过上述优化设计，在降噪方面取得了良好成效。

（3）提高裙板高度

图 12-19 给出了高速列车以 120km/h 运行时，距离轨道中心线 7.5m 远、钢轨顶面 1.2m 高测点通过时段等效连续声压级随转向架区域裙板高度变化的变化规律。可以看出，随着转向架区域裙板高度的增加，车外通过噪声逐渐减小。但是转向架上方的裙板设置还要综合结构、空气动力学等因素考虑。

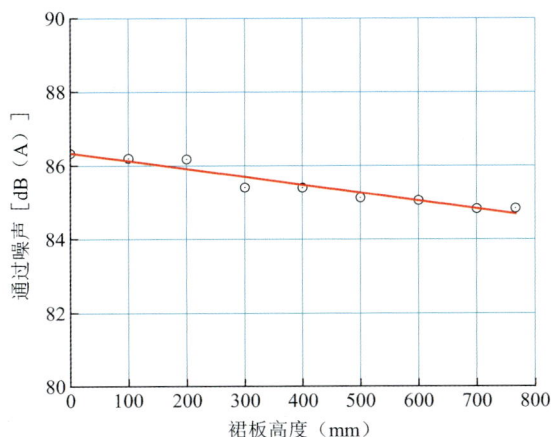

图 12-19　考虑转向架区域裙板的车外运行噪声预测结果

（4）应用吸声材料

基于转向架区域裙板高度对车外运行噪声影响的研究，高速列车在转向架上方车体外地板以及转向架区域裙板铺设吸声材料是非常必要的，可以有效减少对车外运行噪声的影响。表 12-13 给出了计算使用的一种吸声材料的吸声系数。

一种吸声材料的吸声系数　　　　　　　　　表 12-13

1/3 倍频程中心频率（Hz）	100	125	160	200	250	315	400	500	630
吸声系数	0.09	0.21	0.22	0.35	0.45	0.75	0.91	0.98	1.00
1/3 倍频程中心频率（Hz）	800	1000	1250	1600	2000	2500	3150	4000	5000
吸声系数	1.00	0.99	0.97	0.98	0.96	0.91	0.87	0.85	0.82

针对转向架区域吸声材料的铺设，可以考虑以下 7 种方案，见表 12-14。

不同加装吸声材料方案的仿真试验　　　　　　　　　表 12-14

方案	仿真情况
方案 1	转向架区域无裙板、仅在其上方车体外地板铺设吸声材料
方案 2	转向架区域 200mm 裙板、仅在其上方车体外地板铺设吸声材料
方案 3	转向架区域 200mm 裙板、仅在裙板位置铺设吸声材料
方案 4	转向架区域 200mm 裙板、在其上方车体外地板和裙板位置铺设吸声材料
方案 5	转向架区域 300mm 裙板、仅在其上方车体外地板铺设吸声材料
方案 6	转向架区域 300mm 裙板、仅在裙板位置铺设吸声材料
方案 7	转向架区域 300mm 裙板、在其上方车体外地板和裙板位置铺设吸声材料

图 12-20 给出了高速列车匀速运行时，距离轨道中心线 7.5m 远、钢轨顶面 1.2m 高测点通过时段等效连续声压级随转向架区域吸声材料变化的变化规律。

由图 12-20 可见，高速列车匀速运行时，方案 1 至方案 7 在距离轨道中心线 7.5m 远、钢轨顶面 1.2m 高测点通过时段等效连续 A 声级依次为 86.1dB(A)、85.9dB(A)、86.0dB(A)、85.8dB(A)、85.1dB(A)、85.0dB(A)以及 84.8dB(A)。

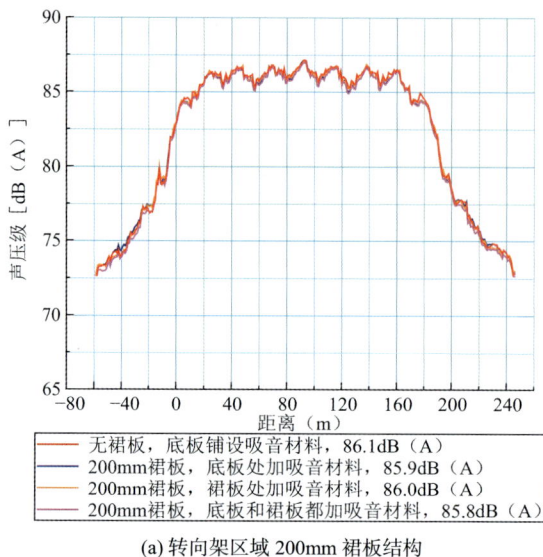

无裙板，底板铺设吸音材料，86.1dB（A）
200mm裙板，底板处加吸音材料，85.9dB（A）
200mm裙板，裙板处加吸音材料，86.0dB（A）
200mm裙板，底板和裙板都加吸音材料，85.8dB（A）

(a) 转向架区域 200mm 裙板结构

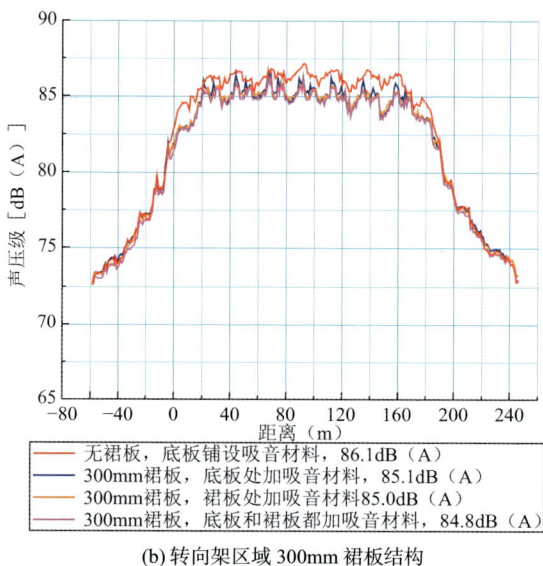

无裙板，底板铺设吸音材料，86.1dB（A）
300mm裙板，底板处加吸音材料，85.1dB（A）
300mm裙板，裙板处加吸音材料85.0dB（A）
300mm裙板，底板和裙板都加吸音材料，84.8dB（A）

(b) 转向架区域 300mm 裙板结构

图 12-20　考虑转向架区域吸声的车外运行噪声预测结果

故事

复兴号为什么更安静

　　高速列车车内噪声会影响乘客的乘坐体验和司乘人员的工作环境。如果车内噪声大，乘客就容易感到疲劳、烦躁，影响休息和心情；对于长期工作在高速列车上的司乘人员而言，车内噪声过大会对其听力系统产生不同程度的伤害，有可能产生头晕以及疼痛的感觉，使其反应迟钝、工作效率降低，严重时甚至会影响车辆的安全运行。如何降低高速列车车内噪声一直是研发人员攻关的重点。

2012年12月，中国标准动车组（复兴号）研制工作启动。总体要求是：坚持自主创新，遵循安全、经济、智能、舒适、绿色等原则，力求达到国际先进水平。针对噪声，由于国际上没有这个速度等级的噪声限值标准，我国要自己制定标准。中国铁路总公司在总结大量的实验数据基础上出台相关文件，对噪声限值标准进行了规定。

对于动车组来说，降低1dB噪声都极为艰难。为了让乘客乘车感觉舒适，在中国铁路总公司的组织下，来自国内主机企业、科研院所等多家单位的科技人员凝心聚力，携手攻关。项目团队运用分频段控制以及等声压级的设计策略，在隔声降噪方面，实现了从重隔声材料向材料与结构并重的理念转变，同时更加注重隔声降噪的系统化设计及其实际降噪效果。在降噪措施方面，刚开始时项目团队虽采用了最新降噪材料并加装了吸声装置，还在声学实验室内对不同材料和结构的隔声性能做了3000余次的对比实验，但降噪效果却仍未达到理想目标。这时集中力量攻坚克难的体制优势就发挥出来了，经过国内结构、流体、材料等领域的专家共同会商、反复研究发现，不能只从材料方面找原因，车载空调、风机等设备的吸气、排气造成的压差也会影响降噪效果。通过规范车载设备的降噪指标及改进设计，噪声终于又进一步下降，并最终实现了设计目标。复兴号动车组按350km/h运行时，车内噪声明显优于和谐号动车组，司机室及客室中部噪声降低约1~2dB，客室端部噪声降低约1~3dB。

中国标准动车组（复兴号）通过精细的材料选型、结构设计和系统改进，降低了车内中部和端部噪声，既确保了乘客乘坐的舒适度，又改善了司乘人员的工作环境。

第三节　车内主要装备

一　塞拉门技术

高速列车塞拉门是机械、材料、控制与通信等多技术集成的复杂机电系统，是乘务人员和乘客进入车内的通道。国内高速列车塞拉门系统广泛采用电控电动单开塞拉门，每节车左右各有一扇或两扇塞拉门，布置在每节车的端部（个别在中部）。塞拉门具有集控开和关、本地开和关、障碍检测、故障自诊断、自动和手动锁闭、隔离、紧急解锁、速度连锁保护等功能。塞拉门一般由操作人员在司机室控制开和关，在开启和关闭的过程中，门扇沿着导轨运行，实现沿车体长度和宽度方向的复合运动（即塞拉运动），门关闭后与门框塞紧，门外侧与车体外侧平齐；门开启后，门扇位于车体外侧，与车体相平行。

2013年以前，我国高速列车CRH系列外门系统采用欧系的外摆塞拉门和日系的内藏侧拉门，其控制、网络通信、驱动、锁闭、密封等核心部件由国外进口，在国内合资工厂组装完成，核心技术和产品一直由国外公司垄断。因此，打破国外技术封锁和市场垄断，自主开发出既安全可靠又符合中国国情的高速列车外门系统，并实现产业化，具有重大意义。复兴号动车组塞拉门的自主研发是一个长期的技术攻关和积累的过程，是能力和决心的双重考验，也是未雨绸缪的成果，更是全行业共同努力的结果。

1. 塞拉门结构与工作原理

（1）塞拉门结构

塞拉门系统主要由承载驱动机构、侧立集成组件（含锁闭机构）、门扇、整体门框、内外操作装置及门控系统等部件构成。门控器安装在承载驱动机构的罩板上，由电子门控器、执行器件（无刷直流电机、锁紧电磁阀、解锁电磁阀）、检测器件（敏感边缘、关到位、锁到位、紧急解锁、隔离开关）等部分组成，如图 12-21 所示。

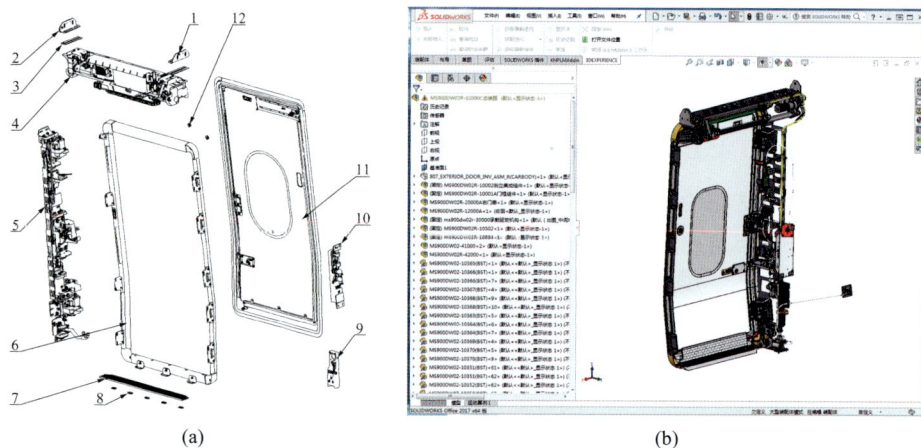

(a)　　　　　　　　　　　　　　(b)

图 12-21　塞拉门结构

1-安装板；2-安装板；3-调整垫；4-承载驱动机构（含门控系统）；5-侧立集成组件；6-密封门框组件；7-门口踏板；8-调整垫片；9-车外解锁装置；10-车内紧急解锁装置；11-门扇；12-偏心轮

（2）塞拉门工作原理

塞拉门的动作（可扫左侧二维码观看）由电子门控器控制，每辆车设有一个主门控器，采用多功能车辆总线（MVB）或以太网（ETH）连接至车辆网络，其余门控器通过控制器局域网（CAN）总线网络串联至主门控器。

塞拉门三维动画

塞拉门系统采用直流无刷电机作为驱动源。关门时，驱动门扇沿车长方向做直线运动，同时又沿车宽方向进行塞拉运动。当电机驱动门扇运动到门关到位时，门到位检测开关提供信号给门控器，通过电子门控器（EDCU）发出锁闭信号控制锁闭结构对门进行锁闭。塞拉门锁闭由主锁和辅助压紧装置两部分组成，主锁是带有二级机械锁闭功能的机械锁，设置在门扇后端；辅助锁通常上下两把，锁闭时靠压缩空气进行驱动，压缩空气进入辅助锁气缸和主锁锁闭气缸，将门扇前端与门框斜楔块压紧，门扇后端通过带有二级机械锁闭功能的主锁和两把辅助锁将门扇可靠锁闭，并实现车门和门框的四周密封。开门与关门过程相反，即需要进行解锁，通过让辅助锁气缸排气和主锁解锁气缸充气实现，而气缸的进排气由电磁阀控制，电磁阀直接由EDCU控制。其工作原理如图 12-22 所示。

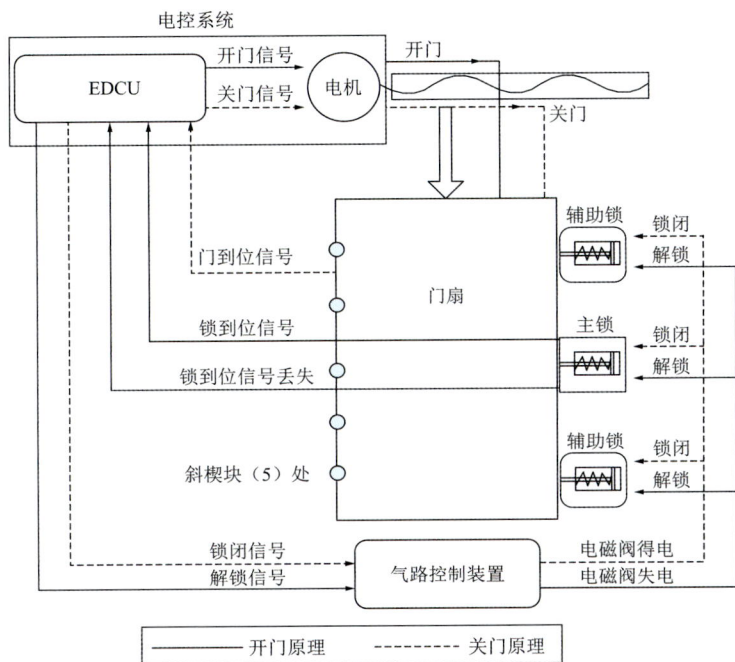

图 12-22　塞拉门工作原理

2. 复兴号动车组塞拉门技术

（1）承载驱动技术

① 承载驱动机构。

承载驱动机构承担整个门扇的重量并执行门扇的机械运动，其结构如图 12-23（a）所示。驱动电机通过齿形皮带转动丝杆，丝杆通过携门架上的螺母副在长导柱和短导柱的配合下，带动上滑道滚轮沿车体长度和宽度方向进行复合运动（即塞拉运动），运动原理图如图 12-23（b）所示。

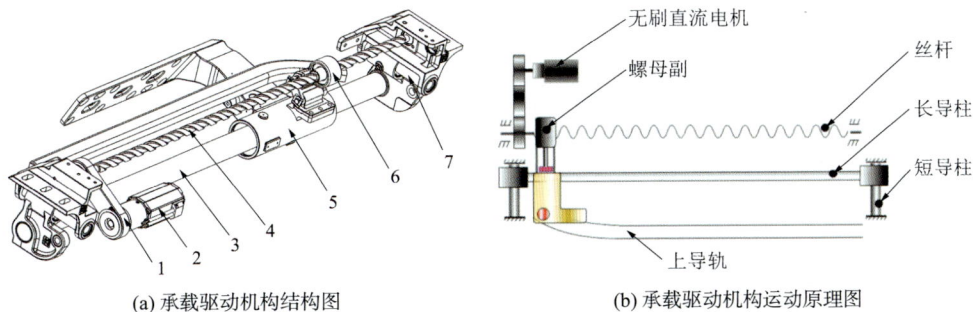

(a) 承载驱动机构结构图　　　　(b) 承载驱动机构运动原理图

图 12-23　承载驱动机构构图和原理图

1-传动皮带；2-驱动电机；3-长导柱；4-丝杆；5-携门架；6-螺母副；7-短导柱

713

② 承载驱动系统的计算。

驱动机构涉及运动控制，分别对开关门速度、驱动力矩和功率进行计算。

a. 开关门速度的设计。

为防止冲击及挤压旅客造成危害，开、关门采用分段运动速度，门的运动速度曲线如图 12-24 所示。

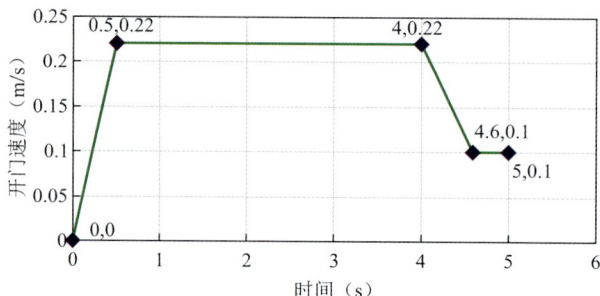

图 12-24　开关门速度曲线

b. 驱动力、力矩和功率的计算。

关门力、传动力矩和传动功率的经验公式如下：

$$F_{关门} = F_{关门阻力} \cdot K \tag{12-26}$$

$$T_1 = F_{关门} \cdot \frac{d_2}{2} \cdot \tan(\psi + \rho') \tag{12-27}$$

式中：d_2——螺杆中径，mm；

　　　ψ——螺纹升角，°；

　　　ρ'——当量摩擦角，°。

$$P = F_{关门} \cdot V_{\max} \tag{12-28}$$

式中：$F_{关门}$——最大关门力，N；

　　　$V_{\max}$——最大关门速度，m/s；

　　　P——电机功率，W。

门系统电机瞬时功率为 82.5W。

（2）安全锁闭与解锁技术

复兴号动车组塞拉门门扇前侧设置 5 个楔形块，后侧设置 1 把主锁、2 把辅助锁，形成多重锁闭、安全冗余，塞拉门锁闭约束分布如图 12-25 所示，主锁和辅助锁锁闭装置采用气动控制，气路系统原理如图 12-26 所示。气源采用额定压力 600kPa 压力空气，其主要实现气源过滤及调压、压力监控、主锁开锁和闭锁、辅助锁锁闭等功能。

每个车门均配备一把气动主锁和上下两把气动辅助锁，主锁采用机械二级锁闭，可确保在无电、无气故障情况下保持安全锁闭状态；辅助锁由电磁阀控制，该电磁阀同时受门控器及车辆列车线的双重控制。即便是门控器出现严重故障失效时，仍可通过车辆列车线独立控制辅助锁压下，从而保证行车过程中车门处于物理锁定状态而无法被打开。

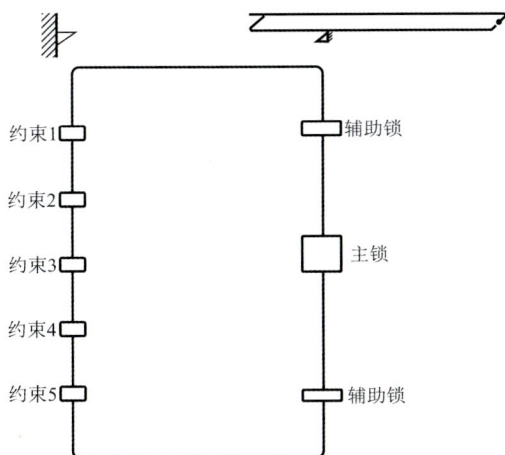

图 12-25　塞拉门锁闭约束分布示意

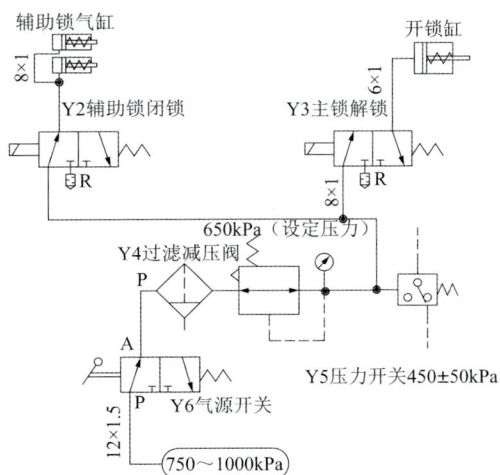

图 12-26　气路系统原理图

门控器收到集控关门信号后，执行关门程序：当电机驱动门扇运动至门关闭位时，门到位检测开关提供信号给门控器，EDCU 发出锁闭信号，门锁闭。此时主锁锁闭至一级机械锁闭位置；门控器控制电磁阀使压缩空气进入辅助锁气缸，辅助锁在气缸作用下压紧门扇并可靠锁闭，此时主锁在门扇的带动下进入二级机械锁闭位置，如图 12-27 所示。

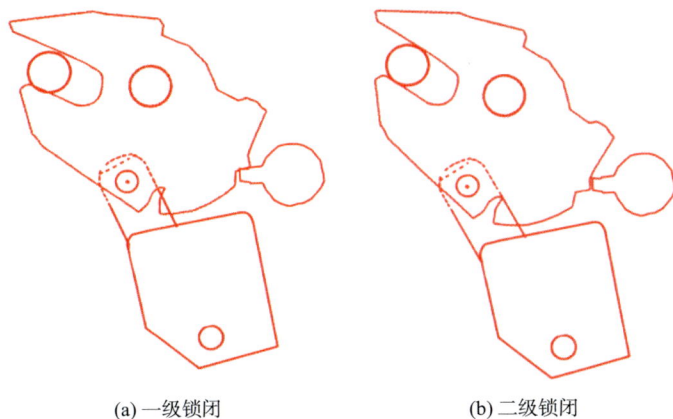

(a) 一级锁闭　　　　　　　　　　(b) 二级锁闭

图 12-27　主锁锁叉锁闭装置原理图

门控器收到集控开门信号后，执行开门程序：门控器中断辅助锁电磁阀 Y2 供电，辅助锁气缸放气并解除压紧，同时主锁解锁电磁阀 Y3 得电解锁；解锁后门扇在胶条反弹力的作用下离开门框约 6mm，这时门控器输出电流给驱动电机，电机通过齿形皮带带动丝杆、螺母副、携门架和门扇沿着上滑道退出弯道；随着门扇的打开释放关到位开关 S4，进入上滑道直线段运动到打开的最大开度位置停下，完成门扇集控开门。

在车内部和外部均设置紧急操作装置，通过四角钥匙或把手操作，可从车内或车外打开单个车门，操作手柄将直接带动钢丝绳进行机械解锁，避免因门控系统失电导致车门无法在紧急情况下打开。门控系统还设有紧急解锁电磁铁，在车辆正常供电且处于非零速的状态下可以限制紧急解锁操作装置的动作，避免乘客在行车过程中误触发解锁装置意外开门，同时在车门系统出现故障、乘务员操作隔离锁使门控系统退出服务时，紧急解锁电磁铁也会得电限制车门解锁，该电源来自车辆供电系统，可有效避免门控器故障导致的闭锁系统失效。

（3）车门电控技术

① 车门电控系统。

车门电控系统由 EDCU、执行器件（直流无刷电机、解锁电磁铁、电磁阀）、检测器件（内外侧敏感边缘，关到位、锁到位、紧急解锁、隔离、辅助锁开关等）等部分组成。车门电控系统控制原理如图 12-28 所示。

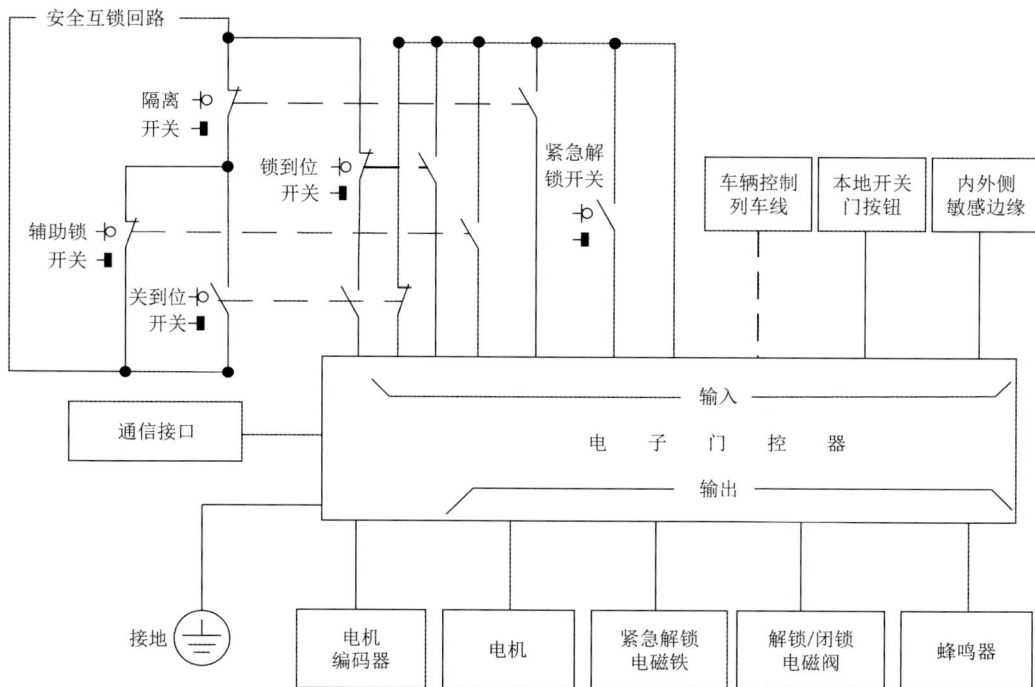

图 12-28　车门电控系统框图

车门电控系统通过行程开关及内外侧敏感边等检测器件判断车门的状态，通过门控器逻辑判断是否符合动作条件，之后输出信号给电磁阀及电机等执行器件实现车门的安全打开或关闭，同时通过通信接口将车门状态上报给车辆。

电机是车门的重要组成部分，在开关门时起到驱动门扇沿导轨运动的作用，在门控器接收到异常的开门状态信号后会直接控制电机堵转保证门不被打开，并尝试驱动车门回到闭锁位置，在车门完全打开时也会输出一个反向开门力以保持门扇位置固定，保证车门处于应有位置。

车辆的安全回路由门系统中的锁到位开关与关到位开关触点串联并与隔离开关和辅助

锁开关或关到位开关触点串联后并联组成。门扇靠电机或气路系统驱动触发上述开关，单个开关的故障可通过不同回路的信号差异分析出来。

为满足高速车门系统解锁开门功能的安全性设计需求，主锁及辅助锁的解锁功能采用硬件及软件冗余控制设计。在外部输入信号有效的条件下，控制器输出口控制电路激活，输出口可控制解锁电磁阀导通，带动解锁气缸动作，实现对主锁及辅助锁的解锁动作。

②电子门控器。

电子门控器（图 12-29）包括信号输入、输出信号接口、MVB/ETH 网络总线接口、电机接口和维护接口。采用高性能 32 位数字信号处理器 DSP 作为控制平台，具有最高可达150MHz 的工作频率。

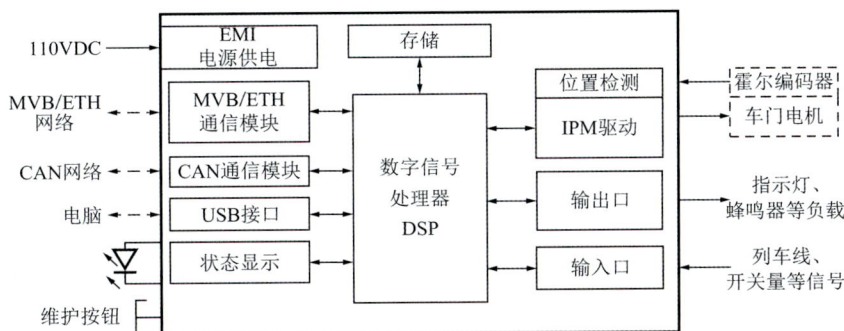

图 12-29　电子门控器

电子门控器的数字信号处理器 DSP 为电子门控器的主控芯片，负责向各电路模块发送指令实现门控器功能；EMI 电源供电模块负责外部电压的转换，供内部电路模块工作；存储器用于存储门控器运行过程中产生的数据和故障信息。

输入口将列车线及开关量等信号处理后传输至处理器，处理器处理后经输出口电路实现对外部负载的控制；电机驱动模块用于实现对车门的开关门、防挤压等运动控制。

通信模块及 USB 接口负责门控器与外界间的数据传输；状态显示模块通过数码管或二极管将车门当前状态可视化地呈现出来。

门控器安全电路是硬件电路中的关键模块。安全电路被信号激活后将输出电源给解锁电磁阀输出口供电。只有当安全电路有电源输出的情况下，软件才能进行逻辑判断。当符合解锁条件时，EDCU 控制输出口得电，解锁电磁阀可驱动气缸解锁开门，软件才可以控制电磁阀进行解锁。安全电路设置的目的是即使在软件出错的情况下，也能保证不会出现意外解锁的现象。

③车门系统软件。

车门系统软件模块间相互关系如图 12-30 所示。车门软件采用 C 语言和汇编语言混合编程的形式进行开发，采用结构化和模块化设计，软件整体架构可分成三层：硬件驱动层、应用层和高级应用层。

车门控制逻辑模块是系统软件的主要框架，由输入口扫描、控制逻辑处理和输出口刷新等三大部分组成，具备初始化操作、隔离功能、手动紧急解锁功能、障碍检测功能、开门功能、关门功能，以及指示灯、电磁铁控制功能、维护按钮功能等。

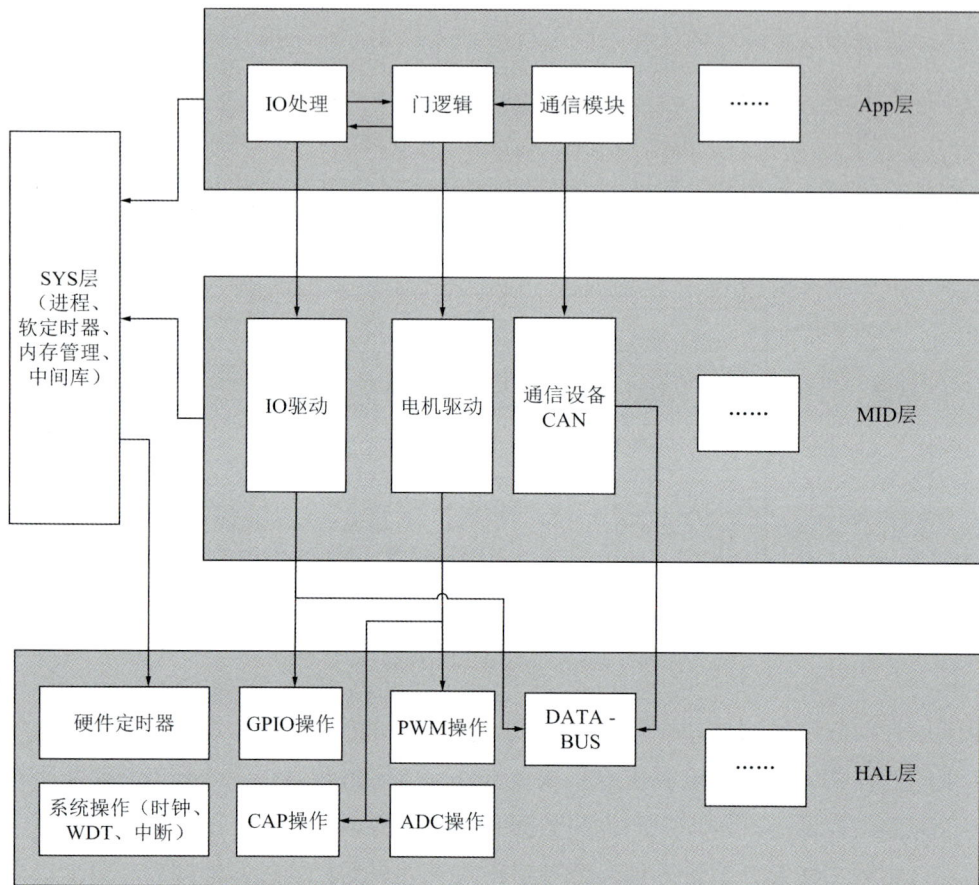

图 12-30　车门软件功能模块图

在程序的主循环内，每循环一个周期进行一次故障诊断，当有故障发生时，EDCU 将会通过通信网络上报故障信息通知司机处理，并在 ERROR 数码管实时的反映当前的最高优先级故障。

门控器可以存储电机的最新电流曲线，在下次开关门过程中，该模块依据最近一次所存储的电流曲线给电机控制模块指令值，使电机平稳运行，这为障碍检测功能奠定了基础。当电机电流实际值超过最新电流曲线一定限额后，障碍检测模块启动，同时这些数据也会提供给健康管理系统用于故障预警。

车门控制系统门控器具有电流环和速度环的高精度双闭环电机控制模块，可以使主控单元（MCU）高速、高效地输出脉宽调制（PWM）信号，从而准确、有效地控制无刷直流电机的运动，如图 12-31 所示。

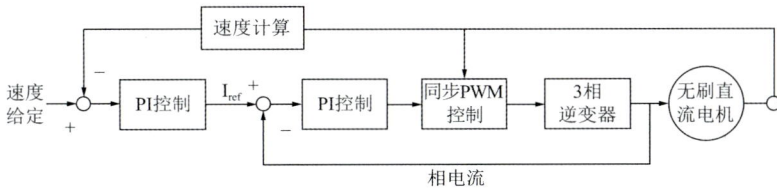

图 12-31　电机控制原理示意图

控制策略采用典型的比例-积分控制（PI）算法：

$$S_k = S_{k-1} + K_p(E_k - E_{k-1}) + K_i T E_{k-1} \tag{12-29}$$

式中：S_k——时间步k时的控制器输出（控制信号）；

　　S_{k-1}——前一时间步$k-1$的输出值；

　　K_p——比例增益系数；

　　E_k——时间步k的误差值（E_k = 设定值 − 测量值）；

　　E_{k-1}——前一时间步$k-1$的误差值；

　　K_i——积分增益系数；

　　T——采样时间（即时间步$k-1$到k的间隔）。

门系统软件会实时监控门系统的状态，对各种故障进行实时诊断。若故障导向安全，诊断出来的故障，在上报列车网络并在司机室 HMI 上显示的同时，也会存储到本地存储器中，用于事后故障调查和分析。

（4）车门网络通信技术

车门系统与车辆之间的通信采用多功能车辆总线（MVB），是列车通信网络（TCN）的一部分，遵循《铁路电子设备　列车通信网络（TCN）》（IEC 61375）标准，广泛应用于轨道车辆系统中。近年来，随着列车智能化和高速化的发展，以太网通信（ETH）也逐渐被引入到列车通信网络中。车门控制单元是通向 MVB 的接口，每辆车设有一个主门控器通过 MVB 连接至车辆网络。车门系统在同一车厢之间的通信采用控制器局域网（CAN）总线，是一种标准化的串行通信协议，遵循《控制器局域网络（CAN）》（ISO 11898）标准。在 CAN 总线上，每个节点都可以发送和接收消息，节点之间可以实现并行通信。

塞拉门采用的网络通信主要包括图 12-32 所示的两种典型拓扑结构。

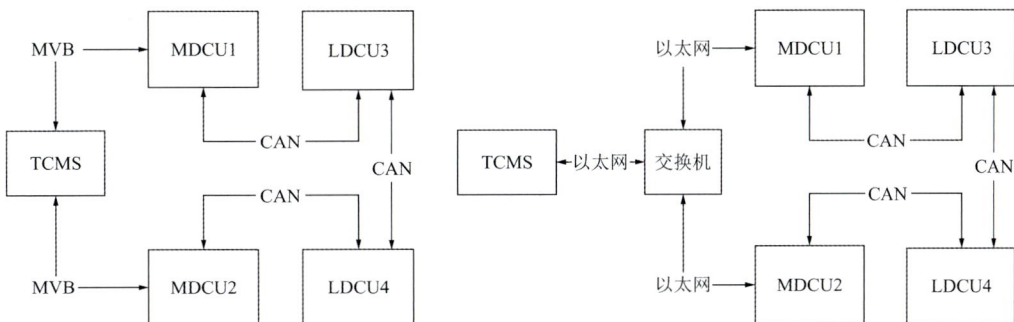

图 12-32　单节车厢内两种典型的网络拓扑结构

（5）门扇隔声技术

① 隔声量计算。

车门通常在端部区域，隔声减噪对端部噪声影响很大，因此车门的隔声方案及隔声量计算非常重要。

$$\tau = W_t/W = I_t/I = p_t^2/p^2 \tag{12-30}$$

式中：τ——透射系数；

$\qquad W_t$——透射声功率，W；

$\qquad W$——入射声功率，W；

$\qquad I_t$——透射声强，W/m²；

$\qquad I$——入射声强，W/m²；

$\qquad p_t$——透射声压，Pa；

$\qquad p$——入射声压，Pa。

隔声量计算为下式：

$$R = 10\lg(1/\tau) \tag{12-31}$$

式中：R——隔声量，dB。

② 单层均匀板隔声频率特性。

声波在板中传播实际是声波使板产生振动，从而向另一侧辐射，均匀单层板的隔声量频率特性曲线如图 12-33 所示。通过均匀单层板的隔声量频率特性曲线可以看出，隔声量和板的刚度、面密度、阻尼和吻合频率等有关。

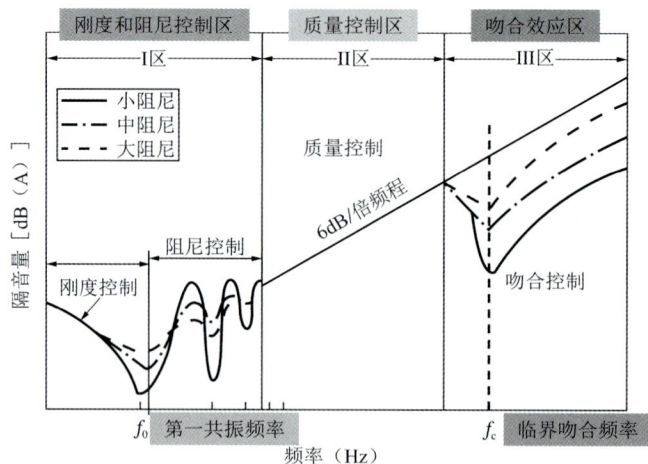

图 12-33　单层均匀板隔声频率特性曲线

③ 组合结构的隔声。

根据隔声量的定义：$R = 10\lg(1/\tau)$，其中，$\tau = \dfrac{W_t}{W}$。

如果系统由N部分组成，第i部分的隔声量、面积和投射系数为R_i，S_i，τ_i，则系统的隔声量为：

$$R = 10 \lg \frac{\sum_{i=1}^{N} S_i W_i}{\sum_{i=1}^{N} S_i W_{t_i}} = 10 \lg \frac{\sum_{i=1}^{N} S_i}{\sum_{i=1}^{N} S_i \tau_i} = 10 \lg \frac{\sum_{i=1}^{N} S_i}{\sum_{i=1}^{N} S_i 10^{-R_i/10}} \tag{12-32}$$

④ 型材隔声理论。

型材按结构分为有封闭腔和没有封闭腔两种，均按面密度相同的单层板隔声理论进行研究。本研究型材按照等刚度来简化，同时入射声波或透射声波的投影面积保持不变，并且简化后的质量不变，则面密度就保持不变。

⑤ 玻璃的隔声量。

中空玻璃的隔声原理可以运用双层薄板的隔声理论进行计算，根据实际的检测数据和双层薄板的隔声理论可以把中空玻璃的隔声公式归纳为：

$$\begin{cases} 2 \lg M \left(1 - \dfrac{2f}{f_{mam}}\right) + 5 \lg d + 32 & \left(f < \dfrac{f_{mam}}{2}\right) \\[2mm] 20 \lg M + 18 \lg f + 10 \lg d - 26 & \left(\dfrac{f_{mam}}{2} < f < \dfrac{f_{c2}}{2}\right) \\[2mm] R_1 + R_2 + 15 \lg d - \dfrac{10 \lg \dfrac{\eta_1 + \eta_2}{2}}{\lg 2} \lg \dfrac{f}{f_{c2}} + 11 & \left(\dfrac{f_{c2}}{2} < f < f_{c2}\right) \\[2mm] R_1 + R_2 + 5 \lg d - 9 & (f_{c2} < f) \end{cases} \tag{12-33}$$

式中：　f——入射声波频率，Hz；

M——两片玻璃总面密度，kg/m²；

d——空气层厚度，mm；

R_1——单层玻璃 1 隔声量，dB；

R_2——单层玻璃 2 隔声量，dB；

η_1、η_2——玻璃损耗因子，无量纲；

f_{mam}——吻合临界频率，Hz；

f_{c2}——较薄玻璃的临界频率，Hz。

⑥ 门扇隔声量计算校核。

计算框架、玻璃、填充材料隔声量，按照组合结构的隔声原理进行组合。根据标准《建筑门窗空气声隔声性能分级及检测方法》（GB/T 8485）计权，计算高速列车塞拉门门扇的计权隔声量为 35dB。

（6）门扇隔热及耐低温技术

① 门扇结构及热源传递路径分析。

图 12-34 是高速列车客室侧门门扇的内部件结构。

高速列车塞拉门门扇热源传递路径如图 12-35 所示。

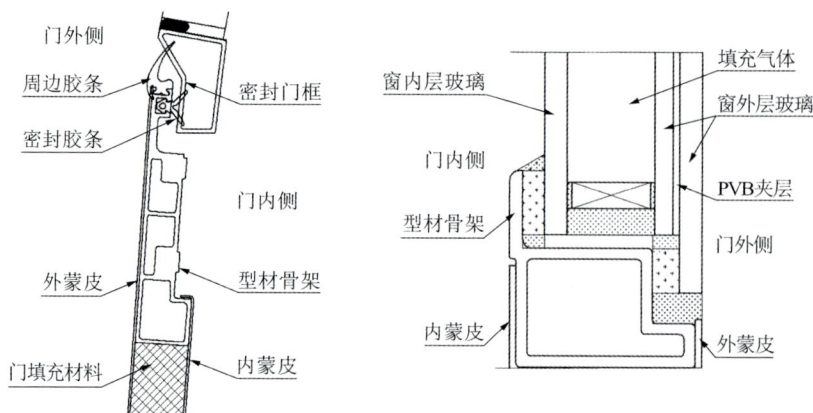

图 12-34　门扇结构

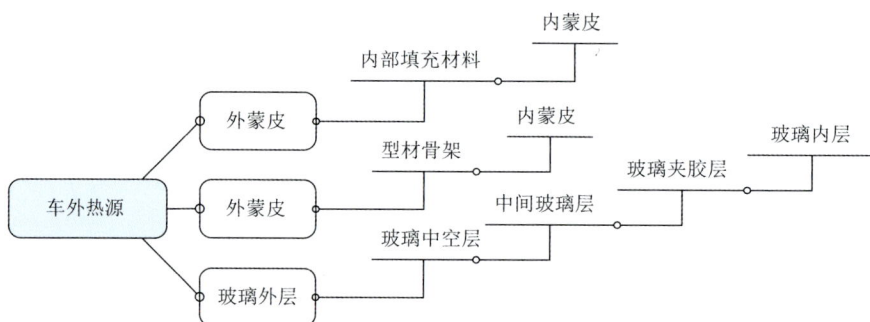

图 12-35　门扇热源传递路径

② 隔热性能改进措施。

车外热源主要通过图 12-35 的三个路径传递至车内。热传递过程中主要部件的热导率都对门扇的传热系数（K 值）产生影响，复合材料的应用可以减小门扇的传热系数（K 值）。通过分析"外蒙皮-型材骨架-内蒙皮"的传热路径，现车的塞拉门都为热导率为 203W/(m·K) 的铝合金材料，由于传热系数与厚度有关，而蒙皮的厚度总共只有 3mm，是铝型材厚度 7.5%，蒙皮的材料改进对传热系数的贡献不大，因此将在外蒙皮和型材骨架之间增加 10mm 厚的隔热材料（采用热导率为 0.08W/m·K 的非金属复合材料，如环氧树脂板等）来阻断热桥。

中空玻璃的传热系数由试验确定为 1.5W/(m²·K)，复合材料的热通量取为 20W/(m²·K)，门框型材的热通量为 300W/(m²·K)，门框型材的表面面积为 0.91mm²，玻璃表面面积为 4.7mm²，复合材料的表面面积为 8.6mm²，总面积为 22.4mm²，内外表面的温差为 20.3℃ − (−19.6)℃ = 40℃。则门体平均传热系数为：$\frac{300}{40} \times \frac{9.1}{22.4} + \frac{25}{40} \times \frac{8.6}{22.4} + 1.5 \times \frac{4.7}{22.4} = 3.65$W/(m²·K)。

门体平均传热系数为 3.65W/(m²·K) < 3.9W/(m²·K)，符合隔热要求。

③ 耐低温技术。

主要通过材料选择、结构设计、润滑改进来确保门系统耐低温。考虑到密封胶条低温时弹性会有所下降，且在车外的橡胶件可能会受到冷凝水结冰的影响，因此要采用温度适应范围更广的硅橡胶，可以保证低温下可靠密封。另外，在低温条件下，金属材料仍应具有相当的韧性才能使系统可靠工作。门系统重要承载件的材料和结构需要满足抗低温的要求。而不锈钢材料和铝合金具有面心立方晶格结构，因此不存在脆性转变温度，在低温环境下仍能保持良好的塑性与韧性。因此，关键承载件以及与外部直接接触的零部件采用具有良好低温适应性能的不锈钢或铝材质。

（7）门系统密封技术

高速列车运行受到压力波时，门扇有一定变形，因此密封结构与门板的刚性关系很大。采用多点压紧和锁闭系统，门扇前部设置 5 个约束点，门扇后部设置一个主锁和两个辅助锁提供密封胶条的压紧力。

密封胶条压缩量理论设计为 5mm，考虑了门扇轮廓误差、密封框轮廓误差、会车压力波时门扇的变形。高速列车塞拉门门板上设置多重的胶条，最外侧为辅助密封胶条，用于保护内密封胶条不受运行时的异物损坏，辅助密封胶条与内密封胶条共同形成高速列车塞拉门的密封系统。双唇密封结构如图 12-36 所示。

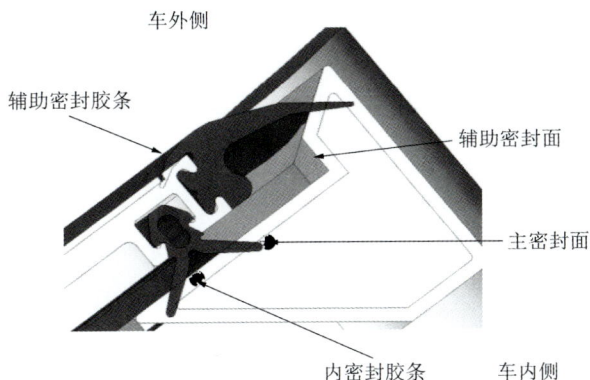

图 12-36 密封结构

（8）试验验证

塞拉门各项技术性能和功能要通过一系列的试验来验证，包括功能试验、低温性能试验、静强度试验、气压载荷试验、隔声性能试验、隔热性能试验、耐冲击和振动性能试验、水密性能试验、气密性能试验、耐久性试验等。

故事

机会总是留给有准备的人

塞拉门是高速列车的关键部件，是机电一体化的复杂系统，它关系到高速列车的运行安全和旅行舒适度。在世界范围内，各供应商的塞拉门设计不仅有独特的机械机构，依赖通信技术的支持，还通过技术专利保护其知识产权。

20 世纪 90 年代末，我国康尼公司开始研究塞拉门技术，以创新设计的机械结构突破了国外的技术封锁；2002 年，又为我国自主研发的先锋号动车组配套研制了 MS800CP 塞拉门，这是国内首次研发的动车组用塞拉门，也为我国后续自主研发 CRH 系列高速动车组客室侧门打下了基础。其后又开始研究 MVB 通信技术，在上海地铁一号线扩编项目上成功运用。对于高速列车，引进国外技术之初，该公司也曾提出自主化建议，但是需要等待外方转让车门整套技术及 MVB 通信协议。

康尼公司因为有研发基础不想等，下决心与国内主机厂联合开展自主化研究，因此公司组成了一支技术团队，大家以满腔的热情投入到技术攻关中。

若要实现自主产品对国外产品的替代，尽管机械部分研发难度较大，但仍可借助各类地面试验与静态装车测试验证关键技术。然而，攻克车门网络通信技术难关，才是真正的攻坚战。从 2007 年开始，技术团队在长客股份和唐车公司的帮助下，开始对 CRH 系列动车组车门系统通信接口协议进行反复研究分析，经过不懈的努力，终于攻克了塞拉门网络通信难题。2008 年国庆节前夕，在长客股份 CRH5 型车上自主化高速列车门装车试验成功；2008 年最后一天，在唐车公司 CRH3 型车上又一次装车试验成功。

2013 年 4 月，CRH3/CRH380BL 高速列车塞拉门项目通过了中国铁路总公司组织的专家评审，由此开启了我国高速列车门自主产品替代进程，并为后来自主研发中国标准动车组（复兴号）提供了自主化的国产塞拉门。不仅如此，印尼雅万高铁动车组上也配装了我国自主研发的塞拉门。

如今我国自主研发的高速列车塞拉门已获得授权发明专利 70 件（包括国际专利 11 件），并制定了动车组车门行业标准，其产品被列为了国家战略性创新产品。

二　空调技术

轨道交通车辆从 20 世纪 90 年代的 25 型车（车长 25.5m）开始配装了空调，根据旅客数量的不同，在车顶端部安装一台或两台单元式空调。早期采用过低压电器控制，也使用过可编程控制器（PLC）控制，温度控制采用日本欧姆龙公司温控仪进行调节。这个阶段由于以单车为单位进行控制，导致低压电器数量多、故障频发、控制复杂。

进入高速列车时代后，随着计算机技术和网络技术的发展，空调控制技术实现了列车集中控制，并向变频无级控制和智能化发展，空调舒适性大大提高；空调的零部件也向小型化、轻量化发展，和列车融为一体。随着仿真能力和试验能力的提升，空调系统的功能和配置更加科学化、人性化。同时因为速度的提升带来了噪声的提高和隧道工况的压力波增大等技术难题，这需要从空调的结构和控制着手解决。

1. 空调系统工作原理及结构

车内空调系统是为旅客服务的重要系统部件，有单元式和分体式两种类型。单元式空调是将风道和控制以外的部件集中在一个箱体内，一般安装在车顶；分体式空调将风道和控制以外的部件一部分放在车顶，一部分放在车下。无论哪种安装方式，工作原理是一致的。空调系统的主要作用是从车外引进新风，与车内的循环空气混合后进入空调机组，经空调机组制冷或加热后通过风道送入客室，同时车内电气柜、卫生间、厨房等区域的一部分废气经废排风道和废排单元排出到车外。客室空调系统按照工作原理可分为进风系统、制冷及温度控制、制热及温度控制、送排风系统四个部分，如图 12-37 所示。

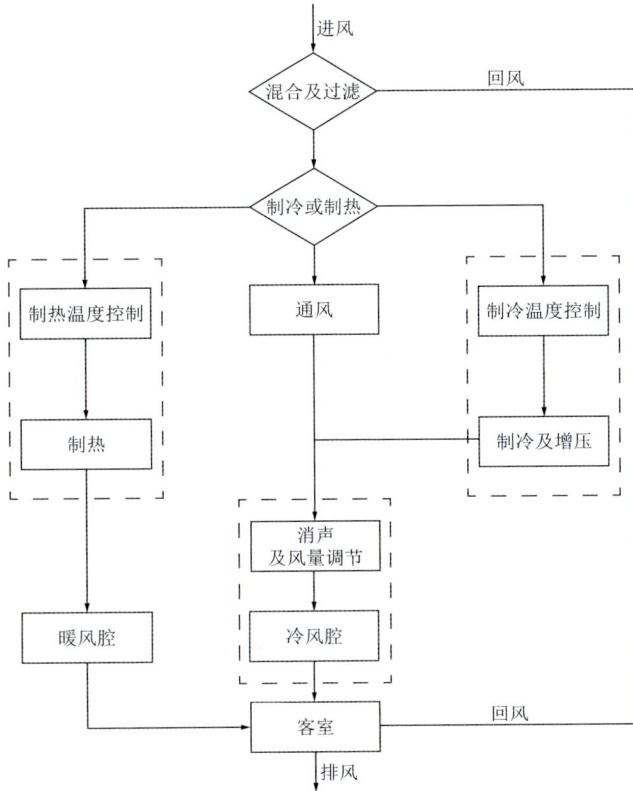

图 12-37　客室空调系统工作原理图

（1）进风系统

进风系统需要将车外的空气通过过滤、混和送到制冷、制热系统。而对于高速列车而言，进风不仅需要调整，还需要控制，特别是车速高或长隧道的工况下还需要进行压力保护控制，通常采用被动式压力波保护系统。

被动式压力波保护系统主要由压差传感器、压力波控制装置、压力波气动风门组成。压差传感器位于头车前部两侧，每个头车可设 2 个；压力波控制装置一般集成安装在头车。当列车会车或通过隧道时，位于头车的两个压差传感器检测到车外的压力波动，并将此信号以电流形式传递给压力波控制装置。压力波控制装置接收到此信息后输出一个电压信号，控制各车空调控制柜的控制继电器，使新风压力波保护阀和废排压力波保护阀门动作并关闭，要求响应时间迅速，防止车外压力波动传入车内，从而将车外的压力波动与车内隔开，此时客室进入全回风模式。为避免列车进入长隧道时新风和废排风门关闭时间过长引起车内 CO_2 含量上升，压力波控制逻辑中设定强制开阀逻辑，比如当新风和废排风门关闭超过 10min 时，会强制将压力波风门打开 5min，引入新风，避免车内 CO_2 浓度过高引起旅客不适。当列车驶出隧道时，车外的压力波动信号消失，压力波风门被释放；为避免所有风门瞬时打开造成车内外压差变化过大，压力波保护控制采用延时的方式将每车压力波风门以一定的时间间隔按顺序打开。被动式压力波保护原理示意图如图 12-38 所示。

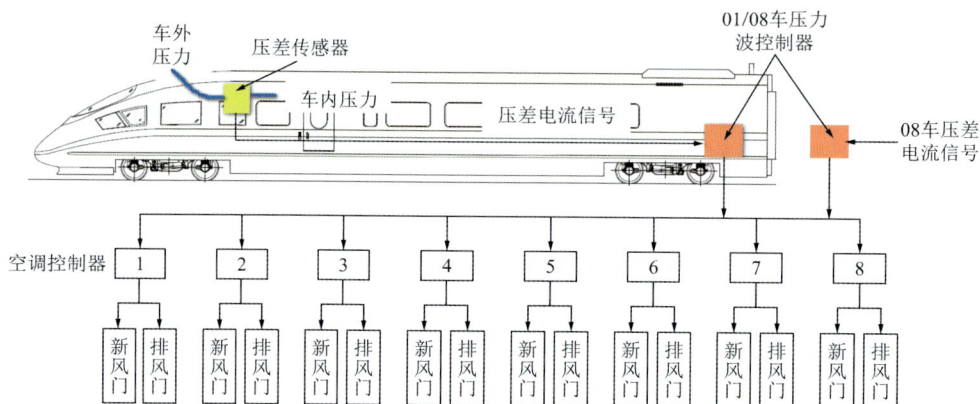

图 12-38　被动式压力波保护原理示意图

（2）制冷、制热系统

空调系统制冷原理如图 12-39 所示，其过程是：根据相关控制指令压缩机将低压低温气体压缩成高温高压的制冷剂蒸汽，进入风冷凝器，经外界空气的强制冷却，冷凝成常温高压液体，进入节流原件节流降压成低温低压液体，然后进入蒸发器，吸收通过蒸发器的空气热量，而蒸发成低压蒸汽，再经过气液分离器，被压缩机吸入，完成一个制冷循环。由于压缩机不断工作，达到连续制冷效果。

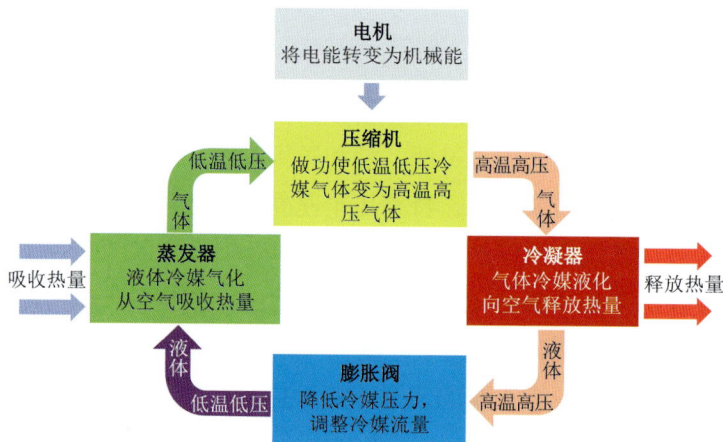

图 12-39　空调系统制冷原理图

高速列车客室制热系统由空调机组加热器、风道加热器、通过台加热器、卫生间加热器等组成。工作过程为车内循环空气及新鲜空气通过机组配备的电热器和通风机，使被加热的空气通过车顶风道各格栅向车内送热风，从而使车内温度缓慢上升并保持一定的舒适温度。

（3）送风系统

送风系统是把处理好的新鲜空气输送到客车车厢内，把需要排出的污浊空气输送至车外。风道的形状和布置将直接影响车内气流组织和空调体感效果。列车的风道可由各种不同的材料制成，从早期的玻璃钢风道，铝蜂窝、铝合金风道到目前应用比较广泛的复合材料风道。我国经过多年的研究，在重量、降噪、成本各方面都得到了长足的进步；结构形式也可以有很多不同的构造和断面。优化风道设计参数和结构对于送风效果和室内噪声至关重要。送风道分暖风道和冷风道，风道内部直接设有加热管，并带有电动调节阀，可根据季节调整冷、暖风在不同风道内的分配比例,冷风主要走中顶风道,暖风主要走两侧风道。

2. 复兴号动车组空调特点

复兴号智能动车组空调机组采用顶置式嵌入安装，并采用变频空调机组。变频空调机组内设置变频器和变频压缩机，由变频器驱动变频压缩机，启动电流从 0 开始，对辅变电源无启动电流冲击。整列车空调机组可同时启动，不必分时启动，有效减少全列空调机组启动时间。通过压缩机运行频率的变化控制，可以调节空调机组的制冷量，车厢温度变化更平稳，波动小。夏季高温季节，车内乘客较多时，可以使压缩机高频运行，增大空调机组的制冷能力，使车厢温度更快地达到设定温度；过渡季节或车内定员较少时，可以低频运行压缩机，有效除湿，增加乘客舒适度。

复兴号动车组空调系统按照结构分，主要包括客室空调机组、废排装置、压力波保护装置、空调控制柜、司机室空调机组、温度传感器、风扇、电加热器等零部件，如图 12-40 所示。

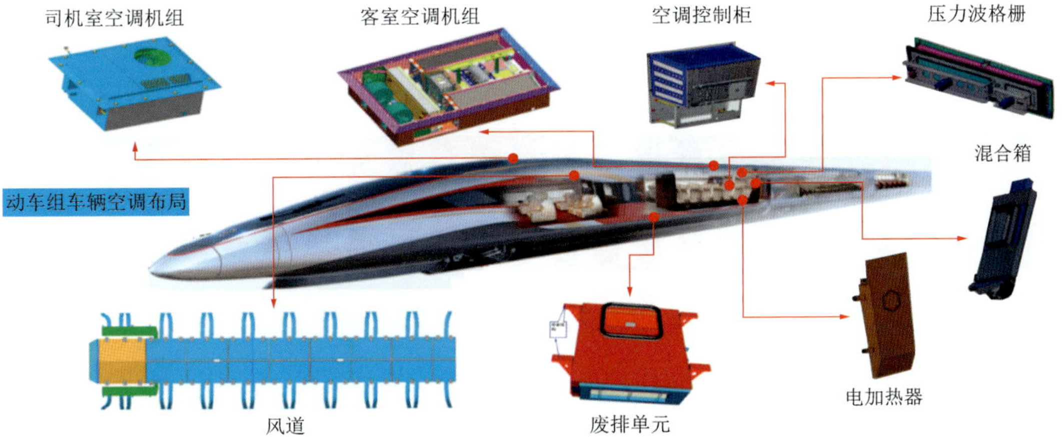

图 12-40　复兴号动车组空调系统组成

具体特点如下：

① CR400BF 型动车组司机室空调机组采用单元集中式布置，空调机组采用完全嵌入式安装结构，如图 12-41 所示，机组安装后与车体轮廓保持一致，使车体更加平顺化，有效降低气动阻力带来的噪声，列车的整体美观性也大大提升，在机组的四周贴有密封条，与空调安装框压缩密封，保证车体气密性。

② 送风道、回风道、排风道布置主要考虑气流组织，以保证温度均匀性，并满足隔声指标。CR400BF 型动车组风道布置如图 12-42 所示。

③ 客室内温度传感器布点考虑均匀、合理，数值反馈更加精准，以便提升控制器自动控制精度。温度传感器布置如图 12-43 所示。

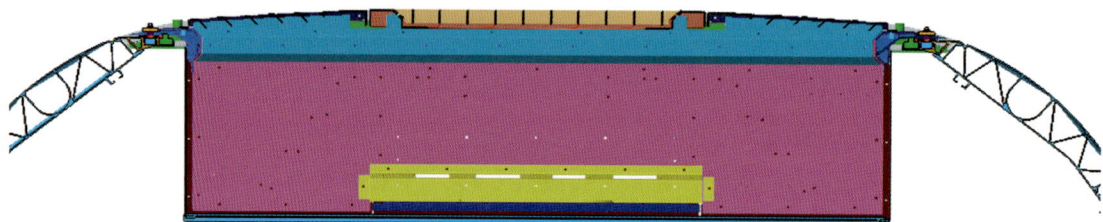

图 12-41　完全嵌入式空调机组安装图

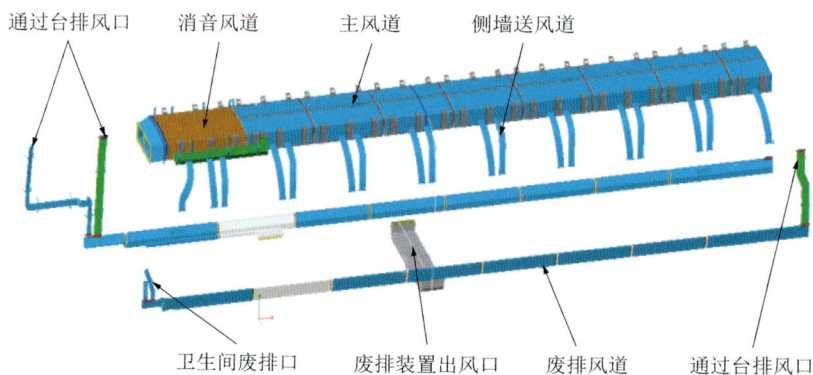

图 12-42　CR400BF 型动车组风道布置图

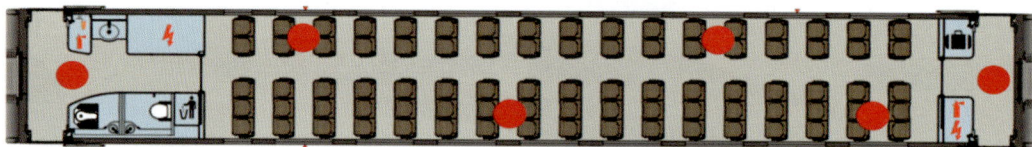

图 12-43　复兴号动车组温度传感器布置图

④ 空调机组采用变频技术，机组内设置变频器和变频压缩机。空调机组可根据载客量变化及新风温度变化，自动调节压缩机输入电压及频率，控制制冷量输出，减小车厢内温度波动，提高客室舒适度的同时，避免了压缩机频繁启停，降低了空调能耗，与定频空调相比调温精度更加精确。变频空调与定频空调调温精度对比如图 12-44 所示。

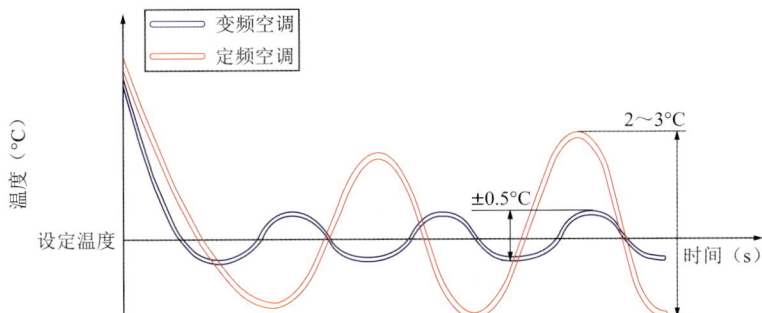

图 12-44　变频空调与定频空调温控精度对比

3. 技术指标与试验

空调系统技术指标主要包括：制冷能力、制热能力、室内空调微风速、车厢内温度分布、循环风量、新鲜空气量、空气清净度、车内压力控制、司机室暖风量和应急通风量。空调系统的试验通常按照《铁路应用　主干线轨道车辆空调　舒适度参数和定型试验》（EN—13129）、《铁路车辆空调　第 2 部分：型式试验》（GB/T 33193.2—2016）等标准要求进行静态试验和动态试验。由于空调的部件分散在车辆多个部位，对于新设计车型而言，空调的配套验证是非常重要的环节。

三　风挡技术

动车组车辆之间通过车钩和风挡进行连接，其中风挡是动车组车厢间的柔性部分，满足相邻的两个车厢相对运动，并为乘客提供一个安全舒适的通道，是旅客列车的重要组成部件。随着速度提升车辆端部噪声指数增长，而风挡是隔声的重要环节。风挡的难点主要在于结构和材料，既要满足回转和通过能力要求，还要满足隔声、隔热以及重量和模态要求，设计和制造难度很大。2005 年，与高速铁路技术引进同步，国内引进了和谐系列 CRH1、CRH3 和 CRH5 折棚风挡产品并与国外厂家合资建厂，以期市场换技术。在外方的层层防备下，依靠原理图纸，以及多年来对实物产品的接触了解，我国启动了国产化仿制。国内原材料厂家联合攻关，十年磨一剑，研发解决了关键的海帕龙（CSM）棚布和硫化弯头棚布等核心关键材料；还开发了第一代位移试验台，解决了国内无法模拟和验证产品在列车车辆轨道上的通过性能问题；开发了满足复兴号系列动车组气密测试、试验平台。2014 年，我国启动八轴机车研制项目，其过程中提出开发新的折棚内风挡。国内风挡设计人员依托现有技术积累与株机厂、大连厂、大同厂、戚墅堰厂几大主机厂联合展开技术攻关，成功完成了设计、试验和样件产品的研发，满足了主机厂的需求。2015 年 9 月，外方撤资，不再提供风挡技术及原材料。自主化风挡研制团队利用积累的技术及大量和谐系列风挡使用案例经验，积极沟通，研发了符合中国标准要求的中国复兴系列 CR200、CR300 和 CR400 全系列风挡，并在此基础之上，建设了国内首条复兴系列内外风挡的生产线，保证了高速列车风挡的供应。

1.风挡的结构和材料

风挡主要分外风挡、内风挡。

外风挡主要有压缩式外风挡和非接触式外风挡。压缩式外风挡包括橡胶外风挡和折棚外风挡。外风挡根据包覆结构可分为半包外风挡、全包外风挡。外风挡采用橡胶材料，具有足够的强度、弹性及良好的阻燃、隔声、隔热和防腐性能。

内风挡主要由折棚、渡板、踏板等组成。折棚风挡的折棚由棚布缝制而成，中间用型材框架将其固定。连接架凹槽内嵌密封胶条，风挡对接时起密封作用，连接框上可设有锁闭机构，通过锁闭机构将两个车厢连接起来。

折棚棚布一般采用可燃性低、隔声性能好的材料制成，可承受高速运行时所带来载荷受力要求，其形状被制成可折叠的波纹状。材料通常有两种，一种是 CSM 海帕龙（氯磺化聚乙烯），它是一种以聚乙烯为主链的饱和弹性体，具有优异的耐臭氧性、耐候性、耐热性、难燃性、耐水性、耐化学药品性、耐油性、耐磨性等优点，内部复合有编织布，可大大提高布料的抗拉强度和抗撕裂强度，正常使用寿命为 12～15 年，基本满足轨道交通车辆五级修时间要求；另一种是硅胶棚布，相比于 CSM 棚布，硅胶棚布有着更优的耐低温性能，但其耐老化、耐候性、机械性能以及耐磨性较差。

风挡设计需要把结构和材料结合起来，在复杂车端工况下，达到强度和模态、气密和水密性、隔声和隔热等技术指标要求，实现回转和通过能力最优。

2.复兴号动车组风挡技术

复兴号动车组内外风挡系统动画可扫二维码观看。

（1）技术指标及难点

动车组车辆间的外风挡在不得影响车辆的相对运动情况下，要满足降低运行阻力、减少气流影响的要求，避免产生异常噪声或振动。

复兴号动车组
风挡系统

内风挡采用双层折棚气密风挡，要起到对噪声、水、雪及外气压力的密封，同时要达到通道净通过高度不小于 1950mm、净通过宽度不小于 820mm、传热系数 K 不大于 3.15W/(m²·K)、计权噪声降低量 NRw 不小于 36dB、气密性指标要达到从 4000Pa 降低到 1000Pa 的时间大于 60s 的要求。因此复兴号动车组风挡的技术非常具有挑战性，需要对风挡进行气动减阻设计优化，提供更好的声学舒适性，减少环境噪声污染，并要轻量化设计。

（2）内风挡技术

时速 350km 复兴号动车组的内风挡为一体式双层折棚包车钩结构，包括双层风挡组成、过渡板组成、镶嵌式渡板组成、踏板组成、滑动支架组成、板簧、板簧座、压板组成、轮架体组成，如图 12-45 所示。

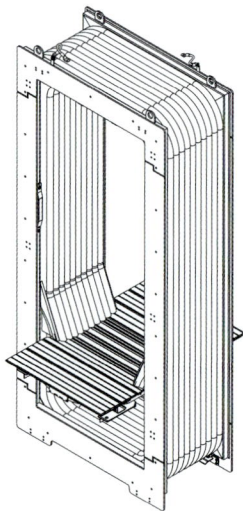

图 12-45　内风挡结构图

双层折棚组成和过渡板组成安装到车上后组成一个封闭的通道，起到对噪声、水、雪及外气压力的密封。镶嵌式渡板组成、踏板组成、轮架体组成、板簧、板簧座、压板组成、渡板支座组成一起组成一个安全通道，满足在车辆运行时旅客从一个车厢到另一个车厢的安全通过，为旅客提供平缓的安全通道。

内风挡中间型材采用一种创新中空型材端面结构，如图 12-46 所示，通过有限元分析，模拟位移计算以及强度计算，提高夹布型材的截面惯性矩，增加型材强度，降低了重量。

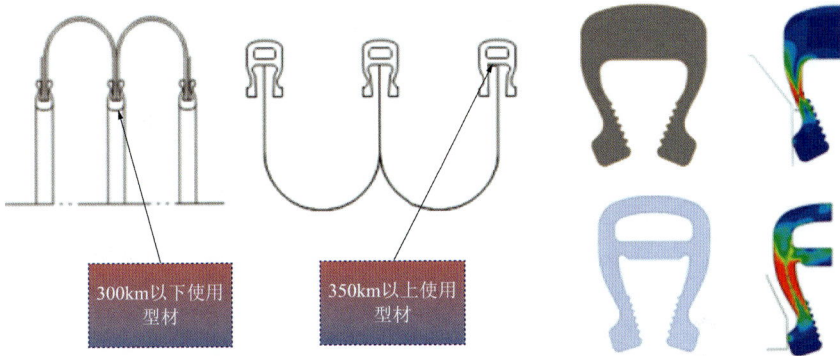

300km以下使用型材

350km以上使用型材

图 12-46　中空型材断面和有限元轻量化设计

车间连接处车体轮廓存在高度差、左右错位是必然现象，车辆高速运行时很容易在这些区域形成湍流，导致该处气动噪声急剧升高，如何用风挡把两个车体连接起来既保证良好的通过能力，又能实现隔声降噪是重要技术难点。因此，内风挡折棚材料为 CSM 复合橡胶棚布，采用外层棚布—空气层—内层棚布的双层密封环形腔体结构，具有隔声、隔热性能；而内风挡踏板采用镶嵌式结构，如图 12-47 所示，可以解决搭接式渡板在高速运行中出现的振动问题，具有较好的曲线通过能力和隔声作用，该技术采用了四连杆原理。

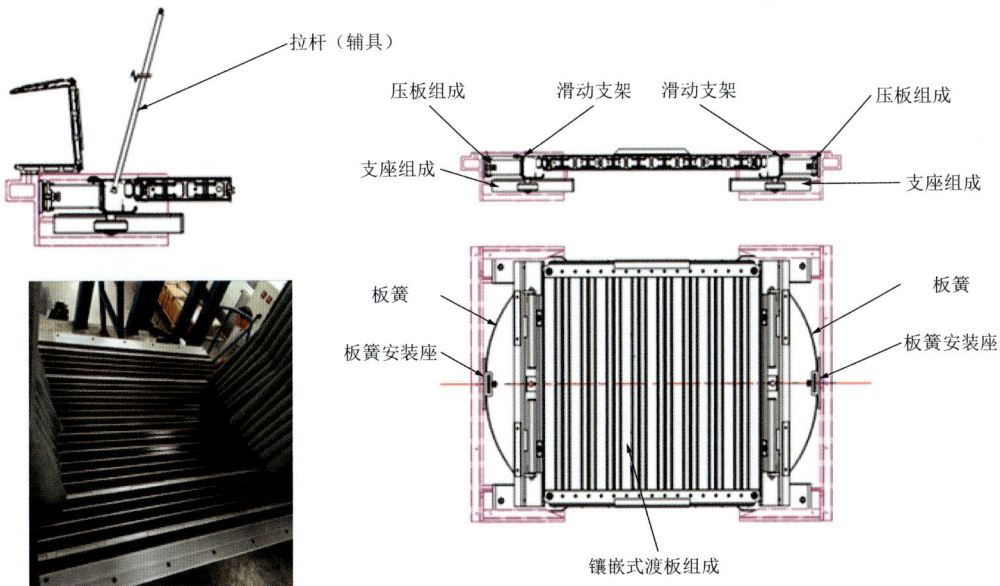

拉杆（辅具）

压板组成　滑动支架　滑动支架　压板组成

支座组成　支座组成

板簧　板簧

板簧安装座　板簧安装座

镶嵌式渡板组成

图 12-47　镶嵌式踏板结构

（3）外风挡技术

时速 350km 标准动车组外风挡采用压缩式橡胶外风挡，由金属框架和橡胶囊构成，如图 12-48 所示，可通过铝合金框架上的安装孔与车体螺栓连接。车辆连挂完成后，两端外风挡胶囊头部相互挤压接触，可适应列车运行时各种位移工况，有效减小车辆运行中的空气阻力，同时保障车辆客室内隔声性能、舒适性能。

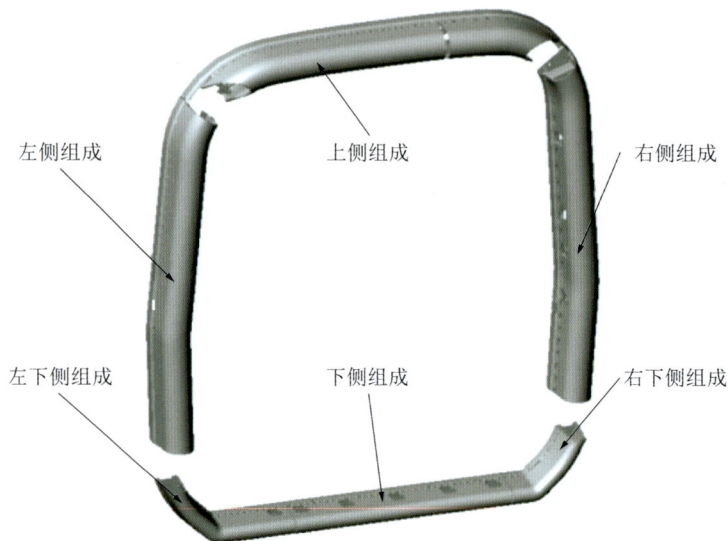

图 12-48　外风挡示意图

外风挡主要采用橡胶材料，上线运行一段时间后橡胶材料极易产生划伤、龟裂以及黄变等问题，需要频繁进行更换。为了提高寿命，目前国外外风挡生产商均在胶囊外表面涂覆弹性涂料对胶囊进行装饰与防护。由于橡胶材料的分子结构中不含极性基团，活性较低，使得各种极性涂料对其附着力很小。虽然能够满足耐老化、耐腐蚀的要求，但表面涂装变得困难，为此需要采用特制的弹性聚氨酯耐磨涂料。

外风挡的性能与结构形式、断面形状、材料等相关，通过对空气动力学设计优化，实现外风挡的气动减阻；通过声学模拟和建模、阻尼材料运用以及实验室测试等手段，实现风挡气动降噪；通过对外风挡截面优化，提高柔性外风挡的刚度是风挡研发的重要环节。

3. 仿真与试验

对风挡结构进行静强度及疲劳强度、气动阻力、气动噪声、动力学及模态等方面仿真计算，并在模拟线路位移试验台设备进行静态线路各项工况的模拟及疲劳耐久性试验是风挡研发的必要环节。

静强度、疲劳强度仿真，可根据标准定义的载荷要求，对踏板、折棚框架体、过渡板等部件进行静强度及疲劳强度校核；气动阻力仿真，可对比分析各车厢及车厢连接处气动阻力和升力的影响及其气动性能的差异；气动噪声仿真，可通过模拟车端风挡处产生的气动噪声类型，对比分析不同结构形式风挡气动噪声；模态分析，可根据动车组折棚式内风挡的模态试验，结合其振动特性，构建折棚式内风挡动力学分析的等效板动力学降阶模型，并结合模态试验，修正等效板的力学参数，实现对折棚式内风挡进行准确等效建模。

　　检验通过能力则通常要用专用试验台，根据线路、车辆参数，利用图纸软件理论模拟分析风挡在车辆上展示位置状态；利用位移试验台架测试验证风挡产品在线路上各种偏转、点头、超高、侧滚等工况叠加状态的静态通过能力。专用位移模拟试验台，用于进行风挡曲线通过能力试验和疲劳试验，将风挡安装在该试验台上，模拟两个车辆相对运动，可以模拟列车运行中的所有车辆位置（弯道行驶、横向侧滚和纵向俯仰角、高度差或运动组合），还可向直立面上安装附加部件，以模拟风挡/车辆接口。

　　风挡的气密性和水密性对高速列车的噪声非常重要，分别需要专用的试验台。气密性主要以正压试验和负压试验来检验气密性指标；水密性要按照车辆的淋雨试验标准检验；隔声、隔热则可以通过零部件的测试来进行评估。

故事

自立自强，不再受制于人

　　风挡属于高速列车重要的配套部件。我国今创集团曾与德国一家企业成立合资公司，为高速列车提供风挡。合资章程规定了由外方提供设计等技术文件和风挡关键的核心部件——折棚。

　　随着外方看到中方技术能力不断提升，已经掌握大部分折棚制作工艺，怕徒弟学会饿死师父，突然向中方提出撤资。此时，中方通过几年学习，虽然已经掌握了不少技术知识，但是折棚的设计和制作的核心技术外方并没有转让。外方突然撤资，意味着将不再获得外方的技术服务了，已执行的项目也存在材料断供问题，并直接影响CRH1、CRH3、CRH5、CRH6系列动车组供货合同的执行。

　　面对外方突然袭击，今创集团与主机厂协商，决心背水一战，自主开发动车组风挡。此时恰逢中国标准动车组研制工作正式启动。为满足350km/h中国标准动车组的需要，研究团队随即开始对风挡折棚隔声降噪、风挡全密封全包节能等技术进行攻关。其中内风挡踏板结构非常具有挑战性，技术团队巧妙利用四连杆机械原理，开发了镶嵌式踏板设计结构，通过实现菱形变形，既解决搭接式渡板在高速运行中出现的振动问题，又具有较好的缓冲吸能和降噪、隔声能力。渡板结构两侧设有板簧，通过挤压可以起到较好的缓冲吸能作用。风挡折棚及相关结构的一系列创新，不但打破了国外的垄断，实现了完全自主知识产权，而且更具优势。

风挡的技术开发从依赖外方到自主创新，虽然过程艰难、成果来之不易，但我们掌握了核心技术，不再受制于人。

四 前挡玻璃窗与车窗技术

前挡玻璃窗与车窗在技术引进初期都是中空玻璃，造型在满足车体空气动力学设计基础上还要满足光学要求，强度要满足相应速度等级要求，并要尽可能提高隔声水平，还要便于更换，因此设计要综合考虑多种因素。

1. 前挡玻璃窗

高速列车前挡玻璃窗是司机目视前方的重要窗口，也是隔声隔热的薄弱环节。为了保证视野通透，必须具备除霜除雾及电加热功能；为了达到受外物冲击后可以防止司乘人员受到二次伤害的防飞溅功能，内部设有防飞溅层；风挡玻璃的外形满足空气动力学的流线造型，根据隔声隔热要求可以由两层无机玻璃或多层无机玻璃组成；前挡玻璃窗由铝框和风挡玻璃组成，将玻璃先固定在铝框上组成一个组件，既便于安装，也便于检修更换。

前挡玻璃窗因为曲面复杂可根据位置制定不同的透光率、太阳光折射比和隔热性能指标，但司机视线处要严格满足标准要求；在力学性能上不仅要满足国际标准，还要在抗飞弹冲击、防飞溅和抗砾石中增加一些更高的要求。

① 抗飞弹冲击：风挡玻璃固定在与车体框架相同的框架内，用质量为 1000g + 20g 的抛射体进行冲击。抛射体冲击速度为：$V_p = V_{max} + 160$。在（20±5）℃和（0±5）℃时分别进行 2 次试验，4 次试验结果均应合格，抛射体不能穿透玻璃，且风挡玻璃在试验后仍位于其框架内。

② 防飞溅：在满足抗飞弹冲击的同时满足防飞溅性能（散裂性能）。风挡玻璃不仅不能被击穿，还不能有伤害性飞溅物，以最大限度地保证司机安全。

③ 抗砾石：风挡玻璃应能承受由铝合金制成的 20g 的抛物体以比列车最高速度高 20km/h 的投射速度的冲击，不破裂为合格。

2. 车窗技术

（1）车窗结构

高速列车车窗由铝合金框和夹胶中空玻璃组成，中空玻璃层可以根据隔声隔热性能要求设计两层或多层，复兴号动车组为了满足隔声要求做了大量的试验研究，试验数据已在噪声部分叙述，车窗的安装结构如图 12-49 所示。

（2）车窗主要技术参数

车窗包括旋转侧窗、前端曲面侧窗、客室侧窗和信息显示侧窗，其中客室侧窗分为普通客室侧窗和紧急出口侧窗。车窗技术指标要满足：隔热系数K小于 1.6W/(m² · K)；透光率不大于 28%；太阳能透射比 小于 40%；加权隔声量 大于 40dB；能够承受 ±6000Pa 的空气动力压力载荷。动车组上使用的车窗玻璃比普通列车的玻璃平整度和光学性能要求更高，因此也被称为减速玻璃。

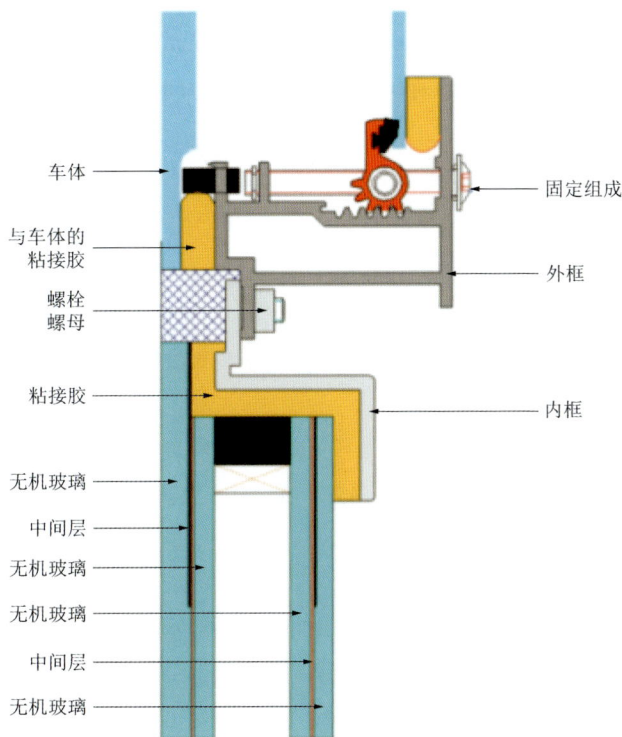

图 12-49　车窗结构示意图

参 考 文 献

[1] VAN BEEK A, BEUVING M, DITTRICH M, et al. Rail sources: state of the art[R]. HARMONOISE report (HAR12TR-020118-SNCF10), European Commission, 2002.

[2] 孙大新, 高亮. 高速铁路轮轨噪声及其控制措施[J]. 中国安全科学学报, 2005, (11): 87-90, 113.

[3] 圣小珍, 成功, THOMPSON D J, 等. 轮轨噪声预测模型研究进展[J]. 交通运输工程学报, 2021, 21(3): 20-38.

[4] 《"复兴号"中国标准动车组》编委会. "复兴号"中国标准动车组[M]. 北京：中国铁道出版社, 2019.

[5] 柳明, 张捷, 高阳, 等. 隧道内高速列车车内噪声特性及声源识别试验分析[J]. 机械工程学报, 2020, 56(8): 207-215.

[6] 张捷, 姚丹, 王瑞乾, 等. 高速列车低噪声设计中的部件声学指标分解方法[J]. 交通运输工程学报, 2021, 21(3): 248-257.

[7] 刘晓龙，韩健，徐泇文，等. 基于车内噪声的轨道衰减率限值研究[J]. 机械工程学报, 2020, 56(22): 167-175.

[8] 张捷，姚丹，王瑞乾，等. 基于试验统计能量分析的高速列车车内噪声预测方法[J]. 铁道学报, 2020, 42(11): 45-52.

[9] WANG R, YAO D, ZHANG J, et al. Sound-insulation prediction model and multi-parameter optimisation design of the composite floor of a high-speed train based on machine learning[J]. Mechanical Systems and Signal Processing, 2023, 200: 110631.

[10] 邓铁松，肖新标，圣小珍. 基于2.5维有限元-边界元的高速列车车体铝型材声振特性研究[J]. 机械工程学报, 2022, 58(1): 97-107.

[11] 沈火明，张玉梅，肖新标，等. 高速列车波纹外地板低噪声优化设计[J]. 交通运输工程学报, 2011, 11(2): 65-71.

[12] 姚丹，张捷，王瑞乾，等. 蜂窝三明治板隔声机理与参数影响规律研究[J]. 振动工程学报, 2024, 37(4): 686-695.

[13] 张捷. 高速列车车内低噪声设计方法及试验研究[D]. 成都: 西南交通大学, 2018.

[14] 张玉梅，王瑞乾，李晔，等. 高速列车车窗隔声量研究[J]. 机械工程学报, 2018, 54(4): 212-221.

[15] 朱肖录. 中国机械设计大典: 第4卷 机械传动[M]. 南昌: 江西科学技术出版社, 2002.

[16] 俞佐平，陆煜. 传热学[M]. 3版.北京: 高等教育出版社, 1995.

[17] 杨世铭，陶文铨. 传热学 [M]. 3版.北京: 高等教育出版社, 2000.

[18] 陈国邦. 低温工程材料[M]. 浙江: 浙江大学出版社, 1998.

[19] 曾正明. 机械工程材料手册 金属材料 [M]. 6版.北京: 机械工业出版社, 2009.

[20] 袁安富. 高速列车车门的性能分析[J]. 机械设计与制造, 2006, 5: 70-78.

CHAPTER 13

高速列车受流技术与受电弓

撰稿人：丁树奎　丁为民　陈珍宝

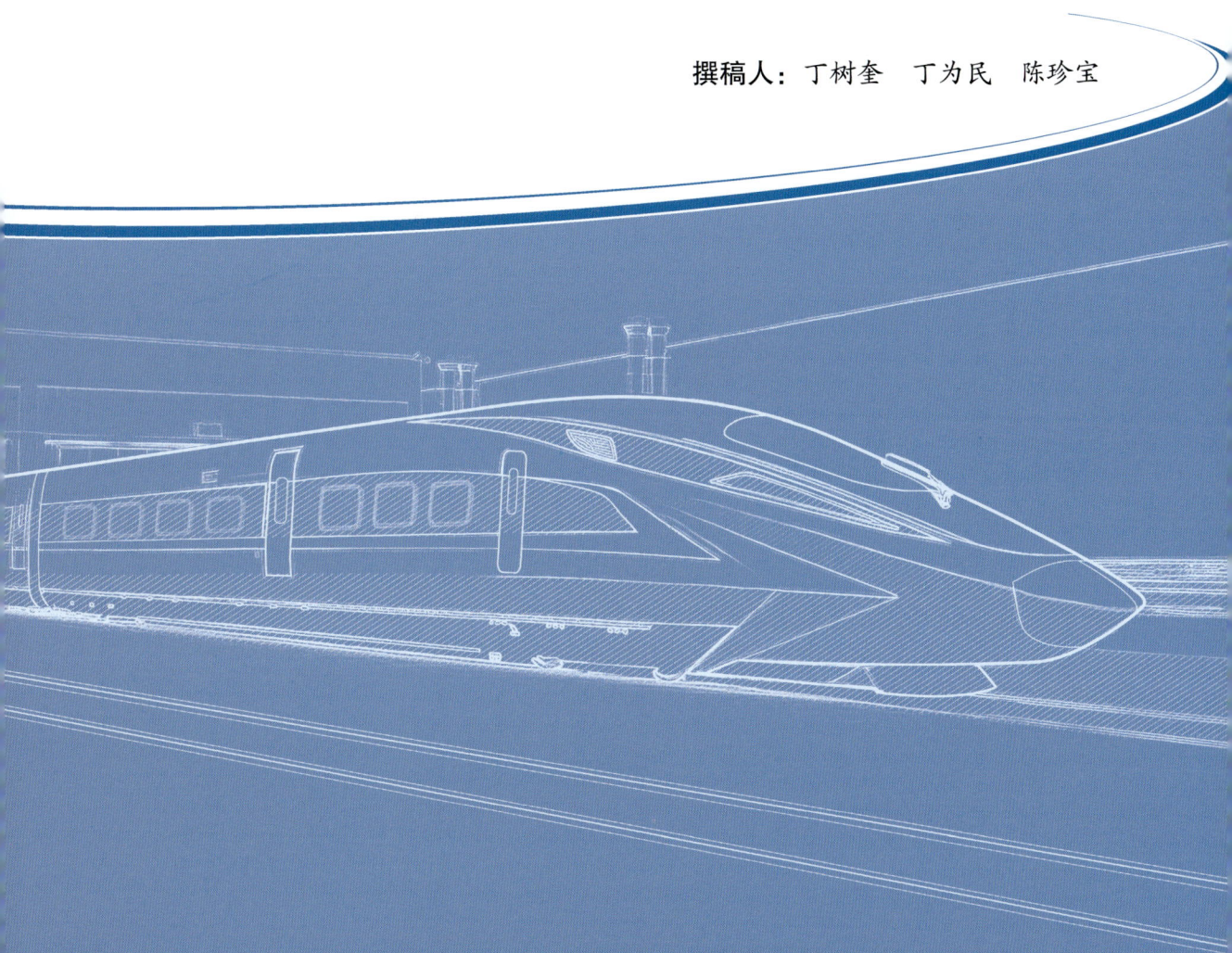

中国高速列车

  弓网受流系统是高速列车的动力之源，主要由接触网和受电弓组成。接触网用于传输电能，受电弓则是连接列车和接触网的桥梁，确保电能从接触网持续地传输到列车动力系统。接触网与受电弓之间的相互作用和受流性能优化，对于提高电能传输效率、减少能量损耗、保障高速列车稳定运行具有重要意义。本章将结合高速列车受流系统的组成及主要技术内容，阐述弓网受流技术的研究方法和弓网关系的评价指标，介绍我国轨道交通高速化进程中几次重要的弓网试验情况和取得的成果，回顾我国高速列车受电弓自主创新的艰辛历程。

第一节　概　　述

一　高速列车受流系统组成

高速列车受流系统是为高速列车提供动力电能的重要组成部分，牵引供电系统将电力系统的高压电源（AC110kV 或 AC220kV）引入铁路沿线的牵引变电所，由牵引变压器将电压变压为适合列车运行的 AC25kV 等级，通过架设于轨道上方的接触网经受电弓向列车提供连续电能。受电弓与接触网保持良好的滑动接触，确保电能可靠传输，是列车安全、稳定、高效运行的关键。高速列车受流系统主要由接触网和受电弓组成，弓网关系对列车高速运行至关重要。

（1）接触网

接触网是高速列车受流系统的重要组成部分，一般采用架空形式。接触网分为柔性接触网和刚性接触网两种形式。柔性接触网广泛应用于电气化铁路和城市轨道交通，适应的运营速度已达到 350km/h；刚性接触网广泛应用于城市轨道交通，适应的运营速度已达到 200km/h，并逐步在电气化铁路和市域铁路的长大隧道内应用。柔性接触网由支柱、基础、支持结构及接触悬挂等部分组成；刚性接触网由汇流排及接触线、支持装置等部分组成；柔性接触网和刚性接触网之间的衔接通过刚柔过渡装置实现平稳过渡。

（2）受电弓

受电弓是高速列车的关键部件，与接触网共同构成受流系统。高速列车通常采用单臂受电弓，由弓头、框架、气阀板和驱动机构等构成。受电弓主要功能是为高速列车从接触网上稳定获取电能，并传输到列车的供电系统中。当列车运行速度由普速提升到高速时，受电弓要适应高速气流、列车和弓网之间更为强烈的冲击振动，并保持与接触导线之间的良好接触和稳定受流。因此，受电弓的设计与特性对弓网系统的运行质量具有举足轻重的作用。

（3）弓网关系

弓网关系是指受电弓与接触网的相互作用，决定着列车的受流可靠性和受流质量。良好的弓网关系依赖于受电弓和接触网的系统匹配，其关键参数包含受电弓与接触网的几何参数、动态性能、材料性能及电气性能等。

列车在高速运行过程中，受电弓与接触网之间的接触状态变化更为剧烈，耦合关系更为复杂。受电弓需要具有更好的跟随性和速度适配性，接触网需要具有更好的波动传播特性和平顺性，以减少弓网燃弧及磨耗，提高电能传输质量，保证运行安全。

二 高速列车受流技术主要内容

高速列车受流技术的研究主要包括弓网关系仿真与评价、高速受电弓与接触网的系统研发、高速弓网试验与典型工程应用等内容。

高速列车弓网关系仿真与评价的研究包含两个部分：一是弓网耦合机理研究、弓网仿真建模以及弓网仿真平台的研发；二是接触网动态几何参数、弓网燃弧指标、弓网动态接触力、受电弓垂向加速度等弓网关系评价指标的确定。通过弓网仿真，可以有效模拟和评估弓网之间的相互作用关系，为接触网和受电弓的选型及系统参数确定提供参考，为工程设计及应用提供依据。

高速受电弓与接触网的系统研发包含两个部分：一是高速受电弓的结构形式、动力学性能、气动性能、控制策略、滑板材料等研发；二是高速接触网的悬挂类型、张力体系和零部件等设计研发。这些技术的自主化创新提升了技术自主性和抗风险能力。

高速弓网试验与典型工程应用主要在工程线路中，针对各个速度等级的接触网动态几何参数、弓网燃弧指标、弓网动态接触力、受电弓垂向加速度等实际参数进行测试评估。中国高铁弓网受流研究过程中开展过的重要试验主要在广深铁路、秦沈客专、京沪高铁先导段和大兴国际机场线等线路进行，典型工程有京津城际、京沪高铁、京广高铁、京张高铁和大兴国际机场线。高速弓网试验与典型工程应用为中国高速列车受流技术体系的确立和发展奠定了坚实的基础。

第二节 弓网关系仿真与评价

一 弓网关系仿真

1. 弓网仿真内容

对弓网动态相互作用进行仿真的目的是确定弓网系统的动态特性，通过仿真手段，找出受电弓作用在接触线上的滑动接触力与时间相关的特性，以及接触线抬升的状态参数。

受电弓与接触网通过接触点形成两个子系统的相互耦合。因此，弓网仿真中需要分别建立受电弓模型、接触网模型以及弓网接触耦合模型，模拟弓网滑动接触和相互作用的特性，并计算出接触力和接触点的垂直运动状态参数。

弓网系统的动态特性与频率相关。开展仿真首先需要确定所关注的频率范围，《轨道交通 受流系统 受电弓与接触网动态相互作用仿真的验证》（GB/T 32591—2016）中规定的关注频率范围为 0~20Hz。这一频率范围需与受电弓模型、接触网模型、弓网接触耦合模型以及弓网动态相互作用性能参数测量系统的频率范围保持一致，以便实现弓网仿真与评价的统一。

受电弓是一个包含质量模块、弹性部件、阻尼部件的弹性系统，具有相应的固有特性，各类结构的接触网系统也具有相应的固有特性，固有特性包括固有频率、模态振型以及阻尼系数等内容。通过仿真和测试确定受电弓和接触网的固有特性，可以为防止弓网动态相互作用时发生共振、取得良好的弓网关系以及进行其他特性的仿真计算提供基础。

在外部激励的作用下，受电弓和接触网均将产生受迫振动及动力响应。振动使受电弓的结构和接触线承受动应力和弯曲应力，应力越大，受电弓和接触网部件受损的可能性就越大。如果振动引起弓头的振幅过大，受电弓将难以正常工作，接触线也会因为抬升增大导致磨耗和疲劳加剧。计算受电弓和接触网动力响应的目的，一是为了将振动控制在允许范围之内，二是为了寻求最佳的机械结构，使弓网系统在激励作用下的振动最小，接触力指标最优。

综上所述，弓网仿真的主要内容是确定弓网接触耦合特性。为了优化弓网关系，提高列车运行的稳定性和安全性，需对机械耦合进行深入研究和有效控制，以利于在工程中选择合适的接触网线材及张力组合、合理设置接触网几何参数、优化受电弓动态行为控制策略，以及充分考虑外部环境条件的影响等。

2. 弓网耦合机理

接触网作为三维的机械结构，在受电弓滑动激励下产生的振动及其传播所形成的振动波，影响受电弓与接触线之间的接触状态。另一方面受电弓的垂直振动也影响弓网之间的机械接触状态。因此两方面影响均引起接触力的变化，弓网耦合状态直接影响弓网稳定受流。

在高速运行过程中，不仅接触力的变化与弓网的相互作用密切相关，而且受电弓和接触网的垂向位移也与弓网的相互作用特别是机械稳定状态有关。受电弓的垂向位移与弓头部位的等效质量、阻尼和刚度等结构参数密切相关；接触线的垂向位移则与线索材料、张力以及跨距等结构参数直接相关。

我国高铁通常采用基于有限元的二维或三维仿真系统，对不同的弓网结构和组合进行动力学分析，重点关注受电弓和接触网动态相互作用的几何特性和动力学行为。通过调整接触网线材参数、几何参数、运行速度以及受电弓动态行为控制策略等，获得一系列不同条件下的弓网系统仿真结果，经过优化比对，实现对接触网系统的线索规格、张力匹配、跨距选用、结构高度、吊弦间距等系统参数的优化选择，以及受电弓的适配选择。

3. 弓网仿真模型

受电弓和接触网仿真模型的建立侧重于描述其关注频率范围内的动力学特性。

① 受电弓模型类别包括离散的质量-弹簧-阻尼模型、多体模型、有限元模型或者受电弓的传递函数等。受电弓模型采用的参数至少包括运动特性、质量分布、关节的自由度、阻尼特性、弹性、摩擦值、刚度、限位、静态力的运用范围、空气动力的运用范围等。与空气动力相关的参数包括受电弓的运行方向、运行高度、受电弓的位置以及列车类型等。

② 接触网模型可采用二维或三维几何模型来描述。为使仿真与实际尽可能逼近，接触网模型采用的参数应充分考虑补偿装置、中心锚结、绝缘子、锚段关节以及其他集中载荷等。

③国内弓网仿真普遍采用有限元（FEM）模型。FEM 是一种数值分析方法，通过将连续的物体或系统离散化为有限个小的单元（或称元素），并在每个单元上应用物理定律和数学方程，从而实现对整个系统的近似求解。

运用 FEM 模型，可以模拟不同的受电弓数量及间距、运行速度、接触网高度、材料属性等条件下的弓网关系，以评估和优化弓网系统的性能。此外，FEM 模型还可以与其他仿真方法（如多体动力学模型、电气模型等）相结合，实现更全面、更准确的弓网系统仿真分析。

4. 弓网仿真平台

国外在建立弓网仿真平台方面起步较早，具有代表性的仿真平台有：①德国铁路公司（DB）开发的仿真系统；②Balfour Beatty 公司基于 Alambert 波动方程原理开发的 CATMOS 弓网仿真系统；③Siemens AG 开发的基于 ANSYS 软件开发的参数化有限元弓网仿真系统等。

20 世纪 90 年代，作为我国最早从事铁路电气化的专业设计研究院——中铁电气化勘测设计研究院，在国内率先开展了弓网仿真平台的研究。先辈工程师们基于 Visual Basic 语言平台自主开发了第一代有限元弓网仿真系统，为我国后来的广深铁路、大秦铁路、京津城际、京沪高铁、广深港高铁、大兴国际机场线等电气化铁路、高速铁路、城市轨道交通接触网的系统设计、方案选择奠定了坚实基础。

随着我国高铁大规模建成投产，接触网振动、疲劳以及受电弓的维护等问题日趋突出。为了深入研究弓网动力学性能，结合前期有限元仿真经验和"十一五"国家科技支撑研究成果，相关单位持续开展了"轨道交通接触网系统分析与设计平台"的升级研究。基于多场景运行中获得的大量数据及案例，优选多体动力学软件，引入相对坐标运动方程理论和递归算法，采用多体动力学仿真分析技术，提出了更加适合求解多体动力学问题的"多体动力学＋有限元"的仿真分析方法，以探寻接触网振动、疲劳与寿命的关系，形成了更加精准的弓网仿真平台和寿命评估方法。

二 弓网关系评价

1. 评价标准

我国在高速铁路工程中，评价和验收弓网关系时，主要执行《高速铁路工程动态验收技术规范》（TB 10761—2013）、《接触网动态检测评价方法》（Q/CR 841—2021）等标准，将接触网动态几何参数、弓网燃弧指标、弓网动态接触力、受电弓垂向加速度（硬点）四个方面的指标作为弓网关系评价的主要指标。

开展高速铁路弓网关系仿真主要依据的是《轨道交通 受流系统 受电弓与接触网动态相互作用仿真的验证》（GB/T 32591—2016）等标准。仿真评价涉及的方法及参数主要包括：

——输入和输出参数。
——评定仿真方法结果的参照标准值。
——检测结果的比较。
——仿真方法之间的比较。

2. 评价项点

评价项点的选择主要是围绕保持良好的受流进行的，核心指标是接触力，以表征弓网系统电气作用、机械作用状态。接触力过大将导致接触线定位点抬升增大、弓网系统的机械磨耗增加、零部件的振动及疲劳加剧，损害系统的服役性能。相反，接触力过小，则可能导致弓网之间产生离线，引起燃弧加剧弓网的电气磨耗。因此，接触力需要被控制在一定的波动范围内。

评价接触力范围的指标主要包括最大接触力 F_{max}、最小接触力 F_{min}、平均接触力 F_m、接触力标准偏差 σ，以及最大统计接触力 $F_m + 3\sigma$、最小统计接触力 $F_m - 3\sigma$ 等。

为了量化接触力的大小、表征接触力的影响和控制接触力变化，选择采用了以下四个方面的指标作为弓网关系评价项点。

（1）接触网动态几何参数

接触网的动态几何参数主要包括导线高度、拉出值、接触网跨距、导线张力等。几何参数在列车运行过程中会受到多方面影响而发生变化，直接影响弓网关系的稳定性和受流质量，运营中需要对接触网几何参数进行实时监测和调控，为维护接触网性能提供依据。

（2）弓网燃弧指标

弓网燃弧是弓网关系中的一个重要现象，对受电弓和接触网造成烧蚀和磨损，影响列车的受流性能和运行安全，运营中需要加强对弓网燃弧的监测和评价。常用的弓网燃弧指标包括燃弧率、燃弧时间、燃弧强度等。这些指标可以反映弓网燃弧的频率、持续时间和强度，为评估弓网关系的电气性能提供依据。

（3）弓网动态接触力

弓网动态接触力是评价弓网关系机械性能的重要指标。弓网动态接触力包括最大接触力、最小接触力、平均接触力、接触力标准偏差等。这些指标可以评估受电弓与接触网之间的接触稳定性、磨损情况和机械振动等性能，是控制动态接触力保持良好弓网关系的依据。

（4）受电弓垂向加速度（硬点）

受电弓垂向加速度（硬点）是描述受电弓在运行过程中垂向振动情况的指标。所谓"硬点"，通常是指由于接触网的荷载分布不规则或机械故障等原因，使受电弓在运行过程中受到较大垂向冲击的"点"。"硬点"产生的冲击力导致受电弓产生垂向加速度，影响弓网关系的稳定性和受流质量。因此，运营中需要对受电弓垂向加速度进行监测和评价，为及时发现并处理可能存在的"硬点"提供依据。

3. 评价指标

我国高速铁路弓网关系仿真评价指标主要规定如下。

① 时速不超过 200km 的线路的弓网动态接触力控制值如下：

最大接触力 $F_{max} = 300\text{N}$；

最小接触力$F_{min} > 0N$；

平均接触力$60 < F_m \leqslant 0.00047 \times V^2 + 90$，其中$V$为速度，km/h；

接触力标准偏差$\sigma \leqslant 0.3F_m$。

② 时速超过200km的线路的弓网动态接触力控制值如下：

最大接触力$F_{max} = 350N$；

最小接触力$F_{min} > 0N$；

平均接触力$F_m \leqslant 0.00097 \times V^2 + 70$，其中$V$为速度，km/h；

接触力标准偏差$\sigma \leqslant 0.3F_m$。

接触力标准偏差σ是衡量数据集中程度的指标，当标准偏差σ较小时，意味着接触力的数值更加集中，更接近于平均值。在弓网系统评价中，接触力标准偏差σ越小，意味着弓网接触力越稳定，越有利于提高弓网系统的受流性能。当弓网系统处于稳定运行状态，不存在离线情况时，接触力标准偏差σ越小，意味着最大接触力F_{max}减小、最小接触力F_{min}增大，说明弓网系统受流性能良好。

第三节　高速弓网试验与典型工程应用

一　高速弓网试验

1. 广深铁路高速试验

广深铁路线路全长147km，是我国第一条最高运行时速达200km的电气化铁路，于1998年8月正式投入运营。广深铁路是我国高速铁路牵引供电技术成长和自主化的第一块"试验田"，我国运用中铁电气化勘测设计研究院弓网仿真平台开展了250km/h的仿真计算。广州东—石牌段以及平湖—深圳段接触网设计运行速度为160km/h，接触网采用TJ127 + Ris120（17kN + 13kN）带预留弛度（0.5‰）的全补偿简单链形悬挂；石牌—平湖段为高速试验段，设计运行速度为200km/h，接触网采用TJ127 + Ris120（20kN + 15kN）带预留弛度（0.5‰）的全补偿简单链形悬挂。

广深铁路首次从瑞典引进了X2000摆式列车，配置了Schunk受电弓，最高试验速度达230km/h。广深铁路接触网3.5t系张力（20kN + 15kN）为我国首次采用，试验结果表明：接触网总张力的加大有助于减小接触网的弹性，进而减小接触线和受电弓的振幅，这一试验结果影响了此后接触网设计。2000年以后，我国设计最高运行速度160~200km/h的电气化铁路接触网一般采用全补偿简单链形悬挂，接触网一般采用3.0t系张力（15kN + 15kN），接触线一般设0.5‰的预留弛度，弓网受流质量良好。

2. 秦沈客专高速试验

秦沈客专是我国自行设计、施工、检测、试验的第一条最高运行时速超过200km的客运专线,线路全长404km,2003年10月全线正式通车。接触网设计最高运行速度为250km/h,其中试验段（DK40＋682至DK68＋527）区段的设计最高运行速度为300km/h。

秦沈客专接触网设计时,在充分借鉴广深高速试验与运营成果的同时,系统研究了国外高速接触网的情况。国外高速接触悬挂类型基本上可归为三类:即以日本为代表的复链形悬挂、以法国为代表的简单链形悬挂和以德国为代表的弹性链形悬挂。理论研究与各国的运营实践都表明:尽管三种悬挂类型在结构上存在着较大的差异,但均可满足时速300km及以上的高速运营要求。日、法、德三国在悬挂类型上走各自不同的道路,与其对高速弓网受流质量的评价体系、地理气候条件、运输组织、列车运行模式、施工经验以及本国传统模式等有直接的关系。当时判断的国外高速接触网总的趋势是:

①尽可能地简化接触网的结构,以提高接触网的安全可靠性。

②尽可能地提高接触网的总张力,以减小接触网的平均弹性和弹性不均匀度,进而减小接触线和受电弓的振幅。

③在材质一定的条件下,尽可能地提高接触线的张力,以提高接触线的波动速度,进而提高运营速度。

④采用耐磨耗及耐高温性能好的材质制作接触线,譬如采用铜锡和铜镁合金接触线,以提高接触网的可靠性和延长接触线的使用寿命。

⑤致力于研制与接触网参数及运营速度相匹配的高速受电弓。

当时掌握的国外最高运行速度为300km/h及以上有代表性的高速铁路接触网悬挂方式见表13-1。

国外最高运行速度为300km/h及以上高速铁路接触网悬挂方式　　表13-1

国别	线路名称	最高运行速度（km/h）	线路长度（km）	开通时间	接触网悬挂方式
日本	山阳新干线	300	554	1996（改造）	复链
法国	大西洋线	300	282	1990	简链
	北方线	300	333	1993	简链
	地中海线	350	303	2001	简链
德国	法兰克福—科隆	300（设计330）	215	2002	弹链
	纽伦堡—英格尔斯塔特	300（设计330）	88	2004	弹链
韩国	首尔—釜山	300	412	2004	简链
西班牙	马德里—巴塞罗那	350	730	2004	弹链

为了研究接触网悬挂类型对弓网受流性能的影响,试验段上行线、下行线分别采用了全补偿弹性链形悬挂和全补偿简单链形悬挂,接触网导线组成及张力组合均为THJ95＋CuMg120（15kN＋20kN）。弹性链形悬挂的弹性吊索采用35mm²铜合金绞线,张力为3.5kN,简单链形悬挂接触线设置0.3‰～0.5‰的预留弛度,弹性链形悬挂不设预留弛

度，接触网结构高度均为 1600mm，接触线以额定张力 20kN 放线。

2001—2002 年，在综合试验段陆续进行了 3 次综合试验，全面检验了该试验段在不同速度等级运行下的路基、轨道、桥梁、牵引供电、通信、信号、动车组等技术装备及相互间配合的安全性、稳定性和可靠性。在弓网试验方面，专门安排了接触网悬挂特性和弓网系统受流性能试验。

第一次综合试验动车组最高试验速度为 210.0km/h。第二次综合试验于 2002 年 9 月 5 日至 25 日在山海关至绥中北段进行，先锋号电动车组（配置 DSA250 型受电弓）试验速度从 160km/h 逐级提速到 250km/h，最高试验速度达到 292km/h。试验过程中发现，无论是简单链形悬挂还是弹性链形悬挂，弓网间的燃弧现象都很严重。究其原因，一方面是受电弓与接触网尚不完全匹配；另一方面是施工工艺不成熟，导致接触线的平直度较差，存在波浪弯。

为了进一步研究接触网不同参数对弓网受流性能的影响，同时结合第二次综合试验发现的问题，在第三次综合试验之前对两个锚段的接触网调整了张力，即 60#锚段张力由 15kN + 20kN 调整为 20kN + 25kN，62#锚段张力由 15kN + 20kN 调整为 15kN + 25kN。2002 年 11 月 21 日在山海关至绥中北段进行第三次综合试验，11 月 27 日，中华之星电动车组以 2 动 3 拖编组完成高速动力学性能试验，最高试验速度达到 321.5km/h。第三次综合试验中接触网仍有较大的离线现象发生，经过调查、研究和试验，确认系放线工艺不当所致，即恒张力放线不等于额定张力放线，恒张力放线的要点是放线张力要保持恒定（最大不宜超过 10kN），放线速度要保持匀速（走行速度 3~5km/h），不能走走停停，否则接触线将出现难以校直的波浪弯。在改进了接触导线放线器具、放线工艺后，彻底解决了该问题。

秦沈客专弓网高速试验在我国高速铁路接触网系统建设中留下了浓墨重彩的一笔。在弓网耦合性能评估体系方面，通过接触网动静态性能分析、弓网耦合性能仿真及动态试验等技术手段，建立了我国高速铁路弓网受流系统评价体系，同时对 200km/h、250km/h、300km/h 速度等级下全补偿简单链形悬挂和全补偿弹性链形悬挂的弓网受流性能进行了系统对比与评估，为后续我国高速铁路工程科学、合理地选择接触网悬挂类型、线材和张力配置奠定了理论与技术基础，提供了宝贵的经验。

秦沈客专对弹性链形悬挂和简单链形悬挂的对比试验结果表明，在同等导线张力且张力达到一定数值的情况下，两者在弓网受流质量方面并没有大的区别。

3. 京沪高铁先导段张力对比试验

京沪高铁线路全长 1318km，设计最高运行速度为 350km/h，其中 686km 区段设计最高运行速度为 380km/h，且为双弓运行。2010 年建设初始，国内外均无时速 350km 以上双弓商业运行实践，也无现成的接触网张力体系可以借鉴。

京沪高铁接触网设计时，我国系统开展了高速弓网关系的基础理论自主研究。研究表明，接触线的张力是实现高速运行的关键所在，加大接触线的张力，有助于提高接触网的波动传播速度，进而有利于提高列车运行速度，但对接触线张力加大到多大数值合适，国内外都没有实践经验。张力过小，接触线的动态抬升量难以抑制，运行的安全性以及接触线的使用寿命难以保证；张力过大，对接触导线以及配套零部件的强度将提出较高的要求，同时也存在一定的安全隐患。为此，在先导段（枣庄西—蚌埠南段，全长约220km）对接触网张力体系进行了对比试验和研究。试验的目的在于：在满足受流要求的前提下，同时考虑受电弓因素和速度裕度，力争用最小的接触线张力来实现380km/h的运营目标，最大限度地减小加大张力带来的风险，用试验的结果指导全线的工程实施。

基于运营速度宜控制在接触线波动传播速度 70%以内的理论共识，当运行速度为380km/h时，截面150mm² 接触线的使用张力应在31.5kN以上，如果分别考虑5%（400km/h）和10%（420km/h）的速度裕度，则接触线张力应分别达到33kN和36kN。

通过弓网仿真模拟研究，拟定了 JTMH120 + CTMH150（20kN + 31.5kN）、JTMH120 + CTMH150（20kN + 33kN）、JTMH120 + CTMH150（20kN + 36kN）三种接触网张力体系进行对比试验。同时，为配合新一代动车组在先导段进行性能试验以及更高速度的试验，下行约 75km 区段范围内采用了 JTMH120 + CTZH150（20kN + 40kN）张力体系。

按照先导段接触网张力体系对比试验（最高试验速度 420km/h）、配合新一代动车组性能试验和更高速度试验（最高试验速度 420～500km/h）的总体设计原则以及铁科院牵引计算曲线，拟定的枣庄西至蚌埠南先导段接触网张力体系分布如图 13-1 所示。

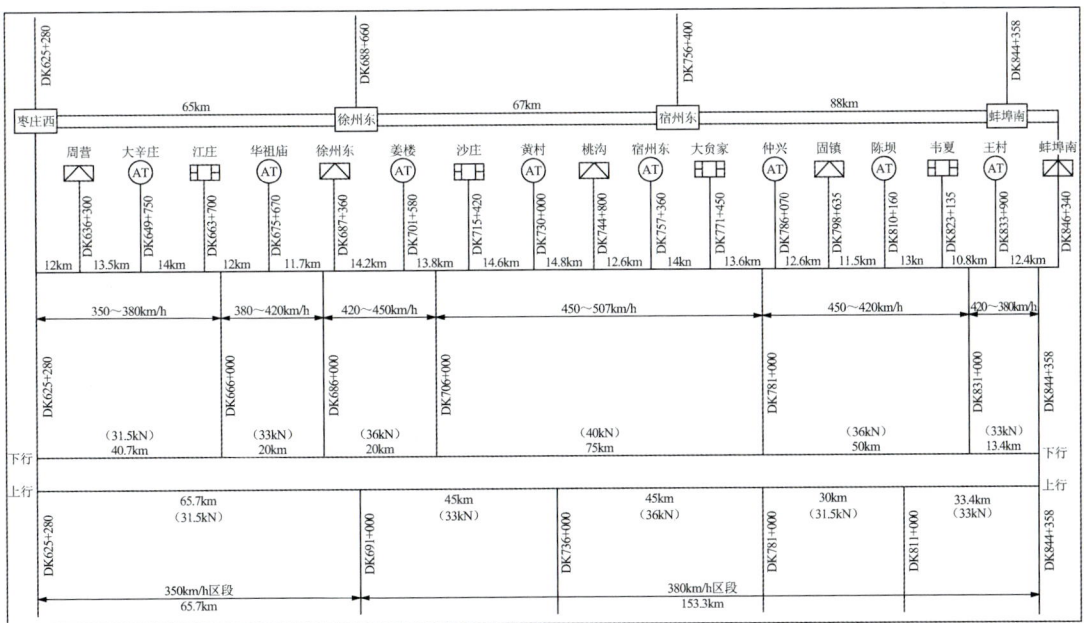

图 13-1　枣庄西至蚌埠南先导段接触网张力体系分布

此外，根据国外以及国内武广高速铁路的实践经验，当动车组双弓运行速度超过350km/h时，接触网的振动较为剧烈。若不对受电弓采取措施，仅靠加大接触网的张力来改善后弓的受流质量，效果并不是很明显。若同时对受电弓采取一定的技术措施，对改善后弓的受流质量效果较为明显。科研人员关注到法国在受电弓方面的研究成果，法国高速铁路中采用了带主动控制模块的受电弓，可以根据运行速度来适时调整受电弓的静态接触压力，进而使得弓网间的动态接触力在平均值上下的波动范围减小，燃弧率也大幅减小。结合京沪高铁的最高运行速度需求，京沪高铁的新一代动车组全部配置了带主动控制模块的新型受电弓，也是国内动车组首次配置主动型受电弓。

先导段接触网张力体系对比试验获得的弓网受流性能参数见表13-2及如图13-2～图13-4所示（注：所有参数均源于DSA380型受电弓下行正向380km/h开口运行，且均为后弓参数），不同张力区段试验速度380km/h的弓网受流视频（后弓）可扫二维码观看。

先导段张力体系对比试验结果表明：在采用带主动控制模块的新型受电弓条件下，拟定的三种接触网张力体系均满足京沪高铁动车组时速380km双弓运行时持续、稳定受流的要求，平均接触力、最大接触力、抬升量、燃弧率等指标均在预期范围之内。相比之下，（20kN＋36kN）张力性能最为优越，（20kN＋33kN）张力次之，（20kN＋31.5kN）张力可用。下行冲高区段接触网张力分布也完全满足动车组冲高运行的需要，并于2010年12月3日创造了双弓运行486.1km/h的世界运营铁路最高试验速度纪录。

弓网受流视频
（31.5kN）

弓网受流视频
（33.0kN）

弓网受流视频
（36.0kN）

弓网受流性能参数　　　　表13-2

张力区段	接触力（N）			燃弧率（%）
	最大值范围	最小值范围	平均值范围	
31.5kN	250～380	130～210	200～260	2.41
33kN	240～360	110～170	200～220	2.38
36kN	260～360	130～200	170～220	2.37

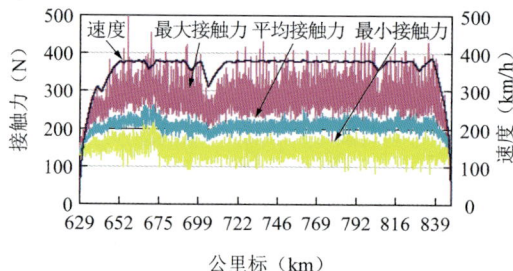

图13-2　全程接触力曲线

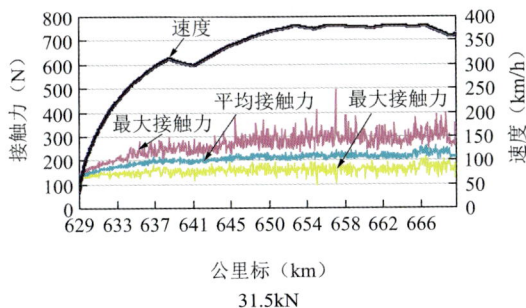

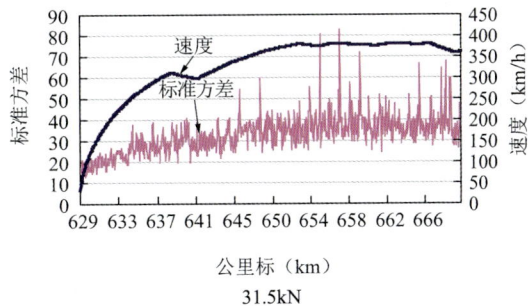

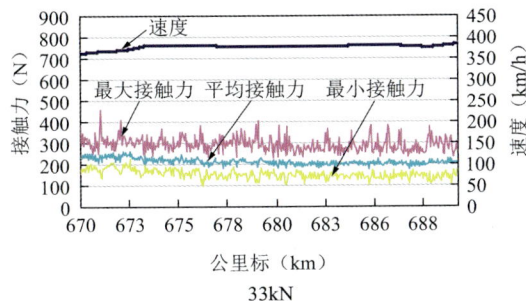

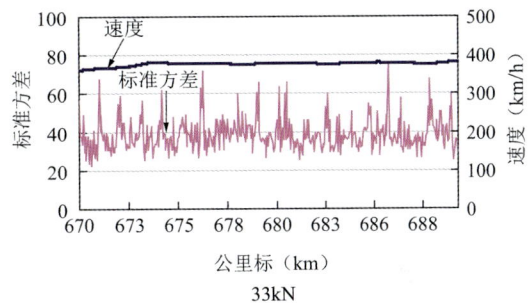

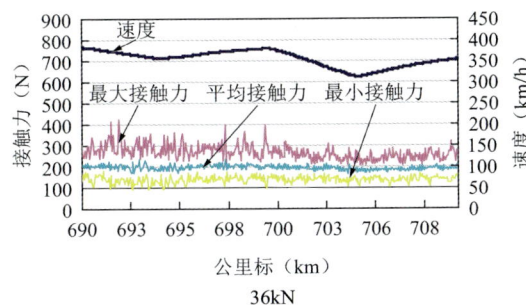

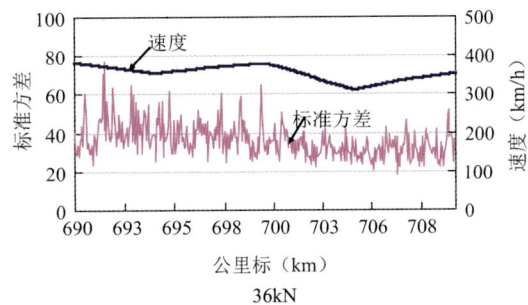

图 13-3　不同张力区段接触力曲线　　图 13-4　不同张力区段接触力方差曲线

　　根据先导段张力体系对比试验结果，通过综合技术经济比较，最终确定京沪高铁时速350km 区段接触网采用（20kN+31.5kN）张力体系，在时速 380km 区段接触网则采用（20kN + 33kN）张力体系。京沪高铁先导段张力体系对比试验完成后，对先导段接触网张力体系进行了恢复，考虑到（20kN + 33kN）、（20kN + 36kN）和（20kN + 40kN）张力体系区段均为设计速度380km/h 区段,因此,（20kN + 33kN）张力体系维持不变,（20kN + 36kN）和（20kN + 40kN）张力体系均恢复为（20kN + 33kN），原 350km/h 区段（20kN + 33kN）和 380km/h 区段（20kN + 31.5kN）张力体系则维持不变。时速 380km 区段之所以选择（20kN + 33kN）张力体系，一方面可减小加大张力带来的风险，另一方面该张力体系还有进一步提速至时速 400km 的冗余。

　　京沪高铁先导段张力体系对比试验为京沪高铁时速 380km 区段接触网张力体系的确定提供了科学数据，同时为我国今后更高速度的接触网设计积累了有益的经验和宝贵的试验数据。

4. 大兴国际机场线刚性接触网试验

大兴国际机场线一期工程线路全长 41.36km（K2＋500～K43＋860），其中地下段 23.65km，地面段 17.71km，地下段采用架空刚性悬挂，设计最高运行速度为 160km/h。在正式开通运营前的 2019 年 8 月 17 日，北京市轨道交通建设管理公司、中国铁道科学研究院对弓网关系进行了测试，最高测试速度达 168km/h。测试结果表明，刚性接触网弓网关系的各项指标均符合标准评判要求，其中：

① 弓网燃弧指标：上、下行燃弧率分别为 0.11% 和 0.26%，上、下行燃弧次数分别为 0.22 次/160m 和 0.52 次/160m，单次燃弧最大时间为 46ms。

② 弓网动态接触力指标：弓网最大平均接触力分布在 75～101N，接触力标准偏差分布在 9～20N。弓网平均接触力曲线如图 13-5 所示。

③ 受电弓垂向加速度（硬点）指标：受电弓垂向加速度（硬点）最大值为 421.4m/s²。

5. 试验成果对高速铁路工程建设的贡献

① 通过开展高速弓网受流试验，建立了我国高速铁路弓网受流系统评价体系，验证了弓网仿真平台的精度和优化方向，为科学合理地选择接触网悬挂类型、张力体系，研制高速受电弓奠定了理论与技术基础。

② 通过开展高速弓网受流试验，认识到采用带主动控制模块的受电弓对改善弓网受流质量至关重要，为我国高速动车组受电弓的研发和装备指明了方向。

③ 通过开展刚性接触网高速试验，验证了刚性悬挂对速度 160km/h 以及更高速度的适应性，为简化隧道内接触网的设计、优化隧道断面探明了新的道路。

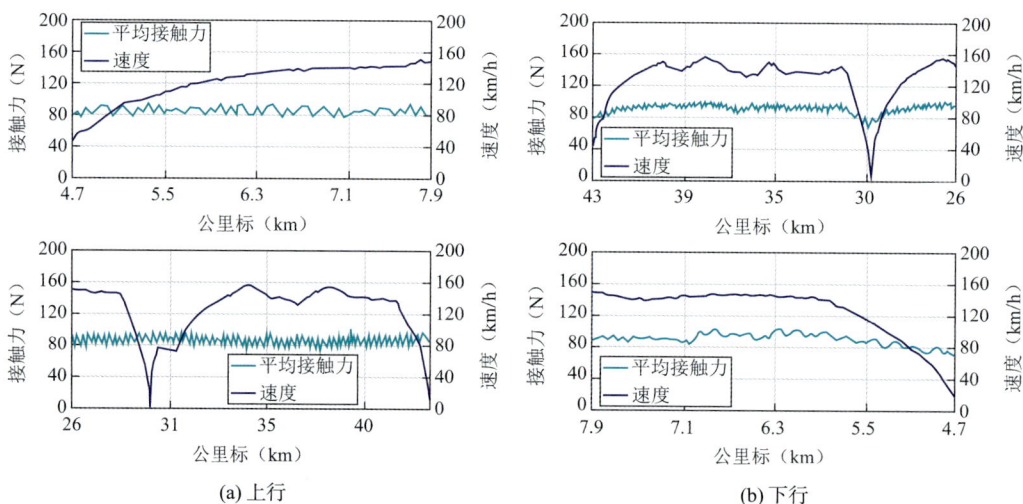

(a) 上行　　　　　　　　　　　　　　　(b) 下行

图 13-5　弓网平均接触力曲线

二　典型工程应用

2008 年开通的京津城际接触网采用了简单链形悬挂。该线由德国西门子公司负责设计，西门子公司采用简单链形悬挂的理由是京津城际为单弓运行，且线路以高架桥为主，接触网支柱跨距一般都在 50m 以下，跨中接触网弹性较小，采用弹性链形悬挂的意义不大。2013 年以后京津城际双弓重联运行实践证明，简单链形悬挂也可以满足动车组以时速 300km 以上双弓重联运行的要求。

京津城际以后陆续建成的高速铁路如武广、郑西、京沪、京石、石武、京哈、京张等均采用了弹性链形悬挂，仅广深港高铁采用了简单链形悬挂。《高速铁路设计规范》（TB 10621—2014）规定："接触网悬挂类型可采用全补偿简单链形悬挂或全补偿弹性链形悬挂。双弓或多弓取流时宜采用弹性链形悬挂。"

弹性链形悬挂和简单链形悬挂均能满足高速弓网受流质量的要求，主要原因是两种接触悬挂都加大了接触线的张力，提高了接触线的波动传播速度，并有追随性能优越的受电弓与之相匹配。接触线张力达到一定范围后，悬挂方式本身的差异对受流性能的影响小于受电弓的影响。

弹性链形悬挂虽然是我国高速铁路工程应用的主要方式，也还存在待解决的难题。为了追求静态弹性的均匀性，减小动态接触力标准偏差，弹性链形悬挂在悬挂点处增加了一根弹性吊索，使得施工调整变得困难，运营维护和事故抢修难度加大；另外，对于时速 300km 以上的高速铁路，为了保证运营的安全性，限制定位器点处接触线的抬升量（UIC 标准规定不大于 120mm），弹性链形悬挂采用了比简单链形悬挂更大的接触线张力，实践中法国地中海线（简单链形悬挂）为 25kN，而德国法兰克福至科隆线（弹性链形悬挂）为 27kN，西班牙马德里至巴塞罗那线（弹性链形悬挂）为 31.5kN，这对接触网零部件强度提出了更高的要求。

国内典型工程接触网应用情况如下：

（1）京沪高铁

① 线路长度：1318km。

② 开通时间：2011 年。

③ 设计最高速度：350km/h（部分区段为 380km/h）。

④ 接触网悬挂类型：一般采用全补偿弹性链形悬挂。在实际工程实施时，为避免弹性吊索的磨损，双腕臂、三腕臂支柱处均取消了弹性吊索，即采用全补偿简单链形悬挂。

⑤ 接触网张力体系：为适应京沪高铁设计最高速度 350km/h、部分区段为 380km/h 的运行需求，通过枣庄至蚌埠先导段张力体系对比试验，最终确定全线接触网张力体系应用如下：

a. 时速 350km 区段（北京南—天津南、济南西—泰山西、滕州东—徐州东、滁州南—镇江南、常州北—上海虹桥），采用 JTMH120 + CTMH150（20kN + 31.5kN）。

b. 时速 380km 区段（天津南—济南西、泰山西—滕州东、徐州东—滁州南、镇江南—常州北，长度共为 686km），采用 JTMH120 + CTMH150/CTZH150（20kN + 33kN）。

时速 380km 区段，部分采用了铬镐铜三元合金接触线（CTZH150），又称高强高导接触线，其抗拉强度达 560MPa，电导率达 75%IACS，机电性能指标远高于铜镁、铜锡等两元合金接触线。高强高导接触线系我国"十一五"国家科技支撑计划课题"高速列车牵引供电技术"子课题"高速铁路用高强高导接触网导线及其零部件的研制"的研究成果。该导线的研制成功，实现了铜合金导线制造领域的技术突破，达到了铜合金导线制造领域的世界先进水平，极大地提升了我国高速铁路关键装备的自主创新能力，同时为将来更高速度接触网标准体系的研究奠定了坚实的基础。

（2）京津城际

① 线路长度：120km。

② 开通时间：2008 年。

③ 设计最高速度：350km/h。

④ 接触网悬挂类型：全补偿简单链形悬挂。

⑤ 接触网张力体系：BzII120 + Rim120（21kN + 27kN）。

（3）京广高铁

① 线路长度：2298km。

② 开通时间：2009 年（武汉至广州段）、2012 年（北京至武汉段）。

③ 设计最高速度：350km/h。

④ 接触网悬挂类型：全补偿弹性链形悬挂。

⑤ 接触网张力体系：JTMH120 + CTMH150（21kN + 30kN）。

（4）京张高铁

① 线路长度：174km。

② 开通时间：2019 年。

③ 设计最高速度：350km/h（部分区段为 250km/h）。

④ 接触网悬挂类型：全补偿弹性链形悬挂。

⑤ 接触网张力体系：时速 350km 区段为 JTMH120 + CTMH150（21kN + 30kN）；时速 250km 区段为 JTMH120 + CTMH150（20kN + 25kN）。

（5）大兴国际机场线

① 线路长度：41.36km。

② 开通时间：2019 年。

③ 设计最高速度：160km/h。

④ 接触网悬挂类型：地下区段采用刚性悬挂；地面区段采用全补偿简单链形悬挂。

⑤ 接触网张力体系：地下区段采用 PAC110 + CTS120（无张力）；地面区段采用 JTMH95 + CTS120（15kN + 15kN）。

三 总结与展望

① 要重视弓网关系理论研究。接触线的波动传播速度须与列车运行速度相适应，列车

运行速度与接触线的波动传播速度之比宜控制在 0.7 以下。这一理论成果的取得，避免了很多弯路，也是研究更高速度受流技术的出发点。未来要基于高速列车耦合大系统动力学理论，进一步开展车辆-受电弓-接触网-气流耦合系统仿真和试验方法研究，为解决高速列车弓网耦合的关键技术难题提供理论基础。

②要重视工程试验。接触网的张力足够大时，接触网悬挂类型的差异对弓网受流影响较小。这一试验成果的取得，为在保证接触网运营安全可靠性的前提下，简化接触网的结构，以减少运营维护的工作量提供了依据。仿真模型能纳入的影响因素总是有限的，工程试验既可以验证仿真结果，更能提供直接的实证结果。未来既要重视仿真平台的建设，为多方案比选提供平台，又要重视工程试验，直接获取运行结果。

③及早开展接触网覆冰舞动研究。近年来高速铁路接触网系统覆冰舞动时有发生，给运营安全带来一定的风险，需加强接触网系统覆冰舞动机理与防治方案研究。

④深化接触网的服役寿命研究。我国高铁将逐步进入大修期，目前对高铁接触网的服役寿命研究不够，亟待深化研究，以便制定科学、合理的接触网大修策略。

第四节　高速列车受电弓

一　高速列车受电弓关键技术

受电弓技术的发展主要有四个阶段：第一代是菱形受电弓，1923 年设计，框架采用双臂对称结构，采用弹簧作为升弓装置，气缸作为降弓装置，如图 13-6（a）所示；第二代是弹簧式单臂受电弓，1955 年设计，框架简化为单臂结构，仍采用弹簧升弓、气缸降弓方式，如图 13-6（b）所示；第三代是气囊式受电弓，20 世纪 60 年代设计，采用气囊作为升弓装置，依靠自重降弓，如图 13-6（c）所示，这种受电弓比第二代受电弓结构相对更简洁可靠，可维护性好，目前世界上应用最多的是此类受电弓；第四代是主动控制受电弓，在第三代受电弓的基础上，可以根据车辆、速度、运行方向等条件自动调节受电弓的气压，从而保持动态接触压力更加稳定，如图 13-6（d）所示。

(a) 菱形受电弓　　　　　　　(b) 弹簧式单臂受电弓

图　13-6

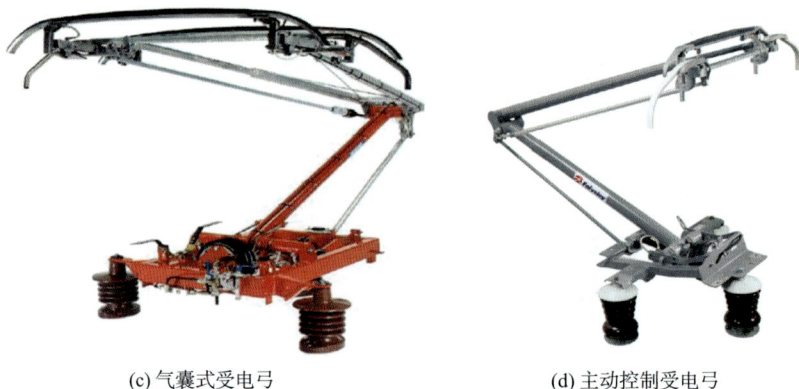

(c) 气囊式受电弓　　　　　　　　(d) 主动控制受电弓

图 13-6　典型受电弓

在 2000 年以前，我国主要采用弹簧式受电弓。从 2000 年引进 DSA200 型受电弓开始，逐步发展了气囊式受电弓并广泛应用。2010 年引进 CX 系列受电弓后，我国开展了主动控制受电弓的国产化应用和自主研制。

高速受电弓是高速列车的关键部件之一，弓网关系是高速列车三大关键耦合关系之一，弓网之间稳定受流是高速列车安全高速运行的基本条件，对受电弓有如下主要要求：

① 接触力稳定，包括静态接触力和动态接触力。其变化范围越小，弓网受流越稳定。研究表明，受电弓较小的归算质量有助于减小弓网动态接触力变化范围，取得较好的受流质量。

② 电气性能。运行过程中滑板要与接触线保持良好贴合，减少滑板的偏磨和燃弧，延长滑板自身的磨耗寿命，且降低对接触线的磨耗。滑板、带电部件和软连线等需有足够的载流能力。受电弓与车体之间需有可靠绝缘。

③ 机械性能。受电弓需要有足够的强度、刚度和疲劳寿命，以适应运行时受到接触网冲击、列车振动和空气动力等工况，同时要考虑减小受电弓的归算质量，因此兼顾受电弓的刚度和强度与归算质量要求，是设计时的重要的优化目标。

④ 空气动力学性能。在高速列车运行时，受电弓需具有良好的空气动力学性能，要求噪声较小且开口闭口两个方向运行性能相差小。

⑤ 接口要求。受电弓要满足列车的机械、电气、气路和控制方面的接口要求及工作高度范围和限界等要求。

⑥ 环境适应性。受电弓须在实际运行线路所处的温度、湿度、风速、海拔等环境条件下可靠运行。

⑦ 运营维护要求。在高速运行工况下，也能在规定的工作年限和维修规程要求下，长期稳定使用，维修方便和经济。

受电弓与接触网属于两个相互独立并通过弓网接触力耦合在一起的机械子系统，这两部分具有各种不同的质量模块、弹性系数、衰减系数、固有频率并受到车辆振动和空气动力等作用。保证受电弓与接触网的动态相互作用性能，需要对受电弓和接触网的设计方案及大量的参数进行优化。受电弓和接触网均有多个变量，加之受电弓存在滑板偏磨等异常情况，接触网存在特殊区段如锚段关节、接触网硬点等，这就构成了一个多元多次方程，如何解这个方程实际上贯穿研究的全过程。首先，根据受电弓和接触网的固有特性分析变量的特性和相关性，简化受电弓和接触网的模型；然后通过部件的模态、振动等试验优化模型；最后依据弓网动力学仿真与试验结果的对比验证模型，解开这道方程式。

1. 受电弓结构设计

受电弓的设计是一个多目标优化、多轮迭代优化的过程：仿真计算和结构设计→对样机进行型式试验、动应力、空气动力学、弓网动力学等地面试验验证→试验和仿真计算对比分析→再次进行结构优化→受电弓装车进行弓网线路试验→将线路试验、地面试验、仿真计算进行数据分析，修正仿真模型和试验条件方法→进一步优化受电弓的结构设计。

对单一目标进行优化难以保证高速受电弓综合性能最优，需要搭建多学科、多目标优化设计平台。通过风洞试验、弓网动力学试验、线路试验等数据验证仿真计算的准确性，通过数值仿真确定各优化变量与目标函数的相关系数，构建模型开展多变量多目标优化。

弓网系统的动力学特性是保证弓网受流性能的关键因素。当列车运行速度达到400km/h及更高速度后，弓网之间的高频特性愈发明显，振动特性愈发复杂，传统的弓网仿真技术已经不再适用，需要建立更为精细的弓网模型。如进一步考虑受电弓的柔性化、弓网间三维接触特性等，使受电弓与接触网间的高频特性得以体现。

受电弓经过多轮迭代优化后，还需装车运行考核30万km以上，才能基本定型投入实际运行。实际运行中由于各种环境条件、线路条件、接触网和受电弓的制造运用维护误差等，有可能还会出现故障，还要根据运行情况进行进一步的研究和优化。经过一套严谨流程设计出来的高速受电弓才能稳定可靠地运行。

2. 受电弓空气动力学性能优化

一般来说，空气阻力与运行速度的平方成正比关系，所以随着列车速度的提高，由气流带来的作用在受电弓上的阻力和升力会急剧增大，造成弓网动态接触力波动幅度增加，影响弓网受流质量。

$$F_d = \frac{1}{2} C_d \rho A_{tr} v_{tr}^2 \tag{13-1}$$

式中：C_d——气动阻力系数；

v_{tr}——列车速度，km/h；

A_{tr}——受电弓断面面积，m^2；

ρ——流体的密度。

空气传播的噪声与车速的六次方成正比，车速增加一倍，声功率级增加18dB，成为高速列车的主要噪声源之一。

$$W_d = k_d v^6 L^2 \qquad\qquad (13\text{-}2)$$

式中：v——流体速度，m/s；

L——流体区域在流动方向上的特征尺寸，m；

k_d——偶极子声源待定系数。

受电弓的框架由多个细长杆件组成，弓头和底架存在多个不规则形状的部件，其空气流场比较复杂，各部件间空气流场相互影响。

受电弓空气动力学研究主要进行两个方面的优化。一是优化气动升力，如高速列车以额定速度运行时的气动升力、开口和闭口两个方向运行时的气动升力偏差，双滑板受电弓运行时前后滑板的升力偏差等。二是降低空气阻力、噪声。

3. 受电弓主动控制策略

列车在高速运行时，受到弓网振动和空气动力的影响，弓网动态接触力波动增大，受流质量变差，为进一步适应高速运行，需研制采用受电弓主动控制系统。主动控制系统分为开环主动控制和闭环主动控制。

目前在实际运行的高速列车上应用的是开环主动控制系统，根据列车速度、运行方向、列车重联、线路类别等信息和受电弓的平均接触压力目标曲线，确定受电弓的气囊气压的控制曲线，当运行中气囊气压超出目标气压的误差范围时，主动控制系统将自主调节气囊压力进而调节弓网间接触压力，提高弓网受流质量。

闭环主动控制系统通过在弓头上加装传感器测量动态接触力，通过实时调整气囊气压，或在弓头和框架上加装作动器实时调整接触力，使受电弓动态接触力趋于稳定。由于高电压环境下测量系统的稳定性、控制系统与受电弓动作的时滞性、附加质量等问题的影响，目前仍处于研究阶段。

4. 受电弓滑板研制

受电弓滑板与架空接触线滑动摩擦，从接触线传输电能，因此受电弓滑板的结构和材料性能成为弓网稳定受流的"首道关口"。

受电弓的滑板需要具备以下功能：

① 足够的机械强度、硬度、抗冲击性能和抗疲劳性能等，且质量较轻。

② 良好的导电性，具有较低的电阻率和接触电阻。

③ 良好的耐磨性、自润滑性能，以及对接触导线的磨耗小。

④ 良好的耐热性和耐电弧能力。

⑤ 环境适应性强及对环境的影响小。

⑥ 具备自动降弓（ADD）功能。

⑦ 制造和使用维护的经济性。

受电弓滑板材料的发展经过了金属滑板-碳滑板-粉末冶金滑板-碳滑板和浸金属碳滑板-复合材料碳滑板的几个阶段。批量应用的几种滑板的性能对比见表13-3。

几种滑板的性能对比   表 13-3

滑板种类	优点	缺点	我国应用情况
金属滑板	机械强度高,导电性好	对导线的磨耗大,耐电弧能力差,质量较重	限制使用,仅在某些钢铝接触线区段使用
粉末冶金滑板	机械强度较高,导电性好,自润滑性较好	对导线的磨耗较大,耐电弧能力差,质量较重	部分直流电力机车上使用,或是特殊天气如冰雪冻雨下使用
碳滑板	耐磨性好,自润滑性好,对导线磨耗低,耐电弧性能好,质量轻,可加装 ADD	机械强度相对较低,抗冲击性能弱,电阻率较高	和谐号高速列车和交流传动电力机车使用
浸金属碳滑板	电阻率低,耐磨性好,自润滑性好,对导线磨耗低,耐电弧性能较好,可加装 ADD	机械强度和抗冲击性能较碳滑板高,但较粉末冶金滑板低,质量偏重	复兴号高速列车、交流传动电力机车和地铁车辆上使用

1961 年我国第一条电气化铁路——宝凤段开通,采用的是金属滑板(铜或钢),因润滑性差,对接触导线磨损严重。1967 年改用纯碳滑板,导线的使用寿命延长了 20 年。受当时的材料研究和工艺水平限制,碳滑板的冲击韧性较差,加之接触网的状况也不佳,因此在导线硬点冲击下滑板易被折断和破裂,出现弓网故障。

1980—2004 年,我国大量采用粉末冶金滑板,当时列车运行速度低于 160km/h,在解决滑板磨耗问题上,取得了较好的效果,但对接触线磨耗偏大。2004 年后,碳滑板厂家改进材质和制备工艺,使得碳滑板的机械强度和抗冲击性能有所提升。研究人员采用浸渍工艺将铜等合金加入炭条中,提高了机械强度和导电性,形成了浸金属碳滑板。碳滑板和浸金属碳滑板得到了广泛应用,国产受电弓滑板在电导率等技术性能上已经达到并超过了进口产品。为满足未来复杂运行环境下高速列车对受电弓滑板的需求,国内外研究人员正在研制新一代的复合材料碳滑板。日本和我国中南大学等研究了碳/金属纤维复合材料滑板,将碳纤维与铜网、填料等按层均匀编织在一起,通过化学气相沉积和浸渍-炭化工艺增强基体炭,制成炭条,其具有低电阻率、低摩擦系数及抗冲击韧性好等特点。西南交通大学等研究了将碳纤维作为增强材料,通过电泳沉积等工艺,增加炭条的机械强度,采用表面改性方法提高碳纤维与基体的结合强度,其抗折强度、抗冲击性能得到了较大提高。北京交通大学等研究了多碳化物复合材料滑板,结合 Cu 的高电导率和具有自润滑性能的陶瓷相 Ti_3SiC_2 的弥散强化,采用烧结工艺制备了 Ti_3SiC_2/Cu 复合材料滑板,其具有高导电性、抗折强度高等特点。目前这些复合材料碳滑板均处于研究阶段,尚未进行大批量应用。

5. 受电弓双弓间距研究

高速列车重联运行时,双弓间距是后弓受流的重要影响因素之一。通过对接触网振动波的传播过程进行分析,确定最佳的双弓间距,以保证后弓良好、稳定地受流。

当受电弓沿接触线高速滑动时,由于接触网刚度的不一致,势必引起接触网和受电弓的耦合振动,这种振动以波的形式在接触线上传播。当振动波抵达两悬挂点时会发生反射,多重反射的许多波合成后互相抵消，因而实际对接触线振动起主导作用的主要为基波。图 13-7 中实线描述了在弓网接触点处引起的接触线振动波形。由图 13-7 可以看出，弓网接触点处振动波形的变化以跨距为周期呈一定的周期性。在每跨内，振动波的极大值出现在跨中位置附近，极小值位于支柱位置附近。

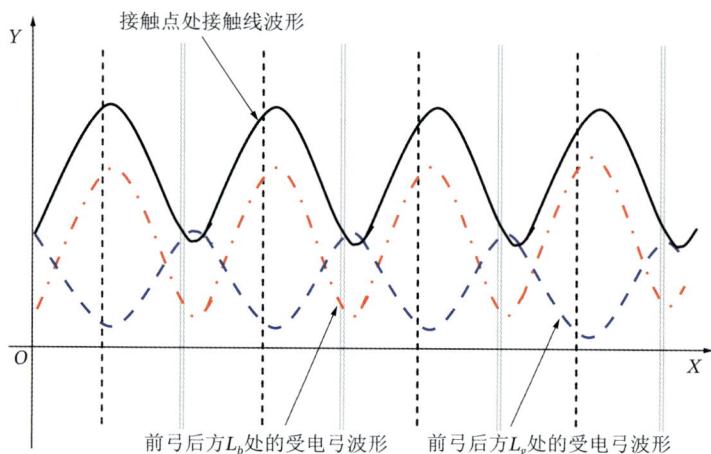

图 13-7　接触线不同位置的振动波形

当两个受电弓以双弓的形式沿接触线高速滑动时，由于受电弓和接触网的耦合作用，会引起与振动方向平行的受电弓振动波形。若将图 13-7 中虚线看作处于前弓后方L_g处的受电弓振动波形，实线看作弓网接触点处接触线的振动波形。可见，接触线和受电弓的两个振动波相位相差 180°，处于反相，由于波的干涉和叠加，使得弓网接触点的振动减弱，改善接触网刚度不一致的问题，进而提高后弓的受流质量。由此可见，当双弓间距处于最佳时，在接触点处接触线的振动波形将与受电弓的振动波形处于反相位置。据此可得，如果后弓运行至前弓后方L_g处所需的时间等于接触线振动波周期奇数倍的一半时，则会造成如此的情况。则有：

$$\frac{L_g}{u} = \left(k+\frac{1}{2}\right)\frac{\lambda}{v} \quad (k=1,2,3\cdots)$$ (13-3)

式中：L_g——最佳双弓间距，m；

　　　u——受电弓运行速度，m/s；

　　　λ——振动波波长，m；

　　　v——振动波波速，m/s。

在此基础上，通过确定振动波的波长λ和波动速度v，进而可推得最佳双弓间距的计算公式，如下：

$$L_g = (2k+1)\frac{Lu}{\alpha\sqrt{T/\rho}} \quad (k=1,2,3\cdots)$$ (13-4)

式中：L_g——最佳双弓间距，m；

L——接触网跨距，m；

T——接触线张力，N；

ρ——接触线线密度，kg/m；

α——修正系数，通常在 $0.7\sim0.8$ 左右，不同的接触网悬挂形式取值略有差异。

另一方面，若将图 13-7 中点划线看作前弓后方 L_b 处的受电弓振动波形。此时，接触线和受电弓引起的两个振动波相位相差 $0°$，处于同相，使得弓网接触点的振动加强，加剧接触网刚度不一致的影响，恶化后弓的受流质量。由此，可以推得最差双弓间距的计算公式为：

$$L_b = 2k\frac{Lu}{\alpha\sqrt{T/\rho}} \quad (k=1,2,3\cdots) \tag{13-5}$$

式中：L_b——最差双弓间距，m；

　　　L——接触网跨距，m；

　　　T——接触线张力，N；

　　　ρ——接触线线密度，kg/m；

　　　α——修正系数，通常在 $0.7\sim0.8$，不同的接触网悬挂形式取值略有差异。

▣ 二　我国普速机车受电弓技术

20 世纪 60 年代，株洲电力机车厂研制出 Q3 型受电弓，在此基础上，1978 年研制出 TSG1 型受电弓。在 1993 年以前，TSG1 型受电弓成为中国铁路电力机车的主型受电弓。1985 年，株洲电力机车厂自主研制了 TSG2 型受电弓，用于 SS4 机车。1993 年，在引进的 8K 电力机车 AM51UF 型受电弓基础上，株洲电力机车厂研制了 TSG3 型受电弓，在 2004 年以前，TSG3 型受电弓成为中国铁路电力机车的主型受电弓。我国早期受电弓如图 13-8 所示。

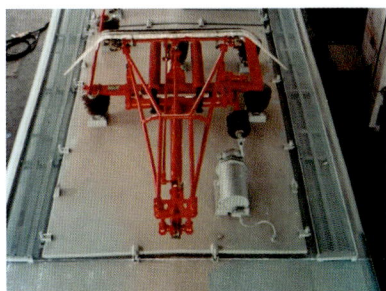  

(a) TSG1 受电弓　　　　　(b) TSG2 受电弓　　　　　(c) TSG3 受电弓

图 13-8　早期受电弓

TSG1 型、TSG2 型和 TSG3 型均属于弹簧式单臂受电弓，采用弹簧升弓、气缸降弓的结构，通过缓冲阀实现升降弓速度的调节，运行速度为 $100\sim170$km/h。

2002 年，株洲电力机车厂联合西南交通大学，对 TSG3 型、8WL0 126-6YH69 型、WBL85 型和 DSA380 型受电弓进行研究试验，测试了受电弓的参数，进行弓网动力学台架试验，比较详细掌握了这些受电弓的性能参数和动力学特性。

三 引进消化吸收成果

1. 国外受电弓应用

1996—2002 年，为准备我国铁路大提速和动车组研制需求，受电弓运行速度要求达到 140～300km/h，而 TSG3 型受电弓运行速度仅为 120km/h，因此我国陆续采购国外一些应用成熟的受电弓。如 Siemens 的 8WL0 126-6YH69 型受电弓装车于 SS8 机车和大白鲨动车组；Schunk 的 WBL85 型受电弓装车于蓝箭动车组和 X2000 动车组；Stemmann 的 DSA200 型受电弓装车于 SS4 型电力机车；DSA380 型受电弓装车于中华之星高速动车组等。

这些受电弓属于归算质量较轻的气囊式受电弓，应用效果明显优于弹簧式受电弓。

2. 受电弓技术国产化

2002 年开始，为了快速提升我国受电弓技术水平，国内受电弓厂家与国外技术成熟的受电弓公司合作，引进受电弓技术。

2002 年北京中车赛德铁道电气科技有限公司（简称北京赛德）从德国 Stemmann 公司引进了 DSA 系列受电弓，DSA250 型受电弓装车于 CRH1、CRH2、CRH5、CR300 等 250km/h 速度等级的高速列车，DSA380 型受电弓装车于 CRH380AL 等 350km/h 速度等级的高速列车。

2004 年株洲电力机车有限公司（简称株机公司）从德国西门子公司引进 8WL0 和 SSS 系列受电弓，SSS400+ 型受电弓装车于 CRH2C、CRH3 和 CRH380A 等 350km/h 速度等级的高速列车。

2010 年青岛四方法维莱轨道制动有限公司（简称青岛法维莱）从法国 Faiveley 公司引进 CX 系列受电弓，装车于 CRH380B 和 CR400 等 350km/h 速度等级的高速列车。

受电弓厂家对引进技术进行了国产化，批量应用于国内和谐号、复兴号高速列车。目前我国和谐号高速列车应用的主要是国产化的 TSG19 系列（引进型号为 SSS400+）、DSA380 型和 CX 系列受电弓，复兴号高速列车应用的主要是 CX 系列受电弓。

（1）DSA250 型受电弓

DSA250 型受电弓的上下臂采用铝合金焊接结构，弓头采用拉簧悬挂，如图 13-9 所示。

（2）SSS400+ 型受电弓

SSS400+ 型受电弓，国产化型号定为 TSG19 系列。采用单臂轻型结构，扭转弹簧独立悬挂式弓头，安装导风板，如图 13-10 所示。

图 13-9　DSA250 型受电弓　　　　图 13-10　TSG19 系列受电弓

（3）DSA380 型受电弓

DSA380 型受电弓采用铸铝下臂、铝合金焊接上臂，拉簧弓头悬挂，安装导风板，如图 13-11 所示。

（4）CX 系列受电弓

CX 系列受电弓采用单滑板弓头，碳钢上臂结构，创新性采用了主动控制调节接触力的技术，如图 13-12 所示。

图 13-11　DSA380 型受电弓　　　　图 13-12　CX 系列受电弓

这些受电弓运行总体情况较好，但由于我国幅员辽阔，气候、线路条件复杂多变、高速列车运行密度高、里程长，在长期运用中也出现多起故障，暴露出不适应国内运行工况的问题。国内工程师对这些问题进行了攻关和适应性改进，结合技术引进，对这些当时世界领先的受电弓（日本除外，因为日本的弓网系统不适合国内应用）技术进行了国产化研究，逐渐掌握了高速受电弓应用的规律特点和边界条件，为后续研制自主化高速受电弓做好了技术储备，锻炼了人员队伍。主要技术改进成果如下：

①DSA250 型受电弓滑板托架出现裂纹现象，裂纹位置均位于滑板安装座部位。改进方案是：弓头铝托架取消既有焊接连接方式，局部加宽采用 2.5mm 铝合金板材整体折弯成型，通过特制垫圈和不锈钢筋板进行补强，如图 13-13 所示。

(a) 改进前   (b) 改进后

图 13-13   滑板托架开裂

② CRH380A 型动车组处于落弓位闭口方向高速进出隧道时，受到空气动力的作用，出现受电弓自行升起状况。解决方案是：研究改进了受电弓安装方式，将落弓状态的受电弓下臂调至与绝缘子安装平面平行，减小受电弓在闭口状态下的气动抬升力，解决了飘弓故障，如图 13-14 所示。

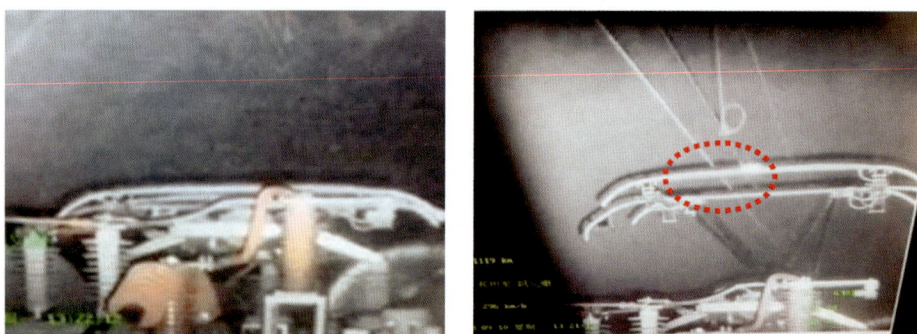

图 13-14   隧道工况飘弓

③ TSG19 系列受电弓滑板支架出现裂纹的故障，滑板支架承受弓网间的冲击与高频振动，出现焊缝疲劳开裂现象。改进方案是：延长支架长度，A 边保留焊缝，B 边不焊接，缓解应力集中，如图 13-15 所示。

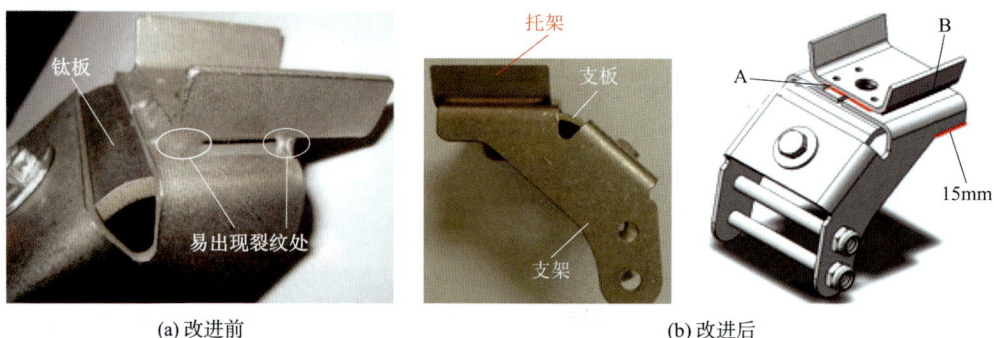

(a) 改进前   (b) 改进后

图 13-15   TSG19 系列受电弓滑板支架裂纹

④CX 系列受电弓拉杆轴承锈蚀故障，如图 13-16 所示。解决方案是：将碳钢衬套改为不锈钢衬套，金属轴承改为非金属轴承，如图 13-17 所示。

图 13-16　CX 系列受电弓拉杆轴承锈蚀

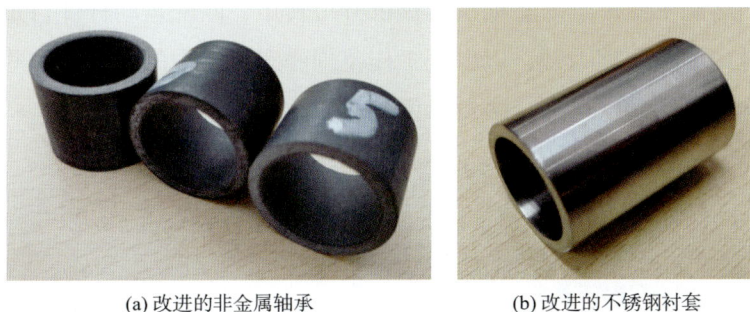

(a) 改进的非金属轴承　　　　　　(b) 改进的不锈钢衬套

图 13-17　CX 系列受电弓结构件改进

从 2002—2012 年的高速受电弓技术引进，我国主要从国外先进受电弓公司获得了受电弓的图纸和制造技术。在此基础上，国内受电弓厂家进行了工艺优化，采用数控加工中心、专用加工机床、焊接专机等设备提升零部件质量，通过国际焊接体系认证提高焊接质量，建立装配流水线提升组装效率和质量。研究碳滑板、气囊、阻尼器、主动控制系统等关键部件性能，进行了国产化替代，逐步构建了受电弓产业链。开展地面和线路试验，研究受电弓的基础参数、弓网动力学、空气动力学、弓网受流等性能。搭建弓网试验平台和受电弓研究设计平台。通过技术引进，国产化吸收，初步建立了研究、设计、制造、试验验证体系框架，促进了受电弓创新链和产业链能力提升。

四　高速列车受电弓创新平台

为掌握高速列车弓网关系核心技术，解决高速列车弓网受流关键技术难题，集聚产学研用等多元化的创新资源，促进弓网系统协同发展，突破弓网系统及关键部件的"卡脖子"技术，建立高速列车受电弓创新平台尤为重要，创新平台在提高产品研发效率、提升自主创新能力等方面意义重大。众多高校、科研院所和受电弓厂家开展弓网动力学、空气动力学、载流摩擦磨损、受电弓设计等研究，建立了受电弓研究设计平台。依托轨道交通运载系统全国重点实验室、高速铁路与城轨交通系统技术国家工程研究中心、重载快捷大功率电力机车全国重点实验室等单位，建成了高水平的弓网试验验证平台，搭建了完善的标准体系。

1. 高速列车受电弓设计平台

（1）受电弓结构与参数设计

① 受电弓设计准备。开展项目技术条件、顾客要求、接口通知书、相关标准要求、以往设计案例库等需求研究，编制《技术规格书》，评审后作为设计输入。

② 初步设计。根据设计输入条件，确定一些基本的项点，如安装点、弓头轮廓等，根据电流要求选择滑板和框架受流截面积，根据温度、海拔、防火要求等选择阀类元件和材料类型等。

③ 受电弓的几何关系分析和框架结构设计，其中弓头轨迹和静态接触力的设计是比较关键的步骤。将受电弓结构简化为四杆机构，弓头的轨迹需限定在标准范围内，保证受电弓在运行中纵向运动不受影响。驱动机构提供升弓转矩，匹配运动杆件自重和静态接触力所需转矩，通过扇形板调整力臂，以保证工作范围静态接触力的恒定。这些设计过程可以通过受电弓机构仿真优化软件进行多目标优化，如图 13-18 所示。

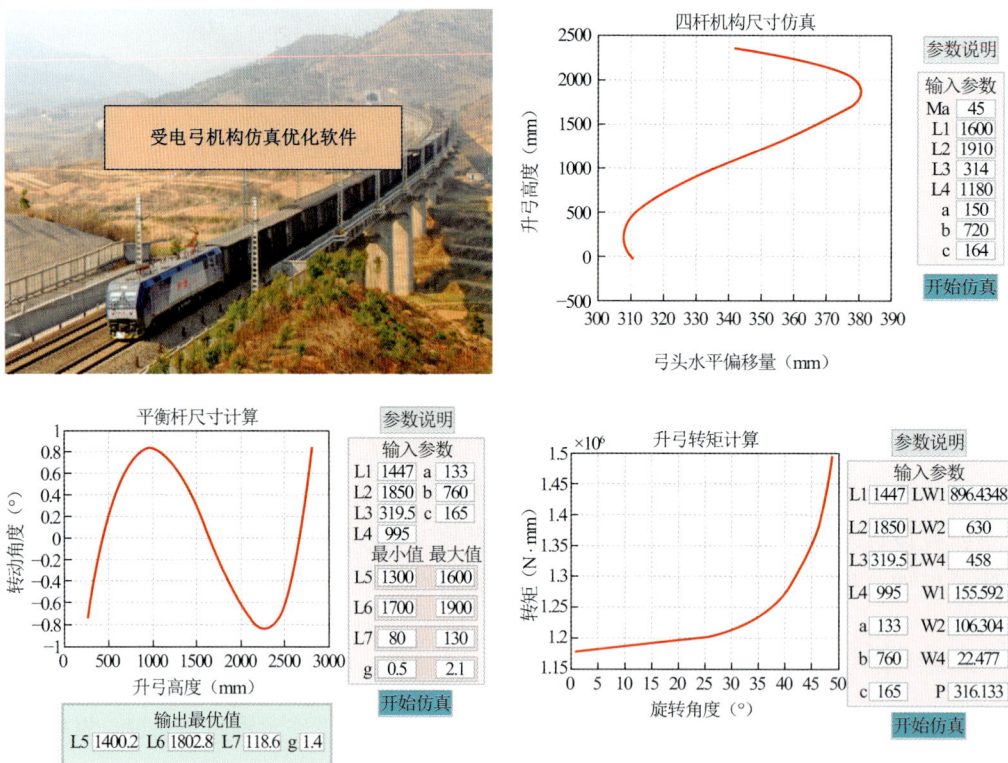

图 13-18　受电弓机构仿真优化软件

④ 仿真计算。包括静强度、模态、模型参数、空气动力学、弓网动力学、噪声、疲劳等仿真计算。

采用有限元仿真分析软件校核强度和疲劳寿命，采用流体力学仿真软件分析空气动力学和噪声，采用弓网动力学仿真软件分析弓网动力学性能，通过联合仿真和多轮寻优的方式，优化受电弓参数和结构。

⑤受电弓样机地面试验验证。包括例行试验、型式试验、研究性试验，研究性试验扩展到参数测试、动应力、加速疲劳、模态、空气阻力升力、噪声、跟随性、弓网动力学、主动控制系统策略优化等试验。鉴于仿真计算和试验的边界条件、方法、模型等存在差别，地面试验与仿真计算结果往往有偏差，需要具体分析并修正。

⑥弓网线路试验。包括弓网动态接触力、燃弧率、硬点、接触线抬升量、总抬升力等测试项点，必要时在明线、重联双弓、隧道、双车交会等工况下进一步开展受电弓的动应力、加速度、噪声、主动控制策略优化等研究性试验。

受电弓的动应力在线测试是我国首创的测试技术。通过解决高低电压隔离、电磁干扰等难点，准确测试受电弓在运行工况下的动应力、加速度等参数，为弓网研究和设计提供数据支撑。

综合各阶段的仿真计算、试验验证的结果，对产品方案进行迭代优化，获得最优结果，高速受电弓设计流程如图 13-19 所示。

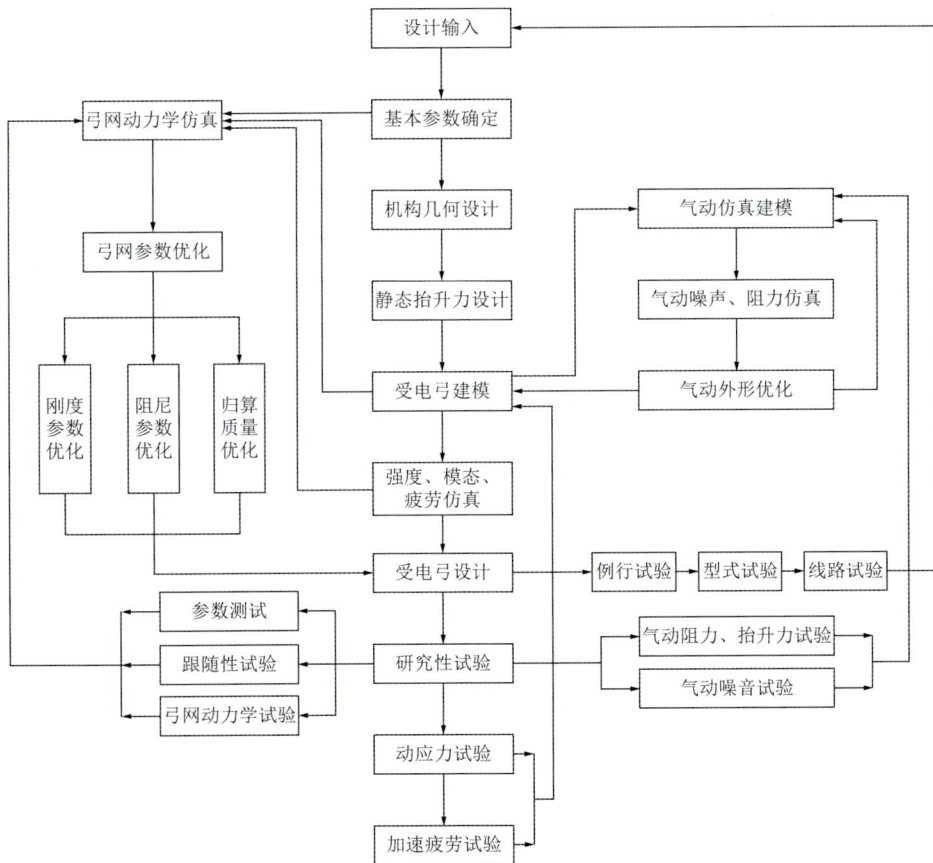

图 13-19　高速受电弓设计流程

（2）受电弓空气动力学性能设计

由于高速气流作用，受电弓运动杆件受到气动力，通过四杆机构的传递，会对弓头产生一个向上或向下的气动力。单臂受电弓结构不对称，开口或者闭口运行时，受电弓的迎风面积和角度不尽相同，导致开闭口的气动抬升力存在差异。

通过流体力学和动力学联合仿真，计算受电弓表面风压，如图13-20所示，加载到各运动杆件上，换算成弓头气动抬升力。

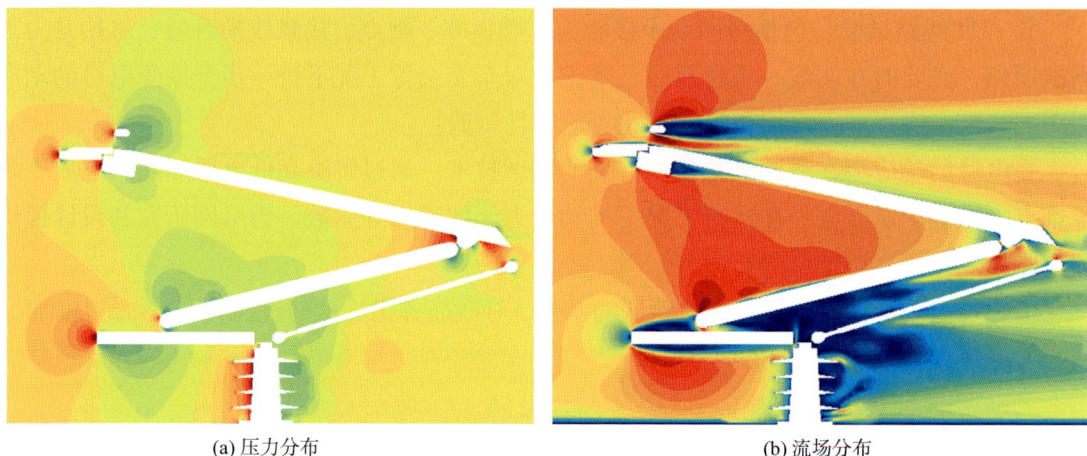

(a) 压力分布   (b) 流场分布

图 13-20 受电弓气动仿真

理想的气动抬升力是随着速度的增加，其数值不变或者缓慢增加，且不受开口、闭口方向的影响。通过优化杆件截面，设置导风板等方式，优化不同速度下的开口、闭口的气动抬升力。

（3）受电弓减阻降噪设计

随着高速列车速度不断提高，受电弓所受气动阻力和噪声的影响越发明显。研究表明，当列车速度达到250km/h时，受电弓所受的空气阻力占到整车空气阻力的8%～14%。当列车速度超过300km/h时，列车气动噪声超过轮轨噪声，而在气动噪声中，转向架和受电弓发出的气动噪声占比最高。受电弓随高速列车运行时，与空气产生相对运动，迎风面空气被冲压，形成较大正压，空气绕流至其背风面时，压力降低，前后压差产生压差阻力。部件表面与空气摩擦产生摩擦阻力，此外，受电弓的外露装置及突出部分导致气流分离产生附加的压差阻力。影响受电弓气动阻力的主要因素是压差阻力。空气绕过受电弓的流动为湍流，受电弓表面生成很多的旋涡，给空气施加了变动的作用力而引起空气振动，产生声波发出气动噪声。

通过仿真计算，分析受电弓及各部件的气动阻力、所占比例、各部件噪声源和涡流云图，如图13-21所示，进行结构优化。一般采用优化受电弓各部件外形、减少受电弓外露的杆件、列车顶部增加导流罩和隔声罩等方式降低受电弓气动阻力和噪声。

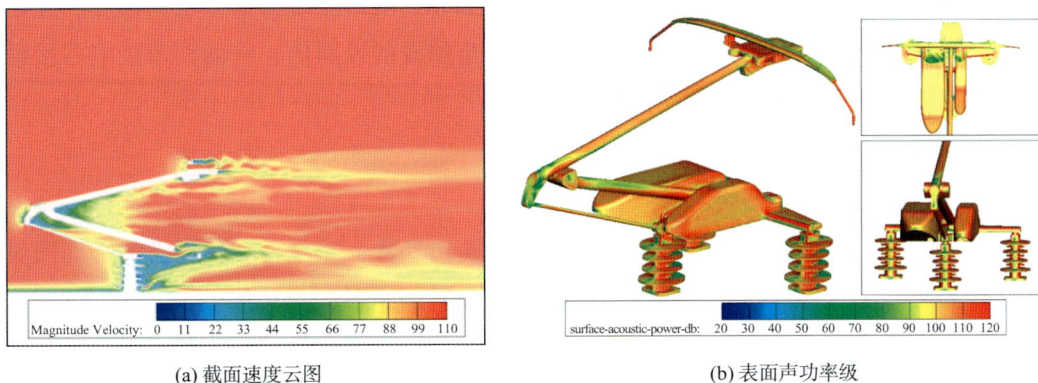

(a) 截面速度云图　　　　　　　　　　(b) 表面声功率级

图 13-21　受电弓周围流场分布

（4）受电弓主动控制设计

随着高速列车运行速度的提高，弓网稳定受流也变得越来越困难，当通过受电弓的结构参数优化、接触网参数优化仍难以达到效果时，主动控制技术不失为一个有效的手段。基本思路是根据弓网系统实时的状态量，通过对受电弓施加可控的外力来灵活调整下一时刻的弓头抬升量，从而达到抑制接触力波动的目的。

受电弓主动控制系统的原理见如图 13-22 所示。

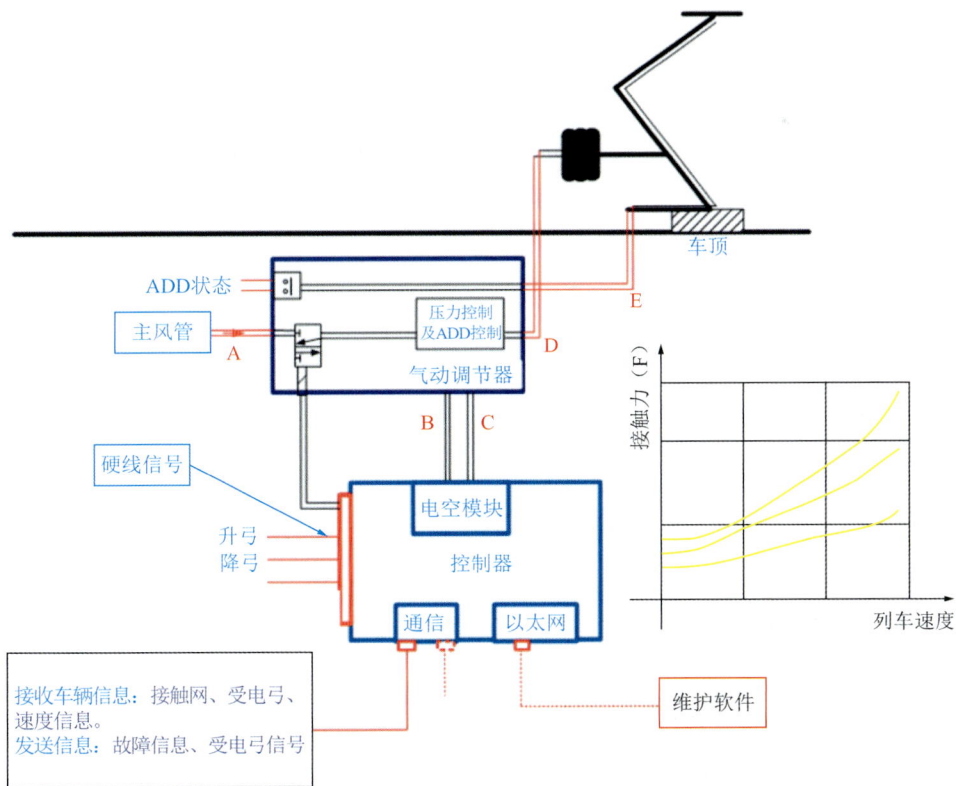

图 13-22　受电弓主动控制原理图

主动控制单元接收升降弓信号以及 MVB 或 TDRP 网络系统数据，根据速度、受电弓位置、开闭口方向等因素，调节受电弓气囊压力至预设的风压值，从而调节受电弓接触压力，并具备故障报警及故障诊断功能。

2. 高速列车受电弓试验平台

（1）受电弓参数试验研究

利用受电弓参数试验台测试受电弓的三质量模块参数、受电弓和各部件的转动惯量、模态等，为弓网仿真计算和动力学试验提供基础数据，如图 13-23 所示。

（2）弓网动力学试验研究

弓网动力学试验研究主要采用半实物半虚拟的混合模拟试验方式，可以测试受电弓在不同速度、不同参数接触网下的弓网耦合状态和跟随性能等；测试不同参数的受电弓试验结果的变化，分析参数与性能之间的关系，通过参数优化，找出性能最优的受电弓；也可以测试不同受电弓在同一参数接触网下的试验结果变化，找出相应参数的接触网下弓网动力学匹配最佳的受电弓，如图 13-24 所示。

图 13-23　受电弓参数测试　　　　　图 13-24　弓网动力学试验

（3）受电弓疲劳试验研究

通过在受电弓弓头上加载垂向、纵向和横向载荷谱，测试受电弓的疲劳性能和动应力参数的变化，如图 13-25 所示。

图 13-25　受电弓疲劳试验

（4）弓网载流摩擦磨损试验研究

弓网载流摩擦磨损试验研究，一般将接触线刚性固定在转盘上旋转和平动，受电弓固定在底座，或固定滑板平动，模拟受电弓滑板和接触线的滑动接触，测试在不同电压/电流、速度、接触力、车辆振动、拉出值、温度、湿度等条件下，受电弓滑板与接触线的磨耗、接触力、燃弧率等性能，试验台线速度最高达到 550km/h，如图 13-26 所示。

(a) 高速弓网关系试验

(b) 弓网载流摩擦磨损试验

(c) 全尺寸弓网模拟试验

图 13-26　国内弓网载流摩擦磨损试验

3. 高速列车受电弓标准体系

　　欧洲的铁路发展较早，建立了较为完善的受电弓和接触网标准体系（EN 标准），在世界上广泛运用。IEC 在此基础上，编制了国际标准（IEC 标准）。我国参考 IEC 和 EN 标准，结合我国弓网现状和试验运行情况，制定了国家标准和行业标准，形成了更为全面的弓网关系标准体系，见表 13-4。

受电弓标准体系对比表　　　　　　　　　　　　　　　　表 13-4

体系	名称	IEC 标准	欧洲标准	中国标准	其他标准
受电弓	受电弓特性和试验　第 1 部分：干线机车车辆受电弓	IEC60494-1	EN50206-1	GB/T 21561.1	
	受电弓特性和试验　第 1 部分：地铁和轻轨车辆受电弓	IEC60494-2	EN50206-2	GB/T 21561.2	
	受电弓特性和试验　第 3 部分：受电弓与干线机车车辆的接口		EN50206-3	GB/T 21561.3	
	国际联运牵引受电弓应遵循的条件				UIC608
受电弓滑板	受电弓碳滑板试验方法	IEC62499	EN50405	GB/T 34572	
	受电弓滑板　第 2 部分：碳基复合材料滑板			TB/T 1842.2	
	受电弓滑板　第 3 部分：碳滑板			TB/T 1842.3	

体系	名称	IEC 标准	欧洲标准	中国标准	其他标准
弓网关系	受电弓与架空接触网相互作用准则	IEC62486	EN50367	GB/T 43790	
	受电弓与架空接触网相互作用测量的要求与验证	IEC62846	EN50317	GB/T 32592	
	受电弓与架空接触网之间动态相互作用的仿真确认		EN50318	GB/T 32591	

（1）受电弓标准

我国制定的受电弓标准，根据我国的受电弓现状和高铁运行检修的经验，增加了风洞试验等内容，还制定了《轨道交通　机车车辆受电弓特性和试验　第 3 部分：受电弓与干线机车车辆的接口》（GB/T 21561.3）。

（2）受电弓滑板标准

EN 和 IEC 标准制定了受电弓滑板试验方法的标准，我国则更详细地制定了《受电弓滑板　第 2 部分：碳基复合材料滑板》（TB/T 1842.2）等作为受电弓滑板的产品标准。

（3）弓网相互作用标准

我国制定的弓网关系标准，根据积累的大量 350km/h 及以上速度等级的弓网关系运用和试验数据，研究并提出了多种弓头轮廓、动态接触力和燃弧率技术要求。

（4）参与国际标准制修订

随着我国高速铁路的建设和广泛运用，全国牵引电气设备与系统标准化技术委员会组织技术专家积极参与国际标准的制定工作，从 2011 年开始，我国技术专家先后参与了 IEC 60494、IEC 62486、IEC 60913、IEC 62499 等受电弓、弓网关系、接触网、受电弓滑板等十余项标准的起草，其中《轨道交通　受流系统　受电弓滑板试验方法》（IEC 62499：2021）和《轨道交通列车过分相系统匹配技术准则》是由我国主持制定的铁路电气化技术领域的国际标准。

在我国主持制定《轨道交通　受流系统　受电弓滑板试验方法》（IEC 62499：2021）时，中国已经领先一步，掌握了碳滑板磨耗试验方法，并列入行业标准作为型式试验项点执行，而欧洲等地区尚处于研究中，未列入标准中。本次 IEC 62499 标准主持制修订无疑是输出中国元素、中国实践的最好契机，而国际标准的制定涉及各个国家的需求和利益，坚持协商一致原则，是一个长期博弈的过程。我国组建影子工作组，针对滑板磨耗试验项点，开展国内外标准对比分析、试验验证、标准草案编制，历经三轮国际工作会议讨论，终于取得了统一意见，将滑板磨耗试验项点条款列入了标准正文，IEC 62499 标准也在投票中获得了全票同意，实现了 IEC 62499 标准由我国主持制定的目标。该国际标准提升了中国在轨道交通领域的国际话语权和影响力，实现了从产品输出向标准输出的转变。

五　受电弓试验

1. 型式试验

依据标准《轨道交通　机车车辆　受电弓特性和试验　第 1 部分：干线机车车辆受电弓》（GB/T 21561.1）进行型式试验。

2. 研究性试验

（1）受电弓参数及弓网动力学试验

在受电弓-接触网动力学研究中应用最多的是三质量块模型，将受电弓的运动部件，简化成三个质量块：弓头的簧上质量块 M_0、上臂的质量块 M_1、下臂的质量块 M_2，如图 13-27 所示。在参数试验台或弓网动力学试验台上，通过测量相应质量块的力和位移确定归算刚度，通过施加激振，测量其振动周期、位移可以计算出相应质量块的归算质量和归算阻尼。

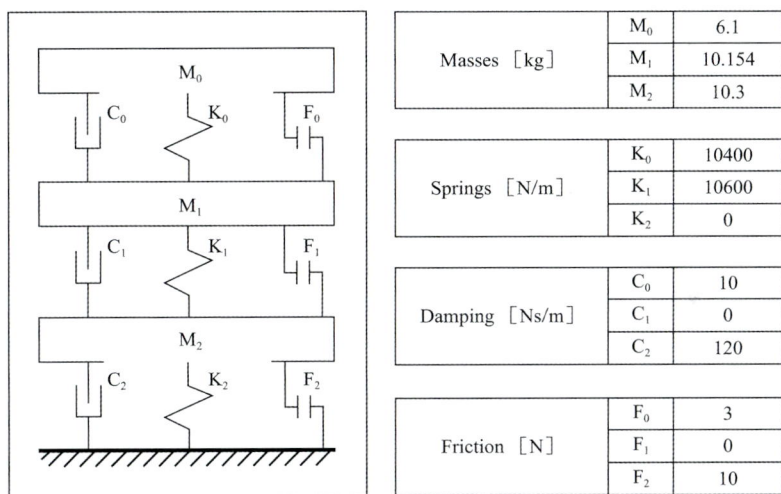

Masses〔kg〕	M_0	6.1
	M_1	10.154
	M_2	10.3

Springs〔N/m〕	K_0	10400
	K_1	10600
	K_2	0

Damping〔Ns/m〕	C_0	10
	C_1	0
	C_2	120

Friction〔N〕	F_0	3
	F_1	0
	F_2	10

图 13-27　某受电弓三质量块模型

受电弓模态是指受电弓的固有振动特性。在弓网系统的设计及运用过程中，应尽量避免发生弓网共振。目前受电弓模态试验通常采用锤击法或激振器激励法进行模态试验，试验中激励和响应的时域信号经快速傅里叶变换转换成频域的频谱，得到的频率响应函数曲线通过定阶、拟合，由此得出受电弓的各部件模态参数。

受电弓跟随性是影响受流质量的重要参数之一，它与受电弓结构参数密切相关，跟随性测试采用液压作动器激励，进行等频下扫幅，直至碳滑板与作动器脱开，记录受电弓与作动器接触力为零的幅值，可以得到受电弓的跟随性曲线，如图 13-28 所示。

低速受电弓跟随性试验

一个好的受电弓设计，在低速时依靠弓体杆件结构与弓头悬挂共同作用来适应跟随作

动器的运动；而在高速时，则主要依靠弓头悬挂的作用，适应跟随作动器的运动，故高速受电弓需要更轻的弓头质量和良好的动力学参数，来获得更好的弓网动力学匹配性能。弓网跟随性试验见视频二维码。

高速受电弓
跟随性试验

将弓网动力学仿真载荷谱或线路试验载荷谱通过软件转化后加载在试验台的上部作动器上，进行弓网动力学试验，测试动态接触力，分析平均接触力、标准偏差、最大接触力、最小接触力等数据，评价弓网动力学性能，优化受电弓参数，如图 13-29 所示。

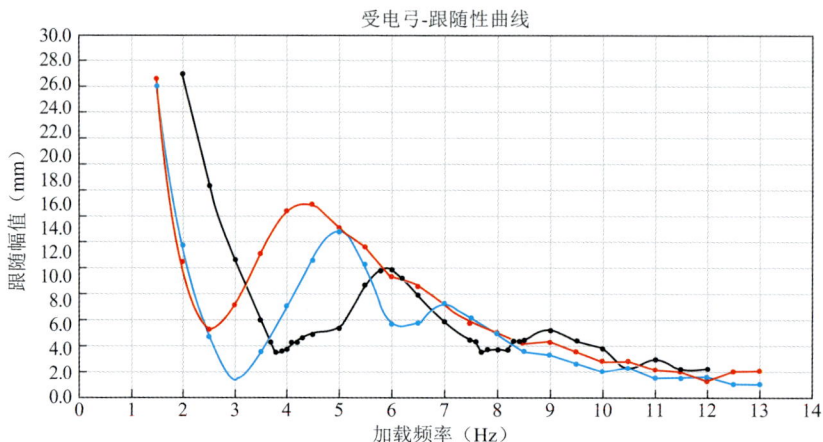

图 13-28　不同受电弓跟随性试验结果

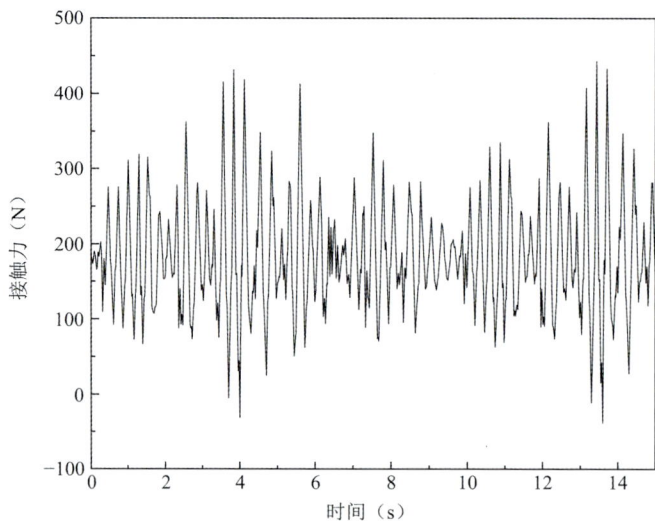

图 13-29　弓网动力学试验结果

（2）弓网载流摩擦试验

弓网载流摩擦磨损是一种电流作用下的多物理场的摩擦磨损行为，包括机械磨损、电气磨损。通过试验台可以研究在不同滑板材料、接触导线材料、受电弓类型、电流、接触力、速度、拉出值、环境温湿度等因素的影响下，滑板和接触导线的磨耗参数和摩擦磨损状态。

（3）空气动力及噪声试验

受电弓的空气动力及噪声试验在风洞或线路试验中进行，测试受电弓抬升力、阻力、噪声、降弓位保持力、各部件的空气阻力和加速度等项点，如图 13-30 所示。

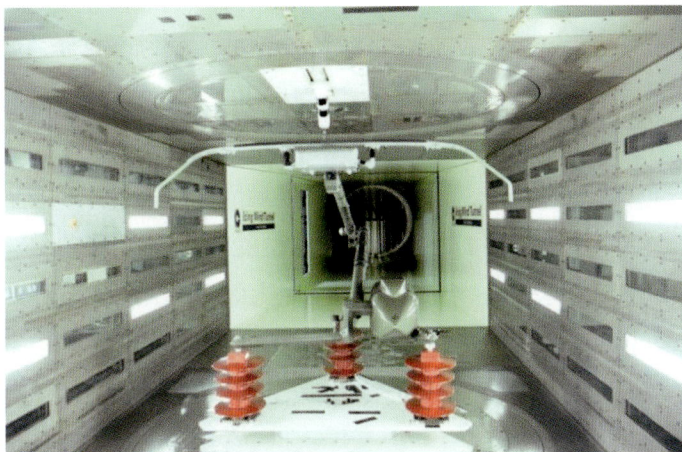

图 13-30　受电弓风洞试验

风洞试验一般采用受电弓实物，对受电弓本身和部件的试验相对准确，受限于风洞的尺寸和安全性考虑，很难模拟全尺寸的列车外形、受电弓导流罩和周边设备的流场影响。线路试验可以测出受电弓在实际运行环境中的空气动力参数，但因为高速受流，在受电弓上贴较多传感器会增加动态质量，影响受流效果，一般只能测量受电弓开口和闭口的抬升力和噪声，同时噪声也难以解耦受电弓本身和周边设备的噪声影响。

（4）关键零部件地面试验

受电弓碳滑板、绝缘子、主动控制单元等关键部件，应依据相关的标准进行型式试验和研究性试验。

六　持续创新的高速列车自主化受电弓

1. CR400 高速动车组受电弓

2016 年中国铁路总公司组织相关科研单位和厂家，研制了 V350 和 CED420 型两种具有自主知识产权的高速受电弓，相关性能均达到了 CR400 高速列车的技术要求。这是我国首次应用自主化受电弓的研究、设计、试验验证平台，进行高速受电弓的系统研制。

（1）V350 型受电弓

V350 型受电弓是株机公司基于高速受电弓创新平台研制的首款产品，如图 13-31 所示，采用全新的四杆机构参数，具有高强度的单杆上臂结构、单滑板、垂直式气囊升弓驱动机构、隐藏式风管、带导风板等特点，具备主动控制功能。

V350 型受电弓在弓网动力学、空气动力学等方面进行了深入的研究和设计，其动态接触力稳定，气流对受电弓抬升力影响较小，开闭口气动抬升力相近，对主动控制系统依赖较小。2018 年 5 月，该型受电弓在京沈高铁进行了线路试验，最高速度达 385km/h，各项试验指标达到同类先进水平，如图 13-32 所示。2021 年，V350 型受电弓在国内首条全隧道 160km/h 刚性接触网下应用效果优良；2024 年 1 月起 V350 型受电弓在 CR400AF 和 CR400BF 高速动车组上装车运用考核，截至 2024 年底已运营 60 余万 km，受流性能和稳定性优良。

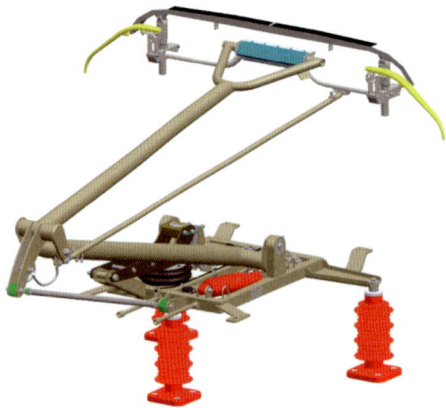

图 13-31　V350 型受电弓

V350 型受电弓延伸研发的 250km/h 速度等级的 V250 型受电弓，应用于 200km/h 以下的电力机车。

（2）CED420 型受电弓

CED420 型受电弓是北京赛德吸收了国内外高速受电弓特点，采用单臂、单滑板、气囊卧式布置、弓头弹簧筒悬挂、主动控制系统、铸铝下臂等结构而研制的高速受电弓，如图 13-33 所示。该型受电弓具备性能可靠、结构简单紧凑、经济实用、维护性能优良等特征。

图 13-32　V350 型受电弓线路试验

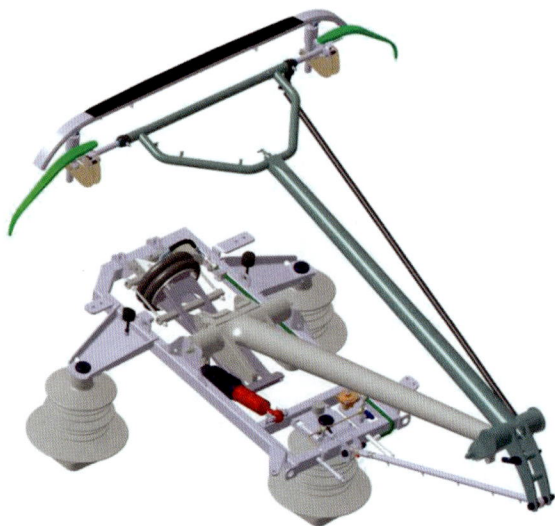

图 13-33　CED420 型受电弓

CED420 型受电弓的研制过程中，空气动力学特性研究是其中最关键部分，针对受电弓的空气动力学特性进行了深入的研究与优化，建立了完善的高速受电弓空气动力学特性设计、评估与优化体系，成功掌握了高速受电弓的气动特性设计技术。

2022 年 CED420 型受电弓搭载 CR400BF 动车组在济郑高铁完成了明线单列 435km/h、相对交会 870km/h 弓网受流试验，如图 13-34 所示。2024 年 3 月起在 CR400BF 上运行考核，效果优良。

图 13-34　CED420 受电弓线路试验

2. CR450 高速动车组受电弓

2021 年国铁集团启动"CR450 科技创新工程"，计划通过对高铁移动装备技术的全面提升，研发新一代更高速度、更加安全、更加环保、更加节能、更加智能的复兴号动车组新产品。以"揭榜挂帅"课题——"时速 400 公里低阻力低噪声受电弓关键技术研究"为依托，为 CR450 动车组配套研制新一代自主化高速受电弓，研究要求受电弓的设计与研制应充分考虑受电弓低噪声和低运行阻力运行，与现有 350km/h 受电弓相比，400km/h 运行时，受电弓减阻 20%，气动噪声降低 3dB。根据此要求，结合 CR450 动车组顶层技术要求及国内外相关技术标准，中车株机公司和北京赛德分别自主开发了 V450 型和 CED450 型两种受电弓。2023 年 7 月，国铁集团组织 CR450 动车组新技术部件换装科学研究试验，V450 型受电弓和 CED450 型受电弓安装于 CR400BF、CR400AF 综合检测车，最高试验速度达到 453km/h，相对交会速度达到 891km/h，各项指标满足设计要求，部分指标明显优于既有高速受电弓。

（1）V450 型受电弓

V450 型受电弓是株机公司依托高速受电弓创新平台研制的新型高速受电弓产品，如图 13-35 所示。

图 13-35　V450 型受电弓

V450型受电弓聚焦仿真与试验验证、结构与外形、新材料与新技术、空气动力学与噪声控制、智能化监测与控制技术等方面，开展了系统性研究与创新：

①仿真理论创新：a.在对车、弓、网、气耦合系统单一物理场建模的基础上，建立车辆-受电弓-接触网-气流耦合系统模型，通过仿真与试验，揭示不同服役条件下各特征参数的内在关联机制及耦合作用机理。b.采用阻力-质量-噪声-升力的多学科优化匹配技术，通过辨识受电弓外形、结构布局等因素与受电弓阻力、升力以及噪声之间的映射关系，考量轻量化的设计需求，搭建多学科、多目标优化设计平台。

②结构与外形创新：a.简化杆件结构，减少外露杆件。基于等强度、减阻等理念，设计采用变截面锥管的碳钢单上臂杆结构。将平衡杆、ADD（自动降弓）气路和电流连接内置于上臂杆、下臂杆等杆件内，减少外露杆件的气动噪声。b.极具辨识度的集中式弓头结构设计。碳滑板和绝缘弓角设计为连续弓头轮廓的一体式结构，减少了连接部件数量，提升了减阻效果，减少了簧上运动质量，提升了受电弓跟随性。弹簧盒采用居中布置，并通过内置的连杆同步机构控制碳滑板垂直平动姿态，缩小碳滑板动态轮廓区域，提高受流质量稳定性。采用多组变刚度压缩弹簧适应多速度段弓网耦合性能。c.受电弓与车顶受电弓安装沉台协同设计。采用椭圆外形的支撑绝缘子，减阻降噪，同时，绝缘子内部设置供风气道，集机械支撑、绝缘、供气功能于一体，简化受电弓与车顶外部接口。

③空气动力学与噪声控制创新：a.融合工业美学与低空气阻力仿生外形。导流罩采用"海豚"仿生外形，绝缘子采用"橄榄形"截面仿生外形，综合结构布局充分体现工业美学与低空气阻力和低噪声设计。b.集中式弹簧盒外壳融合了机翼外形曲面设计，双向运行时具有不同的气动升力效果，缩小了受电弓开闭口方向的气动升力差异，降低了受电弓对主动控制技术的依赖。

④新技术与新材料应用：a.导流罩、弹簧盒壳体应用高强度且轻质的碳纤维材料，采用真空导入灌注一体化成型工艺，提升复杂曲面外形部件的结构强度、内外面成型精度和表面质量。b.优化碳滑板的碳基材与浸铜成分配比，改善浸铜工艺，以适应高速下载流能力和磨耗性能。c.支撑绝缘子的环氧树脂本体与内置风管采用一体式浇铸成型工艺，解决异种材料界面气隙，提升了界面电气稳定性。

⑤智能化监测与控制技术创新：采用智能化的学习型主动控制技术，通过监测控制弓网受流状态实时调整弓网作用力。既可依托当前线路的弓网实时检测数据，对当前弓网作用力进行修正，也可指导同线路的其他受电弓提升受流质量。综合分析不同线路的弓网数据，制定最优的主动控制策略，进而提升受电弓在不同线路工况下的适应性。

⑥试验验证方法创新：a. V450型受电弓开展了多轮联合仿真计算、试验验证和结构优化，在弥蒙铁路和福厦高铁进行了线路弓网试验，如图13-36所示，试验数据均满足技术要求，其中受流性能指标、减阻降噪指标明显优于标准，对比CR400现有受电弓，V450型受电弓风洞实测平均减阻43%，降噪5dB。b. V450受电弓研制过程中，进一步丰富了

静强度测试、模态测试、动应力测试、弓网动力学测试、弓网跟随性测试、导流罩撞鸟试验等研究性试验内容，同时创新性地提出气动噪声和气动阻力测试方法，如气动阻力测试采用减部件的方法，可测试单个部件气动阻力值，为受电弓针对性减阻优化提供数据支撑。

图 13-36　V450 型受电弓线路试验

（2）CED450 型受电弓

CED450 型受电弓是北京赛德基于 CED420 型受电弓平台研制而来。CED450 型受电弓总体延续了 CED420 型受电弓方案，在低阻力低噪声设计、新材料应用等方面进行创新，其中碳纤维的底架导流罩"子弹头"仿形设计有利于减阻降噪，椭圆形的支撑绝缘子内置了供风气道，改进碳滑板结构以降低质量，上臂隐藏风管设计，采用一体式铸铝下臂结构，配备两级主动控制技术。如图 13-37 所示。

CED450 型受电弓通过多轮的结构强度、疲劳寿命、空气动力学、弓网动力学等仿真计算，并开展型式试验、风洞试验和线路试验等验证，各项产品性能参数满足指标要求。对比 CR400 现有受电弓，CED450 型受电弓风洞实测平均减阻 42%，降噪 3.15dB，如图 13-38 所示。

图 13-37　CED450 型受电弓

图 13-38　CED450 型受电弓风洞试验

3. 受电弓发展趋势及新技术研究

弓网关系是高速列车安全运行的三大核心关系之一，弓网系统良好的服役性能是保障高速列车可靠、安全运行的基本条件，而综合运用车弓网气耦合仿真、减阻降噪、新材料新技术、数字化智能监控等技术是助力高速列车实现速度突破的基础，也是未来受电弓技术发展趋势。

（1）关注弓网受流的本质，即保持动态接触力的稳定

基于列车-弓-网-空气系统多物理场的耦合联合仿真，研究桥梁、隧道、风、冰雪等边界条件的影响，充分考虑高频振动特性、弹性不均匀度、波速、柔性模型、空气阻力波动、滑板不规则表面等因素，细化接触网和受电弓模型，完善仿真技术，使弓网动力学仿真和地面试验数据趋于实际试验结果。

改进受电弓结构，降低受电弓的运动质量特别是弓头簧上质量，甚至可能设计出不是"弓形"的受电弓。

（2）数字化智能化

研究受电弓接触力、加速度、燃弧率等参数的测量方法，将弓网接触状态数字化并利用智能控制、主动控制等技术保持接触力稳定，数据共享给同线路的其他列车，进而优化整条线路的高速列车的弓网受流质量，此数据也构成列车健康管理的一部分，用于指导受电弓智能运用维护。

（3）减阻降噪

研究适应高速运行时的低阻力、低噪声技术，如减少外置杆件、简化整弓外部结构、优化整弓外形和采用仿生降噪技术等。

（4）新技术应用

研究应用碳纤维和钛合金等新材料，采用新型碳滑板、传感技术、大数据分析、云传输云计算等新技术，实现受电弓轻量化和智能化。

总之，受电弓和接触网性能匹配是保障高速列车稳定受流的关键。我国研制的高强高导接触导线、低阻力低噪声受电弓等产品达到世界先进水平，有力推动了高速受流技术发展。未来我们要继续坚持装备自主化、持续深化受电弓减阻降噪、数字化智能化控制技术研究，进一步提升高速弓网受流性能。

故事

高速受电弓——破解风之密码

风，看似平凡无奇，却是影响高速受电弓性能的关键因素。早期高速受电弓主要在弓头增加导风板来改善气动性能。这小小的导风板，虽不起眼，却如同受电弓的"隐形翅膀"，对调节受电弓气动性能，改善弓网匹配受流性能作用巨大。

2010年TSG19A受电弓改进设计时，导风板直接采用了原弓的设计。由于高速动车组列车头型的改变使车顶流场随之产生了较大的变化，在郑西线进行线路试验时，受电弓难以满足弓网受流要求，经反复调试导风板均不能达到测试要求。通过大量对

比试验数据与进行空气动力学仿真，找到了问题的根由是受电弓开口抬升力不足和前后滑板接触力存在偏差。受雄鹰翱翔姿态的启发，团队创新性地设计出仿生鸟翼的单层弧形导风板，通过巧妙调整仰角以解决开口抬升力问题，并精准调整滑板小导风板尺寸，成功纠正接触力偏差。经过反复仿真分析与优化，最终装车试验成功，保障了郑西线试验的顺利推进。

2016 年我国开展了高速受电弓的自主化研制。项目团队反复研究杆件截面、尺寸、结构布局等在不同工作高度、开闭口等工况下的气动特性变化，通过空气动力学仿真、风洞试验选择了气动性能最佳的方案，并在线路试验进行验证，良好的气动特性使受电弓的整体性能达到了设计要求。

2021 年，CR450 研制工作全面启动，对自主化高速受电弓气动性能提出了新的更高的要求——减阻和降噪指标首次被纳入考核范围，打造低阻力低噪声的高速受电弓，这无疑是一个全新且充满未知的挑战。设计团队首先深入研究风对受电弓接触力、阻力、噪声和结构的影响机理，采用气动仿真计算、弓网动力仿真、结构计算相互联动的耦合仿真策略，优化气动阻力、气动升力、气动噪声以及弓网动力学。在风洞中对受电弓及部件展开单独与组合测试，为气动特性优化提供了充足的数据保障。历经反复尝试与改进，自主研制的 V450 和 CED450 两款低阻力低噪声高速受电弓应运而生。与既有 CR400 高速列车受电弓相比，减阻幅度达 42%，噪声降低 3.15dB 以上，达到了减阻降噪目标。

在福厦线弓网受流试验中，低阻力低噪声高速受电弓成功跑出最高试验速度 453km/h，相对交会速度达 891km/h，各项指标均满足设计要求，部分指标显著优于既有高速受电弓。

参 考 文 献

[1] 傅志寰，蔡庆华. 中国高铁零的突破——秦沈客运专线建设回顾[M]. 北京：人民交通出版社股份有限公司，2023.

[2] 《京沪高速铁路建设总结》编写组.京沪高速铁路建设总结 技术卷（下册）[G]. 北京：中国铁道出版社，2014.

[3] 韩通新. 高速铁路受电弓[M]. 北京：中国铁道出版社，2022.

[4] 吴积钦. 受电弓与接触网系统[M]. 成都：西南交通大学出版社，2010.

[5] 吴广宁，伍瑶，黄桂灶，等. 受电弓滑板材料研究进展及展望[J]. 机车电传动.2023，(6)：1-10.

[6] 王洪娇. 高速列车受电弓的气动力学特性[D]. 成都：西南交通大学，2015.

[7] 张军, 朱程. 高速列车气动噪声源远场噪声贡献度研究[J]. 中国铁道科学, 2019.

[8] 黄志祥, 黄汉杰, 李明, 等. 高速列车风洞试验[M]. 北京: 国防工业出版社, 2020.

[9] 张卫华. 机车车辆动态模拟[M]. 北京: 中国铁道出版社, 2006.

[10] 张卫华. 高速列车耦合大系统动力学理论与实践[M]. 北京: 科学出版社, 2013.

CHAPTER 14

第十四章

高速列车运行控制技术

撰稿人：周 炜 江 明

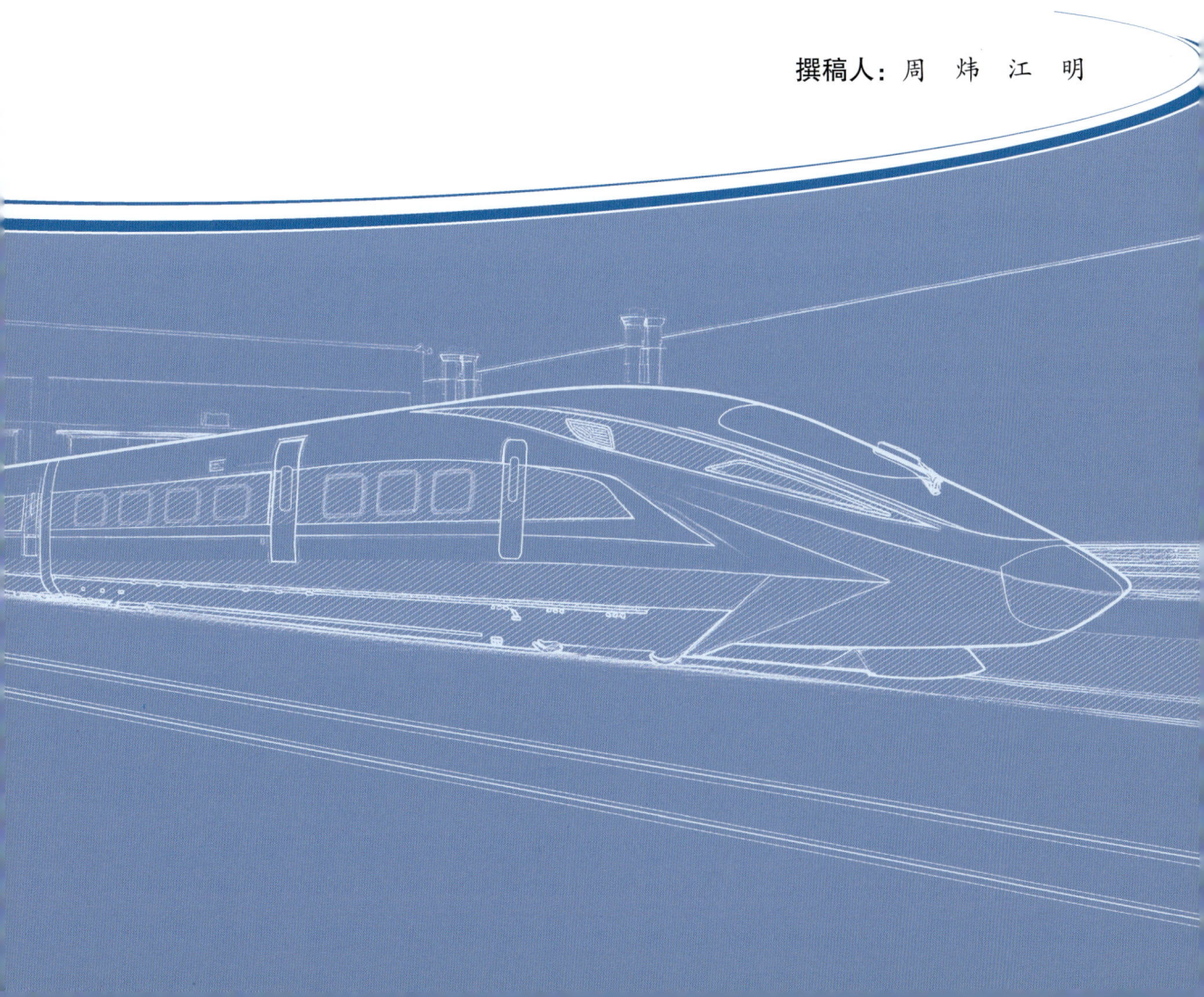

中国高速列车
关键技术篇

　　列车运行控制系统（简称列控系统）是保障列车安全运行，提高运输效率的重要行车装备。列车运行控制技术是高速铁路的核心技术之一。我国始终坚持自主创新目标不动摇，瞄准世界一流标准，发挥后发优势。在研究国外典型铁路列控系统技术体系和关键技术应用的基础上，结合我国国情和路情，大力开展我国铁路列控系统的研究与建设。

　　本章概述了国内外高速铁路列控系统的发展情况，从列控系统关键技术、列控车载设备两个方面介绍了列控系统的主要技术内容，回顾了我国高速铁路列控系统从无到有，从引进消化吸收再创新到自主创新的发展过程，结合实际高速铁路工程实践，阐述了国产化列控系统车载设备、自主化列控系统车载设备、高速铁路自动驾驶系统车载设备的典型产品应用，并总结了列控系统研发平台建设成果。

第一节　概　　述

列控系统是根据列车在线路上运行的客观条件和实际情况，对列车运行速度及制动方式等状态进行监督、控制和调整的技术装备，用以保证行车安全，同时提高行车效率。列控系统包括地面与车载两部分，地面设备提供监控列车所需要的允许速度、行车许可等基础数据；车载设备处理从地面传输的信息，形成列车速度控制数据及列车制动曲线，监控列车安全运行。

列控系统具有保障行车安全、保证运输效率及保证乘客舒适度等功能，主要包括：

（1）保障行车安全

危及行车安全的因素是多方面的，列控系统通过技术手段来识别、消除或减弱这些因素。当发现危及行车安全的因素时，列控系统立即向列车发出停车或降速命令，保证列车不驶入危险区段或运行速度低于该区段的允许速度。

（2）保证运输效率

列控系统根据列车的运行速度、制动性能等条件确定列车最小安全制动距离，控制同一线路上运行的列车以最小追踪间隔安全运行，最大限度地提高线路通过能力。

（3）保证列控精准

列控系统采用一定的控制方式，控制列车以其最优状态安全、高速、舒适、正点运行，为每位乘客提供最优质的服务。

一　国外列控系统概述

1. 法国高速铁路列控系统

法国高速铁路列控系统主要采用地-车传输（Transmission Voie-Machine，TVM）300 系统和 TVM430 系统。

（1）TVM300 系统

20 世纪 70 年代，作为法国高速铁路（Train à Grande Vitesse，TGV）项目的组成部分，法国铁路开发了 TVM300 列控系统，并在东南线和大西洋线等高速铁路应用。

TVM300 系统以 UM71 无绝缘轨道电路作为传输通道，具有以下技术特点：

① 控车信息由连续式信息和点式信息组成，系统可以传输最多 18 个调制好的连续信息，用于向车载设备传输不同的允许速度信息；另外采用 14 个点式信息用于在某些特殊位置的辅助控制。

② 采用出口速度检查的阶梯控制方式。

（2）TVM430 系统

为了进一步提高控制系统的性能，20 世纪 90 年代初法国开发了 TVM430 系统。

TVM430 系统采用了 UM2000 无绝缘数字轨道电路和速度-距离模式曲线控制方式。法国巴黎经里尔到比利时边境及英吉利海峡隧道的 TGV Lord 高速铁路首先应用了该系统。

TVM430 系统具有以下技术特点：

① 采用数字信号方式进行列车控制。理论上可以使用 27bit（2^{27} 组合）的数字信息，使得车-地间信息传输能力有了极大提高。

② 车载设备控车曲线采用分级速度-距离模式曲线，减轻了司机的工作强度，提高了行车效率。

③ 系统兼容性好。装备 TVM430 车载设备的高速列车不仅能够在装备 TVM430 的线路上行驶，也可以在装备 TVM300 的线路上行驶。

2. 欧洲高速铁路列控系统

欧洲列车运行控制系统（European Train Control System，ETCS）是欧洲各信号厂商在原欧洲共同体的支持下，为克服欧洲各国信号制式互不兼容，保证高速列车在欧洲铁路网内互通运行，联合制定的一种列车运行控制系统技术规范。

ETCS 分为多个等级，如 ETCS-1 级、ETCS-2 级等，具有以下技术特点：

① 系统提供了更精确的行车许可（Movement Authority，MA），保证了列车运行安全。

通过无线传输可以将与列车运行相关的限制信息以行车许可的形式更加精确地向车载设备传输来监控列车运行。

② 通过监督列车驾驶提高了安全性。

车载设备根据线路数据和司机输入的列车数据，计算出不同的制动曲线，用来监控列车运行。

③ 提高了运行速度和运行效率。

列车运行过程中的各种限制信息通过安装在驾驶室的人机界面单元（Driver-Machine Interface，DMI）显示出来，提高运行速度时无需担心缩短观测地面信号的时间。

ETCS-2 级采用无线通信技术，实现了车-地双向通信，可以对列车进行连续监控，防止列车超速。

④ 实现了不同国家的互联互通。

ETCS 是服务于不同国家铁路线路设计的列控系统。因此，ETCS 提供了更丰富的列车防护功能、不同的应用级别及不同的地面配置。为了实现互联互通，ETCS 提出了全新的信号系统架构，各子系统采用相同的数据定义、消息结构、消息处理流程。

二 中国铁路列控系统概述

2002 年铁道部在研究国外典型铁路列控系统技术体系和关键技术应用的基础上，本着设备兼容、互联互通和技术发展的原则，确定了发展高速、先进、适用和可持续的中国铁路列车运行控制系统（Chinese Train Control System，CTCS）的战略目标。2004 年颁布了

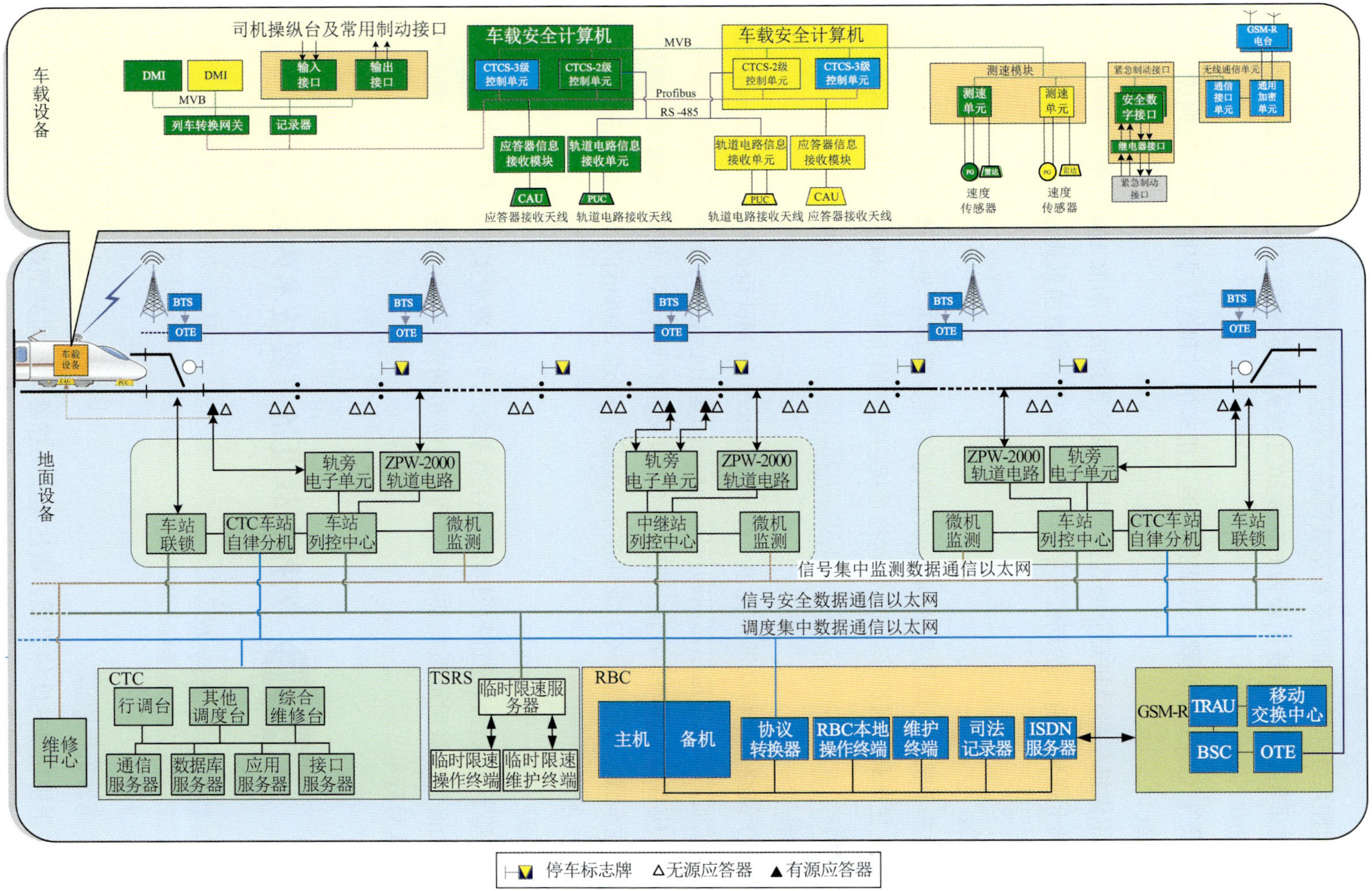

图 14-1　C3 级列控系统构成图

BSC-基站控制器；BTS-基站；DMI-人机界面；TSRS-临时限速服务器；OTE-光传输设备；RBC-无线闭塞中心；TRAU-码型转换和速率适配单元

《CTCS 技术规范总则》，确定了 CTCS 的总体技术框架，发布了 CTCS-0（C0）级到 CTCS-4（C4）级共 5 个等级的系统框架。

CTCS 列控系统包括地面设备和车载设备，根据系统配置按功能划分为 5 级。目前，我国高速铁路采用的列控系统主要为 CTCS-2(C2)级列控系统和 CTCS-3(C3)级列控系统。

（1）C0 级

C0 级为既有普速线的现状，其系统由通用机车信号和运行监控记录装置构成。

（2）C1 级

C1 级由主体机车信号和安全型运行监控记录装置组成。面向 160km/h 以下的区段，在既有设备基础上强化改造，达到机车信号主体化要求，并增加点式设备，实现列车运行安全监控功能。

（3）C2 级

C2 级是基于轨道传输信息的列车运行控制系统，采用车-地一体化设计；地面可不设通过信号机，凭车载信号行车。C2 级列控系统主要应用于时速 200～250km 的客专线路和客货混运线路。

（4）C3 级

C3 是基于铁路数字移动通信标准（Global System for Mobile Communications-Railway，GSM-R）无线通信实现车地信息双向传输，无线闭塞中心生成行车许可，轨道电路实现列车占用检查，应答器实现列车定位，并具备 C2 级功能的列车运行控制系统；地面可不设通过信号机，凭车载信号行车。C3 级列控系统适用于时速 250km 以上的高速铁路，其系统构成如图 14-1 所示。

（5）C4 级

C4 级是基于无线传输信息的列车运行控制系统，可实现虚拟闭塞或移动闭塞。C4 级由无线闭塞中心和车载验证系统共同完成列车定位和列车完整性检查，地面不设通过信号机，凭车载信号行车。

第二节　列控车载设备主要技术内容

一　列控车载设备关键技术

1. 列车测速定位

（1）单传感器工作原理

车载设备采用轮轴速度传感器、雷达速度传感器等不同类型速度传感器采集列车速度信号，实时监测列车速度并计算列车走行距离。在此基础上，可通过北斗卫星定位系统减小测距累计误差，实现列车的高精度定位。

（2）多传感器信息融合

为实现 300km/h 以上高速运行列车的速度和距离的精确测量，测速测距模块综合使用速传和雷达传感器的数据，进行列车速度和距离的监测，如图 14-2 所示，包含以下功能单元。

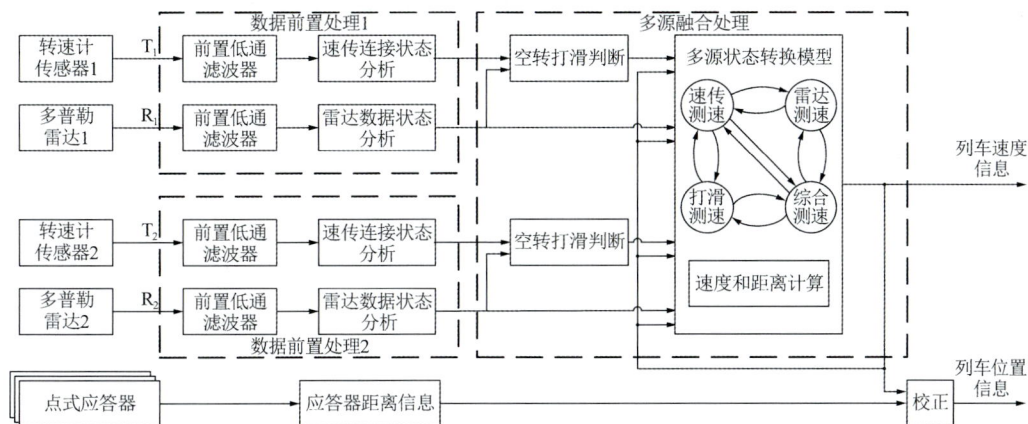

图 14-2　测速测距模块算法结构

① 数据前置处理单元。

数据前置处理单元主要完成：脉冲频率采集、前置低通滤波和状态分析。速传和雷达数据均以与频率或速度相关的脉冲方波信号输出，通过精确采集脉冲频率，实现传感器精确测速；通过低通滤波器，过滤由于振动、干扰导致的数据异常波动，实现列车速度的平稳采集；速传和雷达状态分析对速传/雷达断线、雷达天线状态、反射状态的异常进行实时分析，实现列车速度和距离信息的安全监测。

② 多源融合处理单元。

多源融合处理单元主要完成速传空转打滑判断和多源状态转换分析。

a. 空转打滑判断。

从速传的测量原理可知，速传通过测量车轮的转动速度，达到间接测量车速的目的。在雨雪、潮湿等线路条件下当车轮与铁轨接触面间的摩擦力不足以保证车轮与轨面黏着时，列车会出现空转打滑现象。产生打滑时，速传测量的速度会急速下降，进而与列车的实际速度不符，这会严重影响到速传测量数据。由于雷达测量的是列车与轨面间的相对速度，与转动轮轴的状态无关，因此不论列车是否出现空转打滑现象，均不会对雷达的测量效果产生影响。通过综合分析速传测量的异常加减速度和速传雷达的差值异常，对车轮的空转打滑状态进行在线监测。

b. 多源状态转换模型。

根据速传、雷达传感器的工作状态以及速传安装车轮的空转打滑状态，将测速转换模型分为速传测速、雷达测速、空转打滑测速和综合测速四个状态。速传测速状态是速传单独实现速度测量；雷达测速状态是雷达单独实现速度测量；空转打滑测速状态是当速传所安装的车轮发生空转或打滑时的速度测量；综合测速状态是速传、雷达综合实现速度测量。

多源状态转换模型即为根据速传、雷达的工作情况，实现状态间的转换控制，并根据最终状态输出列车速度和距离信息。

可在列车车头安装卫星定位单元，与列车测速测距数据进行多源融合定位，进一步提高列车定位精度，减小速传和雷达累积误差的影响。多源传感器融合包括数据获取、数据处理、数据修正以及数据融合等4个步骤，如图14-3所示。

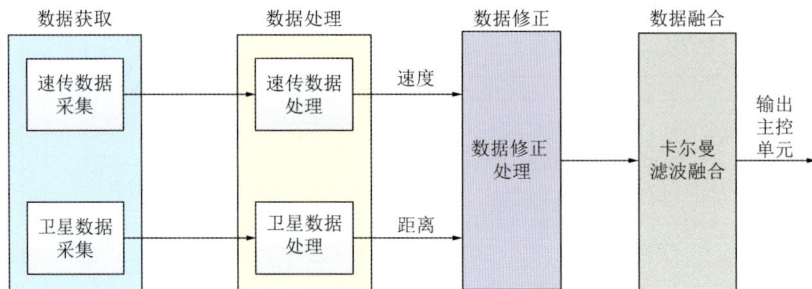

图 14-3　多源传感器融合结构

数据获取从硬件层接收速传脉冲和卫星定位信息，数据处理根据传感器协议将原始数据转换为列车速度、距离以及判断出传感器状态，数据修正解决由于信号弱、频率不同等因素引起的卫星数据相对同周期速传数据滞后等问题，数据融合将速传测量列车速度和卫星测量列车行走距离进行卡尔曼滤波融合，并将融合结果输出到车载主控单元，供车载主控单元进行列车测速测距使用。

2. 速度监控

目前，我国高速铁路列控车载设备主要采用基于速度的减速度模型来计算制动曲线。不同列车具有不同的制动性能，且在不同速度下具有不同制动减速能力。为了使用计算机计算列车的制动曲线，必然要对速度进行分段，相同速度分段内采用相同的制动减速度。对速度分段越多，制动曲线需要进行的运算越多，会降低制动曲线的计算效率；对速度分段越少，计算制动曲线所采用的制动减速度与实际减速度偏差较大，会降低制动曲线计算结果的精确度。如图14-4所示，按速度分段将车辆制动减速度分为6挡，在每个速度分段内的制动减速度为固定值，从行车许可终点迭代逆推计算制动曲线。

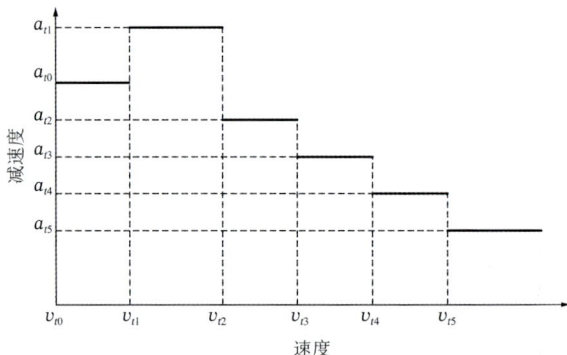

图 14-4　基于速度的分段式减速度模型

在高速铁路列控系统中，车载设备根据行车许可和列车制动性能计算制动曲线。在计算制动曲线时，需要考虑列车前方行车许可范围内的坡度、光滑轨道（黏着系数）等信息，还需要考虑列车在不同速度下的制动减速度。也就是说，制动曲线不但需要根据速度进行速度分段，还需要根据坡度变化点和黏着系数变化点进行距离分段。

高速列车制动曲线分段模型示例如图 14-5 所示，位置 d_1 是行车许可终点，d_2 和 d_4 是坡度变化点，d_5 是光滑轨道起点，d_3 是光滑轨道终点，d_6 是列车当前位置。假设 $[d_6,d_4]$、$[d_4,d_2]$、$[d_2,d_1]$ 范围内的坡度分别是 $grad_1$、$grad_2$ 和 $grad_3$。

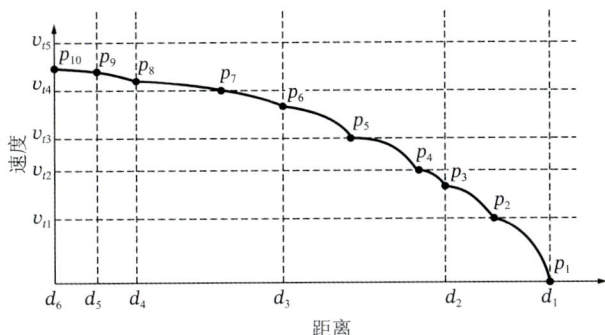

图 14-5　高速铁路列车制动曲线分段模型示例

不同速度范围内的制动减速度不同，根据速度分段，在制动曲线上分割出 p_2、p_4、p_5、p_7 共 4 个分割点。线路坡度影响制动减速度，坡度变化点在制动曲线上分割出 p_3 点和 p_8 点。线路黏着系数也影响制动减速度，黏着系数变化点在制动曲线上分割出 p_6 点和 p_9 点。此外，p_1 点是行车许可终点，p_{10} 点是列车当前位置。

车载设备根据动能定理推导的列车运行方程(14-1)、(14-2)、(14-3)计算制动曲线时，从列车停车点 p_1 点向列车当前位置递推，依次迭代逆推计算制动曲线上的所有特征点的（距离，速度）坐标，将所有特征点连接起来，得到列车制动曲线。如果制动曲线上的特征点因速度分段得到，特征点的速度已知，需要按照(14-1)根据速度推算距离；如果制动曲线上的特征点因距离分段得到，特征点的位置已知，需要按照(14-2)根据位置推算速度。

$$s_n = \frac{v_{n+1}^2 - v_n^2}{2a_n} \tag{14-1}$$

$$v_{n+1} = \sqrt{v_n^2 + 2a_n s_n} \tag{14-2}$$

$$S_{\text{brake}} = \sum_{n=1}^{m} s_n \tag{14-3}$$

式中：s_n——分割点 p_{n+1} 与 p_n 之间的距离，m；

$\quad v_n$——p_n 处的速度，m/s；

$\quad a_n$——分割点 p_{n+1} 与 p_n 之间分段的制动减速度，m/s²；

$\quad m$——分段的数量；

S_{brake}——制动曲线的长度，m。

车载设备在计算最限制速度曲线（Most Restrictive Speed Profile，MRSP）时，考虑线路固定限速、线路临时限速、列车构造限速及模式限速，并取所有速度限制中最严格的部分。当 MRSP 曲线的构成要素发生变化时，应重新计算 MRSP 曲线。当进入降速区段 MRSP 曲线计算时应考虑安全距离，进入升速区段 MRSP 曲线计算时应进行车尾保持。

车载设备根据线路数据、行车许可和列车制动参数实时计算紧急制动降速曲线和常用制动降速曲线，进而推导出紧急制动干预曲线、常用制动干预曲线、报警曲线、允许速度曲线、指示曲线等速度监控曲线。

车载设备根据计算的动态速度曲线监控列车运行，列车超速时通过输出报警提示及输出制动的方式控制列车速度。

列车速度超过常用制动干预速度时，应输出常用制动。输出最大常用制动时，可同时输出常用制动 4 级和常用制动 1 级；在输出常用制动 4 级时，可同时输出常用制动 1 级。列车速度超过紧急制动干预速度时，应输出紧急制动。输出紧急制动时，可同时输出所有常用制动。如果需要执行常用制动而常用制动又发生故障时，应追加输出紧急制动。

列车超速后，车载设备应根据以下原则进行输出控制：当列车运行速度超过报警速度时触发声光报警；当列车运行速度超过制动干预速度时输出制动。

3. 自动驾驶

列车自动运行（ATO）车载设备控制列车时，需要合理设计控制算法，保证列车在起车、区间运行和停车等不同阶段的舒适度，按照运行时分实时规划调整驾驶速度，并实现列车的精确停车和节能运行。

（1）舒适度控制

列车在站内起动时，需要考虑列车的起动阻力、当前位置所处线路坡度等因素，结合列车自动防护（ATP）限速信息，计算列车起动所需的牵引力。在列车运行过程中，ATO 逐级施加牵引指令，保证起动运行过程的舒适性。

区间巡航过程设置参考速度曲线的上下界，允许在一定范围内速度的波动，减少牵引制动的切换输出频率，达到舒适度控制的目的。

为应对自动过分相主断路器的突然断开或闭合，需 ATO 结合分相区位置提前预判，根据 ATP 控制列车断开主断路器的时机逐渐降低牵引力，离开分相区闭合断路器后逐渐增加牵引力，提高分相区的舒适度。

（2）根据运行时分规划调整驾驶速度

地面设备根据列车位置、列车车次号、运行图等信息周期性通过通用分组无线业务（General Packet Radio Service，GPRS）向车载设备发送列车运行计划。列车运行计划应覆盖运行前方 2 个车站，包含列车到发股道、列车到发时刻、列车通过等信息。同时地面设备根据离去区段列车报告的位置通过 GPRS 无线通信向车载设备发送站间数据，站间数据应覆盖运行前方至少 2 个站间（至前方站出站信号机），包含站间距、线路限速、坡度、临时限速等信息。

ATO 时分曲线计算单元，根据接收的线路限速、临时限速、站间距，以及根据列车到发时刻计算的站间运行时间，并根据时分的最低速度约束，实时计算时分计划指导曲线，速度曲线计算单元根据时分计划指导曲线与 ATP 允许速度曲线综合后计算控车的参考速度曲线，实现全过程的准点运行控制，如图 14-6 所示。

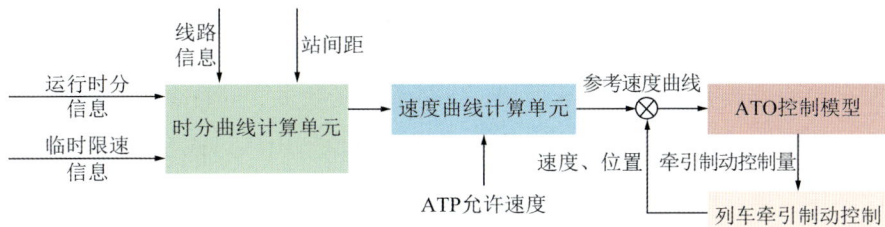

图 14-6　时分曲线计算

（3）精确停车

ATO 对于乘客体验的另一种直观体现便是控制列车的精准停车，以列车到停车点的距离和列车速度为特征量表征列车的停车精度。在列车停车阶段，采用基于实时数据在线辨识列车动力学模型，完成闭环反馈预测控制。

精确停车过程采用动态规划方法，因列车空气制动建立存在延时，减速过程和空气制动过程应充分考虑列车的制动延时。根据延时预测当前输出制动量的控制效果，动态调整制动输出，判断在停车前的误差允许范围内的最优控制点，计算使列车达到最优控制点的控制制动量，采用速度控制策略使列车的速度逼近最优控制点的速度，采用位置控制策略达到最优控制点。

在恶劣天气（如雨雪天气）下，制动减速控车时出现打滑的情况会影响停车精度，通过雷达可以有效识别空转打滑。ATO 系统通过与车辆的通信接口，在检测到车辆空转时适当减少牵引输出；当检测到打滑时，根据当前控制速度阈值，在不超速的前提下适当减小制动输出。

（4）列车节能运行

ATO 通过优化列车运行策略、智能控制以及与调度系统的协同工作，能够实现显著的节能效果。在保证站间运行准点的基础上，主要通过减少牵引、制动切换频率，增加惰行工况的策略来实现节能控制，综合考虑站间运行时分、线路信息、舒适度等计算运行曲线。

ATO 根据线路信息、运行时分、列车性能等输入信息，结合舒适度约束，完成节能曲线计算。通过坡度较为平缓的路段时，使用巡航工况维持稳定速度以实现节能；通过陡坡时，改变列车运行工况并使用迭代方法计算施加惰行的最优切换点，实现局部路段能耗最优。节能运行原理如图 14-7 所示。

图 14-7　节能运行原理示意图

4. 车地信息传输

当列车运行在 C3 等级下时，列控车载设备和列控地面设备通过车地无线通信网络实时交换安全控制信息，保障列车安全、可靠、高效运行。与常见的无线通信方式相比，高速铁路列控车地通信具有终端移动速度快、线路条件复杂多变等特点。当列车高速运行时，大约每几十秒就要完成一次小区切换，且经常经过隧道、山区、大型枢纽等复杂地形，无线信道条件变化迅速。同时，随着无线通信技术的快速发展和广泛应用，铁路沿线的未知无线干扰时有发生，严重时影响车地无线通信质量，造成车地无线通信超时，进而导致高速铁路列车降速运行，影响列车运行效率。因此，研究安全、可靠、高效的列控车地信息传输技术是很有必要的。

C3 级列控系统主要采用 GSM-R 承载列控车地信息传输。列控车载设备装备 GSM-R 专用电台，在 GSM-R 网络完成注册鉴权后，呼叫列控地面设备建立电路交换专用通道，发送列车位置报告等安全控制信息。GSM-R 网络根据列控车载设备呼叫建立请求为列控车地通道预留网络资源，通过基站收发信机（BTS）、基站控制器（BSC）、移动交换中心（MSC）等网络设备实时转发安全控制信息，并根据车地信息交互情况，实时追踪列车移动位置切换网络资源，保障车地信息交互的连续性。列控地面设备通过综合业务数字网接入 GSM-R 网络，接收网络转发的车载呼叫建立请求，完成速率转换和安全信息交互，为车载设备提供行车许可和紧急停车命令等安全控制信息，并在列车驶出管辖范围时通知列车进行列控地面设备间移交。

C3 级列控系统采用专用电路域车地通信协议栈控制车地信息交互，保证安全控制信息交互的安全性和可靠性。电路域车地通信协议栈自顶向下分为应用层、安全层、传输层、网络层、数据链路层和物理层，如图 14-8 所示。应用层主要负责列车位置报告、行车许可、紧急停车命令等安全信息的交互，并在信息交互发生延迟、乱序等情况时进行安全处理。安全层采用基于密码技术的消息认证码 MAC 校验算法，对通信双方进行身份鉴权，并验证交互信息的完整性。传输层和网络层主要负责信息的顺序拆分和组包，形成便于在无线网络传送的数据帧。数据链路层采用高级数据链路控制（High-level Data Link Control，HDLC）协议，对拆分后的数据帧进行完整性校验，并在发现错误、丢包、乱序等情况时及时重传，保障信息交互的可靠性。物理层完成信息速率转换和物理波形生成，实现 GSM-R 网络的接入。

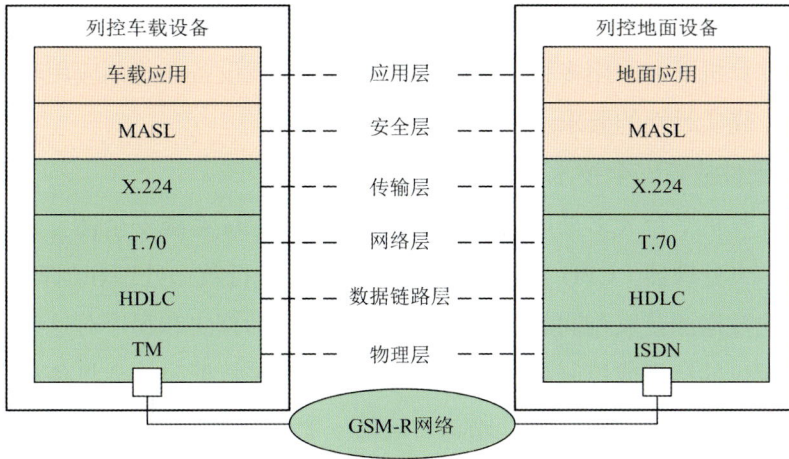

图 14-8 电路域车地通信协议栈

随着宽带通信技术的发展，C3 级列控系统正在研究采用铁路专用 5G 通信系统 5G-R、双模双通道车地通信协议栈和国产密码算法等先进技术承载列控车地信息传输，如图 14-9 所示。列控车载设备装备 GSM-R/5G-R 双模电台，并采用电路域/分组域双模协议栈，实现了既有 GSM-R 网络和新建 5G-R 网络的灵活接入。同时，车地通信协议栈采用双通道冗余通信技术，在安全层与传输层之间增加冗余层，同时利用车载冗余配置的多个电台与地面冗余配置的接入服务器建立冗余通信通道，在单一通道受到干扰发生故障时不影响车地安全信息交互，进一步提高列控车地通信的可靠性。安全层采用国产密码算法商密 4（SM4）代替国外密码算法三重数据加密算法（3DES），增强系统的安全性。

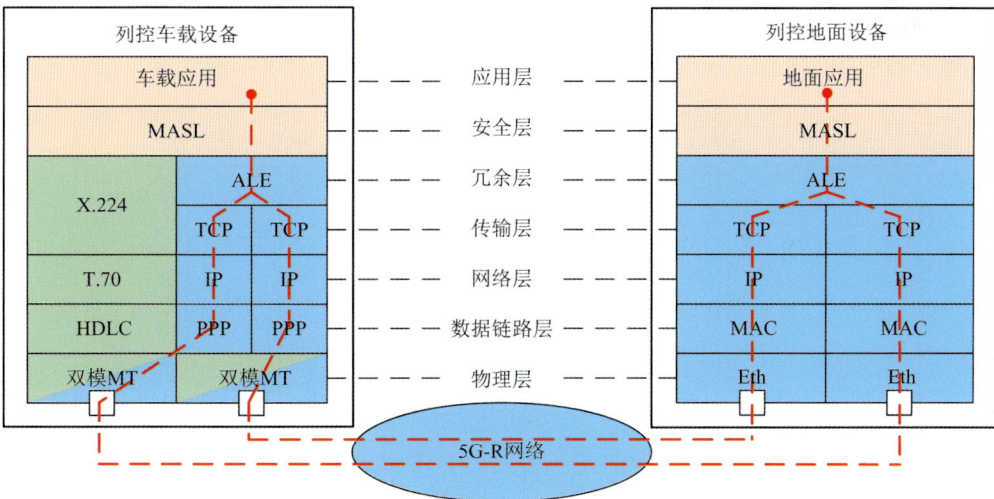

图 14-9 双模双通道车地通信协议栈

5. 安全计算机平台

车载安全计算机平台是列控车载设备的计算核心单元，支撑安全运算、安全通信和安全输入输出，实现列控数据的安全处理。

车载安全计算机平台采用多种技术手段满足列控车载设备在苛刻应用环境下的高安全性、高可靠性、高实时性的要求。

（1）2oo2 硬件故障安全技术

车载安全计算机平台大多采用 2oo2 安全硬件架构保证系统安全性。每个安全板卡中有两个相同的中央处理器（CPU）在同时运行，独立地进行数据处理和运算。每个 CPU 都从传感器或其他数据源获取相同的输入数据并根据预设的算法和程序对这些数据进行处理和分析，得出相应的结果或控制指令。两个 CPU 处理完数据后，会将各自的结果进行比较。如果两个 CPU 的结果完全一致，则认为这是一个可靠的输出，可以将其作为最终的结果进行后续的操作。如果两个 CPU 的结果不一致，说明其中至少一个 CPU 通道可能出现了故障。此时安全计算机平台会启动故障诊断和处理机制，通常会进入安全状态，以确保列车的安全。

（2）分级热备交叉冗余技术

车载安全计算机平台为冗余系统，常见的冗余方式分为冷备、热备（包括非交叉热备冗余、分级热备交叉冗余等），其中分级热备交叉冗余技术可最大限度的提高系统的冗余性，如图 14-10 所示。在分级热备交叉冗余系统中，安全计算机平台按功能划分为不同的功能模块，如主控逻辑模块（CL）、安全输入模块（Input）、安全输出模块（Output）、安全通信模块（Comm）、电源模块等。其他功能模块与主控逻辑模块之间采用专用的安全数据总线进行通信连接，使得主控逻辑模块能对两系统所有的模块进行控制。当系统中任意一个模块故障时，系统会自动无缝切换到冗余备份模块中继续工作，从而最大限度的保证了系统可靠不间断运行。

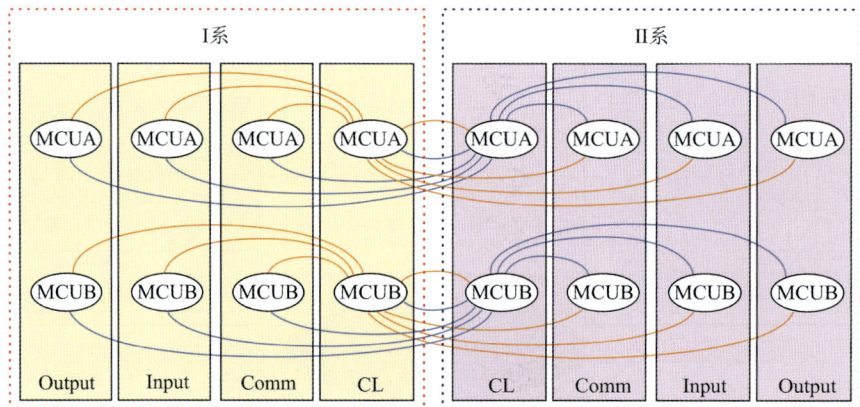

图 14-10　分级热备交叉冗余示意图

（3）时钟级硬件锁步同步技术

时钟级硬件锁步同步技术是一种用于提高系统可靠性和安全性的关键技术，能够使安全计算机平台的双 CPU 实现纳秒级的时钟同步精度，确保 2 个 CPU 在极短的时间尺度内保持同步，如图 14-11 所示。在同一时钟周期内，双 CPU 执行相同的指令，处理完成后，双 CPU 的结果会进行相互比较。时钟级硬件锁步同步技术使得双 CPU 在指令级保持一致，减少双 CPU 互相等待造成的性能损失，并且简化了业务软件的多任务设计，大大提高了安全计算机平台的实时响应能力。

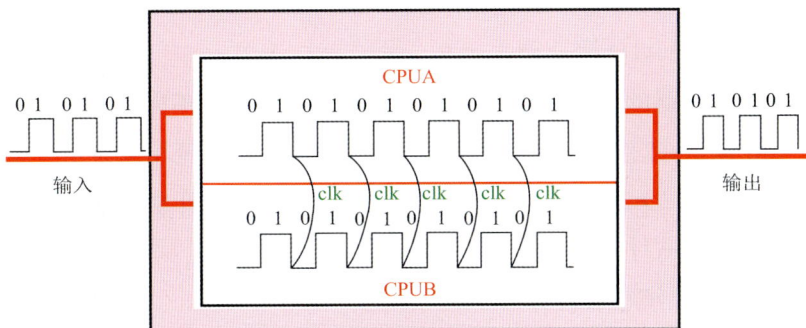

图 14-11 时钟级硬件锁步同步示意图

二 列控车载设备

列控车载设备是列控系统的核心组成部分，是保障高速铁路安全、高效运行的关键技术装备。我国高速铁路目前应用的列控车载设备包括 ATP 车载设备及 ATO 车载设备。

ATP 车载设备根据列控系统地面设备（列控中心、地面电子单元 LEU、应答器、轨道电路、无线闭塞中心 RBC）发送的行车许可、线路数据、临时限速等信息，结合列车数据生成列车速度-距离模式控制曲线，实时监控列车速度和位置，实现列车运行自动安全防护。ATP 设备主要包括如下组成部分。

① 主控单元（包括车载安全计算机平台和 ATP 应用软件）：实现 ATP 的核心控制及安全计算。

② 轨道电路信息读取器（Track Circuit Reader，TCR）（含轨道电路接收天线）：实现轨道电路信息接收。

③ 应答器信息接收单元（Balise Transmission Module，BTM）（含应答器接收天线）：实现应答器信息读取。

④ 测速测距单元（含速度传感器）：实现列车测速测距及列车安全定位。

⑤ 列车接口单元：实现列车接口适配和列车输入/输出控制。

⑥ 人机界面单元（Driver Machine Interface，DMI）：实现司机操作和显示信息交互。

⑦ 司法记录单元（Juridical Recording Unit，JRU）：实现车载运行状态及收发信息记录。

⑧ 无线通信单元（含车载电台及天线）：实现车地无线传输控制及信息加解密（C3 车载适用）。

ATO 车载设备根据列控系统地面设备，如临时限速服务器（TSRS），发送的运行计划、线路数据、临时限速信息，在 ATP 设备的限速曲线及安全防护下，结合列车数据自动生成列车速度自动控制曲线，实现列车车站自动发车、区间自动运行、车站自动停车、自动开门，以及车门、站台门联动控制等功能。ATO 设备主要包括如下组成部分。

① ATO 主机单元：实现 ATO 核心逻辑计算及通信控制、列车接口控制及记录诊断。

② ATO 电台（含天线）：实现 ATO 车地无线通信。

③ ATO 速传：实现 ATO 测速测距。

伴随着我国高速铁路的快速发展，我国陆续研发了适用于不同列控等级的多种类型列控车载设备，主要包括 C2 级列控系统车载设备、C3 级列控系统车载设备、高速铁路 ATO 系统车载设备、ETCS-2（E2）级列控系统车载设备。上述各种车载设备在设备构成上略有差别，主要差异为应用软件的差异。

1. CTCS-2 级列控系统车载设备

（1）车载设备构成

C2 级列控车载设备为 ATP 车载设备，符合故障导向安全原则，采用冗余结构，确保在单点故障或局部故障时，系统仍能正常运转。由车载主机和车载外围设备组成，并通过车载设备外部接口与列车、列控动态监测系统等外部设备连接，如图 14-12 所示。

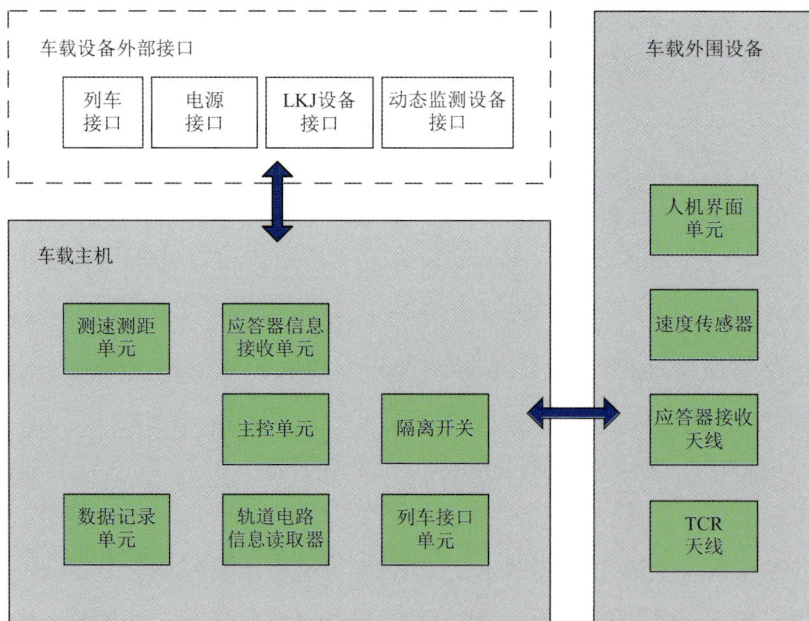

图 14-12　CTCS-2 级列控车载设备结构图

在车载主机中，主控单元是车载设备的核心处理单元，实现车载设备的核心安全控制功能，主机软件为 C2 应用软件；应答器信息接收单元是 BTM 接收、解调地面应答器信号，并将解调后的信息传送给主控单元；轨道电路信息读取器（TCR）通过 TCR 天线接收轨道电路信息，并将解调出的轨道电路载频、低频传送给主控单元，具备多载频接收功能，能根据应答器信息、人工选择以及站内电码化信息确定上下行载频；数据记录单元用于记录车载设备的工作状态及各种输入输出信息，数据记录单元故障时不影响车载设备运行；列车接口单元用于与列车接口，从列车采集列车接口信息并向列车输出控制命令。

在车载外围设备中，人机界面单元（DMI）是车载设备的显示和操作装置，能根据主控单元的命令显示列车速度、距离、工作状态及线路条件等信息，实现声光报警、司机操作等功能，安装在便于司机观察和操作的位置；应答器接收天线用于接收应答器信息，安装在列车车体底部的横向中心线上；TCR天线用于接收轨道电路信息，安装在列车头部第一轮对前钢轨的正上方；车载设备采用不同类型的速度传感器用于采集列车速度信号，若车载设备组合采用轮轴速度传感器和雷达速度传感器，则雷达故障后不影响系统运行，轮轴速度传感器应安装在车辆的不同轴端（至少一个为非动力轴）。

（2）车载设备功能

C2级列控车载设备根据列车数据、来自轨道电路的行车许可和来自应答器的线路数据等基本数据，实时计算目标距离连续速度控制模式曲线，并依曲线对列车超速进行自动防护；具有C2与C0等级转换功能；可配置为设备控制优先或司机控制优先工作方式；通过输出常用制动或紧急制动来监控列车安全运行，紧急制动应在列车停稳后方可人工缓解；具有停车防护、溜逸防护和退行防护功能；车载设备在上电启动后执行自检功能，车载设备自检不应受地面设备状态的影响。

（3）车载设备工作模式

C2级列控车载设备工作模式包括待机模式（Stand By，SB）、部分监控模式（Partial Supervision，PS）、完全监控模式（Full Supervision，FS）、引导模式（Calling On，CO）、目视行车模式（On Sight，OS）、调车模式（Shunting，SH）、隔离模式（Isolation，IS）、冒进模式（Trip，TR）（可选）、冒进后模式（Post Trip，PT）（可选）。

2. CTCS-3级列控系统车载设备

按照设计实现方式的不同，C3级列控车载设备存在多个不同的版本，分别为国产化C3级列控车载设备、自主化C3级列控车载设备、深度自主化C3级列控车载设备，不同版本实现的功能基本相同，发展历程及差异详见本章第三节。

（1）车载设备构成

C3级列控车载设备为ATP车载设备，由主控单元、应答器信息接收单元（BTM）及天线、无线传输单元（MT）及天线、轨道电路信息读取器（TCR）及天线、列车接口单元、测速测距单元、司法记录单元（JRU）、隔离开关、人机界面单元（DMI）、速度传感器组成，如图14-13所示。车载主控单元采用统一的C3/C2主控单元，以软件模块相对独立的方式同时包含 C3 和 C2 应用软件。

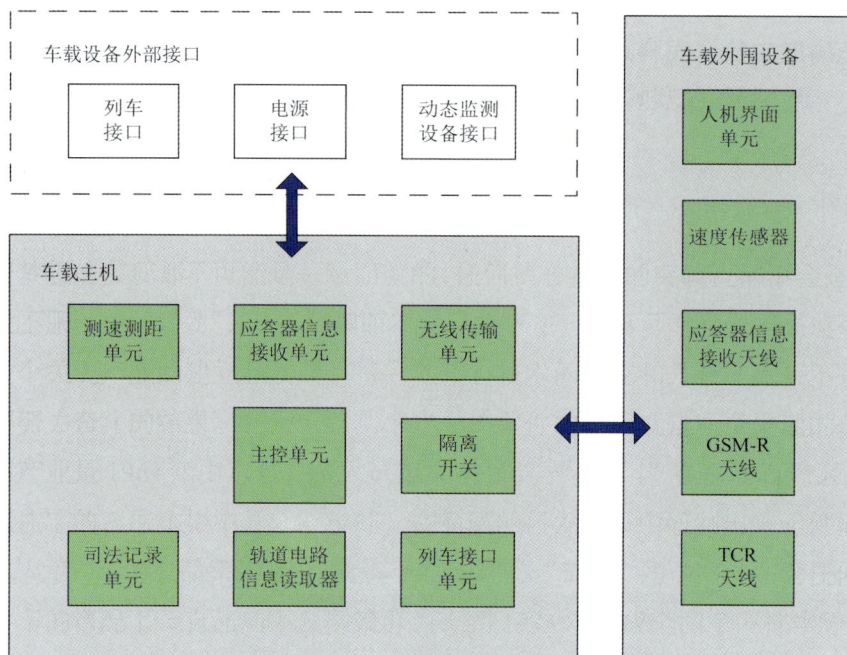

图 14-13　CTCS-3 级列控车载设备结构图

与 C2 级列控车载设备相比，C3 级列控车载设备主要增加无线传输单元（GSM-R 无线单元）及 GSM-R 天线，用于实现车载和 RBC 之间的无线通信。其他单元模块的功能和用途与 C2 级列控车载设备基本相同。

（2）车载设备功能

C3 级列控车载设备应根据列车数据、行车许可和线路数据等基本数据实时计算目标距离连续速度控制模式曲线，并依曲线对列车超速进行自动防护。车载设备具有 C3 及 C2 等级转换功能，工作在 C3 等级时，行车许可及线路数据采用 RBC 提供的数据；工作在 C2 等级时，行车许可及线路数据采用应答器数据及轨道电路信息。车载设备采用设备制动优先的工作方式，通过输出常用制动命令或紧急制动命令来监控列车安全运行，紧急制动命令必须在列车停稳后方可人工撤除。车载设备具有停车防护、溜逸防护和退行防护功能。工作在 C3 等级时，依据《CTCS-3 级列控车载设备补充技术规范（暂行）》的规定，结合轨道电路信息校验 RBC 发送的行车许可。司法记录单元（JRU）采用北斗卫星时间，具备向其他设备授时的功能。ATP 车载设备根据 JRU 时钟自动校时，同时具备通过 DMI 人工校时的功能。

C3 级与 C2 级车载设备功能方面的差异为，C3 级列控系统的行车许可由地面设备 RBC 生成，行车命令由 GSM-R 通信接口设备传输，轨道电路只实现列车占用检查功能，应答器提供列车定位和等级转换信息的功能。

（3）车载设备工作模式

C3 级列控车载设备采用以下 9 种工作模式，包括待机模式（SB）、目视行车模式（OS）、引导模式（CO）、完全监控模式（FS）、调车模式（SH）、休眠模式（Sleeping，SL）、隔离模式（IS）、冒进模式（TR）、冒进后模式（PT）。

3. 高速铁路 ATO 系统车载设备

高速铁路 ATO 系统是在 C3 级列控系统基础上，通过在车载设备中增加 ATO 单元、GPRS 电台及相关配套设备，在地面 TSRS、列控中心、调度集中等设备中增加列车自动运行（ATO）相关功能，在车站股道增加精确定位应答器而实现的。ATO 车载设备还可与不同供应商、不同型号的地面设备兼容使用，设备满足多种车型的安装和接口匹配。

（1）车载设备简介

ATO 车载设备通过 GPRS 无线通信方式接收运行计划、站间数据（含线路基础数据和临时限速）等信息，在 ATP 车载设备的行车许可下实现车站自动发车、区间自动运行、车站自动停车、车门自动开门及防护、车门与站台门联动控制等自动控制功能。

ATP 车载设备在既有功能的基础上，增加列车开门防护功能。

（2）车载设备工作模式

车载设备分为人工驾驶和自动驾驶两种工作状态。人工驾驶时，ATP 车载设备工作模式执行现行技术规范；自动驾驶时，ATP 车载设备采用自动驾驶模式（ATO Mode，AM）。

当 ATP 处于完全监控模式（FS），且具备下列 ATO 使用条件时：①方向手柄前向；②牵引制动手柄处于零位；③未输出紧急制动；④ATO 工作正常；⑤列车允许 ATO 模式，ATO 车载设备应提示司机确认车载设备转入 AM 模式。若司机未及时确认，则应通过声光等提示信息以一定时间间隔提醒司机确认。

车载设备处于 AM 模式时，司机若操作列车牵引或制动手柄，则车载设备自动退出 AM 模式。

车载设备处于 AM 模式，一旦判定以下任一条件满足时：①收不到车辆提供的"列车允许 ATO 模式"条件；②接到车辆限速、制动等信息；③ATO 模式异常，应自动退出 AM 模式并提示司机确认。若司机未及时确认，则输出常用制动，确认后缓解该制动。

车载设备通过设置预选功能，决定是否允许进入 AM 模式。当预选模式为"预选 ATO"时，若条件满足则提示允许转为 AM 模式。

利用 ATP 车载设备 DMI 功能区实现 ATO 信息显示和操作。

（3）基本功能要求

① 车站自动发车。

车载设备处于 AM 模式时，出站信号开放、车门/站台门关闭，ATO 闪烁"ATO"指示灯，司机按压"ATO 启动"按钮确认后，动车组从车站自动发车。

②区间自动运行。

在区间运行时，ATO 车载设备根据地面设备提供的运行计划或按照预选驾驶策略，控制列车加速、巡航、惰行、减速和停车，实现自动运行。

③车站自动停车。

ATO 车载设备通过精确定位应答器进行位置校正，并根据地面设备提供的运营停车点位置及列车运行状况，自动控制列车在车站股道运营停车点处停车。

④车门开门防护。

动车组进入车站股道停车后，ATP 判断动车组停准停稳并根据接收的站台侧信息，对动车组车门进行开门防护。ATO 接收到运行计划时自动开门；未接收到运行计划时，由司机开启相应侧的动车组车门。动车组关门仍需司机与车长联控后，由司机人工操纵完成。

⑤车门、站台门联动控制。

车站设置站台门时，ATO 系统应实现车门、站台门联动控制功能。

4. ETCS-2 级列控系统车载设备

（1）车载设备简介

（ETCS-2）E2 级列控车载设备与 C3 级列控车载设备的设备构成和系统功能相似，通过读取应答器报文，向 RBC 发送其相对于应答器的位置，并通过无线电台接收基于参考应答器的行车许可及线路描述信息为列车安全运行保驾护航。C3 级列控车载设备以 C2 级作为后备等级，而 E2 级列控车载设备以不同国家的本国模式作为后备等级，例如：德国的点式列车控制（Punktförmige Zugbeeinflussung，PZB）/连续式列车控制（Linien Zugbeeinflussung，LZB），匈牙利的多功能综合铁路电子系统（Multifunctional Integrated Railway Electronic System，MIREL）等。

（2）车载设备功能

ETCS 技术规范具有不同的版本，称为基线。ETCS 基线随着技术发展不断更新，其中基线 2 的 E2 级列控系统车载设备与 C3 级列控系统车载设备在功能上相似，从基线 2 到基线 3 的变更内容涉及近 500 项，包括安全需求、电磁兼容、功能需求、无线通信方式、版本兼容管理等各个方面，进一步提升了系统的性能和可靠性。

基线 3 的 E2 级车载设备新增了系统版本管理、在线密钥管理等系统级功能。基线 3 车载设备同时支持 $X=1$ 和 $X=2$ 系统版本，以便在运行不同系统版本 X 的轨旁基础设施上运行，提高了系统的兼容性，在不增加改造成本和不影响安全的前提下，提高系统的运营效率。

基线 3 车载设备无线通信系统的通信功能模块增加了分组交换功能，不同的数据分组可以在同一条链路上以动态共享和复用方式进行传输，通信资源利用率高。基线 3 车载设备新增了被动调车模式（Passive Shunting）和有限监控模式（Limited Supervision）。增加被动调车模式后，在条件满足时，车载设备可在被动调车模式或调车模式之间实现模式转换，提高调车效率。增加有限监控模式后，对于安装有轨旁信号但列车无法获取部分轨旁信号的区域，列车可在有限监控模式下于该区域运行，从而提高列车跨线运行能力。

此外，基线 3 车载设备还新增了平交道口、允许制动距离、虚拟应答器、冷移动检测等重要监控功能，进一步促进列车与轨旁基础设施之间的互联互通。

第三节　创新发展历程

20 世纪 80 年代伊始，欧洲高速铁路技术开始发展，我国陆续引进多种国外的列控系统，开始了高速铁路列控技术的探索。21 世纪初，在经过长期的基础理论研究和关键技术攻关后，中国列车运行控制系统（CTCS）技术体系初具雏形，并采用集成创新与引进消化吸收再创新相结合的方式，相继完成了 C2 级、C3 级列控系统的创新工作，适应了六大干线提速和时速 250km、350km 动车组的控车需求。2012 年之后，为适应新时代的中国高速铁路运输需求，中国高速铁路列控系统研发企业经过新的自主创新和正向设计，研制了具有完全自主知识产权的 C3 级列控系统，并在此基础上研制了高速铁路 ATO 列控系统、E2级列控系统等谱系化高速铁路列控系统，实现了系统平台及关键技术、核心软件、成套列控装备、芯片和操作系统全面自主化，相关技术达到国际先进水平。

一　起步探索-前期技术准备

20 世纪末期，我国开展了既有线提速工作，并以秦沈客专为标志开始了高速铁路建设。同时，围绕京沪高铁建设开展了大量科学研究和论证工作，列控系统的概念应运而生，并逐渐成为保证列车安全运行的重要系统。既有线提速和高速铁路建设，对信号技术的发展既提出了新的挑战，也提供了难得的发展机遇。

（1）U/T 系统的引进和国产化

京广线郑州至武昌段电气化铁路于 1992 年底全线建成并投入使用，我国首次引进了法国 CSEE 公司 UM71 无绝缘轨道电路和 TVM300 超速防护系统，推动了我国多信息速差式自动闭塞和列车超速防护的发展。UM71 系统以及国内生产的 UM71 系列设备，随着在郑武、京郑、广深、哈大、武广、京山、沈山等繁忙干线上的运用，逐步成为我国铁路自动闭塞制式的主流。

秦沈客专采用了引进的 TVM430 列控系统，并首次在自动闭塞区段取消区间通过信号机，实现了以车载设备显示为行车凭证，极大地促进了我国的铁路电务技术发展。

（2）列车运行监控记录装置

"八五"期间，在机务部门主持下，我国开展了一系列列车运行监控记录装置的研究与试验工作。该装置从机车信号、自动停车装置与司机操作记录装置的结合之后不断发展完善。LKJ-93 型列车运行监控记录装置于 1995 年 5 月通过铁道部技术鉴定，其特有的车载线路数据存储方式受到应用主管部门的肯定并迅速在全路推广，对防止既有普速铁路"两冒一超"[①]、提升运行安全方面起到重要作用。

随着普速铁路列车运行速度不断提高，运行密度进一步加大，对客货运输行车安全装备的要求进一步提高。铁道部组织株洲所、河南思维自动化设备有限公司等单位共同研制LKJ2000 型列车运行监控记录装置，2000 年 12 月通过铁道部组织的科技成果鉴定。该设备采用主从热备双机模块级冗余工作方式，较大程度地提高了装置的可靠性；实现了较完善的软硬件安全设计，提高了系统的安全性。

（3）通用式机车信号

2003 年，通用式机车信号项目组在多年研究和经验积累的基础上，完成 JT1-CZ2000型机车信号系统的研制，并通过铁道部技术审查。JT1-CZ2000 型机车信号系统在 JT1-A/B型通用式机车信号的成熟技术基础上，采用多项先进技术和系统化的安全设计方案，满足铁路信号故障导向安全的要求。

（4）列车超速防护系统

列车超速防护系统即为初期的列车运行控制系统。20 世纪 80 年代末期，郑武线引进了法国 U/T 系统，TVM300 型 ATP 车载设备在中国开始装备使用，由于多种原因未能达到预期的目的，但为中国 ATP 的发展开拓了思路，促进了国内 ATP 的研发工作。

1993 年铁道部进行国际招标，瑞典阿西布朗勃法瑞公司（ABB）的 EBICAB-900 型列车超速防护系统中标。该系统利用地面设备提供的信息及线路数据，计算监控曲线，实现超速防护。在系统中，点式信息和连续信息相结合，应答器提供静态信息，机车信号提供连续的动态信息，从而构成点连式的列车超速防护系统。

1995 年，铁科院承担的国家"八五"攻关项目"LSK 旅客列车速度分级控制系统"在广深线 160～200km/h 的列车上投入运营，运用情况良好。LSK 系统作为我国自行研制的准高速旅客列车超速防护系统，在"人机联控，人控优先"的设计原则下，综合信号安全技术、机电控制技术、计算机和网络通信技术，以及可靠性与故障安全理论，构成新型人机关系的信号安全防护系统，并首次在采用自主设备条件下，实现了以车载信号作为行车凭证，实现了我国超速防护系统历史性的突破。LSK-2000 型列控系统在 LSK 系统基础上，通过查询应答器作为点式设备，极大地扩展了环线点式系统的功能，基本满足了车载系统对列车进站防护、区间防护和临时限速的要求，使得系统功能进一步加强。该系统于 2000年经过铁科院环行铁道试验基地试验。

LCF 列车超速防护系统是北方交通大学负责承担的国家"八五"科技攻关项目，也是京九线带超速防护多信息移频自动闭塞系统的一个子系统。该系统采用速度-距离模式曲线控制方式，对于各种不同牵引质量的客、货车，在随机的坡度、弯道上，能够实现常用制动和紧急制动，可以有效防止列车冒进信号和超速运行事故。该系统于 1994 年 12 月在京

[①] "两冒一超"：冒进关闭的进站信号机、冒进关闭的出站信号机、超过规定的限制速度。

沪线天津西至沧州间进行各种功能性试验，后在京九线安装，在商埠段试运行，于 1996 年通过铁道部的技术鉴定。

（5）小结

经过近 20 年的不断探索，我国采用不同的技术路线研制了多种超速防护系统、列控系统，但这些系统在我国铁路的实际运用并不广泛，甚至不太成功。值得欣慰的是，轨道电路、机车信号、LKJ 设备等部分列控基础产品在我国普速铁路得到了良好应用，并获得了大面积推广，成为我国铁路和运用机车的标准配置。通过相关列控系统的技术引进、自主研发和现场试验验证，积累经验、吸取教训，我国铁路电务行业逐渐建立了列控系统的概念，培养了大量列控领域的专业人才，为构建符合国情、路情的 CTCS 技术体系进行了前期技术准备，开展了有益的尝试，奠定了坚实的基础。

二　引进消化-国产化 C3 级列控系统

2004 年以后，通过 C2 级列控车载设备和 C3 级列控车载设备两轮引进消化吸收，我国逐步掌握了除车载主控单元（安全计算机）、无线传输单元、列车接口单元、测速测距单元之外的大部分关键技术。

铁路第六次大提速引进 C2 级列控车载设备，C2 车载安全计算机平台（含安全计算机、测速测距单元、列车接口单元）为引进平台，其中铁科院（软件）和株洲所（硬件）的 200C 型 ATP 平台引进自 CSEE，和利时公司 200H 型 ATP 平台引进自日立公司；BTM、TCR、DMI 等为国内自主设计。和利时公司及铁科院 C2 级 ATP 应用软件已从初期的中外联合设计实现了完全自主。

自 2007 年开展 C3 攻关工作以来，依托武广、郑西、广深港工程，北京全路通信信号研究设计院集团有限公司（简称通号设计院）引入庞巴迪公司的车载 ATP 平台（含安全计算机、测速测距单元、列车接口单元、无线传输单元、BTM），和利时公司引入安萨尔多公司的车载 ATP 平台（含安全计算机、测速测距单元、列车接口单元、BTM）及日立公司的车载 ATP 平台（含安全计算机、测速测距单元、列车接口单元），采用引进-消化-吸收再创新的技术路线，按照中方主导双方联合设计、外方主导双方联合开发的推进思路，将中国 C2 级车载应用软件与外方 E2 级车载应用软件进行系统集成和创新，研发出三种型号的国产化 C3 级列控车载设备——CTCS3-300T/300S/300H 型 ATP，并完成在国内的生产制造。其中，通号设计院 C2 级 ATP 应用软件为完全自主开发。2016 年，CTCS3-300H 型 ATP 的国产化实施工作由和利时公司转移到铁科院通号所。2012 年起，随着外方主机应用软件的技术转让，300T/300S/300H 型 ATP 应用软件已实现完全国产化，应用软件的修改完全由中方负责实施。

采用集成创新与引进消化吸收再创新相结合的方式开展系统研制，符合我国国情的 C3 级列控系统成功应用，支撑了我国首条时速 350km 的长大干线——武广高铁和一次建成里程最长、技术标准最高的高速铁路——京沪高铁的建成与应用，满足运营时速 350km、列车追踪间隔 3min 的列车运行指挥和控制要求，实现了高速铁路运营的高速度、高密度和高可靠性。通过高速铁路工程的历练，我国掌握了列控系统设计、建设、运营、管理等技术，同时为我国高速铁路建设储备了经验，锻造了团队。

1. 武广高铁试验段综合试验

2007 年 4 月，第六次大面积铁路提速开始，C2 级列控系统正式投入应用，铁道部也将研发重点向 C3 级列控系统转移，并专门成立了 C3 技术攻关组，举全路之力推进第一条 C3 级列控系统高速铁路-武广高铁的建设。

按照 C3 级列控系统总体技术方案的安排，C3 技术攻关组组织制定了 C3 级列控系统测试验证方案，结合武广高铁、郑西高铁项目推进计划，制定了三步走测试策略，即实验室仿真测试、环行道测试和现场试验段测试。第一步，实验室仿真测试。采用真实设备和仿真模拟设备相结合的方式，完成 E2 级系统、C2 级系统以及 C3 级系统的室内模拟测试工作。第二步，环行铁道试验基地测试。采用真实设备，在铁科院环行铁道试验基地以不超过 180km/h 的运行速度条件下，完成 C2 级车载移植后的功能性测试。在此基础上，以 C3 地面系统、车载 ATP 系统、车-地无线通信的基本功能和性能测试为主，完成 C3 级系统的现场测试。第三步，武广试验段测试。按照武广高铁工程 C3 级系统配置方案，先期开通武广咸宁至乌龙泉两站一区间的试验段，在时速 300～350km 现场环境条件下，测试验证 C2/C3 级列控系统功能和性能。一方面验证了 C2 级列控系统能够满足时速 300km 运营需求，另一方面完成了 C3 级列控系统功能和性能的全面测试，有效验证了 C3 级列控系统能够满足时速 350km 运营需求，为武广高铁全线采用 C3 级列控系统实现时速 350km 开通运营奠定坚实基础。

2. 京沪高铁先导段综合试验

枣庄至蚌埠段设置的京沪高铁建设先导段，承担着示范引导全线建设的重要任务。通过在先导段开展联调联试和综合试验，系统验证时速 350km 以上运行条件下固定设施、移动装备的安全性、匹配性和适用性。依托科技部"十一五"国家科技支撑计划课题"高速列车运行控制系统技术及装备研制"，C3 级列控系统在京沪高铁成功完成 380 km/h 的综合试验，满足高速列车以 380km/h 高速持续运行的需求。

2010 年 12 月 5 日，12 辆编组的 CRH380BL 试验动车组在京沪高铁先导段开展车辆试验。列车最高运行速度达 457km/h，同时进行信号搭载的部分性能试验，其中高速运行状态下重点开展 BTM 接收应答器性能（BTM 接收应答器波形）、TCR 接收轨道电路性能以及高速动车组 EMC 环境等测试。12 月 6 日利用 CRH380AL 动车组进行通信信号系统试验，最高运行速度达 420km/h，进行 BTM 接收应答器性能（BTM 接收应答器信息位数及波形）、测速测距功能验证等测试。

（1）BTM 接收应答器性能测试

利用动车组安装的 BTM 设备对地面安装的应答器进行试验。动车组运行过程中，对非本务端的 BTM 设备进行试验。速度等级分为 345～350km/h、385～390km/h、420～425km/h 等三个速度级，完成如下测试项目：①BTM 天线经过应答器时所接收到的数据比特数；②BTM 天线经过应答器时的连续无错比特数；③BTM 天线与应答器的作用时间，结合列车速度信息，离线计算出应答器与 BTM 天线的作用范围；④应答器横向安装的性能对比试验；⑤应答器不同安装高度的性能对比试验。

（2）测速测距功能验证

针对 380km/h、400km/h 的高速铁路要求，对高速条件下 C3 车载测速测距功能进行研究和验证。通过采集测速测距单元（SDU）输出的传感器计数脉冲信号以及测速测距处理单元（SDP）输出的速度信号，可以获得试验时间段内列车运行的速度信息，能够覆盖加速、减速和高速平顶区，其中最高速度为 405.6km/h。

3. 面向各种复杂工况的系统演进

根据技术来源不同，我国 C3 级列控系统有 3 个不同形式的平台。在系统发展的初期，各平台之间不能实现互联互通，严重制约我国高速铁路四通八达的运营需求。为此，我国开展了 C3 级列控系统互联互通工作，以实现不同制式车载设备和不同制式地面设备的协同工作。2010 年，实现不同平台地面设备-车载设备之间的互联互通。

十几年来，C3 级列控系统技术不断完善，成功实现大范围推广应用，创新实现了时速 350km 的高速列车在长大干线上基于无线通信方式的安全可靠控制；创新实现了 C3 级、C2 级不同列车运行控制等级在枢纽车站的深度集成；构建了不同制式平台的互联互通模式，满足全路"一张网"规划下的不同运行等级的线路跨线运行要求。系统先后覆盖东北高寒地带、南方炎热高湿地带、西北高海拔以及沙漠地带，成功实现高寒、酷热、戈壁风沙、海风高盐等不同的运营环境以及高强度、大密度、多环境下的运营实践。

ATP 车载设备在保障列车运行的安全性和设备可靠性方面的性能不断提升。国家铁路局于 2016 年发布《CTCS-2/3 级列控系统增加站台信息提示功能技术规范》，对站台侧提示信息进行规定；2018 年发布《CTCS-3 级 ATP 行车许可结合轨道电路信息暂行技术条件》，对 C3 级行车许可与轨道电路信息相结合功能进行规定和完善。在设备数量快速增长的同时，ATP 车载设备导致的停车故障率持续下降，2023 年控制在 0.2 件/百万 km，达到国际先进水平。

此外，在仿真测试方面，我国构建了世界仿真规模最大、功能最齐全的 C3 级系统实验室，通过实验室完成了从系统接口到运行场景等一系列测试，为后续工程实施、现场测试打下了坚实的基础。在产品制造方面，我国严格遵循 IPC 国际标准，高品质完成产品生产和工程交付。

三　自主创新-自主化 C3 级列控系统

我国自 2007 年开展 C3 级列控系统攻关以来，取得了一系列技术创新成果，但部分核心设备和技术尚未自主化，被国外厂商垄断，在工程建设、运营维护、系统优化升级等方面均受外方限制，不利于我国高速铁路建设及技术发展。因受限于知识产权归属无法向海外出口，严重阻碍我国高速铁路"走出去"。

2012 年党的十八大之后，我国采用正向设计、自主创新的方式实现 C3 级列控核心技术自主化。在充分考虑我国高原峻岭、风沙戈壁、高寒冻土等复杂的地质地貌条件和多个运行速度等级、长干线路多、铁路枢纽多、列车运行密集等铁路国情路情的前提下，全面攻克了高速铁路列控系统核心技术，彻底实现了我国高速铁路全套列车控制系统技术的完全自主化，将高速铁路列车运行控制核心技术牢牢掌握在自己手里，实现我国高速铁路更安全、更高速、更智能，助力我国高速铁路建设和技术发展，成功研制自主化高速铁路列控系统，具有完全自主知识产权，实现系统平台及关键技术 100% 自主化、核心软件 100%自主化、成套列控装备 100% 自主化、操作系统和底层硬件 100% 自主化，一举打破了列车运行控制核心技术被国外跨国公司垄断的局面，能够对国外技术和装备进行全面替代。与此同时，我国 C3 级列控核心装备相继通过欧盟互联互通（TSI）认证，产品成功应用于匈塞铁路、雅万高铁等海外高铁线路，有效支撑了"走出去"战略和"一带一路"倡议的实施。

2010 年，我国开始启动 C3 级列控系统自主化工作，第一阶段的目标是实现设备部件的自主替代。但随着 2011 年"7·23"甬温线特别重大铁路交通事故的发生，此项工作被突然中断。随着中国铁路建设全面升温和"走出去"步伐的加快，我国在深刻汲取事故教训、切实做好质量安全整顿工作、完成质量安全管理长效机制建设的基础上，于 2013 年重新启动自主化 C3 级列控系统研发工作。2014 年，中国铁路总公司设立重大科研项目"铁路列控关键技术深化研究-列控系统设备自主化技术研究"，专题研究具有自主知识产权的 C3 级列控系统全套核心设备；2015 年，国家发展和改革委员会设立"高速铁路列控系统关键技术产业化"项目，建设高速铁路列控系统集成设计平台、集成实施支撑平台、关键设备自主化研发平台、设备产业化提升平台等四大平台；2017 年，中国铁路总公司设立重大科研项目"高铁列车自动驾驶关键技术研究及京张高铁示范应用"，开展高速铁路 ATO 系统研制。在上述重大项目的支持下，自主化 C3 级列控系统于 2015 年通过方案评审；2016 年通过试验评审，并在大西高铁综合试验段完成 350km/h 的第一轮现场试验；2018 年增加 350km/h 的智能驾驶功能，并在京沈高铁综合试验段组织完成自主化 C3 级列控系统的第二轮现场试验和高速铁路 ATO 系统现场试验；2018 年底在京沈高铁辽宁段开通试用；2020 年在京港高铁合安段开展了为期一年的系统匹配性试验；2022 年通过技术评审，实现了列控系统装备的自主化和产业化，成功打造了包括三个型号的自主化 C3 级列控系统装备平台，能够满足国内铁路运用技术提升及高速铁路走向国际的需求。从上述时间线可以看出，因为列控系统保障列车运行安全的极端重要性，我国在自主化 C3 级列控系统的验证方面增加了两轮现场试验、三年的现场试用、一年的系统匹配性试验等多个环节，在系统推广方面一直持比较慎重的态度。

通过对 C2 级列控车载设备和 C3 级列控车载设备两轮引进消化吸收，结合面向我国各种复杂工况的高速铁路列控系统演进再创新，以及我国在航空飞控系统和地铁列控系统的自主创新，我国逐步攻克了车载主控单元（安全计算机）、无线传输单元、自动驾驶、列车接口单元、测速测距单元等关键技术，并针对简统化、标准化要求自主编制了 C3 级应用软件，实现了 C3 级 ATP 车载设备完全自主知识产权和自主可控，同时自主研制了 ATO 车载设备。

车载安全计算机平台和自动驾驶方面，我国主要以地铁车载安全计算机平台和 ATO 车载设备为基础进行了适应高速和复兴号动车组的优化升级，也有部分产品采用航天飞控系统的安全计算机。我国从 2006 年开始自主研制车载安全计算机平台和 ATO 车载设备，并于 2008 年开始在地铁列控领域应用，应用套数超过 1000 套，应用效果良好。针对高速铁路车载列控设备的苛刻要求，对车载安全计算机平台进行了多方面的优化，实现了更完善的热备机制、更丰富的列车接口、更快的计算能力、更优的电磁兼容性，满足了 C3 级 ATP 车载设备的要求；对 ATO 车载设备进行了多方面的优化，实现了更精确的动车组模型、更高的舒适度、更精准的定点停车，满足了复兴号自动驾驶的需求。

针对无线传输单元、列车接口单元、测速测距单元等关键技术，利用我国高速铁路长期运营积累的丰富数据和国产化阶段搭建的仿真测试平台，对上述关键技术完成了自主创新并开展了充分的实验室测试。针对简统化、标准化要求，我国制定发布了《自主化 CTCS-3 级列控车载设备暂行技术条件》，并据此开展了 C3 级列控车载设备的功能优化和接口统一工作。

此外，基于自主化 C3 级列控系统创新成果，我国 2018 年开展新型列控系统研发，立足于自主创新，实现了一系列技术突破，并实现了列车移动闭塞追踪运行控制，代表了列控技术的最新技术成果。2020 年开展基于国产芯片的安全计算机平台研发，研制了芯片和操作系统 100% 国产化的安全计算平台及 BTM、TCR、DMI、JRU，实现了从芯片、操作系统到系统软硬件的 100% 自主可控，彻底解决了列控系统装备"卡脖子"问题。

自 2009 年 12 月第一条装备国产化 C3 级列控系统的武广高铁开通，至 2018 年底第一条装备自主化 C3 级列控系统核心装备的京沈高铁辽宁段开通，到 2020 年第一条装备全套自主化 C3 级列控系统的京港高铁合安段开通，再到 2021 年深度自主化列控关键装备在辽宁阜新应用，十年磨一剑，这些事件见证了中国铁路的发展，也见证了中国综合国力的提升。C3 级列控系统是中国高速铁路自主创新的典型实例。

1. 大西高铁综合试验

自主化 C3 列控系统与中国标准动车组共同开展的第一次现场试验在大西高铁试验段开展，试验从 2016 年 5 月开始，按照三个阶段进行。

第一阶段测试自主化车载 ATP（地面采用国产化 RBC），依据《ATP 车载设备与动车组接口型式试验大纲（暂行）》和《CTCS-3 级自主化 ATP 车载设备和 RBC 测试大纲》中规定的车载 ATP 现场测试案例，开展了自主化 ATP 功能测试工作；第二阶段测试自主化 RBC（车上采用国产化车载 ATP）；第三阶段测试自主化车载 ATP 和自主化 RBC。

2016 年 7 月，中国铁路总公司检查组莅临大西高铁综合试验段，检查自主化 C3 级列控系统试验情况。此次现场检查，认为自主化 C3 级列控系统试验是继中国标准动车组 420km 时速交会试验之后，中国高速铁路技术自主化的又一阶段性成果。

2. 京沈高铁综合试验

为提高我国高速铁路技术的先进性、安全性、经济性和可靠性，在大西高铁综合试验的基础上，中国铁路总公司在京沈高铁组织开展高速铁路智能关键技术综合试验（京沈高铁综合试验），重点安排了自主化列控、自动驾驶等试验项目，着力提升我国高速铁路智能化、自主化水平，试验成果将推动我国高速铁路技术体系进一步完善，为智能京张高铁、智能京雄高铁建设提供有力的技术支撑。

2018 年 5 月，为进一步加强对高速铁路智能关键技术综合试验(京沈高铁综合试验)技术工作的领导，中国铁路总公司决定成立高速铁路智能关键技术综合试验技术总体组，下设 22 个试验项目和 6 个试验搭载测试项目技术组，其中与列控系统相关的技术组主要包括自主化 C3 级列控系统试验技术组和 C3 + ATO 列控系统试验技术组。

（1）自主化 C3 级列控系统试验

2018 年 4 月，中国铁路总公司根据大西高铁试验的结果修订了设备技术条件，发布《自主化 CTCS-3 级列控车载设备暂行技术条件》和《自主化无线闭塞中心暂行技术条件》，新技术条件就 RBC 新增联锁接口信息、C3 等级运行时检测轨道电路码等方面进行了补充和修改。2018 年 5 月，颁布《京沈综合试验段自主化 CTCS-3 级车载 ATP 设备和 RBC 测试案例》，据此验证自主化 C3 级列控系统的高速适应性，考核自主化列控设备在 350km/h 持续运行条件下的性能。同时，对列车追踪条件下的列控系统功能进行测试验证，包括持续高速、双车追踪、多车故障、反向运行等场景。利用北京交通大学列车运行控制系统测试实验室的高速铁路自主化设备实验室测试平台，测试各种场景下的系统功能与《自主化 CTCS-3 级列控车载设备暂行技术条件》和《自主化无线闭塞中心暂行技术条件》的一致性，以及不同厂家设备的互联互通性能。试验结果表明中国铁路通信信号股份有限公司(中国通号)、铁科院及和利时公司的 C3 级自主化 ATP 车载设备和 RBC 设备的功能满足自主化 C3 级列控系统相关技术规范及互联互通要求。

（2）C3 + ATO 列控系统试验

2018 年 1 月，中国铁路总公司发布《高速铁路 ATO 系统总体暂行技术方案》，之后陆续发布 7 项接口规范和测试规范，作为京沈高铁综合试验中 C3 + ATO 列控系统试验的依据。2018 年 2 月，高速铁路 ATO 系统通过中国铁路总公司组织的方案评审。2018 年 3 月至 5 月，高速铁路 ATO 系统在北京交通大学列车运行控制系统实验室完成第三方互联互通测试及专家测试。2018 年 6 月，高速铁路 ATO 系统通过中国铁路总公司组织的试验评审，具备到京沈高铁开展高速综合试验的条件。

2018 年 6 月至 9 月，高速铁路 ATO 系统在京沈高铁完成了现场试验。现场试验分三个阶段开展，包括功能类测试和性能类测试。第一阶段采用单编动车组进行完整系统功能覆盖测试；第二阶段采用重联动车组进行基本功能与停车精度测试；第三阶段采用单编动车组进行 ATO 性能指标试验。功能类测试覆盖了常规运营场景测试、功能及接口测试、模式转换测试、互联互通及重联测试、故障模拟测试；性能类测试覆盖了站台停车精度、准点率、舒适度指标、节能指标、GPRS 传输延时等。现场测试结果表明，高速铁路 ATO 系统停准率达到 100%，准点率达到 100%，系统各项功能指标均符合相关技术规范及标准，满足列控系统运用要求。

2018 年 10 月，C3＋ATO 列控系统试验报告通过中国铁路总公司组织的评审；2018 年 12 月，通过试用评审，随着京沈高铁在 2018 年底的开通进入试用阶段；2019 年在京张高铁扩大试用。2021 年，高速铁路 ATO 系统通过技术评审。

故事

时速 350km 列车自动驾驶试验成功

2018 年 6 月 7 日上午，中国铁路总公司在京沈高铁辽宁段启动高速动车组自动驾驶系统现场试验。

8 时 45 分，搭载中国通号 C3+ATO 车载设备的试验列车（CR400BF-0507）自沈阳北站出发，在车站和线路区间自动驾驶，实现了自动停靠、启动、运行，在沈阳至黑山间运行最高 350km/h。中央广播电视总台对本次试验进行了全程直播，中国铁路总公司工电部、中国铁路沈阳局集团有限公司电务部、中国通号、铁科院、中车长客股份公司等参试单位的人员在司机驾驶室全程见证了全球首次 300km 以上时速的列车自动驾驶。中国铁路沈阳局集团有限公司沈阳机务段值乘司机在试验结束后接受了中央广播电视总台的采访，他表示："以前，这些仪器都需要我来操作、检查、确认，但现在用了 ATO 自动驾驶系统之后，我属于一个备份系统，我跟它是一种冗余的关系，它在工作，我在监督。"

6 月 7 日的这一幕也深深刻在最美铁路人陈志强的记忆里。事情要从 2017 年说起，中国通号组建高铁 C3＋ATO 自动驾驶创新团队，陈志强担任项目负责人，带领近百人的团队研究高速铁路自动驾驶技术。

陈志强明白，350km/h 自动驾驶功能在世界上尚属空白，要保证在自动驾驶模式下，高铁列车能够实现车站自动发车、区间自动运行、车站自动停车、车门自动开门（防护）、车门/站台门联动控制的自动控制功能；司机不再直接实施驾驶，仅作为应急值守备份，自动驾驶系统和司机实现双套冗余，双保险，确保高铁安全高效运营，是一个复杂的系统工程，也是国外高科技公司不会转让的核心技术、看家本领。他激励团队全体同志："真正核心的技术买不来也学不来，只能通过我们自主创新干出来！"

项目从立项到上道试验不到 1 年时间，攻关的艰辛不必多言。2018 年 6 月开始，中国铁路总公司共投入 3 列复兴号动车组，在京沈高铁综合试验段组织进行了三个月的 C3＋ATO 列控系统试验，运行稳定、控车精准，顺利通过了所有测试项目。试验的成功也为我国 350km/h 复兴号智能奥运动车组在京张高铁线实现自动驾驶奠定了坚实的基础。

3. 合安高铁整体匹配性试验

雅万高铁采用我国首套"走出去"的 C3 级列控系统，必须且只能使用自主化产品。为确保雅万高铁的顺利开展，京港高铁合安段采用与雅万高铁配置完全相同的列控系统进行调试验证，确保自主化信号系统在海外项目上顺利实施。

为验证自主化 C3 级列控系统的安全性、先进性、适用性，为整体自主化设备上线使用进行技术储备，提高设备的稳定性，进一步完善我国自主化 C3 级列控系统技术和装备，2020 年 12 月，国铁集团组织开始在京港高铁（合安段）开展了通号设计院自主化 C3 级列控系统（含 RBC、ATP、TSRS、TCC 设备）整体匹配性试验和自主化无线闭塞中心（RBC）扩大试用。全线设 16 套自主化列控中心、2 套自主化无线闭塞中心、1 套自主化临时限速服务器，以及 2 套安装于 CRH380AJ-0201 综合检测列车的 CTCS3-400T 型 ATP，选取呼叫与注册、注销、等级转换、行车许可、RBC 切换、自动过分相、临时限速和追踪运行等 8 个场景进行功能试验。中国铁路上海局集团有限公司为试验实施单位，通号设计院为技术负责单位，国铁集团铁路基础设施检测中心在试验期内安排综合检测列车（CRH380AJ-0201）进行匹配性试验。

在匹配性试验期间，京港高铁合安段自主化 C3 级列控系统运用稳定，整体匹配性良好，满足试验大纲要求。2022 年 1 月，国铁集团组织召开评审会，专家一致认为，试验结果表明自主化 C3 级列控系统整体匹配良好，通过试验进一步验证了设备运用稳定、安全性高、自主可控、技术先进、适用性强。

4. 国产芯片及操作系统

中国通号和铁科院于 2019 年启动列控系统深度自主化关键核心技术攻关，研制基于国产芯片和嵌入式操作系统成套列控关键基础装备，如图 14-14 所示。2021 年，完成了基于国产芯片和操作系统的新型轨道电路、应答器、计算机联锁、车载 ATP；2022 年完成了新型列控中心、无线闭塞中心和临时限速服务器。上述新型关键基础装备均产业化和小批量试制生产，均完成了 SIL4 级安全认证，并逐步开展现场试验试用，支撑了我国高速铁路列车运行控制系统实现底层芯片级自主可控。

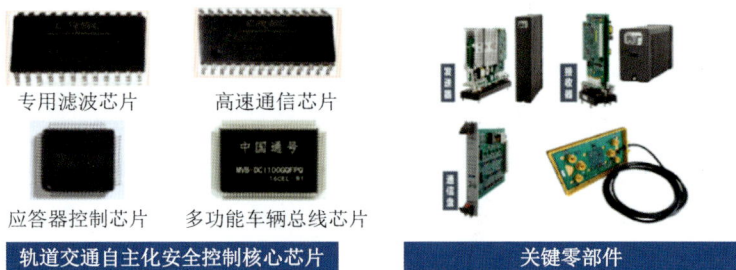

专用滤波芯片　　高速通信芯片

应答器控制芯片　　多功能车辆总线芯片

轨道交通自主化安全控制核心芯片　　**关键零部件**

图 14-14　基于国产芯片的列控关键基础装备

5. 海外应用情况

2023 年 10 月，中国和印尼合作建设的雅加达至万隆高速铁路开通运行，使得两地间最快旅行时间由 3.5h 压缩至 40min。中国通号为雅万高铁提供自主化 C3 级列控车载设备（CTCS3-400T），实现了中国高铁列控标准、技术及核心装备"走出去"。

欧洲作为全球轨道交通装备的高端市场与 ETCS 的主流市场，准入门槛高，准入流程复杂严苛。中国通号基于 CTCS3-400T 车载设备，成功研制出 ETCS-400T 车载产品。在研发过程中，相继突破了 ETCS 车载与欧洲各国车载共屏人机交互、人机交互单元冗余热备、ETCS 车载对欧洲各国车载的控制及动态切换、冷移动检测、欧洲环线注入等多项国际公认的高难度关键技术。通过整合技术成果，打造出集成 PZB、LZB、MIREL 等欧洲多国车载设备功能的 ETCS 车载设备。此外，中国通号牵头联合泰雷兹、西门子、德意达等团队，共同完成奥地利实验室车载信号系统集成试验，并顺利通过北德认证机构的现场验收。该产品能够支持列车在标准 ETCS 线路与欧洲各国本国制式线路之间实现跨线运行。

2017 年 4 月，ETCS-400T 作为我国首个完成 TSI 认证的列控核心产品，通过欧盟基线 2 的 TSI 认证。2019 年 6 月，中国通号为匈塞铁路量身打造的欧洲列车运行控制系统（ETCS-2）实验室在贝尔格莱德建成，这是中国企业在海外建成的首个高铁列车运行控制系统实验室。2020 年 12 月，ETCS-400T 成为中国首个获得欧洲权威测试机构认可并通过欧盟基线 2 与基线 3 双基线技术 TSI 认证的列控车载产品，标志着车载产品获得进入欧盟核心市场的"通行证"。2021 年 7 月，ETCS-400T 车载系统顺利完成中车株机公司出口欧洲双层动车组的装车及调试，随首列双层动车组从上海运抵德国，计划经过严格的测试后在奥地利、德国、匈牙利、斯洛伐克、瑞士欧洲五国上线运行，保障欧洲五国列车实现互联互通运营。

6. 技术创新

在自主化 C3 级列控车载设备的基础上，我国陆续研制了基于国产芯片及操作系统的深度自主化 C3 级列控车载设备、E2 级列控车载设备，形成了自主化谱系化的列控车载设备体系，总体技术与国外先进信号企业处于同等水平，高速测速测距、350km/h 速度等级下的自动驾驶等关键技术处于领先水平。

主要技术创新包括：

① 引领符合我国路情的列控技术标准体系创新，结合大量实践经验，适应新需求、新场景，完成自主化 C3 级列控系统主要标准规范制定，引导列控技术研发方向，确保装备相互兼容和互联互通，支撑自主化列控技术持续发展。

② 突破了自主化安全计算机平台关键技术，研制了自主知识产权的车载和地面设备系列安全计算机平台，解决了关键信号装备底层硬件依赖国外引进、技术受制于人、固有顽疾难以根除、系统演进受阻四大问题，实现了操作系统软件、应用软件 100% 自主可控，打破了国外技术垄断。

③ 提出了自适应深度纠错高速移动安全通信算法，发明了多源安全误差容限和自适应空转打滑补偿高速测速测距模型，攻克了基于北斗卫星导航的多源融合定位和列车完整性

检查、基于多重信息融合的安全监控、车载全系无缝自动切换、高速移动闭塞安全控制、虚拟应答器、电子地图实时更新存储、基于国密算法的安全通信等核心技术。

④ 构建了信号装备可视化、数字化设计验证模型，建立了全自动的制造质量保障技术，突破了信号装备智能化的监测诊断技术，填补了产品设计、生产制造、运维保障全生命周期的工业化技术体系空白，打造了 100% 自主可控的高品质列控装备族群，打破了列控系统核心装备和关键技术长期被国外跨国公司垄断的局面。

⑤ 构建了基于云边端的分布式列控系统数字化仿真检测架构，打造了"全线、全景、全速"自主化列控系统数字化仿真测试平台，实现了高铁列控系统全领域、全专业、全生命周期仿真检测，成为筑牢列控系统安全底线的重要一环。

高铁 ATO 系统的技术创新主要包括：

① 首次创造性地研制了与既有 C2/C3 级列控系统兼容、支持 C2 和 C3 两种等级下自动驾驶及具备互联互通能力的高速铁路 ATO 系统，实现了 CTCS 列控系统向综合自动化、智能化发展的系统创新。

② 国际上首次完成了适用于时速 350km 动车组的高铁 ATO 系统研发，实现高速动车组车站自动发车、区间自动运行、车站自动停车、车门自动开门(防护)、车门、站台门联动等自动控制，实现了 CTCS 列控系统功能的技术创新。

③ 首次在高铁列控系统中采用 GSM-R/GPRS 分组数据业务实现车地双向安全通信，用于完成车地数据的安全交互及站台门联动控制，实现了 CTCS 列控系统车地通信的技术创新。

④ 首次采用 MVB 总线或以太网列车骨干网（TRDP）实现 ATO 车载设备与动车组接口，实现对列车的实时、精确、自动控制，实现了 ATO 控制接口技术的创新。

⑤ 首次针对复兴号高速动车组及京张智能铁路的应用对象，研究 350km/h 速度下实现基于准点行车、站台精确停车、舒适度控制及节能运行控制等多目标优化的 ATO 智能控车算法，实现 ATO 精细化自动控制的算法创新。

第四节　典型产品应用

我国复兴号 CR400 动车组目前大量采用的是国产化 C3 级列控车载设备。截至 2024 年 7 月，国产化 C3 级列控车载设备共装备高铁动车组 2260 列 4520 套，其中装备 CR400 动车组 895 列 1790 套，使用的车载设备包括 CTCS3-300T 型、CTCS3-300S 型、CTCS3-300H 型三种型号；自主化 C3 级列控车载设备共装备高铁动车组 15 列 30 套，其中装备 CR400 动车组 12 列 24 套，雅万高铁应用的通号设计院 CTCS3-400T 型车载设备即属于该装备范围；ATO 车载设备共装备高铁动车组 8 列 16 套，均为复兴号动车组。ETCS 车载设备目前仍处于试验试用阶段，尚未批量商业应用。

一　国产化 C3 级列控车载设备

CTCS3-300T 型、CTCS3-300S 型、CTCS3-300H 型三种型号列控车载设备在人机界面显示、车辆电源接口、车辆 IO 接口方面基本统型，在设备机柜尺寸、车顶 GSM-R 天线及线缆、车底 BTM 天线及线缆、TCR 天线及线缆、速度传感器配置及线缆等方面存在差异。

1. CTCS3-300T 型列控车载设备

自 2009 年起，CTCS3-300T 型列控车载设备广泛应用，截至 2024 年 7 月，已配属包括广州、成都、南昌、上海、北京、南宁、昆明、武汉、太原、济南、郑州、西安、哈尔滨、沈阳和兰州共计 15 个铁路局集团公司，累计装车 1347 列（其中 CR400 动车组 396 列），适配车型包括 CRH2、CRH3、CRH380A、CRH380B、CRH380D、CR400AF 和 CR400BF 全系列动车组。

（1）设备结构

CTCS3-300T 型列控车载设备采用分布式结构。设备包括车载安全计算机（VCU）、应答器信息接收单元（BTM+CAU）、轨道电路信息读取器（TCR）、测速测距单元（SDP、SDU）、人机界面单元（DMI）、列车接口（TIU）、司法记录单元（JRU）、无线通信单元（GSM-R）等。

车载设备采用冗余结构，单套独立设备故障后不影响系统运用。ATP 机柜内部单元布置如图 14-15 所示。

图 14-15　CTCS3-300T 型车载主机柜布置图

（2）动车组接口

机柜顶部及底部设有矩形孔，ATP 电缆和车辆接口电缆均通过顶部和底部矩形孔进行连接。车载设备可通过继电器或 MVB 总线两种接口方式与列车接口，如图 14-16 和图 14-17 所示。其中绿色部分为冗余单元，黄色部分为冷备单元。

CTCS3-300T 型列控车载设备与动车组接口包括：

① 电源接口：车载设备供电电源为直流 110V，电压波动范围 −30%～+25%。车载设备电源总额定功耗不超过 500W。

② 输入输出接口：列控车载设备与列车非安全信号接口方式支持 MVB 总线接口或继电器接口。列控车载设备与列车接口方式采用继电器接口时，输出信号包括紧急制动信号、全常用制动信号、4 级常用制动、1 级常用制动、牵引切除、过分相命令、过分相选择、隔离开关状态；输入信号包括紧急制动反馈、全常用制动反馈、驾驶台激活、方向信号向前、方向信号向后、休眠信号。列控车载设备与列车采用 MVB 总线接口时，输出信号包括牵引切除、过分相使能、过分相选择、常用制动输出、紧急制动输出、隔离开关状态；输入信号包括驾驶台激活、方向信号、休眠信号、全常用制动反馈、紧急制动反馈。其中紧急制动输出、紧急制动反馈为继电器接口。

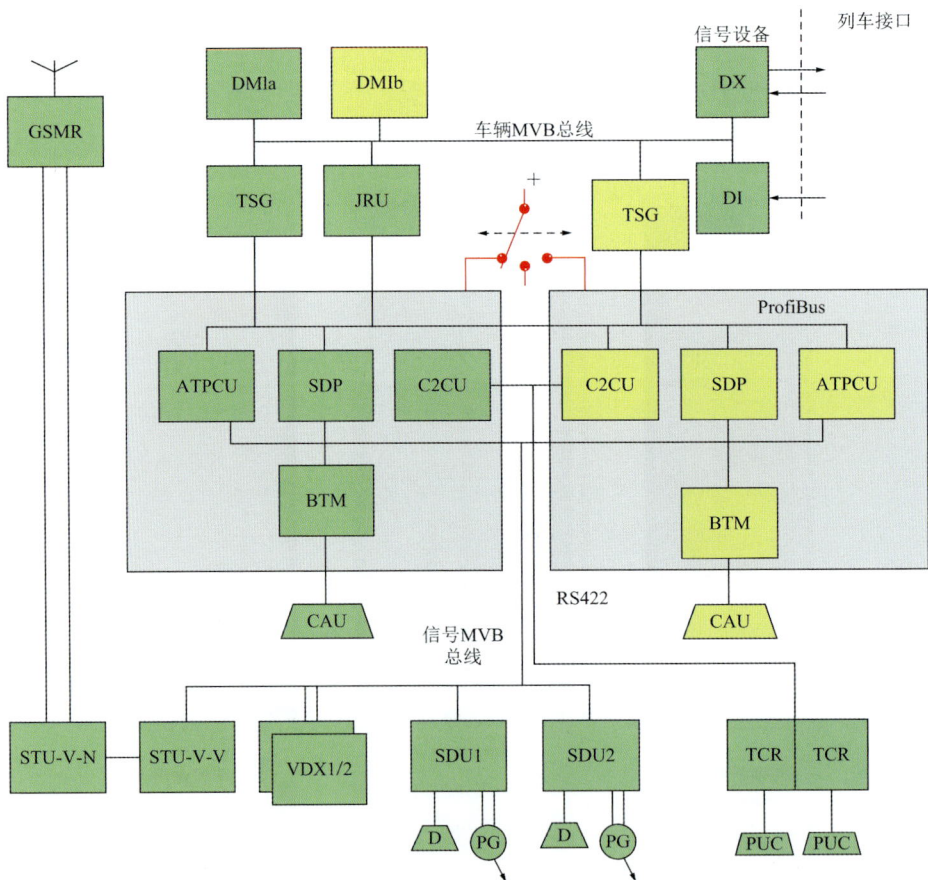

图 14-16　CTCS3-300T 型列控车载设备组成框图（与列车采用继电器接口）

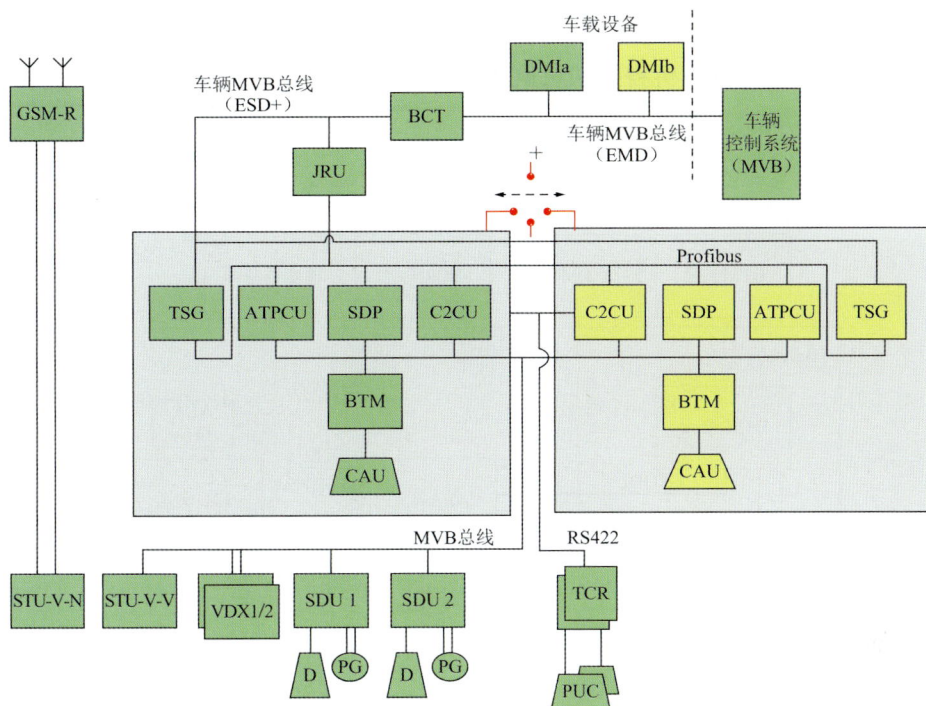

图 14-17　CTCS3-300T 型列控车载设备组成框图（与列车采用 MVB 接口）

隔离功能接口：车载设备设计有隔离开关，将隔离开关置于隔离位时，车载设备进入隔离状态，关闭车载设备电源并隔离车载设备制动输出，JRU 开关量采集隔离开关状态。

2. CTCS3-300S 型列控车载设备

截至 2024 年 7 月，CTCS3-300S 设备已配属包括广州、成都、南昌、上海、北京、南宁、昆明、武汉、太原、济南、郑州、西安、哈尔滨、沈阳和兰州共计 15 个铁路局集团公司，共装备 634 列动车组（其中 CR400 动车组 260 列），适配车型包括 CRH2、CRH380A、CRH380B、CRH380D、CR400AF 和 CR400BF 系列动车组。

（1）设备结构

CTCS3-300S 型列控车载设备由装配于动车组控制设备室的 ATP 主机、安装于驾驶室司机驾驶台的人机界面和车下相关附属设备组成。主机通过车体铺设的电缆与车顶、车下相关附属设备（如无线传输单元天线、轨道电路信息接收模块天线、应答器信息接收模块天线和速度传感器等）相连接。列控车载设备总体结构如图 14-18 所示。

CTCS3-300S 型列控车载设备主机包括 ATP 逻辑单元、轨道电路信息接收模块、应答器信息接收模块、列车接口单元、无线传输单元、司法记录单元、电源单元、电源分配单元等。主机的结构和机箱设计便于设备测试和更换部件，能够保证散热和抗干扰，做到有效防振、防潮、防尘和防静电。

主机机柜通过车体可靠接地，同时装备有其他附属装置，包括隔离开关、风扇、连接器与电缆等。

列控车载设备与动车组的接口配线采用具有足够机械强度和电气特性安全系数的单芯多股电线。列控车载设备主机各模块之间的通信基本采用 ProfiBus 总线。机柜至速度传感器、接收感应器等的配线采用屏蔽扭绞电缆。

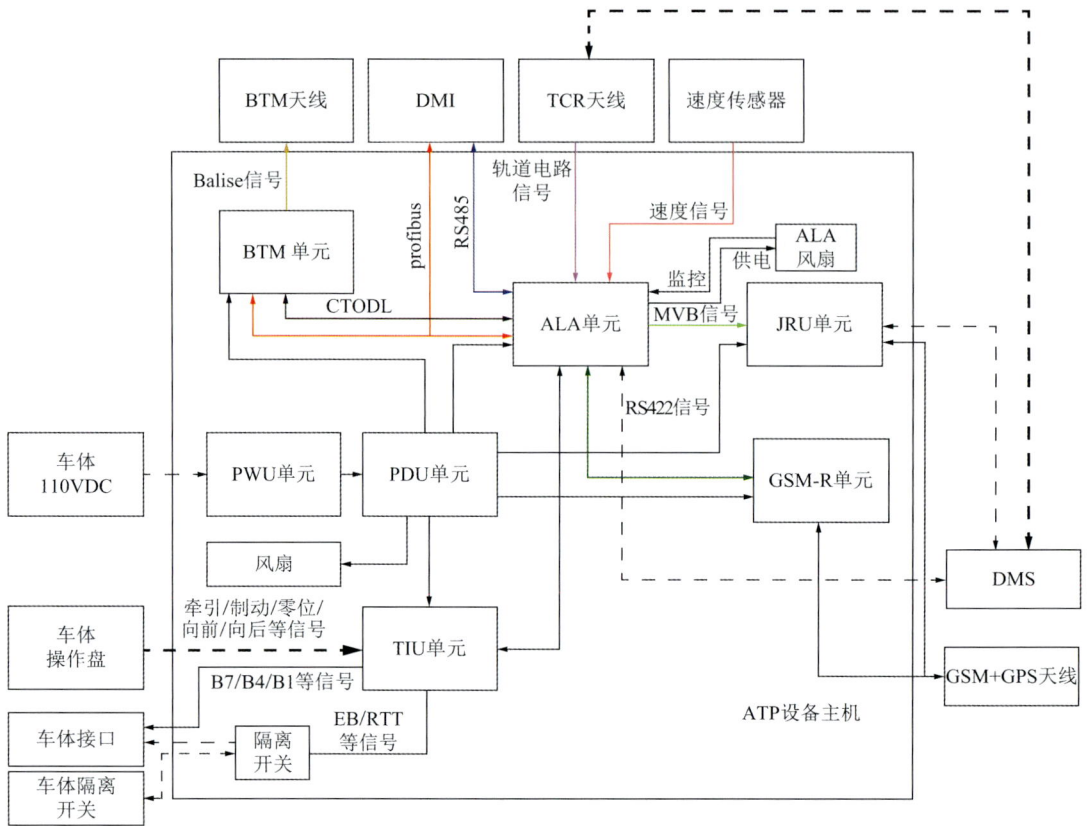

图 14-18　CTCS3-300S 型列控车载设备组成框图

（2）动车组接口

针对 CRH380B 系列动车组，紧急制动、紧急制动反馈、驾驶台激活 3 个接口为继电器接口，其他接口采用 MVB 总线接口；针对其他车型，所有接口均为继电器接口。

① 车载设备向动车组的输出接口。

车载设备需要常用制动接口、紧急制动接口和牵引力切除接口。常用制动接口有 3 个，分别为最大常用制动 B7、中常用制动 B4、弱常用制动 B1。紧急制动接口有 EB1 和 EB2 两个。当列车速度超过常用制动或紧急制动限速值时，实施切除牵引（PCUT），并且常用紧急制动控制列车减速或停车。列控车载设备还能够控制动车组实现自动过分相，因此车载设备需要提供过分相选择和过分相命令接口。

列控车载设备向复兴号动车组的输出采用继电器接口。其中，紧急制动和最大常用制动为失电制动方式，B4 和 B1 为得电制动方式，切除牵引、过分相选择和过分相命令为得电有效。除 CRH380B 系列动车组外，继电器接口与不同型号的动车组均采用统一接口。

②动车组向车载设备的输出接口。

动车组向 ATP 的信号输入包括：驾驶台激活信号、休眠信号、EB 反馈信号、B7 反馈信号、牵引位、制动位、零位（非牵引非制动位）、方向手柄向前位、方向手柄向后位。

③列控车载设备与动车组的测速接口。

CTCS3-300S 型列控车载设备采用霍尔式速度传感器，安装在车辆的轴端，感应车轴的转动脉冲，CTCS3-300S 型列控车载设备使用了两种型号的速度传感器，只是外观不同。

3. CTCS3-300H 型列控车载设备

CTCS3-300H 型列控车载设备采用"并列系"设计架构，双系同时控制安全输出，即任何一系检测到安全防护的条件时，双系均能够将车载设备的防护指令输出到列车，从而进一步提高了系统的安全性。截至 2024 年 7 月，CTCS3-300H 型 ATP 车载设备已配属上海、北京、武汉、广州、郑州、成都、南昌、西安、哈尔滨、沈阳、济南、南宁、昆明 13 个铁路局集团公司，装备各型动车组共计 279 列（其中 CR400 动车组 239 列）。

（1）设备结构

CTCS3-300H 车载设备由车载安全计算机（VC）、应答器信息接收单元（BTM）、轨道电路信息读取器（TCR）、无线传输模块（RTM）、GSM-R 单元、人机界面单元（DMI）、继电器逻辑单元（RLU）、维护服务单元（MSU）、应答器信息接收天线、轨道电路信息接收天线、GSM-R 天线、速度传感器等组成，均采用二乘二取二的安全冗余架构。整个车载设备系统结构如图 14-19 所示。

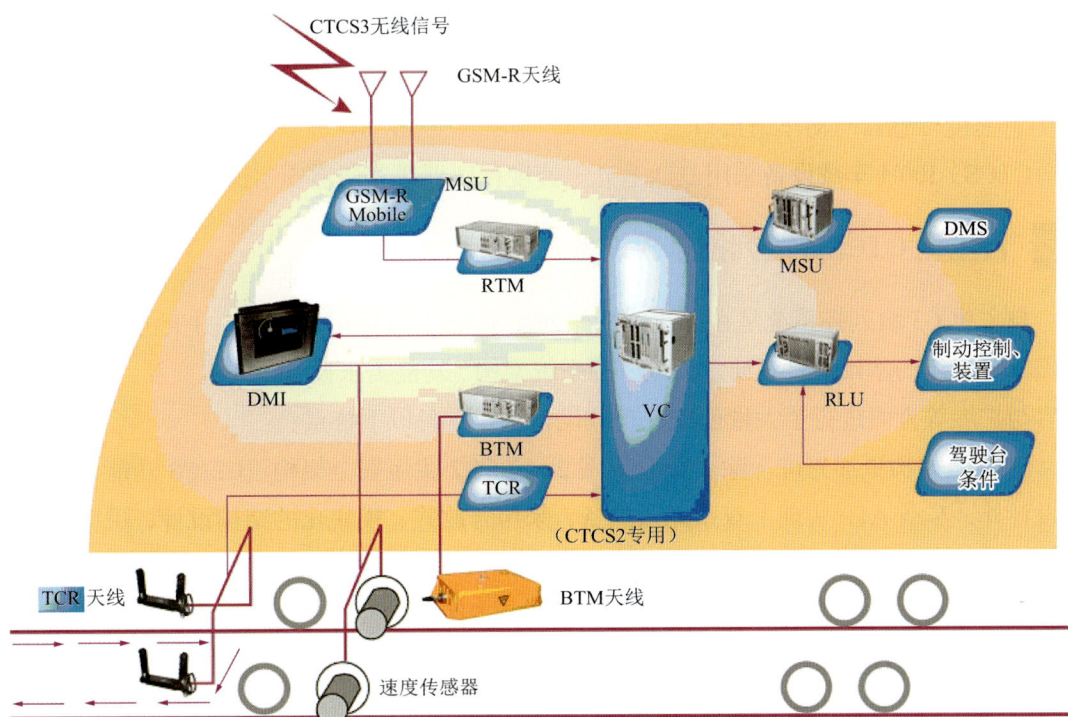

图 14-19　CTCS3-300H 型列控车载设备系统结构图

CTCS3-300H 车载设备包含两个机柜，分别为机柜 1 和机柜 2，其中机柜 1 包括 VC 单元 2 个、RTM 单元 1 个、RLU 单元 1 个、MSU 单元 1 个、TCR 单元 1 个。机柜 2 包括 BTM 单元 2 个、GSM-R 单元 1 个。机柜外部附件包含 DMI 单元、BTM 天线、TCR 天线以及速度传感器等部件。

（2）动车组接口

CTCS3-300H 车载设备可以按照 CR400AF 型、CR400BF 型动车组的车辆接口要求，配置相应的输入、输出接口，包括制动指令和过分相指令等输出接口和司机牵引制动手柄状态、方向手柄状态、紧急制动反馈、常用制动反馈、驾驶台激活和休眠信号等输入接口，并可根据车型要求在车辆轴端安装配置速度传感器，采集车辆运行速度。对应不同车型参数，在实际运用中 300H 设备可以配置对应的减速度表、轮径值等参数。

① 列控车载设备的输出接口。

CTCS3-300H 车载设备的输出接口采用继电器接口。列控车载设备输出到动车组的指令包括制动指令和过分相指令。其中制动指令包括紧急制动、最大常用制动、4 级常用制动、1 级常用制动、牵引切除；过分相指令包括过分相命令、过分相有效信号。紧急制动和最大常用制动为失电制动方式，4 级常用制动和 1 级常用制动为得电制动方式，牵引切除、过分相指令、过分相有效为得电有效。

② 列控车载设备的输入接口。

CTCS3-300H 车载设备的输入接口采用继电器接口。动车组发送给列控车载设备的指令包括方向中立、向前、向后、零位、牵引、制动、休眠、紧急制动反馈、常用制动反馈、驾驶台激活。

③ 速度传感器与动车组接口。

CTCS3-300H 车载设备采用三通道光电速度传感器或双通道霍尔速度传感器。

二　自主化 CTCS-3 级列控车载设备

自主化 C3 级列控系统是在借鉴国产化列控系统前 10 年运营经验，并充分考虑我国运输需求与特点的基础上自主研发而成，在系统架构、功能需求设计、人机交互、安全防护、兼容与扩展等方面进行了大量创新，车载设备主要具备以下特点：

① 系统架构更加先进。除了普遍采用 2×2 取 2 主流安全架构、C2/C3 功能采用一体化设计外，车载 ATP 实现了双系冗余热备，采用开放式、模块化的结构设计，可以很好地支持系统的重构、扩展和维护。

② 功能需求更加完善。结合运营需求，进一步优化完善了人机交互操作功能、界面显示，实现了简统化要求。

③ 系统性能更加优化。系统设计中大量采用独立、分离、冗余的设计策略，标准的安全通信协议，软件和配置数据分离技术等，设备的安全性、可靠性、可用性、可维护性都

得到进一步优化。

通号设计院、铁科院、和利时公司分别研发了 CTCS3-400T、CTCS3-400C 和 CTCS3-400H 三种具有自主知识产权的自主化列控车载设备。三种型号的自主化车载设备在人机界面显示、设备机柜安装空间、机柜固定方式、车辆电源接口、IO 接口、车顶 GSM-R 天线及线缆、车底 BTM/TCR 天线及线缆、速度传感器配置及线缆等方面均实现了简统化。截至 2024 年 7 月，CTCS3-400T 装备 13 列动车组（含 1 列国内高铁检测动车组及雅万高铁 12 列复兴号动车组）投入商业运用，已中标欧洲五国（奥地利、德国、匈牙利、斯洛伐克、瑞士）动车组 4 列车、匈塞铁路动车组 5 列车。CTCS3-400C 和 CTCS3-400H 各装备一列和谐号综合检测动车组。

CTCS3-400T 型列控车载设备是我国首个完成技术创新、产品研制及现场试用的自主化 C3 车载设备，也是国内首个通过欧盟基线 2 与基线 3 双基线 TSI 认证的车载设备，可兼容国内外不同等级，具备自动驾驶功能。设计上采用全系统热备设计，任何单元故障均可自动切系，是国内外热备功能最为完备的车载设备。设备机柜由柜体、主机单元、BTM 单元、MT 单元、TCR 单元及 JRU 单元等组成，其硬件结构如图 14-20 所示。

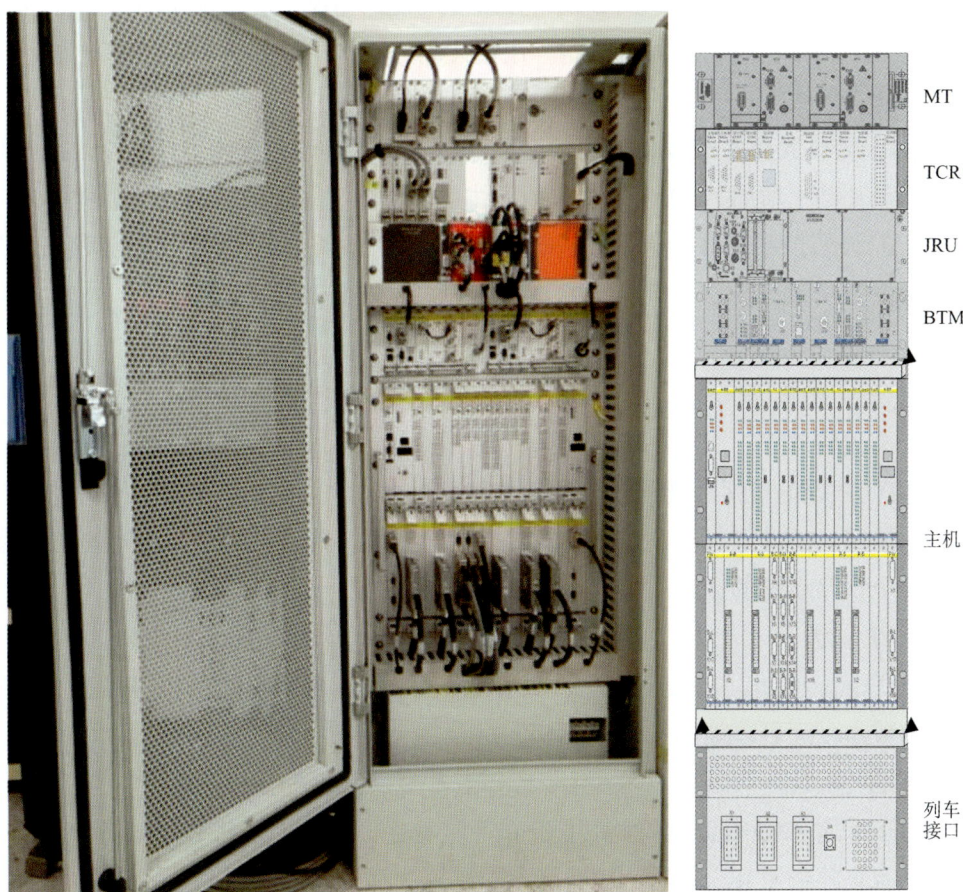

图 14-20　CTCS3-400T 型车载设备硬件结构图

CTCS3-400T 车载设备与列车接口包括输入接口和输出接口。列车输入接口信号主要包括驾驶台激活信号、方向信号、常用制动反馈信号、紧急制动反馈信号、休眠信号。列车输出接口信号主要包括紧急制动、全常用制动、常用制动 4 级、常用制动 1 级、切断牵引、过分相控制、过分相选择。

三 高铁 ATO 系统车载设备

1. 系统概述

高速铁路 ATO 系统结构示意图如图 14-21 所示。

ATP 车载设备在既有功能的基础上，增加 ATO 接口控制、停稳停准判断、列车开门防护等功能，并根据 ATO 自动驾驶的需要适当调整 DMI 显示。ATO 车载设备在 ATP 的行车许可下，通过 GPRS 无线通信接收到的运行计划、站间数据（含线路基础数据和临时限速）等信息实现列车速度自动控制、自动开车门和车门与站台门联动控制等功能。TSRS 设备在既有功能的基础上，增加站台门门控信息管理，站台门命令/状态转发，运行计划处理和转发，站间数据存储、调用、发送等功能。CTC 设备在既有功能的基础上，增加向 ATO 系统发送对应的运行计划等功能。TCC 设备在既有功能的基础上，增加车门与站台门联动控制、站台门防护和站台门状态采集功能。在相关应答器组中增加停车定位基准点、门侧、隧道信息等应答器报文。

高速铁路 ATO 系统车载设备分为分体设计与一体化设计，分体设计是在 C3 级列控系统国产化车载基础上增加 ATO 设备和车地无线通信设备，另外单独设计一个机柜；一体化设计是在 C3 级列控系统自主化车载基础上增加 ATO 设备和车地无线通信设备，最后和 ATP 车载设备共同设计为一个机柜。ATO 车载设备共装备高铁动车组 8 列 16 套，均采用分体设计。

2. 高铁 ATO 系统的优点

（1）提高运输效率

高铁 ATO 系统通过保证驾驶操作的一致性，能够消除司机水平不同带来的差异，保证列车准确地按照运行计划行车。这不仅能提高运输效率，还能减少列车之间的间隔时间，从而提高整个铁路系统的运力。

（2）节省人力

采用 ATO 后，司机只需按下一个启动按钮，就可以实现列车的自动运行。这样不仅可以节省人力成本，还可以提高工作效率。

（3）智能化标志

高速列车采用 ATO 是高速铁路智能化的重要标志，对保持中国高速铁路列控技术的国际先进水平有重要的意义。通过运用智能化控制算法和控车策略，ATO 系统实现了对时速 350km 高铁列车的精准控制，全面提升了控车舒适度、停车精准度、节能降耗等性能指标。

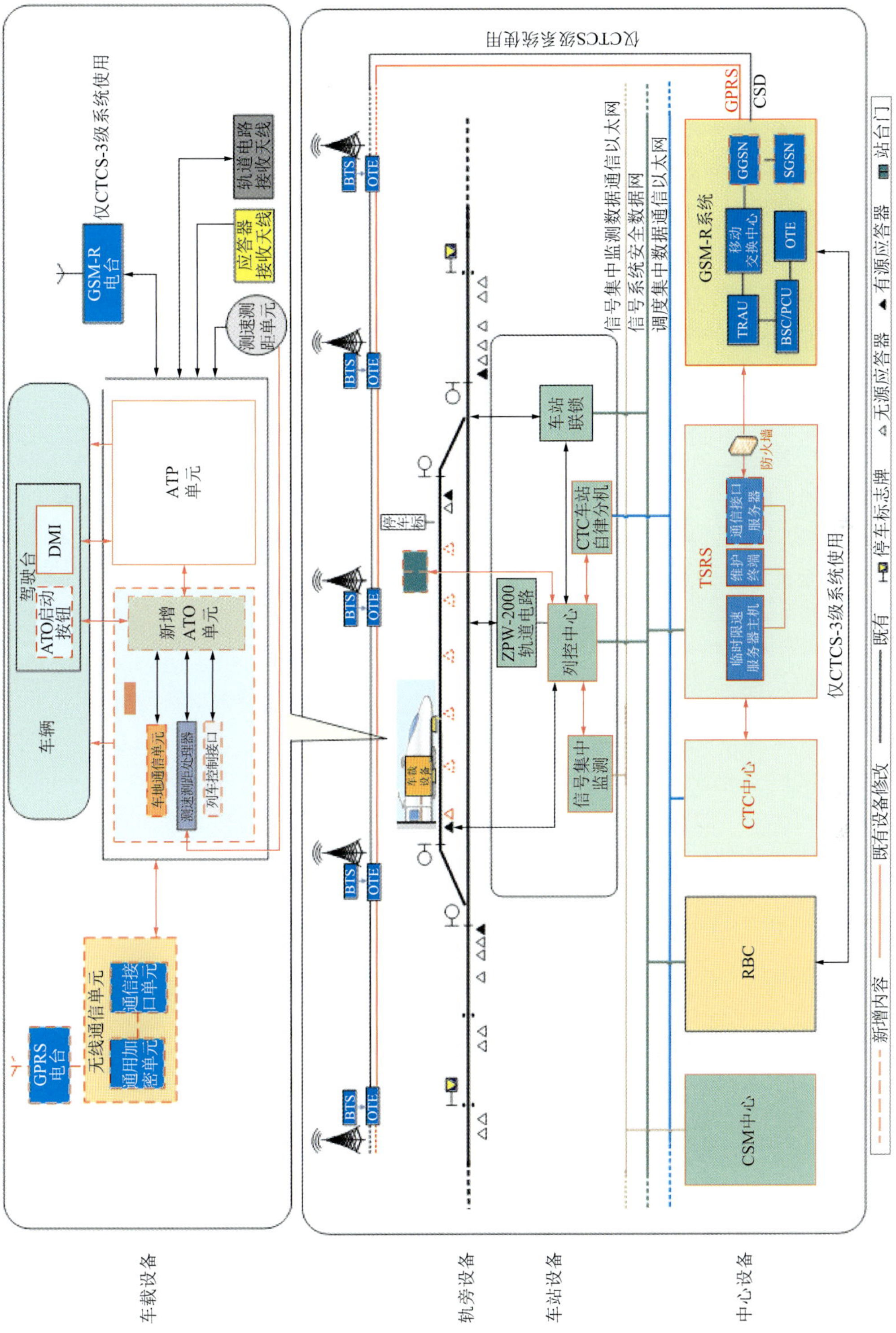

图 14-21　高铁 CTCS3 + ATO 系统结构示意图

参 考 文 献

[1] 莫志松, 郑升. 高速铁路列车运行控制技术——CTCS-3 级列车运行控制系统[M]. 北京: 中国铁道出版社, 2016.

[2] 唐涛, 李开成. 高速铁路列车运行控制[M]. 北京: 中国铁道出版社, 2021.

[3] 国家铁路局. 无线闭塞中心技术规范: TB/T 3330—2015[S]. 北京: 中国铁道出版社, 2015.

[4] 国家铁路局. CTCS-3 级列控车载设备技术条件: TB/T 3483—2017[S]. 北京: 中国铁道出版社, 2017.

[5] 国家铁路局. CTCS-2 级列控系统总体技术要求: TB/T 3516—2018[S]. 北京: 中国铁道出版社, 2018.

[6] 国家铁路局. CTCS-2 级列控车载设备技术条件: TB/T 3529—2018[S]. 北京: 中国铁道出版社, 2018.

[7] 国家铁路局. CTCS-3 级列控系统总体技术要求: TB/T 3581—2022[S]. 北京: 中国铁道出版社, 2022.

[8] 国铁集团科信部. 高速铁路列车自动驾驶(ATO)系统总体技术规范: Q/CR 1000—2023[S]. 北京: 中国铁道出版社, 2023.

[9] 莫志松, 郑升, 陈志强. 列控车载设备（CTCS3-300T 型）[M]. 北京: 中国铁道出版社, 2024.

[10] 莫志松, 郑升, 黄文宇. 列控车载设备（CTCS3-300S 型）[M]. 北京: 中国铁道出版社, 2024.

[11] 莫志松, 郑升, 赵志鹏. 列控车载设备（CTCS3-300H 型）[M]. 北京: 中国铁道出版社, 2024.

[12] 邓海. 京张智能高速动车组（列车）[M]. 上海: 上海科学技术文献出版社, 2020.

创新之魂

撰稿人：王勇智

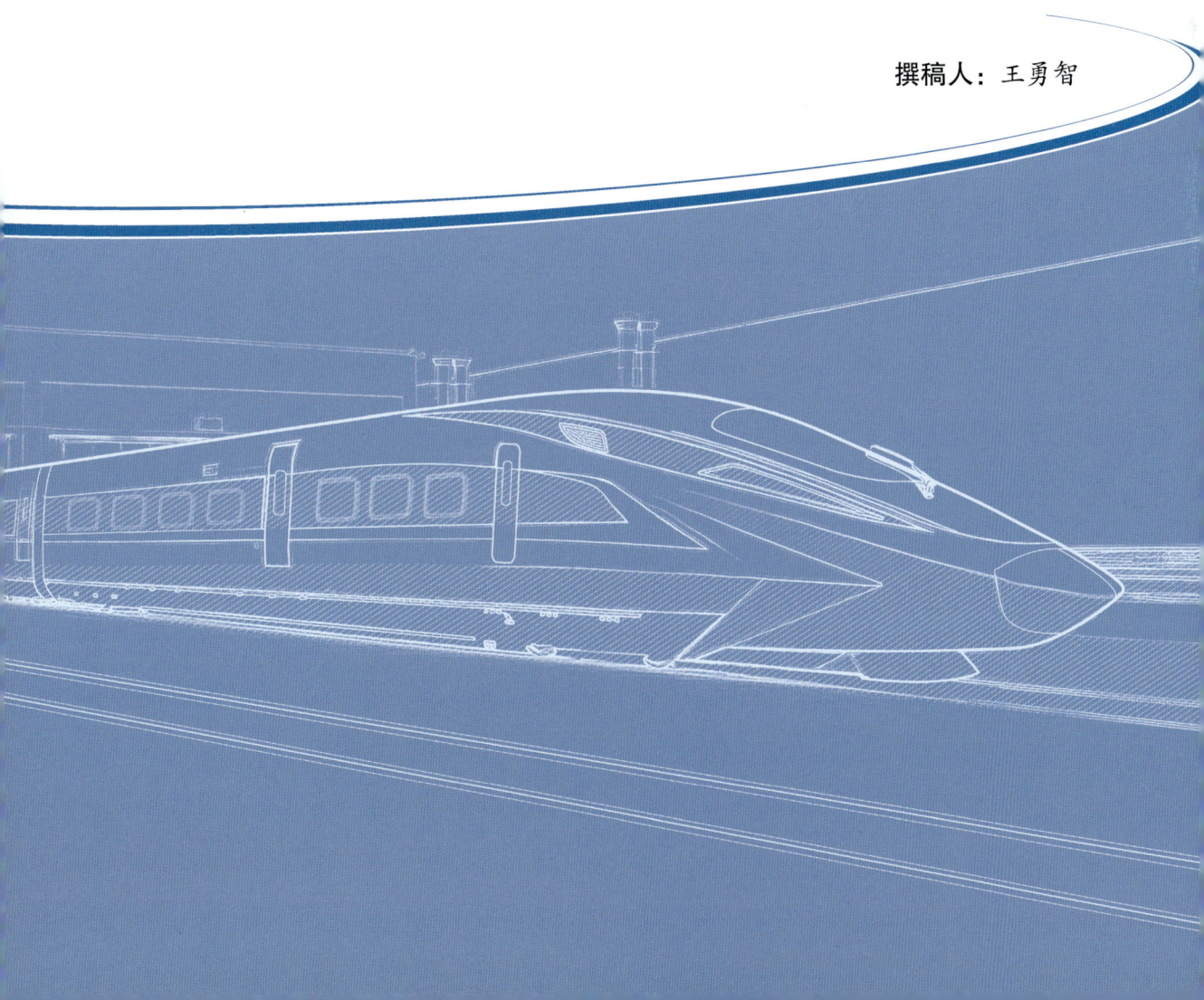

中国高速列车
关键技术篇

　　回望过去，中国高速列车技术创新发展历程如同一条波澜壮阔的江河，汇聚了无数智慧、艰辛、汗水和自立自强的精神；一项项关键核心技术的突破宛若划破夜空的希望之光，照亮着中国高速列车自主创新之路。本书客观全面反映了我国高速列车技术创新发展历程，展示了高速列车关键核心技术的研发、创新与突破，呈现了当年那些锲而不舍、攻坚克难的动人故事。中国高速列车的发展从无到有、从弱到强，实现了从追赶到并跑再到领跑的历史性超越，这是几代铁路人不懈奋斗创造的中国奇迹，更是自强不息精神的生动写照。

一 自强不息，赓续传承的创新精神

与发达国家相比，中国机车车辆制造业起步较晚。1949 年以前，我国机车车辆主要从国外进口，品类繁杂，可谓"万国博览会"。新中国成立后，我们自力更生、艰苦奋斗，同时学习借鉴国外先进技术，逐步建立起我国独立完整的机车车辆工业体系。改革开放后，为满足经济快速增长需求，中国铁路人勇于探索，从渐进性提高列车运行速度开始，持续创新，不断积累，直至跃升走上了中国高速铁路发展的新征程。长久以来，在广大铁路科技工作者心中始终怀着这样一个梦想：一定要赶上和超过世界先进水平。

自 立 自 强

创新是梦想引导的活动。实现梦想没有坦途和捷径可走，必须自力更生，艰苦奋斗，脚踏实地地开展创新活动。只有坚韧不拔，不退却，不放弃，探索和创新才有成功的希望。一百多年前，"中国铁路之父"詹天佑亲自主持建成了中国人自行设计、自行施工的第一条干线铁路——京张铁路，为当时深受侮辱的中国人民争了一口气，为后世中国铁路人树立了勇往直前、自立自强的榜样。

创新常常也是被逼出来的。例如，1905 年在京张铁路肇建之初，西方列强讥讽修建这条铁路的中国人还没有出生呢！詹天佑顶住压力和嘲讽，挺膺担当，毅然坚持中国人自行设计和施工。经过认真比选，因地制宜地修建了人字形铁路、打通了八达岭隧道，一举攻克了关沟段天险，仅用四年时间就完成了京张铁路——这一世界瞩目伟大工程的修建。又例如，1960 年，我国电力机车刚诞生不久，苏联专家却突然撤离，让一群满怀激情、初涉这一领域的年轻技术人员瞬间陷入了前所未有的挑战与迷茫之中，但"被人遗弃"的羞辱却激发了他们发愤图强的使命感，敢于对苏联不合理的设计"开刀"，依靠自身力量开展艰难的技术攻关，彻底解决了机车不能正常运行的问题。艰难困苦，玉汝于成，久而久之形成了自立自强的精神。由于有了这种自立自强的精神，有了一股不服输的"倔劲"，科技人员不但敢打硬仗，还大大增强了自信心。正是源于这样的自信心，我国科技人员才能在高速列车技术创新过程中，不盲从，不自弃，战胜了一个又一个困难，取得了一个又一个攻关成果。例如，在引进吸收阶段，国内生产的 CRH5 型动车组的核心系统之一——列车网络控制系统还一直控制在外方手里，运行中出现的问题和故障难以得到及时有效解决，这严重影响了动车组的日常运行与维护。为扭转这一被动局面，国内相关单位科技人员组成攻关团队，从硬件构建到软件研发，从半实物仿真到试验室系统验证，从运用考核到批量推广，经过攻关团队数年的艰苦努力，最终攻克了这一技术难关，实现了列车网络控制核心技术的完全自主化。在中国高速列车自主创新的征程上，特别值得称道的是，莫过于时速 350km "复兴号"标准动车组的成功研制，这一里程碑式的突破，无疑是对自立自强精神的最好诠释。为彻底摆脱"和谐号"动车组关键核心技术受制于外方、动车组"走出去"

被严格限制等被动局面，我国铁路科技人员坚持正向设计，各领域创新团队协同攻关，经过 5 年多艰苦卓绝的努力，完整搭建起中国自己的高速列车技术创新平台，全面掌握了车体、转向架、牵引、制动、网络等关键核心技术，成功研制了具有完全自主知识产权的 CR400"复兴号"动车组，推动中国高速列车技术迈出了从追赶到领跑的关键一步。

锲 而 不 舍

任何梦想的实现都不可能是一蹴而就的，任何核心技术的突破也都不会是轻而易举的。没有一股不服输的"韧劲"，没有"锲而不舍"的坚守，就不可能有中国高速列车今天的成功。每一个关键产业的建立和发展，每一项核心技术的攻克和升级，无一不是长期艰辛探索、不懈努力奋斗的结果。我国铁路功率半导体器件的发展就是一个生动的范例。中国铁路半导体产业是 1964 年由八名科技人员组成的"半导体小组"在株洲石峰区"田心"地区一个家属住宅的三层小楼中开始起步的，在简陋的研发环境中研制出硅元件取代机车上的引燃管。从元件平均成品率不足 5% 提高到当时堪称"奇迹"的 56%；在无任何经验和施工案例可参考的情况下，自己动手、群策群力，到 1975 年建成全国第一栋半导体净化厂房；从合金法发展到扩散法，从烧结型器件发展到全压接器件，产品规格从 200A 发展到 10000A，从 600V 发展到 8500V……经过 60 年一代又一代人的不懈努力、接续奋斗，我国已形成了功率半导体"芯片-器件-装置-系统"的完整产业链，成为国际上少数几个同时掌握晶闸管、IGCT、IGBT、SiC 器件及其组件技术的产业化基地之一。

实践告诉我们，任何一项关键核心技术的攻克，不仅需要求真务实的科学态度，更离不开百折不挠的精神和坚韧不拔的意志。我们知道，在高速列车异步牵引传动系统中，核心控制算法是牵引变流器最底层最核心的关键技术。20 世纪 90 年代初，为了追赶异步牵引控制技术世界先进水平，株洲所组建了一支年轻的研究团队，开始向高性能直接力矩控制这一技术高地进军。这支年轻的研究团队，在国外技术严密封锁的情况下，锲而不舍、久久为功，完全依靠自身的力量摸索前进。从建立观测模型、优化控制策略、模拟试验研究、地面功率试验到装车考核、改进优化的整个研发过程中，克服了难以计数的困难，解决了一个个"技术堵点"，经过近十年的反复试验、优化迭代，高性能直接力矩控制技术终获突破。这一科研成果先期成功应用于"中华之星"等动车组上，后经不断迭代升级，在"复兴号"动车组上进一步实现了技术升华。特别引以为傲的是，经测试对比，这一科技成果的总体技术指标已达到了国际领先水平。同样是在 20 世纪 90 年代初，又一项关键核心技术——高速列车制动系统被纳入国家科技攻关计划，中国铁道科学研究院的科研团队依托其深厚的制动技术基础和完善的试验条件，联合国内相关团队和力量，深入探索，持续攻坚，厚积薄发，十年磨一剑，在高速列车制动系统的系统架构、先进制动控制技术、安全可靠性技术、试验测试技术等方面，建立起日趋完善的自主化高速列车制动系统核心技术体系，成为了中国高速列车制动系统技术持续发展的奠基石。"中华之星"高速动车组上的成功应用，"复兴号"系列动车组上的批量装车，就是对这支制动技术团队坚持不懈、艰辛付出的最好回报。正是这种孜孜以求、锲而不舍的精神，持续推动着中国高速列车技术水平不断取得新突破、迈上新台阶。

团 结 协 作

高速列车研发创新是一项系统工程，密切合作、协同攻关的团队精神不可或缺。在中国高速列车技术创新发展过程中，为了共同的理想和目标，来自不同单位、不同专业领域的创新团队和工程技术人员，共同面对挑战，相互支持配合，无私分享成果。例如，20 世纪 90 年代中期，为攻克被称为"先锋号"动车组"心脏"部件的异步牵引电机，铁道部专门立项科研攻关课题，由北方交通大学（现北京交通大学）牵头与株洲所和永济电机厂组成"产学研"创新团队，协同攻关。经过创新团队通力协作、共同努力，系统掌握了以电磁计算程序和与变流系统匹配技术为基础的设计方法，先后突破了牵引电机转子铜材、200 级耐电晕绝缘结构和轴承润滑等关键材料、工艺和技术，成功研制了"先锋号"动车组异步牵引电机，为我国后续动车组各型异步牵引电机的研制打下了良好基础。团队协作的力量还充分体现在引进消化吸收再创新的成效上。例如，在 CRH2 型动车组引进消化吸收过程中，南车四方技术团队与株洲所、戚墅堰所等技术团队紧密合作、高效协同，仅仅用了两年时间，就全面完成了所有原始图纸、资料和技术标准的消化吸收工作。在消化引进技术的同时，还针对我国铁路运营环境要求完成了 100 多项技术改进，进行了长达 6 万余 km 的线路试验，很好解决了 CRH2 型动车组"水土不服"的问题。紧接着，这支技术团队又与合作伙伴携手攻关、联合作战，用了不到三年时间，又推出了速度更高的 CRH2C 型动车组，进而再创新，集全国之力成功研制出性能更优的 CRH380A 型高速动车组。在"复兴号"标准动车组互联互通技术攻关中，我们又一次见证了集体的智慧、团队的力量。由于在引进的四种技术平台上生产的动车组相互之间无法实现重联控制，既影响了运营效率，又妨碍了相互救援，因此在"复兴号"标准动车组研制方案中明确提出不同动车组间互联互通的要求。为实现列车网络控制系统互联互通，来自铁科院、株洲所、长客股份、四方股份等不同单位科技人员组成的联合攻关团队，不畏艰难，密切合作，协同攻坚，接续统一接口、统一协议、统一界面，经过一百多个日日夜夜的连续奋战，先后完成了上百种工况一致性测试和试验验证，终于成功啃下了标准动车组列车网络互联互通这块"硬骨头"。事实无数次证明，团队凝聚的力量是协同创新、克难攻坚的制胜法宝。

追 求 卓 越

在高速列车自主创新的道路上，创新团队从未停止过探索与追求。他们总是瞄准世界科技前沿，勇于挑战技术极限，不断突破自我，取得了一系列令人瞩目的创新科技成果。例如，在世界高铁领域，被动安全防护是一项技术"制高点"。为攻克吸能防护结构有效性这一技术难题，"复兴号"高速动车组创新团队利用计算机模拟技术，进行了几百种不同结构的上千次仿真计算和近百次的模拟实验，然而理论和模拟最终还需通过"高速列车实体碰撞试验"来加以验证。创新团队通过 1∶1 试验台和试验线不同速度等级实车对撞试验，获得了大量列车吸能系统变形次序、防爬车和防脱轨等重要性能数据，成功验证了"复兴号"动车组碰撞吸能系统的安全有效性，标志着我国高速列车被动安全技术研究达到世界领先水平。

"人民铁路为人民"始终是中国铁路践行的根本宗旨。我国高铁技术创新追求的一个重要目标就是给广大旅客提供舒适温馨的出行体验。在高速动车组研制中，降低噪声，哪怕是 1dB，都是一项极为艰难的任务。为了给旅客提供更安静的乘车环境，"复兴号"动车组研发团队想方设法、千方百计解决高速列车降噪难题。众所周知，高速列车降噪是一个系统工程。研发团队刚开始尝试使用最新降噪材料和加装吸音装置等措施降噪，并进行大量组合比选试验，仅就不同材料和结构进行的隔声性能对比试验就高达 3000 多次，但降噪效果仍未达到理想目标。经组织国内结构、流体、材料等领域专家现场勘测、共同会商、反复研究后发现，车载空调、风机等设备的吸气、排气造成的压差影响了降噪效果。通过改进设计和规范车载设备降噪要求，噪声又进一步在各个不同部位下降了 1～3dB，超越了最初设计目标，研发团队这种"没有最好，只有更好"的不懈追求终于获得令人惊喜的回报。

新一代 CR450 动车组设计指标中要求，以时速 400km 运行时制动距离与 350km/h "复兴号"动车组指标相当，即紧急制动距离不大于 6500m，制动盘温度不超过 700℃。这些技术指标远高于现有国内外运用或在研的动车组。然而，随着速度的提高，制动系统面临轮轨黏着系数更低、减速度更高、制动热负荷更大等严苛挑战。若按时速 400km 运行时紧急制动热容量将增加 30%，制动盘将承担更大的制动力，其温度将超过 700℃，服役环境愈发恶劣。在 350km/h "复兴号"动车组紧急制动时制动盘温度超过 600℃情况下，既有制动盘能力已极为有限，必须采用新结构、新材料、新工艺等研制新一代更高强度、更高抗热疲劳、更大制动功率的盘形制动摩擦副，才能较好满足 CR450 动车组时速 400km 运用时的安全性、可用性、可靠性技术要求。经过铁科院科研团队艰苦攻关、反复试验，最终研制成功新一代制动盘与闸片，完全满足了 CR450 动车组技术要求，从而实现了这一极具挑战性的目标。

高速列车能造好，工匠精神少不了。工匠精神追求的就是，一点不能差，差一点都不行。为了高标准、高质量完成高速列车生产制造的每一道工序，"中国高铁工人"发扬主人翁精神，勤学苦练，努力练就一身过硬本领。例如，高速列车上的线缆连接和插头制作是一道非常精细的生产工序，"中国高铁工人"为确保高速动车组接线"零缺陷"，以超越人生理极限的忍耐力和专注力，全身心投入培训和工作之中，涌现出一批连续接线 5 万根甚至 10 万根无差错的纪录。正是这种挑战极限、追求极致的"工匠精神",确保了中国高速列车的安全、可靠、稳定运行。

三 以我为主,在引进和自主创新中强筋健骨

纵观历史,一个国家要想获取先进的产品和技术不外乎两种路径,一靠自主研发,二靠外来引进。对于后发国家而言,引进是较为合理的选择。我国铁路发展起步大约比欧美国家晚 50 年,早期铁路的技术装备基本从国外进口。新中国成立后,虽然逐步建立起铁路机车车辆工业体系,但较长一段时间仍无法满足铁路运输的需要。为此,在电力牵引领域,20 世纪 60 年代我国从法国引进了 6Y2 型电力机车,80 年代又引进了法国 8K 型电力机车、日本 6K 型电力机车和苏联的 8G 型电力机车。这些电力机车的引进既缓解了当时铁路运输的紧张状况,又为我们学习和掌握国外先进技术发挥了良好作用。我国高速铁路起步也落后较多,20 世纪 80 年代才开始跟踪研究世界高速铁路的发展,并通过考察培训的方式了解和学习国外先进经验和技术。20 世纪 90 年代中后期我国在起步研制时速 200km 速度级动车组时,一些关键系统和重要部件,例如交-直-交电传动系统、高速受电弓、液压减振器等采用从国外引进方式配套,而国外公司为了开辟中国市场,有些进行了部分技术转让或在国内成立了合资企业。实践表明,对于起步晚、经验少的中国高速列车发展而言,引进十分必要。通过引进可以在较短时间内缩小与国外先进水平的差距,加快我国高速列车整体发展的步伐。自 2004 年开始中国铁路按照"引进先进技术、联合设计生产、打造中国品牌"的总体要求,先后从川崎重工、阿尔斯通、庞巴迪和西门子引进了四种动车组车型及相关先进技术,并分别通过国外和国内企业联合生产制造首批"和谐号"动车组。此次大规模的动车组技术引进加速推动着中国高速铁路及装备制造业的发展变化,引进生产的动车组很快投入我国高速铁路运用,不仅提升了装备水平,而且也改善了旅客的出行服务;引进的技术带动了我国动车组设计理念和手段的提升,以及制造加工工艺和生产组织方式的大幅度改进和提高;引进还促进了企业加速技术改造和设备更新,增强了"精细化制造"和"数字化管理"意识,提高了质量控制和经营管理水平。此外,通过引进,在动车组的检修设施建设、修程修制改革方面也较好弥补了国内的缺项和短板。特别值得称道的是,通过消化吸收再创新,我国在引进动车组技术平台的基础上成功开发了 CRH380 系列高速动车组,使我国高速列车的技术和质量水平又迈上了一个新的台阶。

诚然,引进带来的益处毋庸置疑,但存在的问题也必须正视。众所周知,中方更多看中的是国外先进技术,而外方则需要的是中国市场,故而有"市场换技术"的提法。但在引进过程中,主动权往往掌握在拥有技术的外方手中,而核心技术又是其"安身立命"的根本,绝不可能轻易转让出去,不言而喻,市场是换不来核心技术的。在动车组技术引进中,虽然技术转让协议中包含,国外合作伙伴应向国内中标企业全面系统地转让动车组和零部件的设计和制造技术,但在具体实施协议和项目执行过程中,外方大都只是将相关图

纸、制造工艺、质量控制、检测试验方法等制造合格产品和保障运用所必需的文件资料转让过来，而对于原始设计依据、计算分析方法、关键参数选取、研究实验数据以及控制软件等都严加管控，并且拒绝转让诸如牵引传动系统、网络控制系统、列车制动系统等关键核心软、硬件技术，以至于一段时间内动车组的故障排查以及重要参数调整都不得不依靠外方的"技术支持"，这不仅影响了动车组的运用效率，也严重制约了动车组的优化、升级和发展。事实无情地告诉我们，在核心技术上指望"站在巨人的肩膀上"的想法往往是不切实际的，也是靠不住的。我们都知道科学发现可以成为人类共享的财富，但技术特别是核心技术往往是功利的、独占的，是为取得有利竞争地位和获取利润服务的。外方的"看家"本领——核心技术不仅买不来，而且是被严加保护和严格保密的。例如，在动车组技术引进项目中，交-直-交牵引系统控制软件作为核心技术之一，毫无例外地被排除在技术转让之外，即使有的国外公司在中国境内设立了牵引系统合资企业，其相关控制软件程序的修改、调整、加载等工作都必须在其本土公司进行，合资企业员工均无法染指。由此可见，核心技术的突破没有捷径、没有"巨人肩膀"，只能依靠自力更生、自主创新、自强不息。

经验还启示我们，引进成效更多取决于自身基础和实力。如果一个企业本身具有较深的底蕴和内功，其技术水平将会通过引进获得提升，创新能力才能得到增强，这就是"借力发力"；相反，倘若企业基础薄弱，缺乏"定力"，则很容易被人"绑架"，只能接受"任人宰割"的命运。我国动车组的引进最终之所以取得较为理想的成效，一方面是因为我国机车车辆工业有着较坚实的基础和较强的实力，没有简单将自己的企业变成外方的生产基地，而是坚持"以我为主，为我所用"的原则，在消化吸收引进技术的基础上，通过再创新开发自主的新产品。另一方面我国铁路工业具有自力更生、艰苦奋斗的优良传统和赶超世界先进水平的雄心壮志，在消化引进技术中不断增强自身创新的造血能力，通过汇集合力，自主攻坚，同样可以研制成功具有完全自主知识产权、世界一流水平的"复兴号"中国标准动车组。

回顾过往发展历程，引进与自主创新对我国高速列车技术发展都是不可或缺的，二者相互补充，共同促进了中国高铁装备产业不断"强筋健骨"，实现从"中国制造"向"中国创造"的历史跨越。

三　能力培育，在持续积累中不断发展壮大

无论是一个国家、一个行业还是一个企业，创新能力对其在发展和竞争中获取主动地位起着至关重要的作用。中国高速列车的快速进步主要源于我国铁路装备制造业具有较强的创新能力。然而，创新能力的形成是一个长期且复杂的过程，不能像购买商品一样迅速获得，也无法通过引进方式短时间内快速提升。那么，创新能力究竟来自哪里？

创新能力源自长期的技术积累。这种积累是在生产和创新实践中不断获得的技术知识和技术能力的叠加递进。没有技术积累，创新能力难以形成，对于传统产业尤为如此。有

如老子所说，"合抱之木，生于毫末；九层之台，起于累土"。我国机车车辆工业自20世纪50年代开始起步，并逐步形成了较为完善的工业体系。多年来我国自主研发设计了20多种型号的电力、内燃机车和铁路客车，生产制造了数以万计的提速机车车辆，满足了中国铁路既有线大提速的需要。在2004年大规模引进之前，我国已自主研发了20余种不同速度等级的内燃和电力动车组，其中包括"先锋号"和"中华之星"高速电动车组，初步搭建了动车组设计、制造和试验平台，为后续引进消化吸收再创新和"复兴号"系列动车组的研发创新奠定了坚实的工业和技术基础。从历史来看，我国铁路机车车辆品种之多、产量之大、运用环境之复杂在世界上都是罕见的，这也意味着我们在研究、设计、制造、运用等各个环节都积累了大量的经验和教训，而这些正是培育创新能力的肥田沃土。

试验条件是创新能力的重要支撑。试验是创新的摇篮，没有先进的试验条件和手段，就难以实现创新。几十年以来，国家和铁路行业围绕高铁技术装备创新需求，依托行业企业、科研院所、高等院校等持续加强各类重要试验设施建设，支持开展基础理论、关键技术、工程应用等试验研究和科技攻关，取得了大批高质量的创新成果，同时也为零部件、系统、整车的功能和性能检验以及可靠性评估提供了完备试验条件和手段。特别值得肯定的是，我国1958年建成并经持续改造提升的国家铁路试验中心（铁科院环行铁道试验基地）已成为世界上规模最大、试验条件一流的综合试验基地；1992年在西南交通大学落成的机车车辆滚动振动试验台，经过多次速度、功能提升改造，已跃升为世界上试验速度最高、功能最全的机车车辆试验台。这些连许多发达国家都没有的大型试验设施，在中国高速列车的科技攻关中发挥了重要作用。此外，正线试验和运行考核条件也是高速列车开发研制必不可少的重要一环。中国铁路就是利用大西高铁中的原平西——太原试验段完成了时速350km中国标准动车组高速综合试验，为CR400"复兴号"高速动车组的研制成功发挥了关键作用；在开通前的福厦高铁试验段开展的动车组更高速度科学探索试验，为开发研制新一代高速列车CR450提供了重要试验数据支撑。

创新能力也是在不断迭代中提升的。迭代是不断改进、优化、完善或提升的过程，通过技术、产品迭代不仅可以更好地适应市场需求，而且在不断迭代中提升了技术水平和能力。例如，1998年下线的SS9型电力机车就是在SS8型电力机车基础上研制的迭代产品，通过加大功率、提高牵引力，满足了长大坡度、大编组旅客列车的牵引需要，同时还针对首批SS9型机车运用中发现的问题，改进优化了设备布置、通风系统、车体钢结构等，最终推出了性能更优、质量更高的SS9G（改进）型电力机车。又比如，CRH3C型动车组是在引进技术平台上生产制造的最高运行速度350km/h、8辆编组的动车组，CRH380BL型动车组是在CRH3C基础上通过提升牵引功率、降低传动比、优化气动外形等迭代创新而设计制造的16辆编组高速动车组；CRH380BG型动车组则是在CRH380BL型动车组基础上开发研制的高寒型动车组，重点针对哈大客专的高寒运用环境进行适应性改进，在材料低温特性、密封防雪、高速转向架低温适应性等方面进行优化设计，以适应±40℃运用环境要求。由此可见，技术和产品的每一次改进升级、优化迭代都在推动着创新、淬炼着能力，同时也促进着技术和产品更加先进成熟、可靠适用。

创新能力还源自自强不息的精神传承。前述提及的自立自强、锲而不舍、团结协作、追求卓越等都是自强不息精神的集中体现。诚然，无论是技术积累、试验条件，还是优化迭代、精神传承，都与人紧密相关，也就是说，创新能力的载体是人，人才是创新能力中最重要、最关键的核心要素。而高水平人才队伍建设与创新能力跃升都并非一朝一夕，而是数十年培育、积累、磨砺和雪雨风霜洗礼的结果，正所谓"不经一番寒彻骨，怎得梅花扑鼻香"。

四 千锤百炼，锻造能打硬仗的人才队伍

创新是发展的第一动力，人才是创新的第一资源。新中国成立前，我国铁路运输装备几乎全依靠国外进口，根本没有科技创新人才成长的"土壤"。在新中国成立后的几十年间，我国广大铁路科技工作者"在游泳中学习游泳"，不断在新产品开发中历练，在解决实际问题中摔打，经历了无数的坎坷与挫折、困难与挑战，磨砺出不屈的意志，塑造了坚韧的品格，用智慧和奋斗推动着中国机车车辆工业一步步实现从"万国机车"到"复兴号"动车组，从"追赶"到"领跑"的历史性跨越。我国高速列车创新发展过程犹如一场科技攻坚接力赛，是一代代铁路科技工作者薪火相传，通过不懈的努力与坚持奋力跑出来的。人们还清楚地记得不懈奋斗、忘我奉献的"中华之星"动车组总设计师刘友梅，不辞辛劳、孜孜以求的"先锋号"动车组技术总负责人王维胜等老一辈科技工作者，他们自力更生、自强不息的奋斗精神，不畏艰难、砥砺前行的顽强品格，一直不断激励着一代又一代年轻的高铁科技人员。

众所周知，高速列车作为知识密集和技术密集的高科技产品，具有很高的技术壁垒、创新难度和安全风险，如果没有长期的探索研究实践和人才积累储备，不可能从设想变为现实。我国通过大量前期提速机车车辆的创新实践和国产动车组的研发探索，初步建立起高速列车基础研究、技术开发、设计制造、试验验证和运用维护等环境条件，在积累了大量经验和数据的同时，锤炼了一支高层次人才队伍，包括院士、教授及教授级高级工程师、研究员等领军骨干人物数千人，以及数万名工程技术人员，建立了数十个跨行业、多学科的联合研发创新团队。前期铁路大提速和自主研制动车组过程中培养锻炼的这支科技人才队伍和创新团队，在后续的引进消化吸收再创新和自主创新过程中发挥了极为重要的作用。不难设想，如果没有长期创新实践培养锻炼的这批科技人才队伍，无论是国外技术的消化吸收，还是"复兴号"的自主创新，都是不可能完成的。那些曾在"先锋号""中华之星"动车组研制试验中崭露头角的一大批年轻科技人员，成为后来我国引进消化吸收再创新和"复兴号"动车组自主创新中的骨干力量。其中有，"中华之星"研制青年骨干、CRH2 型动车组引进消化吸收核心成员、CRH380A 型动车组总体技术负责人丁叁叁；前期"长白山

号"动车组研制技术骨干、后期带领团队实现 CRH5 型动车组列车网络控制系统自主化、"复兴号"列车网络互联互通攻关重要成员的常振臣；率领团队锲而不舍、久久为功攻克直接力矩控制核心技术并成功应用于"中华之星""复兴号"等动车组的冯江华；"先锋号"研制的年轻成员、后受命挂帅解决引进平台动车组"水土不服"问题和"复兴号"列车网络互联互通技术难题的赵红卫；潜心空气动力学研究、攻克高速列车空气动力学仿真设计试验技术难题的田红旗；深耕高速列车系统动力学、持续探索优化高速转向架动力学性能的张卫华；等等。他们或是直面挑战、勇毅前行，或是带领团队、攻坚克难，或是潜心钻研、埋头苦干，为中国高速列车技术发展贡献了自己的青春、智慧和汗水。

中国高铁实践还告诉我们，超大规模市场需求和产品持续迭代升级是培养和锻造高水平人才队伍和领军人物的最佳环境和绝优战场，正是有中国这样的庞大市场和需求，一批批能打硬仗、不畏艰辛、勇于奉献的科技人才在实战中成长为各自领域的领军人物。令人可喜的是，在这些领军人物的带领下，经过实践的摔打和锻炼，更年轻一代已经成长起来，成为新技术、新产品开发的主力，正在挑起中国新一代高速列车技术突破、研制攻关的大梁。

与此同时，高速列车高标准、高精度、高质量的苛刻要求，还造就了一大批身手不凡的"大国工匠"。例如，唐山客车公司车体焊接女工孙斌斌，刻苦钻研，勤学苦练，终练得一手令人赞叹的铝合金焊接技艺，成为德国焊接协会认可的全球首位铝焊接女性教师，并已培养出 600 多名具备国际焊接资质的高级铝合金焊工；长客股份公司被称为"高铁转向架焊接大师"的李万君，自创 20 余项转向架焊接操作法，他摸索出来的"环口焊接七步操作法"，可将 600mm 周长的环口焊接一气呵成，不留瑕疵，被外国专家赞誉"这是当今世界上最高级的焊接机械手都无法完成的动作"；四方股份公司钳工首席技师郭锐，潜心钻研，勇于创新，通过苦干加巧干，最终练就了一身过硬的"严丝合缝"精密装配动车组转向架的高超技能，经他及其团队装配的转向架配备的高速动车组超过 1600 列，安全运行超过 60 亿 km；等等。正是千千万万这样的"大国工匠"练就的精湛技艺共同打造了中国高速列车"精品工程"。

"人是要有点精神的"。精神的力量是无穷的。在人才成长环境中，蕴含信念和动力的精神要素不可或缺。百余年前，詹天佑先生曾号召：各出所学，各尽所知，使家富强，不受外侮，足以自立于地球之上。詹天佑先生这种不辱使命、自强不息、矢志报国的崇高精神一直鞭策着广大铁路工程技术人员爱国敬业、奋发进取、勇争一流。无数事实证明，自力更生、艰苦奋斗的优良传统和开拓创新、敢于突破的时代精神，为中国高速列车的持续创新发展注入了强大的精神力量。正是这种强大的精神力量时时激励着千千万万的中国铁路人发愤图强、勇于超越，不断创造出令世界惊叹的中国高铁成就。

五　用户主导，牵引产学研协同创新

高速列车技术创新是一项复杂系统工程，产业链长，涉及众多领域和研发单位。因此构建各类创新主体广泛参与、产学研用紧密合作的协同创新体系至关重要。在我国高速列车的开发研制进程中，遵循协同创新理念，根据铁路行业特点，形成了用户主导、运行高效的"用产学研"协同创新体系。铁路运输企业及行业管理部门（铁道部、中国铁路总公司和国铁集团）发挥主导引领作用，工业企业主要从事设计制造，科研机构和高等院校重点负责研究试验。需要说明的是，与通常以制造企业为主导的协同创新模式不同，我国铁路运输企业作为高铁建设和运营的责任主体，既是高铁装备的最大用户，又是最了解旅客需求的市场主体，具备从顶层设计到科研立项、科技攻关、成果评价、运用考核，直至规模化应用推广的能力和条件。因此，铁路运输企业在我国高速列车的研究开发中一直发挥着龙头牵引作用。实践也表明，采取此种协同创新模式更容易明确目标，形成合力，高效运作，不但使铁路运输企业受益，同时也降低了制造企业研发新产品的风险，因而广受合作各方的欢迎与认可。

以 CR400 "复兴号"动车组开发研制为例。为了满足自主化、标准化、简统化和互联互通的要求，2012 年底中国铁路全面启动时速 350km 中国标准动车组研制项目。在项目启动之初，中国铁路总公司就明确提出："坚持自主创新，遵循安全、经济、智能、舒适、绿色等设计原则，以市场为导向，全面提高自主化水平，构建和完善中国动车组技术标准体系，研制具有完全自主知识产权的标准化、系列化、简统化动车组产品，力求达到国际先进水平，满足未来发展需求。"与此同时，中国铁路总公司还组织制定了详尽的工作方案，对研发原则、目标、计划、团队组建等进行了明确规定。在铁路部门的直接指导和组织下，由制造企业、科研机构、高等院校等 20 余家产学研单位以及 6 家铁路局运用单位共同组成联合创新团队，协同开展标准动车组项目研发。这种协同创新的工作模式，有效规避了不同技术系统之间的壁垒，为研发项目的顺利推进提供了有效的组织保障。此外，铁路部门还集中利用各种宝贵的科研资源和试验条件，确保了 CR400 "复兴号"动车组按计划如期完成试制试验、运用考核和批量投产，成为广受赞誉的中国高速列车自主创新的标志性工程。

创新实践表明，采取独具特色的"用户主导，需求牵引"的协同创新模式，不仅加快了中国高速列车技术创新和新产品研发步伐，而且有力促进了创新链与产业链深度融合，加速了创新成果的产业化进程。

六　双链融合，促进高质量可持续发展

创新链与产业链深度融合是实现高质量发展的关键所在。科技创新是促进新质生产力发展的根本力量，是推动高质量可持续发展的重要引擎。高速列车作为技术含量高、多系统集成的复杂产品，涉及冶金材料、机械加工、电力电子、信息控制、计算机、精密仪器等诸多产业领域。在高速列车技术创新过程中，通过准确把握产业链上下游技术特点，围绕创新链布局产业链、围绕产业链部署创新链，有效促进了产业链与创新链深度融合，持

续推动着我国高铁装备产业提质增效、优化升级，不断迈向国际产业链更高端。

创新是促进产业升级的关键。通过科技创新带动产业创新，促进产业结构不断优化升级，提高整个产业的核心竞争力和可持续发展能力。围绕创新链布局产业链，打通科技与产业紧密结合的关键环节，突出市场导向，构建完善的从创新链到产业链的"基础研究+技术攻关+成果产业化"转化接力机制，充分发挥我国铁路"用户主导，需求牵引"的协同创新优势，不断加快了科技创新和成果产业化步伐。在铁路部门的牵头引领下，我国高速列车科技创新形成了从基础理论研究、应用技术研发，到静态试验、动态试验、综合试验，再到运行考核、上线运营的流程机制，将基础研究到产业化的各个创新环节连接起来，为科技成果产业化应用奠定了坚实基础。例如，我国高速列车引进之初，齿轮传动系统从技术到工艺都被外国公司垄断，进口价格昂贵且质量问题频发。为实现齿轮传动系统自主可控，戚墅堰所组成技术攻关团队利用自身技术储备和有限的技术转让资料开展技术攻关，经过不断摸索试验和应用考核，相继解决了齿轮传动系统密封、润滑、温升、振动、轻量化等系列技术难题，成功开发出具有自主知识产权的 CRH380A 和"复兴号"动车组系列齿轮传动系统产品，实现了产业化批量应用，并成功入选国家智能制造示范项目。此外，高铁装备的科技创新也直接带动了区域产业集群的发展，形成了相互依存、相互促进的产业创新生态。例如，湖南株洲轨道交通装备产业集群就有 380 多家上下游企业，聚集于被誉为世界轨道交通"梦工厂"的株洲市石峰区"田心"地区，方圆约 5km 内就可找到生产动车组所需的上万个零部件的配套生产企业。

产业发展与科技创新是相辅相成的。产业的发展需要科技创新加以驱动，而科技创新同样需要产业的支撑来实现产业化。围绕产业链部署创新链，针对产业链的痛点、卡点、堵点，加强原创性、引领性、颠覆性科技创新，特别是在"卡脖子"关键技术、绿色环保技术、智能安全技术等领域，强化自主创新，推动产业链供应链自主可控，形成对产业链良性发展的有力支撑。在高速列车自主创新过程中，我国始终瞄准产业链发展需求，科学布局研发方向，准确设定技术路线，着力突破关键核心技术，不断提高创新成果的产业化水平，确保我国高速列车产业链供应链安全可控。以高速列车制动系统为例，为解决列车制动系统核心部件——制动闸片依赖国外进口的问题，研发团队围绕高速列车制动系统核心材料和部件设计以及工业化制备技术，开展自主技术攻关，建立了具有完全自主知识产权的高速列车制动闸片新理论、新工艺，实现了新型材料摩擦磨损、力学和热学性能的协同调控，攻克了摩擦系数不稳定、热衰退和严寒冰雪金属镶嵌异常磨损等技术难题，并成功突破了产业化瓶颈，实现了批量生产应用，彻底摆脱了对国外制动闸片的依赖。此外，高铁产业链企业还以国家重大科技专项为抓手，持续开展高速列车 IGBT 功率器件、转向架用高端轴承、控制芯片等进口关键零部件国产化替代研制，着力解决"卡脖子"问题，进一步提升产业链供应链自主可控水平。

作为"大国重器"的中国高速列车技术发展经历了从无到有，从跟跑、并跑到领跑，取得了举世瞩目的历史性成就。在整个发展过程中，我国高速列车技术创新目标不断提升、创新成果不断涌现，在相继实现零的突破、引进吸收和领跑世界目标的同时，有力促进了我国高铁装备创新链与产业链深度融合，形成了创新驱动的产业发展模式。铁路部门作为用户代表，从国家铁路运输市场需求出发，不断提出新的更高的技术创新要求，引导和组织高速列车研发制造企业，持续在核心技术、关键零部件和整车系统性能等方面开展技术攻关，推动实现了我国高速列车全产业链的整体跃升。在此过程中，作为高铁领军企业的中国中车充分发挥对产业链发展的龙头带动作用，以产品创新为牵引，持续推动产业链中重要部件和关键系统核心技术突破。同时面向产业链上下游发展需求，建立关键共性技术研发和管理共享平台，不断将自身在高铁装备开发、制造和管理上积累的知识成果、宝贵经验，延伸到上下游产业链供应链企业之中，带动整个产业链供应链企业在技术、工艺、质量、服务等方面不断优化、持续提升。

根据高铁装备产业特征，打造一条完整、稳定、高效的从部件-系统-主机的产业链供应链链条，并确保链条上各参与者有能力与主机企业（链长）协同满足市场发展需求，对于主机企业与产业链整体发展至关重要。通过产业链供应链协同创新，不仅大幅提升上下游企业的配套和服务支撑能力，培育出一支密切合作、相互信任的国内配套商、供应商队伍，而且通过全链条实施标准化、模块化、数字化、智能化，持续推动产业链供应链整体技术水平不断提升。"复兴号"动车组作为现代高新技术的集大成者，其零件数量达到 50 万个，独立的技术系统超过 260 个，涉及生产动车组零部件的核心企业超过 100 家、各类供应商2100 余家，覆盖全国 20 多个省、自治区、直辖市，高铁装备制造业已成为我国具备全产业链国际竞争优势的战略性新兴产业。随着我国更高速度高速列车关键技术的创新突破和产品的迭代升级，相关产业在创新能力、技术水平、产品品质等方面不断实现新跃升，为中国高速列车产业技术升级、加快迈向国际产业链更高端创造了良好条件，不断推动我国高端装备制造业高质量可持续发展。

七 守正创新，充分发挥举国体制优势

守正创新是中华民族的精神特质，也是中国特色社会主义制度的必然要求。守正，就是要坚持党的领导，坚持中国特色自主创新的道路，坚持人民铁路为人民的宗旨，把准高速列车创新发展的正确方向；创新，就是要顺应时代要求，瞄准建设科技强国、制造强国、交通强国目标，坚持面向世界铁路科技前沿、面向铁路运输主战场、面向高质量发展重大需求，探索研究前沿技术，突破关键核心技术，不断开发研制更安全、更环保、更智能的高铁技术装备，为推动中国高铁技术持续领跑和"走出去"提供有力支撑。守正创新是相辅相成的，只有坚守"开放合作、自立自强"的正道，才能确保创新的正确方向；只有持续开拓进取，勇于创新，才能不断促进国家发展、社会进步和人民幸福。

"集中力量办大事"的新型举国体制是中国特色社会主义制度优势的重要体现，也是中

国高速铁路建设及其技术装备得以快速发展极为重要的因素。一直以来，党中央、国务院高度重视高铁技术装备发展，将高速列车技术创新与高速铁路建设一同写入重要文件、列入国民经济发展规划和国家科技攻关计划，为高铁技术装备的发展指明了方向、提供了根本遵循。特别是在 2008 年国际金融危机爆发后，国家迅速发布了《中长期铁路网规划（2008年调整）》，以及在我国高铁里程已经达到 1.9 万 km 后，2016 年国家又及时修编了《中长期铁路网规划》，提出构建以"八纵八横"为主骨架的高铁客运网络。国家相应出台一系列政策措施，不断加大对高速铁路建设及其技术装备发展的支持力度，有力促进了中国高铁建设和高速列车技术、产业的快速发展，这是西方任何国家都无法比拟的独特优势。此外，在高速列车创新发展的各个阶段，都得到国家发展改革委、科技部等政府部门在项目、资金、政策等方面的大力支持，这为中国高速列车技术创新和产业发展注入了强劲动力。纵观我国高速列车的发展历程，不论是"从无到有"关键核心技术突破、"先锋号""中华之星"动车组的成功研制，还是"引进消化吸收再创新""和谐号"系列动车组的相继推出；不论是"自主创新"坚持正向设计、面向世界的"复兴号"动车组的闪亮登场，还是"面向未来"瞄准更高速、更绿色、更智能的 CR450 动车组的行将面世等；这一切成就的取得，无不充分体现了我国"集中力量办大事"的新型举国体制优势。

历史充分证明，正是在党中央集中统一领导下，我国充分发挥举国体制优势，以实现高水平科技自立自强为目标，汇聚政产学研用协同创新的强大合力，在高速列车自主创新的道路上，才能战胜各种艰难险阻，取得一个又一个举世瞩目的辉煌成就。当年"一定要赶上和超过世界先进水平"的梦想和誓言，在一代又一代中国铁路人自强不息的拼搏奋斗中，相继成为了我们眼前的现实。

放眼今日之中国，高速列车犹如一条条巨龙奔驰在广袤的神州大地上，承载着多少光荣与梦想，传送着无数幸福和美好。展望未来，路漫漫其修远兮，唯有坚持自立自强、守正创新、开拓奋进，才能战胜前进道路中的各种困难与挑战，不断为广大人民群众打造更安全、更舒适、更快捷、更绿色、更智能的出行体验，继续书写中国高铁更加辉煌的篇章；才能不断地"走出去"，在"一带一路"舞台上绽放出更加璀璨的光芒，为世界铁路的发展提供中国方案，为构建人类命运共同体贡献中国智慧和力量。

参 考 文 献

[1] 傅志寰，蔡庆华. 中国高铁零的突破：秦沈客运专线建设回顾[M]. 北京：人民交通出版社股份有限公司，2023.

[2] 殷瑞钰. 工程哲学[M]. 北京：高等教育出版社，2022.

[3] 傅志寰. 我的情结[M]. 北京: 中国铁道出版社, 2017.

[4] 《面向世界的复兴号》编委会. 面向世界的复兴号[M]. 北京: 中国铁道出版社, 2020.

[5] 魏际刚, 陆化普, 汪林, 等. 新质生产力——中国交通运输高质量发展的引擎[M]. 北京: 人民交通出版社股份有限公司, 2024.

[6] 中国铁道博物馆. 詹天佑与京张铁路[M]. 北京: 中国铁道出版社, 2019.

[7] 楼宇烈. 中国的品格[M]. 成都: 四川人民出版社, 2015.

　　《中国高速列车》历时一年半付梓了。回顾编写过程，编委会的专家们字斟句酌，反复推敲，六易其稿，对一些重要的观点不乏争论，对一些重要的数据反复核实，成书着实不易。

　　编委会的成员都是中国高速列车发展的亲历者，是高速列车技术领域专家。大家有一个共同的心愿，即实事求是记录中国高速列车发展的辉煌历程，凸显高速列车关键技术，传承高铁人坚持科技自立自强的创新精神，展现我国高速列车发展应用的巨大成就，并为高速列车未来发展作出展望。

　　本书围绕"兼具史书的真实及学术著作的实用"的写作目标，进行了六个版本的迭代，除了已经署名的编写成员外，还要特别感谢在编写过程中付出辛勤努力的各章编审者，他们有的深度参与书稿内容的编写，有的提出了极具价值的审稿意见，共同为本书成稿作出了不可或缺的贡献，在此一并向他们致以最深的谢意。参与本书编审的有：丁欢、丁叁叁、刁晓明、于庆斌、于勇、马永靖、马晓光、王大海、王万静、王文静、王成强、王华伟、王佳、王建敏、王禹、王洁先、王根茂、王浩、王海芳、王银茂、王维、王维胜、王超、毛凯、邓海、卢佩玲、叶小芬、田春、冯叶、邢瑜、曲子扬、吕阶军、伍向阳、伍钒、刘长青、刘文平、刘加利、刘亚鹏、刘华、刘宇、刘岩、刘堂红、刘辉、江崇民、池茂儒、许平、孙维光、杜志强、李国平、李欣伟、李学峰、李春阳、李树宝、李思源、李盈利、李群湛、杨志刚、杨国伟、杨国桢、杨明智、杨俊、杨亮、杨曦亮、吴萌岭、余鹏、邹颖、汪忠海、宋红光、宋冠群、宋烨、张方涛、张庆刚、张红军、张国平、张彦林、张振先、张晓明、张鸿梁、张雷、张黎、陈文宾、陈东、陈永盛、陈志强、陈国胜、陈智芳、邵晴、范广荣、范军、林峰、金思勤、周丹、周玉杰、周殿买、郑权、赵小刚、赵华、赵红卫、赵金龙、赵金星、侯招文、姜秀山、贾光智、贾荣、钱清泉、徐凤妹、高俊元、郭力荣、黄成荣、黄智勇、曹威、常振臣、梁镇中、彭新平、葛来薰、敬霖、程亚军、傅德天、曾升、谢伟达、楚永萍、路向阳、简宇翔、阙红波、蔡志伟、翟婉明、熊艳、樊运新、黎锋、滕来昌、薛良君（以姓氏笔画排序）。

为了保证图书编写质量，我们在编写之初就组建了联络员队伍，国铁集团、各个主机厂、部件供应商、高校、研究院所的联络员们，为本书编写调研、资料收集、故事编写、视频编制提供了坚实的保障，衷心感谢联络员们为本书编写付出的努力！本书联络员有：于庆斌、王大海、王浩、王维、邓海、叶小芬、邢瑜、刘文平、刘亚鹏、刘华、刘岩、刘辉、关国华、杜志强、杨曦亮、宋红光、宋冠群、张振先、范广荣、金思勤、侯招文、徐磊、高俊元、曹威、常振臣、彭新平、傅德天、简宇翔、阙红波、蔡志伟、熊艳、樊运新（以姓氏笔画排序）。

因本书知识内容涉及面广，参与其中的人员众多，提出审稿意见的专家也很多，难免有疏漏，敬请谅解。

最后还要感谢人民交通出版社的编辑团队，何亮编辑精心策划了本书的出版方案，为本书诞生作出了贡献，何亮、刘洋编辑还全程深度参与本书编写讨论，他们对内容取舍、结构调整、语言润色、视频制作都倾注了大量心血，使得这本书在保持专业性的同时，又具备了更高的可读性。

桃李不言、下自成蹊，希望读者不忘他们付出的努力。

编委会

2025 年 3 月 1 日